हिंदी का संगणकीय व्याकरण

Computational Grammar of Hindi

पुनरीक्षक

प्रो. पंचानन मोहंती

हैदराबाद विश्वविद्यालय

प्रो. उमाशंकर उपाध्याय

महात्मा गांधी अंतरराष्ट्रीय हिंदी विश्वविद्यालय, वर्धा

प्रो. वृषभप्रसाद जैन

महात्मा गांधी अंतरराष्ट्रीय हिंदी विश्वविद्यालय, वर्धा

हिंदी शिक्षण अधिगम केंद्र (TLCHS) : म.गां.अं.हिं.वि., वर्धा
(पं. मदन मोहन मालवीय राष्ट्रीय शिक्षक तथा शिक्षण अभियान, मानव संसाधन विकास मंत्रालय, भारत सरकार के अंतर्गत संचालित)

ज्ञान शांति मैत्री

महात्मा गांधी अंतरराष्ट्रीय हिंदी विश्वविद्यालय, वर्धा

हिंदी का संगणकीय व्याकरण

Computational Grammar of Hindi

डॉ. धनजी प्रसाद

सहायक प्रोफेसर,
महात्मा गांधी अंतरराष्ट्रीय हिंदी विश्वविद्यालय, वर्धा

राजकमल प्रकाशन

ISBN : 978-93-88933-03-2

मूल्य : ₹ 1195

पहला संस्करण : 2019

प्रकाशक : राजकमल प्रकाशन प्रा. लि.
1-बी, नेताजी सुभाष मार्ग, दरियागंज
नई दिल्ली-110 002

शाखाएँ : अशोक राजपथ, साइंस कॉलेज के सामने, पटना-800 006
पहली मंजिल, दरबारी बिल्डिंग, महात्मा गांधी मार्ग, इलाहाबाद-211 001
36 ए, शेक्सपियर सरणी, कोलकाता-700 017

वेबसाइट : www.rajkamalprakashan.com
ई-मेल : info@rajkamalprakashan.com

मुद्रक : बी.के. ऑफसेट
नवीन शाहदरा, दिल्ली-110 032

HINDI KA SANGANAKIYA VYAKARAN
Computational Grammar of Hindi
by Dr. Dhanji Prasad

माताजी श्रीमती इंद्रावती देवी एवं
पिताजी श्री शिवनारायण कुशवाहा को सादर

भूमिका

'भाषा मनुष्य के मनुष्य होने का सबसे बड़ा कारण है।' भाषा के संदर्भ में यह उक्ति किसी का भी ध्यान अनायास ही अपनी ओर खींच लेती है। यदि किसी व्यक्ति की भाषाविज्ञान या भाषा संबंधी चिंतन में कोई गति न हो और उससे यह बात किसी भाषावैज्ञानिक द्वारा कही जा रही हो तो एक बार वह व्यक्ति ऐसा सोच सकता है कि 'भाषा' के बारे में पढ़ लेने के कारण ये अन्य चीजों की महत्ता को कम करते हुए भाषा की महत्ता को प्रतिष्ठित करने का प्रयास कर रहे हैं। किंतु वास्तव में यह उक्ति शत-प्रतिशत सत्य है। जंगल में रहने वाले आदिमानव को 21वीं सदी के तकनीकी मानव बनाने में भाषा की ही आधारभूत भूमिका रही है। यदि भाषा नहीं होती तो न ही मनुष्य **विचार** कर पाता और न ही विचारों का संप्रेषण। ऐसी स्थिति में मनुष्य अपनी सभ्यता के विकास के लिए कुछ भी नहीं कर पाता। अत: **भाषा** ही मानव सभ्यता के निर्माण एवं विकास, अथवा दूसरे शब्दों में अन्य प्राणियों से अलग मनुष्य के मनुष्य होने का कारण है। बाहर से देखने पर यह 'भाषा' अत्यंत सरल जान पड़ती है, और इसे सरल समझना उचित भी दिखाई पड़ रहा है क्योंकि मानव शिशु जन्म लेने के 5 वर्षों के अंदर बिना किसी कठिनाई के इसे सीख लेता है। किंतु वास्तविकता इसके बिल्कुल विपरीत है। भाषा को समझते हुए जैसे-जैसे हम गहराई में जाते हैं, वैसे-वैसे हमें इसकी जटिलताओं की अनुभूति होने लगती है। इसकी आंतरिक व्यवस्था में कितनी जटिलता है? इसका अनुमान इसी बात से लगाया जा सकता है कि मंगल ग्रह तक सफलतापूर्वक पहुँच जाने के बावजूद आज तक किसी भी भाषा का पूर्णत: विश्लेषण नहीं किया जा सका है। आज हमारे पास इतने शक्तिशाली कंप्यूटर हैं कि सेकेंड के लाखवें हिस्से की पहचान कर सकते हैं, या दशमलव के बाद सैकड़ों स्थान तक की संख्याओं की गणना कर सकते हैं, किंतु किसी भी कंप्यूटर द्वारा आज तक किसी भी भाषा का संसाधन नहीं किया जा सका है।

भाषा की आंतरिक व्यवस्था अत्यंत जटिल है। इसके दो कारण हैं—भाषा व्यवस्था का विभिन्न स्तरों पर स्तरित होते हुए भी सभी स्तरों का एक दूसरे से संबद्ध होना, तथा मानव मस्तिष्क द्वारा किसी भी प्रकार से अभिव्यक्ति का निर्माण

करना और उसे समझ लेना। अत: भाषा में प्राप्त होने वाली विभिन्न प्रकार की जटिलताओं के कारण कंप्यूटर पर संसाधन की दृष्टि से किसी पुस्तक का लेखन अत्यंत चुनौतीपूर्ण कार्य रहा है। फिर भी हिंदी को लेकर यह आरंभिक प्रयास किया गया है। यह पुस्तक हिंदी के पूर्णत: मशीनी संसाधन का दावा करते हुए प्रस्तुत नहीं की जा रही है, बल्कि यह उस दिशा में एक कदम मात्र है। इसके माध्यम से प्राकृतिक भाषा संसाधन (NLP) के क्षेत्र में कार्य कर रहे लोगों को हिंदी का मशीन में संसाधन करने की एक **दृष्टि** (sight) प्राप्त हो सके, यही लेखक का उद्‌देश्य है। वैसे हिंदी के मशीनी संसाधन को लेकर 1990 के दशक से ही कार्य हो रहे हैं, और पर्याप्त मात्रा में यह कार्य हो भी चुका है, किंतु आम विद्यार्थियों, शोधार्थियों और इस क्षेत्र में रुचि रखने वाले विद्वानों के लिए उसकी तकनीकी उपलब्ध नहीं है, जिससे कोई नया व्यक्ति इस दिशा में कार्य कर सके। हिंदी माध्यम से तो ऐसी सामग्री का पूर्णत: अभाव है। विभिन्न प्रकार के शोधों द्वारा यह प्रमाणित हो चुका है कि कोई भी व्यक्ति अपनी **मातृभाषा** में मौलिक कार्य अधिक दक्षतापूर्वक कर सकता है। इसलिए **हिंदी** के मशीनी संसाधन की सामग्री किसी भी अन्य भाषा के बजाय **हिंदी** में ही होनी चाहिए। इस पुस्तक को प्रस्तुत करने का एक मुख्य उद्‌देश्य इस कथन की पूर्ति करते हुए हिंदी को इस दिशा में यथासंभव आत्मनिर्भर बनाना भी है।

'हिंदी का संगणकीय व्याकरण' (Coputational Grammar of Hindi) हिंदी के सुधी पाठकों, शोधार्थियों, विद्वानों और कंप्यूटर पर हिंदी संसाधन से जुड़े सभी शोधकर्ताओं के सम्मुख प्रस्तुत करते हुए मुझे अत्यंत हर्ष की अनुभूति हो रही है। चॉम्स्की द्वारा रूपांतरक प्रजनक व्याकरण (TGG) के प्रतिपादन के बाद से 'संगणकीय व्याकरण' शब्द का प्रयोग ऐसे मॉडलों के लिए किया जाता रहा है जो संगणकीय अनुप्रयोग की दृष्टि से किसी भाषा के नियमों को तार्किक रूप से प्रतिपादित करने की व्यवस्था प्रदान करें। चॉम्स्की ने अपना व्याकरण 1957 ई. में प्रतिपादित किया। यह वही सम्‍य है जब संगणक अपनी पहली पीढ़ी से निकलकर दूसरी पीढ़ी में प्रवेश कर रहा था। इसी समय कुछ विद्वानों द्वारा संगणक का प्रयोग भाषायी क्षेत्र (मशीनी अनुवाद) में करने का प्रयास किया जा रहा था। उस समय ऐसे व्याकरण उपलब्ध नहीं थे, जो मशीनी संसाधन की दृष्टि से तैयार किए गए हों या जिनमें भाषायी नियमों को तार्किक रचनाओं (logical formations) या गणितीय सूत्रों के रूप में प्रस्तुत किया गया हो। चॉम्स्की के व्याकरण ने इस कमी को पूरा किया। इसके बाद शब्दकोशीय प्रकार्यात्मक व्याकरण (LFG), सामान्यीकृत पदबंध संरचना व्याकरण (GPSG), शीर्ष-आधारित पदबंध संरचना व्याकरण (HPSG), निर्भरता व्याकरण (Dependency Grammar), संज्ञानात्मक व्याकरण (Cognitive Grammar), संबंधपरक व्याकरण (Relational Grammar), वृक्ष संलग्नक

व्याकरण (TAG), भूमिका एवं संदर्भ व्याकरण (Role and Reference Grammar) आदि अनेक व्याकरण विकसित किए गए हैं। इन व्याकरणों को दो श्रेणियों में बाँटा जा सकता है—संदर्भ-मुक्त व्याकरण (Context-free Grammar) तथा संदर्भ-युक्त व्याकरण (Context-sensitive Grammar)। इन सभी का उद्देश्य भाषायी नियमों को इस प्रकार से प्रस्तुत करना है कि उन्हें संगणक पर संसाधित किया जा सके। इसलिए ऐसे व्याकरणों को संगणकीय व्याकरण नाम दिया जाता है। प्रस्तुत पुस्तक में प्रयुक्त 'संगणकीय व्याकरण' शब्द इस संकल्पना से थोड़े भिन्न अर्थ में हैं। यहाँ पर कंप्यूटर में हिंदी के प्रयोग, संसाधन और सॉफ्टवेयर विकास की दृष्टि से व्याकरण का निर्माण कर इसे संगणकीय व्याकरण नाम दिया गया है। इसका उद्देश्य हिंदी की नियम आधारित प्रणालियों (Rule-based Systems) के निर्माण हेतु आवश्यक व्याकरणिक और भाषावैज्ञानिक पृष्ठभूमि उपलब्ध कराना है। यह पुस्तक 'पारंपरिक हिंदी व्याकरण', 'आधुनिक भाषावैज्ञानिक चिंतन' और 'प्राकृतिक भाषा संसाधन (NLP) के परिप्रेक्ष्य में हिंदी की संरचना' तीनों का अद्भुत संगम है। इसमें हिंदी की भाषिक इकाइयों और उनकी व्यवस्था को भाषावैज्ञानिक दृष्टिकोण से रखा गया है। इन इकाइयों और व्यवस्था की व्याख्या में यथासंभव पारंपरिक व्याकरणिक चिंतन को भी दृष्टिगत रखा गया है और आवश्यकतानुसार उद्धरित भी किया गया है। इसके अलावा चूँकि इसका उद्देश्य कंप्यूटर पर हिंदी को स्थापित करना है इसलिए प्राकृतिक भाषा संसाधन (NLP) की दृष्टि से आवश्यक अतिरिक्त इकाइयों, उनकी संरचना और सामग्री को भी प्रस्तुत किया गया है।

प्राकृतिक भाषा संसाधन (NLP) एक बहुत विस्तृत कार्य है। इसके दो प्रकार हैं—वाक् संसाधन (Speech Processing) और पाठ संसाधन (Text Processing)। **वाक् संसाधन** लिखित पाठ को वाचिक रूप में और वाचिक रूप को लिखित पाठ में बदलने की प्रक्रियाओं के अध्ययन-अध्यापन से संबंधित है, जिन्हें क्रमश: 'पाठ-से-वाक्' (Text-to-Speech: TTS) और वाक्-से-पाठ (Speech-to-Text : STT) कहा जाता है। प्रस्तुत पुस्तक में इस संदर्भ में कोई चर्चा नहीं की गई है। यह पुस्तक **पाठ संसाधन** से संबंधित है। पाठ संसाधन एक लिखित पाठ को मशीन द्वारा स्वचलित रूप से संसाधित करने की प्रक्रिया है। इसके लिए विभिन्न भाषिक स्तरों पर भाषायी ज्ञान को मशीन में स्थापित किया जाता है। चूँकि इसका क्षेत्र अत्यंत विस्तृत है, इसलिए पाठ संसाधन के संदर्भ में प्राकृतिक भाषा संसाधन (NLP) को चरणबद्ध रूप से समझने-समझाने के लिए कुछ स्तरों में विभक्त किया जा सकता है, जैसे—

- **पूर्व प्राकृतिक भाषा संसाधन (Pre-NLP) :** इसमें प्रोग्रामिंग, डाटाबेस प्रबंधन, फॉन्ट निर्माण और फॉन्ट परिवर्तन संबंधी कार्य आदि आते हैं।

प्रोग्रामिंग भी मुख्य रूप से स्ट्रिंग मैनिपुलेशन और डाटाबेस प्रबंधन प्रणाली से जोड़कर टूल्स के निर्माण से संबंधित होनी चाहिए। भाषा संसाधन हेतु डाटाबेस प्रबंधन प्रणाली की आवश्यकता इलेक्ट्रानिक शब्दकोश अथवा कार्पस संग्रह और प्रबंधन के लिए पड़ती है। फॉन्ट निर्माण अथवा फॉन्ट परिवर्तन NLP नहीं है। NLP तो किसी पाठ के टंकित हो जाने बाद आरंभ होती है। अत: भाषा संसाधन संबंधी कार्य के लिए इनका ज्ञान अपेक्षित तो है, किंतु केवल इतना कर पाना NLP नहीं है। यह NLP से पूर्व की स्थिति है।

- **प्राथमिक प्राकृतिक भाषा संसाधन (Primary-NLP) :** NLP किसी मानव भाषा के ज्ञान को मशीन में स्थापित करने की प्रक्रिया है, जिससे मशीन द्वारा भाषा संबंधी कार्यों को स्वचलित रूप से संपन्न कराया जा सके। अत: भाषा संबंधी ज्ञान को स्वन, स्वनिम, रूपिम, शब्द/पद, पदबंध, वाक्य और प्रोक्ति सभी भाषायी स्तरों पर स्थापित करना होता है। यह कार्य मुख्यत: रूपविश्लेषण (Morph Analysis) और रूपसर्जन (Morph Generation) से आरंभ होता है। अत: शब्द स्तर तक के विश्लेषण और प्रजनन से जुड़े टूल्स का निर्माण करना प्राथमिक NLP है। इसमें संगणकीय कोश निर्माण (Building Computational Lexicon), विराम चिह्न अभिज्ञान एवं संसाधन (Punctuation Marks Recognition and Processing), लिप्यंतरण प्रणाली (Transliteration System), रूपविश्लेषण (Morph Analysis) और रूपसर्जन (Morph Generation), वर्तनी जाँचक निर्माण (Building Spell Checker), दिनांक, समय और मुद्रा अभिज्ञान (Date, Time and Currency Recognition) आदि कार्य आते हैं। अत: शब्द या पद की आंतरिक रचना से संबंधित विश्लेषण और प्रजनन के कार्य प्राथमिक NLP के अंतर्गत आते हैं।
- **केंद्रीय प्राकृतिक भाषा संसाधन (Central-NLP) :** इसके अंतर्गत शब्दभेद टैगिंग (Parts of Speech Tagging), पदबंध चिह्नन (Phrase Marking), व्याकरण जाँचक निर्माण (Building Grammar Checker), स्वचलित वाक्य प्रजनन (Automatic Sentence Generation) और पद-विच्छेदन (Parsing) संबंधी कार्य आते हैं। प्राथमिक NLP में विकसित किए गए सभी टूल्स इन प्रणालियों के विकास में किसी-न-किसी रूप में प्रयोग में आते हैं। रूपविश्लेषक (Morph Analyser) को एक टूल के रूप में देखा जा सकता है, किंतु भाषा व्यवहार संबंधी किसी कार्य में केवल रूपविश्लेषक की कोई प्रत्यक्ष उपयोगिता नहीं है। इस टूल का

वर्तनी जाँचक, व्याकरण जाँचक, टैगर, पार्सर आदि किसी भी सॉफ्टवेयर में प्रयोग किया जा सकता है। यही बात प्राथमिक NLP के सभी टूल्स पर लागू होती है। वर्तनी जाँचक और लिप्यंतरण प्रणालियों का स्वतंत्र रूप से प्रयोग किया जाता है।

- **प्रगत प्राकृतिक भाषा संसाधन (Advanced-NLP)** : केंद्रीय NLP ही मूल NLP है। इसमें बताए गए टूलों और सॉफ्टवेयरों द्वारा ही भाषायी अनुप्रयोग क्षेत्रों, जैसे—मशीनी अनुवाद (Machine Translation), ओ.सी.आर. (OCR), सूचना प्रत्यानयन (Information Retrieval) आदि संबंधी कार्य होते हैं। किंतु इन सॉफ्टवेयरों के विकास में संदिग्धार्थकता (Ambiguity), नामपद अभिज्ञान (Name Entity Recognition : NER), बहुशब्दीय अभिव्यक्ति (Multi-word Expression (MWE), प्रोक्ति संदर्भ (Discourse References) आदि संबंधी चुनौतियाँ आती हैं। इसके अलावा अर्थ (Meaning) को मशीन में स्थापित करना तथा अर्थ और तर्क (Meaning and Logic) को एक साथ जोड़ना आदि आज भी चुनौतिपूर्ण कार्य हैं। इन चुनौतियों को हल करने के लिए किया जाने वाला भाषा संसाधन संबंधी कार्य प्रगत NLP है। NLP से जुड़े सभी शोधकर्ता एवं संस्थान इस दिशा में प्रयासरत हैं। इन चुनौतियों के संबंध में कार्य करने वाले व्यक्ति को केंद्रीय NLP के सॉफ्टवेयरों या प्रणालियों की विकास प्रक्रिया और कार्यप्रणाली का ज्ञान होना आवश्यक है। अर्थात् कोई भी व्यक्ति तब तक संदिग्धार्थकता (Ambiguity), नामपद अभिज्ञान (Name Entity Recognition : NER), बहुशब्दीय अभिव्यक्ति (Multi-word Expression), प्रोक्ति संदर्भ (Discourse References) आदि पर कार्य नहीं कर सकता, जब तक उसे टैगर, पार्सर, पदबंध चिह्नक, वाक्य प्रजनक आदि की कार्यप्रणाली का ज्ञान न हो। कई बार पी-एच.डी. शोधार्थियों द्वारा NLP संबंधी बिना किसी पूर्वज्ञान के प्रगत NLP से संबंधित इन विषयों पर शोध विषय ले लिए जाते हैं। इससे शोधार्थियों को अपना विषय समझने में ही शोध का अधिकांश समय चला जाता है और कार्य गुणवत्तापूर्ण नहीं हो पाता। मेरी समझ से यह उचित नहीं है। जब तक प्राथमिक और केंद्रीय NLP की प्रणालियों की कार्यपद्धति का ज्ञान न हो, इन क्षेत्रों में गुणवत्तापूर्ण कार्य कर पाना असंभव की तरह कठिन है।

इस पुस्तक में हिंदी के महत्त्वपूर्ण वैयाकरणों और भाषावैज्ञानिकों द्वारा हिंदी की भाषा व्यवस्था से जुड़ी अवधारणाओं के संदर्भ में दिए गए विचारों को आवश्यकतानुसार उद्धरित किया गया है। पुस्तक के निर्माण में यथासंभव प्रयास

किया गया है कि 'हिंदी व्याकरण' का कोई पक्ष अछूता न रह जाए। अतः मूल रूप से यह पुस्तक **हिंदी का एक व्याकरण** है, जिसका लक्ष्य **संगणक** (कंप्यूटर) है, किंतु इसकी पृष्ठभूमि **भाषावैज्ञानिक** है। इसमें हिंदी की सभी भाषिक इकाइयों, नियमों और व्यवस्थाओं का विवेचन भाषावैज्ञानिक आधार पर किया गया है। इसके लिए भाषाविज्ञान के संरचनात्मक और प्रजनक उपागमों (approaches) का प्रयोग किया गया है। साथ ही आवश्यकता के अनुसार प्रकार्यात्मक संबंधों को प्रकार्य की दृष्टि से ही व्याख्यायित किया गया है। अतः इसमें किसी एक भाषावैज्ञानिक मॉडल का अनुकरण न करते हुए सभी प्रमुख मॉडलों में व्यक्त संकल्पनाओं और विचारों का समावेश किया गया है। इस पुस्तक को '**हिंदी का भाषावैज्ञानिक व्याकरण**' भी कह सकते हैं जिसका उद्देश्य **कंप्यूटर** में हिंदी के संसाधन संबंधी प्रणालियों का विकास करना है। चूँकि इसमें भाषावैज्ञानिक और व्याकरणिक नियम दिए गए हैं, इसलिए इसके माध्यम से **नियम-आधारित संगणकीय प्रणालियों** (Rule-based Computational Systems) का ही विकास किया जा सकता है।

कंप्यूटर एक डमी मशीन है, यह स्वयं से कुछ भी नहीं कर सकती। इसलिए उसमें एक-एक बात को चरणों में वस्तुनिष्ठ रूप से समझाना पड़ता है। इस व्याकरण में विभिन्न भाषिक स्तरों पर हिंदी की व्यवस्था को वस्तुनिष्ठ रूप से प्रस्तुत करने का यथासंभव प्रयास किया गया है। इसलिए यह व्याकरण मशीनी संसाधन की दृष्टि से तो उपयोगी है ही, हिंदी का विदेशी भाषा के रूप में शिक्षण करने के लिए भी इसकी पर्याप्त सामग्री विशिष्ट रूप से उपयोगी साबित होगी, इसका मुझे पूरा विश्वास है। यह पुस्तक हिंदी के उन मर्मज्ञ विद्वानों के लिए भी उपयोगी सिद्ध होगी जो हिंदी को वस्तुनिष्ठ रूप से देखना, समझना चाहते हैं।

इस पुस्तक के प्रत्येक भाग (या यहाँ तक कि प्रत्येक अध्याय) पर अंग्रेजी में अनेक पुस्तकें अलग-अलग उपलब्ध हैं, किंतु हिंदी में इस प्रकार की पुस्तकों का सर्वथा अभाव दिखाई पड़ता है। इसी कारण लेखक द्वारा यह प्रयास किया गया है कि प्रत्येक भाग (खंड) में लगभग 100 पृष्ठों की सामग्री तो उपलब्ध कराई ही जाए। यद्यपि एक-दो में ऐसा नहीं हो सका है, फिर भी मशीनी संसाधन हेतु आवश्यक विवेचन प्राप्त किया जा सकता है।

हिंदी में तकनीकी लेखन में 'शब्दावली' की बहुत समस्या रही है। यहाँ पर पहले से उपलब्ध शब्दावली का अधिकाधिक उपयोग किया गया है। फिर भी, विशेष परिस्थितियों में अपरिहार्य होने पर नवीन शब्द भी प्रयुक्त/निर्मित किए गए हैं। चूँकि अभी हिंदी में प्रयुक्त प्रौद्योगिकीय शब्दावली बहुत अधिक प्रचलित नहीं हो पाई है, इस कारण सभी शीर्षक द्विभाषिक (bilingual) दिए गए हैं। इसके अलावा जहाँ-जहाँ तकनीकी शब्दों का प्रयोग हुआ है, वहाँ-वहाँ कोष्ठक में उनकी

अंग्रेजी को अधिक-से-अधिक देने का प्रयास किया गया है। मुझे आशा है कि इससे पाठक शब्दावली में उलझने के बजाए विषय और कथ्य (content) पर केंद्रित हो सकेंगे। पुस्तक के अंत में 'शब्दावली' नाम से पारिभाषिक शब्दों की परिभाषा आवश्यक उदाहरणों के साथ एक सूची के रूप में दी गई है। इसमें तकनीकी शब्दों और नवीन संकल्पनाओं को सरलतापूर्वक समझा जा सकता है। सूची में शब्दों को अकारादि क्रम में ही रखा गया है। इसलिए किसी भी शब्द को संबंधित स्थान पर बिना किसी समस्या के देखा जा सकता है।

इस पुस्तक की दो मुख्य कमजोरियाँ हैं—'हिंदी माध्यम से लिखा जाना' और 'लेखक का एक पूर्व प्रतिष्ठित नाम न होना'। किसी भी भाषा के भाषा संसाधन अथवा कंप्यूटर से जुड़ी पुस्तकें मुख्यतः अंग्रेजी में ही लिखी जाती हैं। भारतीय अथवा हिंदी पाठकों में अंग्रेजी के प्रति एक जुनून भी देखने को मिलता है, यदि पुस्तक अंग्रेजी में लिखी गई हो तो वह गुणवत्तापूर्ण होगी ही; ऐसी धारणाएँ प्रायः देखने को मिलती हैं। हिंदी में लिखी पुस्तकों को उतनी गुणवत्तापूर्ण नहीं माना जाता। कई लोग तो हिंदी पुस्तकों को इसलिए अपने पास नहीं रखना चाहते कि इससे उनकी साख प्रभावित होगी। किंतु ज्ञान के मामले में वास्तविक स्थिति यही है कि **मातृभाषा** में पढ़ने-लिखने वाले लोग अधिक रचनात्मक होते हैं। यह बात वैज्ञानिक रूप से भी प्रमाणित हो चुकी है। इसलिए कंप्यूटर के क्षेत्र में भाषा संसाधन संबंधी कार्य कर रहे विद्वानों से मेरा अनुरोध होगा कि भाषा पर विचार करने के बजाए पुस्तक की सामग्री पर ध्यान केंद्रित करें।

इसी तरह हिंदी में विद्वत्ता के पैमाने बहुत अलग प्रकार के हैं। किसी पुस्तक को खरीदने या पढ़ने से पहले लोग यह देखते हैं कि इसका लेखक कौन है? वह कोई बड़ा नाम होना चाहिए, अन्यथा किसी की भी पुस्तक लेने की क्या जरूरत? हिंदी विद्वान तो यहाँ तक देखते हैं कि पुस्तक की भूमिका किसने लिखी है? या पुस्तक का प्रकाशक कौन है? इन सभी से मेरा विनम्र अनुरोध है कि नाम, उम्र, बड़े विद्वान की भूमिका या बड़े प्रकाशक से किसी भी पुस्तक में गुणवत्ता नहीं आ सकती। इसलिए इन बेकार की धारणाओं का यथाशीघ्र त्याग करके सबसे पहले पुस्तक की 'विषय-सूची' देखें और यदि संभव हो अंदर की कुछ सामग्री पर एक दृष्टि डालें, जिससे पुस्तक की वास्तविक गुणवत्ता का सही आकलन हो सके। इसी प्रकार हिंदी में एक मानसिकता विशेष से ग्रसित स्वघोषित विद्वान भी हैं, जो हिंदी में तकनीकी विषयों पर स्वयं लिखते भी नहीं, और यदि कोई नया (बेनाम) व्यक्ति लिखता है तो आलोचना जरूर करते हैं, कि यह क्या लिखा है? बहुत ही साधारण (basic) सामग्री है आदि। ऐसे लोगों से मेरी प्रार्थना है कि केवल आलोचना करने के बजाए स्वयं भी कुछ लिखें, जिसका लाभ नए लेखकों सहित सभी लोग ले सकें और हिंदी समृद्ध हो।

इस पुस्तक के लेखन हेतु सामग्री संकलन और विश्लेषण का कार्य जैसे-जैसे पूरा हो रहा था वैसे-वैसे मुझे यह अनुभूति हो रही थी—'ज्यों-ज्यों डूबे श्याम रंग, त्यों-त्यों उज्ज्वल होय'। मैंने जितना अधिक अध्ययन किया, मुझे उतना ही अधिक अपने अल्पज्ञान का पता चला। इसलिए यह पुस्तक हिंदी व्याकरण को मशीनी अनुप्रयोग को समझने-समझाने की दृष्टि से प्रस्तुत करने का एक प्रयास मात्र है। पुस्तक की भाषा-शैली को यथासंभव सरल रखने का प्रयास किया गया है और प्रत्येक प्रयोग को उदाहरण द्वारा समझाने की कोशिश की गई है। इससे मुझे पूरा विश्वास है कि भाषा संसाधन के क्षेत्र में पहला कदम रखने वाला व्यक्ति भी इसमें किए गए विवेचनों को समझ सकेगा तथा इस दिशा में उसकी रुचि और अधिक बलवती हो सकेगी। पुस्तक में हिंदी के संसाधन हेतु आवश्यक नियमों और इकाइयों की चर्चा की गई है, और साथ-ही-साथ जिन बिंदुओं पर आगे और अधिक शोध की आवश्यकता है, उन्हें भी रेखांकित किया गया है। इसलिए यह पुस्तक हिंदी के मशीनी संसाधन हेतु आवश्यक शोध की ओर भी संकेत करती है। इससे शोधार्थियों को अपने शोध-विषयों के निर्धारण में भी सहायता मिल सकेगी। मैंने पुस्तक लेखन के दौरान विभिन्न पक्षों को प्रबुद्ध जन के बीच चर्चा के लिए पहुँचाने की दृष्टि से कुछ शोधपत्र भी लिखे, जैसे—नियम आधारित हिंदी व्याकरण जाँचक, हिंदी में क्रिया संदिग्धार्थकता आदि। इनका पुस्तक में वैसे ही समावेश किया गया है।

जब मैंने इस पुस्तक की योजना बनाई थी तब सोचा था कि 'आर्थी निरूपण' नाम से अर्थ से संबंधित एक खंड भी इस पुस्तक में होगा, किंतु जैसे-जैसे मैं इस दिशा में काम करता गया, यह बात स्पष्ट हो गई कि 'अर्थ' ही भाषा का केंद्र है। चॉम्स्की का पूरा व्याकरण बहुत उपयुक्त होते हुए भी पूर्णता को प्राप्त नहीं कर सकता, क्योंकि उसके केंद्र में अर्थ नहीं है। इसलिए अभी मैं केवल 'अर्थ' को ही केंद्र बनाकर अलग काम करने की योजना बना रहा हूँ। यदि यह योजना सफल हुई तो वह कृति स्वयं एक पुस्तक के रूप में आपके सम्मुख उपस्थित हो सकेगी।

पुस्तक-लेखन एक बड़ा कार्य है, जो महीनों और वर्षों चलता रहता है। लंबे समय तक काम करते हुए लेखक को प्रत्यक्ष या परोक्ष रूप से विभिन्न विद्वज्जन और स्वजन का सहयोग मिलता रहता है। इसलिए उन सभी के प्रति आभार और कृतज्ञता ज्ञापित करके उन्हें समुचित सम्मान देना भी लेखक का कर्तव्य बनता है। इस क्रम में सर्वप्रथम पं. कामता प्रसाद 'गुरु' और प्रो. सूरजभान सिंह सहित हिंदी व्याकरण के मर्मज्ञों को नमन करता हूँ, जिनके ज्ञान का उपयोग किए बिना इस पुस्तक की रचना संभव नहीं थी; साथ ही प्रो. उमाशंकर उपाध्याय और प्रो. अनिल कुमार पाण्डेय का अंतर्मन से आभारी हूँ, जिनसे मैं समय-समय पर चर्चा करता रहा। **प्रो. पंचानन मोहंती, प्रो. उमाशंकर उपाध्याय** एवं **प्रो. वृषभप्रसाद** जैन

द्वारा पुस्तक का पुनरीक्षण किया गया तथा अनेक महत्त्वपूर्ण सुझाव दिए गए। इसके लिए आप सभी का विशेष आभार व्यक्त करता हूँ।

मैं म.गां.अं.हिं.वि., वर्धा के कुलपति प्रो. गिरीश्वर मिश्र के प्रति हृदय से कृतज्ञता ज्ञापित करता हूँ, जिन्होंने मुझे नियमित रूप से प्रोत्साहित किया। इस कार्य हेतु सामग्री संकलन एवं अन्य क्रियाओं को संपन्न करने हेतु परियोजना के रूप में प्रायोजित करने के लिए मैं विश्वविद्यालय में स्थापित हिंदी शिक्षण अधिगम केंद्र (TLCHS) के प्रति भी हार्दिक आभार व्यक्त करता हूँ। इसके अलावा मैं अपने स्वजन—पत्नी (रागिनी) : जिन्होंने अत्यंत श्रमपूर्वक पुस्तक का टंकण किया; पिता (श्री शिवनरायन कुशवाहा), माता (श्रीमती इंद्रावती देवी) और अन्य के प्रति भी कृतज्ञ हूँ, जिनके प्रेम और स्नेह से मैं इस पुस्तक को पूर्ण करने में सफल हो सका। अपने मित्र डॉ. रणजीत भारती को प्रूफ संपादन के लिए धन्यवाद देते हुए डॉ. प्रवीण कुमार पाण्डेय एवं छोटे भाई अभिजीत प्रसाद को भी समय-समय पर पुस्तक के लेखन में सहयोग के लिए धन्यवाद देता हूँ।

—धनजी प्रसाद

05 जुलाई, 2018

विषय सूची

भाग-2

व्युत्पादन (शब्दसाधन)

(Derivation/Word Formation)

भाग-3
रूपसाधन (पदसाधन) और रूपविश्लेषण
(Inflection and Morphological Analysis)

भाग-4
पाठ का व्याकरणिक अभिज्ञान
(Grammatical Recognition of Text)

भाग-5
पदबंध और वाक्य अभिज्ञान
(Phrase and Sentence Recognition)

भाग–1

वर्ण और शब्दकोश

(Character and Lexicon)

परिचय

किसी भाषा की व्यवस्था के विवेचन के दो पक्ष हैं—भाषाविज्ञान और व्याकरण। भाषाविज्ञान जहाँ सार्वभौमिक रूप से भाषा मात्र के अध्ययन से संबंधित है, तो व्याकरण का लक्ष्य किसी भाषा विशेष के नियमों का प्रतिपादन करना है। इसी प्रकार भाषाविज्ञान का मुख्य बल—किसी भाषा का जिस रूप में व्यवहार हो रहा हो, उसी रूप में व्यवहार और प्रयोग के नियमों को प्रस्तुत कर देने पर होता है, तो व्याकरण किसी भाषा के नियमों की स्थापना करता है और उनके पालन किए जाने की अपेक्षा करता है। इसी कारण भाषाविज्ञान को मूलतः वर्णनात्मक (descriptive) कहा गया है तो व्याकरण को निर्देशपरक (prescriptive)।

भाषावैज्ञानिकों द्वारा **भाषा** को वस्तुनिष्ठ रूप से परिभाषित करते हुए कहा गया है कि "भाषा यादृच्छिक ध्वनि प्रतीकों की वह व्यवस्था है, जिसके माध्यम से मनुष्यों द्वारा विचार और आपसी संप्रेषण किया जाता है।" यह परिभाषा 'भाषा' के अध्ययन-विश्लेषण को ध्यान में रखकर दी गई है। इसमें आए प्रत्येक पारिभाषिक शब्द—**यादृच्छिक, ध्वनि प्रतीक, व्यवस्था, विचार** और **संप्रेषण** की स्वतंत्र व्याख्याएँ हैं। इन्हीं की व्याख्या के क्रम में भाषा व्यवस्था के विविध स्तरों—**ध्वनि (स्वन), स्वनिम, रूपिम, शब्द/पद, पदबंध, उपवाक्य, वाक्य और प्रोक्ति** का अध्ययन भाषाविज्ञान में किया जाता है। 'व्याकरण' का लक्ष्य किसी भाषा विशेष में पाई जाने वाली इन इकाइयों का विवेचन उस भाषा की प्रकृति के अनुरूप करना है। प्रस्तुत पुस्तक में भी आवश्यकतानुसार इन इकाइयों का विवेचन किया गया है।

भाषा की मूल इकाइयाँ 'शब्द' और 'वाक्य' हैं। इनमें **शब्द** जहाँ लघुतम स्वतंत्र और अर्थवान इकाई है, वहीं **वाक्य** लघुतम संप्रेषणात्मक इकाई है। किंतु किसी भी भाषा की लघुतम इकाई 'स्वन' (ध्वनि) है। लिखित रूप में **वर्णों** द्वारा इनका प्रतिनिधित्व किया जाता है। इस कारण व्याकरणिक विवेचन में वर्ण और वर्ण-व्यवस्था से सर्वप्रथम परिचय कराया जाता है। संगणक (Computer) की दृष्टि से 'वर्ण' के बजाय वर्णों का टंकण (Typing) महत्त्वपूर्ण होता है। इसलिए प्रस्तुत संगणकीय व्याकरण (Computational Grammar) के आरंभ में '**वर्ण और शब्दकोश**' का परिचय कराया जा रहा है।

1

टंकण : लिपि, फॉन्ट और यूनीकोड

(Typing : Script, Font and Unicode)

भाषा का मूल रूप 'वाचिक' (बोला गया रूप) है। आदिकाल में जब लोगों ने संगठित होकर रहना आरंभ किया होगा, तो उन्होंने आपसी संप्रेषण के लिए कुछ ध्वनि प्रतीकों का प्रयोग किया होगा। इस क्रम में धीरे-धीरे ध्वनि प्रतीकों की संख्या बढ़ते हुए एक व्यवस्था का विकास हुआ है, जिसे कालांतर में 'भाषा' का नाम दिया गया है। भाषा में बढ़ती शब्दों तथा वाक्यों की संख्या और संप्रेषण-क्षमता के विकास के कारण सूचनाओं को संगृहीत करने की आवश्यकता को जन्म दिया। वाचिक रूप में भाषिक सामग्री को लंबे समय तक रखना अथवा एक स्थान से दूसरे स्थान पर ले जाकर प्रयोग करना संभव नहीं था, क्योंकि वाचिक भाषा में कही गई बात तो बोलने के तुरंत बाद ध्वनि तरंगों के रूप में वायुमंडल में विलीन हो जाती है। इसी कारण ध्वनि प्रतीकों के लिए कुछ लिपि चिह्नों का विकास किया गया और इस प्रकार धीरे-धीरे भाषा का 'लिखित' रूप विकसित हुआ। लिखित रूप में प्रयुक्त होने वाले चिह्नों का संकलन 'लिपि' (script) है। किसी भी भाषा में भाषायी सामग्री के विकास अथवा संचय के लिए उसके लिखित रूप का होना आवश्यक है। किसी भाषा को 'भाषा' का दर्जा देने के लिए उसमें लिखित सामग्री की उपलब्धता एक बड़ा पैमाना है। इसके बावजूद लेखन भाषा के वाचिक रूप का अनुकरण मात्र है। आज भी हजारों की संख्या में आदिवासी भाषाएँ हैं, जिनकी कोई लिपि नहीं है।

आज के तकनीकी युग में टेपरिकार्डर का विकास हो जाने के बाद वाचिक भाषिक सामग्री को उसी रूप में संग्रहीत करना भी संभव हो गया है। किंतु लिखित रूप दृश्यपरक होने के कारण अधिक ग्राह्य और लोकप्रिय है। साथ ही हमें पारंपरिक रूप से अध्ययन-अध्यापन में लिखित भाषा का ही अभ्यास है, इसलिए केवल वाचिक रूप को रिकार्ड करके संग्रहीत करके सभी प्रकार के कार्य नहीं किए जा सकते। उदाहरण के लिए पुस्तक के रूप में संग्रहीत सामग्री को पढ़कर जितनी रुचि और गहनता के साथ समझा जा सकता है उतनी ही रुचि और गहनता के साथ

उसे बोलकर रिकार्ड की गई सामग्री को सुनकर नहीं समझा जा सकता। टंकण किसी भाषिक सामग्री को मशीन (कंप्यूटर) में संग्रहीत करने की पद्धति है। कंप्यूटर में भी भाषायी सामग्री का सबसे अधिक संग्रह लिखित रूप में ही होता है। इसके लिए संबंधित सामग्री का कुंजीपटल (keyboard) के माध्यम से टंकण किया जाता है। वैसे तो दृश्य-श्रव्य (ऑडियो-विजुअल) सामग्री भी धीरे-धीरे प्रसिद्ध हो रही है, किंतु अध्ययन-अध्यापन में लिखित सामग्री का ही अधिक महत्त्व है।

मानव भाषाओं को मशीन (कंप्यूटर) में इस प्रकार से स्थापित करना कि उसके द्वारा भाषायी कार्य (जैसे—अनुवाद, डाटा खोज, पाठ-वाक् परिवर्तन आदि) संपन्न किए जा सकें, **प्राकृतिक भाषा संसाधन** (Natural Language Processing-NLP) है । चूँकि मशीन की भी अपनी भाषा होती है, इसलिए मानव भाषाओं के संसाधन को उससे अलग करने के लिए इसे 'प्राकृतिक भाषा संसाधन' कहा गया है। वैसे पारंपरिक रूप से 'भाषा' शब्द का तात्पर्य 'मानव भाषा' से ही रहा है, इस कारण प्राकृतिक भाषा संसाधन को संक्षेप में '**भाषा संसाधन**' (Language Proceesing) भी कहते हैं। भाषा संसाधन का कार्य भी आधारभूत रूप से लिखित (टंकित) सामग्री पर ही आधारित है, क्योंकि मानव भाषाओं के वाचिक रूप का ध्वनि तरंगों के रूप में विश्लेषण करना लिपि चिह्नों के विश्लेषण से अधिक जटिल कार्य है। अत: किसी भाषा के संसाधनात्मक स्वरूप को समझने के लिए सबसे पहले लिपि, लिपि चिह्नों को कंप्यूटर में टंकित करने के लिए प्रयुक्त 'फॉन्ट' और 'यूनीकोड' आदि को समझना आवश्यक है। **फॉन्ट** वह समुच्चय है जिसमें एक लिपि विशेष में प्रयुक्त होने वाले सभी चिह्नों का दृश्यपरक स्वरूप (टाइपफेस) और मशीनी कोड संकलित होता है। **यूनीकोड** विश्व की सभी प्रमुख भाषाओं की लिपियों के लिपि चिह्नों को यह सुविधा प्रदान करने की व्यवस्था है।

1.1 लिपि (Script)

भाषा का व्यवहार दो रूपों में किया जाता है—वाचिक और लिखित। वाचिक व्यवहार में प्रयुक्त भाषा तात्कालिक होती है। बोलने के तुरंत बाद वाचिक सामग्री लुप्त हो जाती है, वह बाद में प्रयोग के लिए संचित नहीं रह पाती। इस कारण भाषिक सामग्री के संग्रह की दृष्टि से लिखित भाषा ही काम आती रही है। लेखन के लिए लिपि चिह्नों का प्रयोग किया जाता है। 'लिपि' कुछ सीमित चिह्नों और संकेतों के चित्रात्मक प्रस्तुति की वह व्यवस्था है जिसके माध्यम से भाषिक सामग्री (ध्वनि/स्वन, शब्द, वाक्य, प्रोक्ति) को किसी भौतिक साधन (कागज, कपड़ा, पत्थर आदि) पर अंकित किया जा सकता है। लिपि भाषिक सामग्री के संरक्षण का आधार है। वाचिक रूप से कही गई बात तुरंत बाह्य वातावरण में विलीन हो जाती है। एक बार कही हुई बात का बार-बार उपयोग नहीं किया जा सकता। लिपि ही

हमें यह व्यवस्था देती है कि एक बार अपने विचारों को लिखित रूप से अभिव्यक्त करके उन्हें संग्रहीत करें और उनका बार-बार उपयोग करें। लिपि में संग्रहीत सामग्री की समय और स्थान की दृष्टि से कोई सीमा नहीं होती। अर्थात् लिखित सामग्री को कोई भी कहीं भी ले जा सकता है और उसका उपयोग कर सकता है। इसी प्रकार एक बार लिख जाने के पश्चात् उस सामग्री का उपयोग युगों-युगों तक होता रहता है, जैसे—पुस्तक, पांडुलिपि, शिलालेख आदि को कभी भी कहीं भी ले जाया जा सकता है। यदि आज लाखों-करोड़ों की संख्या में पुस्तकों, पत्र-पत्रिकाओं आदि का लेखन, प्रकाशन और प्रयोग संभव हो सका है तो उसका कारण 'लिपि' का विकास या भाषा के लिखित रूप का विकास ही है। भाषिक इकाइयों के अध्ययन-विश्लेषण की दृष्टि से भी लिपि की आधारभूत भूमिका है। यदि लिपि में अंकित करने की व्यवस्था न होती तो 'स्वनिम से प्रोक्ति' तक भाषिक इकाइयों का वर्णन या विवेचन कर पाना सरल नहीं होता।

लिपि के वर्तमान स्वरूप को समझने के लिए इसकी ऐतिहासिक पृष्ठभूमि पर एक संक्षिप्त दृष्टि डालना समीचीन होगा। इसके विकास का इतिहास मानव सभ्यता के विकास के साथ जुड़ा हुआ है। मानव समाज और सभ्यता के विकासक्रम में लिपि का कई चरणों और रूपों में विकास हुआ है। इस विकासक्रम को निम्नलिखित उपशीर्षकों में विभक्त करके देखा जा सकता है—

1.1.1 लिपि पूर्व चित्रात्मक प्रस्तुति (चित्र लिपि)

यह मानव सभ्यता की सबसे पुरानी अभिव्यक्ति व्यवस्था है। इसके काल को 'आरंभिक काल' कहा जाता है। इसमें वर्ण या वर्ण समूह नहीं होते थे बल्कि दीवारों, गुफाओं, पत्थरों, बड़ी-बड़ी लकड़ियों आदि की सतहों पर टेढ़ी-मेढ़ी रेखाओं द्वारा चित्र उकेरकर अपनी बात को अभिव्यक्त करने का प्रयास किया जाता था। अतः इन्हें लिपि पूर्व चित्रात्मक प्रस्तुति कहा जा सकता है। वैसे सामान्यतः भाषावैज्ञानिकों द्वारा इन्हें 'चित्र लिपि' कहा गया है। सभी पुरानी सभ्यताओं के अवशेषों में इनके नमूने प्राप्त होते हैं। ऐसा एक उदाहरण देखा जा सकता है—

(Proto-Elamite लिपि चिह्न)

1.1.2 सूत्रात्मक प्रस्तुति (सूत्र लिपि)

यह भी लिपि पूर्व स्थिति ही है। इसमें बातों को याद रखने की पारंपरिक विधियाँ आती हैं, जिनके अनेक प्रमाण भारत, चीन, जापान, तिब्बत, बांग्लादेश आदि में प्राप्त होते हैं। धार्मिक कार्यक्रमों की शब्दावली में गाँठ बाँधना, शिखा बंधन आदि के अपने अर्थ हैं। बौद्धधर्म के अनुयायियों द्वारा भी इस पद्धति का प्रयोग देखा जा सकता है। सूत्र लिपि के संबंध में डॉ. राजमणि शर्मा (2007) ने कहा है, "लिपि के विकास की यह दूसरी कड़ी है। प्राचीनकाल में रस्सी और पेड़ों की छाल में गाँठ दे दी जाती थी। व्याकरण या दर्शनशास्त्र के सूत्र भी इसी परंपरा की ओर उन्मुख करते हैं। आज 'गाँठ बाँधना' जो मुहावरा प्रचलित है उसका भी यही अर्थ होता है कि इसे पूर्ण रूप से स्मरण कर लीजिए।" (आधुनिक भाषाविज्ञान, पृ. 356)

1.1.3 प्रतीक चित्र (प्रतीक लिपि)

यह मूलत: सांकेतिक रूप से सूचनाओं के संप्रेषण से संबंधित है, जैसे—खतरा होने पर लाल कपड़ा दिखाना, या दो हड्डियों के बीच खोपड़ी रखना आदि। वास्तव में इस काल में ही चित्रों को भाव विशेष या संकेत विशेष के लिए समाज द्वारा स्वीकृत कर दिया जाता था। इसी प्रकार के चित्रों से आरंभ होकर धीरे-धीरे यादृच्छिक लिपि चिह्नों का विकास हुआ, जिनका संकेतित वस्तु से कोई संबंध नहीं होता। इसके विकास के काल को 'मध्यकाल' नाम दिया गया है। बिजली के खंभों पर प्रयुक्त होने वाले सुप्रसिद्ध चित्र द्वारा इसे समझा जा सकता है—

1.1.4 भाव लिपि

भाव लिपि कई चित्रों को शृंखलाबद्ध रूप से रेखांकित करते हुए एक विचार या भाव को संप्रेषित करने की व्यवस्था है। इसके विकास के काल को 'उत्तर-मध्यकाल' नाम दिया गया है। यह सांकेतिक चित्र-प्रतीकों अथवा उनके संयोजन के माध्यम से भावों को व्यक्त करने की सुविधा प्रदान करती है। इन्हीं से आधुनिक लिपियों का विकास हुआ।

1.1.5 ध्वनिमूलक लिपि

ध्वनिमूलक लिपि वर्तमान में प्रयुक्त हो रही सभी लिपियों का समेकित नाम है। इसके विकास काल को 'आधुनिक काल' नाम दिया गया है। इस लिपि में भाषा के प्रत्येक स्वन या ध्वनि के लिए एक चिह्न (वर्ण या अक्षर) निर्धारित कर दिया जाता

है। उस चिह्न (वर्ण या अक्षर) का उच्चारण भी उसी तरह होता है। इन वर्णों या चिह्नों को मिलाकर, शब्द और शब्दों को मिलाकर वाक्य निर्मित किए जाते हैं। सभी आधुनिक लिपियाँ इसी प्रकार की लिपियाँ हैं। 'देवनागरी' भी इन्हीं में से एक है।

देवनागरी लिपि

देवनागरी लिपि के उद्‌भव और विकास को समझने के लिए लिपि के भारतीय परिप्रेक्ष्य पर एक दृष्टि डालनी होगी, जिसकी विस्तृत चर्चा यहाँ अपेक्षित नहीं है। भारत में लिपि का इतिहास अत्यंत प्राचीन है। इसके प्राचीनतम नमूने सिंधु घाटी सभ्यता में देखे जा सकते हैं। ऐतिहासिक दृष्टि से देखें तो 'ब्राह्मी' और 'खरोष्ठी' भारत की सबसे प्राचीन लिपियाँ हैं। देवनागरी लिपि के विकास को ब्राह्मी लिपि से ही जोड़कर देखा जाता है। अरबी-फ़ारसी को छोड़कर भारत की सभी वर्तमान लिपियों का उद्‌भव ब्राह्मी से ही माना जाता है। इसके आरंभिक रूप को नागरी भी कहा गया है। इसके आरंभिक रूप के संदर्भ में डॉ. रामकिशोर शर्मा (2007) ने बताया है, ''बोधगया के महानाम शिलालेख में और लेखमंडल की प्रशस्ति में (588 ई.) नागरी के कतिपय लक्षण स्पष्ट होने लगते हैं। सातवीं शताब्दी में ये लक्षण और भी स्पष्ट हो गए थे और आठवीं शताब्दी तक तो देवनागरी पूर्णतया विकसित हो गई थी।'' (भाषाविज्ञान, हिंदी भाषा और लिपि, पृ. 424-425)

अधिकांश विद्वानों द्वारा देवनागरी लिपि को विश्व की सबसे वैज्ञानिक लिपि माना जाता है। इसमें स्वरों और व्यंजनों को अत्यंत व्यवस्थित विधि से वर्गीकृत किया गया है। मूल रूप से देवनागरी का विकास संस्कृत के लिए किया गया था। समय के साथ यह हिंदी सहित अन्य भारतीय आर्य भाषाओं की भी लिपि बनी। हिंदी एक आधुनिक आर्यभाषा है जिसका विकास संस्कृत से ही हुआ है, किंतु समय के साथ इस पर अरबी/फ़ारसी और अंग्रेजी आदि भाषाओं का भी प्रभाव पड़ा है। इसी कारण इसमें कुछ आगत वर्णों का भी समावेश हुआ है तथा संस्कृत के 'ॡ' जैसे वर्ण अप्रचलित हो गए हैं। हिंदी के लिए प्रयुक्त होने वाली देवनागरी का वर्तमान स्वरूप इस प्रकार है—

मूल	आगत
स्वर —	
अ आ इ ई उ ऊ ए ऐ ओ औ (ऋ)	ऑ
मात्राएँ : ा ि ी ु ू े ै ो ौ (ृ)	ॉ
अनुस्वार/अनुनासिक : अं = ं , अँ = ँ	
विसर्ग : अः = ः	

***व्यंजन वर्ण*—**

क ख ग घ ङ		क़ ख़ ग़
च छ ज झ ञ		ज़
ट ठ ड ढ ण		ड़ ढ़
त थ द ध न		
प फ ब भ म		फ़
य र ल व श ष स ह	क्ष त्र ज्ञ (संयुक्त)	

(**नोट :** ध्यान दें कि लिपि भाषा से स्वतंत्र होती है। भाषा विशेष में प्रयोग और व्यवहार के आधार पर उसमें वर्णों की संख्या कम या अधिक हो सकती है। उदाहरण के लिए 'मराठी' के लिए प्रयुक्त होने वाली देवनागरी में 'ळ' वर्ण भी पाया जाता है।)

1.1.6 लिप्यंकन और मशीन (Transcription and Machine)

किसी भाषिक सामग्री को लिपि के माध्यम से प्रस्तुत करना **लिप्यंकन** (Transcription) है। दूसरे शब्दों में किसी बात को लिखना लिप्यंकन है। मशीन के आगमन के पूर्व लेखन-कार्य हाथों द्वारा ही होता था। किंतु आज डिजिटल मशीनों के आ जाने से हम केवल हाथों से कागज पर ही नहीं लिख सकते, बल्कि सीधे-सीधे टंकण भी कर सकते हैं, जिसे बाद में मुद्रण (print) के माध्यम से कागज पर प्राप्त किया जाता है।

मशीन में पाठों को दो प्रकार से संग्रहीत किया जा सकता है—टंकण के माध्यम से और स्कैन करके। जब टंकण करके किसी पाठ को मशीन में संग्रहीत किया जाता है तो वह मशीन-पठनीय (Machine Readable) होता है। अर्थात् इस पाठ के प्रत्येक वर्ण को मशीन अलग-अलग बाइनरी कोडों में समझ सकती है। किंतु जब किसी पाठ को स्कैन करके मशीन में डाला जाता है, तो उसे मशीन चित्र (image) के रूप में लेती है, और उसके वर्णों को अलग-अलग नहीं समझ सकती। इसलिए टंकण के माध्यम से या इस तरह से पाठों को मशीन में संग्रहीत किया जाए कि मशीन प्रत्येक लिपि चिह्न को समझ सके तो **लिप्यंकन** होता है। अत: ध्यान रखने वाली बात है कि जिस लिपि के लिपि चिह्नों को मशीन (कंप्यूटर) में स्थान दिया जाएगा, केवल उनका ही लिप्यंकन किया जा सकता है। लिपि चिह्नों का यही संकलन फॉन्ट होता है। इसलिए कहा जाता है कि जिस लिपि का फॉन्ट मशीन में होगा, केवल उसी का टंकण किया जा सकेगा। आज विश्व की लगभग सभी प्रमुख भाषाओं की लिपियों के लिपि चिह्नों को विभिन्न फॉन्टों के रूप में मशीन में स्थापित किया जा चुका है।

वर्तमान समय में मुख्य रूप से ध्वनिमूलक लिपियों के ही फॉन्ट उपलब्ध हैं। किंतु ऊपर सभी प्रकार की लिपियों का संक्षिप्त परिचय दिया गया है। केवल आधुनिक ध्वनिमूलक लिपि पर चर्चा करने के बजाए उपर्युक्त सभी प्रकार की लिपियों की चर्चा करने के पीछे एक उद्देश्य यह था कि लिपि की विकास-प्रक्रिया पर एक दृष्टि डाली जा सके। साथ ही ध्यातव्य है कि कंप्यूटर एक बहुउद्देशीय मशीन है, जिसकी संसाधन क्षमता असीम है। इसमें केवल आधुनिक लिपियों के ही लिपि चिह्नों का ही संकलन और प्रयोग नहीं किया जा सकता, बल्कि प्राचीन लिपियों के चित्रों, वर्णों अथवा प्रतीकों को भी संसाधित किया जा सकता है। कुछ कंप्यूटर वैज्ञानिक इस दिशा में भी कार्य कर रहे हैं।

1.2 फॉन्ट (Font)

कंप्यूटर में किसी भी प्रकार के चिह्न को प्रदर्शित करने के लिए प्रयुक्त वर्ण को **संप्रतीक** (Character) कहते हैं। कंप्यूटर की दृष्टि से कोई भी प्रतीक या चिह्न जिसे स्मृति (Storage) में एक बाइट की आवश्यकता पड़ती है, **संप्रतीक** है। इसमें ASCII (American Standard Code for Information Interchange) और विस्तारित-ASCII (Extended American Standard Code for Information Interchange) संप्रतीक समेत सभी चिह्न आ जाते हैं। संप्रतीक एक बड़ी संकल्पना है। इसमें किसी भाषा की वर्णमाला में पाए जाने वाले वर्णों के अलावा किसी भी प्रकार के व्यवहार में प्रयुक्त अन्य सभी संकेत या चिह्न भी आ जाते हैं। इसलिए यहाँ पर '**Character**' को 'वर्ण' या 'अक्षर' जैसा कोई भाषिक नाम न देकर 'संप्रतीक' नाम दिया जा रहा है। खाली स्थान (Blank Space) भी एक संप्रतीक है। संप्रतीकों के समुच्चय के लिए प्रयुक्त प्रारूप (Design) को **फॉन्ट** कहते हैं। किसी बटन को दबाने पर स्क्रीन पर जो दिखाई देता है उसे **अक्षराकृति** (Typeface) कहते हैं। प्रत्येक संप्रतीक एक अक्षराकृति का प्रतिनिधित्व करता है। इसलिए दूसरे शब्दों में अक्षराकृतियों के समूह को भी **फॉन्ट** कहा जा सकता है, किंतु फॉन्ट में अक्षराकृति के साथ-साथ उसकी अन्य विशेषताएँ, जैसे—आकार, स्वरूप और स्थान आदि भी देखा जाता है। इसलिए फॉन्ट अक्षराकृतियों और उनकी विशेषताओं के संयोजन का प्रतिनिधि है। उदाहरण के लिए 'Times New Roman' एक फॉन्ट है। इसमें प्रयोग हेतु प्रत्येक संप्रतीक, जैसे—A, a, B, b, C, c, 1,2, !, @ आदि की अक्षराकृति निर्धारित है। इसी कारण हम Times New Roman में इन वर्णों एवं चिह्नों का टंकण कर पाते हैं। इसी प्रकार देखें तो 'क, ख, ग' आदि का Times New Roman में टंकण नहीं किया जा सकता, क्योंकि इनके लिए इसमें कोई अक्षराकृति नहीं दी गई है। इसी प्रकार फॉन्ट में अक्षराकृति के स्वरूप में परिवर्तन, जैसे—Bold, Italic आदि और उनके विभिन्न आकार भी प्रस्तुत करने की व्यवस्था होती है।

फॉन्ट विकास का मुख्य उद्देश्य पाठों में प्रयुक्त प्रतीकों (लिपि चिह्नों या वर्णों) को कंप्यूटर में व्यवस्थित आकार प्रदान करना था। इसके पश्चात् विविध प्रकार के फॉन्टों द्वारा चिह्नों के आकार और रूप बदलने की भी सुविधा दी गई, जिससे कि हम किसी वर्ण को मनचाहे आकार, प्रकार में लिख सकें, जैसे—'A' को कई रूपों में लिखा जा सकता है—

A, **A,** A, *A,* **A,** **A**

यह सब अलग-अलग फॉन्टों के कारण ही संभव हो सका है। फॉन्टों की प्रस्तुति के लिए कंप्यूटर में कुछ प्रविधियों का प्रयोग किया गया। इनमें से एक सुप्रसिद्ध विधि Bit-Mapped है जिसमें प्रत्येक संप्रतीक को डॉट्स के रूपात्मक संग्रह द्वारा प्रस्तुत किया जाता है। इसके अलावा Vector Graphics System का भी प्रयोग किया जाता है, जिसमें प्रत्येक संप्रतीक का आकार या रूप ज्यामितीय विधि से निश्चित कर दिया जाता है। इस प्रकार निर्मित संप्रतीक के आकार को किसी भी प्रकार से बढ़ाया-घटाया जा सकता है, जिसे सामान्यत: **glyph** भी कहा जाता है।

हिंदी मूलत: 'देवनागरी' लिपि में लिखी जाती है। कंप्यूटर का आविष्कार अंग्रेजी प्रधान देशों में होने के कारण उसके की-बोर्ड में रोमन लिपि के वर्ण ही दिए गए। साथ ही इनकोडिंग प्रणाली इसी के अनुरूप निर्मित की गई। इस कारण किसी अन्य लिपि के वर्णों का प्रयोग आरंभ में संभव नहीं था। अत: प्रारंभ में कंप्यूटर पर देवनागरी में टंकण करना संभव नहीं था। किसी भी लिपि के प्रत्येक संप्रतीक के लिए मशीन में एक सांख्यिकीय कोड दिया जाता है। ASCII-8 तक में रोमन के अतिरिक्त दूसरी लिपियों के प्रतीकों के लिए कोड नहीं दिया जा सकता था। इसलिए विभिन्न भाषाओं और देशों के लोगों द्वारा अपने-अपने मानक (Standard) तैयार किए गए, जैसे--OEM 8-Bit, DBCS (Double Byte Character Sets) आदि। ये सभी अलग-अलग Character Sets हैं। भारत में भी ISCII (Indian Standard Code for Information Interchange) मानक विकसित किया गया।

देवनागरी के वर्णों को कंप्यूटर पर टाइप करने के लिए आरंभ में जो फॉन्ट विकसित किए गए, उन्हें **क्लिप फॉन्ट** कहा जाता है। इन फॉन्टों का विकास लैटिन लिपियों के कोड स्थानों पर ही भारतीय लिपियों (जैसे—देवनागरी) के Glyph को निर्मित किया गया। इससे इन फॉन्टों में देवनागरी लिपि में टाइपिंग करने पर कंप्यूटर इन्हें लैटिन संप्रतीक ही मानता है, किंतु हमें वह देवनागरी में दिखाई पड़ता है। समय, स्थान तथा उद्देश्य में विविधता और आवश्यकता के अनुरूप धीरे-धीरे

फॉन्टों की संख्या भी बढ़ती गई। देवनागरी में टाइपिंग के लिए प्रयुक्त कुछ प्रमुख क्लिप फॉन्ट निम्नलिखित हैं—

1	Aditi	Hemant
2	Agra	Kanika
3	Ajay	Kiran
4	Akhil	Krishna
5	Akrutidev	Kruti Dev
6	Aman	Lekhani
7	Amar Hindi	Liza
8	Amar Ujala	Lok
9	Ankit	Maya
10	Anmol	New Delhi
11	Anubhuti	Nutan
12	Arjun	Osho
13	Aseem	Priya
14	Atam	Richa
15	Bharat Vani	Saras
16	Bhaskar	Sharda
17	Chanakya	Shivaji
18	Dadar	Surekh
19	DevLys	Vibha
20	Devnagari	Yogesh
21	Gurbani	

(सूची <http://www.wikiwand.com/en/Clip_font> से साभार)

इन फॉन्टों के माध्यम से आरंभ में कंप्यूटर पर देवनागरी लिपि में टंकण संभव हो सका। किंतु इस तरह के फॉन्ट के प्रयोग की अपनी सीमाएँ हैं, जैसे—यदि एक कंप्यूटर पर एक फॉन्ट में टंकण किया गया है तो उसका प्रयोग दूसरे कंप्यूटर पर करने के लिए वहाँ भी उस फॉन्ट का होना आवश्यक होता है। यदि वह फॉन्ट वहाँ उपलब्ध नहीं है, तो सभी वर्ण लैटिन में ही दिखाई पड़ेंगे। उदाहरण के लिए 'कृतिदेव' (Kruti Dev) में टाइप किए हुए एक वाक्य को देख सकते हैं—

'वह बाजार जाता है।'

यदि किसी कंप्यूटर में कृतिदेव फॉन्ट उपलब्ध नहीं है, तो यह इस प्रकार दिखाई देगा–

"og cktkj tkrk gSA"

इसी प्रकार एक फॉन्ट की सामग्री को दूसरे फॉन्ट में देखने पर वर्ण बदल जाते हैं, जैसे—**कृतिदेव**-10 में लिखे हुए **'दस आदमी शेष हैं'** वाक्य को **कृतिदेव**-11 में देखने पर वह इस प्रकार होगा–

'दस आदमी षेश हैं।'

1.3 यूनीकोड (Unicode)

यूनीकोड कंप्यूटर में संप्रतीकों के कोडीकरण की ऐसी प्रणाली है, जिसके अंतर्गत प्रत्येक संप्रतीक को मशीनी कोड में एक अप्रतिम संख्या (Unique Number) दी जाती है। यूनीकोड से पूर्व सैकड़ों की संख्या में कोडीकरण की सीमित प्रणालियाँ थीं। ASCII अथवा इस प्रकार के दूसरे सीमित संख्याओं वाले संप्रतीक समुच्चयों द्वारा किसी एक भाषा या भाषा-समूह के लिपि चिह्नों को ही कंप्यूटर में अप्रतिम संख्याएँ (Unique Numbers) दे पाना संभव नहीं था। इस कारण भिन्न-भिन्न भाषाओं की लिपियों के लिपि चिह्नों को कंप्यूटर अलग-अलग पहचानने में सक्षम नहीं हो पा रहा था। इसके अलावा चीनी और जापानी भाषाओं में प्रयुक्त होने वाले सैकड़ों-हजारों चिह्नों को अलग-अलग द्विआधारी संख्या (Binary Number) देने में ये मानक सक्षम नहीं हैं। 'यूनीकोड' इस प्रकार की सीमाओं को दूर करने के उद्देश्य से विकसित की गई आधुनिक कोडिंग व्यवस्था है। इसका विकास विश्व की सभी प्रमुख भाषाओं के लिपि चिह्नों को कंप्यूटर में अलग-अलग द्विआधारी संख्या देने के उद्देश्य से किया गया है।

यूनीकोड में प्रत्येक संप्रतीक (Character) को एक अप्रतिम संख्या संख्या दी जाती है। यह संख्या ऑपरेटिंग सिस्टम, प्लेटफॉर्म, भाषा और प्रोग्राम सभी से निरपेक्ष होती है। यूनीकोड से संबंधित कार्यों के लिए एक **यूनीकोड संघ** (Unicode Consortium) गठित है। इस संघ द्वारा यूनीकोड में संप्रतीकों के प्रयोग के लिए एक मानक भी तैयार किया गया है, जिसे माइक्रोसॉफ्ट, एपल, एच.पी., ओरेकल और आई.बी.एम. जैसी कंप्यूटर से जुड़ी लगभग सभी बड़ी कंपनियों द्वारा स्वीकार कर लिया गया है। इसे लगभग सभी ऑपरेटिंग सिस्टमों और आधुनिक वेब ब्राउजरों द्वारा भी सपोर्ट किया जाता है। मोबाइल, स्मार्टफोन और टैबलेट डिवाइसों पर भी इसका प्रयोग हो रहा है। यूनीकोड में यूनीकोड संघ द्वारा **'निजी प्रयोग क्षेत्र'** (Private Use Area-PUA) भी निर्धारित किया गया है, जो कोड बिंदुओं (Code Points) की तय सीमा (Range) से संबंधित है। इन सीमाओं या क्षेत्रों में दिए गए कोड बिंदु यूनीकोड संघ द्वारा निर्धारित मानक संप्रतीक नहीं होते हैं। इन्हें इसलिए

रखा गया है कि दूसरे लोगों द्वारा निर्धारित संप्रतीकों का यूनीकोड संघ के संप्रतीकों से परस्पर विरोध (Conflict) न हो। यूनीकोड की व्यापकता का अनुमान इस बात से लगाया जा सकता है कि इसके आधुनिक संस्करण (Unicode 9.0) में 120,000 संप्रतीकों को कोडीकृत किया जा सका है। इसके अंतर्गत 129 आधुनिक और प्राचीन लिपियों के प्रतीक चिह्नित हो चुके हैं।

यूनीकोड का विकास रोमन और ग्रीक संप्रतीकों के अलावा अन्य लिपियों और भाषाओं के संप्रतीकों के लिए बहुत उपयोगी रहा। इसमें अन्य लिपियों जैसे—देवनागरी के वर्णों को भी अलग-अलग मशीनी कोड संख्याएँ मिल गईं। प्रत्येक संख्या पर अलग-अलग अक्षराकृति निर्धारित कर दी गई। इससे फॉन्ट के कारण आने वाली समस्याओं से मुक्ति मिल गई और देवनागरी लिपि में पाठ का टंकण करके उसे कहीं भी भेजना अथवा इंटरनेट पर उपलब्ध कराना संभव तथा सरल हो गया। देवनागरी के लिए मूल यूनीकोड फॉन्ट **मंगल** (Mangal) है। इसके अलावा अपराजिता (Aparajita), कोकिला (Kokila), उत्साह (Utsaah) और एरियल यूनीकोड एम.एस. (Arial Unicode MS) जैसे फॉन्ट भी हैं।

यूनीकोड में भी देवनागरी में टंकण को लेकर अभी प्रयोक्ताओं को कुछ समस्याओं का सामना करना पड़ता है। उदाहरण के लिए टंकण करने वाला व्यक्ति कुछ विशेष अक्षरों (मुख्यतः संयुक्ताक्षरों) को अपनी इच्छानुसार टंकित नहीं कर पाता है। इनकी अक्षराकृति Glyph के रूप में कंप्यूटर में इनकोडित होती है, इस कारण वर्णों के पहले से निर्धारित स्वरूप ही आते हैं, इच्छित स्वरूप नहीं। इसे कुछ उदाहरणों द्वारा देखा जा सकता है—

शब्द	**मंगल**	**कोकिला**	**उत्साह**	**अपराजिता**	**एरियल यूनीकोड एम.एस.**
छद्म	छद्‌म	छद्म	छद्म	छद्म	छद्म
विश्व	विशव	विश्व	विश्व	विष्व	विश्व
संयुक्त	संयुक्त	संयुक्त	संयुक्त	संयुक्त	संयुक्त
विद्या	विद्‌या	विद्या	विद्या	विद्या	विद्या
शृंगार	शृंगार	शृंगार	शृंगार	शृंगार	शृंगार
ब्रह्मा	ब्रह्‌मा	ब्रह्मा	ब्रह्मा	ब्रह्मा	ब्रह्मा
ओष्ठ्य	ओष्ठ्‌य	ओष्ठ्य	ओष्ठ्य	ओष्ठ्य	ओष्ठ्य
द्वंद्व	द्‌वंद्‌व	द्वंद्व	द्वंद्व	द्वंद्व	द्वंद्व

देवनागरी में अनेक संयुक्ताक्षर वर्ण लिखे जाते रहे हैं। बाद में देवनागरी का सरलीकरण करते हुए संयुक्ताक्षरों में आने वाले वर्णों को अलग-अलग लिखने को मानक बनाया गया। इसमें 'द्वंद्व' को अमानक और इसकी जगह 'द्‌वंद्‌व' को मानक निर्धारित किया गया। यही व्यवस्था अन्य संयुक्ताक्षरों में आने वाले वर्णों के लिए भी की गई। किंतु जैसा कि उपर्युक्त उदाहरणों में देखा जा सकता है कि 'मंगल' के अलावा किसी भी फॉन्ट में इस तरह से लिख पाने की सुविधा नहीं है। मंगल में भी सभी संयुक्ताक्षरों को अलग-अलग नहीं लिखा जा सकता है, जैसे—'छद्‌म' को किसी भी यूनीकोड फॉन्ट में लिखा जाए, इसके 'द्‌म' को 'द्+म' के रूप में नहीं लिखा जा सकता। (**नोट :** कुछ लोगों का कहना है कि एम.एस. ऑफिस 2016 में यह समस्या नहीं आती। मैंने अभी इस संस्करण पर कार्य नहीं किया है।) इसके दो कारण माने जा सकते हैं, देवनागरी के मानकीकरण के संस्थान और देवनागरी वर्णों हेतु यूनीकोड में अक्षराकृति (Typeface) निर्माणक संस्थान में आपसी संपर्क की कमी। 'शृंगार' को यूनीकोड में अपने मूल रूप में न लिख पाना इस वर्ण के टाइपफेस का यूनीकोड में निर्माण करने वालों के अज्ञान को दर्शाता है। इसलिए यूनीकोड में देवनागरी टंकण में आने वाली इस प्रकार की समस्याओं के अभी निराकरण की आवश्यकता है।

इसी प्रकार वर्तमान में (एम.एस. ऑफिस 2007 तक) एक समस्या कीबोर्ड-लेआउट को लेकर देखी जा सकती है। अलग-अलग कीबोर्ड-लेआउट में टाइप किए हुए मैटर का टाइपफेस कुछ वर्णों में भिन्न हो जा रहा है। इससे डाटाबेस में दूसरे कीबोर्ड-लेआउट का शब्द होने पर सॉफ्टवेयर प्रोग्राम उन्हें पहचान नहीं पाते हैं। ड़, ङ, ढ़, ज़, फ़ और डॉ जैसे अतिरिक्त टाइपफेस वाले वर्णों के साथ भाषा संसाधन से जुड़े लोग इस समस्या को देख सकते हैं। इसके अलावा रेमिंगटन गेल कीबोर्ड-लेआउट में टाइप किए हुए पाठ को कहीं और कॉपी-पेस्ट करके 'Keep text only' कर देने पर टाइप किए हुए शब्दों के बीच अतिरिक्त वर्ण आ जाते हैं। उदाहरण के लिए एक वाक्य दृष्टव्य है—

मूल वाक्य : दक्षिण भारत में हिंदी भाषा कौशल शिक्षण के संदर्भ में प्रचलित वर्तमान प्रविधियाँ : एक आलोचनात्मक अध्ययन (बैंगलुरु महानगर के उच्च माध्यमिक विद्यालयों के कन्नड़भाषी छात्रों के विशेष संदर्भ में)

Keep text only (Paste) में रूप—

दक्षिण भारत में हिंदी भाषा कौशल शिक्षण के संदर्भ में प्रचलित वर्तमान प्रविधियाँ : एक आलोचनात्मकक अध्यसयन (बैंगलुरु महानगर के उच्चश माध्यधमिक विद्यालयों के कन्नमड़भाषी छात्रों के विशेष संदर्भ में)

इसमें देखा जा सकता है कि जहाँ-जहाँ आधे वर्ण आए हैं, वहाँ-वहाँ Keep text only में अतिरिक्त वर्णों का प्रवेश हो गया है। इससे फॉन्ट परिवर्तन के समय भी त्रुटिपूर्ण आउटपुट प्राप्त होता है।

1.4 यूनीकोड और कीबोर्ड-लेआउट

कंप्यूटर का विकास 'रोमन' प्रधान देशों में हुआ। इस कारण हार्डवेयर के स्तर पर इनपुट के लिए सर्वप्रथम रोमन वर्णों वाले कीबोर्ड का ही विकास किया गया। यूनीकोड के आगमन से पूर्व इन्हीं चिह्नों पर अक्षराकृति (टाइपफेस) में परिवर्तन करके अन्य लिपियों के वर्णों को प्रदर्शित किया गया। इससे दूसरी भाषाओं की लिपियों में टंकण तो होने लगा किंतु वर्णों के मशीन कोड रोमन वर्णों वाले ही हुआ करते थे। यूनीकोड के आने के बाद सॉफ्टवेयर और ऑपरेटिंग सिस्टम के स्तर पर इस समस्या का समाधान हो गया। अब किसी भी भाषा की लिपि के चिह्नों को अलग कोड संख्या और अक्षराकृति दोनों प्राप्त हो चुके हैं। किंतु हार्डवेयर के स्तर पर अभी भी स्थिति में कोई विशेष परिवर्तन नहीं हुआ है। अभी भी कंप्यूटर और लैपटॉप में वही रोमन लिपि आधारित क्वर्टी (QWERTY) कीबोर्ड उपलब्ध है। कम-से-कम हिंदी और अन्य भारतीय भाषाओं के संदर्भ में तो यही स्थिति है। इस कारण 'देवनागरी' के वर्णों को रोमन कीबोर्ड में स्थापित करना होता है। चूँकि देवनागरी में वर्णों की संख्या रोमन से लगभग दो गुनी है, इसलिए विभिन्न स्थानों पर विविध वर्णों को समायोजित किया जाता है। समायोजनों का यह समुच्चय **कीबोर्ड-लेआउट** (Keyboard-Layout) कहलाता है। देवनागरी में यूनीकोड टंकण के लिए एकाधिक कीबोर्ड-लेआउट उपलब्ध हैं, जिससे हिंदी टंकण में किसी विशेष कीबोर्ड-लेआउट का चयन नए प्रयोक्ता को एक तरह की समस्या उत्पन्न करता है। प्रत्येक लेआउट की अपनी कुछ विशेषताएँ और सीमाएँ हैं। हिंदी टंकण हेतु उपलब्ध प्रमुख कीबोर्ड-लेआउट निम्नलिखित हैं—

(क) इंस्क्रिप्ट कीबोर्ड (Inscript Keyboard): इसे भारतीय भाषाओं के लिए तैयार किया गया है, और यह लगभग 12 भारतीय भाषाओं को सपोर्ट करता है। हिंदी समर्थक विद्वानों द्वारा इंस्क्रिप्ट-लेआउट का समर्थन किया जाता है। इसे देवनागरी टंकण के लिए सबसे उपयुक्त माना गया है, क्योंकि इसके विकासकर्ताओं का दावा है कि इसे देवनागरी की वैज्ञानिकता को ध्यान में रखकर बनाया गया है। इसके बावजूद इसका हिंदी टंकणकर्ताओं द्वारा व्यवहार में प्रयोग बहुत कम ही किया जाता है।

(ख) फोनेटिक कीबोर्ड (Phonetic Keyboard) : इसे हिंग्लिश कीबोर्ड भी कहा गया है। इसके दो रूप हैं—'Hindi Indic Input 2 और Microsoft Indic Language Input Tool (Beta)। यह देवनागरी वर्णों के लिए प्रयुक्त रोमन वर्णों पर आधारित है। अर्थात् जिस प्रकार हम देवनागरी वर्णों को रोमन में लिखना सीखते हैं, उसे ही इसमें टंकण का माध्यम बना दिया गया है, जैसे—स्वरों के लिए 'अ=a, आ=aa, इ=i, ई=ee/ii' आदि; इसी प्रकार व्यंजनों के लिए 'क=k/c, ख=kh, ग=g, घ=gh' आदि। सामान्यत: नए प्रयोक्ता इसी पर अपने-आप को अधिक सहज महसूस करते हैं, क्योंकि 'raam = राम, anil = अनिल' आदि के लिए हमें वर्णों को याद नहीं रखना पड़ता। फिर भी Hindi Indic Input 2 में कुछ विशेष वर्णों को अलग से याद रखना पड़ता है, जैसे—'क़=q, ख़=Kh, ग़=G, ङ=Ng, ञ=Nj, ण=N, ष=Sh, क्ष=X, ज्ञ=Gy' आदि। इसकी एक बड़ी कमी कही जा सकती है कि इसमें टंकण के दौरान कई क्लिक करने पड़ते हैं, जैसे—'छ' के लिए 'chha' लिखने में चार क्लिक की आवश्यकता पड़ती है। इसी प्रकार 'ढ़' के लिए भी 'Dh_' टाइप करते समय तीन क्लिक की आवश्यकता पड़ती है, जिसमें दो तो शिफ्ट के साथ हैं। अत: समय की दृष्टि से इसका प्रयोग थोड़ा अधिक खर्चीला है।

इसके 'Microsoft Indic Language Input Tool (Beta)' में किसी शब्द का टंकण करने पर कई विकल्प प्राप्त होते हैं। किंतु यह सुविधा तो और अधिक समय की खपत करती है, जैसे—'घूँघट' शब्द का टंकण करने पर ऐसे विकल्प आते हैं—

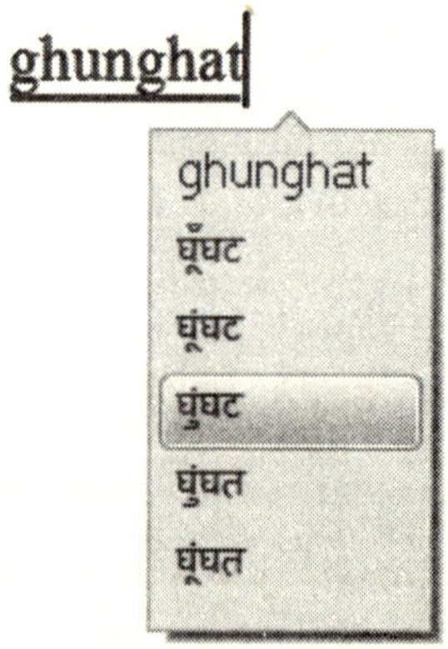

इसमें ध्यान नहीं दिए जाने पर कई बार गलत शब्द टंकित हो जाता है।

(ग) रेमिंगटन कीबोर्ड (Remington Keyboard) : इसके तीन रूप हैं—Typewriter, GAIL और CBI। इसमें कृतिदेव जैसा स्वरूप रहता है। GAIL और CBI में यूनीकोड के फॉन्ट, जैसे—Mangal आदि का टंकण किया जाता है। पुराने प्रयोक्ताओं को टाइपराइटर में सुविधा रहती है, क्योंकि इसका स्वरूप पुराने टाइपराइटर के कीबोर्ड से मिलता-जुलता है। यह इस प्रकार है—

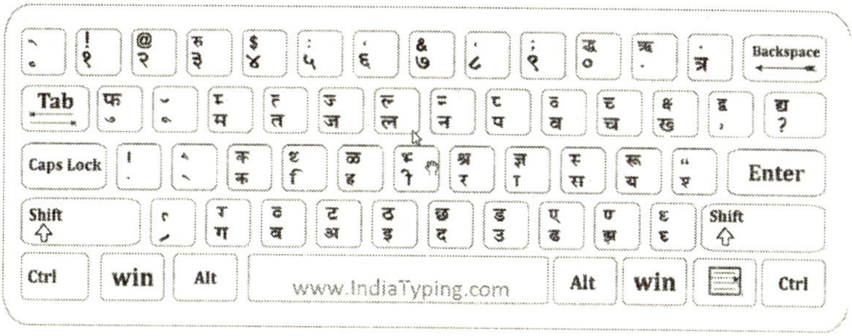

(घ) एंड्राएड कीबोर्ड (Android Keyboard) : कंप्यूटर में कीबोर्ड-लेआउट चाहे जो भी रहे हों, हार्डवेयर की दृष्टि से उनमें मूलत: रोमन वर्ण ही होते हैं। उन्हीं में एक व्यवस्था (Setting) के आधार पर देवनागरी वर्णों को रख दिया जाता है, जिसे प्रयोक्ता को याद रखना पड़ता है। मूलत: देवनागरी को प्रयोग में लाने के लिए हिंदी वर्णों का ही कीबोर्ड बनाया जाना चाहिए, जिसमें कंप्यूटर/लैपटॉप निर्माता कंपनियों की रुचि नहीं है। कुछ लोगों द्वारा हिंदी कीबोर्ड निर्माण के प्रयास भी किए गए, किंतु वे सफल नहीं हो सके। आधुनिक मोबाइल तकनीकी ने इसे स्क्रीन में कर दिखाया है, जो आज लगभग हम सभी के पास उपलब्ध है—

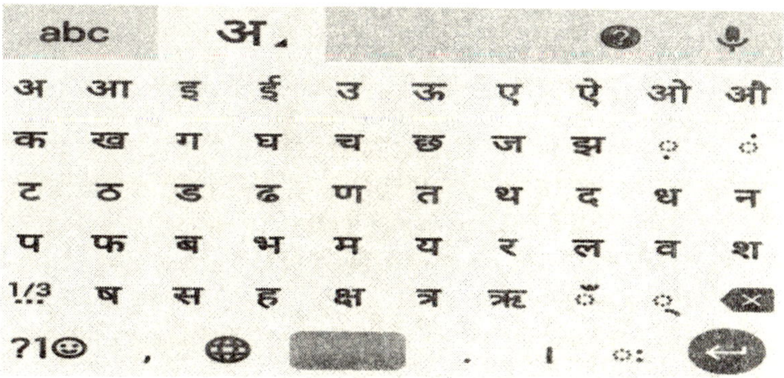

इसी प्रकार गूगल द्वारा एंड्राएड आधारित मोबाइलों के लिए कई कीबोर्ड-लेआउट विकसित किए गए हैं, जिनकी सबसे बड़ी विशेषता यह है कि उनमें केवल देवनागरी के वर्ण क्रम से रहते हैं। साथ ही इसमें टंकित हो रहे संभावित शब्दों (Expected Word) के सुझाव भी आते हैं, जिनसे टंकण में गति आती है। यह लेआउट स्क्रीन पर थोड़ा बहुत टंकण करने के लिए तो उपयुक्त है, किंतु बड़े पाठों के टंकण में यह कितना उपयोगी होगा, यह विचार का विषय है।

1.5 फॉन्ट परिवर्तन (और यूनीकोड)

किसी एक फॉन्ट में टंकित सामग्री को दूसरे फॉन्ट में परिवर्तित करने की प्रक्रिया **फॉन्ट परिवर्तन** (Font Conversion) है। जैसा कि ऊपर बताया जा चुका है कि यूनीकोड के आगमन से पूर्व हिंदी में अनेक फॉन्ट विकसित किए जा चुके थे और इनमें व्यापक पैमाने पर कार्य हो रहा था। यह कार्य विभिन्न स्थानों पर मुख्यत: प्रकाशन के क्षेत्र में आज भी (संदर्भ-काल : 2017-18) जारी है। विभिन्न प्रकाशन संबंधी सॉफ्टवेयर जैसे—पेजमेकर, कोरेल ड्रा आदि में आज भी यूनीकोड में कार्य करना संभव नहीं हो पाता है। इस कारण प्रकाशन जगत का एक बड़ा हिस्सा आज भी विभिन्न फॉन्टों, जैसे—चाणक्य, शिवा, कृतिदेव आदि में ही कार्य करता है। ऐसी स्थिति में यदि लेखक या टंकक (Typist) द्वारा किसी अन्य फॉन्ट में टंकण कर दिया गया हो तो उसे प्रकाशक सॉफ्टवेयर या सुविधा के अनुसार संबंधित फॉन्ट में परिवर्तित करता है। इस कारण हिंदी में एक फॉन्ट से दूसरे फॉन्ट में परिवर्तन करने वाले सॉफ्टवेयरों की निरंतर आवश्यकता पड़ती रहती है। पिछले कुछ वर्षों में फॉन्ट परिवर्तन संबंधी अनेक सॉफ्टवेयर विकसित भी किए गए हैं। जिनमें से कुछ ऑफलाइन मोड में हैं, जिन्हें कंप्यूटर पर एक बार इंस्टॉल करके बार-बार प्रयोग किया जा सकता है, जैसे—'परिवर्तन' नामक एक सॉफ्टवेयर पिछले कुछ वर्षों में अत्यधिक प्रचलित रहा है। इसके अलावा अनेक सॉफ्टवेयर ऑनलाइन भी उपलब्ध हैं, जिनका इंटरनेट के माध्यम से कहीं भी प्रयोग किया जा सकता है। कुछ ऑनलाइन फॉन्ट परिवर्तकों के लिंक इस प्रकार हैं—

- <http://www.mgahv.in/Krutidev010-to-Unicode-to-Krutidev010%20Converter09.htm>
- <http://rajbhasha.net/drupal514/unikrutidev+converter>
- <https://onlinefontconverter.com/>
- <http://krutidev-to-unicode-and-chanakya.blogspot.in/>

- <http://wrd.bih.nic.in/font_KtoU.htm>
- <http://indiatyping.com/index.php/font-converter>

यूनीकोड के आगमन के बाद से फॉन्ट परिवर्तन संबंधी कार्य सरल और द्विदिशीय हुआ है। प्रत्येक फॉन्ट की अपनी एक व्यवस्था होती है। इसलिए एक फॉन्ट से दूसरे फॉन्ट में परिवर्तन करते समय प्रत्येक फॉन्ट के अलग-अलग नियमों की जरूरत पड़ती है, और कुछ-न-कुछ त्रुटियों के छूट जाने की संभावना बनी रहती है। यूनीकोड के आने के बाद स्थिति बदली है। अब किसी भी फॉन्ट से यूनीकोड और यूनीकोड से किसी भी फॉन्ट में परिवर्तन की द्विदिशीय पद्धति अधिक उपयुक्त सिद्ध हुई है। साथ ही इस कार्य में सरलता भी आई है। उदाहरण के लिए 'कृतिदेव ←→ यूनीकोड' परिवर्तन हेतु महात्मा गांधी अंतरराष्ट्रीय हिंदी विश्वविद्यालय की वेबसाइट पर उपलब्ध **फॉन्ट परिवर्तक** (Font Converter) का अंतरापृष्ठ निम्नलिखित है—

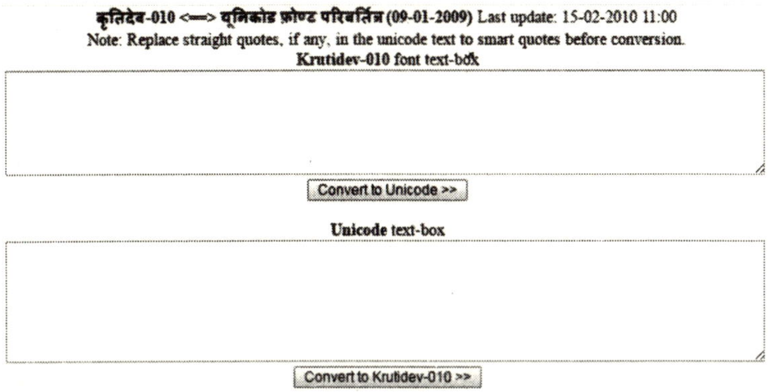

इसी प्रकार अन्य फॉन्ट परिवर्तकों को भी देखा जा सकता है।

1.6 टंकण और भावनात्मक चिह्न (Typing and Emotional Symbols)

भाषा का विकास मानव सभ्यता के विकास का आधार है। भाषा विचारों और भावनाओं की अभिव्यक्ति का माध्यम है। मानव द्वारा मूल रूप से वाचिक भाषा का ही विकास किया गया, जिससे भावों की अभिव्यक्ति और विचारों का संप्रेषण किया जाता है। इस कार्य में ध्वन्यात्मक प्रतीकों के अलावा शारीरिक हाव-भाव और भंगिमाएँ भी विशेष योगदान देती हैं। 'क्षणभंगुरता' वाचिक भाषा की मूल दुर्बलता रही है। वाचिक भाषा में की गई अभिव्यक्तियाँ तुरंत वायुमंडल में

विलीन हो जाती हैं। माइक्रोफोन द्वारा रिकार्डिंग की व्यवस्था के पूर्व वाचिक रूप से व्यक्त भाषिक अभिव्यक्तियों को संचित करना संभव नहीं था। इसी समस्या के समाधान के रूप में लिपि का विकास हुआ। लिपि के विकास के उपरांत किसी भी विचार या सूचना आदि को कितने भी लंबे समय तक के लिए लिखित रूप से संग्रहीत करना संभव हो सका। लिखित रूप में सूचनाओं के संग्रह और काल तथा स्थान से निरपेक्ष संप्रेषण से ही मानव सभ्यता अपने वर्तमान स्वरूप में आ सकी है। लिखित भाषा ही ज्ञान-विज्ञान के संग्रह और प्रचार-प्रसार का आधार रही है।

ज्ञान-विज्ञान और सूचन-समाचार आदि के अतिरिक्त एक व्यक्तिनिष्ठ (Subjective) बात सदैव वाद-विवाद के केंद्र में रही है कि भाषा हमारी भावनाओं को किस हद तक अभिव्यक्त कर पाती है। इसके लिए भिन्न-भिन्न शोधकर्ताओं, भाषावैज्ञानिकों और विद्वानों द्वारा अलग-अलग मत दिए गए हैं, जैसा कि किसी ने 20% तो किसी ने 30% तो किसी ने 40% आदि माना है। वास्तव में ये सब अनुमान ही हैं, इनका कोई तार्किक आधार नहीं है। वाचिक भाषा में यह सुविधा कुछ अधिक हो जाती है क्योंकि वहाँ ध्वनि प्रतीकों के अतिरिक्त शारीरिक हाव-भाव और भंगिमाएँ भी होती हैं। किंतु लिखित भाषा इस दृष्टि से बहुत ही सीमित भावों को व्यक्त कर पाती है। उदाहरण के लिए पारंपरिक रूप से वाक्य स्तर पर सरल और सहज वाक्यों के अतिरिक्त केवल प्रश्नवाचक और विस्मयादिबोधक भावों के लिए लिखित भाषा में दो प्रतीक '?' तथा '!' रहे हैं। इसके अतिरिक्त क्रोध, दुख, भय, उल्लास आदि अनेक भावनाओं को व्यक्त करने के लिए लिखित भाषा में कोई प्रतीक उपलब्ध नहीं हैं। इसका एक कारण यह रहा है कि लिखित भाषा का प्रयोग मूलतः ज्ञान और सूचनाओं के संचय और प्रसार के लिए किया जाता रहा है। दैनिक क्रियाकलापों और व्यवहार में लिखित भाषा का प्रयोग नहीं के बराबर रहा है। साहित्य में भी लिखित भाषा में वार्तालाप मुख्यतः नाटकों और एकांकियों में ही प्राप्त होता है। यहाँ पर भावनाओं को कोष्ठक में संबंधित भावना का शब्द लिखकर (जैसे—गुस्से में, भयभीत होकर, मुस्कराते हुए आदि) या वाक्य रचनाओं में (तब ठाकुर आँखें लाल करके बोला) आदि पद्धतियों के माध्यम से व्यक्त किया जाता रहा है। उदाहरणस्वरूप यहाँ पर 'प्रेमचंद' के नाटक 'संग्राम' का एक लघु-खंड दिया जा रहा है—

{... **ज्ञानी :** (चिढ़कर) तुम ऐसी निर्दयता से बातें करने लगते हो इसी से कभी इच्छा नहीं होती कि तुमसे अपने मन की बात कहूँ। लो, अपनी किताबें पढ़ो, इनमें तुम्हारी जान बसती है, जाती हूँ।

सबल : बस रूठ गई। चित्रकारों ने क्रोध की बड़ी भयंकर कल्पना की है, पर मेरे अनुभव से यह सिद्ध होता है कि सौंदर्य क्रोध ही का रूपांतर है।

कितना अनर्थ है कि ऐसी मोहिनी मूर्ति को इतना विकराल स्वरूप दे दिया जाए?

ज्ञानी : (मुस्कराकर) नमक-मिर्च लगाना कोई तुमसे सीख ले। मुझे भोली पाकर बातों में उड़ा देते हो, लेकिन आज मैं न मानूँगी।

सबल : ऐसी जल्दी क्या है? मैं स्वामीजी को यहीं बुला लाऊँगा, खूब जी भरकर दर्शन कर लेना। वहाँ बहुत से आदमी जमा होंगे, उनसे बातें करने का भी अवसर न मिलेगा। देखने वाले हँसी उड़ाएँगे कि पति तो साहब बना फिरता है और स्त्री साधुओं के पीछे दौड़ा करती है।

ज्ञानी : अच्छा, तो कब बुला दोगे?

सबल : कल पर रखो।

ज्ञानी चली जाती है।

सबल : (आप-ही-आप) संतान की क्यों इतनी लालसा होती है? **...**}

इस पाठ में चिढ़कर, मुस्कराकर, आप-ही-आप जैसे शब्द संबंधित पात्र के आगे कोष्ठक में लिखे गए हैं जिनसे उनकी भावभंगिमाओं का पता चलता है।

आज तकनीकी ने मानव व्यवहार के प्रत्येक क्षेत्र में नवीन प्रयोगों और संभावनाओं के द्वार खोल दिए हैं। भावनात्मक अभिव्यक्ति का क्षेत्र भी इससे अछूता नहीं है। सोसल साइटों पर चैट या वार्तालाप की जो सुविधा दी गई है, उसमें आज भावनात्मक अभिव्यक्तियों के लिए अनेक प्रतीक देखे जा सकते हैं। ऐसे प्रतीकों को **इमोजी** (Emoji) कहा जाता है। जी-मेल द्वारा इन्हें Emotion और Sticker के रूप में दिया गया है। Emotion के अंतर्गत लगभग 150 चित्र-संकेत हैं, जिनसे विभिन्न भावनाओं की अभिव्यक्ति होती है, जैसे—

इसी प्रकार फेसबुक में अनेक चित्र-संकेत हैं, जिन्हें निम्नलिखित प्रकार से 10 वर्गों में वर्गीकृत भी किया गया है—

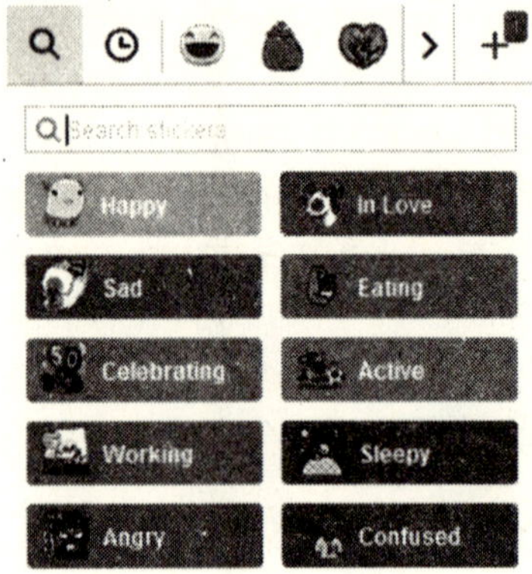

इसमें प्रत्येक वर्ग के अंतर्गत विभिन्न चित्र-प्रतीक देखे जा सकते हैं, जैसे—

इसी प्रकार Whatsapp में भी इमोजी देखे जा सकते हैं। चैट करते समय प्रयोक्ताओं द्वारा इनका भरपूर प्रयोग किया जा रहा है। हो सकता है कि कुछ समय बाद इनका प्रयोग भाषा व्यवहार के अन्य क्षेत्रों और विधाओं में भी होने लगे। इनका प्रयोग करने के पश्चात् लिखित भाषा भी अनेक मानवीय भावनाओं को व्यक्त करने में सक्षम हो जाएगी। सूक्ष्म हृदयावेगों की बात अलग है, किंतु सामान्य मानव भावों को इनके द्वारा अत्यंत सरलतापूर्वक व्यक्त किया जा सकता है। इसलिए अब भाषा का भावनात्मक क्षेत्र में भी विस्तार हो रहा है। कम-से-कम टंकित पाठ में तो इसकी असीम संभावनाएँ हैं। कंप्यूटर संबंधी व्याकरणों में इनके लिए भी उचित स्थान दिया जाना समय की माँग है।

2

वर्तनी परीक्षण

(Spelling Checking)

किसी पाठ के लेखन या टंकण में वर्तनी (Spelling) संबंधी अशुद्धियों का परीक्षण **वर्तनी परीक्षण** (Spelling Checking) है, जैसे—'लडका बजार में है।' वाक्य में 'लडका' की जगह 'लड़का', 'बजार' की जगह 'बाजार' होना चाहिए। एक पाठ में इसी प्रकार की अशुद्धियों की जाँच या परीक्षण कार्य वर्तनी परीक्षण में किया जाता है। शुद्ध भाषा लेखन और मानक भाषा लेखन किसी भाषा के लिखित साहित्य की मूल आवश्यकता होती है। इससे एक सामग्री सभी स्थानों पर संप्रेषणीय होती है। साथ ही संबंधित सामग्री के संकलन से भाषा के लिखित स्वरूप को समझना भी सरल हो जाता है। परंतु भाषाज्ञान की कमी या ध्यान नहीं रखने के कारण प्राय: त्रुटियाँ हो जाया करती हैं। लेखन और टंकण में सही शब्दों का प्रयोग आवश्यक होता है। यदि हम कोई पाठ लिखते हैं तो कुछ शब्द अल्पज्ञान, असावधानी आदि के कारण गलत हो ही जाते हैं। इसी प्रकार किसी पाठ का टंकण करने पर भी प्राय: त्रुटियाँ हो जाया करती हैं। इस कारण इनका बाद में परीक्षण करना पड़ता है, जिसे **प्रूफ पठन** (Proof Reading) कहते हैं। इसमें पर्याप्त समय और श्रम बर्बाद होता है। इस कारण 'वर्तनी परीक्षण' का आवश्यक होना स्वाभाविक है। इसके अलावा प्रत्येक भाषा में शब्दों के लेखन के कुछ मानक प्रतिमान होते हैं। टंकण में भी उनका ध्यान रखना होता है। जब यह कार्य किसी मशीनी सॉफ्टवेयर द्वारा स्वचलित रूप से किया जाता है, तो उसे 'स्वचलित वर्तनी परीक्षण' कहते हैं। इस कार्य को संपन्न करने वाले सॉफ्टवेयर को 'स्वचलित वर्तनी परीक्षक' या 'स्वचलित वर्तनी जाँचक' अथवा संक्षेप में **'वर्तनी जाँचक'** (Spell Checker) कहते हैं। वर्तमान में 'वर्तनी जाँचक' शब्द ही अधिक प्रचलित है।

'वर्तनी जाँचक' (या वर्तनी परीक्षक) का निर्माण करने के लिए सर्वप्रथम संबंधित भाषा की शब्द रचना व्यवस्था और उस भाषा के लिए प्रयुक्त लिपि के लिपि चिह्नों की प्रकृति का गहन अध्ययन किया जाना आवश्यक है। वर्तनी संबंधी

त्रुटियाँ किसी भी प्रकार की हो सकती हैं, किंतु वर्तनी जाँचक किसी भी प्रकार की त्रुटि या जान-बूझकर की गई त्रुटि को विश्लेषित करने के लिए नहीं निर्मित किए जाते। इसलिए सर्वप्रथम उन त्रुटियों को संकलित किया जाना चाहिए जो भाषिक सामग्री के टंकण में संभावित हों। किसी भी प्रकार की त्रुटि को वर्तनी जाँचक द्वारा पहचान तो लिया जाएगा, क्योंकि वर्तनी जाँचक संबंधित भाषा के विशाल शब्दकोश के आधार पर कार्य करते हैं। यदि टंकित शब्द संबंधित शब्दकोश में नहीं है तो उसे त्रुटिपूर्ण प्रदर्शित किया जाएगा। किंतु टंकण में होने वाली त्रुटियों की प्रकृति को समझने से सटीक सुझाव प्रस्तुत करना सरल हो जाता है। टंकित शब्द के लिए कोई भी शब्द सुझाव नहीं हो सकता है। वर्तनी परीक्षण प्रणाली के विकासकर्ता को यह भी समझना चाहिए कि प्रयोक्ता द्वारा किस शब्द को टंकित करते समय संबंधित त्रुटिपूर्ण शब्द टंकित हो गया होगा। भाषा में वर्तनी और मानक के नियम अलग होते हैं और परीक्षण प्रणाली के नियम अलग। वर्तनी या व्याकरण या किसी भी भाषिक प्रयोग की जाँच या परीक्षण से संबंधित प्रणाली के निर्माण हेतु इस बात को सुनिश्चित कर लेना अतिआवश्यक होता है कि प्रयोक्ता द्वारा किस प्रकार की त्रुटियाँ की जाएँगी। इस अध्याय के प्रथम भाग में देवनागरी में हिंदी पाठों के टंकण के संबंध में हो सकने वाली कुछ महत्त्वपूर्ण प्रकार की त्रुटियों की ओर संकेत किया जा रहा है।

2.1 हिंदी लेखन/टंकण : शुद्ध और अशुद्ध वर्तनी

किसी भी भाषा में उच्चरित शब्दों को संबंधित लिपि में लिखने की एक व्यवस्था होती है, जिसमें शब्द की रचना और वर्तनी निर्धारित होती है। लेखन या टंकण में उस वर्तनी का ध्यान नहीं रखे जाने पर शब्दों की वर्तनी त्रुटिपूर्ण होने की संभावना बनी रहती है। हिंदी पाठों का भी जब देवनागरी में लेखन या टंकण किया जाता है तो शब्दों की रचना और वर्तनी का ध्यान रखना आवश्यक होता है। किसी भाषा के किस प्रकार के शब्दों के टंकण में किस तरह त्रुटियाँ होंगी ? यह भाषा में शब्दों की रचना और लिपि की प्रकृति पर निर्भर करता है। हिंदी एक वियोगात्मक भाषा है। इसमें प्रत्येक शब्द को अलग-अलग लिखा जाता है। साथ-ही विभिन्न वर्गों के विकारी शब्दों के कुछ व्याकरणिक रूप (पदसाधित रूप-Inflectional form) भी बनते हैं। हिंदी का लेखन मूलत: 'देवनागरी' में ही होता है। ऊपर देवनागरी की संक्षिप्त चर्चा की जा चुकी है। अगले अध्याय में भी देवनागरी के प्रत्येक वर्ण, मात्रा और उनके विविध प्रयोगों को विस्तार से बताया गया है। यहाँ पर देवनागरी लिपि के संबंध में इस बात पर ध्यान केंद्रित किया गया है कि इसमें हिंदी भाषा के शब्दों का लेखन करने पर कौन-कौन सी त्रुटियाँ हो सकती हैं। देवनागरी में लेखन या टंकण किए जाने पर सामान्यत: निम्नलिखित प्रकार की त्रुटियाँ होती हैं—

2.1.1 आगम

यहाँ आगम से तात्पर्य किसी शब्द के टंकण में किसी अनावश्यक वर्ण के असावधानीवश आ जाने से है। तेजी से टंकण किए जाने के क्रम में गलती से कोई कुंजी (Key) दब जाती है और यह स्थिति उत्पन्न हो जाती है। यह त्रुटि शब्द में आरंभ, मध्य और अंत कहीं भी हो सकती है। आगम की मुख्यत: दो स्थितियाँ हैं—

(क) पुनरुक्ति : यह स्थिति एक ही कुंजी के दो बार दब जाने से संबंधित वर्ण के दो बार प्रयुक्त होने से उत्पन्न होती है, जैसे—'एक' का टंकण करते समय 'ए' के दो बार आ जाने से 'एएक' तथा 'क' के दो बार आ जाने से 'एकक' शब्द निर्मित हो सकते हैं।

(ख) अन्य वर्ण प्रयोग : कभी-कभी किसी दूसरे वर्ण की कुंजी भी दब जाती है, जिससे शब्द में कोई दूसरा वर्ण अनावश्यक रूप से प्रयुक्त हो जाता है, जैसे—'एक' का टंकण करते समय 'स' वर्ण के अनावश्यक आ जाने से 'एकस' शब्द निर्मित हो सकता है।

शब्द में स्थान की दृष्टि से इनके तीन भेद किए जा सकते हैं—

(क) ***पूर्व-आगम*** : जब अतिरिक्त वर्ण शब्द के पहले ही आए, जैसे—'कर्म' की जगह 'लकर्म' या 'जकर्म' का टंकण हो जाना।

(ख) ***मध्य-आगम*** : जब अतिरिक्त वर्ण शब्द के बीच में आए, जैसे—'कठिनाई' की जगह 'कठिननाई' या 'कठिनाउई' का टंकण हो जाना।

(ग) ***अंत्य-आगम*** : जब अतिरिक्त वर्ण शब्द के अंत में आए, जैसे—'बुनकर' की जगह 'बुनकरर' या 'बुनकरत' का टंकण हो जाना।

2.1.2 विपर्यय :

विपर्यय से तात्पर्य एक वर्ण की जगह दूसरा वर्ण आ जाने से है। इसकी निम्नलिखित स्थितियाँ प्राप्त होती हैं—

2.1.2.1 स्वर संबंधी : देवनागरी में हिंदी के लिए मूलत: 10 स्वरों का प्रयोग होता है। इनमें से अधिकांश स्वरों का आपस में 'ह्रस्व' और 'दीर्घ' का संबंध है। अत: इस बात की पूरी संभावना रहती है, कि ह्रस्व की जगह दीर्घ स्वर या दीर्घ की जगह ह्रस्व स्वर का प्रयोग हो जाए, जैसे—

(क) अ ⇔ आ : जैसे—अकाल का आकाल, आमदनी का अमदनी आदि।

(ख) इ ⇔ ई : जैसे—इमली का ईमली, ईसवी का इसवी आदि।

(ग) उ ⇔ ऊ : जैसे—उत्तर का ऊत्तर, ऊपर का उपर आदि।

(घ) ए ⇔ ऐ : एकतारा का ऐकतारा, ऐनक का एनक आदि।

(ङ) ओ ⇔ औ : ओस का औस, औरत का ओरत।

(**नोट** : 'ओर' का 'और' अथवा 'और' का 'ओर' लिखा जाना भी संदर्भ की दृष्टि से त्रुटिपूर्ण प्रयोग हो सकता है, किंतु चूँकि दोनों शब्द हिंदी में पाए जाते हैं,

इसलिए स्वचलित वर्तनी परीक्षण प्रणाली द्वारा इन्हें गलत प्रदर्शित नहीं किया जाएगा। यह वर्तनी परीक्षण प्रणालियों की सीमा है कि वे केवल उन्हीं शब्दों या प्रयोगों को त्रुटिपूर्ण प्रदर्शित कर सकती हैं, जो संबंधित भाषा में हो ही ना। यदि त्रुटिपूर्ण शब्द भाषा में हो तो उसे प्रणाली द्वारा त्रुटिपूर्ण प्रदर्शित नहीं किया जाएगा। ऐसे प्रयोगों का संदर्भ आधारित परीक्षण व्याकरण परीक्षण प्रणाली में किया जाता है।)

2.1.2.2 मात्रा संबंधी : स्वरों की तरह ही देवनागरी में हिंदी लेखन के लिए मात्राओं का भी प्रयोग होता है। 'अ' को छोड़कर शेष सभी स्वरों की अपनी-अपनी मात्राएँ होती हैं। स्वरों की तरह इनमें भी ह्रस्व की जगह दीर्घ और दीर्घ की जगह ह्रस्व के प्रयोग की संभावना बनी रहती है। इसमें 'अ और आ' की समस्या नहीं होती, जैसे–

(क) ि ⇔ ी : जैसे–कितना का कीतना, शीतल का शितल आदि।

(ख) ु ⇔ ू : जैसे–दुकान का दूकान, सूत्र का सुत्र आदि।

(ग) े ⇔ ै : जैसे–सेवक का सैवक, शैतान का शेतान आदि।

(घ) ो ⇔ ौ : झोंप का झौंप, धौंकनी का धोंकनी आदि।

2.1.2.3 व्यंजन संबंधी : देवनागरी में हिंदी लेखन में व्यंजन संबंधी त्रुटियाँ अधिक व्यापक स्तर पर होने की संभावना रहती है। इसलिए किसी भी व्यंजन के दूसरे व्यंजन के स्थान पर आ सकने की संभावना का परीक्षण किया जाना अधिक उपयुक्त होगा। किंतु फिर भी मूल रूप से देखा जाए तो लिखित सामग्री के टंकण के दौरान कुछ इस प्रकार की त्रुटियाँ होने की संभावना रहती है–

(क) 'ग, भ, म' में किसी भी जगह पर दूसरा व्यंजन आ सकता है। लिखावट स्पष्ट नहीं होने पर टंकणकर्ता द्वारा इस प्रकार की त्रुटि किए जाने की संभावना बनी रहती है।

(ख) कुछ लोग पुरानी शैली में लिखते हैं, जिसमें 'ख' वर्ण 'रव' जैसा लिखा रहता है। ऐसी स्थिति में इसके 'ख' तथा 'रव' दोनों टंकित होने की संभावना रहती है।

(ग) 'प और य' भी कभी-कभी त्रुटिपूर्ण टंकित हो सकते हैं।

(घ) कुछ व्यंजनों के त्रुटिपूर्ण टंकित होने का एक कारण तकनीकी भी है। ध्वन्यात्मक टंकण (Phonetic Typing) में कुछ वर्ण शिफ्ट कुंजी का प्रयोग करके टंकित किए जाते हैं। ऐसी स्थिति में शिफ्ट ५०कुंजी के दबे नहीं होने पर गलत वर्ण के टंकित होने की संभावना बनी रहती है, जैसे–'ट' का टंकण 'शिफ्ट+t' द्वारा होता है, जबकि बिना शिफ्ट के केवल 't' से 'त' वर्ण टंकित होता है। अत: शिफ्ट नहीं दबे होने पर टमाटर की जगह 'तमातर' टंकित हो सकता है।

(ङ) कुछ संयुक्ताक्षरों को लेकर भी समस्या आ सकती है।

2.1.3 लोप :

यहाँ पर लोप से तात्पर्य टंकण में किसी वर्ण के टंकित नहीं हो सकने से है। आगम की तरह लोप भी टंकक द्वारा शब्द में 'आरंभ, मध्य या अंत' कहीं भी किया जा सकता है। यह स्थिति कभी लापरवाही या असावधानी के कारण तो कभी कुंजीपटल (Keyboard) में खराबी के कारण आती है। कई बार कुंजीपटल दबाते तो हैं किंतु संबंधित वर्ण टंकित नहीं होता है, जैसे—'उपकार' की जगह 'उपकर, उकार, उपका' आदि का टंकण होना।

अत: 'वर्तनी जाँचक' या 'वर्तनी परीक्षक' का निर्माण करते समय इस प्रकार की सभी संभावनाओं की खोज की जानी चाहिए और उनके लिए उपयुक्त तार्किक नियमों की स्थापना की जानी चाहिए।

2.2 हिंदी में मानक और अमानक प्रयोग

जब किसी भाषा का प्रयोग व्यापक भौगोलिक क्षेत्र और विविध प्रकार के जनसमुदायों में होने लगता है तो उसमें एक ही भाषिक इकाई के लिए सामान्यत: एकाधिक रूप प्रचलित हो जाते हैं। यह भाषिक इकाई 'ध्वनि' से लेकर 'वाक्य' तक कुछ भी हो सकती है। यह स्थिति हिंदी में भी देखने को मिलती है। हिंदी के साथ तो एक और पहलू जुड़ा है, जो इस समस्या को और गंभीर कर देता है। हिंदी का जितना व्यापक क्षेत्र बताया जाता है, वास्तव में उतने क्षेत्र में केवल हिंदी ही नहीं बोली जाती बल्कि अनेक बोलियाँ (या जनपदीय भाषाएँ, जैसे—अवधी, ब्रज, राजस्थानी, भोजपुरी आदि) मातृभाषा के रूप में प्रयुक्त होती हैं। हिंदी खड़ी बोली क्षेत्र के अलावा अन्य सभी क्षेत्रों में केवल प्रथम भाषा का कार्य करती है, मातृभाषा तो वहाँ की बोलियाँ या जनपदीय भाषाएँ ही होती हैं। अत: इन स्थानों पर हिंदी के शब्दों या शब्दरूपों या पदबंध/वाक्य रचनाओं का प्रयोग अलग प्रकार से भी कर लिया जाता है, जिसमें कभी-कभी मातृभाषा का प्रभाव रहता है। इससे उनके विविध रूप प्रचलित हो जाते हैं और हिंदी के एक 'मानक रूप' की आवश्यकता पड़ती है। यह आवश्यकता वाचिक हिंदी के अलावा लिखित हिंदी के लिए भी पड़ती है।

ऐतिहासिक दृष्टि से देखा जाए तो हिंदी का उद्भव 1850 ई. के बाद भारतेंदु युग में हुआ। बीसवीं सदी के आरंभ में इसका एक मानक रूप धीरे-धीरे विकसित होने लगा। जब बहुत अधिक विद्वानों द्वारा हिंदी में लेखन किया जाने लगा तो एकाधिक रूपों के प्रचलन की समस्या भी उत्पन्न हुई। इसलिए मानकीकरण की आवश्यकता भी महसूस की जाने लगी। स्वतंत्रता के उपरांत हिंदी को भारतीय गणराज्य की राजभाषा का दर्जा प्राप्त हुआ और सरकारी स्तर पर भी हिंदी विस्तार और संवर्धन संबंधी प्रयास आरंभ किए गए। इस क्रम में भारत सरकार हिंदी के

कुछ संस्थानों, जैसे—केंद्रीय हिंदी निदेशालय, वैज्ञानिक एवं तकनीकी शब्दावली आयोग और केंद्रीय हिंदी संस्थान आदि की स्थापना की गई। इनमें से मानकीकरण से संबंधित कार्य '**केंद्रीय हिंदी निदेशालय**' द्वारा किया जा रहा है। इसका आरंभ 1968 में प्रकाशित '**हिंदी वर्तनी का मानकीकरण**' नामक लघु पुस्तिका से किया गया, जो देश के प्रतिष्ठित विद्वानों, भाषाविदों, हिंदी सेवी संस्थाओं, राज्य सरकारों एवं विभिन्न मंत्रालयों के उच्च अधिकारियों से विचार-विमर्श के उपरांत तैयार की गई थी। 1983 ई. में इस पुस्तिका का नि:शुल्क संशोधित एवं परिवर्धित संस्करण 'देवनागरी लिपि तथा हिंदी वर्तनी का मानकीकरण' प्रकाशित किया गया, जिसका पुनर्मुद्रण 1989 में हुआ तथा विभिन्न हिंदी सेवी संस्थाओं, कार्यालयों, शिक्षण संस्थानों में नि:शुल्क वितरण कराया गया ताकि अधिक-से-अधिक संस्थाओं में हिंदी के मानक रूप का प्रयोग बढ़े। सूचना प्रौद्योगिकी के वर्तमान युग में हिंदी भाषा के मानकीकरण को पुन: संशोधित एवं परिवर्तित करने तथा देवनागरी लिपि के लिए कंप्यूटरीकृत यूनीकोड के निर्माण करने की आवश्यकता अनुभव की गई। इसलिए कंप्यूटर को ध्यान में रखते हुए 2003 में की गई राष्ट्रीय संगोष्ठी की सलाह के आधार पर पुस्तिका का संशोधित रूप प्रकाशित हुआ जिसमें मानक हिंदी वर्णमाला, मानक हिंदी वर्तनी, विरामादि चिह्न, कोशों में अकारादिक्रम, परिवर्धित देवनागरी लिपि आदि विषय तथा पैराग्राफों के विभाजन तथा उपविभाजन से संबंधित मानक दिए गए हैं।

हिंदी के वर्तनी परीक्षक का विकास करते समय इन मानकों का भी ध्यान रखना आवश्यक है। वैसे तो देवनागरी लिपि को विश्व की सबसे वैज्ञानिक लिपि कहा गया है। इसके बारे में दावा किया गया है कि इसमें जो उच्चरित होता है, वही लिखा जाता है। यह दावा संस्कृत जैसी भाषा के लिए तो संभव है किंतु हिंदी में ऐसा पूर्णत: दिखाई नहीं पड़ता। इसलिए देवनागरी में भी प्रयोगों के मानकीकरण की आवश्यकता से इनकार नहीं किया जा सकता। मानक रूप निर्माण के अपने प्रतिमान होते हैं जो विभिन्न बातों को ध्यान में रखकर निर्मित किए जाते हैं। देवनागरी लिपि और हिंदी वर्तनी के मानकीकरण के संबंध में भी विद्वानों की अपनी-अपनी मान्यताएँ रही होंगी, किंतु नई पुस्तिका में जो नियम और व्यवस्थाएँ दी गई हैं, उनमें से कई से मैं व्यक्तिगत रूप से सहमत नहीं हूँ। मेरी सहमति-असहमति के पीछे मूलत: दो कारण हैं—एकरूपता तथा द्वितीय और विदेशी भाषा के रूप में हिंदी शिक्षण में सरलता। इन दोनों दृष्टियों से मानकीकरण संबंधी निम्नलिखित बातें विचारणीय हैं—

(1) हिंदी के परसर्ग (कारक चिह्न) सभी प्रकार के संज्ञा शब्दों में प्रातिपदिक से पृथक् लिखे जाएँ, जैसे—राम ने, राम को, राम से, स्त्री का, स्त्री से, सेवा में आदि। सर्वनाम शब्दों में ये चिह्न प्रातिपदिक के साथ

मिलाकर लिखे जाएँ, जैसे—तूने, आपने, तुमसे, उसने, उसको, उससे, उस पर आदि।

(**सुझाव :** संज्ञा और सर्वनाम सबके साथ अलग-अलग लिखे जाने से एकरूपता रहेगी।)

(2) वर्तमान मानक लेखन में हिंदी की आकारांत धातुओं के क्रियारूपों का एकवचन, पुल्लिंग भूतकालिक रूप के अंत में 'या' आता है, जैसे—'गया', 'खाया', 'आया' आदि। किंतु जब इनका बहुवचन, पुल्लिंग या स्त्रीलिंग रूप बनाया जाता है तो इसमें से 'य' निकल जाता है और केवल स्वर शेष रह जाता है, जैसे—'गए, खाए, आए' अथवा 'गई, खाई, आई', जबकि इनके 'यी' और 'ये' रूप भी प्रचलित हैं। ऐसी स्थिति में 'यी' और 'ये' रूपों को भी गलत या त्रुटिपूर्ण नहीं माना जाता, उन्हें अमानक कहा जाता है। अत: इन क्रियारूपों की स्थिति निम्नलिखित हो जाती है—

क्रिया	**भूतकाल**				
		मानक		**अमानक**	
	एकवचन, पुल्लिंग	**बहुवचन, पुल्लिंग**	**स्त्रीलिंग**	**बहुवचन, पुल्लिंग**	**स्त्रीलिंग**
जाना	गया	गए	गई	गये	गयी
खाना	खाया	खाए	खाई	खाये	खायी
आना	आया	आए	आई	आये	आयी

(**सुझाव :** मानक रूपों के निर्माण के कई आधार हो सकते हैं, जिनमें से एकरूपता भी एक है। इस मामले में मेरा व्यक्तिगत मत है कि ऊपर दिए गए 'अमानक' को ही मानक माना जाना चाहिए। इससे एकरूपता रहेगी और साथ ही विदेशी भाषा के रूप में हिंदी शिक्षण में भी सुविधा हो जाएगी। यद्यपि श्रुतिमूलक (सुनने में लगना किंतु वास्तव में न होना) होने के कारण वाचिक रूप में यहाँ 'य' की सत्ता नहीं है, किंतु लेखन में वाचिक रूप का पूर्णत: अनुकरण के बजाय एकरूपता को प्राथमिकता देना अधिक उचित होगा।)

2.3 वर्तनी परीक्षण प्रणाली

किसी भी भाषा के वर्तनी परीक्षण प्रणाली या वर्तनी जाँचक को विकसित करने के लिए सर्वप्रथम उस भाषा का एक बृहद् शब्दकोश निर्मित किया जाना चाहिए,

जिसमें उस भाषा के सभी शब्द और शब्दरूप हों। वर्तनी परीक्षण के लिए केवल कोशीय शब्द ही नहीं बल्कि उनके बनने वाले वाक्यीय या पदीय रूपों को भी संकलित करना आवश्यक होता है। इसलिए हिंदी के वर्तनी जाँचक का निर्माण करने के लिए सर्वप्रथम हिंदी के शब्दों का एक ऐसा विशाल डाटाबेस निर्मित किया जाना चाहिए जिसमें मूल शब्द के साथ-साथ सभी रूप भी हों। उदाहरण के लिए इस शब्दकोश में लड़का शब्द के अलावा लड़के और लड़कों शब्दों की भी प्रविष्टि होगी। इसी प्रकार चलना क्रिया के साथ-साथ चल, चलता, चलती, चलते, चला, चली, चले, चलेगा, चलेगी, चलेंगे, चलेंगी, चलोगी, चलिए, चलो, चलिएगा, चलूँगा, चलूँगी आदि सभी शब्दरूप प्रविष्टियों के रूप में होंगे। इसका कारण यह है कि ये शब्द पाठ में कहीं भी आ सकते हैं। जब तक ये शब्द शब्दकोश में नहीं रहेंगे तब तक प्रणाली द्वारा परीक्षण नहीं किया जा सकेगा कि ये शब्द सही हैं या त्रुटिपूर्ण। एक सर्वसाधारण प्रणाली के लिए सबसे सरल प्रविधि शब्दों को सीधे-सीधे डाटाबेस में दे देना ही है। स्मार्ट सिस्टम के लिए एक और विधि यह हो सकती है कि डाटाबेस में केवल मूल शब्द रखे जाएँ और प्रणाली द्वारा रन करने के समय पदसाधन के रूपवैज्ञानिक नियमों (Morphological rules of inflection) का प्रयोग करते हुए सभी शब्दरूप निर्मित कर लिए जाएँ। किंतु इससे प्रणाली की गति कम होने की संभावना बनी रहती है। इसलिए डाटाबेस में शब्दों को संकलित कर देना सबसे सरल और उपयुक्त विधि है। शब्दों के डाटाबेस में होने से सुझाव प्रस्तुत करने में भी प्रणाली को सरलता हो जाती है।

कार्यविधि : वर्तनी परीक्षण के लिए प्रणाली निर्माण का पहला और सर्वप्रमुख चरण बृहद् डाटाबेस का निर्माण है। इसके पश्चात् किसी प्रोग्रामिंग भाषा का प्रयोग करते हुए प्रणाली के निर्माण संबंधी नियम लिखे जाएँगे। एक वर्तनी परीक्षण प्रणाली के अंतरापृष्ठ भाग में एक इनपुट बॉक्स, एक 'जाँच करें' बटन, 'खाली करें' बटन और 'बाहर जाएँ' बटन की आवश्यकता होगी। यह प्रोग्राम विशाल शब्दकोश से जुड़ा होगा और निम्नलिखित चरणों से गुजरते हुए पाठ के परीक्षण का कार्य करेगा—

(1) प्रयोक्ता द्वारा इनपुट पाठ देने के बाद 'जाँच करें' बटन पर क्लिक करने पर सबसे पहले इस बात की जाँच की जाती है कि टेक्स्टबॉक्स में पाठ आया है या नहीं। टेक्टबॉक्स में पाठ होने पर यह सॉफ्टवेयर सबसे पहले पाठ को पैराग्राफों में और उसके बाद शब्दों में खंडीकृत करता है।

(2) अब प्रत्येक शब्द को विराम चिह्न परीक्षण और डाटाबेस परीक्षण हेतु भेज दिया जाता है। यहाँ पर भी मिलान करने के बाद जो शब्द मिल जाते हैं, वे सही होते हैं और जो नहीं मिल पाते हैं उन्हें टूल द्वारा लाल कर दिया जाता है।

(3) इसके बाद जिस शब्द को डबल क्लिक करके राइट क्लिक किया जाता है, उससे जुड़े शब्दों को सुझाव के लिस्टबॉक्स में दिखाया जाता है।
(4) सुझाव के लिस्टबॉक्स में से उपयुक्त शब्द पर क्लिक करने पर गलत शब्द की जगह वह शब्द आ जाता है।

सुझाव प्रस्तुत करने की प्रक्रिया : सुझाव प्रस्तुति वर्तनी परीक्षण प्रणाली का सबसे जटिल चरण है। यदि किसी के पास हिंदी का विशाल शब्दकोश हो जिसमें सभी शब्द और शब्दरूप संग्रहीत हों तो वह केवल परीक्षण करने भर की प्रणाली विकसित कर सकता है, क्योंकि पाठ में आए शब्दों के सही या त्रुटिपूर्ण होने का निर्णय प्रणाली द्वारा डाटाबेस के आधार पर ही किया जाता है। डाटाबेस में शब्द का नहीं मिलना प्रणाली के लिए किसी शब्द के गलत हो जाने का संकेत है। अब जब कोई शब्द त्रुटिपूर्ण चिह्नित किया जा चुका है तो उसकी जगह उपयुक्त शब्दों का चयन करना और उन्हें सुझाव के रूप में प्रस्तुत करना वर्तनी जाँचक निर्माण प्रक्रिया का सबसे महत्त्वपूर्ण कार्य है। इसके लिए अलग-अलग विधियों से कोड लिखे जाते हैं। यहाँ पर मुख्य रूप से तीन विधियों को देखा जा सकता है—

1. **संबंधित वर्ण/वर्णसमूह में परिवर्तन :** इसमें शब्द के अंदर संभावित त्रुटि से संबंधित वर्णों को सही वर्ण से परिवर्तित करने नए शब्द गढ़ लिए जाते हैं। इसके बाद देखा जाता है कि क्या वह शब्द डाटाबेस में उपलब्ध है। यह कार्य शब्द में आए वर्णों की संख्या के अनुरूप कितने भी वर्णों के स्तर पर किया जा सकता है। किंतु कम-से-कम तीन स्तरों पर किए जाने पर सटीक सुझाव प्रस्तुत किया जा सकेगा। ये इस प्रकार होंगे—

(क) एक वर्ण के स्तर पर : जैसा कि ऊपर देवनागरी के टंकण में एक वर्ण के स्तर पर हो सकने वाली त्रुटियों की ओर संकेत किया गया है। अब उन्हीं के आधार पर शब्द के एक-एक वर्णों में परिवर्तन करके नए शब्द गढ़ लिए जाएँगे, फिर उन्हें डाटाबेस में देखा जाएगा कि क्या वह शब्द डाटाबेस में उपलब्ध है, डाटाबेस में होने पर उन्हें सुझाव के रूप में प्रस्तुत किया जाएगा, अन्यथा छोड़ दिया जाएगा। उदाहरण के लिए निम्नलिखित वाक्य को देखा जा सकता है—

लडका ठँदा पाणी पीता है।

इस वाक्य में 'लडका' शब्द के लिए 'ड' की जगह 'ड़' का प्रयोग करके 'लड़का' शब्द निर्मित किया जाएगा और सुझाव के रूप में प्रस्तुत किया जाएगा। इसी प्रकार 'ठँदा' शब्द के लिए 'ठंदा', 'ठँडा' और 'ठंडा' तीनों शब्द निर्मित किए जाएँगे, किंतु

प्रथम दो शब्द डाटाबेस में उपलब्ध नहीं होंगे, और सुझाव के रूप में केवल एक शब्द 'ठंडा' प्रस्तुत किया जाएगा।

(ख) **दो/तीन वर्णों के स्तर पर :** जिस प्रकार से ऊपर एक वर्ण के लिए त्रुटिपूर्ण वर्ण की जगह संभावित वर्ण को रखने के बारे में बताया गया है, उसी प्रकार दो और तीन वर्णों के स्तर पर भी किया जा सकता है।

2. **वर्णों को मिटाकर :** इसमें भी तीन विधियाँ प्रयोग में लाई जाती हैं—

(क) पीछे (पश्च) से मिटाकर : एक/दो/तीन वर्ण के तीन स्तर।

(ख) बीच (मध्य) से मिटाकर : एक/दो/तीन वर्ण के स्तरों पर।

(ग) आगे (पूर्व) से मिटाकर : इसमें भी एक/दो/तीन वर्ण के तीन स्तर।

3. **वर्णों को जोड़कर :** इसमें भी तीन विधियाँ प्रयोग में लाई जाती हैं—

(क) पीछे (पश्च) से जोड़कर : एक और दो वर्ण के दो स्तर।

(ख) बीच (मध्य) में जोड़कर : एक और दो वर्ण के दो स्तर।

(ग) आगे (पूर्व) से जोड़कर : एक और दो वर्ण के दो स्तर।

सीमाएँ :

नियम-आधारित वर्तनी परीक्षण प्रणालियों की अपनी सीमाएँ भी हैं। सीमा और विस्तार दोनों एक दूसरे के विरोधी पक्ष हैं। ये दिए गए नियमों द्वारा संचालित होते हैं। यदि बहुत अधिक नियम दिए जाएँगे तो विस्तार बढ़ जाएगा। किंतु इसका दूसरा पक्ष यह है कि किसी भी शब्द के बहुत सारे अनावश्यक सुझाव आने लगेंगे। अत: उनसे बचने के लिए सीमित और बहु-आवृत्तिपरक नियम ही दिए जाते हैं। इसका दूसरा पक्ष होता है कि कुछ विशेष प्रकार के शब्दों के लिए जो गलत वर्तनी प्रयुक्त हो जाती है, उनके लिए सुझाव प्रदान करने में प्रणाली असमर्थ हो जाती है। उदाहरण के लिए माइक्रोसॉफ्ट वर्ड में प्राप्त होने वाले अंग्रेजी के वर्तनी जाँचक में भी ऐसी स्थिति देखी जा सकती है। यदि '**Increment**' को '**Increvnent**' टाइप कर दिया जाए तो इसे गलत दिखाते हुए भी सुझाव देखने पर 'No spelling suggestions' प्राप्त होता है। किंतु इसी शब्द में से 'v' निकाल दिया जाए तो नया गलत शब्द 'Increnent' निर्मित होता है। इसके लिए सुझाव देखने पर '**Increment**' शब्द दिखाया जाता है।

3

लिप्यंतरण

(Transliteration)

लिप्यंतरण (Transliteration) वह प्रक्रिया है जिसके द्वारा एक लिपि में टाइप किए गए पाठ को दूसरी लिपि में बदल दिया जाता है। उदाहरण के लिए 'मोहन घर जाता है' वाक्य देवनागरी लिपि में है, इसे रोमन में इस प्रकार लिखा जा सकता है—'Mohan ghar jaataa hai'। देवनागरी लिपि के वाक्य को रोमन लिपि में परिवर्तित करने की यह प्रक्रिया लिप्यंतरण है, जिसे 'देवनागरी-रोमन लिप्यंतरण' कहा जाएगा। इसके विपरीत 'she is a girl.' को 'शी इज ए गर्ल.' में परिवर्तित करना 'रोमन-देवनागरी लिप्यंतरण' है।

वाचिक भाषा मूल होती है। लिपि चिह्नों के माध्यम से उनका लेखन वाचिक रूप का अनुकरण मात्र है। विश्व में अनेक लिपियाँ हैं। किसी एक भाषा की सामग्री को किसी भी लिपि में लिखा जा सकता है। इस दौरान कुछ विशेष ध्वनियों और खंडेतर अभिलक्षणों को व्यक्त करने की समस्या आ सकती है। फिर भी कथ्य को तो व्यक्त किया ही जा सकता है। किसी एक भाषा के शब्दों या पाठ को किन-किन लिपियों में लिखा जाए? यह संबंधित भाषाओं के प्रयोक्ताओं के क्षेत्र-विस्तार और वैविध्य पर निर्भर करता है। इस दृष्टि से 'हिंदी' को देखा जाए, इसके लेखन की मूल लिपि 'देवनागरी' है। किंतु इसके लेखक और पाठक 'उर्दू' पृष्ठभूमि के भी होते हैं। इसलिए इसकी सामग्री अरबी/फ़ारसी की लिपि में रहे तो इसका दायरा और बढ़ जाता है। महात्मा गांधी द्वारा कल्पित 'हिंदुस्तानी' भाषा की लिपि तो आवश्यक रूप से देवनागरी और अरबी-फ़ारसी दोनों होनी चाहिए। इसके अतिरिक्त इस बात से इनकार नहीं किया जा सकता कि विश्वभाषा अंग्रेजी का भी हिंदी भाषी समुदाय पर बड़ा प्रभाव है। धीरे-धीरे 'अंग्रेजी' भारत के संभ्रांत परिवारों की भाषा बन चुकी है। चूँकि अंग्रेजी 'रोमन' में लिखी जाती है। इस कारण कई बार कुछ लोगों द्वारा यह माँग भी उठाई जाती रही है कि हिंदी रोमन में लिखी जाए। इसके उनके अपने तर्क होते हैं। किंतु हिंदी के सभी विद्वान एकमत से इस बात पर सहमत हैं कि हिंदी देवनागरी में ही लिखी जानी चाहिए। ऐसे में कंप्यूटर में भाषा संसाधन

का कार्य कर रहे विकासकर्ताओं का कर्तव्य बन जाता है कि वे ऐसे साधनों को विकसित करें जिनका प्रयोग लिपि परिवर्तन हेतु किया जा सके। यहाँ पर लिप्यंतरण संबंधी मुख्य चर्चा 'देवनागरी-रोमन' और 'रोमन-देवनागरी' के संदर्भ में ही की जाएगी; साथ ही शेष भारतीय संदर्भ पर कुछ प्रकाश डाला जाएगा।

अंतरण (Transformation) वह प्रक्रिया है जिसमें एक सामग्री को दूसरी सामग्री में परिवर्तित कर दिया जाता है। मानव ज्ञान और व्यवहार के विविध क्षेत्रों में भिन्न-भिन्न प्रकार की सामग्री का अंतरण किया जाता है। अंतरण का एक प्रकार 'लिप्यंतरण' है जिसमें एक लिपि में लिखी गई पाठ सामग्री को दूसरी लिपि में अंतरित कर दिया जाता है। 'लिपि' किसी भाषिक अभिव्यक्ति को लिखित रूप से प्रस्तुत करने की एक व्यवस्था है जो भाषा निरपेक्ष होती है। अर्थात् किसी भी भाषा की अभिव्यक्ति को किसी भी लिपि में लिखा जा सकता है। यह हो सकता है कि संबंधित भाषा की कुछ ध्वनियों को प्रस्तुत करने के लिए उस लिपि में सटीक वर्ण न हो। ऐसी स्थिति में चिह्न विशेष के प्रयोग या कुछ वर्णों के समुच्चय का प्रयोग करते हुए वैकल्पिक व्यवस्था की जाती है। उदाहरण के लिए हिंदी की महाप्राण ध्वनियों को व्यक्त करने के लिए रोमन लिपि में वर्ण नहीं मिलते। ऐसी स्थिति में संबंधित वर्ण के समतुल्य वर्ण के साथ 'h' का प्रयोग किया जाता है, जैसे—हिंदी के 'क' के लिए रोमन में 'k' का प्रयोग किया जाता है। किंतु 'ख' के लिए कोई सीधे-सीधे वर्ण उपलब्ध नहीं है, इस कारण 'kh' का प्रयोग किया जाता है। यही स्थिति अन्य महाप्राण ध्वनियों के साथ देखी जा सकती है। इसी प्रकार रोमन के कैपिटल लेटर को दर्शाने के लिए देवनागरी में कोई व्यवस्था नहीं है। फिर भी काम चल जाता है।

लिप्यंतरण एक महत्त्वपूर्ण प्रक्रिया है। मशीन (कंप्यूटर) में टाइपिंग का कार्य आरंभ होने के पश्चात् इसमें निरंतर टाइपिंग संबंधी अनेक सुविधाएँ विकसित की जा रही हैं। अब तो टाइपिंग और टाइप किए हुए पाठ की फार्मेटिंग से आगे बढ़कर मशीन द्वारा लिप्यंतरण और मशीनी अनुवाद जैसी सुविधाएँ तेजी से विकसित की जाने लगी हैं। इस कारण लिप्यंतरण (मुख्यतः मशीनी लिप्यंतरण) को पिछले 5-6 दशकों में एक विशेष पहचान मिली है। इसकी दो सर्वसुलभ परिभाषाओं को यहाँ देखा जा सकता है—

From an information-theoretical point of view, systematic transliteration is a mapping from one system of writing into another, word by word, or ideally letter by letter. Most transliteration systems are one-to-one, so a reader who knows the system can reconstruct the original spelling.

(Wikipedia)

The act or process of transcribing (a word, etc, in one alphabet) into corresponding letters of another alphabet.

(Collins English Dictionary, Online)

डॉ. राम प्रकाश सक्सेना (2016) ने लिप्यंतरण के दो भेद करते हुए इनके भी क्रमशः दो-दो उपभेद किए हैं—(1) पूर्ण (Complete) : सामान्य (Ggeneral)

और विशिष्ट (Specific)। (2) आंशिक (Partial) : असामयिक (Occasional), समावेशित (Assimilated)। इसे उनकी पुस्तक 'Standardization of Transliteration Systems into Hindi (Devanagari) and English (Roman) from Other Indian Languages' में विस्तार से देखा जा सकता है।

3.1 स्वन (ध्वनि) और लिपि चिह्न

भाषा के वाचिक रूप को ही उसका मूल रूप माना जाता है। शब्द और वाक्य किसी भाषा की मूल व्यावहारिक इकाइयाँ हैं। किंतु केवल शब्द और वाक्य स्तर पर विवेचन करके किसी भाषा की व्यवस्था को पूरी तरह नहीं समझा जा सकता। इसलिए इनका विश्लेषण संभव छोटी इकाइयों में किया जाता है। भाषाविज्ञान में इस दृष्टि से शब्द से छोटी इकाइयाँ 'रूप' (Morph) और 'स्वन' (Phone) हैं। स्वन भाषा की सबसे छोटी इकाई है, जिसे सामान्य व्यवहार में 'ध्वनि' भी कहा जाता है। 'लिपि' वाचिक भाषा को लिखित अनुकरण प्रदान करने की व्यवस्था है। सामान्यतः लिपि चिह्नों द्वारा स्वनों का ही अनुकरण किया जाता है। (इस दृष्टि से चीनी-जापानी जैसी भाषाएँ अपवाद हैं जिनमें प्रत्येक चिह्न एक अलग शब्द का प्रतिनिधित्व करता है।) किंतु लिपि चिह्नों और स्वनों में पूर्णतः एक-दूसरे का अनुकरण नहीं पाया जाता, बल्कि कभी एक ही स्वन के लिए एक से अधिक लिपि चिह्न का प्रयोग किया जाता है, जैसे—अंग्रेजी में 'क' के लिए 'k', 'c' और 'q' का प्रयोग होता है। इसी प्रकार एक लिपि चिह्न द्वारा एक से अधिक स्वनों को व्यक्त करने की स्थितियाँ भी प्राप्त होती हैं, जैसे—अंग्रेजी में 'g' का उच्चारण कहीं 'ग' तो कहीं 'ज' होता है। ऐसी स्थितियाँ लिप्यंतरण में समस्या उत्पन्न करती हैं।

वैसे भाषा और लिपि को एक-दूसरे का पूरक माना जाता है। सभी भाषाओं में संबंधित समाज के परिवेश एवं आवश्यकता के अनुसार ध्वनियाँ होती हैं। इसी क्रम में जब लिपि विकसित होती है तो उसमें संबंधित भाषा (या भाषा समूह) की आवश्यकता के अनुसार वर्ण निर्मित कर लिए जाते हैं। किंतु कुछ भाषाओं के साथ प्रयुक्त लिपियों में कुछ विचित्र स्थितियाँ भी देखने को मिलती हैं, विशेषकर तब जब एक ही भाषा के शब्दों के लिए एक से अधिक लिपियों का प्रयोग किया जाता हो, जैसे—जापानी। जापानी भाषा में हीरागाना, काताकाना और कांजी तीन लिपियों का प्रयोग किया जाता है। ऐसी स्थिति में किसी पाठ का जापानी के लिए लिप्यंतरण करते समय किस शब्द के किस परिस्थिति में किस लिपि का प्रयोग किया जाएगा, इसका निर्धारण करना अपेक्षाकृत कठिन कार्य है।

3.2 हिंदी के संदर्भ में देवनागरी और रोमन

वर्तमान में हिंदी (अथवा भारतीय समाज) के संदर्भ में देवनागरी और रोमन दो महत्त्वपूर्ण लिपियाँ हैं। देवनागरी लिपि का प्रयोग कई भारतीय आर्य भाषाओं के

लिए किया जाता है, जिनमें वर्तमान में 'हिंदी' सबसे प्रमुख है। इसी प्रकार रोमन लगभग सभी प्रमुख यूरोपीय भाषाओं के लेखन हेतु प्रयुक्त होती है, जिनमें अंग्रेजी प्रमुख है। आज धीरे-धीरे अंग्रेजी विश्वभाषा बनती जा रही है। इसके पीछे कारण है, इसका अन्य कई प्रमुख देशों में प्रचलित होना और इस भाषा में ज्ञान-विज्ञान की सामग्री का तेजी से विकसित होना। विश्व के जिन देशों में अंग्रेजी का प्रचुर मात्रा में प्रयोग होता है, उनमें से एक 'भारत' भी है। भारत एक बहुभाषी देश है, जहाँ सैकड़ों भाषाएँ बोली जाती हैं। ये भाषाएँ चार भाषा परिवारों (Language Families) से संबद्ध हैं, जिनमें प्रयोगात्मक समानताएँ और असमानताएँ प्राप्त होती हैं। 'हिंदी' भारत की प्रमुख भाषा है, जिसे संपूर्ण भारत में किसी-न-किसी रूप में बोला और समझा जाता है। वाचिक हिंदी को समझने वालों की संख्या लिखित हिंदी को समझने वालों से बहुत अधिक है। हिंदी की कई शैलियाँ भी प्राप्त होती हैं। उदाहरण के लिए इसकी अरबी/फ़ारसी से प्रभावित शैली को 'उर्दू' कहा जाता है, जो पाकिस्तान की राजभाषा है। उर्दू को अरबी लिपि में लिखा जाता है। उर्दू समझने वाला एक व्यक्ति हिंदी आसानी से समझ सकता है, किंतु वह 'देवनागरी' में लिखी हिंदी को समझ सके, यह आवश्यक नहीं है। ऐसी स्थिति में यह संभावना की जा सकती है कि वह रोमन लिपि में लिखी हिंदी को समझ ले।

भारत में अनेक भारतीय भाषाओं के साथ-साथ अंग्रेजी व्यापक स्तर पर प्रचलित है। अंग्रेजी लेखन के लिए प्रयुक्त होने वाली लिपि रोमन है। भारत में एक अंग्रेजी प्रभावित वर्ग है। भले ही यह वर्ग बहुत अल्प संख्या में है, किंतु यह भारत का 'उच्च' वर्ग है, जो आर्थिक दृष्टि से संपन्न है। इस वर्ग द्वारा सामान्यत: अपनी मातृभाषा या किसी भारतीय भाषा का प्रयोग करने के बजाए अंग्रेजी का ही प्रयोग किया जाता है। इसका प्रभाव भारत के अन्य वर्गों पर भी पड़ा है, और अंग्रेजी की ओर इनका आकर्षण पिछले कुछ दशकों में तेजी से हुआ है। यही कारण है कि आज भारत के ग्रामीण क्षेत्रों में भी अंग्रेजी माध्यम के विद्यालयों की भरमार है और वहाँ विद्यार्थी हिंदी से पहले अंग्रेजी से परिचित होता है। लिपि के क्रम में भी वह पहले 'रोमन' लिपि सीखता है, इसके बाद 'देवनागरी' लिपि सीखता है। इसलिए 'देवनागरी' एक प्रकार से पिछड़ती हुई दिखाई पड़ती है। भारत का वर्तमान 'देवनागरी' के लिए अनुकूल है, किंतु भविष्य भी रहेगा, वर्तमान स्थितियों को देखते हुए यह कह पाना कठिन है।

इसी प्रकार तकनीकी साधनों—मुख्यत: मोबाइल और टैबलेट आदि—ने भी 'दैनिक लिखित वार्तालाप' में रोमन के प्रयोग को बढ़ावा दिया है। चैट आदि में देवनागरी के बजाए रोमन लिपि का प्रयोग करना लोगों को अधिक सरल लगता है। अत: वर्तमान भारतीय परिप्रेक्ष्य में 'देवनागरी' और 'रोमन' दोनों ही लिपियों का बहुत अधिक महत्त्व है।

3.3 सॉफ्टवेयर विकास : आवश्यकता और प्रविधि

एक ही भाषा की सामग्री को एक से अधिक लिपियों में लिखा जा सकता है। बहुभाषिक समाजों में कई जगहों पर ऐसी स्थिति देखी जा सकती है कि एक से अधिक भाषाओं के साथ-साथ एक से अधिक लिपियाँ भी प्रचलित होती हैं। ऐसे समाजों में कुछ व्यक्ति ऐसे भी होते हैं जो किसी भाषा के वाचिक रूप को तो समझ लेते हैं किंतु उन्हें लिपि का अभ्यास नहीं होता। उदाहरण के लिए हिंदी समझने वालों की संख्या बहुत अधिक है। परंतु इनमें बहुत सारे लोग ऐसे हैं जो देवनागरी में लिखी हिंदी को समझ नहीं सकते। ऐसी स्थिति में यदि उन्हें हिंदी की सामग्री उनकी संबंधित लिपि जैसे—रोमन, अरबी/फ़ारसी या किसी दक्षिण भारतीय भाषा की लिपि में दे दी जाए तो वे समझ सकते हैं। यदि यह सामग्री हाथ से लिखी हुई हो तो दूसरी लिपि में उसका पुन: लेखन करना होगा। किंतु यदि यह सामग्री कंप्यूटर के माध्यम से टाइप की गई हो और इसे किसी सॉफ्टवेयर की सहायता से परिवर्तित कर दिया जाए तो यह कार्य अत्यंत सरल हो जाएगा।

इसी प्रकार की आवश्यकताओं को ध्यान में रखते हुए एकाधिक लिपियों में लिप्यंतरण हेतु प्रणाली विकसित की जानी चाहिए। आगे 'देवनागरी से रोमन' और 'रोमन से देवनागरी' में लिप्यंतरण हेतु विकसित किए जाने वाले टूल या सॉफ्टवेयर की कार्यप्रणाली के संदर्भ में चर्चा की जा रही है। यह चर्चा मूलत: देवनागरी के यूनीकोड पाठ के संदर्भ में है। टूल या सॉफ्टवेयर को एकदिशीय या द्विदिशीय (Unidirectional या Bidirectional) दोनों प्रकार का बनाया जा सकता है। इसके अलावा एक ऐसी भी प्रणाली तैयार की जा सकती है जो इनपुट के रूप में पाठ सामग्री प्राप्त होते ही उसकी लिपि की पहचान कर ले और दूसरी लिपि में सामग्री को परिवर्तित कर दे। किंतु प्रणाली के दोनों ही दिशाओं से कार्य करने के लिए अलग-अलग प्रकार के नियमों की आवश्यकता पड़ती है। इसकी नीचे संक्षेप में चर्चा की जा रही है—

3.3.1 देवनागरी से रोमन

देवनागरी पाठ का रोमन में लिप्यंतरण करने के लिए सबसे पहले दोनों लिपियों के लिपि चिह्नों पर एक दृष्टि डालनी होगी—

देवनागरी : देवनागरी लिपि में 67 भिन्न-भिन्न प्रकार के लिपि चिह्न हैं जिन्हें वर्गीकृत रूप से अगले खंड (रोमन से देवनागरी) में प्रदर्शित किया गया है। ये चिह्न स्वर, व्यंजन, मात्रा, अनुनासिकता, विसर्ग, हल् चिह्न आदि अनेक प्रकार के हैं।

रोमन : इसमें मूलत:—26 लिपि चिह्न हैं। जिनमें 5 स्वर और 21 व्यंजन हैं। इनका लेखन दो रूपों में छोटे अक्षरों (small letters) और बड़े अक्षरों (Capital Letters) में किया जाता है। अत: कुल : 26 + 26 = 52 वर्ण प्राप्त होते हैं।

इन्हीं वर्णों में उच्चारण की समतुल्यता, पूर्व निर्धारित चिह्नों और कुछ नए समतुल्यों का निर्माण करते हुए लिप्यंतरण हेतु डाटाबेस का निर्माण किया जाता है, जिसका प्रारूप इस प्रकार हो सकता है—

Dev	Rom	Dev	Rom	Dev	Rom
अ	a	च	ch	क्ष	X
आ	aa	छ	Ch	त्र	tr
आ	A	ज	j	ज्ञ	Gy
इ	i	झ	jh		
ई	ee	ञ	Nj		
ई	I	ट	T		
ए	e	ठ	Th		
ऐ	ai	ड	D		
ओ	o	ड़	rh		
औ	au	ढ	Dh		
ा	aa	ढ़	Rh		
ा	A	ण	N		
ि	i	त	t		
ी	ee	थ	th		
ी	I	द	d		
े	e	ध	dh		
ै	ai	न	n		
ो	o	प	p		
ौ	au	फ	ph		
उ	u	फ़	f		
ऊ	oo	ब	b		
ु	u	भ	bh		
ू	oo	म	m		
क	k	य	y		
ा	kh	र	r		
ख	Kh	ल	l		
ग	g	व	v		
ग़	G	श	sh		
घ	gh	ष	Sh		
ङ	Ng	स	s		

कार्यविधि : देवनागरी-रोमन लिप्यंतरण प्रणाली में पाठ का इनपुट देवनागरी लिपि में दिया जाता है। इनपुट प्राप्त होने पर प्रणाली द्वारा सबसे पहले इसका खंडीकरण शब्दों में किया जाता है। इसके पश्चात् प्रत्येक शब्द का खंडीकरण वर्णों में किया जाता है। अब प्रत्येक वर्ण के लिए डाटाबेस में संबंधित रोमन वर्ण से मिलान किया जाता है। मिलान के बाद जो भी रोमन वर्ण प्राप्त होते हैं उन्हें शब्द के रूप में संगठित किया जाता है और फिर शब्दों को जोड़ते हुए नए पाठ को प्रजनित किया जाता है। इस प्रक्रिया में वर्णों की विविधता के आधार पर अलग-अलग प्रकार के नियम प्रयुक्त होते हैं। कुछ मुख्य नियम इस प्रकार हैं—

(क) यदि विराम चिह्न या संख्या आए तो उसे भी जैसे-का-तैसे रख दिया जाए।

(ख) देवनागरी में स्वर और मात्रा दो अलग-अलग इकाइयाँ हैं रोमन में नहीं। अत: इन्हें अलग-अलग चिह्नित करना होता है।

(ग) देवनागरी स्वरों की एक मुख्य विशेषता इनके 'लघु और दीर्घ' दो रूपों का होना है, जैसे—'अ' और 'आ', 'इ' और 'ई', 'उ' और 'ऊ'। ऐसी व्यवस्था रोमन में नहीं पाई जाती। अत: इसके लिए रोमन के स्माल लेटर और कैपिटल लेटर की व्यवस्था का लाभ लिया जा सकता है। ऐसी स्थिति में 'अ' के लिए 'a' और 'आ' के लिए 'A', 'इ' के लिए 'i' और 'ई' के लिए 'I', 'उ' के लिए 'u' और 'ऊ' के लिए 'U' का प्रयोग किया जा सकता है। किंतु चूँकि पारंपरिक रूप से 'आ' के लिए 'aa', और 'ई' के लिए 'ee' और 'ऊ' के लिए 'oo' प्रचलित हैं, इसलिए इन्हें ही रखना अधिक व्यावहारिक होगा।

(घ) देवनागरी से रोमन परिवर्तन में सबसे बड़ी समस्या परिवर्तित पाठ में व्यंजन वर्णों के साथ 'a' लगाने की होती है, जैसे—यदि सीधे-सीधे डाटाबेस के आधार पर देवनागरी से रोमन में लिप्यंतरण किया जाए तो देवनागरी वाक्य 'मोहन घर जाता है' का रोमन रूप इस प्रकार निर्मित होगा—"Mohn ghr jaataa hai" इस वाक्य में 'मोहन' शब्द के 'ह' का 'ha' और 'घर' शब्द में 'घ' का 'gha' होना चाहिए। तभी 'Mohan ghar jaataa hai' वाक्य का आउटपुट में यह प्राप्त किया जा सकताहै। इसके लिए 'a' के प्रयोग का नियम देना होता है।

नियम—यदि किसी शब्द में दो व्यंजन एक साथ आएँ तो दोनों के बीच में 'a' का प्रयोग करे। किंतु ध्यान रहे कि इस नियम में दो व्यंजन वर्णों के बीच में 'a' के प्रयोग का ही नियम देना होगा। व्यंजन के बाद 'a' के प्रयोग का नियम नहीं दिया जा सकता। इसका कारण यह है कि किसी भी शब्द के अंतिम वर्ण के साथ 'a' का प्रयोग नहीं होता। उदाहरण के लिए ऊपर के वाक्य के पहले शब्द के रूप में हमें 'Mohan' की आवश्यकता है, 'Mohana' की नहीं।

(ङ) देवनागरी में अनुस्वार का प्रयोग भी अनेक संदर्भों में होता है। अतः इसके समुचित समतुल्य के प्रयोग के लिए भी पश्च वर्ण का संदर्भ देखना होता है। इसका प्रयोग पंचमाक्षर के लिए होने पर संबंधित वर्ग के अगले वर्ण को देखते हुए ही 'म' के लिए 'm', 'न' के लिए 'n', 'ण' के लिए 'N' 'ङ' के लिए 'Nj' आदि रोमन वर्णों का पूर्व निर्धारण करके परिवर्तन संबंधी नियम दिए जाने चाहिए। साथ ही अनुनासिक के लिए भी कोई रोमन वर्ण सुनिश्चित करना पड़ता है।

(च) संयुक्ताक्षरों के लिए भी वर्ण निर्धारित करने की आवश्यकता होती है।

यद्यपि देवनागरी को वैज्ञानिक लिपि माना जाता है फिर भी डाटाबेस के माध्यम से सीधे-सीधे लिप्यंतरण संभव नहीं है। इसमें वर्ण विश्लेषणात्मक नियमों की आवश्यकता पड़ती है। इस संबंध में एक बात कही जा सकती है कि कुछ कठिनाइयाँ लक्ष्य लिपि के स्वरूप के कारण भी आती हैं।

3.3.2 रोमन से देवनागरी

कंप्यूटर में उपलब्ध कीबोर्ड मूलतः रोमन वर्णों वाला होता है। इसलिए हिंदी टंकण करते समय देवनागरी वर्णों को याद रखना पड़ता है। कुछ देवनागरी वर्ण तो विशेष कोड से या Insert Symbol से लेने पड़ते हैं। कृतिदेव, चाणक्य आदि फॉन्टों में यह समस्या व्यापक स्तर पर रही है। इस कारण यूनीकोड के आगमन के पश्चात् से ऐसे टूल्स की माँग बढ़ी है जिनकी सहायता से रोमन अक्षरों को टाइप करने पर देवनागरी अक्षर आ जाएँ। कई टूल यह सुविधा प्रदान करते हैं। इस प्रकार के टूल्स द्वारा रोमन पाठ को देवनागरी में परिवर्तित कर सकते हैं। टंकण के क्रम में इसके लिए माइक्रोसॉफ्ट और गूगल आदि द्वारा 'फोनेटिक ट्रांसलिटरेशन' और 'इंडिक इनपुट' जैसी प्रणालियाँ विकसित की गई हैं, जिनमें किसी पाठ का टंकण मूलतः रोमन वर्णों द्वारा किया जाता है और समतुल्य देवनागरी वर्ण टंकित होते हैं। किंतु पहले से ही रोमन में टाइप किए हुए एक पाठ को एक क्लिक में देवनागरी में परिवर्तित करने के लिए एक भाषिक टूल की आवश्यकता पड़ती है। यहाँ ध्यान रखने वाली बात है कि रोमन में लिखे हिंदी पाठ के लिप्यंतरण की बात हो रही है, अंग्रेजी पाठ की नहीं। अर्थात् *'Mohan ghar jata hai'* का लिप्यंतरण *'मोहन घर जाता है'* के रूप में किया जाएगा, *'Mohan is going home'* का लिप्यंतरण *'मोहन इज गोइंग होम'* के रूप में नहीं।

रोमन से देवनागरी लिप्यंतरण अपेक्षाकृत कठिन कार्य है। इसका मुख्य कारण है दोनों लिपियों में प्रयुक्त लिपि चिह्नों की संख्या और उनकी प्रकृति। अतः यदि इस कार्य के लिए कोई स्वचलित प्रणाली निर्मित करनी हो तो उसमें तार्किक अभिव्यक्तियों का प्रयोग करना बहुत मुश्किल हो जाता है। इसके लिए सबसे पहले हमें दोनों लिपियों के लिपि चिह्नों पर एक दृष्टि डालनी होगी—

रोमन : इसमें मूलतः—26 लिपि चिह्न हैं।

05 स्वर और 21 व्यंजन।

A B C D E F G H I J K L M N O P Q R S T U V W X Y Z

a b c d e f g h i j k l m n o p q r s t u v w x y z

प्रकृति—लिपि चिह्नों का लेखन दो रूपों में छोटे अक्षरों (small letters) और बड़े अक्षरों (capital letters) में।

अतः कुल : 26 + 26 = 52

ध्वन्यात्मक स्थिति :

(क) कुछ वर्णों के एक से अधिक उच्चारण, जैसे—

c = क, स; I = इ, आई; e = इ, ए; a = अ, आ

(ख) एक ही उच्चारण के लिए एक से अधिक वर्णों का प्रयोग, जैसे—

क = k , q, c; ई = I, ei, ie

देवनागरी :

इसमें भिन्न-भिन्न प्रकार के लिपि चिह्न हैं जो वर्गीकृत रूप से इस प्रकार हैं—

स्वर वर्ण :

अ आ ऑ इ ई उ ऊ ए ऐ ओ औ ऋ	= 12
अनुस्वार/अनुनासिक : ं ँ	= 02
मात्राएँ : ख खॅ ि ी ु ू े ै ो ौ	= 10

व्यंजन वर्ण :

क ख ग घ ङ	क़ ख़ ग़
च छ ज झ ञ	ज़
ट ठ ड ढ ण	ड़ ढ़
त थ द ध न	
प फ ब भ म	फ़
य र ल व श ष स ह	= 50
संयुक्त वर्ण : (मूल)—क्ष त्र ज्ञ श्र	= 04

(**नोट** : इनके अलावा द्व, द्य, द्ध, ह्म आदि अनेक संयुक्त वर्ण भी हिंदी में हैं किंतु धीरे-धीरे इन्हें हल् चिह्न लगाकर अलग-अलग लिखा जाने लगा है अतः इनकी यहाँ अलग से गणना नहीं की जा रही है।)

कुल संख्या : 11 + 02 + 10 + 34 + 04	= 67
* हल् चिह्न : ्	= 01

इसे देखकर समझा जा सकता है कि देवनागरी में कुल वर्णों की संख्या का निर्धारण कितना कठिन कार्य है। इसी कारण देवनागरी के सरलीकरण का प्रश्न बार-बार उठाया जाता है। किंतु वास्तव में देखा जाए तो रोमन में हिंदी लेखन का

मानकीकरण करने की आवश्यकता अधिक है। इसे एक उदाहरण देकर समझा जा सकता है—'kamala' शब्द के तीन संदर्भयुक्त प्रयोग हो सकते हैं—

us talab men **kamala** hai.	(कमल)
aaj **kamala** aayi thi.	(कमला)
aap bhi **kamala** karate hain.	(कमाल)

अत: बिना किसी संदर्भ के इस प्रयोग द्वारा तीनों शब्दों की अभिव्यक्ति हो रही है। ऐसी स्थिति में तीनों शब्दों में प्रयुक्त अलग-अलग स्थानों पर भिन्न मात्राओं के लिए अलग-अलग चिह्न निर्धारित किए जाएँ। वैसे 'आ' की मात्रा के लिए 'aa' का प्रयोग निर्धारित है। किंतु बहुत कम ही लोग इसका ध्यान रखते हैं। उनका प्रयोग मनमाना होता है, जैसे—'कमला' लिखना हो तो 'kamla' लिख दिया जाएगा, किंतु 'kamalaa' का प्रयोग बहुत कम ही होता है। ऐसी स्थिति में संभाव्यता के आधार पर सटीक शब्द का चयन करना होता है। संदर्भ देखकर या अनुमान से हम तो समझ लेते हैं लेकिन कंप्यूटर के लिए यह बहुत कठिन कार्य है। वह तो उपर्युक्त रोमन प्रयोग के लिए देवनागरी में एक 'कामल' शब्द भी निर्मित कर लेगा। इस प्रकार के निरर्थक शब्दों से बचने के लिए अंतरण नियमों के साथ शब्दकोश का भी प्रयोग किया जा सकता है। किंतु इससे टूल के आकार में अनावश्यक वृद्धि की संभावना रहती है। फिर भी कोश देने पर भी पूरी समस्या का हल नहीं मिलता क्योंकि कमल, कमला और कमाल शब्द तो शब्दकोश में रहेंगे ही।

इसका प्रभाव यूनीकोड समर्थित टंकण प्रणालियों पर भी देखा जा सकता है। उदाहरण के लिए दो इनपुट प्रणालियों को देख सकते हैं—

Hindi Indic Input 2 : इसमें प्रत्येक देवनागरी वर्ण के लिए एक रोमन वर्ण या एक से अधिक रोमन वर्णों के संयोजन की व्यवस्था दी गई है। ध्वन्यात्मक (Phonetic) कीबोर्ड-लेआउट में वही वर्ण संयोजन है जो हम पढ़ते आए हैं, जैसे—k से क, kh से ख, g से ग, gh घ...आदि। किंतु पंचमाक्षरों के लिए क्या किया जाए? तो इसमें n = न, m = म तो ठीक है बाकी के लिए समन्वयन (Adjust) करने की आवश्यकता यहाँ भी है। इसलिए N = ण, Ng = ङ, Nj = ञ दिया गया। इसी प्रकार अन्य विशिष्ट व्यंजनों, जैसे—Gy = ज्ञ, sh = श, Sh = ष आदि के लिए संयोजन तैयार किया गया है।

Microsoft Indic Language Input Tool (Beta) : इसमें रोमन वर्ण संयोजन के आधार पर देवनागरी वर्ण संयोजन तैयार करने की व्यवस्था है। किंतु इसमें ऊपर 'kamala' का उदाहरण देकर वर्णित समस्या आ जाती है। अर्थात् इसमें हम जो वर्ण रोमन में टाइप करते हैं वे रोमन में तो दिखाई ही देते हैं, साथ ही उनके संयोजन से बनने वाले देवनागरी वर्ण संयोजन भी सूची के रूप में दिखाई देते हैं। इनमें से जिस वर्ण संयोजन द्वारा हमारा इच्छित शब्द प्राप्त होता है उसे क्लिक करके

या तीर (Arrow) द्वारा उसका चयन करके पाठ में जोड़ लिया जाता है। इसे 'kamala' शब्द के उदाहरण द्वारा देख सकते हैं—

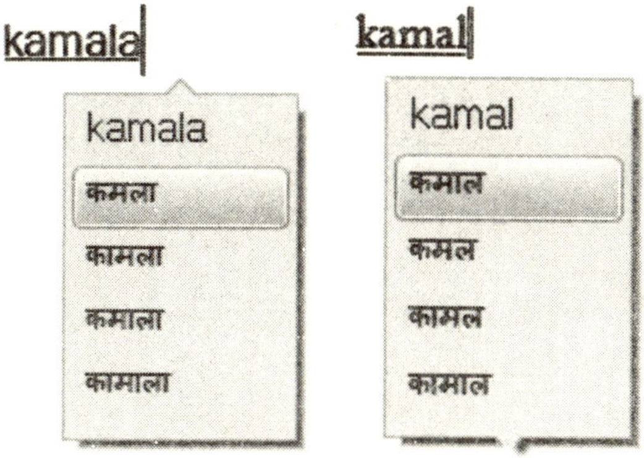

इन उदाहरणों से स्पष्ट है कि रोमन लिपि में टाइप किए हुए वर्णों के क्रम के आधार पर निर्मित देवनागरी वर्णक्रम द्वारा सटीक देवनागरी शब्दों को प्राप्त नहीं किया जा सकता।

यही समस्या रोमन से देवनागरी में लिप्यंतरण करने पर भी आती है। प्रणाली का विकास किस आधार पर किया जाए यह विकासकर्ता के ऊपर निर्भर करता है, किंतु जैसे भी किया जाए उसका निर्देश देना आवश्यक होता है। विशेषकर तब जब एक देवनागरी वर्ण के लिए एक रोमन वर्ण सुनिश्चित करना हो, जैसा कि इनमें से प्रथम विधि में करना होता है। ऊपर दिए गए वर्णों के डाटाबेस, शब्दकोश एवं संभाव्यता तथा पुनरावृत्ति नियमों का प्रयोग करते हुए रोमन से देवनागरी में परिवर्तन की प्रणाली तैयार की जा सकती है। ऐसी कुछ प्रणालियाँ ऑनलाइन भी उपलब्ध हैं, जैसे— <http://indiatyping.com/index.php/english-to-hindi-typing> पर रोमन में टंकण करके देवनागरी में प्राप्त किया जा सकता है। इसमें भी कठिन शब्दों के टंकण के समय ध्यान देना पड़ता है, क्योंकि कई बार अनावश्यक शब्द भी आ जाते हैं।

3.4 देवनागरी और अन्य लिपियाँ

लिप्यंतरण एक पाठ को किसी भी एक लिपि से दूसरी लिपि में परिवर्तन की प्रक्रिया है। चूँकि वर्तमान संदर्भ में हिंदी के संदर्भ में देवनागरी और रोमन लिपियाँ अधिक महत्त्वपूर्ण हैं, इसलिए प्रस्तुत अध्याय में उन्हीं की विस्तृत चर्चा की गई। इनके अलावा देवनागरी को निम्नलिखित दो लिपियों के संदर्भ में देखा जा सकता है—

3.4.1 देवनागरी और अरबी लिपि

हिंदी के संदर्भ में देवनागरी के साथ-साथ 'अरबी' लिपि भी महत्त्वपूर्ण है। हिंदी की अरबी/फ़ारसी आधारित शैली या रूप पर 'उर्दू' के बारे में ऊपर चर्चा की जा चुकी है।

चूँकि लेखक द्वारा अभी अरबी लिपि का अध्ययन नहीं किया गया है। इसलिए देवनागरी-अरबी में स्वचलित लिप्यंतरण के संदर्भ में नियमों की चर्चा यहाँ संभव नहीं है। किंतु जिन्हें देवनागरी और अरबी दोनों लिपियों का ज्ञान है, वे तुलनात्मक डाटाबेस और नियमों द्वारा इस दिशा में कार्य कर सकते हैं। इस संबंध में कुछ सामग्री ऑनलाइन भी उपलब्ध है। उदाहरण के लिए <https://www.prismnet.com/~dierdorf/ww-47.html> पर इन वर्णों की प्राप्त संक्षिप्त तुलनात्मक सूची इस प्रकार है—

ا अ इ उ

ب ब پ प ت त ٹ ट ث स

ج ज چ च ح ह خ ख

د द ڈ ड ذ ज

ر र ڑ ड़ ز ज ژ स

س स ش श ص स ض ज़

ط त ظ ज़

ع अ इ उ غ ग़

ف फ़ ق क ک क گ ग

ل ल م म ں न ن न ण

و व ہ ह ھ ह ی य ے य

3.4.2 देवनागरी और अन्य भारतीय लिपियाँ

देवनागरी-रोमन और देवनागरी-अरबी की तरह देवनागरी से अन्य भारतीय भाषाओं, जैसे—बंगाली, गुजराती, पंजाबी, कन्नड़, तेलगू, मलयालम आदि की लिपियों के बीच लिप्यंतरण संबंधी कार्य किया जा सकता है। यह कार्य उन लोगों द्वारा सरलता से किया जा सकता है, जिनकी मातृभाषा देवनागरी से इतर लिपि की हो और उन्होंने हिंदी भी सीख ली हो। या उस भाषा और हिंदी के विद्वान एक साथ मिलकर भी कर सकते हैं। इसके लिए सबसे पहले इन लिपियों के वर्णों और देवनागरी के वर्णों

की तुलनात्मक सूची बनानी होगी। इसके बाद शब्द-रचना संबंधी नियम देने होंगे। इस संबंध में पहले ही कुछ कार्य किए जा चुके हैं। उनमें से कुछ तो ऑनलाइन भी उपलब्ध हैं। उदाहरण के लिए कुछ वेबसाइटों (*अवलोकन : मई, 2016*) पर प्राप्त तुलनात्मक वर्ण-सूची को इस प्रकार देखा जा सकता है—

(1) http://ymcmatvpm.wix.com/cutchi-memon-digest# !qaydo1/c1gn2 लिंक पर सिंधी, देवनागरी, गुजराती, मलयालम और रोमन वर्णों की सूची इस प्रकार दी गई है—

Sindhi	Devanagari	Gujarati	Malayalam	Roman
ا	अ	અ	അ	A
آ	आ	આ	ആ	Aa
اِ	इ	ઇ	ഇ	E
اِي اِيْ	ई	ઈ	ഈ	Ee
اُ	उ	ઉ	ഉ	U
اُو	ऊ	ઊ	ഊ	UU
اَے	ए	એ, ए	എ ഏ	Ay
اَی	ऐ	ઐ, ऐ	ഐ	Eye
او	ओ	ઓ	ഒ ഓ	O
اَو	औ	ઔ	ഔ	Au
اَم	अं	અં	അം	Am
ڪ ک ک	क	ક	ക	K
کھ	ख	ખ	ഖ	Kh
گ ڳ ڱ	ग	ગ	ഗ	G
ڳ گھ گھ	घ	ઘ	ഘ	Gh
ڱ ڱ	ङ	ઙ	ങ	Ng
چ چ چ	च	ચ	ച	Ch
ڇ ڇ ڇ	छ	છ	ഛ	ChCh
ج ج	ज	જ	ജ	J
جھ	झ	ઝ	ഝ	Jh
ڃ ڃ ڃ	ञ	ઞ	ഞ	Nj
ٽ ٽ	ट	ટ	ട	Tt
ٺ ٺ	ठ	ઠ	ഠ	Tth

Sindhi	Devanagari	Gujarati	Malayalam	Roman
ڊ	ड	ડ	ഡ	D
ڍ	ढ	ઢ	ഢ	Ddh
ڻـ ڻ	ण	ણ	ണ	Nna
تـ ت	त	ત	ത	Th
ٿـ ٿ	थ	થ	ഥ	Tth
د	द	દ	ദ	Dh
ڌ	ध	ધ	ധ	Dhh
نـ ن	न	ન	ന	N
پـ پ	प	પ	പ	P
ڦـ ڦ	फ	ફ	ഫ	Ph
بـ ب	ब	બ	ബ	B
ڀـ ڀ	भ	ભ	ഭ	Bh
مـ م	म	મ	മ	M
يـ ي ی	य	ય	യ	Ya
ر	र	ર	ര, റ	R
لـ ل	ल	લ	ല, ള	L
ﻼ لا	ला	લા	ലാ	La
و	व	વ	വ	V,W
سـ س	स	સ	സ	S
شـ ش	श,, ष	શ,ષ	ശ, ഷ	Sh
ه ھ هـ	ह	હ	ഹ	H
ر				

इसी प्रकार <https://www.pinterest.com/pin/557321141111102575/> पर भारत की विभिन्न भाषाओं में पाई जाने वाली मात्राओं के लिए 'क' को आधार मानकर तुलनात्मक सूची दी गई है, जो इस प्रकार है—

Vowels	DEV	GUJ	PUN	BEN	ORI	TEL	KAN	TAM	MAL	SIN	URD	SIND
ka	क	ક	ਕ	ক	କ	క	ಕ	க	ക	ක	ک	
kā	का	કા	ਕਾ	কা	କା	కా	ಕಾ	கா	കാ	කා	کا	
kæ	–	–	–	–	–	–	–	–	–	කැ	–	
kǣ	–	–	–	–	–	–	–	–	–	කෑ	–	
ki	कि	કિ	ਕਿ	কি	କି	కి	ಕಿ	கி	കി	කි	کِ	
kī	की	કી	ਕੀ	কী	କୀ	కీ	ಕೀ	கீ	കീ	කී	کِی	
ku	कु	કુ	ਕੁ	কু	କୁ	కు	ಕು	கு	കു	කු	کُ	
kū	कू	કૂ	ਕੂ	কূ	କୂ	కూ	ಕೂ	கூ	കൂ	කූ	کُو	
kṛ	कृ	કૃ	–	কৃ	କୃ	కృ	ಕೃ	–	കൃ	කෘ	–	
kṝ	कॄ	કૄ	–	কৄ	କୄ	కౄ	ಕೄ	–	കൄ	කෲ	–	
ke(s)	कॆ*	–	–	–	–	కె	ಕೆ	கெ	കെ	කෙ	–	
ke/ē	के	કે	ਕੇ	কে	କେ	కే	ಕೇ	கே	കേ	කේ	کے	
kai	कै	કૈ	ਕੈ	কৈ	କୈ	కై	ಕೈ	கை	കൈ	කෛ	کَے	
ko(s)	कॊ*	–	–	–	–	కొ	ಕೊ	கொ	കൊ	කො	–	
ko/ō	को	કો	ਕੋ	কো	କୋ	కో	ಕೋ	கோ	കോ	කෝ	کو	
kau	कौ	કૌ	ਕੌ	কৌ	କୌ	కౌ	ಕೌ	கௌ	കൌ	කෞ	کَو	
kaḥ	कः	કઃ	ਕਃ	কঃ	କଃ	కః	ಕಃ	கஃ	കഃ	කඃ	–	–
kan	कं	કં	ਕਂ	কং	କଂ	కం	ಕಂ	–	കം	කං	کاں	–
kam̐	कँ	કઁ	ਕਁ	কঁ	କଁ	–	–	–	–	–	(kān)	–

इसी प्रकार ऑनलाइन सामग्री का भी भारतीय भाषाओं की लिपियों में परस्पर लिप्यंतरण हेतु प्रयोग किया जा सकता है।

3.4.3 देवनागरी और आई.पी.ए. (IPA)

अंतरराष्ट्रीय ध्वन्यात्मक वर्णमाला (International Phonetic Alphabet-**IPA**) भाषावैज्ञानिकों द्वारा विकसित की गई एक ऐसी वर्णमाला है, जिसका उद्देश्य विश्व की सभी भाषाओं की ध्वनियों को एक अप्रतिम (Unique) चिह्न प्रदान करना है। इसका उद्देश्य ऐसे लिपि चिह्नों का विकास करना है, जिनकी सहायता से किसी भी भाषा के शब्दों का वैसे ही उच्चारण किया जा सके, जैसे वे अपने मूल रूप में मातृभाषियों द्वारा उच्चरित होते हैं। इसके लिए वर्गीकृत रूप से व्यंजनों, स्वरों और अधिखंडात्मक लक्षणों के लिए अलग-अलग चिह्न निर्धारित किए गए

हैं। इनका प्रयोग मूलतः भाषावैज्ञानिकों द्वारा किया जाता है। इन चिह्नों में लेखन और उच्चारण का बार-बार अभ्यास करना पड़ता है।

इसमें दिए गए Pulmonic व्यंजन निम्नांकित हैं—

THE INTERNATIONAL PHONETIC ALPHABET (Revised to 2015)

CONSONANTS (PULMONIC) © 2015IPA

	Bilabial	Labiodental	Dental	Alveolar	Postalveolar	Retroflex	Palatal	Velar	Uvular	Pharyngeal	Glottal
Plosive	p b			t d		ʈ ɖ	c ɟ	k g	q ɢ		ʔ
Nasal	m	ɱ		n		ɳ	ɲ	ŋ	ɴ		
Trill	ʙ			r					ʀ		
Tap or Flap		ⱱ		ɾ		ɽ					
Fricative	ɸ β	f v	θ ð	s z	ʃ ʒ	ʂ ʐ	ç ʝ	x ɣ	χ ʁ	ħ ʕ	h ɦ
Lateral fricative				ɬ ɮ							
Approximant		ʋ		ɹ		ɻ	j	ɰ			
Lateral approximant				l		ɭ	ʎ	ʟ			

Symbols to the right in a cell are voiced, to the left are voiceless. Shaded areas denote articulations judged impossible.

इसी प्रकार दिए गए Non-Pulmonic व्यंजन इस प्रकार हैं—

CONSONANTS (NON-PULMONIC)

Clicks	Voiced implosives	Ejectives
ʘ Bilabial	ɓ Bilabial	ʼ Examples:
ǀ Dental	ɗ Dental/alveolar	pʼ Bilabial
ǃ (Post)alveolar	ʄ Palatal	tʼ Dental/alveolar
ǂ Palatoalveolar	ɠ Velar	kʼ Velar
ǁ Alveolar lateral	ʛ Uvular	sʼ Alveolar fricative

स्वरों की सूची को निम्नांकित चित्र में देखा जा सकता है—

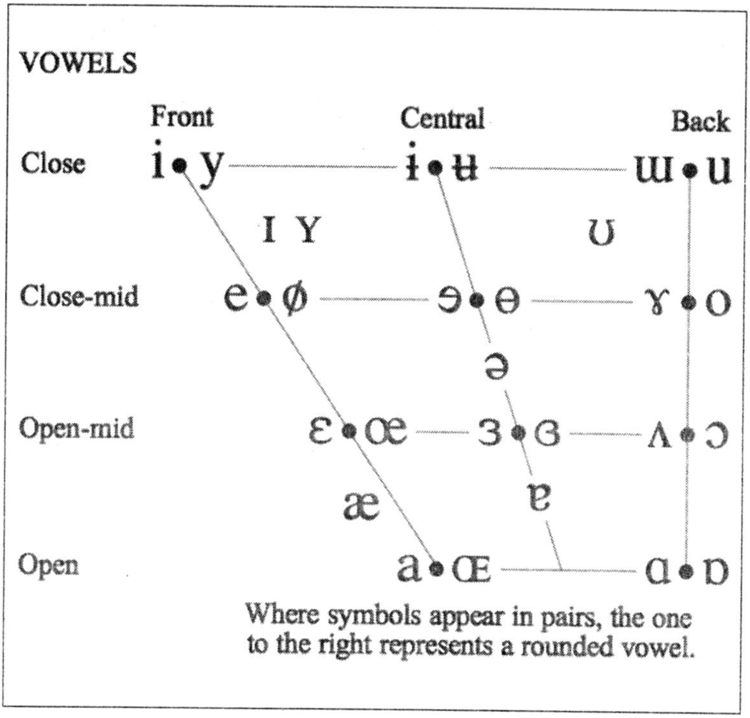

इसमें कुछ अन्य प्रतीकों की भी एक सूची दी गई है—

OTHER SYMBOLS

- ʍ Voiceless labial-velar fricative
- w Voiced labial-velar approximant
- ɥ Voiced labial-palatal approximant
- ʜ Voiceless epiglottal fricative
- ʢ Voiced epiglottal fricative
- ʡ Epiglottal plosive
- ɕ ʑ Alveolo-palatal fricatives
- ɺ Voiced alveolar lateral flap
- ɧ Simultaneous ʃ and x

Affricates and double articulations can be represented by two symbols joined by a tie bar if necessary. t͜s k͡p

खंडेतर लक्षणों (Suprasegmentals) को इस प्रकार देखा जा सकता है—

SUPRASEGMENTALS

ˈ	Primary stress	ˌfoʊnəˈtɪʃən
ˌ	Secondary stress	
ː	Long	eː
ˑ	Half-long	eˑ
˘	Extra-short	ĕ
|	Minor (foot) group	
‖	Major (intonation) group	
.	Syllable break	ɹi.ækt
‿	Linking (absence of a break)	

TONES AND WORD ACCENTS

LEVEL			CONTOUR		
e̋ or	˥	Extra high	ě or	˩˥	Rising
é	˦	High	ê	˥˩	Falling
ē	˧	Mid	e᷄	˦˥	High rising
è	˨	Low	e᷅	˩˨	Low rising
ȅ	˩	Extra low	e᷈	˧˦˧	Rising-falling
↓		Downstep	↗		Global rise
↑		Upstep	↘		Global fall

Diacritics के प्रतीक निम्नलिखित हैं—

DIACRITICS Some diacritics may be placed above a symbol with a descender, e.g. ŋ̊

̥ Voiceless	n̥ d̥	̤ Breathy voiced	b̤ a̤	̪ Dental	t̪ d̪
̬ Voiced	s̬ t̬	̰ Creaky voiced	b̰ a̰	̺ Apical	t̺ d̺
ʰ Aspirated	tʰ dʰ	̼ Linguolabial	t̼ d̼	̻ Laminal	t̻ d̻
̹ More rounded	ɔ̹	ʷ Labialized	tʷ dʷ	̃ Nasalized	ẽ
̜ Less rounded	ɔ̜	ʲ Palatalized	tʲ dʲ	ⁿ Nasal release	dⁿ
̟ Advanced	u̟	ˠ Velarized	tˠ dˠ	ˡ Lateral release	dˡ
̠ Retracted	e̠	ˤ Pharyngealized	tˤ dˤ	̚ No audible release	d̚
̈ Centralized	ë	̴ Velarized or pharyngealized	ɫ		
̽ Mid-centralized	e̽	̝ Raised	e̝ (ɹ̝ = voiced alveolar fricative)		
̩ Syllabic	n̩	̞ Lowered	e̞ (β̞ = voiced bilabial approximant)		
̯ Non-syllabic	e̯	̘ Advanced Tongue Root	e̘		
˞ Rhoticity	ɚ a˞	̙ Retracted Tongue Root	e̙		

इस प्रकार विश्व की सभी भाषाओं में पाए जाने स्वनों/ध्वनियों (Phones) के उच्चारण को ध्यान में रखकर निर्मित यह अंतरराष्ट्रीय ध्वन्यात्मक वर्णमाला (IPA) स्वनों के उच्चारण को समझने का एक प्रामाणिक स्रोत है। देवनागरी के वर्णों को इसमें दिए गए वर्णों में परिवर्तित करने वाला टूल भी निर्मित किया जा सकता है। इस टूल को देवनागरी से आई.पी.ए. लिप्यंतरक कहा जा सकता है। महात्मा गांधी अंतरराष्ट्रीय हिंदी विश्वविद्यालय के भाषा विद्यापीठ में इस प्रकार का एक टूल निर्मित किया गया है। डॉ. राम प्रकाश सक्सेना (2016) द्वारा 'Standardization of Transliteration Systems into Hindi (Devanagari) and English (Roman) from Other Indian Languages' में आधुनिक भारतीय भाषाओं, अंग्रेजी और आई.पी.ए. में वर्णों का तुलनात्मक चार्ट दिया गया है, जिसका प्रयोग प्रणाली विकास हेतु किया जा सकता है।

4

विराम चिह्न, विशिष्ट वर्ण, लोगोग्राम संसाधन

(Punctuation Marks, Special Characters, Logograms Processing)

पाठ या लेखन में केवल भाषिक वर्णों का ही प्रयोग नहीं होता है, बल्कि कुछ अन्य प्रकार के चिह्नों का भी प्रयोग होता है। टंकण (टाइपिंग) में भी पाठ, चित्र, डायग्राम, अन्य संकेत और लोगोग्राम आदि का प्रयोग होता है। इस तरह की युक्तियों से पूर्ण पाठों को 'Rich Text' कहते हैं। माइक्रोसॉफ्ट के कंप्यूटरों में Notepad में केवल पाठ (Text) वाली फाइलों का निर्माण किया जाता है जिनका विस्तार (Extention).txt होता है। ऐसी फाइलों को Text File कहते हैं। माइक्रोसॉफ्ट वर्ड (MS Word) में टंकित (Type) किए जाने वाले पाठ Rich Text होते हैं, जिनका विस्तार (Extention).doc/.docx होता है। ऐसी फाइलों में चित्र, डायग्राम, अन्य संकेत और लोगोग्राम आदि किसी प्रकार की पाठेतर सामग्री का प्रयोग किया जा सकता है। चूँकि भाषा संसाधन सॉफ्टवेयरों या टूल्स में ऐसे पाठ इनपुट के रूप में प्राप्त होते हैं, इसलिए इनके संसाधन संबंधी नियमों की भी आवश्यकता पड़ती है। ऐसे प्रयोगों के दो मूल कारण या उद्देश्य हैं—अभिव्यक्ति में स्पष्टता लाना और लेखन को व्यवस्थित तथा सुंदर बनाना। इन उद्देश्यों की पूर्ति के लिए प्रयुक्त होने वाले चिह्नों, प्रतीकों की आगे चर्चा की जा रही है।

4.1 विराम चिह्न (Punctuation Marks)

विराम चिह्न ऐसे चिह्न हैं, जो किसी वर्ण (Syllable) की तरह पाठ में प्रयुक्त तो नहीं होते, किंतु शब्दों के साथ लगकर अतिरिक्त सूचनाएँ प्रदान करते हैं। किसी भी भाषा में लेखन अथवा टंकण (टाइपिंग) में विराम चिह्नों के प्रयोग की महत्त्वपूर्ण भूमिका होती है। हिंदी में भी अनेक प्रकार के विराम चिह्नों का प्रयोग किया जाता है जिनका अपना संदर्भ होता है। अत: प्राकृतिक भाषा संसाधन में विराम चिह्नों का अभिज्ञान होना आवश्यक है। पाठ संसाधन संबंधी किसी भी प्रणाली में खंडीकरण

के पश्चात् शब्द स्तर पर पहुँचकर शब्दकोश में शब्दों की मैपिंग हेतु सर्वप्रथम विराम चिह्नों का अभिज्ञान करने और उन्हें शब्द से हटाने की आवश्यकता पड़ती है, क्योंकि कोश में तो केवल शब्द होते हैं। इसलिए किसी विराम चिह्न के साथ यदि कोई शब्द आए तो उसका अभिज्ञान नहीं हो पाएगा। उदाहरण के लिए निम्नलिखित वाक्यों को देखें—

मैंने अपना घर 'वर्धा' (महाराष्ट्र) बताया।

तब उसने कहा—"आओ"!

यदि इन वाक्यों का खंडीकरण किया जाए तो शब्द स्तरीय इकाइयाँ इस प्रकार प्राप्त होंगी—

मैंने
अपना
घर
'वर्धा'
(महाराष्ट्र)
बताया।
तब
उसने
कहा—
"आओ"!

इन शब्दों की निम्नलिखित कोशीय शब्दों से मैपिंग होगी—

वाक्य में प्रयुक्त शब्द		**शब्दकोश में संग्रहीत (मूल) शब्द**
मैंने	→	मैं
अपना	→	अपना
घर	→	घर
'वर्धा'	→	वर्धा
(महाराष्ट्र)	→	महाराष्ट्र
बताया।	→	बताना
तब	→	तब
उसने	→	वह
कहा—	→	कहना
"आओ"!	→	आना

इनमें से कुछ शब्दों (मैंने, बताया, उसने, कहा, आओ) के मूल शब्दों (मैं, बताना, वह, कहना, आना) को प्राप्त करने लिए रूपवैज्ञानिक विश्लेषण

(Morphological Analysis) किया जाता है जिसकी चर्चा आगे की जाएगी। किंतु ‘वर्धा’, (महाराष्ट्र), बताया। कहा—और “मारो”! शब्दों से विराम चिह्नों को भी हटाना पड़ेगा, तभी मूल शब्द प्राप्त होगा और उसकी कोशीय शब्द से मैपिंग हो सकेगी। इसलिए प्रत्येक पाठ संसाधन प्रणाली में खंडीकरण के बाद विराम चिह्नों को अलग करने की आवश्यकता पड़ती है। किसी पाठ में लेखन में मुख्य रूप से निम्नलिखित विराम चिह्नों का प्रयोग होता है—

वि.चि.	**हिंदी नाम**	**अंग्रेजी नाम**
?	प्रश्नवाचक चिह्न	question mark
!	विस्मयसूचक चिह्न	sign of exclamation
...	लोप चिह्न्न, संक्षेपसूचक चिह्न, हंसपद	ellipsis
¦	खंडित पाई	broken bar
,	अल्पविराम	comma
;	अर्धविराम	semicolon
.	अंग्रेजी फूलस्टॉप, डॉट, दशमलव बिंदु	period, dot, decimal point
:	कोलोन/उपविराम	colon
‘ ’	आरंभ उद्धरण चिह्न	open double quote, open quote, open inverted commas
‘ ’	बंद उद्धरण चिह्न	close double quote, close quote, close inverted commas
‘	एपोस्ट्राफी/ ऊर्ध्व अल्पविराम	apostrophe
’	आरंभ एकल उद्धरण चिह्न (शब्द चिह्न)	open single quote
’	बंद एकल उद्धरण चिह्न (शब्द चिह्न)	close single quote
>	से बड़ा/दीर्घतर चिह्न	greater than sign
<	से छोटा/लघुतर चिह्न	less than sign
/	अग्र तिर्यक	forward slash
\	पश्च तिर्यक	backslash
(	खुला छोटा कोष्ठक	open parenthesis, open paren
)	बंद छोटा कोष्ठक	close parenthesis, close paren

_	अंडरस्कोर	underscore
-	हाईफन, योजक चिह्न, ऋण चिह्न	hyphen, minus sign
–	डैश/निर्देशन चिह्न	dash
:-	कोलन एंड डैश/विवरण चिह्नि	colon and dash
—	Em डैश	em dash
=	बराबर चिह्न	equal sign
+	धन चिह्न	plus sign
{	खुला मझोला कोष्ठक	open brace, open curly bracket
}	बंद मझोला कोष्ठक	close brace, close curly bracket
[	खुला बड़ा कोष्ठक	open square bracket
]	बंद बड़ा कोष्ठक	close square bracket
|	खड़ी पाई, पूर्ण विराम	vertical bar

ये विराम चिह्न किसी लिपि के वर्ण तो नहीं हैं, किंतु शब्द के आरंभ या अंत में प्रयुक्त होते हैं। इनमें कुछ केवल आरंभ में और कुछ केवल अंत में आते हैं। इन सभी का परीक्षण शब्द के आगे और पीछे एक वर्ण और दो वर्ण के स्तर पर किया जाना चाहिए।

प्राकृतिक भाषा संसाधन के अंतर्गत पाठ के संगणकीय अभिज्ञान के अंतर्गत खंडीकरण (Segmentation) के बाद शब्दों के साथ प्रयोग होने पर इनकी पहचान और शब्दों से इन्हें अलग करने के नियम दिए जाते हैं, जिससे कि वास्तविक शब्दों को प्राप्त किया जा सके। जैसा कि ऊपर उदाहरण दिया जा चुका है— "राम" (दो उद्धरण चिह्नों के बीच राम) कोई शब्द नहीं है बल्कि केवल—राम एक शब्द है। अत: इसे प्राप्त करने के लिए इसके आगे और पीछे आए उद्धरण चिह्नों को अलग करना होगा।

उपर्युक्त टेबल में उल्लेखित विराम चिह्नों के पाठ में प्रयोग के भी नियम होते हैं। किंतु प्राय: कुछ लोगों द्वारा इन नियमों का ज्ञान नहीं होने के कारण या जल्दी-जल्दी टाइपिंग के क्रम में त्रुटियाँ हो ही जाती हैं। इसलिए केवल टंकण में विराम चिह्नों के प्रयोग की जाँच और सुधार दृष्टि से भी एक टूल का निर्माण किया जा सकता है। विराम चिह्नों के प्रयोग को मानक के अनुरूप बनाने एवं उनके प्रयोग में एकरूपता लाने हेतु किसी भी टाइप किए हुए पाठ का ऐसे टूल द्वारा सामान्यीकरण किया जाएगा।

पाठ में विराम चिह्नों का प्रयोग करते समय असावधानीवश या भूलवश होने वाली कुछ त्रुटियाँ इस प्रकार हैं—

1. कुछ विराम चिन्ह, जैसे— !, ; ।? आदि अपने पूर्व शब्द के साथ लगकर (बिना स्पेस के) प्रयुक्त होते हैं। अत: इनसे पूर्व स्पेस का प्रयोग होना, जैसे—जाता है ।, क्या है ? आदि।
2. कोष्ठक और उद्धरण चिह्न (' ' " ") के आरंभ अथवा अंत में स्पेस का प्रयोग, जैसे—(राम) या "राम"।
3. / के एक तरफ या दोनों तरफ स्पेस देना।
4. एक साथ दो विराम चिह्नों के आने पर उनके बीच स्पेस का प्रयोग, जैसे—) ; या ' ' ।
5. 'जैसे' के पूर्व अर्धविराम के अतिरिक्त किसी अन्य विराम चिह्न का प्रयोग, यथा— । जैसे — या ; जैसे—
6. एक स्थान पर एक से अधिक स्पेस का आना, जैसे — 'राम और मोहन मित्र हैं'।

कार्यविधि : किसी टंकित (टाइप किए हुए) पाठ में इस प्रकार की त्रुटियाँ आने पर विराम चिह्नों के प्रयोग होने पर उनके स्वत: सुधार हेतु विकसित किए जाने वाले टूल की कार्यविधि इस प्रकार होगी—

1. इनपुट पाठ का खंडीकरण।
2. पाठ में आए विराम चिह्नों की पहचान।
3. विराम चिह्नों के प्रयोग की स्थिति का परीक्षण
4. त्रुटिपूर्ण प्रयोगों का सुधार

    4.1.1 एक से अधिक विराम चिह्नों के प्रयोग की जाँच

    4.1.2 प्रत्येक विराम चिह्न के साथ (आगे-पीछे) आने वाले खाली स्थानों की जाँच

    4.1.3 त्रुटियों में सुधार

4.2 'जैसे' और 'यथा' जैसे प्रयोगों में एकरूपता का निर्माण

5. सुधारे गए पाठ का आउटपुट

नोट : 'डैश और कोलोन' (— और :) के आगे और पीछे के स्पेस को जोड़ने या हटाने के संदर्भ में नियम देते समय ध्यान रखना चाहिए कि '—' का प्रयोग शीर्षक के बाद भी होता है और सामासिक शब्दों में भी। जब '—' का प्रयोग शीर्षक के बाद हो तो इसके बाद स्पेस आएगा और सामासिक शब्द के बीच में इसका प्रयोग होने पर आगे या पीछे कहीं भी स्पेस का प्रयोग नहीं होगा। इसी प्रकार ':' का प्रयोग शीर्षक के बाद होता है, किंतु कुछ लोगों द्वारा इसका प्रयोग विसर्ग की तरह कर दिया जाता है। हिंदी टंकण में विसर्ग (:) 'Shift+h' से आता है, किंतु

अज्ञानता या असावधानीवश कभी-कभी अतः, सामान्यतः आदि शब्दों के साथ कोलोन का ही प्रयोग कर दिया जाता है। ऐसी स्थिति में 'कब इनके साथ स्पेस रखना है और कब नहीं ?' का निर्णय कर पाना कठिन हो जाता है।

4.2 विशिष्ट वर्ण और लोगोग्राम (Special Characters and Logograms)

विशिष्ट वर्णों से तात्पर्य ऐसे वर्णों से है, जो विराम चिह्न नहीं हैं और जिनका पाठ में विभिन्न भावों और अर्थों की अभिव्यक्ति के लिए प्रयोग होता है। कंप्यूटर एक बहुउद्देशीय प्रणाली है। इसमें बहुत से कार्य एक साथ किए जा सकते हैं। टंकण में भी कंप्यूटर की इस क्षमता का प्रयोग किया जाता है और टाइप किए हुए मैटर को अधिक से अधिक आकर्षक बनाने के लिए वर्णों और विराम चिह्नों के अतिरिक्त कुछ विशिष्ट वर्णों और लोगोग्राम आदि का भी प्रयोग कर लिया जाता है। सामान्यतः किसी पाठ में प्रयुक्त होने वाले कुछ विशिष्ट वर्ण निम्नलिखित हैं—

विशिष्ट वर्ण	हिंदी नाम	अंग्रेजी नाम
:-)	मुस्काता चेहरा	smiley face
:-(	तेवर/क्रोधित चेहरा	frowny face
;-)	आँख मारता हुआ चेहरा	winky face
™	व्यापार चिह्न	trademark sign
½	आधा चिह्न	one half sign
¼	एक चौथाई चिह्न	one quarter sign
¾	तीन चौथाई चिह्न	three quarter sign
£	पाउंड स्टर्लिंग चिह्न	pound sterling sign
&	एपरसेंड	ampersand; and sign
*	तारा चिह्न	asterisk
//	द्वय-तिर्यक	double slash
'	पश्च उद्धरण	back quote
<	खुला कोण कोष्ठक	open angle bracket
>	बंद कोण कोष्ठक	close angle bracket
±	धन और ऋण चिह्न	plus or minus sign

«	खुला कोण उद्धरण	open angle quote
»	बंद कोण उद्धरण	close angle quote
×	गुणा चिह्न	multiplication sign
÷	भाग चिह्न	division sign
¢	सेंट चिह्न	cent sign
¥	येन चिह्न	yen sign
§	अनुभाग चिह्न	section sign
©	मुद्राधिकार चिह्न	copyright sign
®	पंजीकृत चिह्न, पंजीकृत व्यापार चिह्न	registered sign, registered trademark sign
°	अंश चिह्न	degree sign
¶	पैराग्राफ (परिच्छेद) चिह्न	paragraph sign
□	प्रकार्य चिह्न	function sign
†, ‡	डैगर चिह्न	dagger
¡	उलटा विस्मयादिबोधक चिह्न	inverted exclamation mark
¿	उलटा प्रश्नवाचक चिह्न	inverted question mark
¤	मुद्रा (सामान्य)	currency (generic)
□	व्यंग्य	irony punctuation
◊	समचतुर्भुज	lozenge
※	संदर्भ चिह्न	reference mark
⁀	वक्र रेखा	tie
⁂	नक्षत्र समूह	asterism
❧	हेडेरा	hedera
☞	अनुक्रम/सूची	index / fist
‽	इंट्रोबैंग	interrobang
SM	सेवा चिह्न	service mark
Ⓟ	ध्वनि रिकॉर्डिंग कॉपीराइट	sound recording copyright
TM	व्यापार चिह्न	trademark

इसी प्रकार विभिन्न कंपनियों और संस्थानों के अपने लोगोग्राम भी होते हैं जो संबंधित पाठ में प्रयुक्त होते हैं। उन्हें भी चिह्नित किया जाना चाहिए। इसके लिए प्रमुख लोगोग्रामों को संकलित किया जा सकता है और उन्हें बनाने संबंधी कुछ नियम दिए जा सकते हैं। उदाहरण के लिए कुछ लोगोग्राम देखे जा सकते हैं—

ऐसे लोगोग्रामों की पहचान करके संबंधित संस्था या कंपनी का नाम बताने वाले टूल का भी निर्माण किया जा सकता है।

5

संगणकीय कोश और शब्दवर्ग

(Computational Lexicon and Word Categories)

कोश शब्दों और उनसे जुड़ी भाषिक सूचनाओं (उच्चारण, व्युत्पत्ति, शब्दवर्ग और अर्थ आदि) का विशाल संकलन है, जिसे सामान्यतः **शब्दकोश** (Dictionary) कहा जाता है। ऐसे कोश टंकित और मुद्रित होते हैं। **संगणकीय कोश** (Computational Lexicon) कंप्यूटर में डाटाबेस के रूप में संग्रहीत कर निर्मित किया जाने वाला वह कोश है, जिसमें खोज (Search) और अद्यतन (Update) संबंधी कार्य मशीन द्वारा सरलतापूर्वक कर लिए जाते हैं। चूँकि अब सामान्य शब्दकोश भी कंप्यूटर के माध्यम से ही टंकित किए जाते हैं, इसलिए ध्यान रखने की बात है कि केवल कंप्यूटर में संग्रहीत कोशीय सामग्री संगणकीय कोश नहीं है। उदाहरण के लिए यदि किसी शब्दकोश की सामग्री को एम.एस. वर्ड, एक्सेल अथवा पेजमेकर या पी.डी.एफ. आदि के रूप में रखा गया हो तो उसे संगणकीय कोश नहीं कहा जा सकता। इन्हें शब्दकोश की सॉफ्ट कॉपी (Soft copy of dictionary) कह सकते हैं। संगणकीय कोश डाटाबेस के रूप में संचित होते हैं और इनके लिए किसी डाटाबेस प्रबंधन प्रणाली (Database Management System-DBMS),जैसे—एम.एस. एक्सेस, एस.क्यू.एल. सर्वर आदि की आवश्यकता पड़ती है। इनके माध्यम से डाटाबेस के रूप में कोशीय सामग्री का संग्रह करके क्वेरी (Query) द्वारा सामग्री का उपयोग किया जा सकता है, या फिर किसी प्रोग्रामिंग भाषा के साथ डाटाबेस को जोड़कर एक टूल के रूप में शब्दकोश प्रणाली बनाई जा सकती है।

कोश सदैव से ही भाषा के शब्दार्थ संबंधी ज्ञान के विशाल संचय रहे हैं। किंतु कोश में केवल शब्दार्थ ही नहीं रहता बल्कि इसमें शब्द के उच्चारण, व्युत्पत्ति और शब्दवर्ग आदि से संबंधित सूचनाएँ भी संकलित होती हैं। जब हम अपनी मातृभाषा के अतिरिक्त एक नई भाषा को सीखना चाहते हैं या उसका प्रयोग करते हैं तो उसके शब्दों का सभ्यक् ज्ञान होना आवश्यक होता है। भाषा की दृष्टि से कोश के तीन प्रकार किए जा सकते हैं—एकभाषिक, द्विभाषिक और बहुभाषिक। जब कोश द्विभाषिक

होते हैं तो उनकी दिशा निर्धारित होती है, जैसे—यदि अंग्रेजी-हिंदी कोश है तो शीर्षशब्द (Headword) के रूप में अंग्रेजी शब्द होता है और बाद में उसका हिंदी अर्थ दिया जाता है। इसी प्रकार यदि हिंदी-अंग्रेजी कोश है तो शीर्षशब्द (Headword) के रूप में हिंदी शब्द होता है और बाद में उसका अंग्रेजी अर्थ दिया जाता है। कोश यदि मुद्रित हो तो किसी एक दिशा से ही उसका प्रयोग किया जा सकता है। कंप्यूटर में सॉफ्टवेयर के रूप में विकसित कोशों में द्विदिशीय सुविधा रहती है। इस प्रकार के कोश में दोनों में से किसी भी भाषा का शब्द इनपुट के रूप में डाला जा सकता है और आउटपुट के रूप में दूसरी भाषा के शब्दों को लिया जा सकता है।

5.1 हिंदी और संगणकीय कोश

हिंदी भारत की राजभाषा है। यह भारत में सर्वाधिक बड़े भाग में कार्यालयी कामकाज, शिक्षा और व्यापार की भाषा है। केंद्र सरकार के सभी महत्त्वपूर्ण कार्य हिंदी में भी प्रकाशित होते हैं। अंग्रेजी को आज की विश्वभाषा कहना अनुचित नहीं होगा। विश्व के कई प्रमुख देशों में अंग्रेजी का व्यवहार किसी न किसी रूप में किया जाता है। इसके अलावा सभी बड़ी बहुराष्ट्रीय कंपनियाँ (Multinational Companies) अपने उत्पादों के नाम अंग्रेजी (प्रथम स्थान पर और पूर्वी एशियाई देशों (चीन, जापान आदि) की कंपनियाँ द्वितीय स्थान पर) में देती हैं। भारत में अंग्रेजी को सह-राजभाषा का स्थान प्राप्त है। किंतु व्यवहार में देखा जाए तो अंग्रेजी ही राजभाषा का कार्य करती है और हिंदी सह-राजभाषा का। इसके अलावा भारत में ज्ञान-विज्ञान की शिक्षा और उच्च-शिक्षा मुख्यत: अंग्रेजी माध्यम से ही दी जाती है। वैसे अधिकांश भारतीयों की मातृभाषा या प्रथम भाषा हिंदी है। अत: अंग्रेजी शब्दों के अर्थबोध में उन्हें समस्या आती है। अन्य भारतीय भाषाओं के वक्ताओं के साथ भी यही समस्या आती है। इस कारण अंग्रेजी से भारतीय भाषाओं में शब्दार्थ हेतु अनेक कोश निर्मित किए गए हैं। कंप्यूटर के आने के बाद से सॉफ्टवेयर के रूप में विकसित किए गए कोशों का चलन तेजी से बढ़ा है। वैसे अब तो मोबाइल में भी ऐसे कोश आ गए हैं।

भारत एक बहुभाषी देश है, यहाँ बहुभाषिक कोशों की बहुत अधिक उपयोगिता है। यदि कोश मुद्रित हो तो उसकी बहुत सारी सीमाएँ होती हैं। संगणकीय कोश में अनेक सुविधाएँ स्वत: प्राप्त हो जाती हैं। दोनों को तुलनात्मक रूप से इस प्रकार देखा जा सकता है—

1. मुद्रित कोश को पुस्तकाकार रूप में रखना पड़ता है, संगणकीय कोश कंप्यूटर में थोड़े से स्पेस में रहता है।
2. मुद्रित कोश में कोई प्रविष्टि देखने के लिए संबंधित पृष्ठ पर जाना पड़ता है, संगणकीय कोश में केवल शब्द की इंट्री करनी होती है, वह शब्द चाहे कहीं भी हो कंप्यूटर स्वयं उसे ढूढ़कर उसका अर्थ ला देता है।

3. मुद्रित कोश एकदिशीय होता है। अर्थात् इसमें एक भाषा का शीर्षशब्द होता है और दूसरे में अर्थ। इसलिए केवल उसी भाषा में खोज की जा सकती है जिसमें शीर्षशब्द हों। संगणकीय कोश में ऐसा कोई बंधन नहीं होता। किसी भी भाषा का शब्द इनपुट बॉक्स में शीर्षशब्द के रूप में दिया जा सकता है, फिर उसका अर्थ (दूसरी भाषा का शब्द) स्वयं प्राप्त हो जाता है। अर्थात् यह कोश बहुदिशीय होता है।
4. मुद्रित कोश में कुछ जोड़ना, घटाना या संशोधित करना तब तक संभव नहीं होता, जब तक नया संस्करण न निकाला जाए। संगणकीय कोश में ऐसा करना बहुत सरल होता है, इसमें कभी भी जोड़ना, घटाना या संशोधित करना संभव रहता है।

अतः संगणकीय कोश आज की आवश्यकता है। हिंदी भारत की केवल राजभाषा ही नहीं है, बल्कि यह सबसे अधिक लोगों द्वारा बोली और समझी जाने वाली भाषा भी है। आज शिक्षण-प्रशिक्षण और ज्ञान-विज्ञान के क्षेत्र में इसका प्रयोग व्यापक स्तर पर होने लगा है। यूनीकोड के आगमन के बाद से कंप्यूटर और तकनीकी क्षेत्र में हिंदी का विस्तार तेजी से हुआ है। वर्तमान में कंप्यूटर पर जैसे चाहें वैसे हिंदी का प्रयोग किया जा सकता है। हिंदी के लिए और हिंदी में सॉफ्टवेयर विकास का कार्य भी तेजी से हो रहा है। इस कारण हिंदी के लिए विविध प्रकार के संगणकीय कोशों का निर्माण अतिमहत्त्वपूर्ण है।

5.2 संगणकीय कोश की निर्माण-विधि

संगणकीय कोश बनाने के लिए निम्नलिखित कार्य करने होते हैं—

1. सबसे पहले एक डाटाबेस में शब्द, अर्थ और अन्य सूचनाओं को संकलित करें।
2. एक प्रोग्रामिंग भाषा में कोश अंतरापृष्ठ निर्मित कर एक प्रोग्राम बनाएँ।
3. कोश के प्रोग्राम को डाटाबेस से जोड़ें।
4. प्रविष्टि प्रदर्शन, जोड़ने, घटाने या संशोधित करने संबंधी नियम दें।
5. प्रोग्राम को सेटअप फाइल में परिवर्तित करें।

भाषाओं की संख्या के आधार पर प्रविष्टियों के रखे जाने को निम्नलिखित प्रकार से देखा जा सकता है—

(1) एकभाषिक कोश में शब्द, उच्चारण, व्युत्पत्ति, शब्दवर्ग और व्याकरणिक कोटि संबंधी सूचना, अर्थ, चित्र और उदाहरण आदि दिए जाते हैं। इसमें दी जाने वाली प्रविष्टियों को डाटाबेस में इस प्रकार रखा जा सकता है—

क्र.सं.	शब्द	व्यु.	कोटि	अर्थ
1	अँखुआ		[सं.-पु.]	1. अंकुर, अंकुरण बिंदु; 2. कल्ला, डाभ।
2	अँखुआना		[क्रि.-अ.]	1. बीज, गुठली या गन्ने की पोत में से अँुआ या अंकुर निकलना, अँकुराना, कल्ला फूटना; 2. उठना, उगना, निकलना।
3	अँगड़ाई		[सं.-स्त्री.]	1. जहाई लेते हुए शरीर को तानना, हाथ उठाकर शरीर को मोड़ना-तोड़ना, थकान दूर करने की शारीरिक क्रिया, अंग-विक्षेपण; 2. {ला-अ.} परिवर्तन की आकांक्षा के लिए तत्पर होना या क्रियाशील होना, सुप्तावस्था को त्यागना, जैसे—भाषण सुनकर जनता का उत्साह अँगड़ाई लेने लगा। [मु.] —तोड़ना : कुछ काम न करना, निठल्ला रहना। —लेना : सक्रिय या गतिमान होना।
4	अँगरखा	(सं.)	[सं.-पु.]	एक परंपरागत मरदाना पहनावा जो लंबी बाँहों वाला और ढीला-ढाला होता है, एक प्रकार की अचकन, अंगा, चपकन।
5	अँगिया		[सं.-स्त्री.]	स्त्रियों द्वारा वक्ष पर पहना जाने वाला एक वस्त्र विशेष, कंचुकी, चोली (ब्रा)।
6	अँगीठी	(सं.)	[सं.-स्त्री.]	आग जलाने का मिट्टी या लोहे का बना चूल्हे जैसा पात्र, बोरसी, सिगड़ी, अंगारिका।
7	अँगुली	(सं.)	[सं.-स्त्री.]	हाथ या पैर की उँगली, अंगुलि, अँगुलिका।
8	अँगूठा	(सं.)	[सं.-पु.]	1. हाथ-पैर की पाँचों उँगलियों में सबसे पहली और मोटी उँगली; 2. अंगुष्ठ, ठोंसा। [मु.] —दिखाना : किसी चीज़ को देने से मना करना, अभिमानपूर्वक इनकार करना।
9	अँगूठाछाप		[वि.]	दस्तखत की जगह अँगूठा लगाने वाला, निरक्षर, अनपढ़, अँगूठाटेक।
10	अँगूठी	(सं.)	[सं.-स्त्री.]	1. हाथ की उँगलियों में पहनने का एक आभूषण, मुद्रिका, मुंदरी (रिंग); 2. उँगलियों में पहनने का छल्ला।
11	अँगोछा		[सं.-पु.]	शरीर या हाथ-मुँह पोंछने का वस्त्र, गमछा, तौलिया (नैपकिन)।
12	अँगोछी		[सं.-स्त्री.]	1. शरीर या हाथ-मुँह पोंछने का छोटा अँगोछा, हाथ-मुँह पोंछने का छोटा वस्त्र, साफ़ी; 2. छोटी धोती।
13	अँग्रेज़		[सं.-पु.]	इंग्लैंड का रहने वाला।

(संदर्भ : वर्धा हिंदी शब्दकोश)

(2) द्विभाषिक कोश में एक स्त्रोत भाषा (Source Language) होती है, और एक लक्ष्य भाषा (Target Language) होती है। स्त्रोत भाषा के शब्द बीजशब्द (Keyword) होते हैं। आगे उनका उच्चारण, व्याकरणिक सूचना आदि सूचनाएँ रहती हैं, तत्पश्चात् लक्ष्य भाषा में अर्थ दिए जाते हैं। यहाँ ध्यान रखने की बात है एक स्त्रोत भाषा के एक शब्द के लक्ष्य भाषा में अनेक अर्थ हो सकते हैं। एक अंग्रेजी शब्द के हिंदी में 40 तक अर्थ होते हैं। किंतु सभी शब्दों के साथ ऐसा नहीं होता। इसलिए अनुप्रयोग के अनुसार निश्चित संख्या में अर्थ दिए जाते हैं।

द्विभाषिक कोश एकदिशीय और द्विदिशीय दोनों प्रकार के बनाए जा सकते हैं। **एकदिशीय** (Unidirectional) का अर्थ है—केवल एक (स्त्रोत) भाषा के शब्दों का इनपुट देकर दूसरी (लक्ष्य) भाषा में अर्थ को प्राप्त करना। उदाहरण के लिए 'अंग्रेजी-हिंदी' होने की स्थिति में 'अंग्रेजी' शब्दों का इनपुट देकर हिंदी में अर्थ प्राप्त करना। **द्विदिशीय** (Bidirectional) का अर्थ है—स्त्रोत अथवा लक्ष्य में से किसी भी भाषा का शब्द इनपुट देकर दूसरी भाषा में अर्थों को प्राप्त करना। द्विदिशीय शब्दकोशों में एकाधिक अर्थ होने की स्थिति में अर्थ प्राथमिकता (Meaning Preference) की समस्या आती है। उदाहरण के लिए अंग्रेजी शब्दों के हिंदी में तीन अर्थों तक की प्रविष्टियों को डाटाबेस में इस प्रकार रखा जा सकता है—

क्र.सं.	अंग्रेजी शब्द	कोटि	हिंदी-1	हिंदी-2	हिंदी-3
1	absorb	Vb	सोखना	ग्रहण करना	
2	absorption	NN	अवशोषण		
3	abstention	NN	तटस्थता		
4	abstinence	NN	परहेज		
5	abstract	NN	सारांश	भाव	
6	abstract	Adj	अमूर्त	निराकार	गूढ़
7	abstract	Vb	हटा लेना	संक्षिप्त बनाना	संक्षेप करना
8	abstraction	NN	अमूर्तिकरण	अन्यमनस्कता	
9	abstruse	Adj	जटिल	कठिन	
10	absurd	Adj	निरर्थक	बेतुका	
11	abundance	NN	अधिकता	अपार (बहुत अधिक) होने की स्थिति	प्रचुरता
12	abundant	Adj	बहुत सारा	प्रचुर	अपार

(3) बहुभाषिक कोश में तीन, चार या जितनी चाहें उतनी भाषाओं की प्रविष्टियाँ रखी जा सकती हैं। इसमें भी स्रोत भाषा के शब्द बीजशब्द (Keyword) होते हैं। आगे उनका उच्चारण, व्याकरणिक सूचना आदि सूचनाएँ रहती हैं, तत्पश्चात् एकाधिक लक्ष्य भाषाओं में अर्थ दिए जाते हैं। यहाँ ध्यान रखने की बात है एक स्रोत भाषा के एक शब्द के विभिन्न लक्ष्य भाषाओं में एकाधिक अर्थ हो सकते हैं।

बहुभाषिक कोश एकदिशीय और बहुदिशीय दोनों प्रकार के बनाए जा सकते हैं। एकदिशीय की चर्चा ऊपर की जा चुकी है। **बहुदिशीय** (Multidirectional) का अर्थ है—कोश में दी गई भाषाओं में से किसी भी भाषा का शब्द इनपुट देकर अन्य भाषाओं में अर्थों को प्राप्त करना। बहुदिशीय शब्दकोशों में भी एकाधिक अर्थ होने की स्थिति में अर्थ प्राथमिकता (Meaning Preference) की समस्या आती है। साथ ही यह आवश्यक नहीं है कि एक शब्द के सभी भाषाओं में बराबर संख्या में अर्थ हों। अर्थात् एक भाषा में तीन तो दूसरी भाषा में पाँच अर्थ हो सकते हैं, या इसकी विपरीत स्थिति हो सकती है। एक 'अंग्रेजी-हिंदी-भोजपुरी' त्रिभाषी कोश की प्रविष्टियों को डाटाबेस में रखने का उदाहरण प्रस्तुत है—

क्र.सं.	अंग्रेजी शब्द	कोटि	हिंदी-1	हिंदी-2	हिंदी-3	भोज.-1	भोज.-2	भोज.-3
1	absorb	VT	सोखना	ग्रहण करना		सोखल	लिहल	
2	absorbed	Adj	लीन	सोखा हुआ		डूबल	सोखल	
3	absorbing	Adj	दिलचस्प					
4	absorption	NN	अवशोषित करना			अवशोषित कइल		
5	abstain	Vb	परहेज करना	से दूर रहना			लामे रहल	
6	abstainer	NN	से दूर रहने वाला			लामे रहे वाला		
7	abstract	NN	सारांश	भाव		निचोड़		
8	abstract	Adj	अमूर्त	निराकार	गूढ़			
9	abstract	Vb	हटा लेना	संक्षिप्त बनाना	संक्षेप करना	हटा लिहल		
10	abstruse	Adj	जटिल	कठिन				
11	absurd	Adj	निरर्थक	बेतुका		बेकार	बेतुक	
12	abundance	NN	अधिकता	पर्याप्तता			ढेर	
13	abundant	Adj	बहुत सारा	प्रचुर		ढेर		

इंटरनेट के प्रयोग की दृष्टि से संगणकीय कोश दो प्रकार के होते हैं—ऑनलाइन और ऑफलाइन। ऑनलाइन कोशों का प्रयोग तभी किया जा सकता है जब इंटरनेट की सुविधा उपलब्ध हो। ये कोश किसी व्यक्ति या संस्था द्वारा इंटरनेट पर उपलब्ध कराए जाते हैं, जिनका हम केवल उपयोग कर सकते हैं। ऑफलाइन कोशों को एक बार इंस्टॉल करके उनका प्रयोग कभी भी किया जा सकता है। ऑफलाइन शब्दकोश इंस्टॉल करने के बाद हमारे कंप्यूटर पर ही उपलब्ध रहते हैं। इनके भी दो रूप हो सकते हैं : प्रथम—ऐसे शब्दकोश जिनमें नए शब्दों को जोड़ा जा सकता है; द्वितीय—ऐसे शब्दकोश जिनमें केवल शब्दार्थ देखा जा सकता है।

युक्ति (Device) की दृष्टि से संगणकीय कोश के दो प्रकार किए जा सकते हैं—कंप्यूटर प्लेटफॉर्म आधारित और मोबाइल प्लेटफॉर्म आधारित। कंप्यूटर प्लेटफॉर्म आधारित कोशों के ऑपरेटिंग सिस्टम के आधार पर दो प्रकार किए जा सकते हैं—विंडोज (डॉस) आधारित और लाइनॅक्स (यूनिक्स) आधारित। मोबाइल प्लेटफॉर्म आधारित कोश भी ऑपरेटिंग सिस्टम के आधार पर इसके तीन प्रकार किए जा सकते हैं—विंडोज आधारित, एंड्राइड आधारित और आईफोन प्लेटफॉर्म (मैक) आधारित।

5.3 शब्दवर्ग (Word Category)

किसी भाषा में पाए जाने वाले शब्दों को उनके अर्थ और प्रकार्य के आधार पर विभाजित करते हुए बनाए गए विभिन्न वर्ग **शब्दवर्ग** (Word Category) कहलाते हैं, जैसे—संज्ञा, सर्वनाम, क्रिया, विशेषण आदि। शब्दकोश में प्रविष्टि के रूप में शब्द और उसके अर्थ के अलावा व्युत्पत्ति, शब्दवर्ग और चित्र आदि सूचनाएँ भी दी जाती हैं। इनमें व्युत्पत्ति और चित्र ऐच्छिक हैं, शब्दकोश का निर्माणकर्ता इन्हें दे भी सकता है और नहीं भी। किंतु 'शब्दवर्ग' संबंधी सूचना अनिवार्य रूप से दी जाती है। अत: संगणकीय कोश में भी शब्दों के साथ-साथ उनके वर्ग की भी सूचना दी जानी चाहिए। वैसे भी संगणकीय कोश में शब्दों का अर्थ के आधार पर अनुप्रयोग नहीं होता, बल्कि यह शब्द के शब्दवर्ग द्वारा ही निर्धारित होता है। अर्थ संबंधी सूचना के लिए कुछ आर्थी लक्षण (Semantic Features) बनाए जाते हैं, जिनके आधार पर मशीन कार्य करतो है। अत: शब्दवर्ग की सूचना संगणकीय शब्दकोश का अनिवार्य अंग है, क्योंकि शब्दवर्ग की सूचना द्वारा ही शब्द के वाक्यात्मक प्रयोग और व्यवहार का निर्धारण होता है। एक भाषा में कितने शब्दवर्ग होंगे और कौन-से शब्दवर्ग होंगे ? इनका निर्धारण उस भाषा में पाए जाने वाले शब्दों के स्वरूप, प्रकार, भाषा में प्रयोग और प्रकृति के आधार पर किया जाता है। वैसे भाषावैज्ञानिकों और वैयाकरणों द्वारा कुछ ऐसे शब्दवर्ग बताए गए हैं जो लगभग सभी भाषाओं में प्राप्त होते हैं, किंतु उनके अलावा कई भाषाओं में उन भाषाओं की विशिष्टता के अनुरूप दूसरे शब्दवर्ग भी पाए जाते हैं।

हिंदी का विकास संस्कृत से हुआ है। इसलिए हिंदी के शब्दवर्ग और शब्दरूप निर्माण संबंधी अधिकांश बातें संस्कृत व्याकरण से मिलती हैं, किंतु समय के साथ-साथ हिंदी में कई नए विकास भी हुए हैं, जिन्हें संस्कृत व्याकरण की व्याख्याओं के आधार पर समझा नहीं जा सकता। इनके लिए स्वतंत्र चिंतन और नियम निर्माण आवश्यक हैं। हिंदी का पहला सुप्रसिद्ध या सर्वाधिक चर्चित व्याकरण पं. कामता प्रसाद गुरु (1920) द्वारा रचित 'हिंदी व्याकरण' है। यह व्याकरण कई बातों में अंग्रेजी व्याकरण से प्रभावित दिखाई पड़ता है। कम-से-कम शब्दवर्गों के निर्धारण के मामले में तो यह बात पूर्णत: सत्य दिखाई पड़ती है। बाद के व्याकरणों ने भी किसी-न-किसी रूप में इसका अनुकरण किया है। इसलिए हिंदी में प्राप्त शब्दों के शब्दवर्गों पर एक दृष्टिपात आवश्यक है।

हिंदी में भिन्न-भिन्न व्याकरणों या अलग-अलग संदर्भों में शब्दों के जितने वर्गीकरण किए गए हैं, उन्हें निम्नलिखित आधारों पर वर्गीकृत रूप से देखा जा सकता है—

5.3.1 अंग्रेजी व्याकरण आधारित वर्गीकरण :

अंग्रेजी में शब्दों की विविध कोटियों को Parts of Speech कहा गया है, जिसका हिंदी में अनुवाद 'शब्दभेद' है। अत: यहाँ पर शब्दों की विविध कोटियों को 'शब्दभेद' न कहकर 'शब्दवर्ग' कहा गया है, जिससे पारंपरिक रूप से वर्णित आठ वर्गों से इसे अलग दिखाया जा सके। पारंपरिक रूप से वर्णित आठ शब्दभेद इस प्रकार हैं—संज्ञा, सर्वनाम, क्रिया, विशेषण, क्रिया-विशेषण, परसर्ग (संबंधबोधक), संयोजक तथा विस्मयादिबोधक।

विभिन्न भाषाओं में इनकी संख्या कम या अधिक भी हो सकती है, किंतु रोमन और रोमन परंपरा की भाषाओं में, जैसे—अंग्रेजी आदि में ये ही वर्ग पाए जाते हैं। इन्हीं के आधार पर कामता प्रसाद गुरु (1920) ने 'हिंदी व्याकरण' में हिंदी में इन्हीं आठ के होने की बात की है और इनके नाम क्रमश: 'संज्ञा, क्रिया, विशेषण, क्रिया-विशेषण, सर्वनाम, संबंधसूचक, समुच्चयबोधक और विस्मयादिबोधक' दिए हैं। इनका संक्षेप में परिचय इस प्रकार है—

(क) **संज्ञा (Noun) :** संज्ञा का अर्थ है 'नाम'। संपूर्ण ब्रह्मांड में व्याप्त मूर्त या अमूर्त वस्तुओं/इकाइयों और भावों के नाम को संज्ञा कहते हैं, जैसे—लड़का, मोहन, सरिता, राजा, काम, विचार आदि।

(ख) **सर्वनाम (Pronoun) :** नाम को संदर्भित करने वाले शब्द 'सर्वनाम' कहलाते हैं। चूँकि नाम को ही संज्ञा कहा गया है, इसलिए दूसरे शब्दों में, 'वे शब्द जो संज्ञा शब्दों की तरह आकर उन्हें ही संकेतित करते हैं, सर्वनाम कहलाते हैं।' वाक्यों में संज्ञा का प्रयोग एक बार होने के

बाद संदर्भ शब्द प्रयुक्त होते हैं जिनसे संबंधित संज्ञा का बोध होता है, यही शब्द सर्वनाम कहलाते हैं, जैसे—मैं, तुम, हम, वह आदि।

(ग) **क्रिया (Verb) :** जिन शब्दों से किसी काम के करने या होने का बोध होता है, उन्हें 'क्रिया' कहते हैं, जैसे—खाना, बैठाना, उठना, खेलना आदि।

(घ) **विशेषण (Adjective) :** विशेषण वे शब्द हैं जो संज्ञा शब्दों की विशेषता बताते हैं, जैसे—सुंदर, प्यारा, अच्छा, बुरा, लाल, काला आदि। विशेषणों के प्रयोग से संज्ञा शब्दों के अर्थ की व्यापकता सीमित हो जाती है, जैसे—'लड़का' शब्द में सभी लड़के आ जाते हैं किंतु 'बड़ा लड़का' कहने पर सभी छोटे या सामान्य कद के लड़के इस सूची से बाहर हो जाएँगे और उनकी संख्या कम हो जाएगी। कुछ विशेषण स्वयं विशेषण शब्दों की भी विशेषता बताते हैं, इन्हें प्रविशेषण कहा जाता है, जैसे—'अच्छा लड़का' में 'अच्छा' शब्द 'लड़का' की विशेषता बता रहा है किंतु 'बहुत अच्छा लड़का' में 'बहुत' शब्द 'अच्छा' की विशेषता बता रहा है।

(ङ) **क्रिया-विशेषण (Adverb) :** वे शब्द जो क्रिया शब्दों की विशेषता बताते हैं, क्रिया-विशेषण कहलाते हैं, जैसे—तेज, अधिक, कम आदि। बहुत से विशेषण शब्द विशेषण और क्रिया-विशेषण दोनों का कार्य करते हैं।

(च) **संबंधबोधक (Preposition) :** वे शब्द जो संज्ञा या सर्वनाम का संबंध वाक्य के किसी अन्य शब्द से व्यक्त करते हैं, संबंधबोधक कहलाते हैं, जैसे—ने, को, से, आगे, ओर, तक आदि। अंग्रेजी में इनके लिए प्रयुक्त 'Preposition' (जैसे—in, on, upon आदि) के लिए कुछ विद्वानों द्वारा 'पूर्वसर्ग' अनुवाद किया गया है। इसी के आधार पर हिंदी में प्रयुक्त संबंधसूचक शब्दों (जैसे—ने, को, से, में आदि) के लिए 'परसर्ग' शब्द का प्रयोग किया जाता है। पारंपरिक रूप से इन्हें '**कारक चिह्न**' कहा जाता है।

(छ) **संयोजक (Conjunction) :** दो शब्दों, पदबंधों या वाक्यों को मिलाने या जोड़ने वाले शब्दों को संयोजक कहते हैं, जैसे—और, तथा, लेकिन, अथवा, जिस, कि आदि। हिंदी में इन्हें 'समुच्चयबोधक' भी कहा गया है।

(ज) **विस्मयादिबोधक (Interjection) :** जिन शब्दों से हर्ष, शोक, विस्मय आदि भावों की अभिव्यक्ति होती है उन्हें विस्मयादिबोधक शब्द कहते हैं, जैसे—अरे!, ओह!, आहा! आदि। इन शब्दों के पश्चात् विस्मयादिबोधक चिह्न '!' का प्रयोग किया जाता है।

5.3.2 संस्कृत व्याकरण आधारित वर्गीकरण :

संस्कृत वैयाकरणों द्वारा निम्नलिखित शब्दवर्गों की बात की गई है—

(क) **नाम :** क्रिया से इतर कोशीय अर्थ रखने वाले शब्द 'नाम' कहलाते हैं। इसके अंतर्गत संज्ञा, सर्वनाम, विशेषण तथा क्रिया-विशेषण आते हैं।

(ख) **आख्यात :** क्रियापदों को आयात कहा गया है। अतः इसके अंतर्गत 'क्रिया' शब्दभेद ही आता है।

(ग) **उपसर्ग :** नाम के अनुरूप इसमें केवल 'उपसर्ग' आते हैं। यहाँ पर ध्यान रखने वाली बात है कि यहाँ 'उपसर्ग' शब्द से तात्पर्य मूल शब्दों के पूर्व लगने वाले बद्ध रूपिमों से नहीं है, बल्कि संस्कृत में कुछ उपसर्गों का प्रयोग स्वतंत्र रूप से भी होता है, जैसे—परा, अनु, अव आदि। यहाँ पर उपसर्ग शब्द का तात्पर्य इन्हीं से है।

(घ) **निपात :** 'निपात' की तरह कार्य करने वाले अव्यय पद इसके अंतर्गत आते हैं, जैसे—अपि आदि।

5.3.3 विकार के आधार पर वर्गीकरण :

विकार के आधार पर हिंदी में शब्दों के दो वर्ग किए गए हैं—

(क) **विकारी :** विकारी वर्ग में संज्ञा, सर्वनाम, क्रिया तथा विशेषण आते हैं। यह आवश्यक नहीं है कि इस वर्ग के शब्दवर्गों के सभी शब्द विकारी ही हों, कुछ शब्द अविकारी भी हो सकते हैं। उदाहरण के लिए 'संज्ञा' शब्दवर्ग के शब्दों को ही लें तो लड़का, चींटी, साधू, पेड़, देश आदि शब्द विकारी हैं, जबकि चीनी, नमक, चावल, दूध, दही आदि शब्द अविकारी हैं।

नोट : चूँकि विकारी शब्दवर्गों के ही कुछ शब्द अविकारी होते हैं, इसलिए दूसरे वर्ग का नाम 'अविकारी' न रखकर 'अव्यय' रखा गया है।

(ख) **अविकारी :** वे वर्ग जिनके शब्दों के रूप में किसी भी स्थिति में कोई परिवर्तन नहीं होता, अविकारी कहलाते हैं। इसमें क्रिया-विशेषण, संबंधबोधक, संयोजक तथा विस्मयादिबोधक शब्द आते हैं। ऐसे शब्दवर्गों को 'अव्यय' भी कहा जा सकता है।

नोट : हिंदी के कुछ विद्वानों द्वारा अव्यय को एक शब्दभेद (Parts of Speech) के रूप में मानते हुए चर्चा की गई है। मेरी समझ से अव्यय कोई शब्दभेद नहीं हो सकता। अर्थात् शब्दभेदों के बारे में इस प्रकार से बात नहीं की जा सकती कि हिंदी में संज्ञा, सर्वनाम, क्रिया, विशेषण और अव्यय शब्दभेद पाए जाते हैं। अव्यय कुछ शब्दभेदों का समुच्चय मात्र है, इससे शब्दों के किसी आर्थी लक्षण या वाक्यात्मक प्रकार्य

आदि का पता नहीं चलता। इसलिए अव्यय कोई शब्दभेद नहीं है। इसे अविकारी के समतुल्य एक समूह मात्र माना जा सकता है। मशीनी संसाधन की दृष्टि से तो इसकी उपयोगिता शून्य है। अर्थात् किसी शब्द को अव्यय के रूप में टैग नहीं किया जा सकता। यदि हम किसी शब्द को अव्यय टैग करते हैं, उससे केवल शब्द की डाटाबेस के आधार पर पहचान की जा सकती है, उसके आधार पर कोई वाक्यात्मक या पदबंध स्तरीय नियम नहीं लिखा जा सकता। इसलिए अव्यय कोई शब्दभेद नहीं है। शब्दभेदों की चर्चा करते समय अव्यय की बात करने के बजाए इसके अंतर्गत आने वाले शब्दभेदों (जैसे—क्रिया-विशेषण, संबंधबोधक, संयोजक आदि) की स्वतंत्र रूप से चर्चा की जानी चाहिए।

5.3.4 शब्दभेद में शब्दों की संख्या के आधार पर वर्गीकरण :

विभिन्न शब्दभेदों में शब्दों की संख्या अलग-अलग है। साथ ही संज्ञा, विशेषण और क्रिया ऐसे शब्दवर्ग हैं, जिनमें नए शब्दों के जुड़ने की संभावना भी है, जबकि अन्य शब्दवर्गों में नहीं। अत: इस आधार पर शब्दों के दो वर्ग किए गए हैं—

(क) **मुक्त वर्ग (Open Set) :** इसमें संज्ञा, विशेषण और क्रिया शब्दवर्ग आते हैं जिनके शब्दों की संख्या हजारों में है, तथा जिनमें और शब्दों के जुड़ने की संभावना भी है।

(ख) **सीमित वर्ग (Close Set) :** इसमें उपर्युक्त तीनों के अतिरिक्त अन्य सभी वर्ग आते हैं, जिनके अंतर्गत शब्दों की संख्या अत्यंत सीमित होती है, जैसे—सर्वनाम, क्रिया-विशेषण, परसर्ग, प्रश्नवाचक शब्द, नकारात्मक शब्द आदि। इनमें से किसी भी वर्ग में शब्दों की संख्या 100 से अधिक नहीं होती, तथा इनमें और शब्दों के जुड़ने की संभावना नगण्य होती है।

कुछ भाषावैज्ञानिकों द्वारा विभिन्न शब्दवर्गों को दो मुख्य वर्गों में वर्गीकृत किया गया है—

(i) मुक्त शब्दवर्ग (Open Word Category)

इसमें वे शब्दवर्ग आते हैं जिनमें शब्द-संख्या निश्चित नहीं होती तथा और शब्दों के जुड़ने की संभावना रहती है। उदाहरण के लिए 'संज्ञा' शब्दवर्ग इसमें आता है। मान लिया जाए कि हिंदी में कुल एक लाख संज्ञा शब्द हैं, यदि किसी नए पदार्थ, सिद्धांत आदि की खोज हो जाए तो इसमें एक और शब्द जुड़ जाएगा और हिंदी में संज्ञा शब्दों की संख्या एक लाख एक हो जाएगी। नई खोजों के साथ ही इन शब्दों

की संख्या बढ़ती रहती है, जैसे—हिग्स बोसोन, ब्लैक होल आदि की खोज होते ही ये शब्द भाषाओं में जुड़ गए।

इसके अंतर्गत आने वाले प्रमुख शब्दवर्ग इस प्रकार हैं—

(क) संज्ञा (Noun)
(ख) क्रिया (Verb)
(ग) विशेषण (Adjective)
(घ) क्रिया-विशेषण (Adverb)
(ङ) विस्मयादिबोधक (Interjection)

(ii) सीमित शब्दवर्ग (Close Word Category)

इसमें वे शब्दवर्ग आते हैं जिनमें शब्द-संख्या निश्चित होती है, तथा नए शब्द जुड़ने की कोई संभावना नहीं होती। यदि हिंदी में सर्वनामों की संख्या '10' है तो इसमें किसी नए सर्वनाम के जुड़ने की कोई संभावना नहीं है।

इसके अंतर्गत आने वाले कुछ प्रमुख शब्दवर्ग इस प्रकार हैं—

(क) सर्वनाम (Pronoun)
(ख) पूर्वसर्ग/संबंधबोधक (Preposition) हिंदी में परसर्ग
(ग) संयोजक (Conjunction)
(घ) सहायक क्रिया
(ङ) नकारात्मक शब्द
(च) प्रश्नवाचक शब्द
(छ) निपात
(ज) परसर्गीय शब्द

यह वर्गीकरण शब्दवर्ग निर्धारण नहीं है, बल्कि विभिन्न शब्दवर्गों को ही उनमें आने वाले शब्दों की संख्या और प्रकृति के आधार पर अलग-अलग देखने की एक दृष्टि है।

5.3.5 अर्थ के आधार पर वर्गीकरण :

इस आधार पर शब्दों के दो वर्ग हैं—

(क) कोशीय शब्द (Lexical Word) : जिन शब्दों के कोशीय अर्थ होते हैं, उन्हें कोशीय शब्द कहते हैं। इन शब्दों के अर्थ बाह्य संसार की किसी वस्तु या किसी संकल्पना को संकेतित करते हैं, जैसे—घर, समाज, कार्य, उचित, सुंदर आदि।

(ख) व्याकरणिक शब्द (Grammatical Word) : जिन शब्दों के कोशीय अर्थ नहीं होते बल्कि वे केवल इन शब्दों को वाक्य निर्माण हेतु व्याकरणिक दृष्टि से पूर्ण करने का कार्य करते हैं, उन्हें व्याकरणिक शब्द कहते हैं, जैसे—वह, है, नहीं, तथा, जैसे, पर आदि।

5.3.6 व्युत्पादन के आधार पर वर्गीकरण

इस आधार पर भी शब्दों के दो वर्ग किए जा सकते हैं—

(क) **मूल शब्द (Root Word) :** वे शब्द जिनका व्युत्पादन न हुआ हो, मूल शब्द कहलाते हैं। ऐसे शब्दों में कोई भी उपसर्ग या प्रत्यय नहीं जुड़ा होता है, तथा संधि या समास से भी नहीं बने होते हैं, जैसे—घर, काम आदि।

(ख) **व्युत्पादित शब्द (Derived Word) :** वे शब्द जिनका व्युत्पादन हुआ हो, व्युत्पादित शब्द कहलाते हैं। इन शब्दों का व्युत्पादन उपसर्ग या प्रत्यय जोड़कर अथवा संधि या समास द्वारा किया गया होता है, जैसे—अधर्म, पुरातत्त्व, भारतीयता, सामाजिक, यथासंभव, नीलकमल आदि।

नोट : हिंदी में प्रयुक्त होने वाले कई शब्दों के साथ यह समस्या आती है कि वह शब्द 'मूल' है या 'व्युत्पादित'। उदाहरण के लिए यदि किसी व्यक्ति द्वारा 'संधि' का गहन अध्ययन न किया गया हो, तो वह 'नयन' और 'पवन' जैसे शब्दों को मूल शब्द ही समझेगा। किंतु वास्तव में ये 'नयन' (ने + अन्—हिंदी में 'म्' लोप) और 'पवन' (पो + अनः—हिंदी में विसर्ग लोप) व्युत्पादित शब्द हैं। मशीनी संसाधन में इनके अलग-अलग चिह्न की आवश्यकता सामान्य स्थिति में तो नहीं पड़ती, किंतु 'प्राकृतिक भाषा बोधन' (Natural Language Understanding-NLU) के स्तर पर बड़ी प्रणालियों के निर्माण में इसका प्रयोग किया जा सकता है।

5.4 शब्दवर्ग निर्धारण और मशीनी संसाधन

किसी भी भाषा के शब्दों को व्याकरणिक दृष्टि से समझने के लिए उनके शब्दवर्गों का निर्धारण आवश्यक है। हिंदी के लिए शब्दवर्गों का निर्धारण दो प्रकार से किया जा सकता है—संस्कृत व्याकरण परंपरा की दृष्टि से तथा अंग्रेजी व्याकरण पृष्ठभूमि से। दोनों ही वर्गीकरणों की अपनी विशेषताएँ और सीमाएँ हैं। किंतु ये सभी प्रकार के विभाजन मनुष्य को समझने के लिए हैं। विभिन्न व्याकरणिक विवेचनों में अंग्रेजी व्याकरण की पृष्ठभूमि आधारित आठ शब्दभेदों को अधिक प्राथमिकता दी गई है। मशीनी संसाधन से तात्पर्य भाषिक सामग्री को मशीन में संसाधित करने से है। मशीनी संसाधन के लिए शब्दवर्गों के आधार पर ही नियम बनाए जाते हैं। इसलिए किसी भी भाषा के संसाधन के लिए सबसे पहले उस भाषा में पाए जाने वाले शब्दवर्गों का निर्धारण किया जाना चाहिए, फिर उस भाषा के सभी शब्दों के साथ शब्दवर्ग संबंधी सूचना को जोड़ा जाता है। किंतु शब्दभेदों के केवल आठ वर्ग मशीन में भाषा संसाधन की दृष्टि से बहुत उपयोगी नहीं सिद्ध होते। इस कारण मशीनी अनुप्रयोग

हेतु शब्दों के प्रयोग, प्रकार्य एवं रचना के आधार पर उनके अनेक वर्ग किए जाते हैं। शब्दकोश में सभी शब्दवर्गों संबंधी सूचना को जोड़ने के बाद उन्हें किसी पाठ के शब्दों के साथ जोड़ा जाता है, जिसे 'शब्दवर्ग टैगिंग' या 'शब्दभेद टैगिंग' कहते हैं। आगे इसकी विस्तृत चर्चा 'शब्दभेद टैगिंग' अध्याय में की जाएगी।

यहाँ पर एक बात उल्लेखनीय है कि 'शब्दवर्ग निर्धारण' तथा 'शब्दभेद टैगिंग' दो तरह के कार्य हैं। शब्दवर्गों का निर्धारण विभिन्न कोशीय शब्दों की अलग-अलग पहचान (identification) के लिए होता है, जिसका लक्ष्य मानव मात्र को समझाना होता है। इसके मूल रूप से दो आधार हैं—बाह्य संसार में शब्द का अर्थ तथा शब्द का व्याकरणिक व्यवहार। बाह्य संसार में संदर्भ रखने वाले शब्दों को उनके भौतिक या सांसारिक अर्थ के आधार पर एक साथ रखकर एक नाम दिया जाता है। जिन शब्दों के अर्थ बाह्य संसार से संबद्ध न होकर केवल व्याकरणिक होते हैं उनके व्याकरणिक व्यवहार के आधार पर ही उन्हें एक वर्ग में संग्रहीत करके एक नाम दे दिया जाता है। इसमें बहुत कुछ मनुष्य के सांसारिक ज्ञान पर छोड़ दिया जाता है।

टैगिंग एक मशीन केंद्रित प्रक्रिया है। इसके लिए मनुष्यों हेतु निर्धारित शब्दवर्ग या शब्दभेद तो आवश्यक होते ही हैं, उनके अलावा भी कई तरह की संज्ञानात्मक इकाइयों को चिह्नित करना पड़ता है। इसमें सर्वप्रथम सभी शब्दभेदों के लिए ही टैग बनते हैं। इसी कारण इसे मूलत: शब्दभेद टैगिंग (POS Tagging) ही कहा गया है, किंतु केवल शब्दभेदों के आधार पर भाषा के मशीन में संसाधन का कार्य नहीं किया जा सकता। इसलिए शब्दभेदों के अतिरिक्त भी कई प्रकार के टैग बनाने पड़ते हैं। किसी भाषा के मशीनी संसाधन के लिए उतने टैग बनाने पड़ते हैं, जितने से उस भाषा के पाठों में आने वाले वाक्यों और पदबंधों का विश्लेषण मशीन द्वारा किया जा सके। इसमें प्रत्येक शब्द को टैग दिए जाते हैं। 'टैग' (Tag) ऐसे संकेत चिह्न हैं, जो कुछ वर्णों के योग से निर्मित किए जाते हैं। प्रत्येक टैग एक शब्दवर्ग का प्रतिनिधित्व करता है, जिसमें शब्दभेद के अलावा अन्य प्रकार की सूचनाएँ भी होती हैं। यहाँ शब्दवर्ग को मशीनी दृष्टि से टैग नाम देते हुए इसके निर्धारण के लिए शब्दभेद के अलावा दी जाने वाली अन्य सूचनाओं के बारे में संक्षिप्त चर्चा की जा रही है—

(क) **शब्दभेद :** पारंपरिक रूप से बताए गए आठ शब्दभेदों में से किसी शब्दभेद के लिए एक टैग (विशेष चिह्न) दे देना, जिससे मशीन द्वारा उस प्रकार के शब्दों को पहचाना जा सके, जैसे—विशेषण = JJ या ADJ, क्रिया-विशेषण = RB या ADV।

(ख) **शब्दभेद के अंदर आवश्यक महत्त्वपूर्ण भेद :** यह आवश्यक नहीं है कि प्रत्येक शब्दभेद को एक ही टैग दिया जाए। आवश्यकता पड़ने पर एक शब्दभेद के भेदों या प्रकारों को भी अलग-अलग टैग दिया

जा सकता है, जैसे—संज्ञा के दो भेदों—जातिवाचक संज्ञा को 'NN' तथा व्यक्तिवाचक संज्ञा को 'NNP' टैग दिए जाते हैं।

(ग) **शब्दरूप (आवश्यकतानुसार) :** कुछ शब्दभेदों के मूल रूप और रूपसाधित रूप (Inflectional Form) को भी आवश्यकतानुसार एकाधिक टैग दिए जा सकते हैं, जैसे—मूल सर्वनाम को 'PR' और रूपसाधित सर्वनाम को 'PRI' टैग दिए जा सकते हैं।

(घ) **शब्द प्रकार्य :** शब्दों के ऐसे महत्त्वपूर्ण प्रकार्य जिनके आधार पर पाठ संसाधन संबंधी नियम बनाए जा सकते हैं, एक टैग का कार्य करते हैं, जैसे—सहायक क्रिया को 'VAX' और रंजक क्रिया को 'VEX' नाम दिए जा सकते हैं।

(ङ) **बहुशब्दीय अभिव्यक्ति :** बहुशब्दीय अभिव्यक्तियाँ अलग प्रकार की भाषिक इकाइयाँ हैं। इनमें एक से अधिक शब्द मिलकर एक ही इकाई का कार्य करते हैं, जैसे—'स्नान करना' में दो शब्द मिलकर एक ही शाब्दिक इकाई का कार्य करते हैं। ये प्राकृतिक भाषा संसाधन (NLP) में एक चुनौती भी हैं। आगे एक स्वतंत्र अध्याय में बहुशब्दीय अभिव्यक्तियों की चर्चा की जाएगी। यहाँ पर शब्दवर्ग या टैग की दृष्टि से उल्लेखनीय बात यह है कि अलग-अलग प्रकार की बहुशब्दीय अभिव्यक्तियों को भिन्न-भिन्न टैग दिए जा सकते हैं, जैसे—पुनरुक्त शब्द को 'DW' और संज्ञा संबंधी बहुशब्दीय अभिव्यक्ति को 'NNmw' टैग दिए जा सकते हैं।

(च) **पदबंध* :** पदबंधों को भी अलग-अलग टैग दिए जाते हैं, जैसे—संज्ञा पदबंध को 'NP' और क्रिया पदबंध को 'VP' आदि। किंतु पदबंधों का वर्गीकरण शब्दवर्ग के अंतर्गत नहीं आता, इसलिए इसकी चर्चा यहाँ अपेक्षित नहीं है।

अत: मशीनी संसाधन की दृष्टि से शब्दवर्गों का निर्धारण एक ऐसा विस्तृत वर्गीकरण है जिसमें प्रत्येक शब्दवर्ग के आधार पर रूपविश्लेषण और पदबंध तथा वाक्य संसाधन संबंधी नियम बनाए जाते हैं।

भाग–2

व्युत्पादन (शब्दसाधन)

(Derivation/Word Formation)

परिचय

व्याकरणिक रचना की दृष्टि से भाषा विश्लेषण का आधारभूत स्तर 'रूप स्तर' (Morphological Level) ही है। इस स्तर पर भाषिक इकाइयाँ (शब्द और पद) मुख्यत: दो प्रक्रियाओं से निर्मित होती हैं—व्युत्पादन और रूपसाधन (Derivation and Inflection)। एक कोशीय शब्द (मूल या व्युत्पादित) में उपसर्ग, प्रत्यय जोड़कर या समास व संधि द्वारा नया कोशीय शब्द बनाने की प्रक्रिया **व्युत्पादन** है। व्युत्पादन एक मूल शब्द का भी होता है, जैसे—भारत से भारतीय; और व्युत्पादित शब्द का भी, जैसे—भारतीय से भारतीयता। यह अपेक्षाकृत एक जटिल प्रक्रिया है जिसके माध्यम से कोशीय इकाइयों (शब्दों) का प्रजनन होता है। इसके लिए अनेक विधियाँ प्रयुक्त होती हैं, जैसे—मूल शब्द के साथ उपसर्ग या प्रत्यय जोड़ना, दो मूल शब्दों को जोड़ना आदि। उपसर्ग और प्रत्यय बद्ध रूपिम हैं जिनका प्रयोग नए शब्दों के निर्माण के लिए किया जाता है। उपसर्ग शब्द के पूर्व में लगते हैं और प्रत्यय शब्द के अंत में लगते हैं। वैसे तो कुछ भाषाओं में मध्यप्रत्यय (Infix) भी पाए जाते हैं किंतु हिंदी में ये नहीं पाए जाते।

इनके अलावा कुछ अन्य विधियों से भी नए शब्द निर्मित किए जाते हैं, जैसे—ध्वन्यात्मक अनुकरण, पुनरुक्ति, बहुशब्दीय निर्माण, संक्षिप्तिकरण आदि। इनमें से व्युत्पादन की प्रमुख चार विधियों—उपसर्ग योग, प्रत्यय योग, संधि और समास की इस खंड में चर्चा की जाएगी।

व्युत्पादन अपने आप में एक अलग प्रकार का स्वतंत्र कार्य है। यदि कोई व्यक्ति केवल इसी में दक्षता प्राप्त कर ले तो वह भी व्याकरण के क्षेत्र में एक बड़ी योग्यता होगी। इस दृष्टि से हिंदी का एक व्यवस्थित कार्य मुरारी लाल उप्रेती की 'हिंदी में प्रत्यय और पश्चाश्रयी विचार' में देखने को मिलता है जो पूर्णत: एक व्याकरणिक विवेचन है। कंप्यूटर पर अनुप्रयोग की दृष्टि से यह कार्य नहीं किया गया है। इसलिए कंप्यूटर पर अनुप्रयोग की दृष्टि से इस पर कार्य किए जाने की आवश्यकता है। स्वचलित व्युत्पादन पर भी अभी कोई व्यवस्थित कार्य नहीं किया गया है। यहाँ पर इनका सैद्धांतिक विवेचन करके स्वचलित व्युत्पादन प्रणाली निर्माण संबंधी मूलभूत बातों और नियमों की चर्चा की जाएगी।

किसी भाषा में पाई जाने वाली कोशीय इकाइयों को **शब्द** कहते हैं। जब इनका वाक्य में व्यवहार होता है तो ये **पद** कहलाते हैं। अंग्रेजी में इनके लिए एक ही शब्द 'Word' है। इसलिए इन्हें अलग-अलग करने के लिए कोशीय शब्द को 'Lexical Word' या 'Content Word' और पद को 'Syntactic Word' कहा गया है। 'शब्द' के कई रूप प्राप्त होते हैं, जिन्हें संक्षेप में देखा जाना आवश्यक है।

शब्द के प्रकार : पिछले अध्याय में शब्द के प्रकारों पर चर्चा 'शब्दभेद या शब्दवर्ग' को केंद्र में रखकर की गई। यहाँ पर शब्दों की रूपरचना और प्रयोग को ध्यान में रखकर इनके प्रकारों का परिचय दिया जा रहा है—

(क) कोशीय शब्द (Lexical/Content Word) : वे शब्द जिनका कोशीय अर्थ होता है। अर्थात् जो शब्द बाह्य संसार में एक अर्थ या संदर्भ रखते हैं, कोशीय शब्द होते हैं। इनमें मूल (Root) और व्युत्पादित (Derived) दोनों प्रकार के शब्द आ जाते हैं, जैसे—घर, घरेलू, खेल, खेलना, खिलाड़ी आदि।

(ख) पद (Syntactic Word) : वाक्य में प्रयुक्त कोई भी शब्द 'पद' होता है। किसी शब्द का वाक्य में 'कोशीय रूप में' और 'रूप परिवर्तन के साथ' दोनों तरह से प्रयोग किया जाता है। वाक्य में प्रयुक्त होते ही कोशीय शब्द में लिंग, वचन, पुरुष, काल, पक्ष, वृत्ति आदि व्याकरणिक सूचनाएँ जुड़ जाती हैं। उदाहरण के लिए 'लड़का' कोशीय शब्द है। जब इसका वाक्य में प्रयोग किया जाता है तो इसमें 'एकवचन, पुल्लिंग' आदि सूचनाएँ जुड़ जाती हैं। इसके बहुवचन रूप 'लड़के, लड़कों' भी वाक्य में प्रयुक्त होते हैं, किंतु कोश में नहीं पाए जाते। अत: केवल 'लड़का' शब्द कोशीय शब्द है और 'लड़का, लड़के, लड़कों' तीनों पद (वाक्यात्मक शब्द) हैं।

(ग) व्याकरणिक शब्द (Grammatical Word) : व्याकरणिक शब्द वे शब्द हैं जिनका कोशीय अर्थ नहीं होता है और जो कोशीय शब्दों को आपस में जोड़ने और वाक्य को व्याकरणिक बनाने के लिए प्रयुक्त होते हैं, जैसे—परसर्ग (ने, को, से, में, पर) और सहायक क्रिया (है, हैं, था, थी, थे) आदि।

(घ) बहुशब्दीय अभिव्यक्ति (Multiword Expression) : जब एक से अधिक शब्द मिलकर एक ही शाब्दिक इकाई का कार्य करते हैं, तो इस प्रकार बनने वाली भाषिक इकाई को बहुशब्दीय अभिव्यक्ति कहते हैं, जैसे—'चोरी करना' में दो शब्द मिलकर 'चुराना' का भाव व्यक्त कर रहे हैं। अत: ये बहुशब्दीय अभिव्यक्ति प्रकार के एक शब्द का निर्माण कर रहे हैं। बहुशब्दीय अभिव्यक्ति में आने वाले

शब्दों के अपने कोशीय अर्थ होते हैं, किंतु वे अपने मूल अर्थों को छोड़कर एक नया अर्थ देते हैं, जैसे—'हाथ साफ करना' के दो अर्थ हैं—हाथ धोना और चुराना। जब ये तीनों शब्द (हाथ+साफ+करना) मिलकर 'चुराना' का अर्थ देने लगते हैं, तो इस प्रयोग को बहुशब्दीय अभिव्यक्ति कहा जाएगा, क्योंकि न तो यहाँ 'हाथ' का अर्थ है और न ही 'साफ करना' का।

(ङ) **प्रतिध्वन्यात्मक शब्द (Onomatopoeic Words) :** इसमें वे शब्द आते हैं, जो बाह्य संसार की ध्वनियों का अनुकरण करके बनाए जाते हैं। सामान्यतः ये शब्द पुनरुक्त होते हैं, जैसे—खट-खट, भौं-भौं, धाँय-धाँय, सर्र-सर्र आदि।

(च) **संक्षिप्त रूप (Abbreviation) :** शब्दों के आरंभ स्थान से कुछ वर्णों को लेकर भी बनाए गए शब्द इस श्रेणी में आते हैं। यह प्रक्रिया मूलतः अंग्रेजी जैसी भाषाओं में अपनाई जाती है, जैसे—Professor के लिए Prof., Doctor के लिए Dr. आदि। इन शब्दों का हिंदी में भी प्रो., डॉ. आदि के रूप में प्रचलन देखा जा सकता है।

(छ) **संकुचित शब्द (Contraction) :** यह भी अंग्रेजी (या इस प्रकार की) भाषाओं में शब्द-निर्माण की विशेषता है, जैसे—I am के लिए I'm, It is या It has के लिए It's, She will के लिए She'll आदि। अंग्रेजी व्याकरणों में इन्हें Clitic कहा गया है, जिन्हें हिंदी में 'युक्त' नाम दिया गया है।

(ज) **परिवर्णी शब्द (Acronym) :** कई शब्दों वाले किसी नाम के शब्दों के प्रथम वर्णों या अक्षरों को मिलाकर एक शब्द बना देने से बनने वाले शब्द 'परिवर्णी शब्द' कहलाते हैं। यह भी हिंदी में अंग्रेजी के प्रभाव से आया है, जैसे—भाजपा, BBC आदि।

(झ) **कतित रूप (Clipped Form) :** यह भी मुख्यतः अंग्रेजी (या इस प्रकार की) भाषाओं में शब्द-निर्माण की विशेषता है। प्रायः ऐसे शब्दों का हिंदी में देवनागरीकरण कर लिया जाता है, जैसे—

कतन के स्थान के आधार पर इसके चार प्रकार किए जा सकते हैं—

- **अग्र कतन (Fore Clipping) :** जब मूल शब्द के आगे का भाग काट दिया जाता है, तो इसे अग्र कतन कहते हैं, जैसे—
  - ➢ Telephone के लिए 'Phone' को हिंदी में 'फोन' आदि।
- **पश्च कतन (Back Clipping) :** जब मूल शब्द के पीछे का भाग काट दिया जाता है, तो इसे पश्च कतन कहते हैं, जैसे—
  - ➢ Gymnasium के लिए 'Gym' को हिंदी में 'जिम'

- ➢ Examination के लिए 'Exam' को हिंदी में 'इक्जाम/परीक्षा'
- ➢ Mathematics के लिए Math को हिंदी में 'मैथ/गणित' आदि।

- **मध्य कतन (Middle Clipping) :** जब मूल शब्द के मध्य का भाग काट दिया जाता है, तो इसे मध्य कतन कहते हैं, जैसे—
- Optical Art के लिए Opart को हिंदी में 'ओपार्ट'
- Organization Man के लिए Orgman को हिंदी में 'ऑर्गमैन'
- **मिश्र कतन (Complex Clipping) :** जब मूल शब्द के आगे और पीछे दोनों ओर के भाग काट दिए जाते हैं, तो इसे मिश्र कतन कहते हैं, जैसे—
  - ➢ Influenza के लिए 'Flu' को हिंदी में 'लू'
  - ➢ Refrigerator के लिए 'Fridge' को हिंदी में 'फ्रिज' आदि।

(ञ) **चित्रशब्द या लोगोग्राम (Image Word or Logogram) :** आजकल इस प्रकार के शब्दों का प्रचलन भी खूब देखा जा रहा है, मुख्यत: सोशल मीडिया में, जैसे—I love you के लिए I ♥ you. इनका ही आधुनिक प्रयोग 'इमोजी' के रूप में हो रहा है, जिसकी संक्षिप्त चर्चा प्रथम अध्याय में 'टंकण और भावनात्मक चिह्न' उपशीर्षक के अंतर्गत की गई है।

हिंदी में व्युत्पादन और मूल शब्द

व्युत्पादन के संदर्भ में हिंदी में प्राप्त शब्दों और शब्दांशों के कई नाम प्राप्त होते हैं, जैसे—धातु, प्रातिपदिक, शब्द, रूपिम, उपसर्ग, प्रत्यय। ये अवधारणाएँ एक-दूसरे के इतने निकट हैं कि कई बार लोगों को इनकी परिभाषा या विस्तार को लेकर भ्रम की स्थिति हो जाती है। अत: शब्दों की आंतरिक संरचना के आधार पर दी गई अवधारणाओं को संक्षेप में इस प्रकार से समझा जा सकता है—

(क) **प्रकृति :** सभी मूल शब्दांश जिनमें किसी भी प्रकार के उपसर्ग/प्रत्यय आदि का योग न हो, प्रकृति हैं, जैसे—राम, फल, देव आदि।

(ख) **धातु :** क्रियाओं के मूल रूप को धातु कहते हैं, जैसे—जा, खा, चल आदि। धातुओं में तिङ् प्रत्ययों को जोड़ने से 'पद' निर्मित होते हैं।

(ग) **प्रातिपदिक :** धातु के अलावा अन्य सभी नाम शब्द प्रातिपदिक हैं। प्रातिपदिकों में ही सुप् प्रत्ययों का योग करके 'पद' का निर्माण किया जाता है।

उपर्युक्त तीनों संस्कृत व्याकरण परंपरा की अवधारणाएँ हैं, जिनसे शब्दों (और पदों) का निर्माण होता है। चूँकि हिंदी का विकास संस्कृत से ही हुआ है, इसलिए हिंदी शब्दों की आंतरिक संरचना और

व्युत्पादन को समझने के लिए संस्कृत शब्द रचना प्रक्रिया और शब्दांशों का ज्ञान होना आवश्यक है। इन्हें विस्तार से समझने के लिए संस्कृत व्याकरणों का अध्ययन किया जाना चाहिए। यहाँ केवल अवधारणात्मक परिचय दिया गया है।

(घ) **रूपिम :** 'रूपिम' एक भाषावैज्ञानिक अवधारणा है, जिसमें सभी प्रकार के शब्द और शब्दांश आ जाते हैं, जिनका किसी भी प्रकार का अर्थ हो। अतः प्रकृति, धातु, प्रातिपदिक, शब्द, पद, उपसर्ग, प्रत्यय सभी रूपिम के अंतर्गत आते हैं। इनमें जिनका प्रयोग वाक्य में स्वतंत्र रूप से किया जा सकता है, उन्हें 'मुक्त रूपिम' और जिनका प्रयोग स्वतंत्र रूप से नहीं किया जाता, उन्हें 'बद्ध रूपिम' कहते हैं। रूपिम के बारे में विस्तार से 'भाषाविज्ञान' की पुस्तकों में अध्ययन किया जा सकता है।

(ङ) **शब्द :** शब्द बहुत व्यापक अवधारणा है। इसके उपसर्ग, प्रत्यय (बद्ध रूपिम) के अलावा सभी वर्ण-समूह शब्द हैं, जिनका कोई बाह्य अर्थ हो। शब्द के अंतर्गत अतः प्रकृति, धातु, प्रातिपदिक, शब्द (मूल या व्युत्पादित) सभी आ जाते हैं।

(च) **मूल शब्द (मुक्त रूपिम) (Root Word/Free Morpheme) :** वे शब्द जिनका स्वतंत्र प्रयोग किया जा सकता है, किंतु जिनके सार्थक खंड नहीं किए जा सकते, मूल शब्द हैं, जैसे—घर, खेल, कहाँ आदि। ये भाषाविज्ञान में दी गई 'मुक्त रूपिम' की अवधारणा के प्रतिनिधि होते हैं।

6
व्युत्पादन (शब्दसाधन) 1 : उपसर्ग योग
(Derivation 1 : Prefix Addition)

व्युत्पादन एक बहुत बड़ी संकल्पना है। प्रस्तुत अध्याय में सर्वप्रथम इसे समझाते हुए हिंदी में उपसर्गों को जोड़कर व्युत्पादन अर्थात् नए शब्दों के निर्माण के विविध पक्षों का वर्णन किया जाएगा। इस क्रम में उपसर्ग की संकल्पना और इसके प्रकारों पर भी प्रकाश डाला जाएगा।

6.1 व्युत्पादन और प्रत्ययीकरण (Affixation)

भाषा यादृच्छिक ध्वनि प्रतीकों की व्यवस्था है। भाषा विकास के आरंभ काल में ये यादृच्छिक ध्वनि प्रतीक 'शब्द' रहे हैं। बाह्य संसार की किसी वस्तु, किसी मानसिक विचार या कल्पना आदि को उस समय में लोगों द्वारा एक ध्वनि समूह दे दिया जाता था। जब वह **ध्वनि समूह** संबंधित संकल्पना के लिए पूरे समाज में प्रचलित हो जाता था तो उस समाज की भाषा का एक शब्द बन जाता था। उदाहरण के लिए एक चित्र देखा जा सकता है—

इस चित्र में दिख रही चीजों में से पहले को 'मुर्गा' या इन सभी को 'पक्षी' पहली बार किसी व्यक्ति या व्यक्ति समूह द्वारा नाम दिया गया होगा और वह उसी रूप में समाज में प्रचलित हो गया होगा, जिसे आज भी हम लोग इसी नाम से व्यक्त करते हैं। इनके लिए ये शब्द देने के पीछे कोई कारण या चित्र और शब्द में किसी प्रकार का मेल आदि नहीं था। भाषायी विकास के आरंभ में इस प्रकार के जितने भी शब्द दिए उनके 'शब्द' होने का कोई रचनापरक कारण न होकर केवल यही कारण था कि तात्कालिक समाज ने मान लिया। इस प्रकार के सभी शब्दों को **मूल शब्द** कहा जाता है। किंतु धीरे-धीरे जब भाषा का पर्याप्त विकास हो गया, तो ऐसे शब्दों की संख्या हजारों में हो गई और समाज भाषा के प्रति इतना जागरूक हो चुका था कि आकस्मिक रूप से कोई भी शब्द रख देना स्वीकार्य नहीं हो पाता था। इसीलिए धीरे-धीरे ऐसी प्रणाली विकसित की जाने लगी, जिससे पहले से उपलब्ध कुछ हजार मूल शब्दों में कुछ छोटे-छोटे ध्वनि प्रतीक जोड़कर नए शब्द निर्मित किए जा सकें। ऐसे छोटे ध्वनि प्रतीकों का अपना तो कोई अर्थ नहीं था किंतु ये पहले से उपलब्ध मूल शब्दों के साथ जुड़कर नए अर्थ देने वाले नवीन शब्दों को निर्मित करने लगे। ये ध्वनि प्रतीक ही कालांतर में व्याकरणिक विवेचन में 'प्रत्यय' (Affix) कहलाए और इन्हें शब्दों के साथ जोड़ने की प्रक्रिया 'प्रत्ययीकरण' (Affixation) कहलाई। इन प्रत्ययों के भी तीन रूप विकसित हुए—शब्द के पूर्व जुड़ने वाले **पूर्वप्रत्यय** = उपसर्ग (Prefix); शब्द के मध्य में जुड़ने वाले **मध्यप्रत्यय** (Infix); और शब्द के अंत में जुड़ने वाले **अंतप्रत्यय** = प्रत्यय (Suffix)।

जैसे-जैसे समाज का विकास हुआ वैसे-वैसे नई-नई चीजें और संकल्पनाएँ विकसित होती चली गईं और केवल प्रत्ययों को जोड़कर नए शब्दों का निर्माण पर्याप्त नहीं रहा। साथ ही कुछ ऐसी चीजें विकसित ही हो रही थीं, जिनके लिए दो शब्द स्वतंत्र रूप से मिलाए जा सकते थे। इसलिए स्वतंत्र रूप से दो शब्दों को मिलाकर भी नए शब्दों का निर्माण आरंभ किया गया। उदाहरण के लिए जिसे आज हम 'चिड़ियाघर' कहते हैं, वह आरंभ में एक ऐसी जगह रही होगी, जहाँ केवल चिड़ियों को पाला जाता है। इसके लिए केवल 'चिड़िया' या 'घर' शब्द में किसी प्रत्यय को जोड़कर उस संपूर्ण संकल्पना को व्यक्त कर पाना संभव नहीं था। इसी प्रकार की अनेक चीजें और संकल्पनाएँ विकसित हुईं, जिन्हें अभिव्यक्त करने के लिए दो शब्दों को मिलाकर नए शब्द निर्मित किए गए। बाद में व्याकरणिक विवेचन में इस प्रक्रिया को **समास** (या समासीकरण) कहा गया।

दो शब्दों को जोड़ने पर कुछ ऐसी भी स्थितियाँ आ जाती थीं, जिनमें दोनों शब्दों के योग-स्थल पर आई ध्वनियों को एक के बाद एक रख दिया जाए, जैसे—आरंभ में 'विद्या + आलय' मिलाकर 'विद्याआलय' शब्द बनाया गया

होगा, किंतु लोगों को व्यवहार में यह शब्द कुछ अस्वाभाविक-सा लगा। इसलिए पहले शब्द के अंतिम वर्ण और दूसरे शब्द के पहले वर्ण में कुछ परिवर्तन भी किए जाने लगे। उदाहरण के लिए इसी शब्द में से एक 'आ' हटाकर 'विद्यालय' शब्द निर्मित कर लिया गया। जब कई शब्दों के साथ ऐसा हुआ तो इन्हें नियमित करने के लिए व्याकरणिक विवेचन में इन्हें **संधि** नाम दिया गया और इसके लिए नियम दिए गए।

भाषावैज्ञानिक अध्ययन बहुत बाद में (19वीं शताब्दी में) शुरू हुआ है। इसके अंतर्गत विश्व की सभी भाषाओं में पाई जाने वाली भाषिक इकाइयों और भाषिक नियमों को सीमित पारिभाषिक शब्दों में समेटने का प्रयास किया गया। चूँकि भाषाओं में कई प्रक्रियाओं से नए शब्द निर्मित किए जा रहे थे, इसलिए इन सभी को एक व्यापक प्रक्रिया के अंतर्गत समेटते हुए किसी भी प्रकार से नए शब्द (नए कोशीय शब्द) बनाने की प्रक्रिया को 'व्युत्पादन' (Derivation) नाम दिया गया। अर्थात् पूर्व में उपलब्ध शब्द से किसी भी प्रकार से एक नए शब्द का निर्माण करना **व्युत्पादन** है।

6.2 उपसर्ग : स्वरूप

उपसर्ग (Prefix) वे बद्ध रूपिम हैं जिन्हें शब्द के पूर्व जोड़कर नए शब्दों का निर्माण किया जाता है। संस्कृत या संस्कृत परंपरा से विकसित भारतीय आर्य भाषाओं में शब्दों के पूर्व में और अंत में बद्ध रूपों को जोड़कर नए शब्दों को निर्मित किया जाता है। पारंपरिक व्याकरण में शब्द के पूर्व जुड़ने वाले बद्ध रूपों को 'उपसर्ग' तथा अंत में जुड़ने वाले बद्ध रूपों को 'प्रत्यय' कहा गया है। आधुनिक भाषावैज्ञानिक विवेचन में प्रत्यय को अंग्रेजी के 'Affix' के समतुल्य मानते हुए उपसर्गों को पूर्वप्रत्यय (Prefix) नाम दिया गया है। अत: 'उपसर्ग' और 'पूर्वप्रत्यय' एक ही संकल्पना को व्यक्त करने वाले शब्द हैं। केवल दृष्टिकोण का अंतर है।

हिंदी में उपसर्गों द्वारा केवल व्युत्पादन (Derivation) होता है। जिस शब्द के साथ उपसर्ग जुड़ते हैं, उससे ये पहले आते हैं। अत: इनका सूत्र इस प्रकार होगा—'उप. + शब्द = व्युत्पादित शब्द', जैसे—अ (उप.) + भाव (शब्द) = अभाव (व्युत्पादित शब्द)।

जब कोई उपसर्ग किसी शब्द के साथ जुड़ता है तो इससे एक नया शब्द निर्मित होता है, जिसके अर्थ में मूल शब्द के अर्थ के साथ कुछ नया या अतिरिक्त भाव जुड़ जाता है, जैसे—

विपरीतार्थकता : ज्ञान से अज्ञान
अतिरिक्तता : अधिक से अत्यधिक
बुराई या निम्नता : जन से दुर्जन आदि।

हिंदी में उपसर्गों को जोड़कर मुख्य रूप से 'संज्ञा' और 'विशेषण' शब्दों का ही व्युत्पादन किया जाता है। कुछ उपसर्गों से क्रिया-विशेषण भी व्युत्पादित होते हैं, किंतु ऐसा बहुत कम ही होता है। इसके अलावा उपसर्ग 'संज्ञा', 'विशेषण', क्रिया (धातु) और (कहीं-कहीं) क्रिया-विशेषण शब्दों के साथ जुड़ते हैं।

6.3 उपसर्ग योजन

किसी कोशीय शब्द में उपसर्ग जोड़कर नए शब्द का निर्माण करने की प्रक्रिया **उपसर्ग योजन** है। हिंदी में होने वाले उपसर्ग योजन पर निम्नलिखित तीन दृष्टियों से विचार किया जा सकता है—

6.2.1 शब्दवर्ग की दृष्टि से :

इस दृष्टि से विचार का विषय यह है कि उपसर्ग के जुड़ने के लिए मूल शब्द (प्रातिपदिक) किन शब्दवर्गों के हो सकते हैं तथा उनके जुड़ने के पश्चात् व्युत्पादित शब्दों का शब्दवर्ग क्या होता है ? हिंदी में शब्दवर्ग की दृष्टि से उपसर्ग योजन की निम्नलिखित स्थितियाँ प्राप्त होती हैं—

(क) **संज्ञा से विशेषण :** जैसे—डर से निडर, बल से दुर्बल आदि।

(ख) **संज्ञा से संज्ञा :** जैसे—गुण से अवगुण, मान से अपमान आदि।

(ग) **संज्ञा से क्रिया-विशेषण :** जैसे—दस्तूर से बदस्तूर।

(घ) **विशेषण से विशेषण :** जैसे—शिक्षित से सुशिक्षित, पूर्ण से संपूर्ण आदि।

(ङ) **क्रिया (धातु) से विशेषण :** जैसे—जग (जगना) से सजग, समझ (समझना) से नासमझ आदि।

(च) **क्रिया (क्रियारूप) से विशेषण :** जैसे—खिला (खिलना) से अधखिला।

(छ) **क्रिया-विशेषण से क्रिया-विशेषण :** जैसे—दूर से सुदूर।

शब्दवर्गों की उपर्युक्त सूची को देखते हुए उपसर्गों के तीन वर्ग किए जा सकते हैं—

(क) **समान शब्दवर्ग व्युत्पन्न करने वाले :** वे उपसर्ग जो जिस शब्दवर्ग के साथ लगते हैं, उसी शब्दवर्ग को व्युत्पादित करते हैं, जैसे—संज्ञा से संज्ञा वाले।

(ख) **भिन्न शब्दवर्ग व्युत्पन्न करने वाले :** वे उपसर्ग जो जिस शब्दवर्ग के साथ लगते हैं, उससे भिन्न शब्दवर्ग को व्युत्पादित करते हैं, जैसे—संज्ञा से विशेषण वाले।

(ग) **समान और भिन्न शब्दवर्ग व्युत्पन्न करने वाले :** कुछ उपसर्ग ऐसे भी हैं जो कुछ शब्दों के साथ जुड़ते हैं तो उसी शब्दवर्ग का नया शब्दवर्ग व्युत्पादित करते हैं, जबकि कुछ शब्दों के साथ जुड़ते हैं तो नए शब्दवर्ग का शब्द व्युत्पादित करते हैं। वे सभी उपसर्ग इस वर्ग में आएँगे।

6.2.2 प्रातिपदिक (योजनपूर्व शब्द) का रूप :

योजनपूर्व शब्द का अर्थ है, उपसर्ग जुड़ने से पूर्व का शब्द। अर्थात् वह शब्द जिसमें उपसर्ग जुड़ता है। वह शब्द प्रातिपदिक (संज्ञा और विशेषण) तथा क्रिया या क्रिया-विशेषण में से कोई भी हो सकता है, इसका संकेत ऊपर किया जा चुका है। यहाँ पर उस शब्द रचना के संदर्भ में बात की जा रही है। इस दृष्टि से वह शब्द मूल, प्रत्यययुक्त, उपसर्गयुक्त या सामासिक हो सकता है, जैसे—

(क) **मूल शब्द के साथ उपसर्ग योग :** यहाँ मूल शब्द से तात्पर्य ऐसे शब्द से है, जिसमें कोई उपसर्ग, प्रत्यय न जुड़ा हो। इनमें उपसर्गों को जोड़कर नए शब्दों का निर्माण किया जाता है, जैसे—उप + नाम = उपनाम।

(ख) **प्रत्यययुक्त शब्द के साथ उपसर्ग योग :** किसी मूल शब्द में प्रत्यय लगा हो, तो उसके भी साथ उपसर्ग जुड़ते हैं, जैसे—वि + देशी (देश + ी) = विदेशी।

(ग) **उपसर्गयुक्त शब्द के साथ उपसर्ग योग :** किसी मूल शब्द में पहले से ही उपसर्ग लगा हो, फिर भी उसमें और उपसर्ग जोड़े जा सकते हैं, जैसे—उप + विभाग (वि +भाग) = उपविभाग। यहाँ पर ध्यान रखने वाली बात है कि जिस उपसर्गयुक्त शब्द में नया उपसर्ग जोड़ा जा रहा है, उसमें से प्रथम उपसर्ग हटा दिया जाए तो प्राप्त मूल शब्द में नए उपसर्ग को नहीं जोड़ा जा सकता, वि+शेष = विशेष में 'अति' उपसर्ग जोड़ने पर 'अतिविशेष' शब्द निर्मित होता है। इनमें से 'वि' को हटाकर 'अतिशेष' शब्द नहीं बनाया जा सकता। यदि नया उपसर्ग मूल शब्द के साथ जुड़ भी जाता है, तो इस प्रकार निर्मित शब्द पूर्व शब्द से अर्थ की दृष्टि से भिन्न होगा, जैसे—'विभाग' शब्द में से 'वि' प्रत्यय' को हटाकर 'भाग' शब्द में 'उप' जोड़कर 'उपभाग' बनाया जा सकता है। इस शब्द का 'उपविभाग' शब्द से कोई संबंध नहीं है।

(घ) **उपसर्ग और प्रत्यययुक्त शब्द के साथ प्रत्यय योग :** ऐसा शब्द जिसमें पहले से ही उपसर्ग और प्रत्यय दोनों जुड़े हुए हों, एक और उपसर्ग जोड़कर नया शब्द निर्मित या व्युत्पादित किया जा सकता है,

जैसे—'पराक्रमी' में 'अति' जोड़कर 'अतिपराक्रमी' शब्द का निर्माण किया जा सकता है।

(ङ) सामासिक शब्द के साथ उपसर्ग योग : सामासिक शब्दों के साथ भी प्रत्यय जोड़े जाते हैं, जैसे—उप + प्रधानमंत्री (प्रधान + मंत्री) से उपप्रधानमंत्री।

6.2.3 उपसर्ग का स्थान :

उपसर्ग किसी शब्द के पूर्व में जुड़ते हैं, किंतु वे कितने स्थान पूर्व तक जुड़ सकते हैं ? इसे भी देखा जाना चाहिए। सामान्यत: हिंदी में उपसर्ग तीन स्थान पूर्व तक जुड़ सकते हैं। इसे निम्नलिखित प्रकार से देख सकते हैं—

(क) प्रथम पूर्वस्थान : प्रथम पूर्वस्थान पर सभी उपसर्ग आते हैं। इनके संदर्भ में यह ज्ञात करना महत्त्वपूर्ण है कि कौन सा उपसर्ग किस प्रकार के शब्द के साथ जुड़ता है। उदाहरण- वि + कार = विकार, सु + कर्म = सुकर्म आदि। आगे यथास्थान इसकी चर्चा की जाएगी।

(ख) द्वितीय पूर्वस्थान : द्वितीय पूर्वस्थान से तात्पर्य है एक उपसर्ग जुड़े हुए शब्द में एक और उपसर्ग जोड़ने का स्थान। हिंदी में दो उपसर्गों से शब्द निर्मित होते हैं, जैसे—उप + विभाग = उपविभाग, अति + सजग = अतिसजग आदि। किंतु प्रथम पूर्वस्थान पर कौन सा उपसर्ग होने पर द्वितीय पूर्वस्थान पर कौन-सा उपसर्ग आएगा, यह शोध का विषय है, जैसे—'उप + विभाग' तो होता है किंतु 'वि + उपभाग' नहीं होता। यह भी ध्यान रखने की बात है कि मूल शब्द की प्रकृति क्या है ? क्योंकि किसी भी शब्द के साथ 'वि' उपसर्ग जुड़े होने पर उसके पूर्व 'उप' का प्रयोग नहीं किया जा सकता, जैसे—'उप + विभेद' जैसा कोई प्रयोग नहीं होता। इसी प्रकार सामान्यत: 'वि' उपसर्ग जोड़ने से विशेषण बनने पर उनके साथ 'उप' का प्रयोग नहीं किया जा सकता,जैसे—'उप + विशेष' शब्द नहीं बनाया जा सकता।

(ग) तृतीय पूर्वस्थान : हिंदी में सामान्यत: किसी शब्द के साथ तीन उपसर्गों (या इससे अधिक) का योग करके शब्द निर्मित नहीं होते हैं। तीन उपसर्गों वाले कुछेक शब्द विशेष परिस्थितियों में निर्मित हो सकते हैं।

उपसर्ग योजन में 'उपसर्ग' और 'मूल शब्द' के स्थान को निम्नलिखित प्रकार से देखा जा सकता है—

व्युत्पादित शब्द	उपसर्ग-3	+ उपसर्ग-2	+ उपसर्ग-1	+ मूल शब्द
अतिदुर्गम	**	+ अति	+ दुर्	+ गम

6.3 हिंदी में विविध उपसर्ग

हिंदी में प्रयुक्त होने वाले उपसर्ग स्रोत के आधार पर कई प्रकार के हैं। इनकी समेकित सूची इस प्रकार है—

6.3.1 संस्कृत के उपसर्ग

क्रम	उपसर्ग	अर्थ	शब्द
1	अति	अधिक	अत्यधिक, अत्यंत, अतिरिक्त, अतिशय
2	अधि	ऊपर, श्रेष्ठ	अधिकार, अधिपति, अधिनायक
3	अनु	पीछे, समान	अनुचर, अनुकरण, अनुसार, अनुशासन
4	अप	बुरा, हीन	अपयश, अपमान, अपकार
5	अभि	सामने, चारों ओर, पास	अभियान, अभिषेक, अभिनय, अभिमुख
6	अव	हीन, नीच	अवगुण, अवनति, अवतार
7	आ	तक, समेत	आजीवन, आगमन
8	उत्	ऊँचा, श्रेष्ठ, ऊपर	उद्गम, उत्कर्ष, उत्तम, उत्पत्ति
9	उप	निकट, सदृश, गौण	उपदेश, उपवन, उपमंत्री, उपहार
10	दुर्	बुरा, कठिन	दुर्जन, दुर्गम, दुर्दशा, दुराचार
11	दुस्	बुरा, कठिन	दुश्चरित्र, दुस्साहस, दुष्कर
12	निर्	बिना, बाहर, निषेध	निरपराध, निर्जन, निराकार, निर्गुण
13	निस्	रहित, पूरा, विपरित	निस्सार, निस्तार, निश्चल, निश्चित
14	नि	निषेध, अधिकता, नीचे	निवारण, निपात, नियोग, निषेध
15	परा	उल्टा, पीछे	पराजय, पराभव, परामर्श, पराक्रम
16	परि	आसपास, चारों तरफ	परिजन, परिक्रम, परिपूर्ण, परिणाम
17	प्र	अधिक, आगे	प्रयात, प्रबल, प्रस्थान, प्रकृति
18	प्रति	उलटा, सामने, हर एक	प्रतिकूल, प्रत्यक्ष, प्रतिक्षण, प्रत्येक
19	वि	भिन्न, विशेष	विदेश, वियोग, विपक्ष
20	सम्	उत्तम, साथ, पूर्ण	संस्कार, संगम, संतुष्ट, संभव
21	सु	अच्छा, अधिक	सुजन, सुगम, सुशिक्षित, सुपात्र

6.3.2 हिंदी के उपसर्ग

क्रम	उपसर्ग	अर्थ	शब्द
1	अ	अभाव, निषेध	अछूता, अथाह, अटल
2	अन	अभाव, निषेध	अनमोल, अनबन, अनपढ़
3	कु	बुरा	कुचाल, कुचैला, कुचक्र
4	दु	कम, बुरा	दुबला
5	नि	कमी	निगोड़ा, निडर, निहत्था, निकमा
6	औ	हीन, निषेध	औगुन, औघर, औसर, औसान
7	भर	पूरा	भरपेट, भरपूर, भरसक, भरमार
8	सु	अच्छा	सुडौल, सुजान, सुघड़, सुफल
9	अध	आधा	अधपका, अधकच्चा, अधमरा, अधकचरा
10	उन	एक कम	उनतीस, उनसठ, उनहत्तर, उनतालीस
11	पर	दूसरा, बाद का	परलोक, परोपकार, परसर्ग, परहित
12	बिन	बिना, निषेध	बिनब्याहा, बिनबादल, बिनपाए, बिनजाने

6.3.3 अरबी-फ़ारसी के उपसर्ग

क्रम	उपसर्ग	अर्थ	शब्द
1	कम	थोड़ा, हीन	कमज़ोर, कमबख़्त, कमअक्ल
2	ख़ुश	अच्छा	ख़ुशनसीब, ख़ुशख़बरी, खुशहाल, खुशबू
3	गैर	निषेध	गैरहाज़िर, ग़ैरक़ानूनी, ग़ैरमुल्क, ग़ैर-ज़िम्मेदार
4	ना	अभाव	नापसंद, नासमझ, नाराज़, नालायक
5	ब	और, अनुसार	बनाम, बदौलत, बदस्तूर, बग़ैर
6	बा	सहित	बाकायदा, बाइज़्ज़त, बाअदब, बामौक़ा
7	बद	बुरा	बदमाश, बदनाम, बदक़िस्मत, बदबू
8	बे	बिना	बेईमान, बेइज़्ज़त, बेचारा, बेवकूफ़
9	ला	रहित	लापरवाह, लाचार, लावारिस, लाजवाब
10	सर	मुख्य	सरताज, सरदार, सरपंच, सरकार
11	हम	समान, साथवाला	हमदर्दी, हमराह, हमउम्र, हमदम
12	हर	प्रत्येक	हरदिन, हरसाल, हरएक, हरबार

6.3.4 अंग्रेज़ी के उपसर्ग

क्रम	उपसर्ग	अर्थ	शब्द
1	सब	अधीन, नीचे	सब-जज, सब-कमेटी, सब-इंस्पेक्टर
2	डिप्टी	सहायक	डिप्टी-कलेक्टर, डिप्टी-रजिस्ट्रार, डिप्टी-मिनिस्टर
3	वाइस	सहायक	वाइस-चांसलर, वाइस-प्रेसीडेंट
4	जनरल	प्रधान	जनरल मैनेजर, जनरल सेक्रेटरी
5	चीफ़	प्रमुख	चीफ़-मिनिस्टर, चीफ़-इंजीनियर, चीफ़-सेक्रेटरी
6	हेड	मुख्य	हेडमास्टर, हेडक्लर्क

6.3.5 उपसर्ग के समान प्रयुक्त होने वाले संस्कृत के अव्यय

क्रम	उपसर्ग	अर्थ	शब्द
1	अध:	नीचे	अध:पतन,. अधोगति, अधोमुखी, अधोलिखित
2	अंत:	भीतरी	अंत:करण, अंत:पुर, अंतर्मन, अंतर्देशीय
3	अ	अभाव	अशोक, अकाल, अनीति
4	चिर	बहुत देर	चिरंजीवी, चिरकुमार, चिरकाल, चिरायु
5	पुनर्	फिर	पुनर्जन्म, पुनर्लेखन, पुनर्जीवन
6	बहिर्	बाहर	बहिर्गमन, बहिष्कार
7	सत्	सच्चा	सज्जन, सत्कर्म, सदाचार, सत्कार्य
8	पुरा	पुरातन	पुरातत्त्व, पुरावृत्त
9	सम	समान	समकालीन, समदर्शी, समकोण, समकालिक
10	सह	साथ	सहकार, सहपाठी, सहयोगी, सहचर

(<http://hi.bharatdiscovery.org/india/ से साभार (अगस्त, 2016))

6.4 उपसर्ग योजन का तकनीकी पक्ष

व्युत्पादन में 'उपसर्ग योजन' एक अत्यंत महत्त्वपूर्ण प्रक्रिया है। इसके द्वारा हजारों शब्दों का निर्माण किया जाता है। जैसे-जैसे किसी समाज में प्रयोगों और संसाधनों आदि का विकास होता है, वैसे-वैसे उसे नए शब्दों को गढ़ने की आवश्यकता पड़ती है। हिंदी के लिए यह कार्य 'वैज्ञानिक एवं तकनीकी शब्दावली आयोग' द्वारा किया जाता है। यदि यह कार्य मशीन द्वारा किया जाए तो बहुत अधिक समय और श्रम की बचत की जा सकती है। किंतु इसके लिए उपसर्गों और उनके साथ लगने

वाले शब्दों की प्रकृति का गहन अध्ययन किया जाना आवश्यक है। उदाहरण के लिए 'वि' उपसर्ग 'भिन्न या विशेष' के अर्थ में प्रयुक्त होता है। अत: भिन्नता बोध के लिए किसी भी शब्द के साथ इसका प्रयोग होना चाहिए, किंतु ऐसा नहीं होता, जैसे—'विदेश' (अन्य देश) तो बनता है, किंतु 'विप्रदेश (अन्य प्रदेश), विजिला (अन्य जिले), या विग्राम (अन्य गाँव) जैसे शब्द नहीं बनते। इसलिए केवल मूल शब्दों और उपसर्गों की सूची द्वारा व्युत्पादन नहीं किया जा सकता।

इसी प्रकार एकाधिक उपसर्ग योजन की स्थितियाँ भी शब्द की आर्थी प्रकृति पर निर्भर करती हैं, उसके संरचनात्मक स्वरूप पर नहीं। जैसे—'विभाग' में 'उप' जोड़कर 'उपविभाग' तो बनाया जा सकता है, किंतु 'विदेश' में 'उप' जोड़कर 'उपविदेश' नहीं बनाया जा सकता। इसका कारण दोनों शब्दों के अर्थ हैं।

उपसर्ग योजन में स्रोत भाषा का पक्ष भी महत्त्वपूर्ण होता है। तत्सम शब्दों के साथ ही संस्कृत उपसर्ग जुड़ते हैं। इसी प्रकार देशज शब्दों के साथ हिंदी उपसर्ग, अरबी/फ़ारसी शब्दों के साथ अरबी/फ़ारसी उपसर्ग और अंग्रेजी शब्दों के साथ अंग्रेजी उपसर्ग जुड़ते हैं। कभी-कभी इसका उलंघन करते हुए कुछ ऐसे शब्द भी निर्मित हो जाते हैं, जिनमें देशज शब्द के साथ संस्कृत उपसर्ग या तत्सम शब्दों के साथ हिंदी उपसर्ग जुड़ते हैं। किंतु ऐसा बहुत कम होता है। ऐसी स्थिति यदा-कदा अरबी/फ़ारसी के साथ मिल सकती है।

उपसर्ग योजन द्वारा निर्मित सभी शब्द कोशीय शब्द होते हैं। केवल 'उप' उपसर्ग का प्रयोग करके ही सैकड़ों केवल पदवाची शब्द निर्मित किए जा सकते हैं, जैसे—उपराष्ट्रपति, उपप्रधानमंत्री, उपसभापति, उपमुख्यमंत्री, उपजिलाधिकारी, उपप्रधान आदि। इसी कारण शब्दकोशों में ऐसे अनेक शब्द लगातार आते हैं, जो अ, अन्, उप आदि उपसर्गों से निर्मित होते हैं। यदि किसी व्यक्ति को भाषाविज्ञान या किसी भाषा के भाषायी पक्ष का ज्ञान न हो और उसे कोश निर्माण का कार्य दे दिया जाए तो वह झल्ला सकता है, कि इतने अधिक शब्दों के साथ केवल एक उपसर्ग जोड़कर शब्दसंख्या क्यों बढ़ाई जा रही है, किंतु ये सभी शब्द कोशीय शब्द हैं और कोश में स्थान दिए जाने के अधिकारी हैं, क्योंकि यदि उप का ही उदाहरण लें तो यह नहीं कहा जा सकता कि सभी पदवाची शब्दों के साथ 'उप' का प्रयोग करके नए शब्द बनाए जा सकते हैं। उन शब्दों की बाह्य समाज और व्यवहार में उपयोगिता भी महत्त्वपूर्ण है, जैसे—उपगृहमंत्री, उपविदेशमंत्री जैसे पद नहीं हैं, इसलिए इन्हें कोश में नहीं रखा जाना चाहिए। इसी प्रकार 'उपकुलपति' शब्द नहीं होता, बल्कि 'प्रतिकुलपति' होता है। अत: इस प्रकार के प्रयोगों को भी ध्यान में रखा जाना चाहिए। इसलिए मशीन द्वारा उपसर्ग योजन कराने के लिए पहले इनका गहन अध्ययन-विश्लेषण आवश्यक है।

7

व्युत्पादन (शब्दसाधन) 2 : प्रत्यय योग

(Derivation 2 : Suffix Addition)

जैसा कि ऊपर बताया जा चुका है—आधुनिक भाषावैज्ञानिक विवेचन में शब्द में प्रत्ययों को जोड़कर नए शब्द बनाने की प्रक्रिया को **प्रत्ययीकरण** (Affixation) कहा गया है। यहाँ पर 'प्रत्यय' शब्द अंग्रेजी के 'Affix' शब्द का प्रतिनिधित्व कर रहा है, जिसके तीन प्रकार हैं—पूर्वप्रत्यय (Prefix), मध्यप्रत्यय (Infix) तथा अंतप्रत्यय (Suffix)। **पूर्वप्रत्यय** (Prefix) की चर्चा पिछले अध्याय में की जा चुकी है। **मध्यप्रत्यय** (Infix) वे बद्ध रूपिम या शब्दांश हैं जो शब्द के बीच में जुड़ते हैं, और नए शब्द का निर्माण करते हैं। हिंदी सें मध्यप्रत्यय नहीं पाए जाते, जबकि संथाली जैसी कुछ जनजातीय भारतीय भाषाओं में मध्यप्रत्ययों का प्रयोग होता है। इसी क्रम में **अंतप्रत्यय** (Suffix) वे बद्ध रूपिम या शब्दांश हैं जो शब्द के अंत में जुड़ते हैं, और नए शब्द का निर्माण करते हैं। पारंपरिक व्याकरण में इन्हें ही **प्रत्यय** कहा गया है। प्रस्तुत अध्याय में 'प्रत्यय' शब्द का इसी संदर्भ में प्रयोग किया गया है। संस्कृत और हिंदी पारंपरिक व्याकरणों में वर्णित **प्रत्यय** ही भाषाविज्ञान की दृष्टि से **अंतप्रत्यय** है।

7.1 प्रत्यय : स्वरूप

प्रत्यय (Suffix) वे बद्ध रूपिम हैं, जो किसी शब्द के अंत में जुड़कर एक नए शब्द (या शब्दरूप) का निर्माण करते हैं। हिंदी में प्रत्यय दो प्रकार के हैं—व्युत्पादक (Derivational) और रूपसाधक (Inflectional)। **व्युत्पादक प्रत्यय** (Derivational Suffix) वे प्रत्यय हैं, जिनके द्वारा नए कोशीय शब्द निर्मित होते हैं। **रूपसाधक प्रत्यय** (Inflectional Suffix) वे प्रत्यय हैं, जिनके द्वारा किसी शब्द के विविध व्याकरणिक रूप निर्मित होते हैं। उदाहरण के लिए लड़का शब्द से लड़के और लड़कों शब्दरूप बनाने के लिए रूपसाधक प्रत्ययों का प्रयोग हुआ है। 'लड़के' और 'लड़कों' शब्द दो नए शब्द नहीं हैं, बल्कि 'लड़का' शब्द के ही

बहुवचन और परसर्गीय रूप हैं। इनकी विस्तृत चर्चा आगे की जाएगी। **व्युत्पादन** (Derivation) भाषाविज्ञान का एक तकनीकी शब्द है, जिसका तात्पर्य किसी भाषा के कोशीय शब्दों से नए शब्दों के निर्माण की प्रक्रिया से है। हिंदी में उपसर्ग और प्रत्यय दोनों को जोड़कर नए शब्द बनाए जाते हैं। कुछ भाषाओं में यह कार्य मध्यप्रत्यय द्वारा भी किया जाता है। पिछले अध्याय में उपसर्गों के संदर्भ में चर्चा की जा चुकी है। प्रस्तुत अध्याय में प्रत्ययों (केवल व्युत्पादक प्रत्ययों) के संदर्भ में चर्चा की जाएगी।

किसी भी मूल अथवा व्युत्पादित शब्द के साथ प्रत्यय प्रयुक्त होते हैं। प्रत्ययों का प्रयोग स्वतंत्र रूप से नहीं किया जाता। ये सदैव किसी-न-किसी शब्द के साथ जुड़कर ही आते हैं। इसी कारण इन्हें बद्ध रूपिम कहा गया है। हिंदी में व्युत्पादक और रूपसाधक दोनों प्रकार के प्रत्यय प्राप्त होते हैं। व्युत्पादक प्रत्यय जिस शब्द के साथ जुड़ते हैं, उसके मूल अर्थ में परिवर्तन करते हैं, जिससे एक नया शब्द निर्मित होता है। नए शब्द का शब्दभेद अलग हो जाता है, जैसे—

विशेषण से संज्ञा = लाल + ई = लाली

संज्ञा से विशेषण = गुण + ई = गुणी

प्रत्ययों से निर्मित संज्ञा शब्दों में भाववाचक संज्ञाओं की संख्या ही अधिक होती है। विशेषण, क्रिया (और कुछ क्रिया-विशेषण) शब्दों से भाववाचक संज्ञाएँ तो बनती हैं, जातिवाचक संज्ञा शब्दों से भी भाववाचक संज्ञाओं का निर्माण होता है, जैसे—

मानव (जा.सं.) + ता = मानवता

बच्चा + पन = बचपन

अत: हिंदी में प्रत्ययों के प्रयोग में बहुत अधिक व्यापकता और विविधता है। नए शब्दों के निर्माण में व्युत्पादक प्रत्ययों की भूमिका केंद्रीय होती है।

7.2 प्रत्यय योजन

किसी कोशीय शब्द में प्रत्यय जोड़कर नए शब्द का निर्माण करने की प्रक्रिया प्रत्यय योजन है। प्रत्ययों को जोड़कर अनेक नए-नए शब्द निर्मित किए जाते हैं, जो भिन्न-भिन्न प्रकार के होते हैं। उपसर्ग योजन की तरह हिंदी में होने वाले प्रत्यय योजन पर भी निम्नलिखित दृष्टियों से विचार किया जा सकता है—

7.2.1 शब्दवर्ग की दृष्टि से :

इस दृष्टि से विचार का विषय यह है कि प्रत्यय के जुड़ने के लिए मूल शब्द (प्रातिपदिक) किन शब्दवर्गों के हो सकते हैं तथा उनके जुड़ने के पश्चात् व्युत्पादित

शब्दों का शब्दवर्ग क्या होता है ? हिंदी में शब्दवर्गों की दृष्टि से प्रत्यय योजन की निम्नलिखित स्थितियाँ प्राप्त होती हैं—

(क) **संज्ञा से विशेषण :** जैसे—डर से डरावना, बल से बलिष्ठ आदि।

(ख) **संज्ञा से संज्ञा :** जैसे—मानव से मानवता, पंडित से पंडिताइन आदि।

(ग) **संज्ञा से क्रिया-विशेषण :** जैसे—बल से बलपूर्वक आदि।

(घ) **विशेषण से संज्ञा :** जैसे—पूर्ण से पूर्णता, जीवंत से जीवंतता आदि।

(ङ) **विशेषण से क्रिया-विशेषण :** जैसे—पूर्ण से पूर्णतः, संभव से संभवतः आदि।

(च) **क्रिया (धातु) से विशेषण :** जैसे—फेंक (फेंकना) से फेंकू, समझ (समझना) से समझदार आदि।

(छ) **क्रिया (क्रियारूप) से विशेषण :** जैसे—खिला (खिलना) से अधखिला।

(ज) **क्रिया-विशेषण से संज्ञा :** जैसे—निरंतर से निरंतरता, दूर से दूरी आदि।

शब्दवर्गों की उपर्युक्त सूची को देखते हुए प्रत्ययों के तीन वर्ग किए जा सकते हैं—

(क) **समान शब्दवर्ग व्युत्पन्न करने वाले :** वे प्रत्यय जो जिस शब्दवर्ग के साथ लगते हैं, उसी शब्दवर्ग को उत्पन्न करते हैं, जैसे—संज्ञा से संज्ञा वाले।

(ख) **भिन्न शब्दवर्ग व्युत्पन्न करने वाले :** वे प्रत्यय जो जिस शब्दवर्ग के साथ लगते हैं, उससे भिन्न शब्दवर्ग को व्युत्पन्न करते हैं, जैसे—संज्ञा से विशेषण वाले।

(ग) **समान और भिन्न शब्दवर्ग व्युत्पन्न करने वाले :** कुछ प्रत्यय ऐसे भी हैं जो कुछ शब्दों के साथ जुड़ते हैं तो उसी शब्दवर्ग का नया शब्दवर्ग व्युत्पादित करते हैं, जबकि कुछ शब्दों के साथ जुड़ते हैं तो नए शब्दवर्ग का शब्द व्युत्पादित करते हैं। वे सभी प्रत्यय इस वर्ग में आएँगे।

7.2.2 प्रातिपदिक (योजनपूर्व शब्द) का रूप :

उपसर्गों की तरह व्युत्पादक प्रत्यय भी मूल, प्रत्यययुक्त, उपसर्गयुक्त या सामासिक किसी भी प्रकार के शब्दों के साथ जुड़ते हैं। वह शब्द प्रातिपदिक (संज्ञा और

विशेषण) तथा क्रिया या क्रिया-विशेषण में से कोई भी हो सकता है। इनके प्रमुख प्रकारों को नीचे देखा जा सकता है—

(क) **मूल शब्द के साथ प्रत्यय योग :** बिना किसी उपसर्ग, प्रत्यय के शब्द के साथ प्रत्यय जुड़ते हैं, जैसे—देश + ी = देशी, मानव + ता = मानवता, बीमार + ी = बीमारी।

(ख) **प्रत्यययुक्त शब्द के साथ प्रत्यय योग :** किसी मूल शब्द में पहले से ही प्रत्यय लगा हो, फिर भी उसमें और प्रत्यय जोड़े जा सकते हैं, जैसे—भारतीय (भारत + ीय) + ता = भारतीयता, ईमानदार (ईमान + दार) + ी = ईमानदारी। यहाँ पर ध्यान रखने वाली बात है कि जिस प्रत्यययुक्त शब्द में नया प्रत्यय जोड़ा जा रहा है, उसमें से प्रत्यय हटा दिया जाए तो प्राप्त मूल शब्द में नए प्रत्यय को नहीं जोड़ा जा सकता। उदाहरण के लिए 'भारतीय' शब्द में से 'ईय' प्रत्यय को हटा देने पर 'भारत' मूल शब्द बचता है। अब इसमें 'ता' प्रत्यय जोड़कर 'भारतता' शब्द का निर्माण नहीं किया जा सकता।

(ग) **उपसर्गयुक्त शब्द के साथ प्रत्यय योग :** पहले से ही उपसर्ग जुड़े हुए किसी शब्द में प्रत्यय जोड़कर नया शब्द निर्मित या व्युत्पादित किया जा सकता है, जैसे—विभाग (वि + भाग) + ीय = विभागीय, उपकार (उप + कार) + ी = उपकारी। प्रत्यय की तरह इसमें भी उपसर्ग हटा दिया जाए तो प्राप्त मूल शब्द में नए प्रत्यय को नहीं जोड़ा जा सकता, जैसे—'भाग + ीय' से 'भागीय' शब्द नहीं बनाया जा सकता, क्योंकि यह हिंदी का कोई शब्द नहीं है। यदि उपसर्ग के पूर्व कोई उपसर्ग आया हो तो शब्द की प्रकृति न बदलने पर प्रत्यय जोड़ा जा सकता है, जैसे—'विभाग' शब्द में एक और उपसर्ग 'उप' को जोड़कर 'उपविभाग' शब्द बनता है। चूँकि 'विभाग' और 'उपविभाग' समान प्रकृति के शब्द हैं, इसलिए 'उपविभाग' से 'उपविभागीय' शब्द भी निर्मित किया जा सकता है।

(घ) **उपसर्ग और प्रत्यययुक्त शब्द के साथ प्रत्यय योग :** ऐसा शब्द जिसमें पहले से ही उपसर्ग और प्रत्यय जुड़े हुए हों, एक और प्रत्यय जोड़कर नया शब्द निर्मित या व्युत्पादित किया जा सकता है, जैसे—अनुकरणीय (अनु + करण + ीय) + ता = अनुकरणीयता।

(ङ) **सामासिक शब्द के साथ प्रत्यय योग :** सामासिक शब्दों के साथ भी प्रत्यय जोड़े जाते हैं, जैसे—राजदरबार (राज + दरबार) + ई = राजदरबारी, चंद्रमुख (चंद्र + मुख) + ई = चंद्रमुखी। सामान्यतः

प्रत्यय का संबंध सामासिक शब्द के दूसरे भाग से होता है। यदि कोई प्रत्यय सामासिक शब्द के साथ जुड़ता है, तो केवल उसके दूसरे भाग से भी जुड़ सकता है, जैसे—दरबारी; किंतु सदैव ऐसा नहीं होता, जैसे—'मुखी' शब्द का अकेले प्रयोग नहीं होता। इसी प्रकार कभी-कभी प्रत्यययुक्त शब्द के साथ ही समासीकरण होता है, जैसे—नाग + पंचमी = नागपंचमी। इसका दूसरा शब्द 'पंचम + ई' प्रत्यययुक्त है। इसमें लगे प्रत्यय 'ई' को हटा देने पर 'नागपंचम' बनता है, जो व्यावहारिक शब्द नहीं है।

(च) पुनरुक्त शब्द के साथ प्रत्यय योग : पुनरुक्त शब्दों के साथ भी प्रत्यय जोड़े जाते हैं। इनमें कभी प्रत्यय दोनों शब्दों के साथ लगते हैं, तो कभी केवल एक शब्द के साथ, जैसे—'देश-विदेश' पुनरुक्त शब्द के दोनों घटक शब्दों के 'ी' प्रत्यय जोड़कर 'देशी-विदेशी' शब्द निर्मित किया जा सकता है। ध्वन्यात्मक दृष्टि से पुनरुक्त शब्दों के साथ व्युत्पादक प्रत्यय नहीं लगते हैं।

7.2.3 प्रत्यय का स्थान

किसी भी मूल शब्द के साथ एक से अधिक प्रत्यय जुड़ सकते हैं, जैसा कि ऊपर बताया गया है कि उपसर्ग मुख्यतः दो स्थान तक जुड़ सकते हैं, प्रत्यय मूल शब्द के बाद मुख्यतः चार स्थान तक जुड़ सकते हैं। इसके संदर्भ में भी यह बात लागू होती है कि जो प्रत्यय किसी प्रत्यय के बाद आते हैं, वे पहले से जुड़े हुए प्रत्यय को हटा देने पर जोड़े नहीं जा सकते। उदाहरण के लिए 'लेख + अक = लेखक' में 'ईय' जोड़कर 'लेखकीय' बनाया जाता है। इसमें से 'अक' हटा देने पर बनने वाला 'लेखीय' शब्द हिंदी का कोई व्यावहारिक शब्द नहीं है। प्रत्यय स्थान की दृष्टि से प्रत्यय योजन को निम्नलिखित स्तरों पर देखा जा सकता है—

(क) प्रथम पश्च स्थान : किसी मूल शब्द या उपसर्गयुक्त शब्द के तुरंत बाद प्रयुक्त होने का स्थान प्रथम पश्च स्थान है। इस स्थान पर प्रत्ययों को जोड़कर सर्वाधिक शब्दों का निर्माण किया जाता है, जैसे—गर्म + ी = गर्मी, लेख + अक = लेखक, भारत + ीय = भारतीय, मानव + ता = मानवता आदि।

(ख) द्वितीय पश्च स्थान : किसी मूल शब्द या उपसर्गयुक्त शब्द के बाद एक प्रत्यय लग जाने के बाद प्रयुक्त होने का स्थान द्वितीय पश्च स्थान है, जैसे—वंदन (वंद + न) से वंदनीय, भारतीय (भारत + ीय) से भारतीयता आदि।

(ग) **तृतीय पश्च स्थान :** किसी मूल शब्द या उपसर्गयुक्त शब्द के बाद दो प्रत्यय लग जाने के बाद प्रयुक्त होने का स्थान तृतीय पश्च स्थान है, जैसे—भारतीयता (भारत + ीय + ता) से भारतीयतावाद।

(घ) **चतुर्थ पश्च स्थान :** किसी मूल शब्द या उपसर्गयुक्त शब्द के बाद तीन प्रत्यय लग जाने के बाद प्रयुक्त होने का स्थान चतुर्थ पश्च स्थान है, जैसे—भारतीयतावाद (भारत + ीय + ता + वाद) से भारतीयतावादी। चार स्थानों तक प्रत्ययों के जुड़ने से बनने वाले शब्द कम ही होते हैं।

(ङ) **पंचम पश्च स्थान :** किसी मूल शब्द या उपसर्गयुक्त शब्द के बाद चार प्रत्यय लग जाने के बाद प्रयुक्त होने का स्थान पंचम पश्च स्थान है। हिंदी में इस प्रकार के शब्द नहीं मिलते हैं। यदि पारिभाषिक शब्दावली में कुछ शब्द निर्मित कर लिए जाएँ तो अलग बात है। इसलिए पाँचवें शब्द तक के नियम बनाए जाने की कोई विशेष आवश्यकता नहीं है।

प्रत्यय में 'मूल शब्द और 'प्रत्यय' के स्थानों को इस प्रकार से देखा जा सकता है—

निर्मित शब्द **मूल शब्द + प्रत्यय-1+प्रत्यय-2+प्रत्यय-3+प्रत्यय-4+प्रत्यय-5**

भारतीयतावादी भारत + ीय + ता + वाद + ी + **

7.3 हिंदी में व्युत्पादक प्रत्यय

हिंदी में व्युत्पादक प्रत्यय मुख्यतः संस्कृत से ही आए हैं, जहाँ इनके दो वर्ग प्राप्त होते हैं—कृत् और तद्धित। इनकी समेकित सूची इस प्रकार है—

7.3.1 कृत् प्रत्यय

वे प्रत्यय जो धातु में जोड़े जाते हैं, **कृत् प्रत्यय** कहलाते हैं। कृत् प्रत्यय से बने शब्द कृदंत (कृत् + अंत) शब्द कहलाते हैं। जैसे—लेख् + अक = लेखक। यहाँ 'अक' कृत् प्रत्यय है, तथा लेखक कृदंत शब्द है। हिंदी में शब्दों के साथ लगने वाले कृत् प्रत्यय निम्नलिखित हैं—

क्रम	प्रत्यय	मूल शब्द\धातु	उदाहरण
1	अक	लेख्, पाठ्, कृ, गै	लेखक, पाठक, कारक, गायक
2	अन	पाल्, सह्, ने, चर्	पालन, सहन, नयन, चरण
3	अना	घट्, तुल्, वंद्, विद्	घटना, तुलना, वंदना, वेदना

4	अनीय	मान्, रम्, दृश्, पूज्, श्रु	माननीय, रमणीय, दर्शनीय, पूजनीय, श्रवणीय
5	आ	भूल, पूज, इष्, भिक्ष्	भूला, पूजा, इच्छा, भिक्षा
6	आई	लड़, सिल, पढ़, चढ़	लड़ाई, सिलाई, पढ़ाई, चढ़ाई
7	आन	उड़, मिल, दौड़	उड़ान, मिलान, दौड़ान
8	इ	हर, गिर, दशरथ	हरि, गिरि, दाशरथि
9	इया	छल, जड़, बढ़, घट	छलिया, जड़िया, बढ़िया, घटिया
10	इत	पठ, व्यथा, फल, पुष्प	पठित, व्यथित, फलित, पुष्पित
11	इत्र	चर्, पो, खन्	चरित्र, पवित्र, खनित्र
12	इयल	अड़, मर, सड़	अड़ियल, मरियल, सड़ियल
13	ई	हँस, बोल, रेत	हँसी, बोली, रेती
14	उक	इच्छ्, भिक्ष्	इच्छुक, भिक्षुक
15	तव्य	कृ, वच्	कर्तव्य, वक्तव्य
16	*ता	आ, जा, बह, मर, गा	आता, जाता, बहता, मरता, गाता
17	ति	अ, प्री, शक्, भज	अति, प्रीति, शक्ति, भक्ति
18	*ते	जा, खा	जाते, खाते
19	त्र	अन्य, सर्व, अस्	अन्यत्र, सर्वत्र, अस्त्र
20	न	क्रंद, वंद, मंद, खिद्, बेल, ले	क्रंदन, वंदन, मंदन, खिन्न, बेलन, लेन
21	ना	पढ़, लिख, बेल, गा	पढ़ना, लिखना, बेलना, गाना
22	म	दा, धा	दाम, धाम
23	य	गद्, पद्, कृ, पंडित, पश्चात्, दंत्, ओष्ठ्	गद्य, पद्य, कृत्य, पांडित्य, पाश्चात्य, दंत्य, ओष्ठ्य
24	या	मृग, विद्	मृगया, विद्या
25	रू	आब	आबरू
26	वाला	देना, आना, पढ़ना	देनेवाला, आनेवाला, पढ़नेवाला
27	ऐया\वैया	रा, बच, डाँट\गा, खा	रौया, बचैया, डटैया, गवैया, खवैया
28	हार	होना, रखना, खेवना	होनहार, राखनहार, खेवनहार

7.3.2 तद्धित प्रत्यय

वे प्रत्यय जो धातु को छोड़कर अन्य शब्दों—संज्ञा, सर्वनाम व विशेषण में जुड़ते हैं, तद्धित प्रत्यय कहलाते हैं। तद्धित प्रत्यय से बने शब्द तद्धितांत शब्द कहलाते हैं। जैसे—सेठ + आनी = सेठानी। यहाँ 'आनी' तद्धित प्रत्यय है तथा 'सेठानी' तद्धितांत शब्द है। हिंदी शब्दों में प्रयुक्त होने वाले तद्धित प्रत्यय निम्नलिखित हैं—

क्रम	प्रत्यय	शब्द	उदाहरण
1	आई	पंडित, ठाकुर, लड़, चतुर, चौड़ा	पंडिताई, ठकुराई, लड़ाई, चतुराई, चौड़ाई
2	आइन	पंडित, ठाकुर	पंडिताइन, ठकुराइन
3	आनी	सेठ, नौकर, मथ	सेठानी, नौकरानी, मथानी
4	आयत	बहुत, पंच, अपना	बहुतायत, पंचायत, अपनायत
5	आर/आरा	लोहा, सोना, दूध, गाँव	लोहार, सुनार, दूधार, गँवार
6	आहट	चिकना, घबरा, चिल्ल, कड़वा	चिकनाहट, घबराहट, चिल्लाहट, कड़वाहट
7	इल	फेन, कूट, तंद्र, जटा, पंक, स्वप्न, धूम	फेनिल, कुटिल, तंद्रिल, जटिल, पंकिल, स्वप्निल, धूमिल
8	इष्ठ	कन्, वर्, गुरु, बल	कनिष्ठ, वरिष्ठ, गरिष्ठ, बलिष्ठ
9	ई	सुंदर, बोल, खेत, ढोलक, तेल, देहात	सुंदरी, बोली, खेती, ढोलकी, तेली, देहाती
10	ईन	ग्राम, कुल	ग्रामीण, कुलीन
11	ईय	भवत्, भारत, पाणिनि, राष्ट्र	भवदीय, भारतीय, पाणिनीय, राष्ट्रीय
12	एय	अतिथि, अत्रि, कुंती, पुरुष, राधा	आतिथेय, आत्रेय, कौंतेय, पौरुषेय, राधेय
13	एल	फुल, नाक	फुलेल, नकेल
14	ऐत	डाका, लाठी	डकैत, लठैत

15	एरा/ऐरा	अंध, साँप, बहुत, मामा, काँसा, लुट	अँधेरा, सँपेरा, बहुतेरा, ममेरा, कसेरा, लुटेरा
16	ओला	खाट, पाट, साँप	खटोला, पटोला, सँपोला
17	औती	बाप, ठाकुर, मान	बपौती, ठकरौती, मनौती
18	औटा	बिल्ला, काजर	बिलौटा, कजरौटा
19	क	धम, चम, बैठ, बाल, दर्श, ढोल	धमक, चमक, बैठक, बालक, दर्शक, ढोलक
20	कर	विशेष, खास	विशेषकर, खासकर
21	का	खट, झट	खटका, झटका
22	जा	भ्राता, दो	भतीजा, दूजा
23	ड़ा, ड़ी	चाम, बाछा, पंख, टाँग	चमड़ा, बछड़ा, पंखड़ी, टँगड़ी
24	त	रंग, संग, खप	रंगत, संगत, खपत
25	तन	अद्य	अद्यतन
26	तर	गुरु, श्रेष्ठ	गुरुतर, श्रेष्ठतर
27	तः	अंश, स्व	अंशतः, स्वतः
28	ती	कम, बढ़, चढ़	कमती, बढ़ती, चढ़ती

(<http://hi.bharatdiscovery.org/india/ से साभार)

डॉ. मुरारी लाल उप्रेती (2009) ने 'हिंदी में प्रत्यय एवं पश्चाश्रयी विचार' में प्रत्ययों को 'परप्रत्यय' नाम देते हुए कहा है, ''हिंदी में परप्रत्ययों का व्यवहार संज्ञा, सर्वनाम, विशेषण, क्रिया-विशेषण प्रातिपदकों तथा धातुओं के पश्चात् होता है तथा इनके योग से अनेक प्रकार के संज्ञा, विशेषण, क्रिया-विशेषण-प्रातिपादिक तथा धातुरूप व्युत्पन्न होते हैं।'' आपके द्वारा संस्कृत परप्रत्ययों को छोड़कर अन्य सभी पर विचार किया गया है। विभिन्न शब्दभेदों के आधार पर विभाजित करते हुए आपने निम्नलिखित उपशीर्षकों के अंतर्गत परप्रत्ययों की चर्चा की है—

(क) संज्ञा—प्रातिपदिक—व्युत्पादक परप्रत्यय

(ख) सर्वनाम—प्रातिपदिक—व्युत्पादक परप्रत्यय

(ग) विशेषण—प्रातिपदिक—व्युत्पादक परप्रत्यय
(घ) धातु—व्युत्पादक परप्रत्यय
(ङ) क्रिया-विशेषण—व्युत्पादक परप्रत्यय

आगे उप्रेती (2009) द्वारा '-नामा, -दार, -पन, -बाज़, -मंद, -वर, -वार' परप्रत्ययों पर विचार करते हुए इन्हें तिर्यक शब्दों के साथ प्रयुक्त होने की बात की गई है, जैसे—किराया से किराएनामा, दाना से दानेदार, काला से कालेपन, बहाना से बहानेबाज, फायदा से फायदेमंद, गुस्सा से गुस्सेवर, जिम्मा से जिम्मेवार आदि। आगे आपने 'आबाद, इस्तान, खाना, गाह, गुना, चंद, जी, नवीस परस्त, पोश, बंद, राम, साज' के बारे में कहा है कि इन्हें परप्रत्यय माने जाने की संभावना है, परंतु वैज्ञानिक दृष्टि से ये परप्रत्यय नहीं कहे जा सकते। ये वास्तव में स्वतंत्र रूप हैं। इसे विस्तार से 'हिंदी में प्रत्यय एवं पश्चाश्रयी विचार' में देखा जा सकता है।

7.4 प्रत्यय योजन का तकनीकी पक्ष

उपसर्ग योजन की तरह प्रत्यय योजन द्वारा भी हजारों शब्दों का निर्माण किया जाता है। संस्कृत में तो शब्द निर्माण की दृष्टि से धातु, प्रातिपदिक और प्रत्यय तीन ही मूल अवधारणाएँ हैं। धातुओं में प्रत्यय जोड़कर प्रातिपदिकों का निर्माण किया जाता है। हिंदी में भी प्रत्ययों के योग द्वारा भिन्न-भिन्न अर्थ वाले शब्द निर्मित होते हैं। तकनीकी शब्दावली के निर्माण में प्रत्यय योजन का बहुत अधिक महत्त्व है। व्युत्पादन अथवा उपसर्ग और प्रत्यय योजन मशीन द्वारा किया जाना आज की आवश्यकता है। किंतु यह कार्य बहुत कठिन है। कोई भी भाषा से संबद्ध व्यक्ति केवल इसी क्षेत्र में विशेषज्ञता प्राप्त कर सकता है। यह एक गूढ़ किंतु रचनात्मक क्षेत्र है। प्रत्ययों के योजन और प्रयोग में बहुत अधिक विविधता है।

उपसर्गों की तरह प्रत्ययों के योग के लिए भी प्रत्यय का अर्थ और प्रकृति तथा जुड़ने वाले शब्द का अर्थ और प्रकृति सभी महत्त्वपूर्ण होते हैं। कभी-कभी वैशिष्ट्य भी देखने को प्राप्त होता है। उदाहरण के लिए सभी देशों के नामों को विशेषण में परिवर्तित करने के लिए 'ई' प्रत्यय का प्रयोग होता है, जैसे—पाकिस्तानी, नेपाली, चीनी, जापानी, अमेरिकी, अफ्रीकी आदि, किंतु 'भारत' शब्द के साथ 'ईय' प्रत्यय का प्रयोग किया जाता है, और भारतीय शब्द का निर्माण किया जाता है। अब इसके कारणों की खोज करना अपने आप में एक महत्त्वपूर्ण कार्य है। मुझे लगता है कि चूँकि 'भारती' शब्द एक उपनाम के रूप में पहले से चला आ रहा था, इसलिए उससे अलगाने के लिए 'ईय' प्रत्यय जोड़ा गया हो। इसका एक

उदाहरण और देखा जा सकता है। भाषाविज्ञान के क्षेत्र में अंग्रेजी शब्द 'Semantic' के लिए पहले 'अर्थ' में 'इक' प्रत्यय जोड़कर बनने वाले 'आर्थिक' शब्द का उपयोग आरंभ किया गया। किंतु चूँकि इस शब्द का 'Financial' के लिए पहले से ही प्रयोग किया जा रहा है, इसलिए संदिग्धार्थकता (Ambiguity) से बचने के लिए 'आर्थी' शब्द रख लिया गया। इसलिए उपसर्ग और प्रत्यय योजन संबंधी नियमों को मशीन में स्थापित करने से पहले इन बारीकियों को भी समझने की आवश्यकता होगी।

एकाधिक प्रत्यय प्रयोग की स्थिति में भी शब्द का आर्थी स्वरूप महत्त्वपूर्ण होता है, किंतु फिर भी देखा जा सकता है कि जो दो प्रत्यय एक साथ आते हैं, वे अधिकांश शब्दों में समान व्यवहार करते हैं, जैसे—'वाद' के बाद 'ई' प्रत्यय का प्रयोग अधिकांश शब्दों के साथ किया जा सकता है, जैसे—समाजवादी, व्यवहारवादी, मनोवादी, प्रयोगवादी, राष्ट्रवादी, भारतीयतावादी, भौतिकवादी आदि।

इसी प्रकार 'इक' और 'ईय' प्रत्ययों के बाद 'ता' का प्रयोग अधिकांश स्थितियों में किया जा सकता है, जैसे—सामाजिकता, भौतिकता, ऐहिकता, प्रायोगिकता, प्राथमिकता, वैज्ञानिकता; विश्वसनीयता, राष्ट्रीयता, भारतीयता, मानवीयता आदि।

अत: एकाधिक प्रत्यय प्रयोग संबंधी नियम देना उपसर्गों की तुलना में अधिक सरल है। किंतु ऐसा सभी शब्दों के साथ होना आवश्यक नहीं है, जैसे—'दयनीय' से 'दयनीयता' शब्द का निर्माण नहीं किया जा सकता। इसलिए मशीन में इनके प्रयोग के नियम पहले तार्किक रूप से बनाए जाने चाहिए, तभी इनका तकनीकी अनुप्रयोग किया जा सकता है।

हिंदी और अरबी/फ़ारसी में प्रत्यय योग की प्रक्रिया लगभग समान होती है। जिस प्रकार हिंदी मूल शब्दों में प्रत्यय जोड़कर नए शब्द गठित किए जाते हैं, उसी प्रकार अरबी/फ़ारसी में भी प्रत्ययों को जोड़कर नए शब्दों का निर्माण किया जाता है। उदाहरण के लिए हिंदी में 'सुगंध' में 'इत' प्रत्यय जोड़कर 'सुगंधित' शब्द का निर्माण किया जाता है, तो अरबी/फ़ारसी में 'खुश्बू' में 'दार' प्रत्यय के योग से 'खुश्बूदार' शब्द बनता है। इसी प्रकार हिंदी में 'व्यक्ति' में 'त्व' प्रत्यय जोड़कर 'व्यक्तित्व' शब्द का निर्माण किया जाता है, तो अरबी/फ़ारसी में 'शख्स' में 'इयत' प्रत्यय के योग से 'शख्सियत' शब्द बनता है। किंतु कुछ शब्दों के साथ ऐसा नहीं होता। उदाहरण के लिए हिंदी के 'महत्त्व' के लिए अरबी/फ़ारसी में 'अहमियत' शब्द का प्रयोग किया जाता है, किंतु जब हिंदी में 'महत्त्व' शब्द में 'पूर्ण' जोड़कर 'महत्त्वपूर्ण' का निर्माण किया जाता है, तो अरबी/फ़ारसी में 'अहमियत' में से 'इयत' प्रत्यय हटाकर केवल 'अहम' रखा जाता है, जो 'महत्त्वपूर्ण'

के समान अर्थ देता है। ऐसे कुछ दूसरे शब्द भी प्राप्त होते हैं। इसे टेबल में इस प्रकार देख सकते हैं—

क्र.सं.	हिंदी शब्द	अरबी/फ़ारसी समतुल्य शब्द	स्थिति
1.1	सुगंध सुगंधित	खुश्बू खुश्बूदार	समान
2.1	व्यक्ति व्यक्तित्व	शख्स शख्सियत	समान
3.1	महत्त्व महत्त्वपूर्ण	अहमियत अहम	विपरीत
4.1	स्वस्थ स्वास्थ्य	सेहतमंद सेहत	विपरीत

अत: यदि रूपनिर्माण संबंधी स्वचलित प्रणाली का निर्माण किया जा रहा हो तो आगत शब्दों की रूपरचना में होने वाली हिंदी की समान और असमान प्रक्रियाओं का स्पष्ट विश्लेषण अनिवार्य है। तभी मशीन के माध्यम से सटीक शब्दों का निर्माण कराया जा सकता है।

8
व्युत्पादन (शब्दसाधन) 3 : संधि
(Derivation 3 : Sandhi)

हिंदी में शब्द-निर्माण की तकनीकों में 'संधि' भी एक महत्त्वपूर्ण प्रक्रिया है। संधि मूलत: संस्कृत की प्रक्रिया रही है, किंतु हिंदी में भी संधि की अपनी विशिष्ट स्थिति है। इसका कारण है—हिंदी में पर्याप्त मात्रा में संधिकृत शब्दों का होना। 'संधि' समास की तरह ही शब्दों को जोड़ने की प्रक्रिया है। 'समास' दो या दो से अधिक स्वतंत्र शब्दों को जोड़कर नया स्वतंत्र शब्द बनाने की विधि है, जिसकी विस्तृत चर्चा अगले अध्याय में की जाएगी। संधि में दो शब्द जोड़े जाते हैं, और प्राय: जोड़ने की इस प्रक्रिया में दोनों शब्दों के बीच कुछ ध्वन्यात्मक परिवर्तन भी होते हैं। शब्दों में होने वाले इन्हीं परिवर्तनों की विभिन्न संधियों के रूप में व्याख्या की जाती है। आगे संधि पर विस्तृत चर्चा की जा रही है।

8.1 संधि : स्वरूप

जब दो या अधिक शब्दों को मिलाने पर उनमें ध्वन्यात्मक योग और प्राय: कुछ ध्वन्यात्मक परिवर्तन भी होता है तो इसे 'संधि' (**Sandhi**) कहते हैं। यह परिवर्तन सामान्यत: प्रथम शब्द के अंतिम वर्ण और द्वितीय शब्द के प्रथम वर्ण में होता है। वैसे इसके कुछ अपवाद (जैसे—घुड़दौड़) भी हैं। कामता प्रसाद गुरु (1920) ने इसे परिभाषित करते हुए कहा है, "दो निर्दिष्ट अक्षरों के पास-पास आने के कारण उनके मेल से जो विकार होता है, उसे संधि कहते हैं।" 'समास' द्वारा भी दो शब्दों को जोड़कर नए शब्द का निर्माण किया जाता है; किंतु इसमें शब्दों में ध्वन्यात्मक योग विवेच्य नहीं होता, जबकि संधि में होता है। इस ओर संकेत करते हुए गुरु (1920) ने कहा है, "संधि और संयोग में यह अंतर है कि संयोग में अक्षर जैसे-के-तैसे रहते हैं, परंतु संधि में उच्चारण के नियमानुसार दो अक्षरों के मेल में उनकी जगह कोई भिन्न अक्षर हो जाता है।" इस प्रकार देखा जाए तो संधि शब्द-योजन की एक महत्त्वपूर्ण प्रक्रिया है।

प्रत्येक भाषा में संधि की विशेष स्थिति होती है। हिंदी का विकास संस्कृत से हुआ है, इसलिए हिंदी ने संस्कृत की संधि व्यवस्था को आत्मसात् किया है। हिंदी में पर्याप्त

संख्या में संधिकृत शब्द भी हैं। अत: उन्हें समझने-समझाने के लिए संधि की व्याख्या की आवश्यकता पड़ती है। गुरु (1920) द्वारा संधि के संदर्भ में किए गए विवेचन के आधार पर आगे इसके स्वरूप और प्रकारों की विस्तृत चर्चा की जा रही है।

8.2 संधि के प्रकार

संधि तीन प्रकार की होती है—

8.2.1 स्वर संधि :

जब ऐसे दो शब्दों को जोड़ा जाता है, जिनमें प्रथम शब्द का अंतिम स्वन (ध्वनि) और दूसरे शब्द का प्रथम स्वन दोनों स्वर हों, तो उनमें होने वाले स्वन-परिवर्तन को स्वर संधि कहते हैं। इसके पाँच प्रकार हैं—

(क) दीर्घ संधि : जब दो एक प्रकार के (सजातीय) स्वर एक साथ आते हैं, तो दोनों के बदले सवर्ण दीर्घ स्वर का प्रयोग होता है। इसे दीर्घ संधि कहते हैं। समान प्रकार के स्वरों के आधार पर इसके निम्नलिखित भेद किए जा सकते हैं—

- **अ और आ की संधि में 'आ'**
  परम + अर्थ = परमार्थ (अ + अ = आ)
  शिव + आलय = शिवालय (अ + आ = आ)
  विद्या + आलय = विद्यालय (आ +आ = आ)
- **इ और ई की संधि में 'ई'**
  गिरि + ईश = गिरीश (इ + ई = ई)
  देवी + इच्छा = देवीच्छा (ई + इ = ई)
- **उ और ऊ की संधि में 'ऊ'**
  भानु + उदय = भानूदय (उ + ऊ = ऊ)
  भू + उद्धार = भूद्धार (ऊ + उ = ऊ)
- **ऋ और ऋ की संधि में 'ऋ'**

हिंदी में ऐसा कोई शब्द नहीं आया है। कुछ विद्वानों द्वारा 'मातृण' की बात की गई है।

(ख) गुण संधि : 'अ तथा आ' के बाद 'इ तथा ई' आने पर 'ए' हो जाना; 'उ तथा ऊ' के आने पर 'ओ' हो जाना और 'ऋ' के आने पर 'अर्' हो जाना गुण संधि है, जैसे—

- **'अ तथा आ' के बाद 'इ तथा ई' आने पर 'ए'**
  सुर + ईश = सुरेश (अ + ई = ए)
  महा + ईश = महेश (आ + ई = ए)

- **'अ तथा आ' के बाद 'उ तथा ऊ' आने पर 'ओ'**
  सूर्य + उदय = सूर्योदय (अ + उ = ओ)
  महा + उत्सव = महोत्सव (आ + उ = ओ)
- **'अ तथा आ' के बाद 'ऋ' आने पर 'अर्'**
  सप्त + ऋषि = सप्तर्षि (अ + ऋ = अर्)

(**नोट :** इनके कुछ अपवाद भी पाए जाते हैं, जैसे—प्र + ऊढ़ = प्रौढ़ आदि।)

(ग) वृद्धि संधि : 'अ तथा आ' के बाद ए तथा ऐ आने पर दोनों को मिलाकर 'ऐ' हो जाता है, और ओ तथा औ के आने पर 'औ' हो जाता है। इसे वृद्धि संधि कहते है, जैसे—

मत + ऐक्य = मतैक्य (अ + ऐ = ऐ)
परम + औषध = परमौषध (अ + औ = औ)

(**नोट :** इसके भी कुछ अपवाद पाए जाते हैं, जैसे—बिंब+ओष्ठ = बिंबोष्ठ आदि।)

(घ) यण संधि : 'इ तथा ई' के बाद कोई असमान (विजातीय) स्वर आने पर इनकी जगह 'य्' हो जाना; 'उ तथा ऊ' के बाद कोई असमान (विजातीय) स्वर आने पर इनकी जगह 'व्' हो जाना और 'ऋ' के बाद कोई असमान (विजातीय) स्वर आने पर इसकी जगह 'र्' हो जाना, यण संधि है, जैसे—

इति + आदि = इत्यादि (इ + आ = या)
सु + आगत = स्वागत (उ + आ = वा)
मातृ + आनंद = मात्रानंद (ऋ + आ = रा)

इसी प्रकार 'ए तथा ऐ' के बाद कोई असमान (विजातीय) स्वर आने पर 'अय्' एवं 'आय्' हो जाता है, और 'ओ तथा औ' के बाद कोई असमान (विजातीय) स्वर आने पर 'अव्' एवं 'आव्' हो जाता है, जैसे—

ने + अन = नयन (ए + अ = अय्)
पो + अन = पवन (ओ + अ = अव्)

8.2.2 व्यंजन संधि :

दो व्यंजन ध्वनियों के मिलने पर होने वाले ध्वन्यात्मक परिवर्तन को व्यंजन संधि कहते हैं। इसमें मुख्यत: 12 प्रकार के परिवर्तन होते हैं, जैसे—घोषीकरण (पंचमाक्षरों में प्रथम वर्ण की जगह तृतीय वर्ण), नासिक्यीकरण (वर्गीय व्यंजनों में प्रथम वर्ण की जगह पंचम वर्ण) आदि। इसमें निम्नलिखित प्रकार के परिवर्तन आते हैं—

(क) पंचमाक्षरों (क्, च्, ट्, प्) के आगे अनुनासिक के अलावा कोई घोष ध्वनि आने पर प्रथम वर्ण की जगह तृतीय वर्ण (ग्, ड्, ब्) हो जाता है, जैसे—

वाक् + ईश = वागीश

(ख) वर्गीय व्यंजनों में प्रथम वर्ण के बाद कोई अनुनासिक व्यंजन के आने पर प्रथम वर्ण की जगह उसी वर्ग का पंचम वर्ण आ जाता है, जैसे—
वाक् + मय = वाङ्मय

(ग) 'त' के बाद किसी स्वर के आने पर या 'ग्, घ्, द्, ब्, भ्, य्, र्, व्' आए तो 'त्' की जगह 'द्' हो जाता है, जैसे—
सत् + बुद्धि = सद्बुद्धि

(घ) 'त् या द्' के आगे 'च् या छ्' आने पर इनके स्थान पर 'च्'; 'ज् या झ्' आने पर 'ज्'; 'ट् या ठ्' आने पर 'ट्'; 'ड् या ढ्' आने पर 'ड्'; और 'ल्' के आने पर 'ल्' हो जाता है, जैसे—
सत् + जन = सज्जन

(ङ) 'त् या द्' के आगे 'श्' आने पर इन दोनों के स्थान पर 'च्' और 'श्' के स्थान पर 'छ्' हो जाता है। 'त् या द्' के आगे 'ह्' आने पर इनके स्थान पर 'द्' और 'ह्' के स्थान पर 'ध्' हो जाता है, जैसे—
उत् + हार = उद्धार

(च) 'छ्' के पहले स्वर आने पर 'छ्' की जगह 'च्छ्' हो जाता है, जैसे—
परि + छेद = परिच्छेद

(छ) 'म्' के आगे स्पर्श वर्ण आने पर 'म्' की जगह अनुस्वार या उसी वर्ग का पंचमाक्षर आ जाता है, जैसे—
सम् + कल्प = संकल्प

(ज) 'म्' के आगे अंतस्थ या उष्म वर्ण आने पर 'म्' की जगह अनुस्वार हो जाता है, जैसे—
सम् + हार = संहार

(झ) 'ऋ, र् और ष्' के आगे 'न्' आने पर (बीच में स्वर, कवर्ग, पवर्ग, अनुस्वार, य्, व्, ह् आए तो) 'न्' का 'ण्' हो जाता है, जैसे—
भर् + अन = भरण

(ञ) यदि 'स्' के पूर्व 'अ, आ' के अलावा कोई स्वर आए तो 'स्' की जगह 'ष्' हो जाता है, जैसे—
वि + सम = विषम
(**नोट:** कुछ स्थितियों में यह नहीं होता, जैसे—अनु + सरण = अनुसरण)

(ट) यौगिक शब्दों में प्रथम शब्द के अंत में 'न्' आने पर उसका लोप हो जाता है, जैसे—
राजन् + आज्ञा = राजाज्ञा।
(**नोट :** 'अहन' शब्द इसका अपवाद है।)

8.2.3 विसर्ग संधि :

विसर्ग के बाद विभिन्न प्रकार की ध्वनियों के आने से होने वाले वर्ण परिवर्तन को विसर्ग संधि कहते हैं। इसमें सात प्रकार के परिवर्तन होते हैं, जैसे—विसर्ग के बाद 'अ' का 'ओ' में परिवर्तन (मन: + बल → मनोबल), 'र' में परिवर्तन (जैसे—दु: + उपयोग → दुरुपयोग) आदि। इन्हें आगे देखा जा सकता है—

(क) यदि विसर्ग के आगे 'च् या छ्' आए तो 'विसर्ग' की जगह 'श्' हो जाता है; 'ट् या ठ्' आए तो 'विसर्ग' की जगह 'ष्' हो जाता है; 'त् या थ्' आए तो 'विसर्ग' की जगह 'स्' हो जाता है, जैसे—
नि: + चल = निश्चल
मन: + ताप = मनोताप

(ख) विसर्ग के बाद 'श्, ष् या स्' आए तो 'विसर्ग' में कोई परिवर्तन नहीं होता, या फिर 'श्, ष् या स्' में से जो वर्ण होता है, उसकी द्विरुक्ति हो जाती है, जैसे—
दु: + शासन = दु:शासन अथवा दुश्शासन
नि: + संदेह = नि:संदेह या निस्संदेह

(ग) विसर्ग के आगे 'क्, ख्' या 'प्, फ्' के आने पर 'विसर्ग' में कोई परिवर्तन नहीं होता है, जैसे—
रज: + कण = रज:कण

नोट : (1) किंतु यदि विसर्ग के पहले 'ई या उ' हो तो क्, ख् अथवा प्, फ् विसर्ग की जगह 'ष्' होता है, जैसे—
नि: + कपट = निष्कपट
दु: + कर्म = दुष्कर्म
(दु: + ख = दु:ख, इसका अपवाद है।)
(2) कुछ शब्दों में विसर्ग की जगह 'स्' का प्रयोग होता है, जैसे—
नम: + कार = नमस्कार
भा: + कर = भास्कर

(घ) यदि विसर्ग के पहले 'अ' आए और आगे घोष व्यंजन हो तो 'अ' एवं 'विसर्ग' की जगह 'ओ' हो जाता है, जैसे—
अध: + गति = अधोगति
मन: + योग = मनोयोग

नोट : यदि विसर्ग के पहले 'अ' हो और बाद में भी 'अ' हो तो 'ओ' के बाद दूसरे 'अ' का लोप होकर लुप्त अकार 'ऽ' आ जाता है, जैसे—
प्रथम: + अध्याय = प्रथमोऽध्याय

(ङ) यदि विसर्ग के पूर्व 'अ, आ' के अलावा कोई और स्वर आए, तथा आगे कोई घोष वर्ण आए, तो विसर्ग की जगह 'र्' हो जाता है, जैसे—
नि: + आशा = निराशा
दु: + उपयोग = दुरुपयोग

(च) 'अ' से आरंभ होने वाले शब्द के अंत में विसर्ग हो और बाद में 'अ' के अलावा कोई और स्वर हो, तो विसर्ग का लोप हो जाता है, जैसे—
अत: + एव = अतएव

(छ) संस्कृत में अंत्य 'स्' की जगह 'विसर्ग' का प्रयोग किया जाया है। इसलिए विसर्ग संबंधी नियम अंत्य 'स्' के लिए भी लागू होते हैं, जैसे—
अधस् + गति = अध: + गति = अधोगति
यशस् + दा = यश: + दा = यशोदा

(ज) संस्कृत में अंत्य 'र्' की जगह भी 'विसर्ग' प्रयुक्त होता है। 'र्' के बाद अघोष वर्ण आने पर 'विसर्ग' में और घोष वर्ण आने पर 'र्' में कोई परिवर्तन नहीं होता, जैसे—
अंतर + करण = अंत:करण
पुनर + उक्ति = पुनरुक्ति

(**नोट** : प्रस्तुत विवेचन में संधि के प्रकारों की विस्तृत चर्चा न करते हुए केवल संक्षिप्त परिचय दिया गया है, क्योंकि यह हिंदी व्याकरण की अन्य पुस्तकों में उपलब्ध है। इच्छुक पाठक इसका अन्य पारंपरिक व्याकरणों में अध्ययन कर सकते हैं।

8.3 संधिकरण का तकनीकी पक्ष

संस्कृत में संधि का सूक्ष्म और विस्तृत विवेचन किया गया है। संस्कृत से विकसित होने के कारण हिंदी की संधि व्यवस्था भी लगभग उसी प्रकार की है। कम-से-कम तत्सम शब्दों के मामले में तो यह स्थिति पूर्णत: सत्य है। अत: तत्सम शब्दों की रचना समझने-समझाने के लिए संधि का ज्ञान आवश्यक है। हिंदी शब्दों के बीच संधि भी अध्ययन का एक महत्त्वपूर्ण बिंदु है। हमें यह जानना है कि हिंदी की संधि व्यवस्था कैसे कार्य करती है और कंप्यूटर पर इसका अनुप्रयोग कैसे किया जा सकता है। इसलिए हिंदी की संसाधन प्रणालियों में संधि संबंधी मॉड्यूल का प्रयोग किया जा सकता है। इसलिए 'संधि विश्लेषक' (Sandhi Analyzer) बनाया जा सकता है, जो शब्द स्तर पर प्राकृतिक भाषा संसाधन (NLP) और प्राकृतिक भाषा बोधन (NLU) की दृष्टि से उपयोगी होगा। भाषा प्रजनन की दृष्टि से संधि सर्जक (Sandhi Generator) का भी निर्माण किया जा सकता है। हिंदी में तकनीकी अथवा पारिभाषिक शब्दावली के निर्माण में इसकी प्रत्यक्ष उपयोगिता हो सकती है।

9

व्युत्पादन (शब्दसाधन) 4 : समास

(Derivation 4 : Compound)

हिंदी में अनेक ऐसे शब्द पाए जाते हैं, जो दो शब्दों से मिलकर बने होते हैं। इसके अलावा आवश्यकतानुसार अनेक ऐसे शब्द निरंतर निर्मित किए भी जा रहे हैं। दो (या अधिक) शब्दों को मिलाकर नया शब्द सृजित करने की प्रक्रिया को समास नाम दिया गया है। अत: दो शब्दों के मिलने से बने शब्दों की आंतरिक संरचना को समझने तथा दो शब्दों को मिलाकर एक नए शब्द को निर्मित करने की प्रक्रिया को समझने के लिए समास के स्वरूप और इसके प्रकारों पर चर्चा अपेक्षित है।

9.1 समास : स्वरूप

दो या दो से अधिक शब्दों को जोड़कर एक नया शब्द बनाने की प्रक्रिया **समास** है। कामता प्रसाद गुरु (1920) ने इसे परिभाषित करते हुए कहा है, "दो या अधिक शब्दों का परस्पर संबंध बताने वाले शब्दों अथवा प्रत्ययों का लोप होने पर, उन दो या अधिक शब्दों से जो एक स्वतंत्र शब्द बनता है, उस शब्द को सामासिक शब्द कहते हैं और उन दो या अधिक शब्दों का जो संयोग होता है, वह समास कहलाता है। उदा.—प्रेमसागर अर्थात् प्रेम का समुद्र। नए शब्दों के निर्माण में उपसर्ग और प्रत्यय योग के अलावा समास और संधि जैसी विधियों का भी महत्त्वपूर्ण स्थान है। 'समास' द्वारा नए शब्द को बनाने की प्रक्रिया समासीकरण कहलाती है। समास का अर्थ है—'संक्षिप्तीकरण'। एक से अधिक शब्दों को आपस में जोड़कर या मिलाकर नए शब्द की निर्मिति को **समास** (Compounding) कहते हैं और इस प्रकार से बने हुए शब्द को सामासिक शब्द कहते हैं।

संस्कृत व्याकरण की दृष्टि से इसे परिभाषित करते हुए आचार्य परमानंद प्रभाकर (2007) ने मानक संस्कृत व्याकरण में कहा है—"अनेकाषाम् पदानाम् एकपदीभवनम् समास: ।...व्याकरण में जब कई पद अपनी विभक्तियों को छोड़कर आपस में मिलकर एक पद बन जाते हैं तो उसे समास कहते हैं।" आगे आपने

व्याख्या करते हुए बताया है कि वाक्य रूप में फैले विभक्तियुक्त शब्दों को व्यास वाक्य या विग्रह वाक्य कहा जाता है और सिमटे हुए पदों को समस्तपद।

समास दो शब्दों को जोड़ने की विधि है। जब ये दो शब्द जुड़ते हैं तो उनके बीच आर्थी और रचनात्मक एकात्मकीकरण होता है। समास उन शब्दों के बीच होता है जो स्वयं में समर्थ होते हैं। अर्थात् अपना अर्थ अंत:केंद्रिक संरचना के रूप में पूरी तरह व्यक्त करने में सक्षम होते हैं। बहुव्रीहि में भी केंद्र बाहर प्रतीत होते हुए भी अंदर ही होता है, जैसे—'पीतांबर' शब्द से राम का अर्थ भारतीय परंपरा के अनुसार अंत:केंद्रिक है। सामासिक शब्दों के घटक शब्दों को अलग-अलग करके इस संबंध को देखा जा सकता है, जिसे 'विग्रह' कहते हैं। गुरु (1920) ने इस पर प्रकाश डालते हुए कहा है, "सामासिक शब्दों का संबंध व्यक्त कर दिखाने के रीति को विग्रह कहते हैं। 'धनसंपन्न' समास का विग्रह 'धन से संपन्न' है, जिससे जान पड़ता है कि 'धन' और 'संपन्न' शब्द करण कारक से संबद्ध हैं।" अत: दूसरे शब्दों में कहा जा सकता है, "किसी सामासिक शब्द का खंडन करके उसमें आए शब्दों को प्राप्त करना 'समास-विग्रह' है।" सामासिक शब्द के निर्माण में जो शब्द प्रयुक्त होते हैं, उनमें से प्रथम शब्द को पूर्वपद और बाद के शब्द को उत्तरपद कहते हैं।

9.2 समास के प्रकार

हिंदी में समास के पाँच प्रकार हैं। गुरु (1920) के आधार पर आगे इनकी चर्चा की जा रही है—

9.2.1 अव्ययीभाव समास :

वह समास (सामासिक शब्द) जिसमें पहला पद प्रधान होता है और पूरा शब्द क्रिया-विशेषण का कार्य करता है, अव्ययीभाव समास है, जैसे—यथासंभव, प्रतिपल, भरसक आदि।

हिंदी में यथा (अनुसार), आ (तक), प्रति (प्रत्येक), यावत् (तक) तथा वि (बिना) से बनने वाले शब्द अधिकांशत: प्रयुक्त होते हैं, जैसे—यथास्थान, आमरण, प्रतिक्षण आदि। इसके अलावा भाषा के संदर्भ में एक और बात उल्लेखनीय है कि हिंदी में अव्ययीभाव समास से बने संस्कृत के विशुद्ध शब्द कम ही प्रयोग में आते हैं। इसकी जगह और तीन प्रकार के प्रयुक्त होने वाले शब्द निम्नलिखित हैं—

(क) **हिंदी के शब्द :** जैसे—भरदिन, निडर, अनजाने आदि।

(ख) **उर्दू (अरबी/फ़ारसी) के शब्द :** जैसे—हररोज, बेशक, बखूबी आदि।

(ग) **भिन्न-भिन्न भाषाओं के मिश्रित शब्द :** जैसे—हरदिन, बेकाम आदि।

संज्ञाओं और अव्ययों की द्विरुक्ति (पुनरुक्ति) को भी अव्ययीभाव समास माना गया है, जैसे—गाँव-गाँव, सरासर, एकाएक, बराबर, धीरे-धीरे आदि। समास और पुनरुक्ति के संदर्भ में आगे चर्चा की जाएगी।

नोट : 'अक्षि' (आँख) शब्द अव्ययीभाव समास के अंत में 'अक्ष' में बदल जाता है, जैसे—प्रत्यक्ष (आँख के आगे), समक्ष (सामने) आदि।

9.2.2 तत्पुरुष समास :

वह समास (सामासिक शब्द) जिसमें दूसरा पद प्रधान होता है, तत्पुरुष समास कहलाता है। इस समास में पहला शब्द अधिकांशत: संज्ञा या विशेषण होता है और उसके विग्रह में इस शब्द के साथ 'कर्ता और संबोधन' के अलावा सभी कारक संबंध प्राप्त होते हैं। उदाहरण—राजमाता (राजा की माता), स्वर्गदूत (स्वर्ग का/से आया हुआ दूत) आदि।

मुख्य रूप से तत्पुरुष समास के दो भेद किए गए हैं—

(क) व्यधिकरण तत्पुरुष : जिस तत्पुरुष समास के विग्रह में उसके घटक शब्दों में भिन्न-भिन्न विभक्तियाँ लगती हैं, उसे व्यधिकरण तत्पुरुष कहते हैं। मूलत: इसे ही तत्पुरुष समास के नाम से जाना जाता है। इसके कई उपभेद भी प्राप्त होते हैं, जो संबंधित कारक के अनुसार होते हैं। संबंधित कारकों के आधार पर इसके निम्नलिखित उपभेद किए जाते हैं—

- कर्म तत्पुरुष : जैसे—जलपिपासु, आशातीत आदि।
- करण तत्पुरुष : जैसे—जायसीकृत, गुणहीन आदि।
- संप्रदान तत्पुरुष : जैसे—देशभक्ति, रसोईघर आदि।
- अपादान तत्पुरुष : जैसे—जन्मांध, कामचोर आदि।
- संबंध तत्पुरुष : जैसे—शिवालय, बैलगाड़ी आदि।
- अधिकरण तत्पुरुष : जैसे—निशाचर, मनमौजी आदि।

नोट : किसी एक ही शब्द को एकाधिक कारकों से संबद्ध माना जा सकता है। इसलिए उन्हें केवल तत्पुरुष भी कहा जा सकता है।

(ख) समानाधिकरण तत्पुरुष : इसे ही कर्मधारय कहा गया है। इसकी चर्चा आगे की जा रही है।

9.2.3 कर्मधारय समास :

जिस समास के विग्रह में दोनों घटक शब्दों में एक ही विभक्ति पाई जाती है, उसे कर्मधारय समास कहते हैं। इसे तत्पुरुष का एक भेद कहा गया है। इसके दो प्रकार किए गए हैं—

(क) **विशेषतावाचक कर्मधारय समास :** जिस समास से विशेष्य-विशेषण भाव का बोध होता है, उसे विशेषतावाचक कर्मधारय समास कहते हैं। इसके निम्नलिखित सात भेद किए गए हैं—

- विशेषण पूर्वपद : जिसका प्रथम पद विशेषण होता है, जैसे—महाजन, सद्गुण, नीलगाय, जवाँमर्द आदि।
- विशेषणोत्तर पद : जिसका द्वितीय पद विशेषण होता है, जैसे—पुरुषोत्तम, नराधम, मुनिवर, रामदहिन आदि।
- विशेषणोभय पद : जिसके दोनों पद विशेषण होते हैं, जैसे—शीतोष्ण, श्यामसुंदर, लाल-पीला, ऊँच-नीच, सत-सुस्त आदि।
- विशेष्य पूर्वपद : जिसका प्रथम पद विशेष्य होता है, जैसे—धर्मबुद्धि।
- अव्यय पूर्वपद : जिसका प्रथम पद अव्यय होता है, जैसे—दुर्वचन, सुयोग आदि।
- संख्या पूर्वपद : इसे ही '**द्विगु समास**' कहा गया है। इसका पहला पद संख्यावाची शब्द होता है, जैसे—त्रिभुवन, पंचवटी, अष्टाध्यायी, दोपहर, चौमासा, सतसई, चौराहा, दुपट्टा, चहारदिवारी आदि।
- मध्यम पदलोपी : जिसमें पहले पद का दूसरे पद से संबंध बताने वाला शब्द लुप्त होता है, जैसे—पर्णशाला (पर्ण से निर्मित शाला) आदि। इसे लुप्तपद समास भी कहा गया है।

(ख) **उपमावाचक कर्मधारय समास :** वह समास जिससे उपमान-उपमेय का भाव प्रकट होता है, उपमावाचक कर्मधारय समास कहलाता है। इसके चार भेद हैं—

- उपमान पूर्वपद : जिसका प्रथम पद उपमान होता है, जैसे—चंद्रमुखी (चाँद जैसे मुख वाली), वज्रदेह (वज्र के समान शरीर) आदि।
- उपमानोत्तर पद : जिसका द्वितीय पद उपमान होता है, जैसे—चरणकमल (कमल जैसा चरण) आदि।
- अवधारणा पूर्वपद : जिसमें प्रथम पद के अर्थ पर बाद के पद का अर्थ अवलंबित होता है, जैसे—गुरुदेव (गुरु रूपी देव) आदि।
- अवधारणोत्तर पद : जिसमें बाद के पद के अर्थ पर प्रथम पद का अर्थ अवलंबित होता है, जैसे—साधुसमाजप्रयाग (साधुसमाज रूपी प्रयाग) आदि।

9.2.4 द्वंद्व समास :

जिस समास में दो पद मिलकर एक ही इकाई का कार्य करते हैं, उसे द्वंद्व समास कहते हैं। गुरु (1920) के शब्दों में, ''जिस समास में सब पद अथवा

उनका समाहार प्रधान रहता है, उसे द्वंद्व समास कहते हैं।" इसके तीन प्रकार किए गए हैं—

(क) **इतरेतर द्वंद्व :** इसमें दोनों पदों के बीच 'और' संयोजक का लोप होता है, जैसे—माता-पिता, कंद-मूल आदि।
इसमें एकाधिक लिंग के शब्दों के आने पर निर्मित शब्द का लिंग सामान्यतः पुल्लिग रहता है, जैसे—गाय-बैल (पु.), भाई-बहन (पु.)।

(ख) **समाहार द्वंद्व :** इसमें घटक पदों के अर्थ के अलावा उसी प्रकार का और भी अर्थ सूचित होता है, जैसे—चाय-पानी (= चाय, पानी तथा नाश्ते के अन्य सामान), सेठ-साहूकार (सेठ और साहूकार + इसी प्रकार के धनी लोग) आदि।
इनकी संख्या बहुत अधिक है। ये एक ही अर्थ के पदों से बने हुए (मारपीट, कामकाज आदि); मिलते-जुलते अर्थ के पदों के मिलने से बने हुए (अन्न-जल, घर-द्वार आदि); तथा परस्पर विरुद्ध अर्थ देने वाले पदों के मिलने से बने हुए (लेन-देन, कहा-सुनी आदि) हो सकते हैं।

(ग) **वैकल्पिक द्वंद्व :** इसमें दोनों पदों के बीच 'या/अथवा' संयोजकों का लोप होता है। इस समास में सामान्यतः परस्पर विरोधी शब्द जुड़कर नए शब्द का निर्माण करते हैं, जैसे—पाप-पुन्य, ऊँच-नीच, कम-अधिक आदि।

9.2.4 बहुव्रीहि समास :

वह समास जिसमें कोई भी पद प्रधान नहीं होता और जिसमें दोनों पदों के अर्थ की जगह एक नए अर्थ की प्राप्ति होती है, बहुव्रीहि समास कहलाता है, जैसे—अनंत (जिसका कोई अंत न हो = आकाश/ईश्वर), लंबोदर (लंबा है उदर जिसका = गणेश) आदि। विभिन्न कारक/वाक्यात्मक संबंधों के आधार पर इसके भी कर्म बहुव्रीहि, करण बहुव्रीहि, संप्रदान बहुव्रीहि, अपादान बहुव्रीहि, संबंध बहुव्रीहि तथा अधिकरण बहुव्रीहि आदि प्रकार होते हैं, जिनकी चर्चा यहाँ अपेक्षित नहीं है।

इसके अलावा बहुव्रीहि समास के भी दो भेद किए जाते हैं, व्यधिकरण बहुव्रीहि = जिसमें दोनों पदों के साथ भिन्न-भिन्न विभक्तियाँ आती हैं, जैसे—चंद्रमौली, सातांडा आदि; तथा समानाधिकरण बहुव्रीहि = जिसमें दोनों पदों के साथ एक ही विभक्ति आती है, जैसे—दशानन, नीलकंठ आदि। इसी प्रकार सामासिक शब्द के घटक पदों के स्थान अथवा उसके अर्थ की विशेषता के आधार पर भी विशेषण पूर्वपद, विशेषणोत्तर पद, उपमान पूर्वपद, विषय पूर्वपद, अवधारणा पूर्वपद,

संख्या पूर्वपद, संयोत्तर पूर्वपद, दिगंतराल, व्यतिराल एवं मध्यम पदलोपी आदि भेद भी किए जाते हैं।

नोट : कुछ दूसरे समासों से बनने वाले शब्द भी बहुव्रीहि का अर्थ देते हैं, जैसे—'पीतांबर' का अर्थ 'पीला कपड़ा' होने पर यह 'कर्मधारय समास' है, जबकि 'पीला है कपड़ा जिसका' अर्थ होने पर यह बहुव्रीहि समास है।

नोट : यहाँ पर समास के प्रकारों का केवल संक्षिप्त परिचय दिया गया है। विस्तृत ज्ञान हेतु हिंदी अथवा संस्कृत के किसी अन्य व्याकरण का अध्ययन अपेक्षित है। गुरु (1920) के 'हिंदी व्याकरण' में भी समास के संदर्भ में विस्तृत चर्चा की गई है।

9.3 समासीकरण और पुनरुक्ति

पुनरुक्ति का अर्थ है, एक ही उक्ति का एकाधिक बार एक साथ आना। जब एक शब्द एक से अधिक बार आकर या एक ही प्रकार के दो शब्द एक साथ आकर एक ही शाब्दिक इकाई का कार्य करते हैं, तो इस प्रक्रिया को **पुनरुक्ति** (Redupication) और ऐसे शब्द को **पुनरुक्त शब्द** (Reduplicated Word) कहते हैं। हिंदी तथा अन्य भारतीय भाषाओं में पुनरुक्ति एक महत्त्वपूर्ण विशेषता है। यह कई प्रकार की होती है। पुनरुक्त शब्द की रचना या स्थिति के आधार पर मुख्यत: इसके दो प्रकार किए जाते हैं—आंशिक पुनरुक्ति = जिसमें दूसरे शब्दांश का पहला वर्ण भिन्न होता है तथा शेष वर्ण पूर्वशब्दांश का अनुकरण करते हैं, जैसे--पानी-वानी, राजा-वाजा, जोकर-सोकर आदि। पूर्ण पुनरुक्ति = जिसमें एक ही शब्द दो बार आता है तथा एकल प्रयोग से भिन्न अर्थ देता है, जैसे—घर-घर (प्रत्येक घर), धीरे-धीरे, जब-जब, तू-तू-मैं-मैं आदि। इस प्रकार की पुनरुक्ति से 'प्रति/प्रत्येक' का अर्थ आने पर अव्ययीभाव समास होता है, जैसे—घर-घर (प्रत्येक घर), शहर-शहर (प्रत्येक शहर) आदि। इस प्रकार के पुनरुक्त शब्दों के बीच में रूपपरिवर्तन भी होता है। इस ओर संकेत करते हुए गुरु (1920) ने कहा है, ''हिंदी में प्रति का उपयोग न कर अगली संज्ञा की ही द्विरुक्ति करके अव्ययीभाव समास बनते हैं। इस समास में हिंदी का प्रथम शब्द बहुधा विकृत रूप में आता है। उदा.—घर-घर, हाथोंहाथ, पल-पल, दिनोंदिन, रातोंरात, कोठे-कोठे आदि। ...कभी-कभी द्विरुक्त शब्दों के बीच में 'आ', 'ही' अथवा 'आँ' आता है; जैसे—मनही मन, घरही घर, आपही आप, मुहाँ मुँह, सरासर (पूर्णतया), एकाएक आदि। ...संज्ञाओं के समान अव्ययों की द्विरुक्ति से भी अव्ययीभाव समास होता है; जैसे, बीचोंबीच, धड़ाधड़, पहले-पहल, बराबर, धीरे-धीरे।'गुरु' (1920) द्वारा आंशिक पुनरुक्तियों को भी समाहार द्वंद्व के अंतर्गत रखा गया है। आपने समाहार द्वंद्व के भेदों की चर्चा करते हुए इसका उल्लेख किया है। इस संदर्भ में मेरा मानना है कि

आंशिक और पूर्ण पुनरुक्तियों का अध्ययन समास का विषय नहीं होना चाहिए। पुनरुक्ति स्वयं में अध्ययन का स्वतंत्र विषय है। सामासिक अर्थ के अलावा इसकी अन्य कई विशेषताएँ भी होती हैं, जिन्हें 'पुनरुक्ति' शीर्षक के अंतर्गत अलग से समझना ही अधिक उपयुक्त होगा।

इसी प्रकार द्वंद्व समास से बनने वाले शब्दों का भी, अर्थ की दृष्टि से पुनरुक्ति को विभाजित करते हुए वर्गीय पुनरुक्ति और विलोमार्थी पुनरुक्ति आदि के अंतर्गत, अध्ययन किया जाता है। उदाहरण के लिए सुख-दुःख, लेन-देन, भाई-बहन, राधाकृष्ण, मारपीट आदि आर्थी पुनरुक्ति की दृष्टि से भी अध्ययन के विषय हैं। इस संदर्भ में मुझे लगता है कि इनका समास के अंतर्गत अध्ययन अधिक उपयुक्त होगा, क्योंकि यहाँ इसके संयोग संबंधी नियम, अर्थ और व्यवहार सबसे परिचय हो जाता है। उदाहरण के लिए 'घर-द्वार' या 'फल-फूल' आदि को आर्थी वर्ग आधारित पुनरुक्ति में रखा जा सकता है, किंतु 'साँप-बिच्छू', 'नमक-तेल' आदि भिन्न-भिन्न वर्गों से आने वाले शब्द हैं। अत: इन्हें पुनरुक्ति के अंतर्गत समझाना पुनरुक्ति का अनावश्यक विस्तार प्रतीत होता है। वैसे अध्येता चाहे तो अपनी सुविधानुसार 'समास' या 'पुनरुक्ति' में से किसी भी एक का चयन करके अध्ययन-विश्लेषण कर सकता है।

9.4 समासीकरण का तकनीकी पक्ष

हिंदी में समास द्वारा निर्मित बहुत अधिक शब्द प्रयुक्त किए जाते हैं, साथ ही आवश्यकतानुसार निरंतर नए शब्द भी निर्मित किए जा रहे हैं। इसलिए सामासिक शब्दों के प्रजनन एवं विश्लेषण संबंधी प्रणालियों की आवश्यकता से इनकार नहीं किया जा सकता। मुख्य रूप से पाठ अभिज्ञान और विश्लेषण के लिए तो सामासिक शब्दों के विश्लेषण की प्रणाली तो होनी ही चाहिए। चूँकि समास द्वारा दो सार्थक शब्दों को जोड़ा जाता है, इसलिए एक प्रश्न सामासिक शब्दों के अभिज्ञान को लेकर उठता है, कि इसकी विधि क्या हो? एक विधि है कोश द्वारा अभिज्ञान की। इसके लिए सभी सामासिक शब्दों को कोश में ही संग्रहीत कर दिया जाता है और पाठ में आने पर कोश से मैपिंग द्वारा अभिज्ञान कर लिया जाता है। उदाहरण के लिए 'ऋषिमुनि', देवदर्शन आदि शब्द कोश में ही रखे जा सकते हैं। किंतु जब एक ही पश्च शब्द से कई सामासिक शब्द बनते हैं तो सबको कोश में रखना बोझिल बना देता है। उदाहरण के लिए 'विज्ञान' और 'शास्त्र' से सैकड़ों शब्द बनते हैं, जैसे—

- **'विज्ञान' से निर्मित शब्द :**
  भौतिकविज्ञान, रसायनविज्ञान, चिकित्साविज्ञान, मानवविज्ञान, समाजविज्ञान, राजनीतिविज्ञान, भाषाविज्ञान, अनुवादविज्ञान, कोशविज्ञान, अंतरिक्षविज्ञान, मनोविज्ञान, जीवविज्ञान आदि।

- **'शास्त्र' से निर्मित शब्द :**
  भौतिकशास्त्र, रसायनशास्त्र, चिकित्साशास्त्र, मानवशास्त्र, समाजशास्त्र, राजनीतिशास्त्र, भाषाशास्त्र, अनुवादशास्त्र, नागरिकशास्त्र, शिक्षाशास्त्र आदि।

इस प्रकार के अनेक शब्द देखे जा सकते हैं, जिनके योग से बहुत से सामासिक शब्द बनते हैं। यदि इन्हें प्रकाशित शब्दकोश में रखा जाए तो कोश का आकार बड़ा हो जाता है। यद्यपि मशीनी कोश में यह समस्या नहीं आती, फिर विश्लेषण प्रणाली लगाकर शब्दों की संख्या को कम किया जा सकता है। इसलिए सामासिक शब्दों के घटक शब्दों के बीच हाईफन (-) का प्रयोग किया जा सकता है, जैसे—भाषा-विज्ञान, भौतिक-विज्ञान आदि। पहले यह पद्धति प्रचलन में थी, किंतु अब अधिकांश शब्दों को मिलाकर ही लिखा जाता है। फिर भी बहुत से सामासिक शब्द ऐसे हैं, जिनमें घटक शब्दों को मिलाकर लिखने पर निर्मित शब्द स्वाभाविक-सा नहीं लगता, और उनके बीच हाईफन का ही प्रयोग होता है, जैसे—'शोध' से बनने वाले शब्द : शोध-समस्या, शोध-प्रारूप, शोध-निर्देशक, शोध-प्रश्न, शोध-प्रबंध आदि। इन्हें शोधसमस्या, शोधप्रारूप, शोधनिर्देशक, शोधप्रश्न, शोधप्रबंध नहीं लिखा जाता। इसलिए सामासिक शब्दों के बीच हाईफन प्रयोग अधिक उपयुक्त जान पड़ता है। किंतु सभी स्थितियों में यह संभव नहीं है।

हाइफन के प्रयोग में भी एक समस्या तब आती है, जब तीन शब्दों को मिलाकर एक सामासिक शब्द की रचना होती है, जैसे—समाजभाषाविज्ञान, मनोभाषाविज्ञान आदि। त्रिशब्दीय रचनाओं में मेरा मानना है कि अंतिम दो शब्दों को मिलाकर लिखा जाए, किंतु तीसरे (रचना में प्रथम) शब्द को हाईफन के साथ जोड़ा जाए, जैसे—समाज-भाषाविज्ञान, मनो-भाषाविज्ञान आदि। इससे मशीनी संसाधन का कार्य सामासिक नियमों के माध्यम से भी किया जा सकता है। यद्यपि बिना हाइफन लगाए तीनों शब्दों को मिलाकर बनने वाले नए शब्दों (जैसे—समाजभाषाविज्ञान, मनोभाषाविज्ञान आदि) को सीधे-सीधे कोश में रख दिया जाए, तो भी संसाधन किया जा सकता है।

भाग-3

रूपसाधन (पदसाधन) और रूपविश्लेषण

(Inflection and Morphological Analysis)

परिचय

व्याकरणिक रचना की दृष्टि से भाषा विश्लेषण का आधारभूत स्तर 'रूप स्तर' (Morphological Level) ही है। जैसा कि भाग-2 में बताया गया है—इस स्तर पर भाषिक इकाइयाँ (शब्द और पद) मुख्यत: दो प्रक्रियाओं से निर्मित होती हैं—व्युत्पादन और रूपसाधन (Derivation and Inflection)। व्युत्पादन अपेक्षाकृत एक जटिल प्रक्रिया है जिसके माध्यम से कोशीय इकाइयों (शब्दों) का प्रजनन होता है। इसका संबंध शब्दों की आंतरिक संरचना से है। अत: इससे संबंधित विश्लेषण एवं प्रजनन के लिए टूल का निर्माण करना एक अलग प्रक्रिया है। दूसरी तरफ रूपसाधन की प्रक्रिया वाक्यात्मक शब्द (पद) के निर्माण से जुड़ी है। इससे संबंधित विश्लेषण एवं प्रजनन हेतु टूल निर्माण एक अलग प्रक्रिया है।

रूपसाधन (पदसाधन) कोशीय शब्दों से वाक्यीय शब्द बनाने की प्रक्रिया है। दूसरे शब्दों में **रूपसाधन** वह प्रक्रिया है, जिसके द्वारा कोशीय शब्दों के उन रूपों को प्रजनित किया जाता है, जो वाक्य में प्रयुक्त होते हैं। भारतीय वैयाकरणों द्वारा इन्हें ही 'पद' कहा गया है, जिसके लिए अंग्रेजी में कोई पूर्वनिर्धारित शब्द नहीं है। आधुनिक भाषाविज्ञान में इन्हें 'Syntactic Word' कहा जाता है। पद बनकर ही कोई शब्द वाक्य में प्रयुक्त होता है। पद शब्द का कोशीय रूप भी हो सकता है और रूपसाधित रूप भी। इस कारण 'पद' को वाक्यात्मक रूप भी कहा गया है। इन रूपों में शब्द के शाब्दिक अर्थ के साथ-साथ कुछ अन्य व्याकरणिक सूचनाएँ भी जुड़ जाती हैं। ये सूचनाएँ व्याकरणिक कोटियों (लिंग, वचन, पुरुष, काल, पक्ष, वृत्ति आदि) से संबंधित होती हैं। **व्याकरणिक कोटियाँ** (Grammatical Categories) कुछ विशिष्ट सूचनाओं का वर्ग हैं, जिनकी वाक्य के घटक शब्दों के बीच अनुरूपता (मेल) होने पर वाक्य निर्मित होता है। शब्द के मूल रूप में भी इनसे संबंधित कुछ सूचनाएँ रहती हैं, किंतु वाक्य में प्रयोग होने पर उनमें आवश्यकतानुसार परिवर्तन हो जाता है। जैसा कि आधुनिक व्याकरणों में आठ शब्दवर्गों—संज्ञा, सर्वनाम, विशेषण, क्रिया, क्रिया-विशेषण, परसर्ग/पूर्वसर्ग, योजक और विस्मयादिबोधक की बात की जाती है। इनमें से क्रिया-विशेषण, परसर्ग/पूर्वसर्ग, योजक और विस्मयादिबोधक वर्गों के शब्दों में सामान्यत: विकार नहीं

होता, इसलिए इस खंड में इन पर अध्याय अपेक्षित नहीं हैं। संज्ञा, सर्वनाम, विशेषण और क्रिया शब्दवर्गों के शब्दों के ही शब्दरूप बनते हैं, इसलिए इन पर स्वतंत्र अध्याय दिए गए हैं, जबकि कुछ अन्य वर्गों के शब्दों को एक अध्याय में प्रस्तुत किया गया है। जिन शब्दवर्गों में विकार नहीं होता, उनकी शब्दकोश (lexicon) से सीधे-सीधे मैपिंग हो जाती है, इसलिए रूपसाधन (पदसाधन) के अंतर्गत उनकी चर्चा अपेक्षित नहीं है।

अत: रूपसाधन मुख्यत: संज्ञा, क्रिया और विशेषण शब्दवर्गों के शब्दों का होता है। इनमें भी यह आवश्यक नहीं है कि प्रत्येक शब्द पर सभी व्याकरणिक कोटियों का प्रभाव हो ही। शब्द के वर्ग और उसकी प्रकृति के अनुसार संबंधित व्याकरणिक कोटि का प्रभाव पड़ता है और उसका रूप परिवर्तित होता है। जब शब्द का रूप परिवर्तित हो जाता है तो उसमें संबंधित व्याकरणिक कोटि की सूचना आ जाती है। उदाहरण के लिए निम्नलिखित वाक्य को देखें—

- लड़का बाजार जाता है।
- लड़के बाजार जाते हैं।

उपर्युक्त वाक्यों में 'लड़का' और 'लड़के' शब्द 'लड़का' कोशीय शब्द के दो रूप हैं, जो दो अलग-अलग वाक्यों में प्रयुक्त हुए हैं। इनमें शब्द के साथ ही 'लिंग' और 'वचन' संबंधी सूचनाएँ निहित हैं। 'लड़का' शब्द एकवचन, पुल्लिंग है, जबकि 'लड़के' शब्द बहुवचन पुल्लिंग है। इसी प्रकार क्रिया और विशेषण आदि विकारी शब्दवर्गों के शब्दों का भी वाक्य में प्रयोग होने पर उनके साथ व्याकरणिक कोटियों की सूचना आ ही जाती है।

'पदनिर्माण' या 'रूपसाधन' में व्याकरणिक कोटियों की आधारभूत भूमिका होती है। वाक्य में प्रयुक्त प्रत्येक शब्द में उसके शब्दवर्ग के अनुरूप संभव व्याकरणिक कोटियों की सूचना होती है। इसलिए इस खंड के प्रथम अध्याय में व्याकरणिक कोटियों पर चिंतन किया गया है। इसके बाद विभिन्न शब्दवर्गों के शब्दों के रूपसाधन (पदसाधान) संबंधी प्रक्रियाओं और नियमों की चर्चा की गई है।

10

व्याकरणिक कोटियाँ

(Grammatical Categories)

व्याकरणिक कोटियाँ वे कोटियाँ हैं जिनके आधार पर कोशीय शब्दों में रूपांतरण होता है और फिर उनका वाक्य में प्रयोग किया जाता है। ये ऐसी सूचनाएँ हैं जिन्हें भाषा व्यवहार में व्याकरण की दृष्टि से शब्दों के साथ मान लिया जाता है। जब दो या दो से अधिक शब्दों में ऐसी सूचनाएँ समान होती हैं, तो उन्हें मिलाकर एक वाक्य की रचना होती है। हिंदी में आठ व्याकरणिक कोटियों की बात की जाती है—

1. लिंग
2. वचन
3. पुरुष
4. कारक
5. काल
6. पक्ष
7. वृत्ति
8. वाच्य

यह आवश्यक नहीं है कि सभी शब्दवर्गों के शब्दों में सभी व्याकरणिक कोटियों की सूचना हो अथवा इनके आधार पर रूप परिवर्तन करने की आवश्यकता हो। यह शब्द के कोशीय एवं रूपवैज्ञानिक स्वरूप तथा वाक्यात्मक प्रकार्य पर निर्भर करता है। अलग-अलग भाषाओं में इनकी स्थिति भिन्न-भिन्न हो सकती है। उदाहरण के लिए हिंदी में 'संज्ञा' शब्दवर्ग के शब्दों पर केवल 'लिंग', 'वचन' और कारक (प्रत्यक्ष/तिर्यक) का प्रभाव पड़ता है। इसी प्रकार 'पुरुष' का मूल संबंध सर्वनाम से है। काल, पक्ष, वृत्ति एवं वाच्य 'क्रिया' को प्रभावित करने वाली व्याकरणिक कोटियाँ हैं। हिंदी में संज्ञाओं पर पुरुष का प्रभाव नहीं होता, क्योंकि सभी संज्ञाएँ सदैव अन्य पुरुष (Third Person) में होती हैं। इसी प्रकार अंग्रेजी में क्रिया रचना पर लिंग का प्रभाव नहीं पड़ता। आगे इस अध्याय में सभी व्याकरणिक कोटियों की विस्तृत चर्चा की जा रही है।

10.1 लिंग (Gender)

प्रकृति द्वारा सभी जीवधारियों के दो रूप निर्मित किए गए हैं—'नर' (Male) और 'मादा' (Female) प्राणियों में उनकी शारीरिक (Biological) रचना के आधार पर किया गया यह वर्गीकरण 'लिंग' (Sex) कहलाता है। (**नोट :** इन दो के अलावा कुछ प्राणियों में तृतीय लिंग (Third Gender) भी पाया जाता है, किंतु ऐसा होने को एक प्राकृतिक विकार माना जा सकता है, क्योंकि नई पीढ़ियों के पुनरुत्पादन (Reproduction) के मूल में दो ही लिंग होते हैं।)

विश्व की सभी भाषाओं में इनका अलग-अलग बोध किसी-न-किसी रूप में होता है। प्राकृतिक लिंग (Sex) की भाषाओं में बोध की यही स्थिति **व्याकरणिक लिंग** (Gender) है, जिसे व्याकरणों में केवल 'लिंग' (Gender) कहा गया है। यह आवश्यक नहीं है कि जीवों की वास्तविक लिंग आधारित अवस्था के अनुसार ही उनका भाषा में बोध होता हो। भाषा में लिंग संबंधी अभिव्यक्ति संबंधित भाषाई समाज की आवश्यकता और संबंधित जीव से अंतरक्रिया के स्तर द्वारा निर्धारित होती है। किसी जीव का प्राकृतिक लिंग और उसका भाषा में बोध अलग-अलग भी हो सकता है। इसी कारण प्रकृति प्रदत्त लिंग की 'प्राकृतिक लिंग' (Sex) और भाषा में उसके बोध की 'भाषायी लिंग' (Gender), के रूप में अलग-अलग व्याख्या की जाती है। लिंग केवल जीव-जगत (सजीव या सचेतन प्राणियों) का होता है। बाह्य संसार में इनसे इतर भी एक वर्ग है जिसे 'पदार्थ' या 'जड़' कहा गया है। ये अचेतन पदार्थ होते हैं जिनका नर या मादा के रूप में कोई प्राकृतिक लिंग नहीं होता। किंतु भाषा में उनका भी भाषायी लिंग होता है। अत: भाषा में **लिंग** शब्दों के बारे में यह जानने की व्यवस्था है कि वे पुरुष (नर) अवस्था का बोध कराते हैं या स्त्री (मादा) होने का। इनके अतिरिक्त किसी भाषा में दोनों लिंगों का बोध कराने वाले (उभयलिंग) और किसी भी लिंग का बोध न कराने वाले (नपुंसक लिंग) लिंग आदि भी हो सकते हैं, क्योंकि भाषायी लिंग का प्राकृतिक लिंग से कोई प्रत्यक्ष संबंध नहीं है।

किसी भी भाषा में कितने 'लिंग' होते हैं और किस प्रकार के शब्दों को किस लिंग के अंतर्गत माना जाएगा? यह उस भाषा की प्रकृति और संबंधित भाषायी समाज की बोध-दृष्टि पर निर्भर करता है। इसी कारण प्राकृतिक लिंग दो होते हुए भी भाषिक लिंगों की संख्या विभिन्न भाषाओं में कम या अधिक हुआ करती है। उदाहरण के लिए संस्कृत में तीन लिंग (पुल्लिंग, स्त्रीलिंग और नपुंसक लिंग) हैं जबकि हिंदी में दो लिंग (पुल्लिग, स्त्रीलिंग) हैं। इसी प्रकार मराठी और गुजराती में भी तीन लिंग हैं। अंग्रेजी में वाक्य व्यवहार में लिंग का प्रभाव नहीं होता, फिर भी पारंपरिक रूप से तीन लिंग मिलते हैं (पुल्लिग, स्त्रीलिंग, नपुंसक लिंग)।

समस्त ब्रह्मांड की जिन वस्तुओं या Entites का लिंग निर्णय किया जा सकता है, वे सभी 'संज्ञा' शब्दवर्ग की होती हैं। इसलिए 'लिंग' मूलत: संज्ञा शब्दवर्ग से

संबंधित है। इस कारण अधिकांश हिंदी व्याकरणों में इसे संज्ञा शब्दवर्ग से ही जोड़कर देखा गया है। पं. कामता प्रसाद गुरु (1920) के शब्दों में, "संज्ञा के जिस रूप से वस्तु की (पुरुष व स्त्री) जाति का बोध होता है, उसे लिंग कहते हैं। लिंग के दो भेद हैं—(1) (पुलिंग) शुद्ध रूप 'पुल्लिग' है पर हिंदी में इसी प्रकार लिखने का प्रचार है, और (2) स्त्रीलिंग" (हिंदी व्याकरण)। आचार्य किशोरीदास वाजपेयी (1958) ने भी इस संदर्भ में विचार करते हुए कहा है, "हिंदी में सभी संज्ञा शब्द दो भागों में बाँटे गए हैं—1. पुल्लिग और 2. स्त्रीलिंग। लिंग को पहले 'व्यक्ति' कहते थे।" (हिंदी शब्दानुशासन)।

इस प्रकार लिंग का संबंध मूलत: संज्ञा शब्दों से है। प्रत्येक संज्ञा शब्द का कोई-न-कोई लिंग होता है। जब उस संज्ञा शब्द का वाक्य में प्रयोग होता है तो लिंग संबंधी सूचना उसके साथ जुड़ी रहती है और इस कारण वाक्य की व्याकरणिक रचना प्रभावित होती है। हिंदी में दो लिंग हैं—

1. **पुल्लिग (Masculine Gender) :** जिस प्रयोग से पुरुष या नर जाति (Male) का बोध होता है, उसे पुल्लिग कहते हैं, जैसे—लड़का, बैल, छाता, पेड़ आदि। इस भाव से युक्त शब्द पुल्लिग शब्द कहलाते हैं।
2. **स्त्रीलिंग (Feminine Gender) :** जिस प्रयोग से स्त्री या मादा (Female) का बोध होता है, उसे स्त्रीलिंग कहते हैं, जैसे—लड़की, गाय, दुकान, सड़क आदि। इस भाव से युक्त शब्द स्त्रीलिंग शब्द कहलाते हैं।

हिंदी में सभी संज्ञा शब्दों को इन्हीं दो लिंगों में विभक्त किया जाता है, चाहे वे प्राणिवाचक हों अथवा जड़ या पदार्थवाचक। ऐसे में किस शब्द का क्या लिंग होगा ? यह शब्द को देखकर बता पाना बहुत कठिन कार्य होता है। कम-से-कम शब्द की संरचना में ऐसी कोई विशेषता नहीं पाई जाती। कुछ विद्वानों द्वारा शब्दांत के आधार पर लिंग निर्धारण करने का प्रयास किया जाता है, किंतु यह किसी भी स्थिति में संभव नहीं है, क्योंकि एक ही प्रकार के शब्दांत वाले शब्द दोनों लिंगों में पाए जाते हैं, जैसे—

- अकारांत—पेड़, देश, मकान (पुल्लिग); सड़क, मेज, दुकान (स्त्रीलिंग)।
- आकारांत—लड़का, छाता, दरवाजा (पुल्लिग); भाषा, सजा, विपदा (स्त्रीलिंग)।
- ईकारांत—मंत्री, पक्षी, मोची (पुल्लिग), लड़की, सुंदरी, कुर्सी (स्त्रीलिंग)।

व्युत्पादित संज्ञा शब्दों में प्रत्यय के आधार पर उनके लिंग निर्णय के संदर्भ में कुछ हिंदी विद्वानों द्वारा कार्य किया गया है। प्रत्ययों के आधार पर लिंग निर्धारण के संबंध में चर्चा करते हुए डॉ. अनिल कुमार पाण्डेय (2010) ने कहा है, "हिंदी में लिंग निर्धारण कुछ हद तक प्रत्ययों के आधार पर किया जा सकता है।...वे प्रत्यय जो किसी शब्द के साथ जुड़कर पुल्लिग बनाते हैं, उन्हें पुरुषवाची तथा जो किसी

शब्द के साथ जुड़कर स्त्रीलिंग बनाते हैं, उन्हें स्त्रीवाची प्रत्यय कह सकते हैं।'' (हिंदी संरचना के विविध पक्ष)। अत: प्रत्ययों की वर्गीकृत सूची के आधार पर व्युत्पादित शब्दों के लिंग का निर्णय किया जा सकता है किंतु मूल शब्दों के लिंग के निर्णय हेतु हिंदी में कोई ठोस व्यवस्था नहीं है। उनके लिंग का अंतिम निर्णय व्यवहार द्वारा ही किया जाता है। जो शब्द जिस रूप में प्रचलित हो जाते हैं उन्हें उसी रूप में मान लिया जाता है। उदाहरण के लिए अंग्रेजी के 'टेलीविजन' और 'टी.वी.' शब्दों को देखा जा सकता है। इनमें टेलीविजन शब्द का व्यवहार तो पुल्लिग के रूप में होता है किंतु उसी के संक्षिप्त रूप टी.वी. को सामान्यत: स्त्रीलिंग रूप में ही व्यवहृत किया जाता है।

अत: प्राकृतिक भाषा संसाधन की दृष्टि से लिंग की बात करें तो मशीन में शब्द की रचना के आधार पर उसके लिंग के निर्धारण से संबंधित नियम नहीं बनाए जा सकते। चूँकि लिंग की सूचना शब्द के साथ उसके अर्थ और बोधन के आधार पर जुड़ी रहती है। इसलिए डाटाबेस में ही टैग के स्तर पर शब्दों के साथ उनकी लिंग संबंधी सूचना भी संग्रहीत कर दी जानी चाहिए। संज्ञाओं के शब्दरूप टेबल और पैराडाइम टेबल के निर्माण में शब्दांत और 'लिंग' ही देखा जाता है। इसकी विस्तृत चर्चा आगे 'संज्ञा और पदसाधन' अध्याय के अंतर्गत की जाएगी।

10.2 वचन (Number)

भाषा में अभिव्यक्ति रचना में 'संख्या' एक महत्त्वपूर्ण घटक है। वाक्य में प्रयुक्त शब्द द्वारा होने वाला उसकी संख्या का बोध **वचन** (Number) है। गुरु (1920) के शब्दों में, ''संज्ञा (और दूसरे विकारी शब्दों) के जिस रूप से संख्या का बोध होता है। उसे वचन कहते हैं।'' अधिकांश भाषाओं में वाक्य रचना में वचन का व्यवहार 'एक' और 'अनेक' दो रूपों में किया जाता है। इसी आधार पर हिंदी में इसके दो भेद किए गए हैं—एकवचन और बहुवचन। पं. वाजपेयी द्वारा इस संबंध में कहा गया है, ''एकत्व प्रकट करने के लिए 'एकवचन' और अनेकत्व प्रकट करने के लिए 'बहुवचन' का प्रयोग होता है। अत: वचन के दोनों भेद इस प्रकार हैं—

1. **एकवचन :** संज्ञा शब्दों के वे रूप जिनसे एक ही वस्तु या भाव का बोध होता है, उन्हें एकवचन कहते हैं, जैसे—लड़की, दरवाजा, जल आदि।
2. **बहुवचन :** एक से अधिक वस्तुओं, इकाइयों, भावों या अवस्थाओं का बोध कराने वाले संज्ञा शब्दों के रूप को बहुवचन कहते हैं, जैसे—लड़के, विशेषताएँ, स्थितियाँ आदि।

   नोट : संस्कृत में वचन के तीन रूप प्राप्त होते हैं, जिनमें उपर्युक्त दो के अलावा 'द्विवचन' भी है। हिंदी में ऐसी कोई स्थिति नहीं पाई जाती। इसलिए इसके बारे में चर्चा करने की कोई आवश्यकता नहीं है।

संज्ञा शब्दों में रूपांतर और वाक्य में अन्य शब्दों के साथ अन्विति की दृष्टि से वचन एक महत्त्वपूर्ण कारक (Factor) है। वचन के अनुसार शब्दों के रूप परिवर्तन में शब्दांत और शब्द के लिंग दोनों का प्रभाव पड़ता है। इस परिवर्तन को दो दृष्टियों से देखा जा सकता है—बिना परसर्ग के और परसर्ग सहित। बिना परसर्ग के प्रयुक्त शब्दरूपों को 'प्रत्यक्ष रूप' (Direct Form) कहते हैं। परसर्ग के साथ प्रयुक्त शब्दरूपों को 'तिर्यक रूप' (Oblique Form) कहते हैं। उदाहरण के लिए प्रत्यक्ष रूप के बहुवचन रूप निर्माण के निम्नलिखित नियमों को देखा जा सकता है—

- आकारांत पुल्लिंग संज्ञा होने पर एकवचन से बहुवचन बनाने के लिए शब्दांत से 'आ' ('ा') हटाकर 'ए' ('े') का प्रयोग करते हैं, जैसे—
  लड़का (एकवचन) लड़के (बहुवचन) → ('ा' > 'े')
  - ➢ ***लड़का*** बाजार जाता है।
  - ➢ ***लड़के*** बाजार जाते हैं।
- आकारांत स्त्रीलिंग संज्ञा होने पर एकवचन से बहुवचन बनाने के लिए मूल शब्द में बिना कोई परिवर्तन करते हुए अंत में 'एँ' जोड़ दिया जाता है, जैसे—
  भाषा (एकवचन) भाषाएँ (बहुवचन) → (ा + एँ)
  - ➢ हिंदी एक भारतीय ***भाषा*** है।
  - ➢ हिंदी, भोजपुरी, मराठी आदि कई भारतीय ***भाषाएँ*** हैं।

इनके अलावा कुछ ऐसे संज्ञा शब्द (केवल पुल्लिंग) भी हैं जिनका एकवचन और बहुवचन में प्रत्यक्ष (Direct) प्रयोग होने पर कोई परिवर्तन नहीं होता है, जैसे—

- ➢ पेड़ (एकवचन) पेड़ (बहुवचन) → (Nill)
- ➢ आँधी में एक ***पेड़*** गिर गया।
- ➢ आँधी में दस ***पेड़*** गिर गए।

वचन और परसर्ग

वचन के आधार पर शब्दों में दो प्रकार के परिवर्तन होते हैं—प्रत्यक्ष और तिर्यक (परसर्गीय)। **प्रत्यक्ष** (Direct) का अर्थ है बिना परसर्ग के, अर्थात् जब शब्द के पश्चात् कोई परसर्ग न आया हो। ऊपर बताए गए वचन के आधार पर होने वाले परिवर्तन 'प्रत्यक्ष' या बिना परसर्ग के' हैं। शब्दों के वे रूप जिनके बाद परसर्ग आता है, **तिर्यक** (परसर्गीय) रूप हैं। हिंदी में अविकारी संज्ञाओं (जैसे—नमक, चीनी, ध्यान आदि) के अलावा सभी विकारी संज्ञाओं के परसर्गीय बहुवचन रूप निर्मित होते हैं। किसी भी शब्द का तिर्यक रूप बनाने में शब्द या शब्दांश के साथ 'ओं'

(ों) प्रत्यय का प्रयोग होता है। उदाहरण के लिए निम्नलिखित वाक्यों में प्रत्यक्ष और तिर्यक बहुवचन रूपों को देखा जा सकता है—

- ***लड़का*** बाजार जाता है। (एकवचन)
- ***लड़के*** बाजार जाते हैं। (बहुवचन, प्रत्यक्ष)
- ***लड़कों ने*** बाजार में सब्जी खरीदी। (बहुवचन, तिर्यक)
- हिंदी एक भारतीय ***भाषा*** है। (एकवचन)
- हिंदी, भोजपुरी, मराठी आदि कई भारतीय ***भाषाएँ*** हैं। (बहुवचन, प्रत्यक्ष)
- हिंदी, भोजपुरी, मराठी आदि सभी ***भाषाओं में*** वचन होता है। (बहुवचन, तिर्यक)
- आँधी में एक ***पेड़*** गिर गया। (एकवचन)
- आँधी में दस ***पेड़*** गिर गए। (बहुवचन, प्रत्यक्ष)
- आँधी में दस ***पेड़ों के*** पत्ते झड़ गए। (बहुवचन, तिर्यक)

हिंदी के संगणकीय संसाधन की दृष्टि से 'वचन' अत्यंत महत्त्वपूर्ण व्याकरणिक कोटि है। संज्ञा के वचन का प्रभाव उससे संबद्ध क्रिया और विशेषण (तथा अन्य आश्रित विकारी शब्दवर्गों के शब्दों) पर पड़ता है। कुछ अपवादों (जैसे—लोग... आदि) को छोड़कर कोश में सभी संज्ञाएँ एकवचन में रहती हैं। उनका वाक्य में प्रयोग करने के लिए बहुवचन रूप निर्मित होता है, जिसके कुछ नियम होते हैं। भाषा संसाधन हेतु इन नियमों को मशीन को समझाना होता है। इसके लिए शब्द-पैराडाइम पद्धति (Word Paradigm Process) का प्रयोग किया जाता है, जिसकी अगले अध्याय में विस्तार से चर्चा की जाएगी।

10.3 पुरुष (Person)

एक भाषिक अभिव्यक्ति मूलत: वक्ता और श्रोता के बीच संवाद की एक कड़ी है, जिसमें किसी सूचना, विचार या भाव आदि का संप्रेषण होता है। अभिव्यक्ति में निहित यह सूचना, विचार या भाव तीन प्रकार के लोगों से संबद्ध हो सकते हैं—स्वयं वक्ता से, श्रोता से अथवा किसी अन्य से। 'पुरुष' इन्हीं को व्यक्त करने वाली व्याकरणिक कोटि है। अर्थात् **पुरुष** (Person) वह व्याकरणिक कोटि है, जिससे यह पता चलता है कि भाषिक उक्ति वक्ता से संबद्ध है या श्रोता से अथवा किसी अन्य से। यह व्याकरणिक कोटि शब्दवर्गों (या शब्दभेदों) में मुख्यत: 'सर्वनाम' से संबंधित है। सभी संज्ञा शब्द सदैव अन्य पुरुष में होते हैं। **सर्वनाम** (Pronoun) वे शब्द हैं जो किसी संज्ञा के स्थान पर आते हैं और उन्हें संदर्भित करते हैं। उपर्युक्त तीन स्थितियों में सर्वनामों के प्रयोग के आधार पर पुरुष के निम्नलिखित तीन प्रकार होते हैं—

1. **उत्तम पुरुष या प्रथम पुरुष :** जिस भाषिक अभिव्यक्ति द्वारा वक्ता (या वक्ता समूह) के संबंध में कोई सूचना प्राप्त होती है, उसमें उत्तम

पुरुष या प्रथम पुरुष होता है। हिंदी में इसके लिए 'मैं' (एकवचन हेतु) और 'हम' या 'हम लोग' (बहुवचन हेतु) सर्वनामों का प्रयोग किया जाता है, जैसे—

➢ ***मैं*** विद्यालय जाता हूँ।

➢ ***हम लोग*** विद्यालय जाते हैं।

हिंदी में इसके लिए 'उत्तम पुरुष' और 'प्रथम पुरुष' दो नाम दो भाषिक संदर्भों से प्राप्त हुए हैं। 'मैं' और 'हम' को संस्कृत में 'उत्तम पुरुष' कहा गया है। अत: यह शब्द संस्कृत से हिंदी में आया है। इनके ही समतुल्य 'I' और 'We' को अंग्रेजी में 'First Person' कहा गया है। इसलिए कुछ विद्वानों द्वारा इसका अनुवाद 'प्रथम पुरुष' के रूप में किया गया है।

2. **मध्यम पुरुष :** जिस भाषिक अभिव्यक्ति द्वारा श्रोता के संबंध में कोई सूचना प्राप्त होती है, उसमें मध्यम पुरुष होता है। हिंदी में इसके लिए एकवचन में 'तू', 'तुम' और 'आप' तथा बहुवचन में 'तुम लोग' तथा 'आप लोग' सर्वनामों का प्रयोग किया जाता है, जैसे—

➢ ***तू*** विद्यालय जाता है।

➢ ***तुम*** विद्यालय जाते हो।

➢ ***आप*** विद्यालय जाते हैं।

➢ ***तुम लोग*** विद्यालय जाते हो।

➢ ***आप लोग*** विद्यालय जाते हैं।

3. **अन्य पुरुष :** जिस भाषिक अभिव्यक्ति द्वारा वक्ता और श्रोता के अतिरिक्त किसी अन्य के संबंध में कोई सूचना प्राप्त होती है, उसमें अन्य पुरुष होता है। हिंदी में इसके लिए 'वह' (एकवचन) और 'वे' या 'वे लोग' (बहुवचन) सर्वनामों का प्रयोग किया जाता है, जैसे—

➢ ***वह*** विद्यालय जाता है।

➢ ***वे*** विद्यालय जाते हैं।

इन सर्वनामों के अतिरिक्त सभी संज्ञा शब्द भी सदैव अन्य पुरुष में होते हैं, चाहे वे व्यक्तिवाचक संज्ञा हों या जातिवाचक संज्ञा। सभी संज्ञाएँ अन्यपुरुष में होती हैं। इस कारण संज्ञाओं के संदर्भ में 'पुरुष' पर विचार नहीं किया जाता।

हिंदी के संगणकीय संसाधन की दृष्टि से देखें तो पुरुष के आधार पर केवल क्रिया रूप ही प्रभावित होते हैं। सर्वनामों से पूर्व किसी विशेषक अथवा आश्रित पद या पदबंध का प्रयोग नहीं होता है, जैसे—

➢ ***बड़ा आदमी*** यह काम कर सकता है।

➢ ****बड़ा मैं*** यह काम कर सकता हूँ।

- ➢ ****बड़ा तुम** यह काम कर सकते हो।*
- ➢ ****बड़ा वह** यह काम कर सकता है।*

उपर्युक्त वाक्यों में 'बड़ा' शब्द एक विशेषण है जो किसी भी संज्ञा के पूर्व आ सकता है। पहले वाक्य में यह 'आदमी' शब्द के साथ आया है जो एक संज्ञा है। इस कारण यहाँ पर 'बड़ा' का प्रयोग सही है। किंतु अन्य सभी वाक्यों में सर्वनामों से पूर्व इसका प्रयोग किया गया है जो सही नहीं है।

भाषा संसाधन की दृष्टि से 'पुरुष' संबंधी नियमों की आवश्यकता सर्वनामों और तद्नुरूप क्रियारूपों के विश्लेषण में होती है। सहायक क्रियाओं में पुरुष के आधार पर 'है' के 'हूँ' और 'हो' दो अतिरिक्त रूप बनते हैं। भविष्यकालिक और आज्ञार्थक/निवेदनार्थक (Imperative) वाक्यों में मुख्य क्रियाओं के पुरुष आधारित रूप निर्मित होते हैं।

10.4 कारक (Case)

कारक (Case) वाक्य के संरचनात्मक घटकों के बीच पाया जाने वाला वह प्रकार्यात्मक संबंध है जो वाक्य की मुख्य क्रिया को वाक्य में आए संज्ञा पदबंधों से जोड़ता है। कारक संबंध प्रकार्य स्थानों (Slots) से संबंधित है, इसलिए यह पदबंधों के बीच ही पाया जाता है। कारक के संबंध में हिंदी वैयाकरणों में दो मत प्राप्त होते हैं। पहला—गुरु (1920) का मत, जिसमें उन्होंने वाक्य के एक घटक का दूसरे घटक से संबंध व्यक्त करने वाले रूप को कारक माना है; और दूसरा—पं. वाजपेयी (1958) का मत, जिसमें उन्होंने कहा है कि कारक केवल वही है जिसका संबंध वाक्य की क्रिया से हो। इस संदर्भ में विस्तृत विवेचन भाग-5 में 'कारक और अन्य प्रकार्यात्मक संबंध' शीर्षक अध्याय के अंतर्गत किया जाएगा। मैं पं. वाजपेयी के मत से सहमत हूँ। लगभग अन्य सभी आधुनिक व्याकरणाचार्य और भाषावैज्ञानिक भी इसी मत से सहमत हैं। अलग-अलग विवेचनों में कारकों की संख्या अलग-अलग बताई गई है। पारंपरिक रूप से कर्ता, कर्म, करण, संप्रदान, अपादान, और अधिकरण छह कारकों की बात की गई है।

कारक एक वाक्यस्तरीय इकाई है। इससे शब्दरूप प्रभावित नहीं होते। इसलिए इनका पदसाधन में कोई विशेष योगदान नहीं है। हिंदी के परसर्गों को विभक्ति नाम देते हुए कारकों से संबद्ध माना गया है। ऐसी स्थिति में संज्ञाओं और सर्वनामों के परसर्गीय रूप निर्माण को इससे जोड़कर देखा जा सकता है, जैसे—लड़का का बहुवचन लड़के, किंतु परसर्ग लगने पर लड़कों हो जाता है। इसे गुरु (1920) द्वारा इस प्रकार से वर्णित किया गया है, ''विभक्तियों के योग के पहले संज्ञाओं का जो रूपांतर होता है, उसे विकृत रूप कहते हैं; जैसे, 'घोड़ा' शब्द के 'ने' विभक्ति के योग के एकवचन में 'घोड़े' और बहुवचन में 'घोड़ों' हो जाता है।

इसलिए 'घोड़े' और 'घोड़ों' विकृत रूप हैं। विभक्तिरहित कर्ता और कर्म को छोड़कर और शेष कारक, जिनमें संज्ञा व सर्वनाम का विकृत रूप आता है, विकृत कारक कहलाता है।''

इस संदर्भ में वस्तुनिष्ठ रूप से विचार किया जाए तो इन रूपों का कारक विशेष से संबंध न होकर परसर्गीय होने अथवा न होने से है। इसलिए इन्हें कारकों से जोड़कर देखना बहुत उचित नहीं है। इन रूपों को केवल प्रत्यक्ष और परसर्गीय (या तिर्यक) कहना अधिक सटीक दिखाई पड़ता है। अत: इस खंड में कारक के बारे में अधिक चर्चा नहीं की जाएगी।

कारक वाक्यस्तरीय संबंधों को व्यक्त करने वाली भाषिक व्यवस्था है। भाषा संसाधन की दृष्टि से इसका प्रयोग भी वाक्यस्तरीय नियमों में ही होता है। चूँकि पारंपरिक व्याकरणों द्वारा व्याकरणिक कोटियों के अंतर्गत 'कारक' को भी रखा गया है। इसलिए इसका यहाँ संक्षिप्त परिचय दिया गया है।

10.5 काल (Tense)

किसी भाषिक अभिव्यक्ति द्वारा उसमें घटित कार्य-व्यापार के समय की दी जाने वाली सूचना **काल** (Tense) है। इसका संबंध क्रिया से है। वाक्य की क्रिया या क्रिया पदबंध का रूप ही काल को अभिव्यक्त करता है। इसी कारण 'काल' को क्रिया का एक रूप परिवर्तन मानते हुए गुरु (1920) ने कहा है, ''क्रिया के उस रूपांतर को काल कहते हैं, जिससे क्रिया के व्यापार का समय तथा उसकी पूर्ण या अपूर्ण अवस्था का बोध होता है; जैसे—मैं जाता हूँ (वर्तमान काल), मैं जाता था (भूतकाल), मैं जाऊँगा (भविष्यत् काल)।'' (हिंदी व्याकरण)। काल एक अमूर्त इकाई है जिसकी व्यवस्था बाह्य संसार में संपूर्ण ब्रह्मांड की गति या परिवर्तन पर आधारित है। पृथ्वी पर यह आवृत्तिमूलक घटनाओं की पुनरावृत्ति पर आधारित है और वही उसकी गणना का आधार है, जैसे—चौबीस घंटों में पृथ्वी अपना चक्कर पूरा करती है और मानव कैलेंडर में दिन बदलता है। इस घटना की जितनी बार पुनरावृत्ति होती है उतनी बार दिन बदलते रहते हैं। इसी क्रम में अन्य चीजें भी निर्धारित होती हैं।

प्राकृतिक रूप से घटित काल या समय (Time) और भाषा में उसका बोध दो अलग-अलग चीजें हैं। भाषा में अभिव्यक्ति केवल प्राकृतिक काल पर निर्भर नहीं है। बाह्य संसार में केवल एक ही काल है—'वर्तमान काल', अर्थात् वह समय जो लगातार घटित हो रहा है। इसके अलावा 'भूतकाल' हमारी स्मृति पर आधारित होता है तथा 'भविष्यकाल' हमारी कल्पना, योजना और संभावना पर आधारित होता है। भाषा में तात्कालिक अवस्था के अतिरिक्त पूर्व और पश्च की घटनाओं को भी अभिव्यक्त करने की क्षमता होती है। इसमें पूर्व में घटित घटनाओं

की अवस्था को 'भूतकाल' और पश्च या बाद में घटित होने के लिए नियोजित या कल्पित घटनाओं की अवस्था को 'भविष्यकाल' कहते हैं। इसके लिए 'उक्ति के संदर्भ समय' को आधार बनाया जाता है। अर्थात् जब वाक्य बोला या लिखा (अभिव्यक्त किया) गया तब को वर्तमान मानकर उक्ति में वर्णित घटना के काल का निर्धारण किया जाता है। यह भाषा की व्यवस्था आधारित सुविधा है, इसका प्राकृतिक काल से संबंध होना आवश्यक नहीं है। इसी की ओर संकेत करते हुए डॉ. अनिल कुमार पाण्डेय (2010) ने कहा है, "हिंदी की काल व्यवस्था के दो पहलू हैं। एक वह जो लौकिक जगत् से संबंध रखता है, जिसे समय कहा गया है। दूसरा जिसका संबंध लौकिक जगत् से न होकर भाषिक जगत् से होता है।"

चूँकि भाषा में अभिव्यक्त काल द्वारा प्राकृतिक काल या लौकिक काल का अनुकरण करना आवश्यक नहीं है। इसलिए विभिन्न भाषाओं में कालों की संख्या अलग-अलग हो सकती है। फिर भी, अधिकांश भाषाओं में तीन काल पाए जाते हैं, जो हिंदी में भी हैं—वर्तमान काल, भूतकाल और भविष्यकाल। इनका संक्षिप्त परिचय निम्नलिखित है—

1. **वर्तमान काल :** जब वाक्य में घटित घटना का संदर्भ उक्ति को व्यक्त किए जा रहे समय का ही हो तो उसके काल को वर्तमान काल कहते हैं, जैसे—
   - वह ***खेलता*** है।
   - मैं पढ़ ***रहा*** हूँ।
   - यहाँ एक पुराना मंदिर है।

   उपर्युक्त उदाहरणों में 'खेलने', 'पढ़ने' और 'मंदिर के होने' का संदर्भ वही है जिसमें बात कही जा रही है। इसलिए इन वाक्यों में वर्तमान काल है।
2. **भूतकाल :** जब वाक्य में घटित घटना का संदर्भ उक्ति को व्यक्त किए जा रहे समय से पूर्व का हो, अर्थात् वाक्य में उल्लेखित घटना अभिव्यक्त करने से पहले ही घटित हो चुकी हो, तो उसके काल को भूतकाल कहते हैं, जैसे—
   - वह ***खेलता*** था।
   - मैंने यहीं 10 वर्ष पढ़ाई **की**।
   - यहाँ एक पुराना मंदिर **था**।

   उपर्युक्त उदाहरणों में 'खेलने', 'पढ़ने' और 'मंदिर के होने' का संदर्भ बात के कहे जाने के पूर्व का है। इसलिए इन वाक्यों में भूतकाल है।
3. **भविष्यकाल :** जब वाक्य में घटित घटना का संदर्भ उक्ति को व्यक्त किए जा रहे समय के बाद का हो तो उसके काल को भविष्यकाल कहते

हैं। अर्थात् इसमें अभी घटना घटित नहीं हुई रहती है। वह वक्ता की योजना या कल्पना का अंग होती है, जैसे—

- वह क्रिकेट **खेलेगा**।
- मैं मेडिकल की पढ़ाई **करूँगा**।
- यहाँ एक नया मंदिर **बनेगा**।

उपर्युक्त उदाहरणों में 'खेलने', 'पढ़ाई करने' और 'मंदिर के बनने' का संदर्भ बात के कहे जाने के बाद का है। अर्थात् वाक्य में वर्णित घटना न तो घटित हो चुकी है और न ही बोले जाने के समय पर घटित हो रही है। इसलिए इन वाक्यों में भविष्यकाल है।

भाषा संसाधन की दृष्टि से 'काल' क्रिया पदबंध के विश्लेषण हेतु एक अत्यंत महत्त्वपूर्ण कारक (Factor) है। इसलिए क्रिया के रूपसाधन या पदसाधन और क्रिया पदबंध के निर्माण या विश्लेषण संबंधी चरणों में काल पर विचार किया जाना आवश्यक है। पदबंध स्तरीय विश्लेषण की दृष्टि से देखा जाए तो एक महत्त्वपूर्ण तथ्य जरूर सामने आता है कि हिंदी में काल संबंधी सूचना क्रिया पदबंध के अंतिम घटक शब्द से ही जुड़ी रहती है। यह अंतिम घटक शब्द 'मुख्य क्रिया' अथवा 'सहायक क्रिया' दोनों में से कोई भी हो सकता है, जैसे—

- उसने खाना ***खाया***।
- वह खाना खा ***रहा था***।
- मैं आज भरपेट खाना ***खाऊँगा***।

उपर्युक्त उदाहरणों में 'खाया', 'था' और 'खाऊँगा' शब्दों में ही काल संबंधी सूचना है। वैसे प्रथम वाक्य में 'पूर्णताबोध' भी है जो एक पक्षात्मक सूचना है। किंतु यह केवल पक्षात्मक तभी कहा जाएगा, जब उसके बाद कोई सहायक क्रिया भी आए, जैसे—

- उसने खाना ***खाया है***।
- उसने खाना ***खाया था***।

इसी प्रकार, एक और बात ध्यान देने वाली है, काल संबंधी सूचना क्रिया पदबंध के अंतिम घटक शब्द में होती है, वाक्य के अंतिम घटक शब्द में नहीं। यद्यपि हिंदी एक 'कर्ता-कर्म-क्रिया' (SOV) वाक्य रचना वाली भाषा है, फिर भी कुछ विशेष प्रकार की वाक्य रचनाओं में अंतिम स्थान पर क्रियेतर शब्दवर्गों के शब्द आ सकते हैं, जैसे—

- तू चलता है ***क्या?***
- मैं तो जाऊँगा ***नहीं***।
- तुम तो चलोगे ***न?***

अतः भाषा संसाधन संबंधी नियम बनाते समय इन प्रयोगों का भी ध्यान रखना चाहिए।

10.6 पक्ष (Aspect)

किसी काल विशेष में घटित होने वाली घटना के घटित होने की अवस्था का बोध कराने वाली व्याकरणिक कोटि **पक्ष** (Aspect) है। पक्ष और काल एक-दूसरे से जुड़े रहते हैं। काल का संबंध क्रिया के व्यापार के समय को सूचित करने से है तो पक्ष का संबंध उस समय विशेष में व्यापार के घटित होने की अवस्था से। इसी कारण हिंदी के कुछ आरंभिक विद्वानों द्वारा काल और पक्ष में अंतर नहीं किया गया है। स्वयं गुरु (1920) ने दोनों को एक साथ रखते हुए कहा है, "क्रिया के उस रूपांतर को काल कहते हैं, जिससे क्रिया के व्यापार का समय तथा उसकी पूर्ण या अपूर्ण अवस्था का बोध होता है।" (हिंदी व्याकरण)। इसमें की जा रही 'पूर्ण और अपूर्ण अवस्था' की बात 'पक्ष' से संबंधित है। काल से जहाँ यह सूचना मिलती है कि क्रिया का व्यापार कब या किस समय घटित हो रहा है, वहीं पक्ष से यह सूचना मिलती है कि क्रिया द्वारा घटित हो रहा व्यापार किस अवस्था में है या किस प्रकार से घटित हो रहा है।

पक्ष के प्रकार : पक्ष के मूलतः दो वर्ग किए गए हैं—

1. पूर्ण पक्ष
2. अपूर्ण पक्ष

1. **पूर्ण पक्ष :** जब वाक्य द्वारा व्यक्त कार्य-व्यापार की पूर्णता का बोध हो, तो इस अवस्था को पूर्ण पक्ष कहते हैं। चूँकि पूर्ण पक्ष वाले वाक्यों में घटना पूरी हो चुकी होती है, या पूर्णतः घटित हो चुकी होती है। इसलिए इसके आंतरिक भाग नहीं किए जा सकते। जिन वाक्यों में पूर्ण पक्ष होता है, उनमें घटित घटना एक संपूर्ण या समग्र इकाई के रूप में रहती है। पूर्ण पक्ष के कुछ उदाहरण निम्नलिखित हैं—
   - वह फिल्म देख ***चुका है***।
   - उसने फिल्म ***देखी***।

   उपर्युक्त वाक्यों में 'देखने' की घटना पूरी हो चुकी है। कुछ रचनाओं में समय सापेक्ष पूर्णता भी प्रदर्शित होती है, जैसे—
   - मैंने इसे 1990 में ही देख ***लिया था***।
   - मेरे आने से पहले ही वह जा ***चुका था***।
   - जब तक तुम आओगे तब तक लड़कियाँ ***चली जाएँगी***।

   उपर्युक्त वाक्यों में 'देखने' और 'जाने' की घटनाएँ समय सापेक्ष पूर्णता से जुड़ी हैं।
2. **अपूर्ण पक्ष :** जिन वाक्यों में क्रिया द्वारा व्यक्त कार्य-व्यापार या घटना पूरी नहीं हुई रहती है, उनमें अपूर्ण पक्ष होता है। इसमें कार्य-व्यापार को एक प्रक्रिया के रूप में देखा जाता है।

अपूर्ण पक्ष वाक्यों के क्रियारूपों द्वारा निम्नलिखित भावों का बोध होता है—

(क) **स्थित्यात्मकता** : इस प्रकार के वाक्यों द्वारा संबंधित 'उद्देश्य' के अस्तित्व, स्थिति या अवस्था का बोध होता है, जैसे—

- वह किताब ***है***।
- मोहन लड़का ***है***।
- मैरी इस अस्पताल में नर्स ***है***।

इन वाक्यों में मूलत: केवल कालबोध ही है। पक्ष के स्तर पर स्थिति की सूचना उसी में निहित मान ली गई है।

(ख) **नित्यता** : इसमें किसी कार्य के बार-बार होते रहने का बोध होता है। इस कारण इसे आवृत्तिमूलक या आवृत्तिपरक पक्ष भी कहा गया है। इसमें यह आवश्यक नहीं है कि कार्य तभी हो रहा हो जब वाक्य उच्चरित या अभिव्यक्त किया गया हो, किंतु वह कार्य पहले से होता रहा है और अभी समाप्त नहीं हुआ है, का बोध होता है। नित्यताबोधक वाक्यों में मुख्य क्रिया के साथ '-ता' प्रत्यय जुड़कर आता है, जैसे—

- लड़का मैदान में ***खेलता है***। (खेल + ता)
- यहाँ ठंडी हवा ***बहती है***। (बह + ती)
- तुम शहर में काम ***करते हो***। (कर + ते)

(ग) **सातत्य** : इसमें वाक्य को अभिव्यक्त किए जाने के समय ही कार्य जारी रहता है। इसके लिए वाक्यों में मुख्य क्रिया के साथ 'रह' पक्षात्मक क्रिया (रूप—रहा, रही, रहे) आती है, जैसे—

- लड़का मैदान में ***खेल रहा है***। (खेल + रहा)
- यहाँ ठंडी हवा ***बह रही है***। (बह + रही)
- तुम अच्छा काम ***कर रहे हो***। (कर + रहे)

उपर्युक्त पक्षों को विद्वानों द्वारा 'मूल पक्ष' कहा गया है, क्योंकि इनके अलावा 'सहायक पक्ष' भी होते हैं जो विशेष प्रकार के भावों को अभिव्यक्त करने के लिए प्रयुक्त होते हैं। हिंदी में उनके कुछ प्रत्यय या चिह्नक हैं जिन्हें 'सहायक पक्ष चिह्नक' कहा जाता है। इन्हें निम्नलिखित रूपों में देखा जा सकता है—

(क) **आरंभद्योतक**

-ने + लग → ट्रेन ***चलने लगी***।

(ख) **आरंभपूर्वद्योतक**

-ने + वाला → ट्रेन ***चलने वाली है***।

(ग) वर्धमानद्योतक

–ता + चल → वह ***कहता चला गया***।

–ता + जा → जब तक लक्ष्य न मिले, हमें ***बढ़ते जाना है***।

–ता + आ + रह → नदी का पानी ***बढ़ता चला आ रहा है***।

(घ) अभ्यासद्योतक

–या + कर → वह मंदिर ***जाया करता है***।

–या + रह → वह ***सोया रहता है***।

–ता + रह → वह मंदिर ***जाता रहता है***।

नोट :

(1) 'या + कर' रचना में 'या' का रूप नहीं बदल सकता, जैसे—

- लड़की मंदिर ***जाया करती है***।
- *लड़की मंदिर ***जायी करती है***।

(2) बहुत कम क्रियाओं के साथ 'या + रह' संरचना का प्रयोग होता है। उदाहरण के लिए 'कार्य' (Action) बोधक क्रियाओं के साथ 'या + रह' रचना का सामान्यत: प्रयोग नहीं होता, जैसे—

*लड़का मंदिर जाया रहता है।

(ङ) पूर्णताद्योतक

+ चुक → लड़का खाना ***खा चुका है***।

+ रा → मैंने प्रसाद ***ले रखा है***।

प्राकृतिक भाषा संसाधन की दृष्टि से 'पक्ष' एक महत्त्वपूर्ण व्याकरणिक कोटि है। यहाँ पर सैद्धांतिक व्याकरण और संगणकीय व्याकरण में एक अंतर दिखाया जा सकता है। सैद्धांतिक व्याकरण में हम '–ने + लग' या 'ने + वाला' के रूप में 'पक्ष चिह्नक + शब्द' को दर्शा सकते हैं। जिसकी व्याख्या इस प्रकार की जा सकती है—

जब क्रिया के धातुरूप (मुख्य क्रिया में से 'ना' हटाकर, जैसे—जा, खा, चल, पी आदि) के साथ 'ने' आए और उसके बाद 'वाला/वाली/वाले' आए तो इस प्रकार से बनने वाली रचना में आरंभपूर्वद्योतक पक्ष होगा।

किंतु संगणकीय व्याकरण में नियम इस प्रकार नहीं दिए जा सकते। कंप्यूटर को समझाने के लिए सबसे पहले 'धातु + ने' को मुख्य क्रिया के रूप में दिखाया जाएगा। सैद्धांतिक व्याकरण की दृष्टि से केवल 'धातु' ही इसमें मुख्य क्रिया है। इसमें जुड़ा प्रत्यय सहायक क्रिया का भाग है। किंतु कंप्यूटर पर अनुप्रयोग की दृष्टि से यह पूरा शब्द मुख्य क्रिया है। इसे 'VM' या मुख्य क्रिया के टैग द्वारा ही प्रदर्शित किया जाएगा। इसके बाद 'वाला/वाली/वाले' को उसके टैग में दिखाया जाएगा।

फिर पदबंध संरचना नियम (विसंदिग्धीकरण नियम) द्वारा इन्हें एक इकाई के रूप में संयुक्त कर प्रदर्शित किया जाएगा। यह बात 'प्रत्यय + स्वतंत्र शब्द' वाली सभी रचनाओं पर लागू होगी। अर्थात् 'वह जाने लगा' वाक्य में केवल 'जा' मुख्य क्रिया है, और 'ने + लगा' पूरी रचना सहायक क्रिया है। किंतु मशीन द्वारा धातु से जुड़े पूरे पद 'जाने' को मुख्य क्रिया और 'लगा' को सहायक क्रिया के रूप में प्रदर्शित किया जाएगा। इसके बाद अगले स्तर पर मुख्य क्रिया पद का रूपिमिक विश्लेषण करके उसमें जुड़े प्रत्यय 'ने' को अलगाकर 'ने + लगा' को मिलाकर वास्तविक क्रिया पदबंध रचना को प्राप्त किया जाएगा।

पक्ष को व्यक्त करने वाले क्रिया प्रत्ययों और स्वंतत्र क्रिया शब्दों के प्रयोग की विविध स्थितियों का विश्लेषण किया जाना चाहिए।

10.7 वृत्ति (Mood)

विभिन्न भाषाओं में कुछ वाक्य ऐसे होते हैं जिनसे वे सूचनाएँ या क्रिया व्यापार अभिव्यक्त होते हैं जो बाह्य संसार में घटित ही नहीं हुए रहते हैं। उन्हें वक्ता द्वारा विभिन्न प्रकार के कारणों से केवल अभिव्यक्त मात्र किया जाता है। इसमें वक्ता की इच्छा हो सकती है, जैसे—'मैं जाना चाहता हूँ।' इस वाक्य में 'जाने' का व्यापार घटित नहीं हो रहा है केवल यह वक्ता की इच्छा मात्र है। इसी प्रकार आज्ञा, निवेदन, सलाह और विवशता आदि संबंधी वाक्य भी देखे जा सकते हैं। इस प्रकार के वाक्यों द्वारा व्यक्त भावों को सामूहिक रूप से **वृत्ति** (Mood) नाम दिया गया है।

अत: वृत्ति वाक्यों द्वारा व्यक्त वह सूचना, विचार या कार्य-व्यापार है जो बाह्य संसार में घटित न होकर केवल वक्ता के मन में निहित होता है। इसे वक्ता द्वारा इच्छा, संभावना, अनुमान, विवशता अथवा सुझाव के रूप में प्रस्तुत किया जाता है। आर्येंद्र शर्मा (1972) द्वारा इसे परिभाषित करते हुए कहा गया है, ''क्रिया के उन रूपों को वृत्ति कहते हैं जो कार्य के घटित होने की रीति को बताते हैं (अर्थात् कोई कार्य मात्र घटित होता है या उसे करने का आदेश दिया जाता है अथवा यह किसी विशेष अवस्था पर निर्भर होता है)।'' (हिंदी के क्रिया रूप)।

अंग्रेजी के सुप्रसिद्ध भाषाविद् सी.एफ. हॉकेट (1958) ने वृत्ति को इस प्रकार परिभाषित किया है, "Moods (Models) show differing degree or kinds of reality, desirability or contingency of an event." (A Course in Modern Linguistics)

वृत्ति को अभिव्यक्त करने वाले वाक्यों को वृत्तिमूलक वाक्य कहा जाता है। हिंदी में ऐसे वाक्यों की रचना कई प्रकार से होती है। साथ ही इनसे कई प्रकार के भावों की भी अभिव्यक्ति होती है। इसी कारण भिन्न-भिन्न वैयाकरणों द्वारा इसे अलग प्रकार से वर्गीकृत किया गया है। समेकित रूप से विचार करते हुए हिंदी

वृत्तिमूलक वाक्यों द्वारा अभिव्यक्त भावों को निम्नलिखित शीर्षकों के अंतर्गत समझा जा सकता है—

(1) संभावनार्थक

(2) आज्ञार्थक/निवेदनार्थक

(3) सामर्थ्यसूचक

(4) बाध्यतासूचक

(5) हेतुहेतुमद्भाव

उपर्युक्त सभी का संक्षिप्त परिचय इस प्रकार है—

(1) संभावनार्थक : इसके अंतर्गत वे सभी वाक्य आते हैं जिनसे क्रिया द्वारा व्यक्त कार्य-व्यापार के घटित होने की संभावना मात्र रहती है, घटना बाह्य संसार में घटित नहीं हुई रहती है। इसकी सूचना कुछ वाक्य रचनाओं में 'क्रियारूपों' ('वाला है' और 'मुख्य क्रिया + '-ए') द्वारा मिलती है और कुछ वाक्यों में 'शायद', 'संभव है' और 'संभवत:' जैसे शब्दों का भी प्रयोग होता है। उदाहरण—

- आपका सामान ***पहुँचने वाला है***। (क्रिया + वाला है)
- गाड़ी ***आने वाली है***। (क्रिया + वाली है)
- शायद उसे जाना ***पड़े***। (धातु + ए)
- संभव है वह मेले में ***मिले***। (धातु + ए)

(2) आज्ञार्थक/निवेदनार्थक : इस वर्ग में आज्ञा, सलाह, राय, उपदेश, निवेदन, प्रार्थना आदि भावों को व्यक्त करने वाले सभी वाक्य आ जाते हैं। इसके लिए केवल 'आज्ञार्थक' या 'निवेदनार्थक' शब्दों का प्रयोग करने से सभी प्रकार के भाव नहीं आ पाते हैं। यह वर्ग अंग्रेजी के 'Imperative' का प्रतिनिधित्व करता है, जिसके लिए हिंदी में अभी तक कोई उपयुक्त शब्द निर्मित नहीं किया जा सका है। ऐसे वाक्यों द्वारा व्यक्त भावों के आधार पर इन्हें 'आपनिपरक' कहा जा सकता है। जिसमें आ = आज्ञा, प = परामर्श और नि = निवेदन का प्रतिनिधित्व करते हैं। अत: 'Imperative' का अनुवाद 'आपनिपरक' किया जा सकता है। विभिन्न भावों को व्यक्त करने वाले वाक्यों के कुछ उदाहरण इस प्रकार हैं—

आज्ञा : जिन वाक्यों से संबोधित व्यक्ति को आदेश देने का बोध होता है, वे इस वर्ग में आते हैं। चूँकि आदेश सदैव अपने से छोटे को दिया जाता है, इसलिए इस प्रकार के वाक्यों में कर्ता सदैव मध्यम पुरुष—'तुम' और 'तू' होते हैं। जो लुप्त रहते हैं, अर्थात् वाक्य में व्यक्त नहीं होते।

- (तुम) अंदर आ ***जाओ***। (धातु + ओ)
- (तू) अपना काम खुद कर ***ले***। (धातु + 0)

नोट :

(1) इन वाक्यों में 'तुम' और 'तू' के पूर्व संबोधित व्यक्ति का नाम भी आ सकता है, जैसे—

➢ मोहन, (तुम) मेरा बैग उठा ***लाओ***।

➢ ऐ लड़के, (तुम) जरा मेरे पास ***आओ***।

(2) कभी-कभी वाक्य का आदेशकर्ता भी वाक्य में व्यक्त क्रिया का सहभागी हो सकता है, ऐसी स्थिति में कुछ वाक्य रचनाओं में क्रियारूप बहुवचन उत्तम पुरुष 'हम' वाला हो जाता है, और कुछ वाक्य रचनाओं में '-ए' रूप हो जाता है, जैसे—

➢ अब इस काम को (तुम और मैं मिलकर 'हम') पूरा कर ***लें***।

➢ चलो, जल्दी इस काम को पूरा कर ***लिया जाए***।

निवेदन, प्रार्थना : जिन वाक्यों द्वारा संबोधित व्यक्ति से निवेदन करने का बोध होता है, वे इस वर्ग में आते हैं। चूँकि निवेदन सदैव अपने से बड़े से किया जाता है, इसलिए इस प्रकार के वाक्यों में कर्ता सदैव मध्यम पुरुष—'आप' होता है। जो कभी वाक्य में व्यक्त होता है तो कभी लुप्त होता है, अर्थात् वाक्य में व्यक्त नहीं होता, जैसे—

➢ आप यहाँ ***बैठिए***। (धातु + इए)

➢ (आप) ***चलिए,*** मैं आता हूँ। (धातु + इए)

➢ उसे अभी पढ़ लेने ***दें***। (धातु+एँ)

➢ उसे क्षमा कर ***दें***। (धातु + ं)

कुछ वाक्यों में अंग्रेजी के 'Please' की तरह 'कृपया' का भी प्रयोग होता है, जैसे—

➢ कृपया इधर ***आइए***।

➢ कृपया शांत ***रहें***।

प्रश्नवाचक निवेदनार्थक वाक्यों में 'क्या' के साथ 'सकना' सहायक क्रिया का प्रयोग किया जाता है, जैसे—

➢ क्या मैं अंदर आ ***सकता हूँ ?***

निवेदनार्थक वाक्यों में भी कभी-कभी कर्ता स्वयं को भी सम्मिलित कर लेता है जब वाक्य की क्रिया में '-ए' रूप में होता है, जैसे—

➢ चलिए, जल्दी इस काम को पूरा कर लिया ***जाए***।

इसमें वक्ता और श्रोता दोनों के मिलकर काम के पूरे किए जाने का भाव है।

परामर्श या उपदेश : इस प्रकार के वाक्यों द्वारा किए जाने वाले कार्य के संबंध में वक्ता द्वारा परामर्श (सलाह) या राय दी जाती है अथवा

उपदेश दिया जाता है। ऐसे वाक्यों के अंत में 'चाहिए' का प्रयोग होता है और संबोधित कर्ता के साथ 'को' का प्रयोग रहता है। इस प्रकार के वाक्य से जब एक व्यक्ति के लिए संबोधन होता है तो 'सलाह' या 'राय' का बोध होता है और जब सामूहिक रूप से संबोधन होता है तो 'उपदेश' का बोध होता है, जैसे—

➢ तुम्हें इतना अधिक नहीं घूमना चाहिए।
➢ उसे अपना काम समय पर कर लेना चाहिए।
➢ हमें बड़ों का आदर करना चाहिए।
➢ (हमें) कभी भी चोरी नहीं करना चाहिए।

नोट : उपदेशसूचक कथन वाक्य के वक्ता पर भी लागू होता है। इसलिए संबोधन में सामान्यत: 'हम सभी को' अनुक्त रहता है।

(3) **सामर्थ्यसूचक :** इसके अंतर्गत वे वाक्य आते हैं जिनसे वक्ता द्वारा वाक्य की क्रिया में सूचित कार्य-व्यापार को कर पाने या न कर पाने की स्थिति का बोध होता है। इन वाक्यों के मूल में 'सकना' का भाव रहता है, इसलिए मुख्यत: सामर्थ्यसूचक वाक्य मुख्य क्रिया के पश्चात् 'सकना' के सहायक क्रिया के रूप में प्रयोग से ही निर्मित होते हैं। किंतु इसके अलावा 'बन', 'पा' और 'ले' का भी सहायक क्रिया के रूप में प्रयोग होता है, जैसे—

➢ मैं अंग्रेजी पढ़ ***सकता हूँ***।
➢ वह हिंदी नहीं पढ़ ***सकता है***।
➢ यह लड़का जापानी बोल ***पाता है***।
➢ यह लड़का जापानी नहीं बोल ***पाता है***।
➢ वह बूढ़ा बिना सहारे के चल ***लेता है***।
➢ अब मुझसे यह देखते नहीं ***बनता***।

नोट :

(1) 'बनना' क्रिया का सामर्थ्यसूचक सहायक क्रिया के रूप में प्रयोग होने पर स्वाभाविक सकारात्मक वाक्य नहीं बनते, जैसे—

➢ *मुझसे यह देखते ***बनता है***।
➢ *अब मुझसे यह ***देखते बनता***।

(2) 'सकना' क्रिया का प्रयोग स्वीकृतिसूचक वाक्यों में भी होता है, जिसे आज्ञार्थक वाक्यों का ही एक प्रकार कहा जा सकता है, जैसे—

➢ तुम यहाँ से जा ***सकते हो***।

(3) इसी प्रकार क्रिया द्वारा सूचित व्यापार को पूर्ण होने की प्रबल संभावना को भी 'सकना' क्रिया के प्रयोग द्वारा व्यक्त किया जाता है, जैसे—

➢ अब यह तार टूट ***सकता है***।

➢ तेज बस पेड़ से टकरा ***सकती है***।

➢ बरसात में कभी भी बिजली गिर ***सकती है***।

(4) **बाध्यतासूचक :** इस प्रकार के वाक्यों से यह सूचित होता है कि कर्ता संबंधित क्रिया व्यापार को करना नहीं चाहता फिर भी उसे करना होता है। अर्थात् इनमें कर्ता की इच्छा न होने के बावजूद बाह्य परिस्थियों या किसी और की इच्छा या बाध्यता के कारण उसे कार्य को संपादित करना पड़ता है। इसके लिए वाक्य की मुख्य क्रिया के साथ '-ना पड़', '-ना हो' और '-ते बन' वृत्ति प्रत्ययों का प्रयोग किया जाता है, जैसे—

➢ मुझे धूप में बाजार ***जाना पड़ता है***।

➢ उसे रोज कपड़ा धोना ***पड़ता था***।

➢ मुझे अपने साथ दो लोगों को ***रखना होगा***।

➢ उसे पूरा खाना खत्म ***करना*** है।

➢ इस लड़के से अब अधिक ***खाते*** नहीं ***बनता***।

(5) **हेतुहेतुमद्भाव :** इसमें वक्ता द्वारा क्रिया को संपादित करने की अवस्था किसी परिस्थिति विशेष पर आधारित होती है। इस प्रकार के वाक्यों द्वारा क्रिया के कार्य-व्यापार को संपादित किए जाने के लिए शर्त, इच्छा का भाव व्यक्त होता है। इसके लिए मुख्य क्रिया के साथ '-ता' (ती/ते) और '-या' वृत्ति प्रत्ययों का प्रयोग होता है, जैसे—

➢ यदि तुम ***बुलाते*** तो ***मैं आ जाता***।

➢ यदि वह ***पढ़ती*** तो पास ***हो जाती***।

वृत्ति और भविष्यकाल

भविष्यकाल एक 'काल' है या 'वृत्ति'? यह विद्वानों के बीच विवाद का विषय रहा है। इसका कारण है—भविष्यकाल में क्रिया द्वारा व्यक्त कार्य-व्यापार की स्थिति और वृत्ति में व्यक्त अवधारणा। वृत्ति के मूल में यह बात है कि वाक्य में आई मुख्य क्रिया द्वारा व्यक्त कार्य-व्यापार वास्तविक संसार में घटित न हुआ हो। भविष्यकाल की वाक्य रचनाओं में भी वाक्य की क्रिया द्वारा व्यक्त कार्य-व्यापार वास्तविक संसार में घटित नहीं होता है, बल्कि यह वक्ता की योजना अथवा कल्पना का हिस्सा होता है। भविष्यकाल के लिए उल्लेखित घटना अपने नियत समय पर घटित हो ही, यह आवश्यक नहीं है। उदाहरण के लिए यदि कोई यह कहता है कि 'मैं कल रेलगाड़ी से आगरा जाऊँगा' और शाम तक योजना बदल गई या रेलगाड़ी रद्द हो गई तो फिर वाक्य की क्रिया घटित नहीं होगी। इसी प्रकार जब वाक्य उद्घाटित किया जा रहा है तब न तो वाक्य में वर्णित घटना घटी हुई रहती है और न ही घट रही होती है। वह वक्ता के मस्तिष्क में ही रहती है, ऐसी स्थिति में भविष्यकालिक

वाक्य रचनाओं को भी वृत्ति के अंतर्गत रखा जा सकता है। अधिकांश विद्वानों ने इसी आधार पर भविष्यकाल की वाक्य रचनाओं द्वारा व्यक्त भाव को 'भविष्यकालिक वृत्ति' नाम दिया है। डॉ. अनिल कुमार पाण्डेय (2010) ने इस संदर्भ में कहा है, "इसमें अनिश्चितता की स्थिति बनी रहती है। प्रयुक्त वृत्ति प्रत्यय : -एगा, -एगे, -एगी आदि भविष्यवाची प्रत्यय लगते हैं। इसमें वृत्ति के साथ-साथ काल-तत्व का भी बोध होता है। यथा—

1. रमेश घर ***जाएगा***।
2. मैं सुबह ***आऊँगा***।
3. शीला काम ***करने लगी***।"

प्राकृतिक भाषा संसाधन की दृष्टि से इस बात से कोई विशेष अंतर नहीं पड़ता कि भविष्यकाल एक काल है या वृत्ति। इसलिए भविष्यकाल या भविष्यकालिक वृत्ति वाले वाक्यों में प्रयुक्त क्रियारूपों हेतु लगने वाले प्रत्ययों का संकलन करके उनके विश्लेषण एवं निर्माण संबंधी नियम दिए जाने चाहिए। व्याकरणिक विवेचन की दृष्टि से मेरी समझ से इसे 'काल' मानना अधिक उपयुक्त है। बाह्य जगत में 'समय' की संपूर्ण अवधारणा को केवल वर्तमान और भूत के आधार पर नहीं व्याख्यायित किया जा सकता। भविष्य ही वर्तमान बनकर सामने आता है और भूत बन जाता है। वर्तमान की सत्ता 'क्षण' मात्र की है और जब तक उसे देखने के कोशिश करते हैं तब तक वह भूत बन चुका होता है और नया वर्तमान आ चुका होता है। वर्तमान के अलावा भूत और भविष्य का कोई भौतिक प्रमाण नहीं है। केवल उन्हें परिवर्तनों के अवशेष अथवा स्मृति और परिवर्तनों की योजना द्वारा चिह्नित किया जाता है। किंतु इस बात से इनकार नहीं किया जा सकता कि वर्तमान की अवधारणा भूत और भविष्य की संकल्पनाओं द्वारा व्यक्त हो पाती है। अत: भाषा में भी 'वर्तमान' और 'भूत' की तरह 'भविष्य' को भी एक 'काल' के रूप में देखा जाना चाहिए।

10.8 वाच्य (Voice)

वाच्य (Voice) एक वाक्य स्तरीय व्यवस्था है जो क्रिया और वाक्य में उसके अन्विति कर्ता (Agreementizer) के बीच संबंध को निरूपित करती है। किसी भी वाक्य का केंद्र क्रिया होती है, फिर उसी से विभिन्न कारक संबंधों में संज्ञा पदबंध जुड़ते हैं, जिन्हें क्रमश: कर्ता, कर्म, करण, संप्रदान, अपादान और अधिकरण आदि नाम दिए गए हैं। इन सभी में 'कर्ता' और 'कर्म' ही क्रिया से सीधे-सीधे जुड़े होते हैं और उसके रूप को प्रभावित करने की क्षमता रखते हैं। इसी कारण अधिकांश भाषाओं में दो ही वाच्य पाए जाते हैं। संस्कृत में भी दो ही वाच्य हैं। अत: 'क्रिया का रूप कर्ता के आधार पर निर्मित हो रहा है या कर्म के आधार पर'—को व्यक्त करने वाली व्याकरणिक कोटि 'वाच्य' है।

प्रयोग : कुछ हिंदी वैयाकरणों ने वाच्य की ही तरह 'प्रयोग' को भी एक व्याकरणिक व्यवस्था के रूप में स्थान दिया है। गुरु (1920) ने 'प्रयोग' को वाच्य से अलग रखते हुए प्रयोग को परिभाषित करते हुए कहा है, "वाक्य के कर्ता व कर्म के पुरुष, लिंग और वचन के अनुसार क्रिया का जो अन्वय और अनन्वय होता है, उसे प्रयोग कहते हैं।" (हिंदी व्याकरण)। वैसे कुछ भाषाविदों और वैयाकरणों ने वाच्य और प्रयोग को एक ही माना है जबकि कुछ वैयाकरण और भाषाविद् इन्हें अलग-अलग देखते हैं, जैसे—डॉ. वी. कृष्ण स्वामी अयंगार ने वाच्य व प्रयोग को समानार्थी माना है जबकि पं. वाजपेयी (1958) ने भी वाच्य और प्रयोग को अलग-अलग माना है।

वाच्य के प्रकार :

क्रिया के रूप अथवा अन्विति के 'कर्ता' और 'कर्म' से जुड़े होने के कारण वाच्य के मूलतः दो प्रकार होते हैं। किंतु कुछ भाषाओं में ऐसी वाक्य रचनाएँ भी पाई जाती हैं जिनमें 'क्रिया' किसी से भी जुड़ी नहीं होती। ऐसी भाषाओं में तीन वाच्य होते हैं। हिंदी में भी तीन वाच्य हैं। इन्हें ही ध्यान रखते हुए 'वाच्य' को परिभाषित करते हुए गुरु (1920) ने कहा है, "'वाच्य' क्रिया के उस रूपांतर को कहते हैं जिससे यह जाना जाता है कि वाक्य में कर्ता के विषय में विधान किया गया है या कर्म के विषय में अथवा केवल भाव के विषय में।" (हिंदी व्याकरण)। इन तीनों के आधार पर हिंदी में तीन वाच्य निम्नलिखित हैं—

(1) कर्तृवाच्य

(2) कर्मवाच्य

(3) भाववाच्य

1. **कर्तृवाच्य :** जब क्रिया का रूप कर्ता के रूप (लिंग, वचन और पुरुष के आधार पर) द्वारा नियंत्रित होता है, तो कर्तृवाच्य होता है। हिंदी में यह स्थिति तब होती है जब वाक्य में कर्ता उपस्थित होता है और उसके बाद कोई परसर्ग ('ने') या 'वाला' (वाली/वाले) आदि न आया हो, जैसे—
   - मोहन बाजार ***जाता है***।
   - वह लड़की अपना काम ***करती*** है।
   - वे लोग घर से ***आ रहे थे***।
2. **कर्मवाच्य :** जहाँ वाक्य में कर्म द्वारा क्रिया को प्रभावित या नियंत्रित किया जाता है, वहाँ कर्मवाच्य होता है। ऐसे वाक्यों में क्रिया मूल रूप से कर्म से ही जुड़ी होती है। इसलिए इसमें कर्म प्रधान अवस्था में होता है और एक प्रकार से वही वाक्य के कर्ता का कार्य भी करता है। इसके अलावा क्रिया का रूपांतर भी कर्म के लिंग, वचन और पुरुष के आधार पर होता है। इसमें क्रिया को संपादित करने वाला कर्ता प्रायः उल्लेखित नहीं होता

और यदि वह वाक्य में आता भी है तो उसके बाद 'से' या 'द्वारा' लगा होता है, जिससे उसकी प्रधानता समाप्त हो जाती है। कर्ता की प्रधानता को समाप्त करने के लिए ऐसे वाक्यों में सामान्यत: क्रिया के पश्चात् कर्मवाच्य-बोधक 'जाना' (विभिन्न रूपों में) लगा रहता है, जैसे—

- मिठाई ***बँट रही है***।
- उन लोगों द्वारा मिठाई ***बाँटी जा रही है***।
- उससे अपनी पत्नी का दर्द नहीं ***देखा गया***।

कर्मवाच्य केवल सकर्मक क्रियाओं के ही बनते हैं और कर्मवाच्य वाक्य के निर्माण के लिए कर्म का वाक्य में आना आवश्यक है।

3. **भाववाच्य :** भाववाच्य वाक्यों में क्रियाओं के प्रयोग की वह अवस्था है जिसमें कर्ता या कर्म की प्रधानता न होकर क्रिया द्वारा व्यक्त भाव ही प्रधान हो जाता है। इन वाक्यों में कर्ता के साथ 'से' का प्रयोग रहता है और संबंधित क्रिया द्वारा व्यक्त कार्य-व्यापार को संपादित करने में उसकी असमर्थता का बोध होता है। ऐसे वाक्यों में क्रिया का रूप कर्ता या कर्म के लिंग, वचन और पुरुष से प्रभावित नहीं होता और सदैव एकवचन और पुल्लिंग रहता है, जैसे—
   - उस लड़के से ***सोया नहीं जाता***।
   - अब मुझसे ***दौड़ा नहीं जाता***।

   पारंपरिक व्याकरणों के अनुसार भाववाच्य केवल अकर्मक क्रियाओं के ही बनते हैं। मेरा मानना है कि यदि केवल क्रिया के भाव की प्रधानता को व्यक्त करने की अवस्था ही भाववाच्य है तो सकर्मक क्रियाओं के भी भाववाच्य होने चाहिए। इनमें यदि कर्म के बाद कोई परसर्ग न आया हो तो क्रिया का रूप कर्म के लिंग, वचन और पुरुष से प्रभावित होगा और यदि परसर्ग आ जाए तो प्रभावित नहीं होगा, जैसे—

कर्म से प्रभावित क्रिया—

- मुझसे आम खाया नहीं जाता। (कर्म पुल्लिंग ←→ क्रियारूप पुल्लिंग)
- मुझसे मिठाई खाई नहीं जाती। (कर्म स्त्रीलिंग ←→ क्रियारूप स्त्रीलिंग)

कर्म से अप्रभावित क्रिया—

- उस आदमी से लड़के को मारा नहीं जाता। (कर्म पुल्लिंग ←→ क्रियारूप पुल्लिंग)
- उस आदमी से लड़की को मारा नहीं जाता। (कर्म स्त्रीलिंग ←→ क्रियारूप पुल्लिंग)

प्रयोग के प्रकार :

वाच्य की तरह ही प्रयोग के भी तीन प्रकार किए गए हैं—कर्तरिप्रयोग, कर्मणिप्रयोग और भावेप्रयोग। इन्हें संक्षेप में इस प्रकार समझ सकते हैं—

(1) **कर्तरिप्रयोग :** जब क्रिया का रूपांतर कर्ता के लिंग, वचन और पुरुष के आधार पर होता है तो इस प्रयोग को कर्तरिप्रयोग कहते हैं, जैसे—
- लड़का ***खेलता है***।
- लड़के ***खेलते हैं***।
- लड़की ***खेलती है***।

(2) **कर्मणिप्रयोग :** जब क्रिया का रूपांतर कर्म के लिंग, वचन और पुरुष के आधार पर होता है तो इस प्रयोग को कर्मणिप्रयोग कहते हैं, जैसे—
- लड़के ने आम ***खाया***।
- लड़के ने मिठाई ***खाई***।

(3) **भावेप्रयोग :** जब क्रिया का रूप कर्ता या कर्म के लिंग, वचन और पुरुष से मुक्त होता है तो इस स्थिति को भावेप्रयोग कहते हैं। इसमें क्रिया का रूप सदैव एकवचन और पुल्लिंग रहता है, जैसे—
- मोहन ने गीता को ***मारा***।
- लड़कों ने बच्चों को ***भगाया***।

वाच्य और प्रयोग : संबंध और अंतर

वाच्य और प्रयोग को भिन्न रखते हुए विचार करने पर एक बात स्पष्ट रूप से सामने आती है कि वाच्य प्रकार्यात्मक दृष्टि से क्रिया और वाक्य के स्वरूप को देखने की व्यवस्था है जबकि प्रयोग रूपरचनात्मक दृष्टि से कर्ता/कर्म और क्रियारूप को देखने की व्यवस्था है। 'वाच्य' में व्यक्त कर्ता, कर्म और क्रिया संबंध आर्थी प्रभाव आधारित है जबकि 'प्रयोग' में व्यक्त कर्ता, कर्म और क्रिया संबंध वाक्य की रूपरचना आधारित। वाच्य के आधार पर भी क्रिया की रूपरचना प्रभावित होती है। वाच्य और प्रयोग एक होने पर क्रियारूप वही रहता है। उदाहरण के लिए एक कर्तृवाच्य रचना का कर्मवाच्य और कर्मणिप्रयोग की रचनाओं में परिवर्तन करने पर क्रियारूपों की अवस्था को देखा जा सकता है—

- राम मिठाई ***खाता है***। (कर्तृवाच्य, कर्तरिप्रयोग)
- राम ने मिठाई ***खाई***। (कर्तृवाच्य, कर्मणिप्रयोग)
- राम द्वारा मिठाई ***खाई गई***। (कर्मवाच्य)

उपर्युक्त उदाहरण में पहले वाक्य में 'कर्तृवाच्य, कर्तरिप्रयोग' होने के कारण 'खाना' क्रिया का रूप कर्ता 'राम' के अनुरूप है। दूसरे वाक्य में 'कर्तृवाच्य, कर्मणिप्रयोग' होने के कारण 'खाना' क्रिया का रूप कर्म 'मिठाई' के अनुरूप हो

गया है। तीसरा वाक्य 'कर्मवाच्य' है इसमें भी 'खाना' क्रिया का रूप कर्म 'मिठाई' के अनुरूप ही है। इसी प्रकार 'कर्तृवाच्य, भावेप्रयोग' और 'भाववाच्य' की वाक्य रचनाओं में क्रियारूपों में कोई अंतर नहीं होता, दोनों में ही क्रिया स्वतंत्र (एकवचन, पुल्लिग) होती है। अत: समान प्रयोग और समान वाच्य होने पर क्रियारूप में कोई अंतर नहीं पड़ता है।

वाच्य और प्रयोग के भेदों को क्रिया की रूपरचना की दृष्टि से एक-दूसरे के सापेक्ष देखें तो कर्मवाच्य और कर्मणिप्रयोग समरूप हैं। इसी प्रकार भाववाच्य और भावप्रयोग भी समरूप हैं। मूलत: समस्या केवल कर्तृवाच्य में तीनों प्रयोगों को लेकर है। भावों में प्रधानता का बोध प्रोक्ति स्तरीय और भाषिक अभिव्यक्ति को बोधन से संबंधित है। वाक्यों की व्याकरणिक रचना की दृष्टि से वाच्य और प्रयोग में कोई सार्थक अंतर देखने को नहीं मिल रहा है। इसलिए दोनों में भेद नहीं किया जाना अधिक उचित प्रतीत होता है।

इस संदर्भ में एक महत्त्वपूर्ण बात की ओर गुरु (1920) द्वारा जरूर संकेत किया गया है कि कर्ता के साथ केवल 'ने' परसर्ग आता है और वह भी केवल भूतकालिक सकर्मक क्रियाओं के साथ। इसलिए परसर्ग के आधार के केवल भूतकालिक सकर्मक क्रियाओं वाले वाक्यों में ही कर्ता की प्रधानता को प्रभावित किया जाता है, 'राम रोटी खाता है' और 'राम ने रोटी खाई' दोनों वाक्य समान प्रकार के ही हैं। इनमें दूसरे वाक्य में 'रोटी' प्रधान नहीं हो गई है। वक्ता का किसी भी प्रकार से मंतव्य 'रोटी' को उसी प्रकार से फोकस करना नहीं है, जिस प्रकार से 'राम द्वारा रोटी खाई गई' में है। अत: इस दृष्टि से वाच्य और प्रयोग दोनों को भिन्न-भिन्न रखना उचित प्रतीत होता है। इस संदर्भ में सुप्रसिद्ध भाषाविद् प्रो. उमाशंकर उपाध्याय से विमर्श करने पर उनका मत भी यही रहा कि वाच्य और प्रयोग को भिन्न-भिन्न देखा जाना चाहिए।

हिंदी के संसाधन की दृष्टि से 'वाच्य' बहुत ही महत्त्वपूर्ण व्याकरणिक सूचना है, विशेष रूप से तब जब 'वाच्य और प्रयोग' को एक ही साथ देखा जा रहा हो। वाक्य के किस संज्ञा पदबंध द्वारा क्रिया के रूप को नियंत्रित किया जा रहा है, यह सूचना इसी व्याकरणिक कोटि से प्राप्त होती है। अत: वाक्य के अन्विति कर्ता (Agreementizer) की खोज हेतु वाच्य और प्रयोग संबंधी नियम प्रणाली में दिए जाने चाहिए। 'व्याकरण जाँचक' निर्माण में इसकी भूमिका केंद्रीय है। वाक्य स्तर पर अन्विति संबंधी नियम इसी के आधार पर दिए जाते हैं। आगे प्रसंगानुकूल इसका वर्णन किया जाएगा।

11

संज्ञा और रूपसाधन (पदसाधन)

(Noun and Inflection)

व्याकरण में बताए गए शब्दभेदों या शब्दवर्गों में संज्ञा सबसे महत्त्वपूर्ण वर्ग है। इसके द्वारा संपूर्ण ब्रह्मांड की वस्तुओं, इकाइयों और संकल्पनाओं का प्रतिनिधित्व किया जाता है, जो संबंधित भाषा के भाषाभाषियों द्वारा व्यवहार में प्रयुक्त होती हैं। कोश में सर्वाधिक संख्या संज्ञा शब्दों की ही होती है। संज्ञा शब्द ही विभिन्न प्रकार के पदबंधों में वाक्य की क्रिया से जुड़ते हैं और वाक्य निर्मित होता है। अत: संज्ञा एक अत्यंत महत्त्वपूर्ण शब्दवर्ग है, इस पर विस्तृत चिंतन किया जाना चाहिए।

11.1 संज्ञा : स्वरूप और परिभाषा

संज्ञा (Noun) वह शब्दवर्ग है जिसके अंतर्गत किसी व्यक्ति, वस्तु, स्थान आदि को इंगित या संकेतित करने वाले शब्दों को रखा जाता है। क्रिया के बाद संज्ञा वाक्य का सबसे महत्त्वपूर्ण और केंद्रीय घटक है। किसी भी भाषा में संज्ञा शब्दों की संख्या सबसे अधिक होती है। संज्ञा को परिभाषित करते हुए कामता प्रसाद गुरु (1920) ने कहा है, "संज्ञा उस विकारी शब्द को कहते हैं जिससे प्रकृति किंवा कल्पित सृष्टि की किसी वस्तु का नाम सूचित हो, जैसे—घर, आकाश, गंगा, देवता, अक्षर, बल, जादू इत्यादि।"

11.2 संज्ञा के प्रकार

संज्ञा एक व्यापक शब्दवर्ग है। इसमें संपूर्ण ब्रह्मांड में किसी भी रूप में व्याप्त विविध प्रकार की वस्तुओं, इकाइयों, संकल्पनाओं, भावों आदि का समावेश है। अत: उन्हें कितने प्रकारों में विभाजित किया जाए, या कितने वर्गों में वर्गीकृत किया जाए, यह एक जटिल प्रश्न है। इसकी जटिलता तब और बढ़ जाती है जब संज्ञा शब्दों को अर्थ और प्रकार्य की दृष्टि से विभाजित करने का प्रयास किया जाता है। भिन्न-भिन्न भाषाओं में संज्ञा के विविध प्रकार बताएँ गए हैं। हिंदी में मूलत: इसके

तीन प्रकार किए गए हैं—व्यक्तिवाचक, जातिवाचक और भाववाचक। किंतु इन तीन प्रकारों पर भी हिंदी वैयाकरणों में मतैक्य नहीं है। गुरु (1920) द्वारा मूल रूप से इसके दो प्रकार ही किए गए हैं—1. पदार्थवाचक, और 2. भाववाचक। आगे पदार्थवाचक के ही दो उपभेद-व्यक्तिवाचक और जातिवाचक के रूप में किए गए हैं। यहाँ पर संज्ञाओं के वर्ग-निर्माण में गुरु की दृष्टि संज्ञा शब्दों के आर्थी बोधन पर केंद्रित रही है। पं. किशोरी दास वाजपेयी (1958) द्वारा संज्ञा के प्रकारों पर आर्थी बोध की दृष्टि से चर्चा की गई है। आपके द्वारा तीनों भेदों की ओर संकेत करते हुए कहा गया है—

"संसार के प्रत्येक पदार्थ का कोई न कोई नाम या संज्ञा लोकव्यवहार के लिए भाषा में निश्चित है। इन संज्ञाओं के वर्ग या श्रेणियाँ बनाना चाहें, तो संसार के सभी जड़-चेतन तत्त्वों का विभाजन करके उनके वर्ग या श्रेणियाँ बनाना जरूरी होगा—'अर्थभेदात् शब्दभेद:'। अर्थ के जितने भेद होंगे, शब्द उतने ही भेदों में विभक्त हो जाएगा।

हिंदी में 'जाति', 'व्यक्ति' तथा 'भाव' शब्द उन विभागों के लिए रखे गए हैं। 'वस्त्र' जाति-वाचक शब्द है। 'शुक्ल वस्त्र' में 'शुक्ल' गुण बतलाता है। 'शुक्लता', 'श्वेतिमा' आदि गुणवाचक संज्ञाएँ हैं, जिन्हें हिंदी में 'भाव-वाचक संज्ञा' कहते हैं। 'राम', 'गोविंद' आदि शब्द हिंदी में 'व्यक्ति-वाचक संज्ञा' कहलाते हैं।" (हिंदी शब्दानुशासन)।

इसी प्रकार अन्य वैयाकरणों के मतों का भी अवलोकन कर लिया जाए तो निष्कर्षस्वरूप संज्ञा के यही तीन भेद प्राप्त होते हैं, इन्हें संक्षेप में इस प्रकार देखा जा सकता है—

1. **व्यक्तिवाचक :** वे संज्ञा शब्द जिनसे इस संपूर्ण ब्रह्मांड के केवल एक व्यक्ति का बोध होता हो, व्यक्तिवाचक संज्ञा कहलाते हैं, जैसे—
   - ***मोहन*** विद्यालय जाता है।
   - ***हिमालय*** भारत के उत्तर में है।
   - ***गंगा*** का पानी अब स्वच्छ नहीं रहा।
   - ***सूरज*** पूरब से निकलता है।

   उपर्युक्त उदाहरणों में 'मोहन', 'हिमालय', 'गंगा' और 'सूरज' शब्द व्यक्तिवाचक संज्ञा हैं। व्यक्तिवाचक संज्ञा किसी व्यक्ति, स्थान, अथवा प्राकृतिक स्थान के वे विशेष नाम होते हैं जिनसे उनकी पहचान होती है। इसलिए इनसे केवल एक उसी का बोध होता है। व्यक्तियों के नामों में देखा जा सकता है कि एक ही नाम एक से अधिक व्यक्तियों के भी होते हैं, जैसे—'मुन्ना', 'राजू', 'अनिल' आदि नाम के हजारों लोग मिल जाएँगे, किंतु ये नाम उनमें किसी समानता का बोध नहीं कराते। इसलिए इन शब्दों को व्यक्तिवाचक शब्द ही कहा जाएगा। इन नामों को रखे जाने का ध्येय केवल अभीष्ट व्यक्ति को ही संदर्भित करने का रहता है।

2. **जातिवाचक :** वे संज्ञा शब्द जिनसे एक प्रकार की विशेषता रखने वाली सभी वस्तुओं या व्यक्तियों का बोध होता हो, जातिवाचक संज्ञा कहलाते हैं, जैसे—
   - ***लड़का विद्यालय*** जाता है।
   - मेरा ***घर*** बहुत बड़ा है।
   - उसकी ***मेज*** पर बहुत सारी ***पुस्तकें*** हैं।

   उपर्युक्त उदाहरणों में 'लड़का', 'विद्यालय', 'घर', 'मेज' और 'पुस्तक' शब्द जातिवाचक संज्ञा हैं क्योंकि इन शब्दों से उस प्रकार की सभी वस्तुओं का बोध हो रहा है। उदाहरण के लिए- 'लड़का' शब्द से किसी 'राम' या 'मोहन' विशेष का नहीं, बल्कि 18-20 वर्ष तक के सभी पुरुष मानवों का बोध हो रहा है।
3. **भाववाचक :** वे संज्ञा शब्द जिनसे किसी व्यक्ति या वस्तु के गुण, भाव, स्वभाव, दशा, अवस्था, विशेषता, धर्म आदि का बोध होता हो, भाववाचक संज्ञा कहलाते हैं, जैसे—
   - ***दया*** मनुष्य का सबसे महान गुण है।
   - उसकी बातों में ***सच्चाई*** है।
   - अभी उसका ***बचपन*** गया नहीं है।

   उपर्युक्त उदाहरणों में 'दया', 'गुण', 'सच्चाई' और 'बचपन' शब्द भाववाचक संज्ञा हैं क्योंकि इन शब्दों से विभिन्न प्रकार के भावों की अभिव्यक्ति हो रही है।

11.3 हिंदी में संज्ञा और लिंग

जैसा कि व्याकरणिक कोटियों के अंतर्गत 'लिंग' की चर्चा करते हुए बताया गया है—किसी वस्तु का प्राकृतिक लिंग और उसका भाषिक बोध दो अलग-अलग बातें हैं। प्राकृतिक रूप से लिंग केवल प्राणियों के होते हैं और वे तीन—पुल्लिंग, स्त्रीलिंग या नपुंसकलिंग हो सकते हैं। किंतु उसका विभिन्न भाषाओं में बोध संबंधित भाषायी समाज की स्थिति और दृष्टि के आधार पर होता है। इसी कारण विभिन्न भाषाओं में शब्दों के लिंग की संख्या भिन्न-भिन्न देखने को मिलती है। हिंदी में पारंपरिक रूप से दो ही लिंग—पुल्लिंग और स्त्रीलिंग—रहे हैं। किंतु इधर कुछ वर्षों में अंग्रेजी के प्रभाव या सामाजिक संरचना में परिवर्तन के कारण हिंदी में उभयलिंग भी विकसित हुआ है। मुख्य रूप से पदवाची शब्दों में यह स्थिति पूर्णत: स्पष्ट रूप से सामने आई है। आरंभ में पदवाची या व्यवसायबोधक शब्दों के लिए संबंधित पुल्लिंग शब्द के साथ समुचित स्त्रीलिंग व्युत्पादक प्रत्यय का प्रयोग करके उनका स्त्रीलिंग रूप निर्मित कर लिया जाता था, जैसे—शिक्षक से शिक्षिका, छात्र से

छात्रा, कवि से कवयित्री आदि। यहाँ तक कि आरंभ में अंग्रेजी शब्दों के भी स्त्रीलिंग रूप हिंदी स्त्रीलिंग व्युत्पादक प्रत्ययों से गढ़ने का भी प्रयास किया गया, जैसे—मास्टर से मास्टरनी, डॉक्टर से डॉक्टरनी या डॉक्टराइन आदि। किंतु पिछले दो-तीन दशकों में समाज के उन सभी क्षेत्रों में महिलाओं की उपस्थिति बहुत तेजी से बढ़ी है जहाँ पारंपरिक रूप से केवल पुरुषों का ही वर्चस्व रहा है। ऐसी स्थिति में सभी क्षेत्रों के पदों या व्यवसायों आदि के लिए स्त्रीलिंग शब्द गढ़े नहीं जा सके। इसके पीछे एक कारण यह भी रहा कि वर्तमान परिवेश में पुरुष-स्त्री भेद या असमानता को भी कम करने के प्रति लोग जागरूक हुए। इस कारण 'लड़का-लड़की एक समान' की भावना को जगाने के लिए या इस तरह की सोच के विकसित होने से अनेक पुल्लिग शब्दों के लिए स्त्रीलिंग शब्द नहीं गढ़े गए, जैसे—

- राष्ट्रपति (ए.पी.जे. अब्दुल कलाम या प्रतिभा पाटिल), कुलपति (पुरुष या स्त्री) : इस प्रकार के शब्दों में 'पति' की जगह 'पत्नी' या कोई और शब्द नहीं जोड़ा जा सकता।
- मंत्री (प्रधानमंत्री—इंदिरा गांधी या नरेंद्र मोदी; मुख्यमंत्री—अखिलेश यादव या ममता बनर्जी) : इसी प्रकार अन्य मंत्री पदों, जैसे—गृहमंत्री, वित्तमंत्री, विदेश मंत्री आदि के लिए भी कोई समुचित स्त्रीलिंग शब्द प्राप्त नहीं होता है।
- अध्यक्ष : आरंभ में इसके लिए 'अध्यक्षा' शब्द भी निर्मित किया, किंतु विभागाध्यक्ष का विभागाध्यक्षा, संकायाध्यक्ष का संकायाध्यक्षा, लोकसभाध्यक्ष के लिए लोकसभाध्यक्षा जैसे प्रयोग अटपटे दिखने के कारण अब पुरुष और महिला दोनों ही 'अध्यक्ष' ही कहलाते हैं।
- शोधार्थी : आरंभ में इसके लिए 'शोधार्थिनी' शब्द निर्मित किया गया, किंतु यह चल नहीं सका और अब पुरुष या स्त्री सब शोधार्थी ही कहलाते हैं। यही स्थिति 'विद्यार्थी' शब्द की भी है।

इसी प्रकार ग्रामप्रधान, मेयर, पुलिस, सुरक्षाकर्मी, व्यापारी आदि अनेक शब्द ऐसे हो चुके हैं जिनका पुरुष और स्त्री दोनों के लिए समानांतर रूप से प्रयोग हो रहा है। अत: इन शब्दों के साथ अन्य आश्रित शब्दों के 'पुल्लिग' और 'स्त्रीलिंग' दोनों रूपों का प्रयोग हो सकता है। संबंधित व्यक्ति पुरुष है या स्त्री इसकी सूचना संदर्भ से प्राप्त की जा सकती है। वैसे सामान्य रूप से स्त्रीलिंग प्रयोगों को अलग करने के लिए कहीं-कहीं संबंधित शब्द से पूर्व 'महिला' शब्द का भी प्रयोग कर दिया जाता है, जैसे—

- ➢ लखनऊ में भारी संख्या में ***महिला पुलिसकर्मियों*** की तैनाती की गई।
- ➢ प्रतिभा पाटिल भारत की पहली ***महिला राष्ट्रपति*** हैं।

वैसे उपर्युक्त में से दूसरे वाक्य को इस प्रकार भी लिखा जा सकता है—

- ➢ प्रतिभा पाटिल एक ***अच्छी राष्ट्रपति*** सिद्ध हुई हैं।

इसमें 'राष्ट्रपति' शब्द के पूर्व 'अच्छा' विशेषण शब्द का स्त्रीलिंग रूप प्रयुक्त हुआ है जो व्याकरण के पदबंधीय नियमों की दृष्टि से गलत है, क्योंकि 'राष्ट्रपति' शब्द पुल्लिग है। किंतु यदि वाक्य स्तर पर देखा जाए तो 'अच्छी राष्ट्रपति' पदबंध 'प्रतिभा पाटिल' उद्देश्य (Subject) के पूरक (Complement) का कार्य कर रहा है। इसलिए यह प्रयोग सही है।

इस प्रकार के प्रयोगों को हिंदी में देखते हुए मेरा मत है कि अब हिंदी में पुल्लिग और स्त्रीलिंग के अतिरिक्त 'उभयलिंग' (Common•Gender) का भी प्रवेश मान लिया जाना चाहिए। इससे दोनों ही लिंगों में प्रयुक्त होने वाले शब्दों को एक वर्ग के अंतर्गत रखा और विश्लेषित किया जा सकता है। वर्तमान में वाचिक हिंदी में (और कुछ हद तक लिखित में भी) अंग्रेजी शब्दों का प्रयोग बहुत तेजी से बढ़ा है। पद, व्यवसाय और संबंध से जुड़े इस प्रकार से सभी शब्द हिंदी में भी दोनों लिंगों के लिए प्रयुक्त हो रहे हैं, जैसे—स्पीकर, डायरेक्टर, एक्टर, रिपोर्टर, डॉक्टर, मास्टर, टी.टी., पुलिस, कजिन आदि। इन सभी का दोनों लिंगों में विस्तार इन्हें 'उभयलिंग' मानकर ही दिया जा सकता है।

11.4 संज्ञा और रूपसाधन (पदसाधन)

रूपस्वनिमिक संरचना की दृष्टि से संज्ञा शब्दों के मुख्यत: दो वर्ग किए जा सकते हैं : पहला मूल शब्द, जिसमें सभी एक रूपिमिक संज्ञा शब्द आते हैं; जैसे—घर, नगर, साधू, लड़का आदि; और दूसरा व्युत्पन्न शब्द, जिसमें उपसर्ग, प्रत्यय से बने शब्द और समास या संधि से बने शब्द आते हैं।

11.4.1 संज्ञा शब्दों का विश्लेषण

हिंदी में संज्ञाओं का रूपसाधन मुख्यत: **वचन** और उनकी **परसर्गीय स्थिति** के आधार पर होता है। वचन की दृष्टि से दो रूप होते हैं—**एकवचन** और **बहुवचन**, जिनकी चर्चा ऊपर की जा चुकी है। परसर्गीय स्थिति के आधार पर संज्ञा शब्दों के दो रूप माने गए हैं—प्रत्यक्ष रूप और तिर्यक रूप। '**प्रत्यक्ष रूप**' (Direct Form) का अर्थ है—शब्द का वह रूप जिसके बाद परसर्ग न आया हो, तथा '**तिर्यक/परसर्गीय रूप**' (Oblique Form) का अर्थ है—शब्द का वह रूप जिसके बाद परसर्ग आया हो। अब इन चारों को एक-दूसरे के साथ मिला देने पर चार रूप हो जाते हैं—एकवचन प्रत्यक्ष, एकवचन तिर्यक, बहुवचन प्रत्यक्ष और बहुवचन तिर्यक। जब शब्द का रूप परिवर्तित होता है तो उसमें संबंधित सूचना आ जाती है। उदाहरण के लिए निम्नलिखित वाक्यों को देखें—

- ➢ वह ***लड़का*** घर जा रहा है।
- ➢ उस ***लड़के*** को बुलाओ।

➢ यहाँ ***लड़के*** खेल रहे हैं।

➢ यहाँ ***लड़कों*** को खेलने दो।

इन वाक्यों में कोशीय शब्द 'लड़का' के चार रूपों—'लड़का, लड़के, लड़के और लड़कों' का प्रयोग किया गया है। वाक्य '2' और '3' में प्रयुक्त 'लड़के' शब्द भले ही दिखाने की दृष्टि से एक ही हैं, किंतु इनका प्रयोग अलग-अलग व्याकरणिक सूचनाओं के लिए हुआ है। इन चारों शब्दों द्वारा व्यक्त व्याकरणिक सूचनाएँ इस प्रकार हैं—

लड़का : एकवचन प्रत्यक्ष

लड़के : एकवचन परसर्गीय

लड़के : बहुवचन प्रत्यक्ष

लड़कों : बहुवचन परसर्गीय

लड़के शब्द 'एकवचन परसर्गीय' है या 'बहुवचन प्रत्यक्ष' का निर्धारण उसके आगे आए हुए परसर्ग से होता है। यदि शब्द के बाद परसर्ग आया हो तो वह एकवचन होगा (वाक्य-2) और यदि नहीं आया हो तो बहुवचन (वाक्य-3)। इसी प्रकार सभी विकारी संज्ञा शब्दों के रूप निर्मित होते हैं। इस प्रकार के अलग-अलग रूप वाले शब्दों और उनके रूपों के संकलन को शब्दरूप टेबल (Word Form Table) कहते हैं।

सभी संज्ञा शब्दों के रूप निर्मित नहीं होते। जिन संज्ञा शब्दों के रूप निर्मित नहीं होते उन्हें **अविकारी** (Indeclinable) संज्ञा कहते हैं, जैसे—चीनी, गेहूँ, चंद्रमा आदि। जिन संज्ञा शब्दों के रूप निर्मित होते हैं उन्हें **विकारी** (Declinable) संज्ञा कहते हैं। रूपसाधन केवल विकारी संज्ञाओं का ही होता है। हिंदी में शब्दों के रूप में परिवर्तन उनके अंतिम वर्ण में परिवर्तन और अतिरिक्त प्रत्यय योग द्वारा होता है। अत:रूपसाधन की व्याख्या के लिए अंतिम वर्ण के अनुसार ही शब्द के रूप विकार को चिह्नित किया जाता है; जैसे—आकारांत होने पर एकारांत या ओकारांत हो जाना।

कोशीय शब्द से शब्दरूपों को प्राप्त करने के लिए किसी-न-किसी विधि का प्रयोग किया जाता है, जो एक मॉडल होता है। यहाँ पर रूपनिर्माण के लिए **'शब्द पैराडाइम मॉडल'** (Word Paradigm Model) का प्रयोग किया जा रहा है। यह मॉडल राजीव सैंगल और विनीत चैतन्य द्वारा 'Natural Language Processing (A Paniniyan Perspective)' (1995) में दिया गया है। इसमें संज्ञा शब्दों के रूपों के निर्माण हेतु वाक्यात्मक प्रयोग में उनके साथ जोड़ी जाने वाली निम्नलिखित सूचनाओं को आधार बनाया गया है—

वचन - एकवचन, बहुवचन

कारक (तिर्यकता) - प्रत्यक्ष, तिर्यक (परसर्गीय)

इनके आधार पर बनने वाले शब्दरूपों की रूपतालिका को लड़का शब्द के उदाहरण से देखा जा सकता है जो 'Natural Language Processing (A Paniniyan Perspective)' (1995) के आधार पर इस प्रकार है—

वचन	कारक (तिर्यकता)	
	प्रत्यक्ष	तिर्यक
एकवचन	लड़का	लड़के
बहुवचन	लड़के	लड़कों

हिंदी में बनने वाले शब्दरूपों में मुख्यत: अंतिम वर्ण में ही परिवर्तन या योग आदि होता है। अत: इन्हें चिह्नित करके **पैराडाइम टेबल** (Paradigm Table) निर्मित किया जा सकता है। उदाहरण के लिए 'लड़का' शब्द से 'लड़के' रूप बनाने के लिए निम्नलिखित परिवर्तन किया गया है—

लड़का शब्द से अंतिम वर्ण 'ा' (आ) को काटा और उसकी जगह 'े' (ए) जोड़ा। मशीनी संसाधन की दृष्टि से 'कौन सा वर्ण काटा?' महत्त्वपूर्ण नहीं है, बल्कि 'कितने वर्ण काटे?' यह महत्त्वपूर्ण है। अत: दूसरे शब्दों में कह सकते हैं कि एक वर्ण काटकर 'े' जोड़ा गया है। इसी प्रकार 'लड़कों' शब्द बनाने के लिए भी एक वर्ण (ा) को काटकर 'ों' जोड़ा गया है। इस आधार पर 'लड़का' शब्द के शब्दरूप का पैराडाइम निम्नलिखित है—

वचन (Number)	कारक (तिर्यकता) (Case/Obliqueness)	
	प्रत्यक्ष (Direct)	तिर्यक (Oblique)
एकवचन (Singular)	0, Null	1, े
बहुवचन (Plural)	1, े	1, ों

इसी प्रकार सभी शब्दों के रूपों के नियम निर्मित होते हैं। इस प्रकार से घटकों और नियमों के संकलन को शब्दरूप टेबल (Word Form Table) कहते हैं।

'लड़का' मूलशब्द से रूपनिर्माण हेतु किए गए इन परिवर्तनों को इस प्रकार समझ सकते हैं—

क्र.सं.	रूप (मूलशब्द - निर्मित रूप)	परिवर्तन
1.	एकवचन प्रत्यक्ष (लड़का-लड़का)	न कुछ काटे, न जोड़े
2.	एकवचन तिर्यक (लड़का-लड़के)	एक वर्ण काटे और े जोड़े
3.	बहुवचन प्रत्यक्ष (लड़का-लड़के)	एक वर्ण काटे और े जोड़े
4.	बहुवचन तिर्यक (लड़का-लड़कों)	एक वर्ण काटे और ों जोड़े

एक शब्द के कितने रूप बनेंगे, यह उस शब्द के लिंग और अंतिम वर्ण पर निर्भर करता है, जैसे—

व्याकरणिक सूचना	=	***एक . प्रत्यक्ष***	***एक . तिर्यक***	***बहु . प्रत्यक्ष***	***बहु . तिर्यक***
आकारांत पुल्लिग शब्द	=	आकारांत	एकारांत	एकारांत	ओंकारांत
लड़का	=	लड़का	लड़के	लड़के	लड़कों

किंतु वास्तविक शब्दरूपों की संख्या का निर्धारण उनके व्यावहारिक प्रयोग से ही होता है। उदाहरण के लिए उपर्युक्त बात 'राजा' शब्द पर लागू नहीं होती, जबकि यह भी आकारांत पुल्लिग है। इसके केवल दो ही रूप बनते हैं—

व्याकरणिक सूचना	=	***एक . प्रत्यक्ष***	***एक . तिर्यक***	***बहु . प्रत्यक्ष***	***बहु . तिर्यक***
आकारांत पुल्लिग शब्द	=	आकारांत	एकारांत	एकारांत	ओंकारांत
राजा	=	राजा	राजा	राजा	राजाओं

अत: लिंग और अंतिम वर्ण समान होने पर भी ये दो प्रकार के शब्द हुए। ऐसी स्थिति में इन्हें अलग-अलग चिह्नित किया जाएगा। जितने प्रकार के शब्द प्राप्त होंगे, उन्हें उतनी संख्याएँ दी जाएँगी, जैसे उपर्युक्त 'लड़का' और 'राजा' शब्दों के संख्यात्मक मूल्य में '1' और '2' हो सकते हैं। इसी प्रकार 'लड़की' शब्द के शब्दरूपों को देखा जा सकता है :

वचन	**तिर्यकता**	
	प्रत्यक्ष (Direct)	**तिर्यक (परसर्गीय) (Oblique)**
एकवचन (Singular)	लड़की	लड़कियाँ
बहुवचन (Plural)	लड़की	लड़कियों

इनके वाक्य में प्रयोग के उदाहरण निम्नलिखित हैं :

- ***लड़की*** आ रही है।
- ***लड़की को*** बुलाओ।
- ***लड़कियाँ*** आ रही हैं।
- ***लड़कियों को*** बुलाओ।

11.4.2 शब्दरूप टेबल (Word Form Table)

संज्ञाओं के पदसाधन संबंधी नियम बनाने के लिए सर्वप्रथम उन सभी प्रकार की संज्ञाओं में से एक-एक प्रतिनिधि शब्दों का चयन करना होगा, जिनके अलग-अलग रूप निर्मित होते हैं। इन शब्दों और उनके बनने वाले रूपों के व्यवस्थित संकलनात्मक टेबल को '**शब्दरूप टेबल**' (Word Form Table) कहते हैं। शब्दरूप टेबल में शब्दों के चयन के लिए तीन विशेषताओं को आधार बनाया जाना चाहिए—

1. **अंतिम वर्ण :** हिंदी शब्दों का स्वचलित रूपविश्लेषण अंतिम वर्ण को ध्यान में रखकर ही किया जाता है। सभी व्यंजन **अकारांत** होते हैं, उन पर लगी हुई मात्राएँ संबंधित स्वर को द्योतित करती हैं। इसलिए अंतिम वर्ण की स्वरांत स्थिति का निर्णय संबंधित स्वर वर्ण अथवा व्यंजन पर लगी मात्रा के आधार पर किया जाता है। यदि शब्दों का अंतिम वर्ण (स्वर की स्थिति) परिवर्तित हो तो एक नया शब्द प्रकार होने की संभावना बढ़ जाती है। उदाहरण के लिए 'पेड़' अकारांत है और 'लड़का' आकारांत है तो दोनों के दो शब्द-प्रकार होने चाहिए, जिनसे उनके दो प्रकार के शब्दरूप निर्मित होंगे। 'पेड़' का केवल एक ही रूप 'पेड़ों' बनता है, जबकि 'लड़का' के दो रूप 'लड़के' और 'लड़कों' बनते हैं।
2. **शब्द का लिंग :** शब्द के अंतिम वर्ण की स्वरात्मक स्थिति के अलावा शब्द का लिंग भी महत्त्वपूर्ण होता है। एक ही अंतिम स्वर वर्ण वाले शब्दों का लिंग बदल जाने पर दो प्रकार के शब्दरूप बन सकते हैं, जैसे— आकारांत शब्दों में ही 'लड़का' ('लड़के' और 'लड़कों') तथा 'भाषा' ('भाषाएँ' और भाषाओं) के शब्दरूप अलग-अलग निर्मित होते हैं।
3. **शब्द का वाक्यात्मक व्यवहार :** शब्दांत और शब्द के लिंग से अधिकांश शब्दरूपों का निर्धारण हो जाता है किंतु फिर भी कुछ शब्द प्रकार ऐसे भी हैं जिनका अंतिम निर्णय शब्द के वाक्यात्मक व्यवहार से ही हो पाता है, जैसे—'लड़का' और 'राजा' शब्द आकारांत हैं, दोनों पुल्लिग हैं किंतु दोनों के रूप एक समान नहीं बनते।
4. **शब्द के साथ प्रत्यय जुड़ने की स्थिति :** शब्दों के प्रकार निर्धारण हेतु शब्दों के साथ जुड़ने वाले प्रत्ययों और उनकी स्थितियों को भी देखा जाता है, जैसे—दो स्त्रीलिंग शब्दों 'भाषा' और 'धेनु' के शब्दांत क्रमश: आकारांत और उकारांत हैं, किंतु दोनों में समान प्रकार से 'एँ' तथा 'ओं' प्रत्यय जुड़ते हैं और 'भाषाएँ, धेनुएँ' एवं 'भाषाओं, धेनुओं' शब्दरूपों की रचना होती है। इसलिए इन दोनों को एक ही वर्ग में रखा जाएगा। इसी प्रकार 'मंत्री' और 'कृमि' के केवल बहुवचन और तिर्यक रूप 'मंत्रियों' तथा 'कृमियों' बनते हैं। अर्थात् दोनों में 'यों' प्रत्यय जुड़ रहा है किंतु इनमें जहाँ 'मंत्री' शब्द में प्रत्यय योग के लिए दीर्घ 'ई' का ह्रस्व 'इ' हो जा रहा है, वहीं कृमि 'शब्द' में कोई परिवर्तन नहीं किया जाता। इसलिए दोनों के दो वर्ग होंगे।

अत: शब्दरूप टेबल का निर्माण करते समय इन सभी बातों का ध्यान रखा जाना चाहिए। इस दृष्टि से हिंदी संज्ञाओं का विश्लेषण करने पर 26 प्रकार के शब्द मिलते हैं, जिनके अलग-अलग शब्दरूप प्राप्त होते हैं। इन सभी के शब्दरूपों का शब्दरूप टेबल इस प्रकार है—

क्र.सं.	शब्द	एक . प्रत्यक्ष	एक . तिर्यक	बहु . प्रत्यक्ष	बहु . तिर्यक
1	लड़का	लड़का	लड़के	लड़के	लड़कों
2	लड़की	लड़की	लड़की	लड़कियाँ	लड़कियों
3	चाकू	चाकू	चाकू	चाकू	चाकुओं
4	सड़क	सड़क	सड़क	सड़कें	सड़कों
5	भाषा धेनु/माँ	भाषा धेनु/माँ	भाषा धेनु/माँ	भाषाएँ धेनुएँ/माँएँ	भाषाओं धेनुओं/माँओं
6	पेड़	पेड़	पेड़	पेड़	पेड़ों
7	आटा	आटा	आटे	आटा	आटे
8	राजा/ कीटाणु	राजा कीटाणु	राजा कीटाणु	राजा कीटाणु	राजाओं कीटाणुओं
9	मंत्री	मंत्री	मंत्री	मंत्री	मंत्रियों
10	कृमि	कृमि	कृमि	कृमि	कृमियों
11	अंत्येष्टि	अंत्येष्टि	अंत्येष्टि	अंत्येष्टियाँ	अंत्येष्टियों
12	वधू	वधू	वधू	वधुएँ	वधुओं
13	लड़ाई	लड़ाई	लड़ाई	लड़ाइयाँ	लड़ाइयों
14	कनकौआ	कनकौआ	कनकौआ	कनकौए	कनकौओं
15	कारवाँ	कारवाँ	कारवाँ	कारवें	कारवों
16	गलबहियाँ	गलबहियाँ	गलबहियाँ	गलबहियाँ	गलबहियों
17	खड़ाऊँ	खड़ाऊँ	खड़ाऊँ	खड़ाऊँ	खड़ाउओं
18	झाऊ	झाऊ	झाऊ	झाऊ	झाउओं
19	गऊ	गऊ	गऊ	गउएँ	गउओं
20	कसाई	कसाई	कसाई	कसाई	कसाइयों
21	कानूनदाँ	कानूनदाँ	कानूनदाँ	कानूनदाँ	कानूनदाँओं
22	जुगनूँ	जुगनूँ	जुगनूँ	जुगनूँ	जुगनुओं
23	रोआँ	रोआँ	रोआँ	रोएँ	रोओं
24	रोईं	रोईं	रोईं	रोइँयाँ	रोइँयों
25	चिड़िया	चिड़िया	चिड़िया	चिड़ियाँ	चिड़ियों
26	सरसो	सरसो	सरसो	सरसो	सरसों

11.4.3 पैराडाइम टेबल (Paradigm Table)

ऐसा टेबल जिसमें मूल शब्द से शब्दरूपों के निर्माण हेतु लगने वाले प्रत्ययों एवं उनके जुड़ने की स्थितियों के नियम दिए हों, **पैराडाइम टेबल** (Paradigm Table) है। किसी भी भाषा के शब्दों के रूपनिर्माण और रूपविश्लेषण संबंधी प्रणाली का विकास करने के लिए सर्वप्रथम सभी शब्दों के संभव शब्दरूपों का विश्लेषण किया जाता है। इसके पश्चात् अलग-अलग प्रकार का रूप बनाने वाले शब्दों में से एक-एक प्रतिनिधि शब्द का चयन करके शब्दरूप टेबल का निर्माण किया जाता है। हिंदी के संदर्भ में शब्दरूप टेबल को ऊपर दिखाया गया है। अब शब्दरूप टेबल के ही आधार पर पदसाधन और रूपविश्लेषण हेतु अलग वर्णों के काटने और जोड़ने के नियम दिए जाते हैं। मशीनी संसाधन को ध्यान में रखते हुए यहाँ केवल यही बताने की आवश्यकता है कि शब्दरूप निर्माण हेतु मूल शब्द से कितने वर्णों को काटा जाए और कौन सा प्रत्यय जोड़ा जाए। साथ ही प्रत्येक **प्रतिनिधि शब्द** को एक संख्या दी जाती है। यह संख्या मूल शब्दकोश के सभी शब्दों की रूपरचना का संकेतक होती है। अर्थात् यदि 'लड़का' शब्द को '1' संख्या दे दी गई हो तो मूल शब्दकोश में जितने शब्दों को '1' संख्या दी जाएगी, उन सबके रूप 'लड़का' शब्द की तरह बनेंगे, जैसे—छाता शब्द को '1' संख्या दी जाएगी, क्योंकि इसके भी रूप 'लड़का' शब्द की ही तरह बनते हैं—लड़का/छाता; लड़के/छाते; लड़के/छाते और लड़कों/छातों। मूल शब्दों और उनके रूप निर्माण से संबंधित यही संकलन **पैराडाइम टेबल** होता है। उपर्युक्त टेबल में बताए गए शब्द प्रकारों हेतु निर्मित किया जाने वाला पैराडाइम टेबल (Paradigm Table) इस प्रकार है—

क्र.सं.	शब्द	NSD	CSD	NSO	CSO	NPD	CPD	NPO	CPO	TYP
1	लड़का	0	Null	1	े	1	े	1	ों	N1
2	लड़की	0	Null	0	Null	1	ियाँ	1	ियों	N2
3	चाकू	0	Null	0	Null	0	Null	1	ओं	N3
4	सड़क	0	Null	0	Null	0	ें	0	ों	N4
5	भाषा/ धेनु/माँ	0	Null	0	Null	0	एँ	0	ओं	N5
6	पेड़	0	Null	0	Null	0	Null	0	ों	N6
7	आटा	0	Null	1	े	0	Null	1	े	N7
8	राजा/ कीटाणु	0	Null	0	Null	0	Null	0	ओं	N8

9	मंत्री	0	Null	0	Null	0	Null	1	ियों	N9
10	कृमि	0	Null	0	Null	0	Null	0	यों	N10
11	अंत्येष्टि	0	Null	0	Null	0	याँ	0	यों	N11
12	वधू	0	Null	0	Null	1	ुएँ	1	ुओं	N12
13	लड़ाई	0	Null	0	Null	1	इयाँ	1	इयों	N13
14	कनकौआ	0	Null	1	ए	1	ए	1	वों	N14
15	कारवाँ	0	Null	0	Null	2	ें	2	ों	N15
16	गलबहियाँ	0	Null	0	Null	0	Null	2	ों	N16
17	खड़ाऊँ	0	Null	0	Null	0	Null	2	उओं	N17
18	झाऊ	0	Null	0	Null	0	Null	1	उओं	N18
19	गऊ	0	Null	0	Null	0	उएँ	1	उओं	N19
20	कसाई	0	Null	0	Null	0	Null	1	इयों	N20
21	कानूनदाँ	0	Null	0	Null	0	Null	1	ओं	N21
22	जुगनूँ	0	Null	0	Null	0	Null	2	ुओं	N22
23	रोआँ	0	Null	0	Null	2	एँ	2	ओं	N23
24	रोईं	0	Null	0	Null	2	इयाँ	2	इयों	N24
25	चिड़िया	0	Null	0	Null	0	ँ	1	ों	N25
26	सरसो	0	Null	0	Null	0	Null	0	ु	N26

इस पैराडाइम टेबल के आधार पर हिंदी के पचास हजार शब्दों के शब्दकोश में सभी संज्ञा शब्दों का विश्लेषण सफलतापूर्वक किया जा चुका है। इसलिए स्वचलित रूपसाधन या रूपविश्लेषण के लिए इस पैराडाइम का प्रयोग किया जा सकता है। इसके फील्ड नाम संक्षिप्त रूप में रोमन में सुविधा को ध्यान में रखते हुए दिए गए हैं। (**नोट :** *संक्षेपण मूलतः अंग्रेजी (या रोमन जैसी लिपि वाली भाषाओं) की विशेषता है।*) इनके विस्तृत रूप इस प्रकार हैं—

चर	**संग्रहीत वैल्यू**
NSD	**N**umber of removed characters for **S**ingular, **D**irect form एकवचन, प्रत्यक्ष रूप निर्माण में मूल से कटे अक्षरों की संख्या
NSO	**N**umber of removed characters for **S**ingular, **O**blique form एकवचन, तिर्यक रूप निर्माण में मूल से कटे अक्षरों की संख्या
NPD	**N**umber of removed characters for **P**lural, **D**irect form बहुवचन, प्रत्यक्ष रूप निर्माण में मूल से कटे अक्षरों की संख्या

NPO	Number of removed characters for **P**lural, **O**blique form बहुवचन, तिर्यक रूप निर्माण में मूल से कटे अक्षरों की संख्या
CSD	Characters added for **S**ingular, **D**irect form एकवचन, प्रत्यक्ष रूप के निर्माण में जुड़े अक्षर
CSO	Characters added for **S**ingular, **O**blique form एकवचन, तिर्यक रूप के निर्माण में जुड़े अक्षर
CPD	Characters added for **P**lural, **D**irect form बहुवचन, प्रत्यक्ष रूप के निर्माण में जुड़े अक्षर
CPO	Characters added for **P**lural, **O**blique form बहुवचन, तिर्यक रूप के निर्माण में जुड़े अक्षर
TYP	Type : पैराडाइम टाइप

11.4.4 शब्दकोश में पैराडाइम टाइप की प्रविष्टि

शब्दरूप टेबल और पैराडाइम टेबल में सभी प्रकार के विकारी संज्ञा शब्दों और उनके शब्दरूपों को सूचीबद्ध कर लेने के उपरांत पैराडाइम टेबल में संकेतित पैराडाइम टाइप संख्या को मुख्य शब्दकोश में उस प्रकार के सभी शब्दों के साथ दिया जाएगा। उदाहरण के लिए 'लड़का' शब्द की पैराडाइम टाइप संख्या 'N1' है। 'लड़का' शब्द की तरह ही कपड़ा, छाता, कमरा, घोड़ा आदि शब्दों के रूप बनते हैं। इसलिए इनकी भी पैराडाइम टाइप संख्या वही होगी। इसी प्रकार से शब्दकोश के डाटाबेस में इन टाइपों की संख्या को समान प्रकार का रूप बनने वाले शब्दों के सम्मुख नीचे दर्शाए गए रूप में दिया जाएगा :

क्र.सं.	शब्द	पैराडाइम टाइप		क्र.सं.	शब्द	पैराडाइम टाइप
1	कपड़ा	N1		21	कलम	N4
2	छाता	N1		22	भाषा	N5
3	लड़का	N1		23	कक्षा	N5
4	कमरा	N1		24	सजा	N5
5	घोड़ा	N1		25	अदा	N5
6	लड़की	N2		26	धेनु	N5

7	बकरी	N2		27	पेड़	N6
8	कुर्सी	N2		28	कंप्यूटर	N6
9	लकड़ी	N2		29	जोड़	N6
10	साधू	N3		30	काम	N6
11	भालू	N3		31	बाल	N6
12	आलू	N3		32	आटा	N7
13	भोंपू	N3		33	चाचा	N8
14	उल्लू	N3		34	राजा	N8
15	सड़क	N4		35	मामा	N8
16	बस	N4		36	मंत्री	N9
17	मेज	N4		37	सहकर्मी	N9
18	जीप	N4		38	संतरी	N9
19	परत	N4		39	कृमि	N10
20	फाइल	N4		40	सेनापति	N10

इस प्रकार से शब्दकोश के सभी संज्ञा शब्दों को पैराडाइम टाइप देने के बाद प्रजनन और विश्लेषण संबंधी नियम देकर सॉफ्टवेयर या टूल तैयार किया जा सकता है।

11.4.5 पदनिर्माण संबंधी नियम

मूल शब्दों से उनके रूपों का निर्माण दो प्रकार से किया जा सकता है—

1. **शब्द के चारों रूपों को (संबंधित शब्दरूप की सूचना के साथ) प्रस्तुत करना**—यह एक भाषाविशिष्ट प्रणाली होगी जिसमें ऊपर बताए गए शब्दरूपों को उनके नाम अथवा टैग के साथ प्रजनित किया जा सकेगा। इसके लिए प्रयुक्त तार्किक नियमों (Logical Rules) को 'लड़का' शब्द के उदाहरण के साथ देखें—

   SD = IW (Input Word) (लड़का = लड़का)

   SO = 'IW–ा' + े (लड़का = लड़का–ा' = लड़क् + े = लड़के)

   PD = 'IW–ा' + े (लड़का = लड़का–ा' = लड़क् + े = लड़के)

   PO = 'IW–ा' + ों (लड़का = लड़का–ा' = लड़क् + ों = लड़कों)

इसी प्रकार पैराडाइम टेबल के आधार पर अन्य प्रकार के शब्दों के नियम भी दिए जाएँगे। मशीन द्वारा निर्मित शब्दरूपों को इस प्रकार दिखाया जा सकता है—

लड़का : लड़का<SD> लड़के<SO> लड़के<PD> लड़कों<PO>

लड़की : लड़की<SD> लड़की<SO> लड़कियाँ<PD> लड़कियों<PO>

यह सूचना हिंदी में भी दी जा सकती है, जैसे—

लड़का : लड़का<ए.प्र.> लड़के<ए.ति.> लड़के<ब.प्र.> लड़कों<ब.ति.>

लड़की : लड़की<ए.प्र.>लड़की<ए.ति.>लड़कियाँ<ब.प्र.>लड़कियों<ब.ति.>

सभी रूपों का प्रजनन भाषा विश्लेषण और शोध संबंधी कार्यों में अनुप्रयोग के लिए अथवा समझने-समझाने के लिए किया जाता है। चाहें तो इनके साथ एक-एक उदाहरण वाक्य भी दे सकते हैं। इससे प्रयोक्ता को संबंधित रूपों को समझने में सुविधा हो जाएगी।

2. **शब्द के साथ केवल शब्दरूपों को प्रस्तुत करना**—यह एक सामान्य रूपसर्जक प्रणाली होगी जिसमें केवल शब्द रहेगा और उसके आगे केवल शब्दरूप होंगे। कोड में नियम उपर्युक्त प्रकार से ही लिखे जाएँगे। ऐसी प्रणाली केवल शब्दों के उतने ही रूप प्रस्तुत करेगी, जो वाक्य प्रयोगों में निर्मित होते हैं। यदि एक ही शब्दरूप एक से अधिक बार प्रयुक्त होता है तो उसे केवल एक बार ही लिखा जाएगा। ऐसी स्थिति में प्रत्येक शब्द-प्रकार से बनने वाले शब्दरूप इस तरह होंगे—

- **लड़का** : लड़का, लड़के, लड़कों
- **लड़की** : लड़की, लड़कियाँ, लड़कियों
- **साधू** : साधू, साधुओं
- **सड़क** : सड़क, सड़कें, सड़कों
- **भाषा** : भाषा, भाषाएँ, भाषाओं
- **पेड़** : पेड़, पेड़ों

इसी प्रकार अन्य शब्दों के शब्दरूप भी प्रणाली द्वारा प्रदर्शित किए जाएँगे। यह प्रणाली एक सामान्य भाषा प्रयोक्ता को हिंदी संज्ञा शब्दों के विविध रूपों का ज्ञान कराने का कार्य करेगी। चाहें तो इसमें शब्दरूपों के साथ उनके वाक्यात्मक प्रयोग के उदाहरण भी दिए जा सकते हैं।

11.5 संज्ञा और संबोधन रूप

संस्कृत व्याकरण में शब्दों के आठ विभक्ति रूप बताए गए हैं, जिनमें आठवाँ रूप 'संबोधन' का है। इसमें संबोधन रूप का निर्माण करने के लिए 'हे' के साथ प्रथमा विभक्ति के ही शब्दों/शब्दरूपों को रखा जाता है, जैसे—'राम' शब्द के प्रथमा विभक्ति में तीन रूप—'रामः, रामौ, रामाः' होते हैं। संबोधन रूप भी इसी के अनुरूप 'हे राम, हे रामौ, हे रामाः' होता है। इसी प्रकार 'बालक' शब्द के भी संबोधन रूप—'हे बालक', हे बालकौ, हे बालकाः' बनते हैं।

इसी प्रकार हिंदी में भी संज्ञा शब्दों के संबोधन रूप निर्मित होते हैं। इसके लिए संबंधित शब्द के पूर्व 'हे' के अलावा 'ऐ' तथा 'ओ' संबोधनपरक शब्द भी आते हैं, जैसे—'हे बालक', 'ऐ बालक' या 'ओ बालक' आदि। हिंदी में शब्द के मूल रूप के अलावा बहुवचन प्रत्यक्ष या परसर्गीय रूप के साथ भी इन संबोधनपरक शब्दों का प्रयोग करके ये रूप निर्मित किए जाते हैं, जैसे—'ऐ लड़का', 'ऐ लड़के' तथा 'ऐ लड़को'। यहाँ पर ध्यान देने वाली बात है कि संबोधन के लिए ओकारांत रूप निर्मित किए जाने पर अंत में अनुस्वार नहीं आता है। इसलिए व्याकरणसमत प्रयोग 'हे लड़को' होता है, न कि 'हे लड़कों'। वैसे देखा जाए तो आजकल बोलचाल में लोग 'ओकारांत' की जगह 'ओंकारांत' रूप का ही अधिक प्रयोग करते हैं। उदाहरण के लिए नेताओं या सामान्य वक्ताओं के संबोधन में 'भाइयों और बहनों' शब्द-युग्म का प्रयोग होता है। केवल व्याकरण के ज्ञाता और सजग लोगों द्वारा ही 'भाइयो और बहनो' का प्रयोग देखने को मिलता है। इसलिए मुझे लगता है कि भाषा के वाचिक रूप की प्रधानता के आधार पर हिंदी में संबोधन रूप में 'ओकारांत' और 'ओंकारांत' दोनों ही रूपों को मान्यता दे दी जानी चाहिए। इसलिए 'भाइयों और बहनों' तथा 'भाइयो और बहनो' दोनों प्रयोगों को ही शुद्ध या मानक घोषित कर दिया जाना चाहिए। बाद में अतिप्रचलन के आधार जो रूप चल पड़े केवल उसे ही रख लिया जा सकता है। रूपविश्लेषण और प्रजनन के लिए पैराडाइम टेबल में इनके लिए नियम दिए जा सकते हैं। उपर्युक्त पैराडाइम में इन्हें स्थान नहीं दिया गया है।

11.6 अंग्रेजी के संज्ञा शब्द और रूपसाधन

समय के साथ-साथ अनेक अंग्रेजी शब्दों का हिंदी में प्रवेश हो चुका है। शहरी वर्ग की वाचिक भाषा तो हिंग्लिश हो गई है। हिंदी के तकनीकी और पारिभाषिक शब्दों के प्रचलन में कमी के कारण उनकी जगह अंग्रेजी शब्दों के प्रयोग की बात तो समझ में आ रही है, किंतु एकदम साधारण-से-साधारण शब्द जिसका हिंदी शब्द अतिप्रचलित है, फिर भी अधिकांश लोग अंग्रेजी शब्द ही बोल रहे हैं, जैसे—'**पेन**

को ***टेबल*** पर से उठाकर ***बुक*** पर रख दीजिए'। इस वाक्य में आए अंग्रेजी शब्दों के हिंदी शब्द समाज में अतिप्रचलित हैं, जैसे—पेन के लिए कलम, टेबल के लिए मेज, बुक के लिए किताब या पुस्तक। फिर भी इनके लिए अंग्रेजी शब्द का प्रयोग समझ से परे है। इसके अलग सामाजिक-सांस्कृतिक कारण हैं, जिनकी चर्चा यहाँ अपेक्षित नहीं है। लेकिन यह उल्लेखनीय जरूर है कि अंग्रेजी शब्द आज की हिंदी के अभिन्न अंग बन चुके हैं।

वाचिक के साथ-साथ लिखित हिंदी में भी अंग्रेजी शब्दों का प्रयोग बढ़ गया है। तकनीकी और विज्ञान के क्षेत्र में यह बाहुल्य व्यापक स्तर पर है। वाचिक भाषा में शब्द का किसी भी प्रकार से प्रयोग कर लिया जाता है। उसके लिंग, वचन या शब्दरूप के बारे में बहुत अधिक विचार करने की आवश्यकता नहीं होती। किंतु लिखित भाषा में ऐसा नहीं है। लिखित रूप में प्रयोग करने के लिए शब्द के लिंग, वचन और शब्दरूप सभी पर विचार करना आवश्यक हो जाता है। सामान्यतः तकनीकी लेखन से जुड़े लोगों की हिंदी व्याकरण पर पकड़ कमजोर होती है, क्योंकि उनकी शैक्षिक पृष्ठभूमि अंग्रेजी की होती है। अंग्रेजी शब्दों के प्रयोग से संबंधित निर्देश किसी व्याकरण में भी दिखाई पड़ते हैं। इसलिए यहाँ पर उनकी चर्चा करना अतिआवश्यक है। यह चर्चा केवल मशीनी अनुप्रयोग ही नहीं, हिंदी में अंग्रेजी शब्दों के व्यवहार संबंधी नियमों को समझने की दृष्टि से भी उपयोगी है।

अंग्रेजी शब्दों के पदसाधन की चर्चा के पूर्व उनके लिंग निर्धारण पर संक्षिप्त विचार कर लेना अधिक उपयुक्त होगा—

अंग्रेजी शब्दों का हिंदी में लिंग निर्धारण

अंग्रेजी शब्दों का हिंदी में प्रयोग करने पर लिंग निर्धारण संबंधी कुछ सामान्य नियम इस प्रकार हैं—

(क) एक सामान्य मत यह है कि अंग्रेजी शब्दों का पुल्लिंग के रूप में ही प्रयोग किया जाए, किंतु व्यवहार में ऐसा नहीं होता। इनका पुल्लिंग और स्त्रीलिंग दोनों के लिए प्रयोग होता है।

(ख) सजीव शब्दों के लिंग का निर्धारण उनके वास्तविक लिंग अथवा हिंदी अर्थ के अनुरूप होता है। '+ मानव' वाले उभयलिंग (Common Gender) के शब्द दोनों रूपों में प्रयुक्त होंगे, इस संबंध में ऊपर इसी अध्याय में चर्चा की जा चुकी है।

(ग) हिंदी शब्दों की ही तरह अंग्रेजी शब्दों के लिंग निर्धारण का एक महत्त्वपूर्ण आधार शब्दांत है, अकारांत और ईकारांत को छोड़कर अन्य सभी स्वरों से अंत होने वाले शब्द सामान्यतः पुल्लिंग के रूप में व्यवहृत होते हैं।

(घ) अकारांत शब्दों के लिंग निर्धारण में उनका अर्थ महत्त्वपूर्ण होता है। शब्दों के हिंदी अर्थ का जो लिंग होता है, वही अंग्रेजी शब्द पर भी लागू होता है, जैसे—

ऑफिस - कार्यालय (पुल्लिग) ट्रेन - रेलगाड़ी (स्त्रीलिंग)
कंप्यूटर - संगणक (पुल्लिग) चेयर - कुर्सी (स्त्रीलिंग)
लेटर - पत्र (पुल्लिग) लाइट - बिजली (स्त्रीलिंग)

नोट :

(1) ट्रेन की तरह ही सभी सवारी गाड़ियों के नामों का लिंग स्त्रीलिंग ही है, जैसे—बस, जीप, कार, टैक्सी, मोटरसाइकिल आदि। यद्यपि इनके लिए कोई हिंदी शब्द नहीं है, फिर भी ये स्त्रीलिंग में प्रयुक्त होते हैं। 'ट्रक' द्वारा माल ढोने का काम किया जाता है और यह पुल्लिग में प्रयुक्त होता है।

(2) सभी अकारांत शब्दों का लिंग ही महत्त्वपूर्ण नहीं होता, बल्कि कुछ मामलों में व्यवहार के स्तर पर अंतर होने से हिंदी शब्द का लिंग अलग और अंग्रेजी शब्द का लिंग अलग हो जाता है, जैसे—मेरी मेज टूट गई। मेरा टेबल टूट गया। हिंदी में 'मेज' स्त्रीलिंग शब्द है, जबकि 'टेबल' शब्द का प्रयोग पुल्लिग रूप में ही किया जाता है। ऐसे वाक्य का प्रयोग शायद ही कोई करे—'मेरी टेबल टूट गई।'

(ङ) सभी ईकारांत शब्द स्त्रीलिंग होते हैं, जैसे—कंपनी, सोसायटी, फैक्ट्री आदि।

अंग्रेजी शब्दों का हिंदी में शब्दरूप

हिंदी में संज्ञा शब्दों के शब्दरूप उसके वचन और परसर्गीय स्थिति के आधार पर बनते हैं। शब्दांत और लिंग के आधार पर उनके विविध रूपों का विवेचन ऊपर किया जा चुका है। अधिकांश अंग्रेजी शब्दों के भी उसी पैराडाइम के आधार पर रूप सर्जित कर लिए जाते हैं, किंतु कुछ शब्दों को लेकर समस्या आती है। 'वचन' की दृष्टि से देखा जाए तो अंग्रेजी में बहुवचन बनाने के नियम भिन्न हैं और हिंदी में भिन्न। साथ हिंदी शब्दों के साथ जुड़ने वाले प्रत्ययों की प्रकृति अलग है और अंग्रेजी शब्दों के साथ जुड़ने वाले प्रत्ययों की अलग। इसलिए अंग्रेजी शब्दों के अंग्रेजी में ही बहुवचन रूप अच्छे लगते हैं। कुछ अंग्रेजी शब्दों के साथ हिंदी प्रत्ययों का प्रयोग अस्वाभाविक नहीं लगता, जैसे—कंप्यूटर से कंप्यूटरों, कंपनी से कंपनियाँ, कंपनियों आदि। किंतु कुछ शब्दों के साथ हिंदी प्रत्ययों का प्रयोग स्वाभाविक जैसा नहीं दिखाई पड़ता है, जैसे—पेन से पेनें, पेनों (कलम से कलमें और कलमों के

अनुसार), बुक से बुकें, बुकों (पुस्तक से पुस्तकें, पुस्तकों), टूल से टूलों आदि। इस कारण सामान्यतः वाचिक व्यवहार में अंग्रेजी के बहुवचन शब्दरूपों का ही प्रयोग कर दिया जाता है, जैसे—

1.1 आलमारी से चारों ***बुक्स*** को उठा लाओ।

1.2 *आलमारी से चारों ***बुकों*** को/चारों ***बुकें*** उठा लाओ।

2.1 मेरा पेपर 100 ***मार्क्स*** का आया था।

2.2 *मेरा पेपर 100 ***मार्कों*** का आया था।

उपर्युक्त दोनों उदाहरणों को व्यावहारिक स्तर पर देखा जा सकता है कि हिंदी शब्दरूपों के बजाए अंग्रेजी शब्दरूप अधिक स्वाभाविक लग रहे हैं।

अतः एक प्रश्न उठना स्वाभाविक है कि क्या पदसाधन के लिए अंग्रेजी रूपिमिक प्रक्रिया (Morphology) को हिंदी में भी स्थान दिया जाए? इस पर गहन विचार की आवश्यकता है। मेरा मत तो इसके विपरीत है। यदि हिंदी ने किसी भाषा के शब्द ग्रहण कर लिए तो वे शब्द हिंदी के हो गए, और उनका व्यवहार तथा शब्दरूप निर्माण हिंदी के प्रत्ययों द्वारा ही होना चाहिए। इसलिए अंग्रेजी के शब्दों के रूप-निर्माण में भी हिंदी के ही प्रत्ययों का प्रयोग किया जाना चाहिए। किंतु भाषा व्यवहार व्याकरण के आधार पर नहीं होता, बल्कि जिस प्रकार का व्यवहार होता है, उसी के अनुरूप व्याकरण लिखे जाते हैं। इसलिए अंतिम निष्कर्ष तो व्यवहार के आधार पर ही निकाला जाना चाहिए। इसे समझने के लिए हम 'अरबी/फ़ारसी' के शब्दों को देख सकते हैं। उनका रूप-निर्माण "हिंदी' और 'अरबी' दोनों प्रकार की पद्धतियों से होता है, और सही भी माना जाता है, जैसे—'कागज' से 'कागजों' का प्रयोग भी सही है और 'कागजात' का प्रयोग कर देना भी गलत नहीं है। वैसे हिंदी प्रत्ययों से शब्दरूप निर्माण को अधिक प्राथमिकता मिलनी चाहिए। मुझे लगता है कि अभी अंग्रेजी शब्दों के लिए भी यही बात मान लेनी चाहिए। उनका हिंदी प्रत्ययों और अंग्रेजी प्रत्ययों दोनों से होने वाले शब्दरूप निर्माण को सही माना जाना चाहिए।

11.7 अविकारी संज्ञाएँ (Indeclinable Nouns)

हिंदी में विकारी शब्द वर्गों के बहुत से शब्द ऐसे होते हैं जिनका वाक्य में कहीं भी, कैसे भी प्रयोग करने पर उनके रूप में कोई परिवर्तन नहीं होता है। ऐसी बहुत-सी संज्ञाएँ भी होती हैं। रूपिमिक विश्लेषण का तकनीकी पक्ष भाषा संसाधन से जुड़ा है। भाषा संसाधन सॉफ्टवेयर अथवा टूल निर्माण में ऐसे शब्दों और उनके टैग को केवल सूचीबद्ध कर दिया जाता है। ऐसे शब्दों के लिए रूपवैज्ञानिक नियमों (Morphological Rules) की आवश्यकता नहीं होती। इस प्रकार के शब्दों को 'N0' टैग दिया जा सकता है। टैग द्वारा उस शब्द के शब्दवर्ग की सूचना प्राप्त होती

है। किसी डाटाबेस के जिस टेबल में ऐसे शब्दों को संचित किया जाता है, उसे 'अविकारी शब्द टेबल' कहा जा सकता है। उदाहरण के लिए हिंदी के अविकारी संज्ञाओं का टेबल इस प्रकार बनाया जा सकता है—

अविकारी संज्ञा टेबल					
क्र.सं.	**शब्द**	**टैग**	**क्र.सं.**	**शब्द**	**टैग**
1	गेहूँ	N0	6	दही	N0
2	चीनी	N0	7	आस्था	N0
3	पानी	N0	8	यश	N0
4	खीर	N0	9	जीवन	N0
5	अन्न	N0	10	मृत्यु	N0

ऐसी स्थिति अन्य भाषाओं में भी पाई जाती है। उनके भी अविकारी शब्दों का टेबल इसी प्रकार बनाया जा सकता है।

12

सर्वनाम और रूपसाधन (पदसाधन)

(Pronoun and Inflection)

शब्दवर्गों में संज्ञा के पश्चात् 'सर्वनाम' एक प्रमुख शब्दवर्ग है। हिंदी में विविध प्रकार के सर्वनामों का विविध प्रकार्यों को संपन्न करने के लिए प्रयोग होता है। इस आधार पर उनके कुछ प्रकार भी किए गए हैं। सर्वनामों का पदसाधन/रूपसाधन (Inflection) विशेष प्रकार से होता है। वह इस तरह से होता है कि संज्ञा या विशेषण आदि की तरह एक प्रतिमान (Pattern) नहीं बनाया जा सकता। इन दोनों ही दृष्टियों से आगे सर्वनाम पर चर्चा की जा रही है।

12.1 सर्वनाम : स्वरूप और परिभाषा

सर्वनाम एक ऐसा शब्दवर्ग है जिसके अंतर्गत उन सभी शब्दों को रखा जाता है जो किसी संज्ञा शब्द के स्थान पर आने की योग्यता रखते हैं। हिंदी के सुप्रसिद्ध व्याकरणाचार्य कामता प्रसाद गुरू (1920) ने इसे परिभाषित करते हुए कहा है, "सर्वनाम उस विकारी शब्द को कहते हैं जो पूर्वापर संबंध से किसी भी संज्ञा के बदले में आता है, जैसे—मैं (बोलनेवाला), तू (सुननेवाला), यह (निकटवर्ती वस्तु), वह (दूरवर्ती वस्तु) इत्यादि।" (हिंदी व्याकरण)। लगभग सभी भाषाओं में किसी न किसी रूप में सर्वनाम पाए जाते हैं। प्राकृतिक भाषा संसाधन (NLP) के अंतर्गत एक आधारभूत कार्य शब्दों की शब्दभेद टैगिंग (PoS Tagging) है। इसके अंतर्गत सभी शब्दों के साथ शब्दभेदों के चिह्न जोड़े जाते हैं, इन चिह्नों को ही **टैग** (Tag) कहते हैं। शब्दभेदों के ये चिह्न (टैग) मूल शब्दों और शब्दरूपों दोनों के साथ जोड़े जाते हैं। यह कार्य प्रत्येक शब्द-वर्ग के अंतर्गत आने वाले शब्दों के लिए किया जाता है। अत: इस कार्य हेतु सभी शब्द-वर्गों के शब्दों एवं उनके शब्दरूपों को ज्ञात करना आवश्यक होता है। इसी क्रम में सर्वनाम शब्दों एवं उनके रूपों का विश्लेषण भी आवश्यक होता है, जिसे आगे विस्तार से दिया जा रहा है।

12.2 सर्वनाम के प्रकार

सर्वनाम के प्रकारों को निम्नलिखित दो आधारों पर देखा जा सकता है—

12.1.2.1 पुरुष के आधार पर :

पुरुष के आधार पर सर्वनाम तीन प्रकार के होते हैं—

(क) प्रथम/उत्तम पुरुष → मैं, हम
(ख) मध्यम पुरुष → तू, तुम और आप
(ग) अन्य पुरुष → वह, वे (यह, ये)

12.1.2.2 प्रकार्य के आधार पर :

प्रकार्य के आधार पर सर्वनामों के निम्नलिखित प्रकार किए जा सकते हैं—

(क) पुरुषवाचक सर्वनाम → मैं, हम
(ख) निजवाचक सर्वनाम → अपना, खुद
(ग) संबंधवाचक सर्वनाम → जो, जिस
(घ) प्रश्नवाचक सर्वनाम → क्या, कौन
(ङ) निश्चयवाचक सर्वनाम → यह, वह
(च) अनिश्चयवाचक सर्वनाम → कोई, कुछ

12.3 सर्वनाम और रूपसाधन (पदसाधन)

हिंदी में सर्वनाम शब्दभेद में आने वाले शब्दों के रूप लिंग, वचन और पुरूष आदि व्याकरणिक कोटियों के आधार पर बदलते हैं। सर्वनामों के वर्गीकरण का मुख्य आधार 'पुरुष' (Person) है। 'पुरुष' (Person) वह आधार है, जिससे यह निर्धारित होता है कि कथन 'वक्ता' से संबद्ध है, या श्रोता से संबद्ध है अथवा किसी और से। इस आधार पर हिंदी सर्वनामों के तीन वर्ग बनाए जाते हैं—उत्तम पुरुष सर्वनाम (मैं, हम), मध्यम पुरुष सर्वनाम (तुम, आप) एवं अन्य पुरुष सर्वनाम (वह, वे)।

पदसाधन की दृष्टि से देखा जाए तो हिंदी में मूल सर्वनामों और उनके रूपों की संख्या सीमित है। सर्वनामों में पदसाधन मुख्य रूप से उनकी परसर्गीय या कारकीय स्थिति के आधार पर होता है। कुछ सर्वनामों के साथ परसर्गों के जुड़ने पर उनमें कोई परिवर्तन नहीं होता, तो कुछ में हो जाता है, जैसे—मैं + ने = मैंने, वह + ने = उसने आदि। चूँकि हिंदी में सर्वनामों की संख्या बहुत कम है। इसलिए सभी सर्वनामों, उनके रूपों और उनसे संबंधित सूचनाओं को डाटाबेस में संग्रहीत किया जा सकता है। पदसाधन की दृष्टि से सर्वनामों को 'मूल' और 'तिर्यक' दो वर्गों में बाँटकर विचार किया जा सकता है।

12.3.1 मूल सर्वनाम

मूल सर्वनाम से तात्पर्य सर्वनामों के मूल रूप से है। ये सर्वनामों के वे रूप हैं जिनमें कोई परिवर्तन नहीं हुआ रहता है। भाषा संसाधन की दृष्टि से सर्वप्रथम इन्हें संग्रहीत किया जाना चाहिए, जिसमें प्रत्येक मूल सर्वनाम के साथ उसकी व्याकरणिक सूचना भी दी जानी चाहिए। वैसे तो हिंदी में मूल सर्वनाम केवल सात (मैं, हम, तू, तुम, आप, वह और वे) हैं, किंतु सर्वनाम की तरह कार्य करने वाले कुछ अन्य प्रकार के शब्दों को भी सर्वनाम के रूप में रख लेने से इनकी कुल संख्या चौदह हो जाती है। किसी डाटाबेस के एक टेबल में मूल सर्वनामों और उनसे संबंधित सूचनाओं को इस प्रकार से रखा जा सकता है—

क्र.सं.	सर्वनाम	विशेषताएँ
1	वह	अन्यपुरुष, एकवचन
2	वे	अन्यपुरुष, बहुवचन
3	तू	मध्यम पुरुष, एकवचन, अनादरसूचक
4	तुम (तुम लोग)	मध्यम पुरुष, एकवचन (बहुवचन)
5	आप (आप लोग)	मध्यम पुरुष, आदरसूचक (बहुवचन)
6	मैं	उत्तमपुरुष, एकवचन
7	हम	उत्तमपुरुष, बहुवचन
8	यह	निश्चयवाचक
9	ये	निश्चयवाचक, बहुवचन
10	जो	संबंधवाचक सर्वनाम
11	कुछ	अनिश्चयवाचक, – मानव
12	कोई	अनिश्चयवाचक, + मानव
13	कौन	प्रश्नवाचक, + मानव
14	क्या	प्रश्नवाचक, मानव

12.3.2 सर्वनामों के तिर्यक रूप

हिंदी सर्वनामों में लिंग संबंधी सूचना नहीं होती। प्रत्येक सर्वनाम पुल्लिंग अथवा स्त्रीलिंग किसी भी प्रकार की संज्ञा के लिए प्रयुक्त हो सकता है। उपर्युक्त सूची में देखा जा सकता है कि सात मूल सर्वनामों में "वचन" और "पुरुष" की सूचना है। अन्य सातों के अपने संदर्भ हैं। सर्वनामों के तिर्यक रूप उनके साथ लगने वाले परसर्गों के अनुसार ही बनते हैं। किंतु सभी परसर्गों का विभिन्न सर्वनामों के साथ

एक प्रकार से प्रयोग नहीं होता। सर्वनामों में पदसाधन को प्रभावित करने की स्थिति के आधार पर तिर्यक रूप निर्माण के चार वर्ग किए जा सकते हैं—तिर्यक रूप (परसर्गीय रूप), को रूप, तिर्यक + जोर (ही) तथा संबंधवाची रूप। इन्हें संक्षेप में देखा जा सकता है—

12.3.2.1 (तिर्यक रूप) परसर्गीय रूप : तिर्यक रूप से तात्पर्य उन रूपों से है, जिनमें परसर्ग जुड़ते हैं। 'हम' और 'आप' के अलावा सभी सर्वनामों के तिर्यक रूप होते हैं, जिनमें परसर्ग जुड़ते हैं, जैसे—मैं का 'मुझ', तू का 'तुझ' आदि। इनमें 'का' के तीन संरूपों 'रा/री/रे' के अलावा अन्य सभी परसर्ग जुड़ते हैं। 'को' परसर्ग भी इनमें जुड़ता है, जैसे—मुझ + को = मुझको, तुझ + को = तुझको आदि।

12.3.2.2 को रूप : 'को रूप' से तात्पर्य सर्वनाम के बाद 'को' आने की अवस्था से है। कुछ सर्वनामों के मूल रूप के साथ ही 'को' आता है, जैसे—हमको, तुमको, आपको। किंतु अधिकांश के रूप बदल जाते हैं, जैसे—वह से 'उसको' या 'उसे'। जब तिर्यक रूप से अलग 'को रूप' होता है तो वह संपूर्ण शब्द ही होता है। अर्थात् उस रूप में 'को' परसर्ग अलग से जोड़ने की आवश्यकता नहीं होती, जैसे—'उसे', 'उन्हें', 'तुम्हें' आदि में अलग से परसर्ग जोड़ने की आवश्यकता नहीं है।

(*आगे टेबल में पूर्ण शब्दों को कोष्ठक में दिया गया है।)

नोट : 'को रूप' ऊपर वर्णित तिर्यक रूप से इस दृष्टि से अलग है कि यह रूप पूर्ण शब्दों से संबंधित है और तिर्यक रूप वे हैं, जिनमें परसर्ग जुड़ते हैं, जैसे—'तुझे' पूर्ण सर्वनाम है। इसके बाद कोई परसर्ग नहीं जोड़ा जा सकता, किंतु 'तुझ' के बाद 'ने' को छोड़कर 'को', 'से', 'में' और 'पर' सभी परसर्ग जोड़े जा सकते हैं, जैसे—तुझको, तुझसे, तुझमें आदि।

12.3.2.3 तिर्यक + जोर (ही) : 'ही' निपात का प्रयोग वाक्य में 'संज्ञा, सर्वनाम, विशेषण, क्रिया अथवा क्रिया-विशेषण' किसी के भी साथ होता है। सर्वनाम के अलावा अन्य किसी शब्दभेद के साथ यह स्वतंत्र रूप से शब्द से अलग आता है, जैसे—घर ही, जाना ही आदि, किंतु जब सर्वनाम के साथ यह जुड़कर आता है, जैसे—'वह + ही = वही, हम + ही = हम्हीं' आदि। 'वे, तू, तुम और आप' के अलावा अन्य सर्वनामों के साथ मिलने पर कुछ विकार भी होता है, जैसे—वह + ही = 'वही' में एक 'ह' का लोप; हम + ही = 'हम्हीं' में 'म' से 'अ' का लोप तथा अंत में अनुस्वार का आगम आदि। तिर्यक सर्वनामों के साथ भी '+ ही' का प्रयोग होता है, जैसे—मुझ + ही = मुझी, उस + ही = उसी आदि।

12.3.2.4 संबंधवाची रूप : सामान्य परसर्गीय रूपों के अलावा कुछ सर्वनामों के संबंधवाची रूप भी निर्मित होते हैं। ये सर्वनाम और इनके संबंधवाची रूप इस प्रकार हैं—'मैं → मे', 'हम → हमा', 'तू → ते' और 'तुम → तुम्हा'। इन रूपों के साथ केवल 'रा/री/रे' का प्रयोग होता है, जैसे—मेरा, मेरी, मेरे आदि। अन्य

सर्वनामों के संबंधवाची रूप अलग से नहीं होते, बल्कि तिर्यक या परसर्गीय रूपों में ही 'का/की/के' जुड़ता है और संबंधवाची रूप बन जाते हैं, जैसे—'उस' से उसका, उसकी, उसके आदि।

सर्वनामों और उनके विभिन्न रूपों को एक टेबल में इस प्रकार देखा जा सकता है—

मूल सर्वनाम	**रूप**	**प्रकार (विशेषता)**
मैं	मुझ (मुझे)	को रूप
मैं	मुझ	तिर्यक रूप
मैं	मे	संबंधवाची रूप
हम	हम (हमें)	को रूप
हम	...	तिर्यक रूप
हम	हम्हीं	तिर्यक + जोर (ही)
हम	हमा	संबंधवाची रूप
तू	तुझ (तुझे)	को रूप
तू	तुझ	तिर्यक रूप
तु	तुझी	तिर्यक + जोर (ही)
तू	ते	संबंधवाची रूप
तुम	तुम (तुम्हें)	को रूप
तुम	....	तिर्यक रूप
तुम	तुम्हीं	तिर्यक + जोर (ही)
तुम	तुम्हा	संबंधवाची रूप
आप	...	* **रूप**
वह	उस (उसे)	को रूप
वह	उस	तिर्यक रूप
वह	उसी	तिर्यक + जोर (ही)
वह	उस	संबंधवाची रूप
वे	उन (उन्हें)	को रूप
वे	उन	तिर्यक रूप
वे	उन्हीं	तिर्यक + जोर (ही)
वे	उन	संबंधवाची रूप

(***रूप** : 'आप' सर्वनाम का कोई रूप नहीं बनता।)

इसी प्रकार अन्य सर्वनामों के भी रूप बनते हैं। उपर्युक्त सर्वनामों और अन्य सर्वनामों के साथ परसर्ग लगने पर बनने वाले कुल रूपों की संख्या लगभग 150 हो जाती है। इनकी समेकित सूची निम्नलिखित है—

सर्वनाम	(परसर्ग) ने, को, से, के लिए, का/की/के (रा/री/रे), में, पर (+ ही)
वह	वह, उस, उसने, उसको, उसे, उससे, उसका, उसकी, उसके, उसमें, उसपर, उसी, वही
वे	वे, उन, उन्होंने, उनको, उन्हें, उनसे, उनका, उनकी, उनके, उनमें, उनपर, उन्हीं
तुम	तुम, तुमने, तुमको, तुम्हें, तुमसे, तुम्हारा, तुम्हारी, तुम्हारे, तुममें, तुमपर, तुम्हीं
तू	तू, तूने, तुझको, तुझे, तुझसे, तेरा, तेरी, तेरे, तुझमें, तुझपर, तुझी
आप	आप, आपने, आपको, आपसे, आपका, आपकी, आपके, आपमें, आपपर, आप ही
मैं	मैं, मैंने, मुझको, मुझे, मुझसे, मेरा, मेरी, मेरे, मुझमें, मुझपर, मुझी
हम	हम, हमने, हमको, हमें, हमसे, हमारा, हमारी, हमारे, हममें, हमपर, हम्हीं
यह	यह, इस, इसने, इसको, इसे, इससे, इसका, इसकी, इसके, इसमें, इसपर, इसी, यही
ये	ये, इन, इन्होंने, इनको, इन्हें, इनसे, इनका, इनकी, इनके, इनमें, इनपर, इन्हीं
जो	जो, जिस, जिसने, जिसको, जिसे, जिससे, जिसका, जिसकी, जिसके, जिसमें, जिसपर, जिन, जिन्होंने, जिन्हें, जिनसे, जिनका, जिनकी, जिनके, जिनमें, जिनपर, जिन्हीं
कौन	कौन, किस, किसने, किसको, किसे, किससे, किसका, किसकी, किसके, किसमें, किसपर, किसी किन, किन्होंने, किन्हें, किनसे, किनका, किनकी, किनके, किनमें, किनपर, किन्हीं

अतः सर्वनामों के रूपों के स्वचलित निर्माण के लिए दो प्रकार की विधियों का प्रयोग किया जा सकता है। मूल सर्वनामों और उनके तिर्यक रूपों को सूचीबद्ध करके विभिन्न प्रकार के तिर्यक रूपों के साथ जुड़ने वाले परसर्गों के नियम देना (टेबल-1 के अनुसार), अथवा प्रत्येक मूल सर्वनाम के सभी परसर्गीय रूपों को संबंधित मूल सर्वनाम के साथ जोड़ते हुए प्रस्तुत करना (टेबल-2 के अनुसार)। प्रणाली के उद्देश्य और संसाधन की प्रक्रिया के अनुरूप दोनों विधियाँ उपयुक्त हैं। नियम-आधारित हिंदी संसाधन प्रणाली में सभी रूपों और रूपों के निर्माण की स्थितियों की व्यवस्थित प्रस्तुति होनी चाहिए।

13

विशेषण और रूपसाधन (पदसाधन)

(Adjective and Inflection)

हिंदी में विशेषण संज्ञा, क्रिया के बाद सबसे प्रमुख शब्दवर्ग है। विशेषणों का प्रयोग मूलत: संज्ञा पदबंधों के घटक के रूप में होता है, जहाँ ये आश्रित (Depend) होते हैं और पदबंध के शीर्ष (Head) संज्ञा पद को विशेषीकृत करते हैं। आश्रित होने से तात्पर्य है, कि ये शब्द अकेले पूरे पदबंध का कार्य नहीं कर सकते, जैसे—'बड़ा घर दिख रहा है' वाक्य में 'बड़ा' शब्द 'बड़ा घर' पदबंध का घटक है और 'घर' शब्द पर आश्रित है। इसमें से 'घर' शब्द हटा देने पर 'बड़ा दिख रहा है' कहने से पूरे वाक्य का अर्थ समझ में नहीं आ रहा है। इसके विपरीत 'बड़ा' शब्द हटा देने पर 'घर दिख रहा है' कहने पर वाक्य का पूरा अर्थ संप्रेषित हो रहा है। अत: 'घर' शब्द शीर्ष है, क्योंकि यह अकेले पूरे पदबंध की जगह प्रयुक्त होने की क्षमता रखता है। 'बड़ा' द्वारा 'घर' के संदर्भ में अतिरिक्त सूचना दी जा रही है। हिंदी में विशेषण रूपात्मक दृष्टि से विकारी एवं अविकारी दोनों रूपों में प्रयुक्त होते हैं। इनमें रूप परिवर्तन लिंग और वचन अथवा तिर्यकता के अनुसार होता है। केवल आकारांत विशेषणों में ही विकार होते हैं। शेष सभी विशेषण किसी भी प्रकार के प्रयोग में एक समान रहते हैं।

13.1 विशेषण : स्वरूप और परिभाषा

विशेषण (Adjective) वे शब्द हैं जो संज्ञा शब्दों की विशेषता बताते हैं। इन्हें कामता प्रसाद गुरु (1920) द्वारा बहुत सटीक शब्दों में परिभाषित किया गया है ''जिस विकारी शब्द से संज्ञा शब्द की व्याप्ति मर्यादित होती है, उसे विशेषण कहते हैं।'' संस्कृत में 'नाम' पद के अंतर्गत ही संज्ञा, सर्वनाम एवं विशेषण को रखा गया है, परंतु हिंदी में तीनों को अलग-अलग शब्दवर्ग माना गया है। पं. किशोरी दास वाजपेयी (1957) ने विशेषण को एक अलग शब्दवर्ग माना है और समझाते हुए कहा है, ''संसार में अनंत प्राणियों तथा पदार्थों के नाम या संज्ञाएँ निश्चित कर लेने

पर भी व्यवहार में कमी रह जाती है; क्योंकि प्रत्येक प्राणी या पदार्थ में कुछ विशेषता होती है। पृथ्वी फोड़कर ऊपर निकलने वाले हरे-भरे 'अर्थों' या 'पदार्थों' का नाम 'उद्भिज' रखा गया। ...परंतु 'उद्भिजों' की अनेक श्रेणियाँ दिखाई पड़ीं। तब उन श्रेणियों के पृथक्-पृथक् नाम रखे गए—वृक्ष, लता, गुल्म आदि। परंतु वृक्षों के भी अनंत भेद। तब उनका श्रेणी विभाजन करके आम, जामुन, नीम आदि नाम रखा गया। फिर आम भी कई प्रकार के निकले। तब इनकी पृथक्-पृथक् विशेषताओं के आधार पर 'कलमी', 'लंगड़ा' आदि नाम रखे, जो विशेषण के रूप में चलते हैं। वृक्षों के सूखे अवयवों को 'लकड़ी' कहते हैं, परंतु सूखे पत्तों के लिए कोई पृथक् नाम नहीं। लकड़ी भी गीली-सूखी होती है जिसके लिए कोई पृथक् संज्ञा नहीं। ...इसीलिए शब्दों की एक पृथक् श्रेणी बनाई गई, पदार्थों की विशेषता प्रकट करने के लिए।"

पं. वाजपेयी द्वारा वर्णित यही पृथक् कोटि 'विशेषण' है। यह विभिन्न रूपों में संज्ञाओं की विशेषता, उनकी स्थिति अथवा स्वरूप आदि को निर्देशित करती है। कुछ विशेषण शब्द संज्ञा के अलावा क्रियाओं की भी विशेषता बताते हैं, जहाँ उन्हें 'क्रिया-विशेषण' के रूप में माना जाता है, जैसे—

- वह ***अच्छा*** लड़का है। (विशेषण)
- वह ***अच्छा*** लिखता है। (क्रिया-विशेषण)

इसी प्रकार कुछ दूसरे शब्दवर्गों के शब्द भी विशेषण का कार्य करते हैं, जैसे—सर्वनाम और प्रश्नवाचक शब्द आदि।

13.2 विशेषण के प्रकार

हिंदी विशेषणों को निम्नलिखित आधारों पर वर्गीकृत किया जा सकता है—

13.2.1 रचना के आधार पर :

इस दृष्टि से विशेषण दो प्रकार के होते हैं—

(क) **मूल** विशेषण—वे विशेषण जिसमें एक ही सार्थक भाषिक इकाई होती है और उपसर्ग-प्रत्यय आदि नहीं लगे होते, जैसे—लाल, अच्छा, सफेद आदि।

(ख) **व्युत्पन्न विशेषण**—वे विशेषण जिसमें मूल शब्द के साथ अन्य भाषिक घटक, जैसे—उपसर्ग, प्रत्यय आदि जुड़े होते हैं, जैसे—सामाजिक (समाज + इक), खयाली (खयाल + ई) आदि। हिंदी के व्युत्पन्न विशेषणों की रचना संज्ञा/क्रिया आदि में उपसर्ग-प्रत्यय आदि जोड़ने से होती है, जिसके कुछ उदाहरण निम्नलिखित हैं—

- **उपसर्ग+संज्ञा**—जैसे—सु + शील = सुशील, ला + परवाह = लापरवाह आदि।

- संज्ञा + प्रत्यय- जैसे—धर्म + इक = धार्मिक, पाप + ई = पापी आदि।
- धातु + प्रत्यय- जैसे—पठन + ईय = पठनीय, पूजन + ईय = पूजनीय आदि।
- **सामासिक शब्द**—जीवनदायी, अधमरा, बड़बोला, दुरंगा, चतुर्भुज, कनकटा, निर्जन, हँसमुख, लंबोदर आदि।
  (**नोट :** बहुब्रीहि समास से युक्त लगभग सभी शब्द विशेषण की तरह प्रयुक्त होते हैं।)
- **पुनरुक्ति**—जैसे—अच्छे-अच्छे, बड़े-बड़े आदि।

13.2.2 अर्थ और प्रकार्य के आधार पर :

विशेषणों का अर्थपरक वर्गीकरण पारंपरिक रूप से गुणवाचक, संख्यावाचक, परिमाणवाचक आदि के रूप में देखने को मिलता है, जो विशेषण के विभिन्न अर्थों और प्रकार्यों को दर्शाते हैं। इन्हें संक्षेप में निम्नलिखित प्रकार से देखा जा सकता है—

(क) **गुणवाचक विशेषण :** जो विशेषण विशेष्य (संज्ञा या सर्वनाम) के गुणों का बोध कराते हैं, उन्हें गुणवाचक विशेषण कहते हैं। यहाँ 'गुण' शब्द को व्यापक अर्थों में ग्रहण किया गया है, जिसके अंतर्गत गुण-दोष, रूप-रंग, आकार-प्रकार, दशा-अवस्था सभी सम्मिलित हैं। कुछ वर्गीकृत गुणवाचक विशेषण निम्नलिखित हैं—

(i) **गुण**—अच्छा, बुरा, दुष्ट, बेकार, सुंदर, निर्बल, मंद, पूर्ण, अपूर्ण आदि।

(ii) **रंग**—काला, गोरा, सफेद, लाल, चमकदार, धुंधला, उजला आदि।

(iii) **दशा**—ऊँचा, नीचा, सम, विषम, गहरा, विस्तृत, संकीर्ण आदि।

(iv) **आकार/रूप**—छोटा, बड़ा, पतला, मोटा, ठोस, चौड़ा, लंबा आदि।

(v) **दिशा**—दायाँ, बायाँ, अगला, पिछला आदि।

(vi) **समय**—नया, पुराना, भूतपूर्व, अस्थायी आदि।

इसी प्रकार विशेषणों से सूचित अर्थ के आधार पर उनके अनेक वर्ग किए जा सकते हैं, जो इस अध्याय का विवेच्य विषय नहीं है। इसलिए यहाँ केवल प्रमुख का ही उल्लेख किया जा रहा है।

(ख) **संख्यावाचक विशेषण :** जिन शब्दों से किसी व्यक्ति, वस्तु आदि की संख्या का बोध होता है, उन्हें संख्यावाचक विशेषण

कहते हैं। इसके मुख्य रूप से निम्नलिखित उपभेद किए जा सकते हैं, जैसे—

(i) **सामान्य संख्या**—एक, दो, तीन...बीस, तीस, सौ, हजार, करोड़ आदि।

(ii) **क्रमवाचक संख्या**—पहला, दूसरा, तीसरा, चौथा, पाँचवाँ आदि।

(iii) **अपूर्णांक संख्या**—पाव, आधा, सवा, डेढ़, तिहाई, तीन चौथाई आदि।

(iv) **आवृत्तिवाचक संख्या**—दुगना, तिगुना, चौगुना, दोहरा, तिहरा आदि।

(ग) **परिमाणवाचक विशेषण :** जिन विशेषणों से वस्तुओं या व्यक्तियों की मात्रा का बोध होता है, उन्हें परिमाणवाचक विशेषण कहते हैं। ये दो प्रकार के होते हैं—

(i) **निश्चित परिमाणवाचक**—एक किलो, दो मीटर, सवा किलो आदि।

(ii) **अनिश्चित परिमाणवाचक**—थोड़ा, बहुत, कम, ज्यादा, पूरा, सारा, सब, अल्प, अत्यल्प, कुछ, जरा, तनिक आदि।

(घ) **सार्वनामिक विशेषण :** जो सर्वनाम विशेषण के रूप में प्रयुक्त होते हैं, उन्हें सार्वनामिक विशेषण कहते हैं, जैसे—यह आदमी, वह लड़की, कोई व्यक्ति, कौन लड़का, जो लोग इत्यादि। सार्वनामिक विशेषण अपने विशेष्य या संबंधित संज्ञा शब्द से पहले प्रयुक्त होता है। अन्य पुरुष के सर्वनाम अपने एकवचन एवं बहुवचन के मूल एवं विकृत रूपों में संज्ञा के पूर्व विशेषण का काम करते हैं। सर्वनामिक विशेषणों द्वारा निम्नलिखित अर्थ व्यक्त होते हैं—

(1) **निश्चय बोध**—यह, वह, ये, वे सर्वनामों द्वारा निश्चय का बोध होता है, जैसे—

➢ ***वह*** आदमी मेरे घर आया है।

➢ ***इस*** लड़के ने तुम्हारी घड़ी चुराई।

➢ ***ये*** फल उन लोगों के लिए हैं।

(2) **गुण बोध**—ऐसा, ऐसे, ऐसी, वैसा, वैसे, वैसी, तैसा, तैसे, तैसी, कैसा, कैसे, कैसी, जैसा, जैसे, जैसी आदि सर्वनाम गुण का बोध कराते हैं, लेकिन इनसे यह नहीं पता चलता की गुण सकारात्मक है या नकारात्मक, जैसे—

➢ ***मैंने*** ऐसा काम पहले कभी नहीं किया।

- ***मुझे*** वैसा आदमी मत समझो।
- ***ऐसा*** मत कहा करो।

'ऐसा-वैसा' सर्वनामों का एक साथ प्रयोग 'तिरस्कार' या 'तुच्छता' का अर्थ देता है, जैसे—

- **मैं *ऐसे-वैसे*** लोगों से दोस्ती नहीं करता।
- कोई ***ऐसा-वैसा*** काम नहीं करना।

(3) **अनिश्चित परिमाण/संख्या बोध—**इतना/-ने/-नी; उतना/-ने/-नी; कितना/-ने/-नी; जितना/-ने/-नी द्वारा अनिश्चित परिमाण या संख्या का बोध होता है, जैसे—इतना सामान, उतनी मिठाई, कितने घर?

(4) **समानता/भेद बोध**—संयुक्त या मिश्र वाक्य प्रकार की रचनाओं में ऐसा-वैसा, इतना-जितना, उतना-जितना (+/-ही) आदि युग्मों का दो विशेष्यों के साथ प्रयोग तुलना (सकारात्मक वाक्यों में समानता और नकारात्मक वाक्यों में भेद) के अर्थ को दर्शाता है, जैसे—

- ***यह*** मोबाइल उतना तेज नहीं है जितना ***वह*** स्मार्टफोन।
- मेरा घर ***वैसा*** ही है, ***जैसे*** आपका मकान।
- मेरी गाड़ी ***वैसी*** नहीं, ***जैसी*** आपकी कार है।
- मेरी पुस्तक ***उतनी*** नई नहीं, ***जितनी*** आपकी।

13.3 विशेषण और रूपसाधन (पदसाधन)

विशेषणों में होने वाले परिवर्तनों के आधार पर संज्ञाओं की तरह ही उनके भी दो वर्ग किए जा सकते हैं—विकारी और अविकारी। पदसाधन (रूपसाधन) की दृष्टि से विकारी विशेषण ही विचारणीय हैं। अविकारी विशेषणों को केवल सूचीबद्ध किया जाता है। दोनों प्रकार के विशेषणों का विवरण निम्नलिखित है—

13.3.1 विकारी (Declinable) :

विकारी विशेषण के अंतर्गत वे शब्द आते हैं, जिनका रूप परिवर्तित होता है। हिंदी में विशेषणों में पदसाधन बहुत कम ही होता है। इन्हें निम्नलिखित प्रकार से देखा जा सकता है—

(क) लिंग और वचन की दृष्टि से विकार

इस दृष्टि से विकारी विशेषणों को देखा जाए तो केवल आकारांत विशेषणों के विशेष्य (संज्ञा) के लिंग, वचन और कारक के अनुसार ईकारांत और

एकारांत रूप बनते हैं। इनके बनने वाले रूपों को निम्नलिखित टेबल में देखा जा सकता है—

	लिंग	
वचन	**पुल्लिग (Masculine)**	**स्त्रिलिंग (Feminine)**
एकवचन (Singular)	अच्छा	अच्छी
बहुवचन (Plural)	अच्छे	अच्छी

उदाहरण—

➢ ***अच्छा लड़का*** खेल रहा है।

➢ ***अच्छे लड़के*** खेल रहे हैं।

➢ ***अच्छी लड़की*** खेल रही है।

➢ ***अच्छी लड़कियाँ*** खेल रही हैं।

इसके अलावा 'वाँ' अंतिम अक्षर वाले विशेषणों में भी संबंधित संज्ञा के लिंग और वचन के अनुसार परिवर्तन होता है। यह स्थिति 'संख्यावाची शब्द + वाँ' में स्पष्ट दिखाई पड़ती है, जैसे—

➢ मेरा यहाँ ***दसवाँ*** स्थान है।

➢ मैं ***दसवीं*** कक्षा में पढ़ता हूँ।

➢ मेरा लड़का ***दसवें*** स्थान पर आया।

उपर्युक्त उदाहरणों से स्पष्ट है कि इस प्रकार के विशेषणों में आकारांत का ईकारांत और एकारांत हो जाता है, तथा अनुनासिक (ँ) की जगह अनुस्वार (ं) प्रयुक्त होता है। 'वाँ' रूप में एक विशिष्ट विशेषता यह है कि यह 'एक', 'दो', 'तीन' और 'चार' के साथ नहीं बनता, पाँच से आरंभ होता है। हाँ 'सौ', 'हजार' या 'लाख' के साथ जोड़कर 'एक सौ एकवाँ', 'एक सौ तीनवाँ' बनता है।

कुछ आकारांत विशेषण ऐसे भी होते हैं जिनमें लिंग और वचन के अनुसार रूप परिवर्तन नहीं होता, जैसे—बढ़िया, घटिया, सवा, खुलासा, सालाना आदि। इस प्रकार के विशेषणों के वाक्यात्मक प्रयोग के उदाहरण देखे जा सकते हैं—

आकारांत विकारी विशेषण (अच्छा) :

1.1 आपने मुझे ***अच्छा झोला*** दिया। (पुल्लिग, एकवचन संज्ञा, आकारांत रूप)

1.2 आपने मुझे ***अच्छी किताब*** दी। (स्त्रीलिंग संज्ञा, ईकारांत रूप)

आकारांत अविकारी विशेषण (बढ़िया) :

2.1 आपने मुझे ***बढ़िया झोला*** दिया। (पुल्लिंग, एकवचन संज्ञा, आकारांत रूप)

2.2 आपने मुझे ***बढ़िया किताब*** दी। (स्त्रीलिंग संज्ञा, कोई परिवर्तन नहीं)

आकारांत विकारी विशेषण (अच्छा) :

3.1 आपने मुझे ***अच्छा झोला*** दिया। (पुल्लिंग, एकवचन संज्ञा, आकारांत रूप)

3.2 आपने मुझे ***अच्छे झोले*** दिए। (पुल्लिंग, बहुवचन संज्ञा, आकारांत रूप)

आकारांत अविकारी विशेषण (बढ़िया) :

3.1 आपने मुझे ***बढ़िया झोला*** दिया। (पुल्लिंग, एकवचन संज्ञा, आकारांत रूप)

3.2 आपने मुझे ***बढ़िया झोले*** दिए। (पुल्लिंग, बहुवचन संज्ञा, कोई परिवर्तन नहीं)

भोलानाथ तिवारी (2004) द्वारा 'हिंदी भाषा की संरचना' में आकारांत विशेषणों के दो वर्ग—चिह्नित (Marked) और अचिह्नित (Unmarked) किए गए हैं। चिह्नित के अंतर्गत वे आकारांत विशेषण रखे गए हैं जिनमें संज्ञा के लिंग और वचन के अनुसार परिवर्तन होता है और अचिह्नित के अंतर्गत वे आकारांत विशेषण रखे गए हैं जिनमें संबंधित किसी भी प्रकार का परिवर्तन या विकार नहीं होता है। डॉ. तिवारी (2004) द्वारा निम्नलिखित पाँच प्रकार के आकारांत अविकारी शब्दों की चर्चा की गई है—

(1) **यांत**—सींकिया, टुटपूँजिया, पुरबिया, रसिया, घटिया, बढ़िया, लफाड़िया, झंझटिया, कानपुरिया, बंबइया, ननिया, ममिया, चचिया आदि।

(2) **वांत**—महकौवा, जुड़वाँ, सवा, भगवा, ढलुआ, ढलवाँ, उठौआ, गेरुआ आदि।

(3) **संस्कृत तत्सम**—महा, हर्ता, कर्ता (-भर्ता)।

(4) **फ़ारसी**—अरबी शब्द जिनमें मूलतः अंत में 'आ' न होकर 'अः' था तथा वह हिंदी में आकर 'आ' हो गया—खुलासा, सोफ़ियाना, सालाना, शायराना, आवारा, संजीदा, मौजूदा, शर्तिया, शौकिया, दुतरफ़ा, एकतरफ़ा, नाकारा, लापता, बचकाना, माहाना...आदि। 'ताज़ा' भी इसी वर्ग में है। इसमें भी परिवर्तन नहीं होता है (ताज़ा फल, ताज़ा सब्ज़ी, ताज़ा खबर) किंतु कुछ लोग ताज़ा-ताज़ी-ताज़े बोलते हैं, जो मानक नहीं है।

(5) अन्य :

(i) तद्भव—आगबाबूला, चौकन्ना, छुट्टा, पोंगा, इकट्ठा।

(ii) विदेशी—तनहा, आला।

इनमें मेरी समझ से 'यांत' की जगह 'इयांत' होना चाहिए। ये वे विशेषण हैं जो 'इया' प्रत्यय जोड़ने से बनते हैं। इसी कारण इनमें विकार नहीं होता, क्योंकि केवल 'या' से अंत होने वाले विशेषणों में परिवर्तन होता है, जैसे—नया से नई, नए आदि।

इसी प्रकार उपर्युक्त पाँचों प्रकारों में से चौथे में वर्णित 'ताज़ा' के संदर्भ में मेरा मानना है कि यदि इसके तीनों रूप (ताज़ा-ताज़ी-ताज़े) भी अत्यधिक प्रयोग में आते हैं तो इसे 'ताज़ा' का हिंदीकरण मानते हुए तीनों रूपों के प्रयोग को भी शुद्ध माना जाना चाहिए। इसी प्रकार आगे चर्चा करते हुए डॉ. तिवारी (2004) ने कहा है, "सामान्यत: व्यंजनांत विशेषणों में परिवर्तन नहीं होता, किंतु कुछ तत्सम विशेषण अपवाद हैं, जिनके स्त्रीलिंग संस्कृत में बनते हैं और हिंदी में भी उनका प्रयोग होता है : श्रीमान-श्रीमती, विद्वान्-विदुषी, महान्-महती, रूपवान-रूपवती, गुणवान-गुणवती, सुंदर-सुंदरी, कुरूप-कुरूपा, शीलवान-शीलवती आदि।" इस संदर्भ में ध्यान देने वाली बात है कि ये सभी विशेषण रूप 'व्युत्पादन' (Derivation) द्वारा निर्मित हैं। इसलिए हमारे लिए ये सभी स्वतंत्र कोशीय शब्द होंगे। अत: इस प्रकार के रूपों पर यहाँ पदसाधन की दृष्टि से विचार करने की कोई आवश्यकता नहीं है।

(ख) अन्य विकार (ओंकारांत रूप)

कुछ विशेषणों के 'ओंकारांत रूप' भी बनते हैं। ओंकारांत रूप वाले विशेषणों के दो वर्ग किए जा सकते हैं—

(i) **संख्यावाची विशेषण :** 'एक' के अलावा अन्य सभी संख्याओं के ओंकारांत रूप बनते हैं, जैसे—दोनों, तीनों, चारों, पाँचों, दसों आदि। इन रूपों को कुछ वैयाकरणों द्वारा 'समष्टिवाचक संख्याएँ' कहा गया है। किंतु ये संख्यावाची विशेषणों के ओंकारांत रूप हैं, न कि अलग से किसी प्रकार संख्या। सामान्य संख्या रूप की जगह इन रूपों के प्रयोग से केवल गिनती के अतिरिक्त पूर्णताबोध भी होता है, जैसे—

1.1 मैंने ***चार*** आम खाए।

1.2 मैंने ***चारों*** आम खाए।

2.1 उसने ***दस*** पेड़ काटे।

2.2 उसने ***दसों*** पेड़ काट डाले।

इसी प्रकार संख्याओं के समूह की बोधक संख्याओं के ओंकारांत रूपों को कुछ विद्वानों द्वारा 'अनिश्चयबोधक (बहुत्वबोधक) संख्याएँ' भी कहा गया है, जैसे—सैकड़ों, हजारों, लाखों, करोड़ों, अरबों आदि। किंतु ये सब भी अपने मूल रूपों के ओंकारांत रूप ही हैं। इन रूपों का प्रयोग शीर्ष पद संज्ञा की अनुपस्थिति में संबंधित संज्ञा के रूप में भी हो सकता है। ऐसी स्थिति में संख्यावाची विशेषण अथवा उनके ओंकारांत रूप (अनुक्त) संज्ञा का काम करते हैं, जैसे—

1.1 ***एक*** को बुलाओ तो ***चार*** आएँगे।

1.2 ***एक*** को बुलाओ तो ***चारों*** आएँगे।

2.1 ***एक*** को बुलाओ तो ***चार*** आएँगी।

2.2 ***एक*** को बुलाओ तो ***चारों*** आएँगी।

उपर्युक्त उदाहरणों में पहले वाक्य में 'एक' और 'चार' पुल्लिग संज्ञा का बोध करा रहे हैं, जबकि दूसरे वाक्य में ये स्त्रीलिंग संज्ञा का बोध करा रहे हैं। इनके बाद संबंधित संज्ञा शब्द भी आ सकता है, जैसे—

1.1 ***एक लड़के*** को बुलाओ तो ***चार लड़के*** आएँगे।

1.2 ***एक लड़के*** को बुलाओ तो ***चारों लड़के*** आएँगे।

2.1 ***एक लड़की*** को बुलाओ तो ***चार लड़कियाँ*** आएँगी।

2.2 ***एक लड़की*** को बुलाओ तो ***चारों लड़कियाँ*** आएँगी।

नोट : 'दो और तीन' संख्यावाची शब्द का ओंकारांत रूप बनाने पर बीच में 'न' का आगम होता है और रूपसाधित शब्द 'दोनों तथा तीनों' बनता है।

(ii) **+ मानव विशेषण :** जो विशेषण मूलत: '+ मानव' संज्ञाओं के विशेषक होते हैं, उनके भी ओंकारांत रूप बनते हैं, जैसे—

➢ सारा सामान ***बूढ़ों*** में बाँट दो।

➢ यहाँ ***झूठों*** का झुंड बैठा है।

ये रूप संख्यावाची रूपों से इसलिए अलग हैं कि संख्यावाची शब्दों के ओंकारांत रूपों के बाद संबंधित संज्ञा शब्द आ सकता है, किंतु इनके बाद नहीं आ सकता, जैसे—

1.1 सारा सामान ***दसों*** में बाँट दो।

1.2 सारा सामान ***बूढ़ों*** में बाँट दो।

1.3 सारा सामान ***दसों लोगों*** में बाँट दो।

1.4 *सारा सामान ***बूढ़ों लोगों*** में बाँट दो।

मूलत: '+ मानव' संज्ञा वाले विशेषणों के अलावा अन्य विशेषणों के भी ओंकारांत रूप बनते हैं किंतु किन शब्दों के कौन-से रूप बनेंगे, इसके लिए विभिन्न आधारों पर गहन अध्ययन की आवश्यक्ता है। उदाहरण के लिए 'अच्छा' शब्द के ओंकारांत रूप तभी बनते हैं, जब उसकी पुनरुक्ति हो, जैसे—

➢ मैंने ***अच्छों-अच्छों*** को देखा है।

किंतु इसके विपरीतार्थक शब्द 'बुरा' के ये रूप नहीं बनते, जैसे—

➢ *मैंने ***बुरों-बुरों*** को देखा है।

'इक' प्रत्यय से निर्मित शब्द भी विशेषण का कार्य करते हैं, किंतु इन प्रत्ययों से बने शब्द जब '+ मानव' संज्ञा के लिए आते हैं तो वे स्वयं संज्ञा का कार्य करते हैं, जैसे—

➢ मनुष्य एक ***सामाजिक*** प्राणी है। (समाज + इक = विशेषण)

➢ कंप्यूटर एक ***वैज्ञानिक*** आविष्कार है। (विज्ञान + इक = विशेषण)

➢ उस कमरे में तीन ***वैज्ञानिक*** बैठे हैं। (विज्ञान + इक = संज्ञा)

➢ सभी ***वैज्ञानिकों*** को बुलाओ। (ओंकारांत रूप = संज्ञा)

इन शब्दों के भी ओंकारांत रूपों के बाद शीर्ष संज्ञा शब्द नहीं आ सकता।

ओंकारांत रूपों को कुछ विद्वानों द्वारा विशेषणों का 'संज्ञा रूप' कहा गया है। यह बात केवल + मानव विशेषणों के साथ ही सही है। संख्यावाची विशेषणों के ओंकारांत रूप विशेषण की तरह भी कार्य करते हैं। इसलिए ओंकारांत रूप विशेषण का ही एक रूप माना जाना चाहिए और प्रकार्य संबंधी अंतर को अलग से व्याख्यायित किया जाना चाहिए।

(iii) + **कर वाले** : कुछ विशेषणों के साथ 'कर' प्रत्यय जुड़ता है। इसके जुड़ने के बाद भी वह शब्द विशेषण ही रहता है, जैसे—खास से खासकर, विशेष से विशेषकर आदि। सामान्यत: ऐसे विशेषण क्रिया-विशेषण होते हैं।

इस प्रकार पदसाधन और पदविश्लेषण की दृष्टि से विकारी विशेषणों के निम्नलिखित वर्ग प्राप्त होते हैं—

(क) ईकारांत और एकारांत रूप वाले : जैसे—बुरा, नया आदि।

(ख) ईकारांत, एकारांत और ओंकारांत रूप वाले : जैसे—बूढ़ा, बाँका आदि।

(ग) ईकारांत, एकारांत और पुनरुक्ति में ओंकारांत रूप वाले : जैसे—अच्छा, बड़ा आदि।

(घ) संख्यावाची : जैसे—दो, तीन, चार, हजार, लाख आदि।

13.3.2 अविकारी विशेषण (Indeclinable Adjectives) :

अविकारी विशेषण वे विशेषण हैं जिनमें कोई परिवर्तन नहीं होता है। आकारांत के अलावा अन्य सभी प्रकार के विशेषण अविकारी होते हैं। इनमें अधिकतर अकारांत एवं इकारांत होते हैं, जैसे—खराब, साफ, भारी, सुंदर, पागल, लाल आदि। कुछ आकारांत विशेषण भी अविकारी होते हैं, जिनकी चर्चा ऊपर की जा चुकी है। अत: अविकारी आकारांत और अन्य सभी विशेषण इस वर्ग में आएँगे।

उपर्युक्त विवेचन से स्पष्ट है कि पदसाधन और पदविश्लेषण (रूपसाधन और रूपविश्लेषण) की दृष्टि से हिंदी विशेषणों के दोनों वर्गों—विकारी और अविकारी को डाटाबेस में भिन्न टैग दिए जाने चाहिए। विकारी विशेषणों को 'JJd' (Adjective Declinable) मानते हुए इनके विविध प्रकारों को इस प्रकार टेबल में टैग किया जा सकता है—

(क) ईकारांत और एकारांत रूप वाले : (JJd1)

जैसे— बुरा- बुरा, बुरी, बुरे
नया- नया, नयी, नये आदि।

(ख) ईकारांत, एकारांत और ओंकारांत रूप वाले : (JJd2)

जैसे— बूढ़ा—बूढ़ा, बूढ़ी, बूढ़े, बूढ़ों
बाँका—बाँका, बाँकी, बाँके, बाँकों आदि।

(ग) ईकारांत, एकारांत और पुनरुक्ति में ओंकारांत रूप वाले : (JJd3)

जैसे— अच्छा—अच्छा, अच्छी, अच्छे, अच्छों-अच्छों
बड़ा—बड़ा, बड़ी, बड़े, बड़ों-बड़ों आदि।

(घ) संख्यावाची : (JJd4)

जैसे— दो, तीन, चार, हजार, लाख आदि।

इसी प्रकार अविकारी विशेषणों को 'JJid' (Adjective Indeclinable) टैग दिया जा सकता है। इससे प्रणाली द्वारा 'JJd' वाले विशेषणों के रूप बनाए जाएँगे और 'JJid' वाले विशेषणों के रूप नहीं बनाए जाएँगे। टैगिंग के क्रम में आउटपुट में दोनों को केवल 'JJ' टैग द्वारा ही प्रदर्शित किया जाएगा। इसके टेबल का प्रारूप इस प्रकार है—

क्र.सं.	शब्द	टैग
1	बुरा	JJd1
2	नया	JJd1
3	बूढ़ा	JJd2
4	बाँका	JJd2
5	अच्छा	JJd3

क्र.सं.	शब्द	टैग
6	छोटा	JJd1
7	बढ़िया	JJid
8	घटिया	JJid
9	सुंदर	JJid
10	पावन	JJid

टेबल में कोई भी शब्द कहीं भी आ सकता है। यह आवश्यक नहीं है कि शब्द क्रम से आएँ। उनके रूपवैज्ञानिक व्यवहार (Morphological Behaviour) के आधार पर उन्हें संबंधित टैग दिया जाता है, इससे प्रोग्राम को कोई कठिनाई नहीं होती। प्रोग्राम का कोड लिखने के लिए सबसे पहले इनपुट शब्द और शब्दरूपों के लिए चर (Variable) लिए जाएँगे, जैसे—IW = इनपुट शब्द, JJ-A = आकारांत विशेषण, JJ-E = आकारांत विशेषण, JJ-I = ईकारांत विशेषण, JJ-On = ओंकारांत विशेषण, JJ-On2 = ओंकारांत पुनरुक्त विशेषण। इन रूपों के निर्माण के नियम इस प्रकार होंगे—

JJ-A = IW (अच्छा = अच्छा)

JJ-E = 'IW - ा' + े (अच्छा = 'अच्छा - ा' = अच्छ् + े = अच्छे)

JJ-I = 'IW - ा' + ी (अच्छी = 'अच्छा - ा' = अच्छ् + े = अच्छी)

JJ-On = 'IW - ा' + ों (अच्छों = 'अच्छा - ा' = अच्छ् + ों = अच्छों)

JJ-On2 = JJ - On + '-' + JJ - On (अच्छों-अच्छों = अच्छों + '-' + अच्छों)

सभी प्रकार के शब्दों के लिए इसी प्रकार से नियम लिखे जा सकते हैं।

13.4 विशेषण और संबंधवाची

हिंदी के कुछ विद्वानों द्वारा संबंधवाची प्रयोगों को भी विशेषण का एक प्रकार मानते हुए इसे 'संबंधवाचक विशेषण' नाम दिया गया है। उदाहरण के लिए डॉ. भोलानाथ तिवारी (2004) ने 'हिंदी भाषा की संरचना' में विशेषण के पाँच प्रकार करते हुए 'संबंधवाचक' को एक प्रकार माना है। इस संदर्भ में उन्होंने कुछ उदाहरण, जैसे—'राम का बेटा' में 'राम का', 'अपना काम' में 'अपना' आदि भी दिए हैं। अत:संबंधवाची प्रयोगों के सापेक्ष भी विशेषण पर विचार कर लिया जाना चाहिए।

संबंधवाची (Genetive) वह भाषिक इकाई है जो दो संज्ञाओं या संज्ञात्मक प्रकार्य करने वाले शब्दों के बीच संबंधवाची चिह्नक रखने से निर्मित होती है। हिंदी में 'का' (रूपिमिक विभेद की, के) **संबंधवाची चिह्नक** (Genetive Marker) का कार्य करता है। इसके माध्यम से दो संज्ञाओं के बीच संबंध स्थापित किया जाता है; जैसे—राम का पुत्र, बैठने की जगह, मोहन के पैर आदि। वाक्य स्तर पर इन रचनाओं में विविधता देखने को मिलती है। यदि इस प्रकार की रचनाओं को अर्थ की दृष्टि से देखा जाए तो एक व्यापक वैविध्य प्राप्त होता है। संबंधवाची रचनाओं का निर्माण दो शाब्दिक इकाइयों के बीच 'का' रखने से होता है। 'का' के प्रयोग से पूर्वशब्द द्वारा पश्चशब्द के संदर्भ में एक अर्थ

प्रतिपादित किया जाता है, जिसे सामान्य रूप से 'संबंध' नाम देकर इस रचना को 'संबंधवाची' नाम दे दिया गया है। किंतु शाब्दिक इकाइयों के स्वरूप, प्रकृति एवं उनकी विशेषताओं के आधार पर दोनों के बीच प्राप्त संबध के अनेक प्रकार हो जाते हैं। इनकी संख्या सूक्ष्म स्तर पर जाने पर सैकड़ों में हो सकती है। उदाहरण के लिए निम्नलिखित पदबंधों में आर्थी संबंधों की विविधता को देख सकते हैं :

राम का छाता	(स्वामित्वभाव)
राम का हाथ	(अंगांगि संबंध)
राम का देश	(स्थान)
राम की पढ़ाई	(कर्तृकर्म संबंध)

अत: संबंधवाची रचनाएँ विशिष्ट प्रकार की रचनाएँ हैं। पश्चशब्द के विशेषक के रूप में उनका प्रयोग अवश्य होता है, किंतु केवल इस आधार पर उन्हें विशेषण का एक प्रकार कहना उपयुक्त नहीं है। कम-से-कम मशीनी संसाधन की दृष्टि से तो ऐसा किए जाने की कोई आवश्यकता नहीं है। इसके दो कारण हैं, पहला— संबंधवाची रचना शाब्दिक नहीं बल्कि पदबंध स्तरीय इकाई है; और दूसरा— इसमें 'का' के साथ दोनों ओर आने वाले शब्द 'संज्ञा' ही होते हैं। इसलिए इसमें दोनों शब्दों के बीच संबंध का निर्धारण संज्ञाओं की आर्थी विशेषताओं के आधार पर होता है।

13.5 विशेषण एवं प्रविशेषण

विशेषण शब्द संज्ञा शब्दों के पूर्व आकर उनकी विशेषता बताते हैं, या गुरु (1920) के शब्दों में उनकी व्याप्ति को मर्यादित करते हैं। कुछ विशेषण ऐसे भी होते हैं जो किसी विशेषण की ही व्याप्ति को मर्यादित या सीमित कर देते हैं। ऐसे ही विशेषणों को 'प्रविशेषण' नाम दिया गया है। डॉ. तिवारी (2004) के अनुसार, "जो विशेषण किसी विशेषण की विशेषता बतलाएँ (बहुत अच्छा लड़का, निहायत गंदा घर) उन्हें प्रविशेषण कहा जा सकता है।" इस शब्द का सर्वप्रथम प्रयोग आचार्य किशोरीदास वाजपेयी द्वारा किया गया है। हिंदी में दो प्रकार के प्रविशेषण होते हैं—

(क) **मूलत: प्रविशेषण**—कुछ प्रविशेषण केवल विशेषण शब्दों के पूर्व ही आते हैं। बिना विशेषण के उनका प्रयोग नहीं होता है, ऐसे प्रविशेषणों को मूलत: प्रविशेषण कहा गया है, जैसे—

- ***अति*** उत्तम साधना
- ***अत्यंत*** सुंदर बालिका

- ***अत्यधिक*** वृद्ध स्त्री
- ***निरा*** मूर्ख लड़का

(ख) प्रयोगतः प्रविशेषण—हिंदी में कुछ ऐसे भी विशेषण हैं जो किसी संज्ञा शब्द के पूर्व प्रयुक्त होकर विशेषण का कार्य करते हैं। इसके अतिरिक्त इनका प्रयोग विशेषणों के पूर्व भी होता है, जहाँ ये प्रविशेषण के रूप में कार्य करते हैं। ऐसे विशेषण प्रयोगतः प्रविशेषण कहलाते हैं, जैसे—

- ***अधिक*** सामान (=विशेषण), ***अधिक*** अच्छा सामान (=प्रविशेषण)
- ***बड़ी*** बात (= विशेषण), ***बड़ी*** नीरस बात (= प्रविशेषण)
- ***इतना*** सामान (= विशेषण), ***इतना*** अच्छा सामान (= प्रविशेषण)
- ***बहुत*** काम (= विशेषण), ***बहुत*** बड़ा काम (= प्रविशेषण)

प्राकृतिक भाषा संसाधन की दृष्टि से इन्हें प्रविशेषण या विशेषण किसी भी रूप में रखकर कार्य किया जा सकता है, क्योंकि कुछ वाक्यों में बात पर जोर देने के लिए या विशिष्टता को गहन स्तर तक व्यक्त करने के लिए एक से अधिक विशेषणों का एक साथ भी प्रयोग किया जाता है, जैसे—

- बहुत अधिक शक्तिशाली आदमी
- गहरी काली डरावनी रात

पदसाधन की दृष्टि से देखा जाए तो संज्ञा के पूर्व आने वाले सभी विकारी विशेषणों से संबद्ध संज्ञा या विशेष्य के लिंग और वचन के अनुसार परिवर्तन होता है, चाहे वे विशेषण के रूप में आएँ या प्रविशेषण के रूप में। उदाहरण के लिए ऊपर दिए गए दूसरे उदाहरण में विशेष्य संज्ञा को बदलकर देखा जा सकता है—

- गहरी काली डरावनी रात
- गहरा काला डरावना कूआँ

13.6 हिंदी विशेषण और तुलनावस्था

विशेषण का कार्य किसी संज्ञा शब्द की विशेषता को निर्दिष्ट करना है, किंतु यदि उसी विशेषता को दो संज्ञा शब्दों में एक-दूसरे के सापेक्ष देखना हो, तो प्रत्यक्ष या अप्रत्यक्ष रूप से दोनों में तुलना की स्थिति उत्पन्न हो जाती है। इसे **तुलनावस्था** (degree of comparison) कहते हैं। यह स्थिति कुछ भाषाओं में आवश्यक रूप

से व्यवस्था का अंग होती है। उदाहरण के लिए 'अंग्रेजी' में सभी विशेषणों की तीन अवस्थाएँ (मूलावस्था, तुलनावस्था, उत्तमावस्था) होती ही हैं। अत: वहाँ पर यह स्थिति विशेषणों की व्यवस्था के मूल में हैं। संस्कृत में भी 'मूलावस्था' के मूल विशेषण में 'तर' और 'तम' प्रत्ययों का प्रयोग करते हुए 'तुलनावस्था' तथा 'उत्तमावस्था' को व्यक्त किया जाता है, जैसे—उच्च से उच्चतर, उच्चतम। हिंदी में ऐसी कोई प्रत्यक्ष व्यवस्था नहीं है। इसमें कुछ विशेषणों में विभिन्न अवस्थाओं (Different Degrees) को दर्शाने के लिए संस्कृत के ही प्रत्ययों—'तम', 'तर' का प्रयोग कर लिया जाता है, जैसे—'सुंदर' से 'सुंदरतर' और 'सुंदरतम' आदि। किंतु सभी विशेषणों के साथ इन प्रत्ययों का प्रयोग नहीं किया जा सकता। उदाहरण के लिए आकारांत विशेषणों के साथ इनका प्रयोग नहीं होता, जैसे—'अच्छा' से 'अच्छातर या अच्छातम' नहीं बनाया जा सकता। इसलिए हिंदी में 'तुलनावस्था' और 'उत्तमावस्था को व्यक्त करने के लिए 'मूलावस्था' के विशेषणों के साथ तुलनावाची शब्दों या पदबंधों, जैसे—'अधिक', 'ज्यादा', 'कम', 'से', 'से अधिक/ज्यादा/कम', 'कुछ', 'सबसे' और 'सबसे अधिक/ज्यादा/कम' आदि का भी प्रयोग किया जाता है, जैसे—

- सुंदर → अधिक सुंदर, सबसे सुंदर
- अच्छा → से अच्छा, से अधिक अच्छा, सबसे अच्छा
- प्यारा → से प्यारा, सबसे प्यारा, सबसे अधिक प्यारा

कुछ विशेषण सदैव एक समान होते हैं। इनकी तुलनावस्था या उत्तमावस्था के रूप नहीं बनते, जैसे—मृत, शादीशुदा, बहुवचन आदि। इसके अलावा जो विशेषण संज्ञा या क्रिया से व्युत्पादित होते हैं, उनके साथ तुलनावस्था एवं उत्तमावस्था बनाने वाले रूपों का प्रयोग सामान्यत: नहीं होता है, जैसे—बौद्धिक, पीड़ित, भूखा, आलसी, नैतिक आदि। किंतु इसमें भी कुछ विशेषणों के साथ 'अधिक' या 'सबसे' के प्रयोग द्वारा तुलनावस्था एवं उत्तमावस्था के रूप बनते हैं, जैसे—

- वह ***अधिक*** भूखा है।
- यह लड़का ***सबसे अधिक*** पीड़ित है।

इन उदाहरणों में 'बहुत' और 'सबसे अधिक' क्रमश: तुलनावस्था एवं उत्तमावस्था को व्यक्त कर रहे हैं, जो व्युत्पादित विशेषण के रूप में प्रयुक्त हुए हैं। इसी प्रकार कुछ विशेषणों में उत्तमावस्था को व्यक्त करने के लिए 'सर्व' उपसर्ग का भी प्रयोग होता है, जैसे—सर्वशक्तिमान, सर्वाधिक, सर्वव्यापी आदि।

इसे प्राकृतिक भाषा संसाधन की दृष्टि से देखा जाए तो हिंदी में तुलनावाची विशेषणों का प्रयोग संस्कृत और अँग्रेजी के समान उपसर्ग या प्रत्यय लगाकर नहीं होता। हिंदी में विशेषणों की तुलनावस्था बताने के लिए पदसाधन प्रक्रिया नहीं अपनाई जाती है। कुछ विशेषणों के संदर्भ में 'तर', 'तम' आदि प्रत्ययों का विश्लेषण किया जा सकता है, किंतु अधिकांश स्थितियों में ये 'अधिक', 'ज्यादा', 'कम', 'से', 'से अधिक/ज्यादा/कम', 'कुछ', 'सबसे' आदि स्वतंत्र शब्दों के साथ ही आते हैं। समान्यतः 'तर' और 'तम' प्रत्ययों से युक्त शब्द संस्कृत के होते हैं, लेकिन हिंदी में ऐसे विशेषणों का प्रयोग होने के कारण ये प्रत्यय भी लगते हैं।

14

क्रिया और रूपसाधन (पदसाधन)

(Verb and Inflection)

किसी भी भाषा में भाषिक अभिव्यक्ति के निर्माण में क्रिया सदैव केंद्र में रहती है। इसलिए किसी भी भाषा के मशीनी संसाधन में क्रिया को केंद्र में रखना आवश्यक होता है। वाक्य स्तर पर क्रिया ही वह केंद्र होती है, जिसके अनुरूप अन्य शब्दों का प्रयोग होता है। अत:पदसाधन और पदविश्लेषण (रूपसाधन और रूपविश्लेषण) की दृष्टि से भी क्रिया पर गहन विचार किया जाना चाहिए। इस क्रम में सर्वप्रथम क्रिया पर संक्षिप्त सैद्धांतिक चर्चा आगे की जा रही है।

14.1 क्रिया : स्वरूप और परिभाषा

किसी भी भाषा में भाषिक अभिव्यक्तियों के निर्माण का केंद्रीय तत्त्व 'क्रिया' है। इसे विविध दृष्टियों से देखा जा सकता है और परिभाषित किया जा सकता है। अर्थ की दृष्टि से—"**क्रिया** (Verb) वह शब्दवर्ग है जिसके अंतर्गत आने वाले शब्दों के माध्यम से किसी कार्य के करने या होने का भाव प्रकट होता है, अथवा किसी वस्तु की स्थिति, अवस्था आदि का बोध होता है।" कामता प्रसाद गुरु (1920) ने क्रिया को परिभाषित करते हुए कहा है, "जिस विकारी शब्द के प्रयोग से हम किसी वस्तु के विषय में कुछ विधान करते हैं, उसे क्रिया कहते हैं; जैसे—'हरिण भागा', 'राजा नगर में आए', 'मैं जाऊँगा', 'घास हरी होती है'।" आचार्य किशोरी दास वाजपेयी (1958) ने क्रिया के संदर्भ में विचार व्यक्त करते हुए कहा है, "होना, बढ़ना, घटना, नष्ट होना, पढ़ना, पीना आदि क्रियाएँ हैं। किसी की कोई स्थिति क्रिया-पद बतलाते हैं।" इसी प्रकार अन्य वैयाकरणों ने भी क्रिया की व्याख्या की है, और उसे परिभाषित किया है।

अधिकांश हिंदी वैयाकरणों और विद्वानों द्वारा क्रिया को अर्थ की दृष्टि से ही परिभाषित किया गया है, जबकि क्रिया को समझने-समझाने का एक महत्त्वपूर्ण पक्ष 'संरचना' भी है। यहाँ पर संरचना से तात्पर्य वाक्य रचना में क्रिया की स्थिति

से है। वाक्यात्मक संरचना की दृष्टि से—"**क्रिया** वाक्य का वह केंद्रीय घटक है, जिस पर अन्य सभी घटक आश्रित होते हैं।" किसी वाक्य में कौन-कौन से पदबंध किन प्रकार्य स्थानों पर आएँगे, इसका निर्णय उस वाक्य की मुख्य क्रिया द्वारा ही किया जाता है। इसलिए वाक्य रचना की दृष्टि से भी क्रिया पर विचार किया जाना चाहिए।

क्रिया और धातु : विभिन्न हिंदी व्याकरणों में क्रिया के अलावा धातु की भी चर्चा की गई है। 'धातु' की संकल्पना मुख्यतः संस्कृत से आई है, जहाँ प्रत्येक क्रिया का एक धातु रूप होता है और उसी में विभिन्न प्रत्यय जुड़कर उसके काल, पक्ष और वृत्ति आधारित रूपों का निर्माण करते हैं। हिंदी भी संस्कृत से ही विकसित भाषा है, इसलिए हिंदी में प्रत्येक क्रिया का धातु रूप प्राप्त होता है, जिसमें किसी भी प्रकार का प्रत्यय नहीं लगा होता, जैसे—जा, खा, चल आदि। गुरु (1920) के अनुसार, "जिस मूल शब्द में विकार होने से क्रिया बनती है, उसे धातु कहते हैं; जैसे—'भागा' क्रिया में 'आ' प्रत्यय है, जो 'भाग' मूल शब्द में लगा है; इसलिए भागा क्रिया का धातु 'भाग' है।"

अतः **धातु** (Root) किसी क्रिया का वह मूल अंश है जिसमें कोई प्रत्यय न लगा हो। संस्कृत में धातुएँ व्यंजनांत होती हैं, इसलिए उन्हें अंतिम वर्ण के साथ हल चिह्न लगाकर लिखा जाता है। हिंदी में मूल रूप से सभी क्रियाएँ स्वरांत ही हैं। वर्ण के स्तर पर अकारांत क्रियाओं का अंतिम वर्ण व्यंजन होता है जिसके साथ 'अ' स्वर अनुक्त रहता है। सामान्यतः हिंदी शब्दकोशों में क्रियाओं के धातु रूप को संग्रहीत नहीं किया जाता, बल्कि उनके 'धातु + ना' (जैसे—जा + ना = जाना, चल + ना = चलना, सो + ना = सोना आदि) रूप को संग्रहीत किया जाता है जिसे **क्रिया का साधारण रूप या सामान्य रूप** कहा जाता है। इसे **क्रिया का कोशीय रूप** भी कहा जा सकता है। वैसे क्रियाओं के विविध पदसाधित रूपों के निर्माण के लिए प्रत्यय धातु रूप में ही लगते हैं।

14.2 क्रिया के प्रकार

हिंदी क्रियाओं को भिन्न-भिन्न आधारों पर वर्गीकृत किया जा सकता है। यहाँ पर 'क्रिया' से तात्पर्य क्रिया के 'धातु' रूप से है। कुछ प्रमुख आधारों पर हिंदी में क्रियाओं (धातुओं) के निम्नलिखित प्रकार किए जा सकते हैं—

14.2.1 रचना के आधार पर :

रचना से यहाँ तात्पर्य क्रिया शब्दों के आंतरिक गठन से है। इस आधार पर हिंदी क्रियाओं के निम्नलिखित भेद किए जा सकते हैं—

(1) **मूल क्रिया :** इसके अंतर्गत वे सभी क्रियाएँ आती हैं जिनके धातुरूप किसी अन्य शब्द या धातु आदि से निर्मित न होकर स्वतंत्र एकल शब्द होते हैं, जैसे—खा, चल, उठ, सो, कर आदि।

(2) **द्विधातुक क्रिया :** इसके अंतर्गत वे क्रियाएँ आती हैं, जिनमें गहन स्तर पर एकाधिक धातुएँ मिली हुई हों, किंतु बाह्य स्तर पर एक धातु दिखाई पड़ती हो, जैसे—ला (ले + आ)।

(3) **व्युत्पन्न क्रिया :** वे क्रियाएँ जिनके धातुरूप किसी दूसरे शब्दवर्ग, जैसे—संज्ञा, सर्वनाम, विशेषण तथा क्रिया-विशेषण शब्दों द्वारा बने हुए हों, इसके अंतर्गत आएँगी। विभिन्न शब्दवर्गों से निर्मित धातुओं को इस प्रकार देखा जा सकता है—

(i) **संज्ञा से व्युत्पन्न :** जैसे—बात से बतिया (+ इया), शर्म से शर्मा (+ आ), मान से मान (+ 0(शून्य)) आदि।

(ii) **सर्वनाम से व्युत्पन्न :** जैसे—अपना से अपना (+ 0(शून्य))।

(iii) **विशेषण से व्युत्पन्न :** जैसे—गर्म से गर्मा (+ आ), सुस्त से सुस्ता (+ आ) आदि।

(iv) **क्रिया-विशेषण से व्युत्पन्न :** जैसे—ऊपर से उपरा (प्रथम वर्ण ह्रस्वीकरण + आ) आदि।

(4) **अनुकरणात्मक क्रिया :** ऐसी क्रियाओं की धातुएँ बाह्य संसार की ध्वनियों, कार्यों या गतिविधियों के अनुकरण पर बनी होती हैं, जैसे—सरसरा, तड़फड़ा, भरभरा, फुरफुरा, चुनचुना आदि।

(5) **सकर्मकीकृत (साधित सकर्मक) क्रिया :** हिंदी में कुछ सकर्मक क्रियाओं के धातु रूप अकर्मक क्रियाओं के धातुओं में ही कुछ प्रत्यय (मुख्यतः 'आ') जोड़कर बनाए जाते हैं। ऐसी क्रियाओं को सकर्मकीकृत (साधित सकर्मक) क्रियाएँ कहते हैं। इन क्रियाओं को संबंधित अकर्मक क्रियाओं का 'कर्ताप्रयास रूप' भी कहा जा सकता है। उदाहरण के लिए सड़ से सड़ा, मर से मार, गिर से गिरा, टूट से तोड़ आदि। किन क्रियाओं के सकर्मकीकृत रूप बनेंगे, और किस प्रकार के रूप बनेंगे यह उन क्रियाओं की आर्थी प्रकृति और ध्वनि-संयोजन (स्वर/व्यंजन) पर निर्भर करता है।

(6) **अकर्मकीकृत क्रिया :** जिस प्रकार कुछ अकर्मक क्रियाओं के सकर्मकीकृत रूप बनाए जाते हैं, उसी प्रकार कुछ सकर्मक क्रियाओं के अकर्मकीकृत रूप भी निर्मित होते हैं। इस प्रकार की क्रियाओं के धातुरूप अपने मूल में सकर्मक होते हैं, किंतु उसी के आधार पर नई

अकर्मक धातु को व्युत्पादित कर लिया जाता है, जैसे—धो से धुल, जोत से जुत, खोल से खुल आदि।

(7) प्रेरणार्थक क्रिया : विभिन्न अकर्मक और सकर्मक क्रियाओं के प्रेरणार्थक रूप भी निर्मित होते हैं तो अपने मूल में धातु ही रहते हैं। प्रेरणार्थक के भी दो प्रकार हैं—प्रथम प्रेरणार्थक और द्वितीय प्रेरणार्थक, जैसे—

सो → सुला, सुलवा

पी → पिला, पिलवा

चल → चला, चलवा

नोट : मूल धातु से प्रेरणार्थक रूपों का व्युत्पादन का अंग है, इसलिए इसकी यहाँ पर विस्तृत चर्चा प्रसंगानुकूल नहीं है।

(8) यौगिक क्रिया : हिंदी में कुछ क्रियाएँ एक साथ द्वंद्व समास के रूप में आती हैं और एक अलग इकाई का कार्य करती हैं। इस प्रकार उनके युग्म से बनने वाली क्रियाओं को यौगिक क्रिया कहते हैं, जैसे—मार-पीट, उठ-बैठ, चल-फिर आदि। इन्हें एक क्रिया तभी माना जाएगा जब इनके बीच 'डैश' का प्रयोग किया गया हो या इन्हें मिलाकर लिखा गया हो। यदि दोनों क्रियाओं के बीच खाली स्थान (Blank Space) आता है, तो उसे एक शब्द नहीं माना जाएगा और उसका विश्लेषण पदबंध स्तर पर किया जाएगा।

रचना के आधार पर इन प्रकारों को धातुओं के प्रकार कहते हुए डॉ. भोलानाथ तिवारी (2004) द्वारा इनके नाम मूल धातु, यौगिक धातु (द्विधातुक धातु, नाम धातु, नामिक धातु आदि) रखते हुए चर्चा की गई है। आगे चर्चा करते हुए डॉ. तिवारी (2004) ने *'हिंदी भाषा की संरचना'* में कहा है, ''रचना के आधार पर ये धातुओं के भेद-विभेद थे। इनसे बनने वाली क्रियाएँ क्रमशः मूल क्रिया; द्विधातुक क्रिया, नामधातुक क्रिया, नामिक क्रिया, अनुकरणात्मक क्रिया, सकर्मक क्रिया, प्रेरणार्थक क्रिया, समस्त क्रिया तथा संयुक्त क्रिया कहलाती हैं।'' डॉ. तिवारी द्वारा अपने विवेचन में क्रिया और क्रिया पदबंध के प्रकारों को एक साथ समेट लिया गया है। यहाँ पर केवल क्रिया शब्दों के प्रकारों की बात की गई है। पदबंध स्तर पर उनके रूपों या प्रकारों की बात आगे समुचित अध्याय में की जाएगी।

14.2.2 कर्मकता के आधार पर :

कर्मकता का अर्थ है—क्रिया के साथ कर्म का होना। इस आधार पर हिंदी क्रियाओं के तीन भेद किए जा सकते हैं—

(क) अकर्मक : जिन क्रियाओं को संपादित करने में कर्म की आकांक्षा नहीं होती, उन्हें अकर्मक क्रिया कहते हैं। वाक्य निर्माण में ऐसी क्रियाओं के साथ कर्म का प्रयोग नहीं होता, जैसे—दौड़ना, सोना, चलना, हँसना, रोना, पिघलना, घुलना आदि। उदाहरण—

- वह लड़का ***दौड़ता*** है।
- गाड़ी ***चलती*** है।
- तुम देर तक ***सोते*** हो।
- बर्फ ***पिघल*** रही है।

हिंदी क्रियाओं के अकर्मक या सकर्मक होने का निर्णय उनके पूर्व 'क्या' जोड़कर किया जा सकता है। अकर्मक क्रियाओं के साथ 'क्या' जोड़ने पर उत्तर नहीं मिलता या जो उत्तर मिलता है, वह स्वयं क्रिया का कर्ता ही होता है। उदाहरण के लिए 'क्या दौड़ता है?' का कोई उत्तर नहीं है। 'क्या चलती है?' का उत्तर है—'गाड़ी', जो इस वाक्य का कर्ता है। इसलिए ये क्रियाएँ अकर्मक हैं। यही स्थिति अन्य क्रियाओं के साथ भी देखी जा सकती है। इसी कारण अकर्मक क्रियाओं की व्याख्या करते हुए कुछ विद्वानों और व्याकरणाचार्यों द्वारा कहा गया है कि इन क्रियाओं के कार्य-व्यापार का प्रभाव स्वयं कर्ता पर पड़ता है।

(ख) सकर्मक : जिन क्रियाओं को संपादित करने में कर्म की आकांक्षा बनी रहती है, उन्हें सकर्मक क्रिया कहते हैं। वाक्य निर्माण में ऐसी क्रियाओं के साथ कर्म का प्रयोग होता है। यदि किसी वाक्य में सकर्मक क्रिया का प्रयोग हुआ हो और कर्म न आया हो तो वहाँ पर कर्म को अनुक्त माना जाता है, जैसे—खाना, पीना, देखना, पाना, रखना आदि। उदाहरण-

- मैंने पानी ***पी*** लिया।
- आज मैंने भरपेट ***खाया***।
- बहुत दिनों बाद आज उसने मुझे ***देखा***।

सकर्मक क्रियाओं के कार्य-व्यापार का फल कर्म पर पड़ता है। इसलिए इन क्रियाओं के पूर्व 'क्या' लगाने पर उसका उत्तर कर्म होता है, जैसे—इन उदाहरणों में पहले वाक्य में 'क्या पी लिया?'

प्रश्न पूछने पर उत्तर 'पानी' होगा। अतः इस वाक्य में 'पानी' कर्म है। दूसरे वाक्य में कर्म नहीं आया है। फिर भी 'क्या खाया' पूछने पर 'खाना', 'फल', 'मिठाई' आदि कोई-न-कोई खाद्य पदार्थ इसका उत्तर होगा, जो इस वाक्य में नहीं होने के बावजूद अनुक्त है। सकर्मक क्रिया वाले वाक्य में कर्म नहीं होने का अर्थ है—वक्ता या लेखक यह मानकर चलता है कि श्रोता या पाठक को कर्म पहले से पता है।

(ग) **द्विकर्मक :** कुछ क्रियाओं के लिए कर्म के साथ-साथ संप्रदान भी आवश्यक घटक होता है। संप्रदान को अप्रत्यक्ष कर्म या द्वितीयक कर्म कहा गया है। इस कारण ऐसी क्रियाओं को द्विकर्मक क्रिया कहते हैं, जैसे—देना, पढ़ाना, बेचना आदि। उदाहरण—

- ➢ मैंने उसे अपना पूरा सामान दिया।
- ➢ श्याम ने मोहन को अपना घर ***बेच*** दिया।
- ➢ अध्यापक छात्रों को विज्ञान ***पढ़ाते*** हैं।

'पढ़ाना' क्रिया को कुछ विद्वानों ने 'पढ़ना' का प्रेरणार्थक रूप कहा है। प्रेरणार्थक रूपों में एक प्रेरक कर्ता आता है जो मुख्य कर्ता को संबंधित कार्य को संपादित करने के लिए प्रेरित करता है, या उसमें सहयोग करता है, जैसे—'खाना' क्रिया का प्रेरणार्थक रूप 'खिलाना' है। इससे निम्नलिखित वाक्य निर्मित किया जा सकता है—

1.1 बच्चा खाना ***खाता*** है।

1.2 माँ बच्चे को खाना ***खिलाती*** है।

2.1 बच्चा ***पढ़ता*** है।

2.2 माँ बच्चे को ***पढ़ाती*** है।

उपर्युक्त उदाहरणों में दोनों प्रयोग एक समान दिखाई पड़ रहे हैं। किंतु अर्थ की दृष्टि से पढ़ाना 'पढ़ना' के लिए प्रेरित करना नहीं है, बल्कि यह एक स्वतंत्र क्रिया है। इसलिए इसे द्विकर्मक क्रिया कहना अधिक उपयुक्त होगा।

कुछ विद्वानों द्वारा मूल रूप से अकर्मक और सकर्मक केवल दो वर्ग करते हुए सकर्मक के दो भेद किए गए हैं—एककर्मक और द्विकर्मक। मेरी समझ से इस प्रकार से वर्ग और उपवर्ग करने के बजाए सीधे-सीधे तीन भेद कर देना सहजता की दृष्टि से अधिक उपयुक्त होगा।

14.2.3 अर्थबोध या भाव के आधार पर :

क्रिया को परिभाषित करते हुए कहा जाता है कि 'वह शब्द जिससे किसी कार्य का करना या होना पाया जाए आदि।' किंतु क्रिया द्वारा व्यक्त कार्य की प्रकृति भिन्न-भिन्न होती है। क्रिया शब्दों से व्यक्त कार्यों की यही प्रकृति अर्थबोध या भाव है। इसके आधार पर क्रियाओं के कई वर्ग किए जा सकते हैं। अंग्रेजी में इस क्षेत्र में बहुत अधिक कार्य हुआ है। इस दिशा में कार्य करने वाले विद्वानों में चेफ (Chafe), कुक (Cook) और लांगैकर (Longacre) आदि प्रमुख हैं, जिन्होंने 'कारक व्याकरण' (Case Grammar) और 'भूमिका एवं संदर्भ व्याकरण' (Role and Reference Grammar (RRG)) आदि व्याकरणों में कार्य किया है। इनके द्वारा किए गए वर्गीकरणों के आधार पर क्रियाओं के निम्नलिखित वर्ग किए जा सकते हैं—

(क) **स्थितिबोधक क्रियाएँ (State Verbs)** : वे क्रियाएँ जिनसे संबंधित घटक (कर्म) की स्थिति का बोध होता है, जैसे—खड़ा, बैठा आदि।

(ख) **प्रक्रियाबोधक क्रियाएँ (Process Verbs)** : वे क्रियाएँ जिनसे संबंधित घटक पर होने वाली प्रक्रिया का बोध होता है, जैसे—मरना, टूटना, गिरना आदि।

(ग) **कार्यबोधक (Action Verb)** : ऐसी क्रियाएँ जिनसे किसी कार्य के होने या किए जाने की सूचना मिलती है, जैसे—खेलना, गाना, हँसना आदि।

(घ) **स्थिति-प्रक्रियाबोधक क्रियाएँ (Action-Process Verbs)** : वे क्रियाएँ जिनसे संबंधित घटक पर किए जाने वाले कार्य और प्रक्रिया दोनों का बोध होता है, जैसे—मारना, सुखाना, कसना आदि।

आगे कुक (Cook) ने क्रियाओं के इन चारों प्रकारों को अनुभावक क्रियाओं (Experiential Verbs), संग्राहक क्रियाओं (Benefactive Verbs) और अधिकरणात्मक क्रियाओं (Locative Verbs) के रूप में चार-चार उपवर्ग किए हैं, जिनकी चर्चा यहाँ अपेक्षित नहीं है।

14.2.4 प्रकार्य के आधार पर :

वाक्य में केवल एक क्रिया या एक से अधिक क्रियाएँ एक साथ प्रयुक्त होकर क्रिया पदबंध का निर्माण करती हैं। अत: एक ही क्रिया पदबंध में आने वाली भिन्न-भिन्न क्रियाएँ अलग-अलग प्रकार्यों को संपन्न करती हैं, जिससे उन्हें अलग-अलग नाम भी दिया जाता है, जैसे—मुख्य क्रिया, सहायक क्रिया, योजक क्रिया, रंजक क्रिया, क्रियाकर क्रिया आदि। ये प्रकार्य के आधार पर निश्चित किए गए क्रियाओं के विभिन्न नाम या वर्ग हैं। पदबंध स्तरीय विवेचन में इनकी विस्तृत चर्चा की जाएगी।

14.3 क्रिया और रूपसाधन (पदसाधन)

पदसाधन की दृष्टि से क्रिया हिंदी में सबसे अधिक विकारी शब्दवर्ग है। हिंदी में क्रियाओं के सबसे अधिक रूप बनते हैं, जिनकी संख्या 22 से 28 तक है। मानक और अमानक रूपों को मिलाकर यह संख्या 30 से अधिक तक हो जाती है। इसके लिए क्रिया के धातु रूप के साथ विभिन्न पदसाधक प्रत्यय जुड़ते हैं। इन प्रत्ययों के जुड़ने से क्रिया में लिंग, वचन, पुरुष, काल, पक्ष और वृत्ति संबंधी सूचनाएँ आ जाती हैं। किंतु पदसाधन की दृष्टि से हिंदी क्रियाओं के संदर्भ में एक महत्त्वपूर्ण बात यह है कि प्रत्येक क्रिया के सभी रूप निर्मित नहीं होते। किस क्रिया के कितने रूप बनेंगे, यह उस क्रिया की आर्थी प्रकृति और संबंधित कर्ता तथा कर्म की स्थिति पर निर्भर करता है। '+ मानव' कर्ता वाली क्रियाओं के सबसे अधिक रूप बनते हैं। इस प्रकार की सभी महत्त्वपूर्ण बातों का विश्लेषण करते हुए हिंदी क्रियाओं में जुड़ने वाले प्रत्ययों और उनके बनने वाले रूपों की चर्चा यहाँ की जा रही है।

14.3.1 क्रियाओं के पदसाधक प्रत्यय

वाक्य निर्माण की दृष्टि से क्रिया सबसे महत्त्वपूर्ण घटक है। रूप-निर्माण में वैविध्य की दृष्टि से हिंदी में क्रियाएँ अन्य सभी विकारी शब्दों से अधिक जटिल हैं। इसका कारण है, क्रियाओं में अनेक पदसाधक या रूपसाधक प्रत्ययों का जुड़ना। हिंदी में क्रियाओं के साथ जुड़ने वाले कुल प्रत्ययों की संख्या 41 है, जो धातुओं के साथ जुड़कर विभिन्न क्रियारूपों का निर्माण करते हैं। किंतु इन 41 प्रत्ययों से एक ही क्रिया के 41 रूप नहीं बनते, बल्कि स्वरांत और व्यंजनांत के आधार इनमें से कई प्रत्यय 'स्वर' और 'मात्रा' दो रूपों में हैं। क्रिया का अंतिम वर्ण 'स्वर' होने पर उसके साथ 'स्वर प्रत्यय' जुड़ते हैं, जैसे—'सो + इए = सोइए', 'आ + ओ = आओ' आदि; तथा अंतिम वर्ण 'व्यंजन' होने पर उसके साथ 'मात्रा प्रत्यय' जुड़ते हैं, जैसे—'देख + ि ए = देखिए', 'चल + ो = चलो' आदि। मनुष्य के समझने-समझाने के लिए दोनों प्रत्यय 'इए' और 'ओ' ही कहलाएँगे, किंतु मशीन के लिए ये अलग-अलग प्रत्यय हैं। यदि इनके लिए भिन्न-भिन्न नियम नहीं दिए गए तो मशीन द्वारा 'सोि ए' और 'देखइए' जैसे शब्द भी निर्मित कर दिए जाएँगे। कुछ प्रत्यय दोनों प्रकार की क्रियाओं के साथ समान रूप से जुड़ते हैं, जैसे—'सो + ता = सोता', 'देख + ता = देखता'। इन प्रत्ययों में अनेक व्याकरणिक कोटियों से संबंधित सूचनाएँ होती हैं। उन्हीं सूचनाओं के आधार पर वाक्य का स्वरूप निर्धारित होता है। इसलिए प्रत्येक प्रत्यय के साथ आने वाली व्याकरणिक सूचनाओं का भी ज्ञान होना आवश्यक है। हिंदी में क्रियाओं के पदसाधन के लिए पाए जाने वाले सभी प्रत्ययों की सूची 'चलना' और 'खाना' क्रियाओं का प्रयोग करते हुए उदाहरण सहित इस प्रकार है—

क्र.सं.	चिह्नक	व्याकरणिक सूचनाएँ						उदाहरण
		G	N	P	T	A	M	
1	ता	m	s	fs1t		i		चलता, खाता
2	ती	f				i		चलती, खाती
3	ते	m	p(s)	ft(s3)		i		चलते, खाते
4	ना	m	s					चलना, खाना
5	ने	m	p					चलने, खाने
6	नी	f						चलनी, खानी
7	या	m	s	fs1t	p2	p		खाया
8	ई	f	s	fs12t	p2	p		खाई
9	ए	m	p(s)	ft(s3)	p2	p		खाए
10	ईं	f	p(s)	ft(s3)	p2	p		खाईं
11	एँ		p(s)	ft(s3)			s/r	खाएँ
12	ओ			s2			o	खाओ
13	इए			s3			r	खाइए
14	इएगा			s3	f		r	खाइएगा
15	ऊँ		s	f			q	खाऊँ
16	एगा	m	s	s1t	f			खाएगा
17	एगी	f	s	s1t	f			खाएगी
18	एँगे	m	p(s)	ft(s3)	f			खाएँगे
19	एँगी	f	p(s)	ft(s3)	f			खाएँगी
20	ओगे	m		s2	f			खाओगे
21	ओगी	f		s2	f			खाओगी
22	ऊँगा	m	s	f	f			खाऊँगा
23	ऊँगी	f	s	f	f			खाऊँगी
24	कर							चलकर, खाकर
25	ा	m	s	fs1t	p2	p		चला
26	ी	f	s	fs12t	p2	p		चली
27	े	m	p(s)	ft(s3)	p2	p		चले
28	ीं	f	p(s)	ft(s3)	p2	p		चलीं

29	ें		p(s)	ft(s3)			s/r	चलें
30	ो			s2			o	चलो
31	ूँ		s	f			q	चलूँ
32	ूँगा	m	s	f	f			चलूँगा
33	ूँगी	f	s	f	f			चलूँगी
34	ेंगे	m	p(s)	ft(s3)	f			चलेंगे
35	ेंगी	f	p(s)	ft(s3)	f			चलेंगी
36	िए			s3			r	चलिए
37	िएगा			s3	f		r	चलिएगा
38	ेगा	m	s	s1t	f			चलेगा
39	ेगी	f	s	s1t	f			चलेगी
40	ोगे	m		s2	f			चलोगे
41	ोगी	f		s2	f			चलोगी
	अमानक							
42	यी	f	s	fs12t	p2	p		खायी
43	ये	m	p(s)	ft(s3)	p2	p		खाये
44	यीं	f	p(s)	ft(s3)	p2	p		खायीं
45	येगा	m	s	s1t	f			खायेगा
46	येगी	f	s	s1t	f			खायेगी
47	येंगे	m	p(s)	ft(s3)	f			खायेंगे
48	येंगी	f	p(s)	ft(s3)	f			खायेंगी
49	ऊं		s	f			q	खाऊं
50	ऊंगा	m	s	f	f			खाऊंगा
51	ऊंगी	f	s	f	f			खाऊंगी
52	ूं		s	f			q	चलूं
53	ूंगा	m	s	f	f			चलूंगा
54	ूंगी	f	s	f	f			चलूंगी
55	एंगे	m	p(s)	ft(s3)	f			खाएंगे
56	एंगी	f	p(s)	ft(s3)	f			खाएंगी

इस टेबल में मानक के अलावा अमानक प्रत्ययों को भी दिया गया है, क्योंकि उनका प्रयोग गलत नहीं माना जाता है, केवल वह मानक नहीं होता है। इसके अलावा अभी तक छपी हुई अधिकांश पुस्तकों, पत्र-पत्रिकाओं आदि में धातुओं के साथ इन्हीं प्रत्ययों को जोड़कर शब्दों की रचना की गई है। इसलिए यदि इन प्रत्ययों को न दिया जाए तो केवल मानक प्रत्ययों के आधार पर विकसित सॉफ्टवेयर केवल मानक पाठों के विश्लेषण में ही सक्षम होगा। ऐसी स्थिति में हिंदी का बहुत बड़ा हिस्सा (जो 90 प्रतिशत के आस-पास है) सॉफ्टवेयर द्वारा विश्लेषित हो पाने की स्थिति में नहीं होगा। इसलिए मानक के साथ-साथ अमानक प्रत्ययों को भी दिए जाने की आवश्यकता है और साथ ही इनके नियम भी सॉफ्टवेयर में दिए जाने चाहिए। स्वर और मात्रा संबंधी प्रत्ययों के लिए स्वरांत और व्यंजनांत धातुओं को अलग-अलग चिह्नित करना चाहिए; या फिर अंतिम वर्ण पहचान संबंधी नियम सीधे-सीधे सॉफ्टवेयर में दिए जा सकते हैं। टेबल में दी गई व्याकरणिक सूचनाओं के लिए प्रयुक्त संकेतों का विवरण इस प्रकार है—

वर्ग	संकेत और विवरण
G = Gendre (लिंग)	m = masculine (पुल्लिंग) f = faminine (स्त्रीलिंग)
N = Number (वचन)	s = singular (एकवचन) p = plural (बहुवचन)
P = Person (पुरुष)	f = first (प्रथम), s = second (मध्यम) {s1 = तू, s2 = तुम, s3 = आप}, t = third (अन्य)
T = Tense (काल)	p2 = past (भूत) f = future (भविष्य)
A = Aspect (पक्ष)	i = indefinite (अनिश्चित) p = perfect (पूर्ण)
M = Mood (वृत्ति)	s = suggetion (सलाह), r = request (प्रार्थना), o = order (आज्ञा), q = question (प्रश्न)

प्रत्ययों के टेबल में 'N' (वचन) के कुछ संकेत p(s) हैं। इसका अर्थ है—कि यह प्रत्यय बहुवचन और एकवचन दोनों में प्रयुक्त होता है। अगले कॉलम 'P' (पुरुष) में उसी क्रम में संबंधित कर्ता के पुरुष की सूचना दी गई है, जैसे—ft(s3) में 'ft' का अर्थ है—प्रथम पुरुष और अन्य पुरुष में कर्ता होने पर रूप बहुवचन होगा, जबकि 's3 = आप' का प्रयोग होने पर यह एकवचन के लिए भी प्रयुक्त हो सकता है।

12.3.2 क्रियाओं का रूपसाधन (पदसाधन)

जैसा कि उपर्युक्त विवेचन से स्पष्ट है कि मानक और अमानक रूपों को मिलाकर हिंदी में क्रियाओं के साथ जुड़ने वाले कुल प्रत्ययों की संख्या '56' है। किंतु ये भी दो समुच्चयों में हैं—स्वरांत धातु वाले और व्यंजनांत धातु वाले। डाटाबेस में क्रियाओं का संचय करते हुए सबसे पहले तो उन्हें इन दो वर्गों में रखा जा सकता है, जिससे प्रत्येक धातु के साथ उचित प्रत्यय जोड़ा जा सके। पदसाधन की दृष्टि से यदि धातु में प्रत्ययों को जोड़कर क्रियारूपों के निर्माण हेतु प्रणाली का विकास किया जा रहा हो, तो प्रजनित मानक और अमानक रूपों को अलग-अलग भी प्रदर्शित किया जा सकता है, जैसे—

'पाना' क्रिया या 'पा' धातु की प्रविष्टि प्राप्त होने पर उसके रूप इस प्रकार से दिखाए जा सकते हैं—

पा → पा, पाता, पाती, पाते, पाके, पाना, पानी, पाने, पाकर, पाया, पाए, पाई, पाएगा, पाएगी, पाएँगे, पाएँगी, पाइए, पाइएगा, पाओ, पाऊँ, पाऊँगा, पाऊँगी, पाईं, (अमानक = *पाये, पायी, पायेगा, पायेगी, पायेंगे, पायेंगी, पाइये, पाइयेगा, पाऊं, पाऊंगा, पाऊंगी, पायीं)*।

इसी प्रकार यदि क्रिया विश्लेषक का विकास करना हो तो इन सभी रूपों के विश्लेषण के नियम दिए जाने चाहिए। इससे पाठ में किसी भी प्रकार का प्रयोग (मानक या अमानक) होने पर प्रणाली विश्लेषण करने में सक्षम होगी।

हिंदी क्रियाओं के जो रूप निर्मित होते हैं उनके, विभिन्न आधारों पर कई वर्ग बनाए जा सकते हैं। उदाहरण के लिए क्रियाओं का अर्थ या उसके साथ जुड़ने वाले 'कर्ता' द्वारा क्रियाओं के रूप प्रभावित होते हैं, जैसे—जिन क्रियाओं के कर्ता '+ मानव' होते हैं, उन्हीं क्रियाओं के आज्ञा/सलाह/निवेदन सूचक क्रियारूप बनते हैं—

1.1 तुम दौड़ो। (आज्ञा)

1.2 *तुम भौंको।

2.1 आप आइए। (निवेदन)

2.2 *आप भौंकिए।

इन वाक्यों में देख सकते हैं कि किसी को दौड़ने का आदेश तो दिया जा सकता है, किंतु भौंकने का नहीं दिया जा सकता। इसके स्वाभाविक कर्ता 'कुत्ते' को तो बिल्कुल नहीं। अत: हिंदी क्रियाओं के केवल उचित रूपों को ही प्रजनित करने के लिए किस धातु के साथ कौन-से प्रत्यय जुड़ेंगे और किसके साथ नहीं जुड़ेंगे, इसका पूर्वनिर्धारण आवश्यक है। इस दृष्टि से विभिन्न प्रकार की क्रियाओं के साथ जुड़ने वाले प्रत्ययों के आधार पर उनके तीन वर्ग किए

जा सकते हैं, जिनके माध्यम से क्रियाओं के केवल उचित रूप ही प्रजनित किए जाएँ—

1. **सामान्य (Common-C) :** इस वर्ग में वे प्रत्यय आते हैं जो सभी धातुओं के साथ जुड़ते हैं। ये प्रत्यय हैं—'ना, ने, नी, कर, के, ता, ती, ते, या, यी, ये, एगा, एगी, एँगे'। इन प्रत्ययों के योग से बनने वाले क्रियारूपों को नीचे 'खाना' क्रिया के उदाहरण द्वारा देखा जा सकता है—

   खाना → खा, खाना, खाने, खाकर, खाके, खाता, खाती, खाते, खाया, खायी, खाये, खाएगा, खायेगी, खाएँगे

   इसी प्रकार व्यंजनांत धातु के रूपों को 'चलना' क्रिया के उदाहरण से देखा जा सकता है—

   चलना → चल, चलना, चलने, चलकर, चलके, चलता, चलती, चलते, चला, चली, चले, चलेगा, चलेगी, चलेंगे

   इस समूह में केवल उन्हीं प्रत्ययों को रखा गया है जो अन्य पुरुष (3rd person) पर लागू होते हैं क्योंकि यह पुरुष सभी संज्ञाओं का प्रतिनिधित्व करता है।

2. **भविष्यकालिक एवं आज्ञासूचक (Future and Imperative-FI) :** इसमें अन्य पुरुष (3rd Person) के अलावा दूसरे पुरुषों में लिंग, वचन के आधार पर बनने वाले भविष्यकालिक क्रियारूपों और *आपनिपरक (Imperative) (*आ = आज्ञा, प = परामर्श, नि = निवेदन) वाक्यों के क्रियारूपों को निर्मित करने वाले प्रत्यय आते हैं। ये प्रत्यय—'ऊँगा, ऊँगी, ओगे, ओ, एँ, ऊँ, इए, इएगा' हैं। इनके जुड़ने से बनने वाले रूपों को 'खाना' क्रिया के उदाहरण द्वारा देखा जा सकता है—

   खाना → खाऊँगा, खाऊँगी, खाओगे, खाओ, खाएँ, खाइए, खाइएगा

   इसी प्रकार व्यंजनांत धातु के रूपों को 'चलना' क्रिया के उदाहरण से देखा जा सकता है—

   चलना → चलूँगा, चलूँगी, चलोगे, चलो, चलें, चलूँ, चलिए, चलिएगा

   ये रूप सभी क्रियाओं के नहीं बनते, बल्कि केवल उन्हीं क्रियाओं के बनते हैं, जिनके कर्ता '+ मानव' होते हैं। उदाहरण के लिए भौंकना, दहाड़ना, उगना, फैलना आदि क्रियाओं के ये रूप नहीं बनाए जा सकते।

नोट : इस संबंध में ध्यान देने वाली बात यह है कि कुछ क्रियाओं के FI रूप लाक्षणिक स्तर पर बनते हैं। ये क्रियाएँ अपने मूल रूप में '– मानव' कर्ता से युक्त होती हैं, किंतु व्यवहार में लाक्षणिक या व्यंजनात्मक रूप से इनका '+ मानव'

कर्ता के लिए भी प्रयोग होता है, जैसे—'उगना' और 'बनना' जो '-मानव' क्रियाएँ हैं, किंतु भाषिक व्यवहार में किसी को 'उगे रहो/बने रहो' जैसे आशीर्वचन दिए जाते हैं।

अतः क्रियाओं के सही-सही रूप निर्मित करने (अथवा उन्हें विश्लेषित करने) के लिए सभी क्रियाओं को तीन वर्गों में विभाजित करके अलग-अलग टैग दिए जाएँगे। ये टैग इस प्रकार के हो सकते हैं—

क्र.सं.	वर्ग	विवरण	उदाहरण
1	VR1	जिनके दोनों रूप पूर्णतः बनें।	चलना, बैठना, खाना
2	VR2	जिनके केवल सामान्य (C) बनें।	चिंघाड़ना, जुतना, खुदना, पड़पड़ाना
3	VR3	जिनके सामान्य (C) रूप मूल स्तर पर बने और FI लाक्षणिक स्तर बने।	भौंकना, टूटना, ढलना, फैलना

अब जिन क्रियाओं के लिए डाटाबेस में 'VR1' टैग का प्रयोग किया जाएगा, उनके साथ सभी प्रत्ययों को जोड़कर सभी रूप निर्मित किए जाएँगे। जिन क्रियाओं के साथ 'VR2' टैग का प्रयोग किया जाएगा, उनके साथ केवल सामान्य रूप वाले प्रत्ययों को जोड़कर उतने रूप निर्मित किए जाएँगे। जिन क्रियाओं के साथ 'VR3' टैग का प्रयोग किया जाएगा, उनके साथ भी सभी प्रत्ययों को जोड़कर सभी रूप निर्मित किए जाएँगे, किंतु उनके भविष्यकालिक और आपनिपरक रूप लाक्षणिक स्तर पर बनेंगे। 'किस क्रिया के कितने और कौन-से रूप बनते हैं ?' को एक-एक क्रिया के साथ देखना आवश्यक है। प्रत्येक क्रिया शब्द को उसकी प्रकृति के अनुसार इनमें से एक टैग दिया जाएगा। यहाँ ध्यान देने वाली बात है कि डाटाबेस में टैग इस प्रकार से बनाए जाते हैं कि पदसाधान या पदविश्लेषण संबंधी रूपवैज्ञानिक नियम बनाए जा सकें। वे टैगसेट में निर्धारित वास्तविक टैग नहीं होते। उनके आधार पर रूपवैज्ञानिक नियमों का प्रयोग करते हुए कोडिंग द्वारा टैगसेट के वास्तविक टैग आउटपुट डाटा में अथवा आउटपुट विंडो में प्रदान किए जाते हैं। डाटाबेस के टैग मशीनी कोड की सुविधा के अनुसार निर्मित किए जाते हैं और वास्तविक (भाषिक) टैग प्रयोक्ता (User) की सुविधा की दृष्टि से। यहाँ पर 'VR1, VR2, VR3' तीनों के आउटपुट 'VM' या 'MV' ही होंगे। वास्तविक (भाषिक) टैगों के संदर्भ में विस्तृत चर्चा अगले खंड के प्रथम अध्याय 'शब्दभेद टैगिंग' के अंतर्गत की जाएगी।

14.4 हिंदी क्रियाएँ और प्रेरणार्थीकरण

क्रियाओं के कुछ ऐसे भी रूप निर्मित किए जाते हैं, जिनसे यह सूचना मिलती है कि संबंधित कार्य 'कर्ता' के माध्यम से किसी और व्यक्ति द्वारा कराया जा रहा है। इस प्रक्रिया को **प्रेरणार्थीकरण** कहते हैं। इस प्रक्रिया से निर्मित रूप **प्रेरणार्थक** (Causative : CS) रूप कहलाते हैं। ये रूप केवल सजीव (+ animate) कर्ता की अपेक्षा रखने वाली क्रियाओं के ही बनते हैं। हिंदी में दो स्तरों पर प्रेरणार्थीकरण होता है। पहले स्तर का—जिसमें केवल एक प्रेरक कर्ता होता है। इसे **प्रथम प्रेरणार्थक** (CS1) कहते हैं; और दूसरे स्तर का—जिसमें एक प्रेरक कर्ता और एक मध्यस्थ कर्ता होते हैं। इस रूप को **द्वितीय प्रेरणार्थक** (CS2) कहते हैं। उदाहरण के लिए निम्नलिखित क्रियाओं को देखें—

सोना → सुलाना, सुलवाना
चलना → चलाना, चलवाना

नोट : *इस संबंध में ध्यान देने वाली बात है कि कुछ क्रियाओं का रूप 'प्रथम प्रेरणार्थक' (CS1) है या 'मूल' का निर्धारण कर्म के सजीव होने के आधार पर किया जाता है। कर्म सजीव होने पर जो रूप 'प्रथम प्रेरणार्थक' (CS1) होते हैं, कर्म के निर्जीव होने पर वे मूल क्रिया के रूप में कार्य करते हैं, जैसे—*

चलाना— बच्चे को चलाना (प्रथम प्रेरणार्थक क्रिया), गोली चलाना (मूल क्रिया)।

'क्रियाओं के प्रेरणार्थक रूपों का निर्माण एवं इसके लिए उनका वर्गीकरण करना' दोनों ही कठिन कार्य हैं। इसका कारण है क्रियाओं के रूप-निर्माण में पाई जाने वाली जटिलता। कुछ क्रियाओं के प्रेरणार्थक रूप सामान्य रचना प्रक्रिया द्वारा निर्मित हो जाते हैं, जैसे—

चलना → चलाना → चलवाना
खेलना → खेलाना → खेलवाना

किंतु सभी क्रियाओं के प्रेरणार्थक रूप इसी प्रकार नहीं बनाए जा सकते। कुछ क्रियाओं के ये रूप दीर्घ-स्वर को संबंधित लघु स्वर में परिवर्तित करने पर निर्मित होते हैं। लघु-स्वर परिवर्तन का यह कार्य धातु रूप में किसी भी वर्ण पर आने वाले दीर्घ-स्वर के साथ किया जाता है, जैसे—

काँपना → कँपाना → कँपवाना
हाँफना → हँफाना → हँफवाना
दीखना → दिखाना → दिखवाना
भूलना → भुलाना → भुलवाना

आ, ई, और ऊ के संदर्भ में यह स्थिति पाई जाती है। इनके अलावा 'ए' और 'ओ' से बनने वाली धातुओं में से कुछ क्रियाओं के प्रेरणार्थक रूप बनाते समय 'ए का इ' और 'ओ का उ' हो जाता है, जैसे—

छेदना → छिदाना → छिदवाना

जोतना → जुतना/जोताना → जुतवाना/जोतवाना

इसमें जोतना का रूप 'जुतना' ध्यान देने योग्य है, क्योंकि यह प्रथम प्रेरणार्थक नहीं है, फिर भी इसके आधार पर द्वितीय प्रेरणार्थक रूप बनता है। चूँकि 'जुतना' प्रथम प्रेरणार्थक नहीं है, इसलिए 'जुतवाना' अर्थ की दृष्टि से प्रथम प्रेरणार्थक रूप होगा।

15

अन्य शब्दभेद और रूपसाधन (पदसाधन)

(Other Parts of Speech and Inflection)

हिंदी में पाए जाने वाले सभी शब्दों के शब्दवर्गों के पदसाधन/रूपसाधन की दृष्टि से 'विकारी' और 'अविकारी' दो वर्ग किए जाते हैं। ये शब्दवर्ग नहीं हैं, बल्कि ये तो पदसाधन होने या न होने की दो स्थितियाँ हैं। अतः इस दृष्टि से केवल संबंधित शब्दवर्ग में आने वाले शब्दों में विकार होगा या नहीं, को देखा जाता है। किंतु वास्तव में किसी भाषा—जैसे हिंदी में कितने शब्दवर्ग हैं? का निर्धारण करना भी एक जटिल कार्य है। प्रथम खंड के अंतिम अध्याय 'संगणकीय कोश और शब्दवर्ग' के अंतर्गत इसके विभिन्न आधारों की विस्तृत चर्चा की गई है। शब्दवर्ग शब्दों के वाक्यात्मक और आर्थी प्रकार्य के आधार निर्धारित किए जाते हैं। इन प्रकार्यों के आधार पर मशीनी संसाधन की दृष्टि से हिंदी में कितने शब्दवर्ग होने चाहिए? का विवेचन आगे 'शब्दभेद टैगिंग' अध्याय में किया जाएगा।

हिंदी व्याकरणों में शब्दवर्गों/शब्दभेदों के विभाजन में किसी न किसी रूप में दो पद्धतियाँ आधार रही हैं—संस्कृत व्याकरण पद्धति और अँग्रेजी व्याकरण पद्धति। इसी कारण कुछ व्याकरणाचार्यों द्वारा कहीं नाम, आयात आदि को आधार बनाया गया है तो कुछ व्याकरणाचार्यों द्वारा अँग्रेजी के आठ शब्दवर्गों को। यदि पारंपरिक रूप से वर्णित आठ शब्दभेदों की बात करें तो इनमें से विकारी शब्दवर्गों के अंतर्गत 'संज्ञा, सर्वनाम, विशेषण और क्रिया' ही हैं, जिनके अंतर्गत आने वाले शब्दों में विकार होता है। सभी सर्वनाम और क्रिया शब्द विकारी होते हैं। संज्ञा और विशेषण शब्दवर्गों में कुछ शब्द विकारी और कुछ अविकारी होते हैं। इन चारों शब्दभेदों के अलावा कुछ अन्य शब्दभेदों के कुछ शब्दों में भी विकार होता है। इनमें से कुछ प्रमुख को इस प्रकार से देखा जा सकता है—

15.1 प्रश्नवाचक शब्द

सामान्यतः प्रश्नवाचक शब्दों में विकार नहीं होता है, किंतु सर्वनामों के रूप में कार्य करने वाले प्रश्नवाचक शब्दों का कुछ परिस्थितियों में विकार होता है। प्रश्नवाचक

सर्वनाम के रूप में प्रयुक्त होने वाले 'कौन' शब्द का विकार होता है और इसके 'किस' एवं 'किन' दो तिर्यक रूप बनते हैं। इन रूपों में परसर्ग इस प्रकार जुड़ते हैं—

किस (एकवचन तिर्यक रूप) : किसने, किसको, किसे, किससे, किसका, किसकी, किसके, किसमें, किसपर, किसी

किन (बहुवचन तिर्यक रूप) : किन्होंने, किन्हें, किनसे, किनका, किनकी, किनके, किनमें, किनपर, किन्हीं

आकारांत प्रश्नवाचक शब्दों के लिंग और वचन के आधार पर तीन रूप बनते हैं, जैसे—

कैसा : कैसा, कैसी, कैसे

कितना : कितना, कितनी, कितने

इसी प्रकार यदि प्रश्नवाचक शब्दों के साथ 'सा' या 'का' जुड़ता है तो उसमें में भी विकार होता है, जैसे—

कौन-सा : कौन-सा, कौन-सी, कौन-से

कब-का : कब-का, कब-की, कब-के

कहाँ-का : कहाँ-का, कहाँ-की, कहाँ-के

15.2 सहायक क्रिया

सहायक क्रिया पदबंध का एक घटक है और क्रिया का एक प्रकार है। किंतु इसकी प्रकृति मुख्य क्रिया से अलग होती है। साथ ही सहायक क्रियाओं की संख्या भी बहुत कम होती है। इन क्रियाओं में विकार भी सीमित मात्रा में ही होता है। हिंदी में वर्तमानकालिक सहायक क्रिया 'है' के निम्नलिखित रूप प्रयुक्त होते हैं—

है— है, हैं, हो, हूँ

भूतकालिक सहायक क्रिया 'था' के निम्नलिखित रूप प्रयुक्त होते हैं—

था— था, थी, थे

'होगा' को भविष्यकालिक सहायक क्रिया माना जा सकता है, और इसके भी तीन रूप—होगा, होगी, होंगे बताए जा सकते हैं, किंतु चूँकि ये रूप 'होना' मुख्य क्रिया के भविष्यकालिक रूप भी हैं। अत: इन्हें उसी रूप में माना जा सकता है। इनका कब प्रयोग सहायक क्रिया के रूप में हुआ है और कब मुख्य क्रिया के रूप में—इसका निर्णय करने के लिए विसंदिग्धीकरण नियमों का प्रयोग किया जाता है।

15.3 परसर्ग

हिंदी में केवल 'का' परसर्ग में लिंग और वचन के अनुसार विकार होता है तथा 'की' और 'के' रूप बनते हैं—

का- की (स्त्रीलिंग), के (पुल्लिग, बहुवचन), रा, री, रे।

15.4 क्रिया-विशेषण शब्द

कुछ क्रिया-विशेषण शब्दों में भी विकार देखने को मिलता है। उदाहरण के लिए निर्देशक (Determiner) का कार्य करने वाले क्रिया-विशेषण शब्दों में विकार देखा जा सकता है—

यहाँ - यहीं (+ ही)

वहाँ - वहीं (+ ही)

उपर्युक्त विकार स्थानबोधकता पर बल देने के लिए किया गया है। पदबंधीय दृष्टि से इनमें 'ही' का योग हुआ है।

हिंदी में अव्यय शब्दवर्ग/शब्दभेद की प्रासंगिकता

हिंदी में एक शब्दवर्ग 'अव्यय' की भी चर्चा मिलती है। इसे परिभाषित करते हुए कहा गया है कि जिन शब्दों में कोई व्यय नहीं होता है, उन्हें अव्यय कहते हैं। इसका अर्थ है कि विभिन्न वाक्यात्मक प्रयोगों में जिन शब्दों में कोई विकार नहीं होता है, उन्हें अव्यय कहते हैं। वास्तव में देखा जाए तो यह बात अविकारी में आ चुकी है। इसलिए ऐसी परिभाषा या व्याख्या की कोई सार्थकता नहीं दिखाई पड़ती। साथ ही 'अव्यय' कहने से किसी भी प्रकार के वाक्यात्मक या आर्थी प्रकार्य का पता भी नहीं चलता है। संज्ञा, सर्वनाम आदि वर्गों की बात करने पर उनके प्रकार्य विशेष के बारे में बताया जा सकता है, किंतु 'अव्यय' में ऐसी कोई बात दिखाई नहीं पड़ती। जो भी शब्द अव्यय के अंतर्गत आते हैं, वे किसी न किसी प्रकार के विशेष प्रकार्य को संपन्न करते हैं, जैसे—नकारात्मक शब्द, प्रश्नवाचक शब्द, संयोजक, निपात आदि। तो इन्हें क्यों न इसी रूप में रखा जाए। अलग से अव्यय नाम से एक वर्ग बनाने का मुझे कोई औचित्य दिखाई नहीं पड़ रहा है। वैसे भी 'अव्यय' में मूलतः क्रिया-विशेषणों को रखा गया है, जबकि कुछ क्रिया-विशेषणों में भी विकार होता है।

16

रूपविश्लेषण/पदविश्लेषण

(Morphological Analysis)

रूपिमिक स्तर (Morphological Level) पर भाषाविज्ञान में दो प्रक्रियाओं की बात की गई है—व्युत्पादन (Derivation) और रूपसाधन (Inflection)। हिंदी में व्युत्पादन की विस्तृत चर्चा पिछले खंड में की गई है। हिंदी में रूपसाधन को ही 'पदसाधन' कहा जाता है। विभिन्न शब्दवर्गों में होने या हो सकने वाले पदसाधन की चर्चा प्रस्तुत खंड के उपर्युक्त अध्यायों में की जा चुकी है। रूपसाधन की प्रक्रिया दो दिशाओं में होती हैं—रूपवैज्ञानिक प्रजनन (Morphological Generation) और रूपवैज्ञानिक विश्लेषण (Morphological Analysis)। पदसाधन और पदविश्लेषण (रूपसाधन और रूपविश्लेषण) एक ही स्तर के कार्य हैं। इनमें एक ही प्रकार के शब्दरूप टेबल (Word Form Table) पैराडाइम टेबल (Paradigm Table) और नियम प्रयुक्त होते हैं। केवल इनकी दिशा अलग है। मूल शब्द से शब्दरूप बनाने की प्रक्रिया 'पदसाधन' (रूपसाधन) है, तो शब्दरूप से मूल शब्द को निकालने की प्रक्रिया 'पदविश्लेषण' (रूपविश्लेषण) है। उदाहरण के लिए—'लड़का' शब्द से 'लड़के' और 'लड़कों' शब्दों को निर्मित करना पदसाधन है तो 'लड़के' और 'लड़कों' शब्दों का विश्लेषण करके इनके मूल कोशीय शब्द 'लड़का' को पुनः प्राप्त करना पदविश्लेषण है। यही बात विशेषण, क्रिया और अन्य विकारी शब्दों पर भी लागू होती है। हिंदी में इन दोनों दिशाओं की दृष्टि से ये ही तीन शब्दवर्ग—संज्ञा, क्रिया और विशेषण अत्यंत महत्त्वपूर्ण हैं। प्रजनन के लिए किसी कोशीय शब्द से बनने वाले शब्दरूपों को निर्मित किया जाता है। 'रूपविश्लेषण' प्रजनन की विपरीत प्रक्रिया है। रूपप्रजनन के लिए कोशीय शब्द इनपुट होता है, जबकि रूपविश्लेषण के लिए वाक्यात्मक शब्द। अतः इसमें पूरा का पूरा वाक्य इनपुट होता है। प्रणाली द्वारा वाक्य में आए शब्दों को अलग-अलग किया जाता है। इसके पश्चात् प्रत्येक शब्द का विश्लेषण करते हुए सर्वप्रथम उसके कोशीय रूप को प्राप्त किया जाता है और इसके बाद

उस रूप द्वारा व्यक्त व्याकरणिक सूचनाओं को देखा जाता है। उदाहरण के लिए निम्नलिखित वाक्य दृष्टव्य है—

सब लड़के अच्छी पुस्तकें पढ़ रहे हैं।

इस वाक्य में आए शब्दों के कोशीय रूप निम्नलिखित हैं—

शब्द	**कोशीय रूप**	**(शब्दवर्ग)**	**व्याकरणिक सूचना**
सब	सब	(विशेषण)	—
लड़के	लड़का	(संज्ञा)	पुल्लिग, बहुवचन
अच्छी	अच्छा	(विशेषण)	स्त्रीलिंग
पुस्तकें	पुस्तक	(संज्ञा)	स्त्रीलिंग, बहुवचन
पढ़	पढ़ना	(क्रिया)	—
रहे	रहना	(क्रिया)	पुल्लिग, बहुवचन
हैं	है	(सहायक क्रिया)	बहुवचन, वर्तमान काल

इन शब्दों में 'सभी' और 'पढ़' द्वारा किसी भी व्याकरणिक कोटि की सूचना नहीं दी जा रही है। अर्थात् सभी स्थितियों में इनका रूप एक जैसा ही रहेगा। हिंदी में वाक्य निर्माण में सीधे-सीधे कोशीय शब्द भी आ जाते हैं जिनमें कोई रूप परिवर्तन नहीं किया जाता। फिर भी उनमें संबंधित व्याकरणिक कोटियों संबंधी सूचना होती है। उदाहरण के लिए निम्नलिखित वाक्य को देखें—

यह लड़का बहुत अच्छा है।

इस वाक्य में आए शब्दों के वाक्यात्मक रूप और कोशीय रूप समान हैं। फिर भी इनके द्वारा व्यक्त व्याकरणिक सूचनाएँ निम्नलिखित हैं—

शब्द	**कोशीय रूप**	**(शब्दवर्ग)**	**व्याकरणिक सूचना**
यह	यह	(निर्देशक)	एकवचन
लड़का	लड़का	(संज्ञा)	पुल्लिग, एकवचन
बहुत	बहुत	(विशेषण)	—
अच्छा	अच्छा	(विशेषण)	पुल्लिग, एकवचन
है—	है	(सहायक क्रिया)	एकवचन, वर्तमान काल

वाक्य में प्रयोग करने हेतु इन शब्दों के रूप में कोई परिवर्तन नहीं किया गया है। ऐसी स्थिति में सुविधा के लिए भाषावैज्ञानिकों द्वारा इनमें शून्य प्रत्यय (Zero

Suffix) का योग माना गया है, जिसे भाषावैज्ञानिक विवेचन में शून्य रूपिम (Zero Morpheme) कहा गया है। अत: शब्दों के वाक्यात्मक रूप का निर्माण एक महत्त्वपूर्ण प्रक्रिया है। इसमें शब्दवर्ग के अनुरूप विभिन्न व्याकरणिक कोटियों का प्रभाव पड़ता है। अत: रूपविश्लेषण के लिए वाक्य में आए शब्दों के विविध रूपों को देखना होगा फिर उनके आधार पर उनका विश्लेषण कर कोशीय रूप को प्राप्त करना होगा। इससे शब्द के मूल रूप से वाक्यात्मक रूप परिवर्तन के लिए आई हुई व्याकरणिक कोटियों संबंधी सूचना भी दी जा सकती है।

शब्दरूपों के विश्लेषण के लिए सी.एफ. हॉकेट (C.F. Hockett) द्वारा 'Two Models of Grammatical Description' (Word, 1954) में मुख्यत: दो विधियों की चर्चा की गई है। इन विधियों को हिंदी के संदर्भ में इस प्रकार से देख सकते हैं—

(क) **मद एवं व्यवस्था (Item and Arrangement) :** इसके द्वारा उन शब्दरूपों का विश्लेषण किया जा सकता है जिनमें एक से अधिक मद एक व्यवस्था या क्रम में प्रयुक्त हुए हों। इन मदों एवं इनके प्रयोग के क्रम का निर्धारण इसके द्वारा किया जा सकता है। उदाहरण के लिए निम्नलिखित दो शब्दों को देखें—

शब्दरूप	***मद1***	***मद2***	***व्यवस्था***
राजाओं	राजा	- ओं	मद1 + मद2
मेजें	मेज	- ें	मद1 + मद2

अत: सीधे-सीधे 'कोशीय शब्द + रूपसाधक प्रत्यय' द्वारा बने शब्दरूपों का विश्लेषण इस विधि द्वारा किया जा सकता है।

(ख) **मद एवं प्रक्रिया (Item and Process) :** अधिकांश भाषाओं में ऐसी स्थिति पाई जाती है कि उनके सभी शब्दरूप 'कोशीय शब्द + रूपसाधक प्रत्यय' द्वारा ही निर्मित नहीं होते, बल्कि साथ ही कोई न कोई प्रक्रिया भी होती है, जैसे—विकार, प्रतिस्थापन (Replacement) आदि। हिंदी में अनेक शब्दरूपों के निर्माण में यह स्थिति आती है, जैसे—

शब्दरूप	***मद1***	***मद2***	***प्रक्रिया (अंतिम वर्ण पर)***
लड़के	लड़का	- े	(ख > े)
लड़कियाँ	लड़की	ि - ँ	(ी > ि ँ)

इन शब्दरूपों के निर्माण में अंतिम वर्ण पर प्रतिस्थापन क्रिया की गई है। जैसा कि ऊपर के उदाहरणों में स्पष्ट रूप से देख सकते हैं कि कोशीय शब्द 'लड़का' से 'लड़के' के निर्माण में अंतिम वर्ण 'ा' को हटाकर ' े ' का प्रयोग किया गया है। इसी प्रकार दूसरे उदाहरण को भी समझ सकते हैं।

इनके अलावा कुछ शब्दरूप ऐसे भी होते हैं जिनके निर्माण में कोई नियम प्रयुक्त नहीं होता, जैसे—'जाना' क्रिया का 'गया' शब्दरूप मूल से पूरी तरह अलग है।

अब रूपविश्लेषण में ध्यान देने वाली बात यह है कि इसमें विपरीत प्रक्रिया चलती है। प्रणाली की दृष्टि से देखें तो इनपुट के रूप में रूपसाधित शब्द (पद/वाक्यात्मक शब्द) मिलेगा और प्रणाली उसका विश्लेषण करके शब्द का मूल रूप प्रस्तुत करेगी। अर्थात् 'राजाओं' का इनपुट मिलने पर '-ओं' प्रत्यय को हटाकर बचे हुए शब्दांश 'राजा' का डाटाबेस में परीक्षण किया जाएगा और यदि यह शब्दांश मूलशब्द के फील्ड में मिला तो इसे प्रदर्शित किया जाएगा। इसी प्रकार 'लड़के' शब्द का इनपुट मिलने पर प्रणाली द्वारा ' े ' को हटाकर 'ा' जोड़ा जाएगा और बनने वाले शब्द 'लड़का' का डाटाबेस में मूलशब्द वाले फील्ड में परीक्षण किया जाएगा, चूँकि लड़का मूल शब्द है। इसलिए इसका मिलान होते ही इसे आउटपुट के रूप में प्रस्तुत किया जाएगा। किंतु इस प्रक्रिया के लिए भी शब्दरूप निर्माण के अलग-अलग नियमों के कारण बनने वाले अलग-अलग पैराडाइम टाइपों की आवश्यकता पड़ेगी। इसलिए ऊपर विभिन्न अध्यायों में प्रदर्शित किए गए टेबलों का प्रयोग इसमें भी किया जाएगा किंतु इसमें नियम विपरीत दिशा से लिखे जाएँगे, जैसा कि ऊपर 'राजाओं' से 'राजा' और 'लड़के' से 'लड़का' शब्द को प्राप्त करने में बताया गया है। इस प्रकार संज्ञा शब्दों का विश्लेषण संभव हो पाएगा।

विंशेषण शब्दों के विश्लेषण में बहुत अधिक समस्या नहीं आएगी क्योंकि इनके शब्दरूपों का नियम निश्चित है। केवल आकारांत विशेषणों के ही ईकारांत और एकारांत रूप बनते हैं इसलिए जब कोई ईकारांत और एकारांत शब्द आए तो उसमें 'ई' या 'ए' की जगह 'या (ा)' रखकर मूल शब्द का प्रणाली द्वारा परीक्षण किया जाएगा। यदि वह डाटाबेस में मिला तो उसे विशेषण के रूप में प्रदर्शित किया जाएगा। उदाहरण के रूप में इसे देखें—

नई काली साड़ी

विश्लेषण—

शब्दरूप इनपुट	***विश्लेषण प्रक्रिया (अंतिम वर्ण पर)***	***प्राप्त मूलशब्द***	***POS टैग***
नई	(ई > या)	नया	JJ
काली	(ी > ा)	काला	JJ

इस विश्लेषण प्रक्रिया में 'नई' से 'नया' और 'काली' से 'काला' बनाकर मूल शब्दों को प्राप्त किया गया है। फिर उन्हें डाटाबेस में परीक्षण करके प्रस्तुत किया गया है। शब्दभेद टैगर जैसी प्रणालियाँ इसी प्रक्रिया से कार्य करती हैं और शब्दों के साथ उनके टैग प्रदर्शित करती हैं।

क्रियाओं के संदर्भ में भी यही नियम लागू होता है। सबसे पहले क्रियारूपों को निर्मित करने वाले प्रत्ययों को सूचीबद्ध किया जाता है। क्रियारूपों को निर्मित करने वाले प्रत्ययों की सूची ऊपर 'क्रिया और पदसाधन' वाले अध्याय में देखी जा सकती है। ये प्रत्यय ही मूलतः हिंदी क्रियाओं के रूप-निर्माण में धातु के साथ आते हैं। किंतु चूँकि यहाँ पर पाठ विश्लेषण का कार्य इनपुट के आधार पर करना है और इनपुट रूपसाधित शब्द होता है। इसलिए वाक्य में आए शब्दों का खंडीकरण करके उनमें पीछे से प्रत्ययों को हटाकर धातुओं को प्राप्त करके उनका मिलान डाटाबेस में किया जाता है। उदाहरण के लिए निम्नलिखित वाक्य को देखें—

मोहन के ***जाते*** ही रमेश ने मिठाई ***खाकर*** पानी पिया।

शब्दरूप इनपुट	***विश्लेषण प्रक्रिया (अंतिम वर्ण पर)***	***प्राप्त मूलशब्द***	***POS टैग***
जाते	(ते > ना)	जाना	VM
खाकर	(कर > ना)	खाना	VM
पिया	(ि या > ीना)	पीना	VM

सर्वनामों का विश्लेषण भी रूपविश्लेषक द्वारा किया जाता है। हिंदी सर्वनामों के रूप-निर्माण की स्थिति कुछ अलग है। इनमें 'सर्वनाम + परसर्ग' का नियम कुछ ही सर्वनामों के साथ दिया जा सकता है, जैसे—'तुम' के साथ—

तुम + ने = तुमने

तुम + को = तुमको

तुम + से = तुमसे

किंतु अधिकांश सर्वनामों के तिर्यक रूप मूल रूप से अलग होते हैं। ऐसी स्थिति में प्रत्यय या परसर्ग योग द्वारा इनके रूप-निर्माण के नियम नहीं दिए जा सकते। अतः इनके विश्लेषण के लिए सबसे पहले मूल सर्वनामों का एक टेबल निर्मित किया जाना चाहिए। इसके पश्चात् इनके तिर्यक रूपों (जैसे—वह का तिर्यक रूप उस, को रूप उसे आदि) का भी एक टेबल बनाया जाना चाहिए। फिर तिर्यक रूपों के आधार पर मूल रूपों की खोज संबंधी नियम दिए जाने चाहिए।

भाग-4

पाठ का व्याकरणिक अभिज्ञान

(Grammatical Recognition of Text)

परिचय

व्याकरणिक अभिज्ञान का अर्थ है—व्याकरणिक दृष्टि से समझना। किसी भी पाठ को संसाधित करने के लिए सर्वप्रथम उसे व्याकरण की दृष्टि से समझना आवश्यक है, जिससे उस पर पदबंधीय और वाक्यात्मक नियमों का प्रयोग किया जा सके। जब किसी शब्द का प्रयोग 'वाक्य' में किया जाता है तो वह केवल शब्द ही नहीं होता है, बल्कि एक 'शाब्दिक इकाई' (Lexical Unit) होता है, जिसके साथ शब्दभेद (Parts of Speech), व्याकरणिक कोटि (Grammatical Category) और आर्थी संबंध (Semantic Relation) संबंधी अनेक सूचनाएँ जुड़ी होती हैं। हमारा मस्तिष्क बहुत ही कुशलतापूर्वक इन सूचनाओं को सेकेंड के सौवें हिस्से में संसाधित कर लेता है, जिससे हमें भाषा व्यवहार करते समय इन चीजों का पता ही नहीं चलता। इन्हें हम तब समझते हैं, जब कोई गलत वाक्य निर्मित होता है। उदाहरण के लिए निम्नलिखित दो वाक्यों को देखें—

- लड़का जा रहा है।
- लड़का जा रही हैं।

इनमें से पहले वाक्य में शब्दों के लिंग, वचन संबंधी सूचनाओं की ओर ध्यान नहीं जा रहा है, किंतु दूसरे वाक्य को पढ़ते ही लिंग और वचन दोनों ही सूचनाओं की ओर ध्यान जा रहा है, क्योंकि 'लड़का' (पुल्लिंग, एकवचन) शब्द के साथ 'रही' (स्त्रीलिंग) और 'हैं' (बहुवचन) सहायक क्रियाओं का प्रयोग नहीं किया जा सकता। यह बात किसी भी पाठ के सभी वाक्यों के सभी शब्दों के साथ लागू होती है। इसीलिए व्याकरणिक अभिज्ञान की दृष्टि से कोई भी **शब्द** केवल शब्द न होकर **शब्द और विभिन्न लक्षणों का समुच्चय** हो जाता है। इसकी अलग से पहचान करने के लिए 'शब्द' की जगह 'शाब्दिक इकाई' (Lexical Unit) का प्रयोग किया जा सकता है। प्राकृतिक भाषा संसाधन के क्षेत्र में इसे 'टोकन' (Token) के रूप में देखा जाता है। 'टोकन' (Token) किसी भाषा की वह इकाई है, जिसके आधार पर खंडीकरण करते हुए वाक्यों को संसाधित किया जाता है। सामान्यत: 'वाक्यात्मक शब्द' (पद) ही टोकन का कार्य करते हैं।

हमारा मस्तिष्क शब्दों के साथ जुड़ी सूचनाओं को अप्रत्यक्ष रूप से स्वत: संसाधित कर लेता है, किंतु मशीन के साथ यह संभव नहीं है। मशीन के लिए एक-एक प्रकार की सूचना को शब्द के साथ जोड़कर प्रस्तुत करना पड़ता है। इसलिए केवल शब्दकोश में शब्दों को संचित करने मात्र से मशीन द्वारा वाक्य विश्लेषण या निर्माण संभव नहीं है। इसके लिए मशीनी प्रणाली को प्रत्येक शब्द के साथ आने वाली भिन्न-भिन्न प्रकार की सूचनाओं को समझना आवश्यक है। इसके लिए निम्नलिखित कार्यों की आवश्यकता होती है—

- शब्द के साथ उसके शब्दभेद (Parts of Speech-POS) संबंधी सूचना को जोड़ना;
- शब्द के साथ रूपिमिक (Morphological), व्याकरणिक (Grammatical) और आर्थी (Semantic) लक्षणों (Features) को जोड़ना;
- पाठ में प्रयुक्त नामपदों (Name Entities) को पहचानना;
- दिनांक, समय, मुद्रा (Date, Time, Currency) आदि की पहचान;
- बहुशब्दीय अभिव्यक्तियों (Multi-Word Expressions) का चिह्नन (Marking);
- पाठ में आए संदिग्धार्थक शब्दों (Ambiguous Words) की पहचान (Identification) और उनका विसंदिग्धीकरण (Disambiguation)।

इन सभी कार्यों को संपन्न करने की क्षमताओं से युक्त मशीनी प्रणाली ही वाक्यात्मक विश्लेषण अथवा प्रजनन में सक्षम हो सकेगी। हिंदी में शब्दों के साथ ये सूचनाएँ किस प्रकार से संयुक्त होती हैं और उन्हें किस प्रकार मशीन द्वारा स्वचलित रूप से जोड़े जाने के नियम दिए जाने चाहिए? की चर्चा प्रस्तुत इकाई में की जा रही है।

17

शब्दभेद टैगिंग

(Parts of Speech Tagging)

टैगिंग (Tagging) किसी पाठ में आए सभी शब्दों के साथ विशिष्ट भाषिक सूचनाओं को इस प्रकार से जोड़ने की प्रक्रिया है कि इसके माध्यम से पाठ का मशीनी संसाधन किया जा सके। इसे पारंपरिक रूप से शब्दभेद टैगिंग भी कहा गया है, जिसका तात्पर्य 'शब्दभेद' (Parts of Speech-POS) से संबंधित सूचना जोड़ने से है। इन सूचनाओं को शब्दभेद के अलावा 'शब्दवर्ग या शब्दकोटि' (Word Class or Word Category), और कोशीय कोटि (Lexical Category) आदि भी कहा गया है। सामान्य व्यवहार में 'किसी वाक्य में किसी स्थान पर कोई शब्द क्यों आया है ?' को हम उसके शब्दभेद के माध्यम से ही समझते हैं। उदाहरण के लिए 'वह लड़का सुंदर है।' वाक्य में 'वह' शब्द 'निर्देशक' है; 'लड़का' शब्द 'संज्ञा' है; 'सुंदर' शब्द 'विशेषण' है; तथा 'है' शब्द 'कोप्यूला क्रिया' है। जब भी ये शब्द एक साथ आकर वाक्य का निर्माण करते हैं, तो वाक्य को देखते ही प्रत्येक शब्द के साथ जुड़ी ये सूचनाएँ सचेतन या अचेतन रूप से हमारे मस्तिष्क में आ जाती हैं, और फिर तदनुरूप हम इस वाक्य को समझते हैं। प्राकृतिक भाषा संसाधन (Natural Language Processing-NLP) हेतु मशीन को भी वाक्य के प्रत्येक शब्द का अभिज्ञान इसी प्रकार से करना पड़ता है।

अपने व्यापक परिप्रेक्ष्य में **टैगिंग** (Tagging) किसी वस्तु, स्थान, घटना या इकाई को चिह्न प्रदान करने या संकेतित करने की एक विधि है। इसके लिए प्रयुक्त चिह्न या संकेत 'टैग' कहलाता है। टैगिंग संबंधी कार्य ज्ञान-विज्ञान और जीवन के अनेक क्षेत्रों, जैसे—कंप्यूटिंग, शिक्षा, भाषा, मीडिया, खेल, तर्क, सरकार, प्राकृतिक विज्ञान और पहचान (Identification) आदि में किया जाता है। उदाहरण के लिए 'फेसबुक' पर किसी व्यक्ति के फोटो को उसका नाम देना उस फोटो की टैगिंग है। यहाँ पर टैगिंग का संदर्भ भाषा या भाषा संसाधन है। भाषा संसाधन के परिप्रेक्ष्य में 'टैगिंग' का तात्पर्य 'शब्दवर्ग या शब्दभेद की टैगिंग' से है, जिसका संबंध

प्राकृतिक भाषा संसाधन (NLP) से है। यह भाषाविज्ञान और कंप्यूटरविज्ञान की संधि का क्षेत्र है। भाषा प्रौद्योगिकी (Language Technology) और संगणकीय भाषाविज्ञान (Computational Linguistics) जैसे विषयों में यह कार्य किया जाता है। किसी भी पाठ के संसाधन में सर्वप्रथम शब्दों के साथ टैग जोड़े जाते हैं, फिर टैगों के आधार पर पदबंधीय और वाक्यात्मक नियमों का प्रयोग किया जाता है।

17.1 टैगिंग और शब्दभेद

टैगिंग को भाषा संसाधन के क्षेत्र में मूलत: **शब्दभेद टैगिंग** (POS-Tagging) कहा गया है। इसका कारण यह है कि आरंभ में टैगिंग की अवधारणा शब्दभेद संबंधी सूचना जोड़ने पर ही आधारित रही, किंतु धीरे-धीरे मशीनी आवश्यकता और निरंतर गहरे होते शोधकार्यों के कारण टैग और टैगिंग में केवल शब्दभेद संबंधी सूचना जोड़ने का कार्य ही नहीं रहा, बल्कि अनेक अन्य प्रकार की सूचनाएँ भी इसी क्रम में जोड़ी जाने लगीं। अत: टैगिंग विभिन्न प्रकार की भाषिक सूचनाओं को जोड़ने के अर्थ में भी प्रयुक्त होने लगा। यहाँ शब्दभेद के सापेक्ष टैगिंग के संदर्भ में संक्षिप्त चर्चा की जा रही है।

भाषा में पाए जाने वाले शब्दों की आर्थी स्थिति और उनके वाक्यात्मक एवं रूपवैज्ञानिक व्यवहार के आधार पर उनके कुछ वर्ग निर्धारित किए गए हैं, जिन्हें 'शब्दभेद' (Parts of Speech) या 'शब्दवर्ग' (Word Category) कहा जाता है। वैसे तो भाषाओं की प्रकृति और उनके स्वरूप के आधार पर शब्दवर्गों की संख्या भिन्न-भिन्न होती है, किंतु फिर भी कुछ शब्दवर्ग सभी भाषाओं में पाए जाते हैं। उदाहरण के लिए 'संज्ञा' और 'क्रिया' शब्दवर्ग सभी भाषाओं में पाए जाते हैं। जैसा कि इस पुस्तक के पाँचवें अध्याय में चर्चा की जा चुकी है, लैटिन एवं रोमन परंपरा की भाषाओं (अंग्रेजी आदि) में प्रचलित आठ सर्वप्रसिद्ध शब्दवर्ग निम्नलिखित हैं—

(क) संज्ञा (Noun)
(ख) सर्वनाम (Pronoun)
(ग) क्रिया (Verb)
(घ) विशेषण (Adjective)
(ङ) क्रिया-विशेषण (Adverb)
(च) संबंधबोधक (Preposition)
(छ) योजक (Conjunction)
(ज) विस्मयादिबोधक (Interjection)

इनमें से अधिकांश सभी प्रमुख भाषाओं में पाए जाते हैं। थोड़े-बहुत अंतर के साथ हिंदी में भी ये सभी शब्दवर्ग/शब्दभेद पाए जाते हैं। इस कारण कामता प्रसाद

गुरु (1920) ने तो इसी वर्गीकरण को आधार बनाकर हिंदी व्याकरण में शब्दभेदों की चर्चा की है, किंतु हिंदी में केवल इतने ही शब्दभेद नहीं हैं अथवा इनमें से कई उसी रूप में नहीं है, जैसे—अंग्रेजी के 'संबंधबोधक/पूर्वसर्ग' की जगह हिंदी में 'परसर्ग' पाए जाते हैं।

किसी मशीन के लिए टंकित पाठ एक प्रकार का कच्चा डाटा (Raw Data) है, जिसकी पहचान केवल उसमें प्रयुक्त वर्णों के फॉन्ट इनकोडिंग संख्या द्वारा की जा सकती है। इतनी पहचान के आधार पर पाठ पर केवल फॉन्ट डिजाइनिंग (जैसे—बोल्ड, इटैलिक, फॉन्ट कलर आदि) संबंधी कार्य ही किए जा सकते हैं। पाठ में प्रयुक्त इकाइयों को भाषिक सामग्री के रूप में पहचान तभी मिलती है, जब उनके साथ कोई व्याकरणिक सूचना जुड़ जाती है। इस दृष्टि से पहली महत्त्वपूर्ण सूचना 'शब्दभेद' संबंधी सूचना ही है, जिसके लगते ही प्रत्येक शब्द रूपवैज्ञानिक और वाक्यात्मक दृष्टि से संसाधनीय हो जाता है।

17.2 टैग-निर्धारण

टैगिंग के लिए प्रत्येक शब्दवर्ग (शब्दभेद) हेतु एक संकेत-चिह्न विकसित किया जाता है, जिसे 'टैग' (Tag) कहते हैं। टैग एक संक्षिप्त वर्ण समूह होता है जिसमें उस वर्ग से संबंधित सूचना रहती है। किंतु एक पाठ में केवल शब्द ही नहीं आते बल्कि अन्य भी अनेक प्रकार की सूचनाएँ आती हैं, जिन्हें मशीनी संसाधन हेतु भिन्न प्रकार से चिह्नित किया जाना चाहिए, जैसे—पदबंध, वाक्य, विराम चिह्न आदि। इन सभी के लिए भी संकेत चिह्नों को विकसित करने की आवश्यकता पड़ती है, और इस प्रकार विकसित कोई भी संकेत चिह्न सामान्यतः 'टैग' ही कहलाता है। वैसे पदबंध और वाक्य स्तर पर पहचान हेतु जो चिह्न लगाए जाते हैं वे भले ही एक टैग जैसे ही होते हैं, किंतु इस स्तर पर किया जाने वाला संसाधन कार्य टैगिंग नहीं कहलाता। उसका नामकरण संबंधित प्रक्रिया के आधार पर होता है, जैसे—पद-विच्छेदन (Parsing) इसी प्रकार की एक क्रिया है जिसका विवेचन आगे यथास्थान किया जाएगा। इसी प्रकार पदबंधीय इकाइयों को प्राप्त करने की प्रक्रिया 'चंकिंग' (Chunking) या 'पदबंध-चिह्नन' (Phrase Marking) कहलाती है। अतः टैगिंग में शब्दों के साथ टैग (संकेत चिह्न) जोड़े जाते हैं। ये संकेत चिह्न शब्द के अतिरिक्त अन्य इकाइयों के भी हो सकते हैं, जिन्हें व्यापक रूप में टैग तो कहा जा सकता है किंतु वे टैगिंग के अंतर्गत नहीं जोड़े जाते हैं।

टैगिंग के लिए सबसे पहले टैगों का निर्धारण करना पड़ता है। अब जैसा कि स्पष्ट हो चुका है, टैग का अर्थ है—'संकेत चिह्न'। यह संकेत चिह्न ऐसा होना चाहिए जिसमें संकेतित कथ्य या तथ्य संबंधी कोई सूचना हो। साथ ही टैग निर्धारण

के संबंध में एक बात और कही जाती है कि टैग में 'संक्षिप्तता' और 'सूचनात्मकता' होनी चाहिए। इन्हें इस प्रकार समझ सकते हैं—

संक्षिप्तता : इसका तात्पर्य टैग के यथासंभव संक्षिप्त या लघु होने से है। एक टैग को छोटा से छोटा होना चाहिए। इससे टैग डाटाबेस, कोड और अंतरापृष्ठ (Interface) में कम स्थान लेता है, तथा उसे याद रखना भी सरल होता है। उदाहरण के लिए 'कमरा' या 'घर' आदि शब्दों के लिए शब्दभेद संबंधी आवश्यक सूचना 'जातिवाचक संज्ञा' है। इसे चाहें तो पूरा का पूरा लिखा जा सकता है। किंतु यह एक लंबा टैग हो जाएगा और साथ ही सूचना का पूरा नाम लिख देने को टैग नहीं कहा जा सकता। इसलिए इसके संक्षिप्त टैग इस प्रकार बनाए जा सकते हैं— 'जाति.सं.', 'जा.संज्ञा', 'जा.सं.' तथा 'जासं' आदि। ये सभी पूरी सूचना के सापेक्ष संक्षिप्त हैं, किंतु अंतिम दोनों अधिक संक्षिप्त हैं, इसलिए उनमें से किसी एक को टैग मानना अधिक उपयुक्त होगा।

सूचनात्मकता : इसका तात्पर्य टैग में संबंधित सूचना का बोध होने से है। जब हम किसी टैग का निर्माण करते हैं तो यह भी ध्यान रखना होता है कि उस टैग द्वारा संबंधित सूचना प्रकट या संकेतित होती हो। उदाहरण के लिए 'जातिवाचक संज्ञा' के लिए 'ज.', 'जा.', 'जास', 'स.जा.' जैसे टैग भी निर्मित किए जा सकते हैं, किंतु इनसे जातिवाचक संज्ञा होने संबंधी सूचना सीधे-सीधे नहीं प्राप्त होती। इसलिए ऐसे टैग नहीं बनाए जाएँ तो अधिक उचित होगा। कभी-कभी विद्वानों द्वारा किसी उद्देश्य या परिस्थिति को ध्यान में रखते हुए कुछ ऐसे भी टैग निर्मित कर दिए जाते हैं, जिनमें सूचनात्मकता इतनी स्पष्ट नहीं होती कि एक आरंभिक विकासकर्ता को भी समझ में आ सके। उदाहरण के लिए पेन्न ट्री बैंक में 'विशेषण' के लिए 'JJ' और 'क्रिया-विशेषण' के लिए 'RB' क्यों रखा गया, सामान्य रूप से समझाया जाना कठिन है। इनका कोई भाषिक संदर्भ हो सकता है, किंतु जो व्यक्ति अंग्रेजी के अतिरिक्त अन्य भाषाओं का ज्ञान नहीं रखता उसे तो 'विशेषण' के लिए 'ADJ' और 'क्रिया-विशेषण' के लिए 'ADV' ही अधिक उपयुक्त जान पड़ते हैं।

जब शब्द स्तर पर टैग निर्धारण की बात होती है, तो सामान्यत: उसे शब्दभेद निर्धारण से जोड़कर ही देखा जाता है। किंतु शब्दभेद निर्धारण और टैग निर्धारण दो कार्य हैं। दोनों को अलग-अलग देखा जाना चाहिए। ऊपर टैगिंग और टैग की व्यापकता पर पर्याप्त चर्चा हो चुकी है। उसके अतिरिक्त यह ध्यान रखने वाली बात है कि शब्दभेद शब्दों के कोशीय वर्ग का प्रतिनिधित्व करते हैं, इसी कारण उन्हें **'कोशीय वर्ग या शब्दवर्ग'** (Lexical Category या Word Category) भी कहा गया है। इनके निर्धारण के मूलत: दो आधार हैं—बाह्य संसार में शब्द का अर्थ और वाक्य में शब्द का व्यवहार। कुछ शब्दों का अर्थ बाह्य संसार में अर्थ से संबद्ध होता है। संज्ञा, विशेषण और क्रिया आदि इसी प्रकार के शब्दों का प्रतिनिधित्व करते हैं।

कुछ शब्दों के अर्थ बाह्य संसार से संबद्ध न होकर केवल व्याकरणिक होते हैं, उनके व्याकरणिक व्यवहार के आधार पर ही एक वर्ग के रूप में संग्रहीत करके उन्हें एक नाम दे दिया जाता है। सहायक क्रिया, परसर्ग, प्रश्नवाचक शब्द आदि इस प्रकार के शब्दों का प्रतिनिधित्व करते हैं।

टैगिंग एक मशीन केंद्रित प्रक्रिया है। टैगों का निर्धारण भिन्न-भिन्न प्रकार से होता है। किसी भी मशीनी संसाधन प्रणाली में विकासकर्ता के लिए यह निश्चित करना अत्यंत कठिन कार्य होता है कि पाठ संसाधन हेतु एक भाषा में कितने टैग रखे जाएँ। जैसा कि पहले भी बताया जा चुका है कि टैग केवल शब्दभेदों का प्रतिनिधित्व नहीं करते बल्कि वे एक शब्द के सटीक संसाधन और नियम निर्माण के लिए आवश्यक सभी सूचनाओं का प्रतिनिधित्व करते हैं। इसी कारण कहीं कभी एक पूरे शब्दभेद के लिए एक टैग होता है तो कभी एक ही शब्दभेद के अलग-अलग भेदों के लिए भिन्न-भिन्न टैग होते हैं। इसी प्रकार प्रकार्यात्मक अंतर होने पर भी टैग भिन्न हो सकता है। यदि किसी एक ही शब्दवर्ग के दो भेदों में कुछ प्रकार्यगत अंतर हो तो फिर उनके दो टैग बनाने पड़ते हैं। टैग निर्माण में ध्यान रखा जाता है कि कोई महत्त्वपूर्ण भेद छूट न जाए और कोई टैग अनावश्यक निर्मित न हो जाए। निम्नलिखित प्रकार के भेदो-विभेदों के लिए भिन्न-भिन्न टैगों का निर्माण किया जा सकता है—

(क) **शब्दभेद**—प्रत्येक शब्दभेद के लिए एक टैग निर्मित किया जाता है, जैसे—विशेषण के लिए 'JJ' या 'ADJ'।

(ख) **उपभेद**—कुछ शब्दभेदों के उपभेद भिन्न प्रकार्यों को संपन्न करते हैं, या उनके संसाधन के लिए भिन्न-भिन्न प्रकार के नियमों की आवश्यकता पड़ती है, ऐसी स्थिति में उनके लिए अलग टैग हो सकता है, जैसे—संज्ञा एक शब्दभेद है, जिसके दो भेद 'जातिवाचक संज्ञा' तथा 'व्यक्तिवाचक संज्ञा' प्रकार्य की दृष्टि से भिन्न होते हैं, अत: दोनों के लिए भिन्न टैग 'NN' और 'NNP' दिए गए हैं।

(ग) **शब्दरूप**—कभी-कभी मूल शब्दों से शब्दरूपों का निर्माण किसी नियम से नहीं होता और विश्लेषण हेतु उन्हें अलग से चिह्नित करने की आवश्यकता पड़ती है, ऐसी स्थिति में शब्दरूप के लिए अलग टैग रखा जा सकता है, जैसे—हिंदी में सर्वनामों के संबंधवाची रूप मूल सर्वनामों से भिन्न कार्य करते हैं, अत: उनके लिए 'PR' की जगह भिन्न टैग 'PRG' या कुछ और रखा जा सकता है। यह बात कुछ क्रियाओं के संदर्भ में भी लागू होती है।

(घ) **शब्दबंध**—शब्दबंध से तात्पर्य एकाधिक शब्दों के योग से है। इसमें विविध प्रकार की बहुशब्दीय अभिव्यक्तियाँ (Multi-word

Expressions) आती हैं। इन्हें एक ही टैग 'बहु.अ.' (MWE) में रखा जा सकता है या प्रकार्य और स्वरूप आधारित एकाधिक टैग भी बनाए जा सकते हैं, जैसे—सं.(बहु.अ.) NNmwe, क्रि.(बहु.अ.) VMmwe, वि.(बहु.अ.) JJmwe आदि।

(ङ) **शब्द-प्रकार्य**—कुछ टैग शब्दों के प्रकार्यों पर आधारित होते हैं, जैसे—क्रिया पदबंध में 'मुख्य क्रिया' (MV/VGF) और 'सहायक क्रिया' (AUX/VAX) के टैग भिन्न-भिन्न होते हैं। इसी प्रकार हिंदी में 'वाला' और 'अपना' जैसे शब्दों को उनके विशिष्ट प्रकार्य के कारण भिन्न टैग दिया जा सकता है।

(च) **पदबंध**—पदबंधों को चिह्नित करना टैगिंग से उच्च स्तर (पदबंध स्तर) का कार्य है; किंतु उनके लिए जो संकेत चिह्न निर्धारित होते हैं, उन्हें व्यापक रूप से टैग कहा जा सकता है। प्रक्रिया भिन्न स्तर की होना अलग बात है, किंतु निर्धारित चिह्न टैग ही होंगे, जैसे—संज्ञा पदबंध हेतु 'सं.प.' (NP), क्रिया पदबंध हेतु 'क्रि.प.' (VP) आदि संकेत निर्धारित किए जाते हैं।

टैग हेतु प्रयुक्त लिपि चिह्न : किसी भी भाषा के संसाधन के लिए टैगों का निर्माण उस भाषा की लिपि अथवा किसी भी लिपि में किया जा सकता है। उदाहरण के लिए हिंदी की लिपि देवनागरी है। अत: हिंदी के संसाधन हेतु देवनागरी लिपि के टैग बनाए जा सकते हैं। किंतु यदि ये टैग किसी और लिपि में हों तो भी संसाधन प्रक्रिया अथवा कार्य में कोई बाधा या कठिनाई नहीं आएगी। उदाहरण के लिए यदि हिंदी के संसाधन में रोमन लिपि के टैगों का प्रयोग किया जाए तो इससे कोई अंतर नहीं आएगा। जैसा कि सर्वविदित है, 'लिपि भाषा से स्वतंत्र होती है।' इसलिए यदि हिंदी संसाधन के लिए रोमन के लिपि चिह्नों का प्रयोग कर दिया जाए तो इसे अंग्रेजी का प्रभाव या प्रयोग नहीं कहा जा सकता।

टैग निर्माण के संदर्भ में मेरा मानना है कि रोमन लिपि अधिक उपयुक्त है। देवनागरी में स्वर-व्यंजन एक साथ मिलकर आते हैं, इसलिए वर्णों (Characters) की संख्या बढ़ जाती है। इसी प्रकार वर्णों को मिला देने पर अस्पष्टता आ जाती है, इसलिए दो संकेतकों के बीच डॉट का प्रयोग करना आवश्यक होता है, जैसे—जातिवाचक संज्ञा के लिए 'जास' लिखना थोड़ा अटपटा लग रहा है। इसके विपरीत रोमन में प्रत्येक वर्ण अलग होता है तथा कैपिटल लेटर की सुविधा के कारण टैग सामान्य पाठ से अलग प्रकृति के दिखाई भी पड़ते हैं। इसलिए मैं व्यक्तिगत रूप से रोमन में टैग निर्माण पर सहमत हूँ। इससे एक और लाभ यह भी हो जाता है कि हमें अंतरराष्ट्रीय स्तर पर स्वीकृत उपयोगी टैगों को वैसे ही प्राप्त कर लेने की सुविधा मिल जाती है।

17.3 टैगिंग के प्रकार

प्राकृतिक भाषा संसाधन (NLP) के परिप्रेक्ष्य में **टैगिंग** से तात्पर्य किसी पाठ में आए शब्दों के साथ भाषिक सूचनाएँ जोड़ने से है। आरंभ में इसे केवल शब्दभेद से ही जोड़कर देखा गया है, किंतु जैसे-जैसे भाषा संसाधन कार्यों और विधियों का विकास हुआ है, वैसे-वैसे शब्दभेद के अतिरिक्त कई प्रकार की सूचनाएँ जोड़कर भी टैगिंग की जाने लगी हैं। जिस प्रकार की सूचना जोड़ी जाती है, उसी प्रकार से उसका नामकरण भी कर दिया जाता है, जैसे—रूपवैज्ञानिक सूचनाएँ देने को 'रूपवैज्ञानिक टैगिंग' कहा गया है। इसके विविध प्रकारों को विभिन्न आधारों पर देखा जा सकता है। इनमें से कुछ प्रमुख के बारे में नीचे संक्षिप्त चर्चा की जा रही है—

17.3.1 संबंधित सूचना के आधार पर

एक पाठ में शब्द के स्तर पर मुख्य रूप से शब्दभेद संबंधी सूचना, रूपवैज्ञानिक सूचनाएँ और आर्थी सूचनाएँ दी जाती हैं। अतः इस दृष्टि से टैगिंग निम्नलिखित प्रकार की होती है—

(क) **शब्दभेद टैगिंग :** यह टैगिंग का मूल रूप है। सर्वप्रथम टैगिंग संबंधी कार्य शब्दभेद टैगिंग के द्वारा ही आरंभ हुआ था। इसी कारण पहले टैगिंग का अर्थ शब्दभेद टैगिंग ही होता था, किंतु टैगिंग की व्यापकता धीरे-धीरे बढ़ी है, जिससे अब यह टैगिंग का एक मूल प्रकार बन कर रह गया है। अब टैगिंग एक बड़ा कार्य है और 'शब्दभेद टैगिंग' उसका एक आधारभूत प्रकार। इसका संबंध शब्द के साथ उसके शब्दभेद संबंधी सूचना देने से है। उदाहरण के लिए 'घर' शब्द के साथ इसके शब्दभेद 'संज्ञा' की सूचना जोड़ना उसकी शब्दभेद टैगिंग होगी। अब 'संज्ञा' संबंधी सूचना को शब्द के साथ किस प्रकार से योजित और प्रदर्शित किया जाए, यह टैग और प्रोग्राम निर्माणकर्ता पर निर्भर करता है। यह आवश्यक नहीं है कि एक शब्दभेद के लिए केवल एक ही टैग हो, एक शब्दभेद के अंदर प्राप्त उसके महत्त्वपूर्ण भेदों के लिए अलग-अलग टैग भी हो सकते हैं, जैसे—'संज्ञा' एक शब्दभेद है, किंतु इसके दो महत्त्वपूर्ण भेदों 'जातिवाचक संज्ञा' तथा 'व्यक्तिवाचक संज्ञा' के लिए दो टैगों का प्रयोग किया जाता है। यही बात 'क्रिया' और 'विशेषण' पर भी लागू होती है।

(ख) **रूपवैज्ञानिक टैगिंग :** किसी शब्द के साथ रूपवैज्ञानिक सूचनाएँ देना रूपवैज्ञानिक टैगिंग है। इसमें शब्द के साथ व्युत्पादक (Derivational) और रूपसाधक (Inflectional) सूचनाएँ दी जाती

हैं। व्युत्पादक सूचना में शब्द के कोशीय रूप संबंधी सूचना आती है, जैसे—धातु, प्रातिपदिक अथवा मूल शब्द, उपसर्ग+शब्द, शब्द+प्रत्यय, उपसर्ग+शब्द+प्रत्यय आदि। उदाहरण के लिए 'मानवता' शब्द के साथ व्युत्पादन की दृष्टि से 'Ws1' (Word + suffix-1) सूचना दी जा सकती है। वैसे पाठ संसाधन में व्युत्पादक सूचनाओं की प्रत्यक्ष रूप से कोई आवश्यकता नहीं पड़ती है। रूपसाधक सूचना के अंतर्गत व्याकरणिक कोटियों संबंधी सूचनाएँ आती हैं, जैसे—लिंग, वचन, पुरुष, काल, पक्ष, वृत्ति आदि। इसके लिए प्रत्येक प्रकार के शब्द के साथ जुड़ी भिन्न-भिन्न सूचनाओं हेतु अलग-अलग टैग निर्धारित किए जाते हैं और उन्हें जोड़ा जाता है। रूपवैज्ञानिक सूचनाओं को शब्दभेद संबंधी सूचना के बाद ही जोड़ा जाता है, जिससे समझने में सरलता होती है। उदाहरण के लिए 'मोहन' शब्द के साथ NNP_msp3 सूचना जोड़ी जा सकती है, जिसका अर्थ है—यह एक व्यक्तिवाचक संज्ञा (NNP) है, जिसका लिंग—पुल्लिंग (m = masculine); वचन—एकवचन (s = singular); तथा पुरुष—अन्य पुरुष (p3 = third person) है। पाठ संसाधन में शब्दभेद की सूचना के साथ रूपसाधन संबंधी सूचनाएँ आवश्यक होती हैं, जो मूलत: व्याकरणिक कोटियों और तिर्यकता से संबंधित होती हैं।

(ग) **वाक्यात्मक टैगिंग :** वाक्य के स्तर पर पदबंध, उपवाक्य और वाक्य जैसी इकाइयों को टैग या चिह्न प्रदान किए जाते हैं, किंतु इस स्तर का कार्य 'टैगर' द्वारा नहीं किया जाता, बल्कि पद-विच्छेदक (Parser) और चंकर जैसी प्रणालियाँ यह कार्य करती हैं।

(घ) **आर्थी टैगिंग : एफ.डी. सस्यूर** (1911) को आधुनिक भाषाविज्ञान का पिता माना जाता है, जिन्होंने संरचनात्मक भाषाविज्ञान की नींव रखी। बाद में **एल. ब्लूमफील्ड** (1933) ने संरचनात्मक भाषाविज्ञान को विस्तृत रूप से प्रस्तुत किया। **एन. चॉम्स्की** (1957) द्वारा प्रतिपादित प्रजनक व्याकरण तो इस दिशा में क्रांतिकारी कदम है। किंतु इन तीनों विद्वानों के कार्यों में एक कमी दिखाई पड़ती है, वह है—'अर्थ' को समुचित महत्त्व न देना। 'अर्थ' भाषा का केंद्रीय तत्त्व है, और यह सभी भाषिक इकाइयों की रचना को नियंत्रित या प्रभावित करता है। यही कारण है कि वर्तमान में प्रस्तावित हो रहे सभी व्याकरणों में किसी-न-किसी रूप में अर्थ के लिए विशेष स्थान दिया जा रहा है। अत: मशीनी संसाधन में भी अर्थ संबंधी सूचनाओं का दिया जाना

आवश्यक है। इसी क्रम में टैगिंग में शब्द के साथ ही अर्थ संबंधी सूचनाएँ भी दी जाने लगी हैं। ये सूचनाएँ अधिकांशत: लक्षण (Feature) और मूल्य (Value) के रूप में दी जाती हैं। आर्थी सूचनाएँ भी शब्द के साथ शब्दभेद संबंधी टैग के बाद ही दी जाती हैं। सामान्यत: इन्हें 'धन' (+) या 'ऋण' (–) के चिह्नों द्वारा प्रदर्शित किया जाता है। '+ चेतन या – चेतन, '+ मानव या – मानव', '+ ठोस या – ठोस', '+ संकल्पनात्मक या – संकल्पनात्मक', आदि आर्थी लक्षणों के कुछ उदाहरण हैं। किसी शब्द में किसी आर्थी लक्षण के होने की स्थिति को 'चिह्नित' (Marked) और नहीं होने की स्थिति को 'अचिह्नित' (Unmarked) कहा जाता है।

टैगिंग के संदर्भ में एक बात स्पष्ट रूप से कही जा सकती है कि इसका संबंध शब्द स्तर से है। यद्यपि यह आवश्यक नहीं है कि टैग केवल शब्द स्तर के ही हों। टैग पदबंध, वाक्य और प्रोक्ति स्तर के भी हो सकते हैं, किंतु भाषा संसाधन की दृष्टि से टैगिंग शब्द स्तर पर की जाने वाली क्रिया है।

17.3.2 प्रक्रिया के आधार पर

इस दृष्टि से टैगिंग के दो प्रकार होते हैं—

(क) संदर्भमुक्त टैगिंग (Context-free Tagging) : जब केवल शब्दकोश या डाटाबेस के आधार पर टैगिंग संबंधी कार्य किया जाता है, तो इसे संदर्भमुक्त टैगिंग कहते हैं। इसकी सबसे बड़ी सीमा यह है कि यदि किसी शब्द के दो या तीन टैग हैं तो शब्द के साथ तीनों टैग प्रयुक्त और प्रदर्शित किए जाएँगे। उदाहरण के लिए 'सोना' शब्द के साथ 'NN' और 'VM' दोनों टैग प्रदर्शित किए जाएँगे। जैसे—
मुझे सोना चाहिए। → मुझे<PR> सोना<NN> सोना<VM> चाहिए<VM>।

(ख) संदर्भयुक्त टैगिंग (Context-sensitive Tagging) : यह टैगिंग की वह प्रक्रिया है जिसमें शब्दों के वास्तविक टैग उनके संदर्भों के आधार पर ही निर्धारित किए जाते हैं। ये संदर्भ दो प्रकार के होते हैं— वाक्यात्मक और प्रोक्तीय। वाक्यात्मक संदर्भ संबंधित शब्द के आस-पास आए शब्दों के शब्दवर्ग और प्रकार्य द्वारा सुनिश्चित किया जाता है। प्रोक्तीय संदर्भ वाक्य के बाहर होते हैं और शब्द के वास्तविक टैग को समझने में सहायता करते हैं।
मुझे सोना पड़ता है। → मुझे<PR> सोना<VM> पड़ता<VAX> है<VAX>।

17.3.3 सहभागिता के आधार पर

इस दृष्टि से टैगिंग के मुख्यत: दो प्रकार किए जा सकते हैं—

(क) स्वचलित टैगिंग (Automatic Tagging) : जब टैगिंग पूरी तरह मशीन द्वारा की जाती है और आउटपुट प्रदान किया जाता है, तो इसे स्वचलित टैगिंग कहते हैं। इसमें मशीन पूर्व में दिए गए शब्दकोश (डाटाबेस) और टैगिंग नियमों के आधार पर स्वत: कार्य करती है और कहीं भी मानव हस्तक्षेप नहीं होता है।

(ख) मानव-साधित टैगिंग (Human-assisted Tagging) : जब मशीन द्वारा टैगिंग के दौरान प्रयोक्ता के ज्ञान का भी प्रयोग किया जाता है, तो इसे मानव-साधित टैगिंग कहते हैं। इसमें टैगिंग की प्रक्रिया में ही एक अंतरापृष्ठ दिया जाता है, जिसमें संदिग्धार्थकता (Ambiguity) निवारण हेतु प्रयोक्ता के ज्ञान का प्रयोग किया जाता है। उदाहरण के लिए 'सोना' (संज्ञा या क्रिया), 'सरोज' (जातिवाचक संज्ञा या व्यक्तिवाचक संज्ञा) जैसे शब्द आने पर उनके एकाधिक टैग होंगे। इनके वाक्यीय संदर्भ आधारित वास्तविक टैग के लिए या तो मशीनी नियम दिए जा सकते हैं या स्वयं प्रयोक्ता से एक अंतरापृष्ठ का प्रयोग करते हुए सहायता ली जा सकती है।

17.4 टैगसेट (Tagset)

टैगसेट (Tagset) किसी भाषा के सभी शब्दों की टैगिंग करने के लिए प्रयुक्त टैगों का समुच्चय है। इसमें सभी टैगों को उनके नाम और विस्तार के साथ दिया जाता है। किसी भाषा में आने वाले सभी शब्दों के आर्थी, वाक्यात्मक और रूपवैज्ञानिक प्रकार्य को आधार बनाकर टैगों का निर्माण किया जाता है। उसके पश्चात् प्रत्येक टैग को उसके पूरे नाम, समुचित व्याख्या (या संकेत) और उदाहरण के साथ टैगसेट में संकलित किया जाता है। इससे प्रत्येक टैग की विशिष्टता स्पष्ट होती है। एक टैगसेट में सभी टैग, उनके नाम एवं प्रकार्य तथा उदाहरण दिए जाते हैं, जिससे दूसरे प्रयोक्ता टैगों को सरलतापूर्वक समझ सकें। भिन्न-भिन्न संस्थानों द्वारा भिन्न-भिन्न टैग तैयार किए जाने से परस्पर संप्रेषण करना कठिन हो जाता है। इससे बचने के लिए कुछ मानक टैगसेट भी निर्धारित किए गए हैं। भारत में भारतीय भाषाओं के पाठों की टैगिंग के लिए जो मानक टैगसेट तय किया गया है उसे BIS (Buero of Indian Standard) टैगसेट कहा गया है।

ऐतिहासिक रूप से देखा जाए तो भाषा संसाधन के क्षेत्र में टैगिंग और टैगसेट निर्माण के कार्य का आरंभ 'कार्पस' के संदर्भ में हुआ है। इसलिए विश्व में प्रचलित प्रमुख टैगसेट विभिन्न कार्पोरा से ही जुड़े हुए हैं। विभिन्न कार्पोरा के टैगसेटों में

टैगों की संख्या 32 से लेकर 250 तक है। इस दृष्टि से पेन्न ट्रीबैंक का टैगसेट बहुत अधिक प्रचलित है। इसमें दिए हुए टैग इस प्रकार हैं—

क्र.सं.	टैग	विवरण
1.	CC	Coordinating conjunction
2.	CD	Cardinal number
3.	DT	Determiner
4.	EX	Existential there
5.	FW	Foreign word
6.	IN	Preposition or subordinating conjunction
7.	JJ	Adjective
8.	JJR	Adjective, comparative
9.	JJS	Adjective, superlative
10.	LS	List item marker
11.	MD	Modal
12.	NN	Noun, singular or mass
13.	NNS	Noun, plural
14.	NNP	Proper noun, singular
15.	NNPS	Proper noun, plural
16.	PDT	Predeterminer
17.	POS	Possessive ending
18.	PRP	Personal pronoun
19.	PRP$	Possessive pronoun
20.	RB	Adverb
21.	RBR	Adverb, comparative
22.	RBS	Adverb, superlative
23.	RP	Particle

24.	SYM	Symbol
25.	TO	to
26.	UH	Interjection
27.	VB	Verb, base form
28.	VBD	Verb, past tense
29.	VBG	Verb, gerund or present participle
30.	VBN	Verb, past participle
31.	VBP	Verb, non-3rd person singular present
32.	VBZ	Verb, 3rd person singular present
33.	WDT	Wh-determiner
34.	WP	Wh-pronoun
35.	WP$	Possessive wh-pronoun
36.	WRB	Wh-adverb

(**संदर्भ :** https://www.ling.upenn.edu/courses/Fall_2003/ling001/penn_treebank_pos.html)

भारतीय भाषाओं पर कार्य कर रही कुछ प्रमुख संस्थाओं ने भारतीय भाषाओं की टैगिंग के लिए टैगसेट तैयार किया है। इनमें आई.आई.आई.टी. (International Institute of Information Technology) हैदराबाद के एल.टी.आर.सी. (Language Technology Research Center) द्वारा प्रस्तावित टैगसेट इस प्रकार है—

POS Tag Set for Indian Languages (Nov 2006, IIIT Hyderabad)

Sl.No.	Category	Tag name	Example
1.1	Noun	NN	
1.2	NLoc	NST	
2.	Proper Noun	NNP	
3.1	Pronoun	PRP	
3.2	Demonstrative	DEM	
4	Verb-finite	VM	

5	Verb Aux	VAUX	
6	Adjective	JJ	
7	Adverb	RB	*Only manner adverb
8	Post position	PSP	
9	Particles	RP	bhI, to, hI, jI, hA.N, na,
10	Conjuncts	CC	bole (Bangla)
11	Question Words	WQ	
12.1	Quantifiers	QF	bahut, tho.DA, kam (Hindi)
12.2	Cardinal	QC	
12.3	Ordinal	QO	
12.4	Classifier	CL	
13	Intensifier	INTF	
14	Interjection	INJ	
15	Negation	NEG	
16	Quotative	UT	ani (Telugu), endru (Tamil), bole/ mAne (Bangla), mhaNaje (Marathi), mAne (Hindi)
17	Sym	SYM	
18	Compounds	*C	
19	Reduplicative	RDP	
20	Echo	ECH	
21	Unknown	UNK	

It was decided that for foreign/unknown words that the POS tagger may give a tag "UNK"

यह आई.आई.आई.टी. हैदराबाद के एल.टी.आर.सी. द्वारा प्रस्तावित टैगसेट का संक्षिप्त रूप है। इसके विस्तृत रूप को निम्नलिखित लिंक पर देखा जा सकता है—

<http://ltrc.iiit.ac.in/MachineTrans/publications/technicalReports/tr031/posguidelines.pdf>

किसी भाषा के शब्दों को टैग करने के लिए टैगसेट में कितने टैग रखें जाएँ? यह एक बहुत बड़ी समस्या होती है। वैसे यह टैगर निर्माता संस्थान या व्यक्ति के लिए नीतिगत निर्णय (Policy Decision) का मामला होता है। जब हम टैगसेट में टैगों को संग्रहीत करते हैं तो सबसे पहले आधारभूत शब्दवर्गों के टैग संग्रहीत कर लेते हैं। इसके पश्चात् वास्तविक पाठ (Real Text) पर उनसे टैगिंग करके देखते हैं कि कौन से शब्द छूट रहे हैं। फिर छूटे हुए शब्दों के लिए नए टैग प्रतीक निर्मित किए जाते हैं जो उनके वर्ग संबंधी सूचना प्रदान करें। टैग निर्माण में यह बात मुख्य होती है कि समान प्रकार का व्यवहार करने वाले सभी शब्द एक ही टैग के अंतर्गत आ जाएँ। साथ ही यह भी ध्यान रखा जाता है कि अलग प्रकार का व्यवहार करने वाले शब्दों को अलग टैग प्राप्त हों। अतः कहा जा सकता है कि टैग निर्धारण में एक तरफ सामान्यीकरण की प्रक्रिया चलती है तो दूसरी तरफ विशेषीकरण की। साथ ही विकासकर्ता का उद्देश्य इसे दिशा प्रदान करता है। मैंने अपने टैगसेट में निम्नलिखित टैगों को स्थान दिया है—

क्र.सं.	टैग	नाम
1	NNP	व्यक्तिवाचक संज्ञा (Proper noun)
2	NN	जातिवाचक संज्ञा (Common noun)
3	PR	सर्वनाम (Pronoun)
4	DT	निर्धारक (Determiner)
5	VM	मुख्य क्रिया (Verb Main)
6	VEX	रंजक क्रिया (Verb Explictor)
7	JJ	विशेषण (Adjective)
8	QW	प्रश्नवाचक शब्द (Question word)
9	RB	क्रिया-विशेषण (Adverb)
10	UH	विस्मयबोधक (Interjection)
11	PP	परसर्ग (Postposition)
12	PT	निपात (Particle)
13	NW	नकारात्मक शब्द (Negation word)
14	DE	दिनांक पद (Date entity)

15	NM	संख्या (Number)
16	CR	मुद्रा (Currency)
17	TE	समय पद (Time entity)
18	PM	विराम चिह्न (Punctuation mark)
19	LS	सूची (Listing)
20	CC	संयोजक (Conjunction)
21	CC1	संयोजक1 (पार्सर हेतु) (Conjunction1(for parser))
22	CC2	संयोजक1 (पार्सर हेतु) (Conjunction2 (for parser))
23	PW	परसर्गीय शब्द (Postpositional word)
24	VAX	सहायक क्रिया (Verb Auxiliary)
25	VAS	पक्षात्मक क्रिया (Verb Aspectual)
26	VAM	वृत्तिपरक क्रिया (Modal verb)
27	CH	वर्ण (character)
28	PRP	स्ववाची सर्वनाम (Reflexive Pronoun)
29	PF	पूर्वप्रत्यय/उपसर्ग (Prefix)
30	SF	पश्चप्रत्यय/प्रत्यय (Suffix)
31	SFW	प्रत्ययात्मक शब्द (Suffix Word (वाला, कर))

रचना की दृष्टि से भी शब्दों को कुछ टैग दिए जा सकते हैं, जैसे—सामासिक शब्द (Compound Word) को 'CW' और द्विरुक्त शब्द (Duplicative Word) को 'DW' आदि। किंतु इनसे वाक्यात्मक संसाधन संबंधी कोई सूचना नहीं प्राप्त होती। ऐसे शब्दों के डाटाबेस में नहीं प्राप्त होने पर आंतरिक विश्लेषण की दृष्टि से ये टैग उपयोगी हो सकते हैं। भिन्न-भिन्न संस्थानों द्वारा बनाए जाने वाले टैगसेट में टैग-प्रतीक अलग-अलग हो सकते हैं। यहाँ तक कि टैगों की संख्या भी भिन्न हो सकती है। फिर भी आशा की जाती है कि आधारभूत शब्दवर्गों के लिए प्रतीक समान हों। इससे उतने टैगों को समझने में सुविधा होती है जो समान होते हैं। इसके अलावा आधारभूत टैगों के मामले में एकरूपता भी बनी रहती है।

17.5 टैगिंग प्रणाली (Tagging system)

टैगिंग प्रणाली द्वारा किसी पाठ को टैग किया जाता है। इसमें टैगिंग की प्रक्रिया पाठ का इनपुट देने के पश्चात् कई चरणों से गुजरते हुए होती है। इसके लिए विभिन्न प्रकार के पाठ विश्लेषण और टैगिंग से संबंधित भाषावैज्ञानिक नियम लगे होते हैं। एक सामान्य प्रणाली द्वारा टैगिंग हेतु संपादित किए जाने वाले प्रमुख चरण निम्नलिखित हैं—

(1) **खंडीकरण (Segmentation) :** इनपुट पाठ को क्रमशः छोटी भाषिक इकाइयों में खंडित करने की प्रक्रिया **खंडीकरण** (Segmentation) है। इसमें पाठ को क्रमशः छोटी इकाइयों में खंडित किया जाता है और शब्द के स्तर तक पहुँचा जाता है। अतः पाठ को सबसे पहले अनुच्छेदों (Paragraphs) में खंडित करता है। इसके पश्चात् प्रत्येक अनुच्छेद के वाक्यों को अलग-अलग करते हुए प्रत्येक वाक्य को शब्दों में खंडित करता है। तदुपरांत प्रत्येक शब्द विराम चिह्न परीक्षण हेतु भेज दिया जाता है। खंडीकरण का क्रम इस प्रकार होता है—

पाठ → अनुच्छेद → वाक्य → पद (शब्द) *(→ वर्ण)*

इसमें देखा जा सकता है कि वाक्य के बाद 'पदबंध' या 'उपवाक्य' नहीं आया है। क्योंकि बिना भाषावैज्ञानिक नियमों के पाठ में इन्हें चिह्नित नहीं किया जा सकता। इसलिए वाक्य के बाद सीधे पद (शब्द) ही प्राप्त होता है। 'पद' वाक्य में प्रयुक्त शब्द है। चूँकि अंग्रेजी आदि भाषाओं में 'पद' की संकल्पना नहीं पाई जाती। इसलिए इसे 'शब्द' ही समझना अधिक उपयुक्त होगा।

(2) **विराम चिह्न परीक्षण (Checking Punctuation Marks) :** वाक्य में शब्दों के साथ विराम चिह्न भी आ सकते हैं, जो शब्द की संरचना का भाग नहीं होते। अतः वास्तविक शब्द को प्राप्त करने के लिए प्रत्येक शब्द का विराम चिह्नों के प्रयोग की दृष्टि से परीक्षण किया जाता है कि उसके साथ विराम चिह्न आया है या नहीं। यदि किसी शब्द के साथ विराम चिह्नों का प्रयोग प्राप्त होता है तो उन्हें शब्द से अलग किया जाता है। उदाहरण के लिए निम्नलिखित वाक्य को देखें—

वह लड़का (सरोज) भारत की राजधानी 'दिल्ली' से आया है।

इस वाक्य में (सरोज) शब्द से कोष्ठक को हटाना होगा, जिससे भाषिक शब्द को प्राप्त किया जा सके। इसी प्रकार

'दिल्ली' शब्द से एकल उद्धरण चिह्न (Single Inverted Comma) को हटाना होगा, जिससे इसका शब्दकोश में परीक्षण किया जा सके।

नोट : विराम चिह्नों का वाक्य और पाठ के स्तर पर विशेष महत्त्व होता है, किंतु यहाँ वे शब्दकोश में परीक्षण या रूपवैज्ञानिक विश्लेषण में बाधा उत्पन्न करेंगे। इसलिए इन्हें शब्द से हटाना आवश्यक है। उदाहरण के लिए (सरोज), 'दिल्ली' शब्द डाटाबेस में इस प्रकार संचित होंगे—

(सरोज)	→	सरोज
'दिल्ली'	→	दिल्ली

मशीन हेतु एक-एक वर्ण महत्त्वपूर्ण है। किसी भी प्रकार का परिवर्तन होने पर मशीन उसे नया शब्द मानेगी, यहाँ तक की खाली स्थान (Blanck Space) भी। अर्थात् (सरोज) (कोष्ठक से युक्त) और सरोज (बिना कोष्ठक के) दो शब्द हैं। इसलिए डाटाबेस में केवल मूल शब्द का परीक्षण होना आवश्यक है।

(3) इतर परीक्षण (Extra Checking) : यह एक ऐच्छिक चरण है, जिसे किसी अन्य घटक के साथ मिश्रित किया जा सकता है। इससे अन्य लिपि या अंक संबंधी समस्या का समाधान हो जाता है। इस चरण के दो भाग हैं—

(क) प्रथम भाग रोमन लिपि में आए शब्दों और संख्याओं की पहचान करता है। चूँकि देवनागरी में हिंदी लिखते समय प्राय: अंग्रेजी शब्दों का प्रयोग भी पाठ में कर लिया जाता है। एक हिंदी पाठ में अंग्रेजी शब्द देवनागरी या रोमन दोनों लिपियों में प्रयुक्त होते हैं। देवनागरी में होने पर तो उसे हिंदी शब्द मानकर शब्दकोश (डाटाबेस) में उनका परीक्षण किया जाता है, किंतु रोमन में होने पर प्रणाली द्वारा अंग्रेजी शब्द मान लिया जाता है और उसे टैग करने के लिए डाटाबेस में परीक्षण की आवश्यकता नहीं होती। उदाहरण के लिए निम्नलिखित वाक्य को देखें—

➤ *C# में TextBox की Name property को बदलें।*

इस वाक्य में तीन शब्द (C#, TextBox और Name property) रोमन लिपि में लिखे गए हैं। इन्हें यहीं पर अलग चिह्नित कर लिया जाएगा।

इसी प्रकार संख्याओं की भी पहचान करने के लिए डाटाबेस में जाने की आवश्यकता नहीं पड़ती, जैसे—

इस गाँव से 15 लड़के 2015 में आए हैं।

इनमें से '15' और '2015' की पहचान यहीं कर ली जाएगी।

(ख) द्वितीय भाग डैश '-' के साथ बनने वाले शब्दों का है। ऐसे शब्द मुख्यत: 'पुनरुक्त शब्द' (Reduplicated Word) और कभी-कभी 'सामासिक शब्द' (Compound Word) होते हैं। इनकी भी यहीं पहचान की जाती है तथा डाटाबेस परीक्षण हेतु केंद्रीय शब्द को प्राप्त किया जाता है। उदाहरण के लिए निम्नलिखित शब्दों को देखा जा सकता है—

कुछ-कुछ, कहीं-न-कहीं, यहाँ-का-वहाँ, तू-तू मैं-मैं

इनमें एक ही शब्द कोशीय है, शेष उसी की पुनरुक्ति या पुनरुक्ति का कारक है। अत: संबंधित शब्द को अलग करने का कार्य इस खंड में किया जाता है।

इस प्रकार शब्दों की पहचान करते हुए शेष शब्दों को रूपवैज्ञानिक विश्लेषण एवं कोशीय परीक्षण हेतु भेज दिया जाता है।

(4) रूपवैज्ञानिक विश्लेषण और कोशीय परीक्षण

इसमें भी कार्य तीन भागों में किया जाता है—

(क) रूपवैज्ञानिक विश्लेषण : इस चरण में विशेषण, संज्ञा और क्रिया शब्दों का रूपवैज्ञानिक विश्लेषण किया जाता है जिससे उनके कोशीय रूपों को प्राप्त किया जा सके। जैसा कि रूपवैज्ञानिक विश्लेषण संबंधी चर्चा पहले ही की जा चुकी है, इन तीनों शब्दभेदों हेतु प्रयुक्त प्रविधि इस प्रकार है—

- हिंदी में विकारी विशेषणों के मूल रूप आकारांत होते हैं। इनसे केवल दो ही रूप—इकारांत और एकारांत निर्मित होते हैं। अत: सबसे पहले इनका विश्लेषण किया जाता है और मूल रूपों को निर्मित करके डाटाबेस में परीक्षण हेतु सुरक्षित कर लिया जाता है।
- संज्ञाओं का विश्लेषण 'रूपावली' (Paradigm) पद्धति के आधार पर किया जाता है जिसकी चर्चा पहले की जा चुकी है। उन्हीं रूपावलियों का प्रयोग करते हुए विश्लेषण संबंधी नियम यहाँ दिए जाते हैं।

➢ क्रियाओं का विश्लेषण उनके विविध रूपों के आधार पर किया जाता है। इनसे संबंधी चर्चा भी पीछे की जा चुकी है। कुछ क्रियाओं के रूप-निर्माण में किसी भी नियम का पालन नहीं किया जाता। इन्हें सीधे-सीधे हार्डकोड करना पड़ता है।

(ख) **कोशीय परीक्षण :** जो भी मूल शब्द या रूपविश्लेषण से कोशीय रूप प्राप्त होते हैं, उनका डाटाबेस में कोशीय परीक्षण किया जाता है और डाटाबेस के रूप में संग्रहीत शब्दकोश में उस शब्द के साथ उपलब्ध सूचना के आधार पर संबंधित टैग प्रदान किया जाता है।

(ग) **अप्राप्त शब्द की सूचना :** जो शब्द डाटाबेस में प्राप्त नहीं होते, उन्हें अंत में एक दिया जाता है। उदाहरण के लिए 'NF' (Not Found) टैग दिया जा सकता है।

(5) **आउटपुट निर्माण :** ऊपर वर्णित प्रक्रियाओं से गुजरते हुए पाठ के प्रत्येक शब्द के साथ कोई-न-कोई टैग जुड़ जाता है। यदि कोई टैग नहीं जुड़ सका तो वह अप्राप्त शब्द के रूप में 'NF' के साथ आ जाता है। इसलिए अंत में टैग किए हुए सभी शब्दों को मिलाकर वाक्य फिर अनुच्छेद और तब पाठ निर्मित कर आउटपुट के रूप में प्रदान किया जाता है।

इन्हीं चरणों से गुजरते हुए पाठ की टैगिंग की जाती है। नियम आधारित प्रणालियों में टैग के स्तर पर ही नियम दिए जाते हैं। इसलिए नियम आधारित पाठ संसाधन हेतु पाठ का कम-से-कम टैग किया हुआ होना आवश्यक है। एक पाठ की टैगिंग करने वाली युक्ति (Device) को 'टैगर' कहते हैं। यह अनुप्रयोग प्रणालियों में प्रयुक्त होती है। 'टैगर' को एक प्रणाली के रूप में स्वतंत्र रूप से भी विकसित किया जा सकता है, किंतु यह भाषा संसाधन में एक उपकरण मात्र है। इसका अनुप्रयोग सीधे-सीधे व्यावहारिक जीवन में नहीं होता, बल्कि अनुप्रयोग सॉफ्टवेयरों या प्रणालियों के विकास में होता है। टैगर दो प्रकार के होते हैं—'संदर्भ-मुक्त' और 'संदर्भ-युक्त'। संदर्भ-मुक्त टैगर एक आरंभिक प्रणाली है। उसका वास्तविक रूप तो संदर्भ-युक्त ही है।

17.6 टैगिंग आउटपुट

किसी पाठ का इनपुट प्राप्त होने के पश्चात् मशीनी प्रणाली द्वारा ऊपर बताई गई प्रक्रिया से उसमें आए शब्दों को टैग करके प्रत्येक शब्द के साथ उसके टैग को जोड़कर प्रस्तुत किया जाता है। इस प्रक्रिया में शब्द और टैग के बीच किसी चिह्न,

जैसे—अंडरस्कोर, स्लैश या बैकस्लैश, ग्रेटर/लोअर दैन आदि का प्रयोग किया जाता है। उदाहरण के लिए आउटपुट के कुछ नमूने इस प्रकार हैं—

- उन_DEM दिनों_NN नील_NNP नदी_NN के_PP तट_NN पर_PP बहुत_JJ से_PP तपस्वी_NN रहा_VM करते_VM थे।_VAX
- उन\DEM दिनों\NN नील\NNP नदी\NN के\PP तट\NN पर\PP बहुत\JJ से\PP तपस्वी\NN रहा\VM करते\VM थे।\VAX
- उन<DEM> दिनों<NN> नील<NNP> नदी<NN> के<PP> तट<NN> पर<PP> बहुत<JJ> से<PP> तपस्वी<NN> रहा<VM> करते<VM> थे। <VAX>

18

नामपद अभिज्ञान

(Name Entity Recognition : NER)

18.1 नामपद : स्वरूप एवं परिभाषा

जिस शब्द से किसी के नाम का बोध होता है, उसे नामपद कहते हैं। **नामपद** (Name Entity) वे शब्द हैं जिनका प्रयोग करके हम केवल एक ही व्यक्ति, वस्तु या स्थान आदि की पहचान करते हैं। प्राकृतिक भाषा संसाधन (NLP) में नामपदों पर अलग से पर्याप्त चिंतन मिलता है। इसका कारण है—अनुप्रयोग की दृष्टि से इनकी भिन्न सत्ता। वैसे तो नामपद शब्दभेद की दृष्टि से संज्ञा ही होते हैं किंतु इनका प्रकार्य सामान्य संज्ञा से भिन्न होता है। भाषिक अनुप्रयोग के आधार पर भी इनकी अलग पहचान आवश्यक है, मशीनी अनुवाद इसका प्रत्यक्ष उदाहरण है जो भाषा संसाधन का सबसे व्यापक अनुप्रयुक्त क्षेत्र है। पारंपरिक व्याकरण में नामपद को '**व्यक्तिवाचक संज्ञा**' (Proper Noun) कहा गया है, जो संज्ञा का एक प्रकार है। कामता प्रसाद गुरु (1920) ने संज्ञा के मूल रूप से दो भेद किए हैं—पदार्थवाचक और भाववाचक। तदुपरांत उनके द्वारा पदार्थवाचक संज्ञा के दो भेद—व्यक्तिवाचक और जातिवाचक किए गए हैं। परंतु हिंदी के अधिकांश विद्वानों ने संज्ञा के तीन भेद—व्यक्तिवाचक, जातिवाचक और भाववाचक किए हैं। 'व्यक्तिवाचक' इनमें से ही एक भेद है, जिसे भाषा संसाधन के क्षेत्र में 'नामपद' कहा गया है।

जिन शब्दों द्वारा संपूर्ण ब्रह्मांड की केवल एक ही इकाई का बोध होता है उन्हें 'व्यक्तिवाचक नाम' कहते हैं। इन्हें व्यक्तिवाचक संज्ञा (Proper Noun) कहते हुए गुरु (1920) ने इस प्रकार से परिभाषित किया है—

''जिस संज्ञा से किसी एक ही पदार्थ वा पदार्थों के एक ही समूह का बोध होता है उसे व्यक्तिवाचक संज्ञा कहते हैं, जैसे—राम, काशी, गंगा, महामंडल, हितकारिणी इत्यादि।''

यहाँ पर एक बात उल्लेखनीय है कि एक ही नाम एक से अधिक लोगों के भी होते हैं, जैसे—मोहन, राकेश, मोनू, राजू आदि नाम तो कई लोगों के होते हैं।

फिर इस बात का क्या अर्थ है कि एक ही पदार्थ या व्यक्ति आदि का बोध हो। वास्तव में वे नाम उस परिवार, समाज या परिवेश में एक ही होते हैं, और यदि एक जगह पर संबोधन किया जाए तो एक ही को किया जाता है। इसलिए नाम तो एक ही व्यक्ति का होता है। जब किसी कक्षा आदि में एक ही नाम के दो लोग मिल जाते हैं तो फिर उनके नामों के आगे 1, 2 आदि संकेतकों या उपनाम (title) या पिता का नाम आदि लगा दिया जाता है। अत: स्पष्ट है कि एक व्यक्तिवाचक संज्ञा द्वारा एक ही नाम को संकेतित किया जाता है। व्यक्तिवाचक नामों की एक दूसरी विशेषता है—अर्थहीनता या अर्थनिरपेक्षता। अर्थात् संकेतित व्यक्ति या वस्तु में ऐसी कोई विशेषता नहीं होती जो उस नाम से जुड़ी हुई हो। इसकी ओर संकेत करते हुए गुरु (1920) ने कहा है, "व्यक्तिवाचक संज्ञाएँ बहुधा अर्थहीन होती हैं। इनके प्रयोग से जिस व्यक्ति का बोध होता है, उसका प्राय: कोई भी धर्म इनसे सूचित नहीं होता। नर्मदा नाम से एक ही नदी का अथवा एक ही स्त्री का या किसी एक ही व्यक्ति का बोध हो सकता है, पर इस नाम के व्यक्ति का प्राय: कोई धर्म इस शब्द से सूचित नहीं होता।"

किंतु कुछ ऐसे शब्द भी हैं जो एक ही वस्तु या इकाई को संदर्भित करते हैं, ऐसी स्थिति में उनका अर्थ होता है। इस ओर स्वयं गुरु (1920) ने संकेत किया है, "कुछ संज्ञाएँ व्यक्तिवाचक होते हुए भी अर्थवान हैं, जैसे—ईश्वर, परमात्मा, ब्रह्मांड, परब्रह्म, प्रकृति इत्यादि।" इसी प्रकार मशीनी अनुवाद की दृष्टि से बात करें तो अनेक ऐसे नाम हैं जिनके लिए दूसरी भाषाओं में दूसरे शब्द हैं, जैसे—पृथ्वी (या अन्य ग्रहों के नाम), चंद्रमा, दिनों के नाम आदि। मशीनी अनुवाद के क्षेत्र में एक सामान्य नियम दिया जाता है कि नामपदों का लिप्यंतरण कर दिया जाए जैसे—

सूर्यप्रताप ने पृथ्वी सिंह से बात की।

→ Sooryaprataap talked to Prithvee Singh.

किंतु ऐसे शब्दों का अनुवाद करना पड़ता है, जैसे—

सूर्य पृथ्वी से बहुत दूर है।

→ The Sun (not Soorya) is very far from Earth. (not Prithvi)

'सूर्य' और 'पृथ्वी' व्यक्तिवाचक संज्ञा होते हुए भी अनूदित होते हैं। अत: अनुप्रयोग की दृष्टि से इन पर अलग से विचार करना होता है, कि कौन-से नामपदों को किस प्रकार से चिह्नित किया जाए।

18.2 नामपदों के प्रकार

कुछ प्रमुख आधारों पर नामपदों के निम्नलिखित प्रकार किए जा सकते हैं—

18.2.1 संबंधित जातिवाचक संज्ञा के आधार पर :

इसका तात्पर्य किसी व्यक्तिवाचक संज्ञा का प्रयोग जिस जातिवाचक संज्ञा की पहचान करने या संबोधित करने के लिए किया जाता है, उससे है। ये जातिवाचक संज्ञाएँ उन शब्दों का वर्ग होती हैं, जैसे—'सोमवार, मंगलवार, बुधवार' आदि व्यक्तिवाचक संज्ञाओं का वर्ग 'दिन' (सप्ताह के दिन) है जो एक जातिवाचक संज्ञा है। इस दृष्टि से देखा जाए तो निम्नलिखित प्रकार की जातिवाचक संज्ञाओं हेतु नामपदों का प्रयोग किया जाता है—

क्र.सं.	प्रकार/वर्ग (Type/Category)
1	महीने, दिन
2	ग्रह, उपग्रह, तारे
3	महाद्वीप, द्वीप, सागर, महासागर
4	देश, प्रदेश, मंडल, जिला, तहसील, शहर/गाँव/कस्बा, गली/मुहल्ला
5	ऐतिहासिक/पर्यटन स्थल
6	संस्था (होटल, चिकित्सालय, मॉल, बैंक, केंद्र)
7	कंपनी
8	पर्वत, पहाड़, चट्टान, पठार, नदी, झील, झरना, तालाब, जंगल, बाग, पार्क
9	सड़क, चौराहा, चौक, क्रासिंग, चट्टी...
10	सुरंग, पुल, घाट, किनारा, नहर
11	रेलवे स्टेशन, बस अड्डा, हवाई अड्डा
12	रेलगाड़ी
13	उत्पाद
14	पालतू पशु
15	ईश्वर (देवी/देवता)
16	मानव

इस वर्गीकरण की आवश्यकता मूल रूप से कृत्रिम बुद्धि (Artificial Intelligence) के क्षेत्र में है। जहाँ केवल इतनी सूचना पर्याप्त नहीं है कि संबंधित शब्द एक व्यक्तिवाचक संज्ञा या नामपद है। उसके अलावा यह भी बताने की आवश्यकता पड़ती है कि यह किस प्रकार का नामपद है, जिससे उसके द्वारा और उस पर किए जा सकने वाले कार्यों के संबंध में निर्णय लिया जा सके। मशीनी अनुवाद के क्षेत्र में भी एक नामपद के वास्तविक वर्ग (जातिवाचक वर्ग) का ज्ञान अत्यंत उपयोगी होता है, जैसे—नर्मदा बह रही है। वाक्य में यदि नर्मदा शब्द प्रयोग 'नदी' के लिए हुआ है तो इसका अनुवाद भिन्न होगा और यदि इसका प्रयोग 'स्त्री' के लिए हुआ है तो अनुवाद अलग होगा।

कृत्रिम बुद्धि की दृष्टि से नामपदों के जातिवाचक वर्गों का ज्ञान अतिआवश्यक होता है। यहाँ तो केवल जातिवाचक वर्ग के नाम से नहीं काम चलता है, बल्कि उसे सांसारिक ज्ञान से जोड़ने के लिए मानव ज्ञान संरचना में विश्व रचना के अनुरूप एक संक्रम (Syntax) में समझने की आवश्यकता पड़ती है। अत: इसके लिए व्यक्तिवाचक नाम के वर्ग के अलावा संक्रम भी दिया जाना चाहिए। इस प्रकार के संक्रम को नीचे दिया जा रहा है, जो इन नामों को विश्व ज्ञान से जोड़ने की कड़ी प्रदान करते हैं—

प्रकार (Type)	**वर्ग (Category)**	**संक्रम (Syntax)**
महीने, दिन	समय	नाम + प्रकार
ग्रह, उपग्रह, तारे	प्राकृतिक पदार्थ	नाम + प्रकार
महाद्वीप, द्वीप, सागर, महासागर	स्थान	नाम + प्रकार
देश, प्रदेश, मंडल, जिला, तहसील, शहर/गाँव/कस्बा, गली/मुहल्ला	स्थान	नाम, प्रकार (+ क्रमश: बड़ी इकाई पर जाते हुए नाम + महाद्वीप) जैसे : जिला = नाम + प्रदेश + देश + *महाद्वीप (*यह ऐच्छिक है)
ऐतिहासिक/पर्यटन स्थल	स्थान	नाम + स्थान (शहर/गाँव) + जिला + प्रदेश + देश
संस्था (होटल, चिकित्सालय, मॉल, बैंक, केंद्र)	स्थान	नाम + स्थान (शहर/गाँव) + जिला + प्रदेश + देश
कंपनी		नाम + स्थान (शहर/गाँव) + जिला + प्रदेश + देश (+ उत्पाद का प्रक्षेत्र)
पर्वत, पहाड़, चट्टान, पठार, नदी, झील, झरना, तालाब, जंगल, बाग, पार्क	स्थान	नाम + स्थान (शहर/गाँव) + जिला + प्रदेश + देश
सड़क, चौराहा, चौक, क्रासिंग, चट्टी...	स्थान	नाम + स्थान (शहर/गाँव) + जिला + प्रदेश + देश (+ प्रकार : स्थानीय, मंडलीय, राष्ट्रीय, अंतरराष्ट्रीय)
सुरंग, पुल, घाट, किनारा, नहर	स्थान	नाम + -स्थान (शहर/गाँव) + जिला + प्रदेश + देश (+ प्रकार : स्थानीय, मंडलीय, राष्ट्रीय, अंतरराष्ट्रीय)
रेलवे स्टेशन, बस अड्डा, हवाई अड्डा	स्थान	नाम + स्थान (शहर/गाँव) + जिला + प्रदेश + देश (+ प्रकार : स्थानीय, मंडलीय, राष्ट्रीय, अंतरराष्ट्रीय)
रेलगाड़ी	वस्तु	गाड़ी संख्या + नाम + -देश
उत्पाद	वस्तु	नाम + कंपनी नाम + प्रयोग का प्रक्षेत्र

पालतू पशु	पशु	नाम (सर्वाधिक आवृत्ति वाले) + –देश/समाज
देवी/देवता	संकल्पना	नाम + धर्म / mythology + specification
मानव	मानव	पूर्व विशेषक + नाम + मध्यनाम + टाइटल + प्रकार (सर्वाधिक आवृत्ति, प्रसिद्धि : ऐतिहासिक/कवि/विचारक/धार्मिक/प्रशासनिक/वैज्ञानिक) + पु./स्त्री.

कृत्रिम बुद्धि या मशीनी बुद्धि में संक्रम की उपयोगिता को जी.पी.एस. (Global Positioning System) के उदाहरण से समझ सकते हैं। जी.पी.एस. आज सभी मोबाइलों और स्मार्टफोनों में प्रयुक्त हो रहा है। इसमें सभी स्थानों, संस्थानों आदि के नाम संग्रहीत हैं। इसमें संग्रहीत सभी नाम लगभग व्यक्तिवाचक ही हैं। हम उन्हें कैसे ढूढ़ते हैं। यदि मुझे वर्धा को ढूँढ़ना हो, तो—'वर्धा महाराष्ट्र भारत' (Wardha Maharashtra India) लिखूँगा। तभी वह वास्तविक स्थान को ढूँढ़कर ला सकेगा। लिखने का यही क्रम **संक्रम** (Syntax) है। किसी भी व्यक्तिवाचक संज्ञा की वास्तविक स्थिति की पहचान उसके संक्रम द्वारा ही होती है।

18.2.2 शब्द संख्या के आधार पर :

इसका तात्पर्य एक नामपद को अभिव्यक्त करने के लिए प्रयुक्त हो सकने वाले शब्दों की संख्या से है। नामपदों हेतु प्रयुक्त शब्दों की कोई सीमा नहीं है। फिर भी मूल रूप से इनके दो वर्ग किए जा सकते हैं—

(क) **एकशब्दीय**—जब एक नामपद के लिए एक ही शब्द का प्रयोग हो तो ऐसी स्थिति को एकशब्दीय कहते हैं, जैसे—वर्धा, वाराणसी, हिमालय, गंगा आदि। ऐसे नामपदों को डाटाबेस में रखकर सीधे-सीधे प्राप्त किया जा सकता है।

(ख) **बहुशब्दीय**—जब एक नामपद के लिए एकाधिक शब्दों का प्रयोग हो तो ऐसी स्थिति को बहुशब्दीय कहते हैं, जैसे—प्रेम कुमार वर्मा, महात्मा गांधी, नई दिल्ली, संयुक्त राज्य अमेरिका आदि। शब्दों की संख्या के आधार पर इनके अनेक प्रकार किए जा सकते हैं, जैसे—
द्विशब्दीय—राजीव गांधी, उत्तर प्रदेश, भाखड़ा नांगल आदि।
त्रिशब्दीय—देवकी नंदन खत्री, विश्वविद्यालय अनुदान आयोग, भारतीय जनता पार्टी, संयुक्त अरब अमीरात आदि।
चतुर्शब्दीय—इंदिरा गांधी राष्ट्रीय हवाई अड्डा, भारतीय जीवन बीमा निगम आदि।

मूलत: संस्थानों के नाम लंबे या कई शब्दों में होते हैं, जैसे—महात्मा गांधी अंतरराष्ट्रीय हिंदी विश्वविद्यालय, इंदिरा गांधी मुक्त राष्ट्रीय विश्वविद्यालय आदि। वैसे कुछ लोगों के नाम भी कभी कई शब्दों के होते हैं, जैसे—पूर्वराष्ट्रपति डॉ. कलाम का पूरा नाम 'डॉ. अबुल पाकिर जैनूल अब्दिन अब्दुल कलाम' है। अत: नामपद में शब्दों की कोई सीमा नहीं है। उन्हें स्वचलित रूप से आपस में जोड़कर एक नाम प्राप्त करना या निर्मित करना आज भी एक टेढ़ी खीर है।

18.2.3 अनुवाद के आधार पर :

इस आधार पर नामपदों के दो भेद किए जा सकते हैं—

(क) **अनुवादेतर** : जिन नामपदों का दूसरी भाषा में अनुवाद नहीं किया जाता, वे इस वर्ग में आएँगे। इसमें व्यापक रूप से व्यक्तियों, स्थानों और संस्थानों आदि के उन नामों को रखा जा सकता है, जो किसी भी भाषा में वही रहते हैं या जिन्हें परिवर्तित नहीं किया जाता, जैसे—मोहन, नागपुर, मुंबई, टाटा आदि।

(ख) **अनुवादनीय** : जिन नामपदों के लिए प्रत्येक भाषा में स्वतंत्र शब्द होने की संभावना की जाती है, तथा अनुवाद करते समय जिनका अनुवाद किया जाता है, वे इस वर्ग में आएँगे, जैसे—चाँद, पृथ्वी, ईश्वर आदि।

यहाँ पर जो व्यापक परिप्रेक्ष्य दिया गया है, वह मुख्यत: मशीनी अनुवाद का है। मशीनी अनुवाद हेतु उन नामपदों को एक वर्ग में रखना आवश्यक है, जिनका दूसरी भाषा में अनुवाद की जगह लिप्यंतरण (Transliteration) किया जाता है। उदाहरण के लिए John Goldsmith को हिंदी में 'जॉन सुनार' नहीं लिखा जा सकता, इसे जॉन गोल्डस्मिथ ही लिखा जाएगा। अत: इसकी अलग पहचान आवश्यक है। यह बात हिंदी शब्दों पर भी लागू होती है, जैसे—'सूर्यप्रकाश काले' को Sunlight Black नहीं लिखा जा सकता, बल्कि 'Sooryaprakash Kaale' ही लिखा जाएगा। ये शब्द अनुवादेतर हैं, जबकि 'पृथ्वी चमक रही है' का अनुवाद करते समय 'Prithvi is shining' की जगह 'Earth is shining' ही लिखा जाएगा।

18.3 नामपदों में संदिग्धार्थकता

प्राकृतिक भाषा संसाधन (NLP) में शब्दों की पहचान उनके टैग के आधार पर ही होती है। क्योंकि टैगों के संयोजन (Combination) के आधार पर ही पदबंध स्तर और वाक्य स्तर के नियम दिए जाते हैं। उदाहरण के लिए—'JJ + NN = NP' (विशेषण + संज्ञा = संज्ञा पदबंध), जैसे—अच्छा लड़का आदि। इस प्रकार के पदबंध संबंधी नियमों को 'पदबंध रचनाएँ और साँचे' शीर्षक अध्याय में देखा जा सकता है। पदबंध और वाक्य स्तर के नियम निर्माण के लिए आदर्श स्थिति यह है

कि एक शब्द के लिए एक ही टैग दिया जाए, किंतु भाषा के गतिक (dynamic) स्वरूप के कारण ऐसा नहीं हो पाता। अधिकांश भाषाओं में कुछ शब्द जरूर ऐसे पाए जाते हैं, जिनके एक से अधिक टैग हो जाते हैं। भाषा संसाधन के क्षेत्र में यही स्थिति संदिग्धार्थकता है। हिंदी में नामपदों के रूप में प्राप्त होने वाले शब्दों का प्रयोग अन्य रूपों में भी होता है, जिससे इन शब्दों के एकाधिक टैग निर्मित हो जाते हैं। यही स्थिति नामपदों की संदिग्धार्थकता है। हिंदी में नामपदों की संदिग्धार्थकता मुख्य रूप से तीन अन्य शब्दभेदों के साथ पाई जाती है, जो इस प्रकार हैं—

1) ***व्यक्तिवाचक संज्ञा और जातिवाचक संज्ञा (NNP and NN)***— हिंदी में कुछ ऐसे शब्द प्राप्त होते हैं, जिनका नामपद के रूप में भी प्रयोग होता है और जातिवाचक संज्ञा के रूप में भी। ऐसे शब्दों का वाक्य में प्रयोग होने पर टैगिंग प्रणाली द्वारा उसे दोनों टैग दिए जाते हैं, जैसे—
गोपाल—1. कृष्ण(*NNP*), 2. गाय पालने वाला (*NN*);
पद्माकर—1. हिंदी के एक प्रसिद्ध कवि (*NNP*), 2. जिस जलाशय में कमल खिले हों, कमलयुक्त जलाशय (*NN*)।

2) ***व्यक्तिवाचक संज्ञा और विशेषण (NNP and JJ)***—हिंदी में कुछ शब्द ऐसे भी हैं जो नामपद और विशेषण दोनों ही रूपों में प्रयुक्त होते हैं, जैसे—
मराठी—1. मराठी भाषा (*NNP*), 2. महाराष्ट्र से संबंधित (*JJ*);
भोला—1. भगवान शिव (*NNP*), 2. मासूम; सीधा-सादा (*JJ*)।

3) ***व्यक्तिवाचक संज्ञा और क्रिया (NNP and VM)***—कुछ व्यक्तिवाचक नामों का प्रयोग क्रिया के रूप में भी देखा जा सकता है। हिंदी में ऐसे शब्द बहुत कम ही हैं, उदाहरण—
गया—1. एक स्थान का नाम (*NNP*), 2. जाना का भूतकालिक रूप (*VM*);
संदिग्धार्थकता की विस्तृत चर्चा आगे संबंधित अध्याय में की जाएगी।

18.4 नामपदों की पहचान संबंधी कुछ नियम

जब ऐसे शब्दों का प्रयोग पाठ या वाक्य में होता है जो नामपद भी हो सकते हैं और व्यक्तिवाचक संज्ञा/विशेषण आदि भी। तो वाक्यात्मक नियमों के प्रयोग के लिए यह आवश्यक है कि उनके केवल एक और वास्तविक टैग (वास्तविक प्रयोग) की पहचान की जाए। इसके बाद ही पदबंध चिह्नन या पद-विच्छेदन संबंधी कार्य किए जा सकते हैं। अतः इसके लिए संबंधित संदिग्धार्थक शब्द के आस-पास आए शब्दों के आधार पर पहचान की जाती है। विभिन्न प्रकार के नामपदों में से व्यक्तियों के नामों और संस्थानों के नामों को कुछ विधियों द्वारा पहचाना जा सकता है। इसे निम्नलिखित उपभेदों द्वारा देख सकते हैं—

18.4.1 व्यक्तियों के नामों की पहचान :

व्यक्तियों के नामों की पहचान दो आधारों पर की जा सकती है—

(क) शब्द संदर्भ के आधार पर : इसका तात्पर्य उस शब्द के आगे या पीछे लगने वाले शब्दों से हैं। व्यक्तिनामों के संदर्भ में इसे निम्नलिखित प्रकार से देखा जा सकता है—

पूर्व शब्द : जो शब्द व्यक्ति नामों के पूर्व आते हैं, उनके द्वारा पहचान की जा सकती है कि बाद में आया शब्द किसी व्यक्ति का नाम है। किसी नाम के पूर्व निम्नलिखित शब्द आते हैं—

पुल्लिंग बोधक—श्री, आचार्य, मु. (मुहम्मद), पं., Mr.

स्त्रीलिंग बोधक—श्रीमती, सुश्री, Miss.

उभयलिंग बोधक—कुछ पूर्वशब्द ऐसे भी हो सकते हैं, जिनके प्रयोग से पुल्लिंग या स्त्रीलिंग स्पष्ट न होता हो। वे सभी शब्द इसमें आएँगे, जैसे—डॉ., कु., पद्मश्री, महामहिम आदि।

पश्च शब्द : जो शब्द व्यक्ति नामों के बाद आते हैं, उनके द्वारा पहचान हो जाती है कि पूर्व में आया शब्द किसी व्यक्ति का नाम है। किसी नाम के पश्च या बाद में मुख्य रूप से उपनाम (Title), पदवी, या पदनाम आदि आते हैं। इस प्रकार के कुछ प्रमुख उदाहरण निम्नलिखित हैं—

उपनाम : पाण्डेय, तिवारी, यादव, खान, खातून आदि।

अन्य शब्द : 'राही', 'निराला', 'सुमन' आदि।

नोट : अन्य नाम मुख्यत: व्यक्ति द्वारा अपनी रुचि के अनुसार रखे जाते हैं और लेखन में इनका प्रयोग करते समय एकल उद्धरण चिह्न का प्रयोग किया जाता है, जैसे—सूर्यकांत त्रिपाठी 'निराला', सुनील कुमार 'सुमन' आदि।

(ख) वाक्य संदर्भ के आधार पर : वाक्य संदर्भ में संबंधित क्रिया पदबंध या विशेषण पदबंध को देखा जा सकता है। इनमें क्रिया पदबंद अधिक महत्त्वपूर्ण है, किंतु इस कार्य को एक शोध द्वारा ही स्पष्ट किया जा सकता है कि कौन सी क्रियाएँ अपने किन शब्दों को केवल '+ मानव' कर्ता के रूप में या कर्म के रूप में ग्रहण करती हैं। उदाहरण के लिए निम्नलिखित दो वाक्यों को देखें—

- वहाँ सुंदर लगता है।
- वहाँ सुंदर रहता है।

इनमें 'लगना' और 'रहना' क्रियाओं से 'सुंदर' शब्द के विशेषण और नामपद होने का पता चल रहा है।

18.4.2 संस्थानों के नामों की पहचान :

इनकी पहचान दो आधारों पर की जा सकती है—

(क) शब्द संदर्भ के आधार पर : संस्थानों (या स्थापित इकाइयों) के नामों को शब्द संदर्भ की दृष्टि से पश्च शब्दों (बाद के शब्दों) से अधिक सरलतापूर्वक पहचाना जा सकता है। किसी भी संस्थान के नाम के अंत में उसकी जातिवाचक संज्ञा सामान्यत: रहती है, जैसे— जवाहरलाल नेहरू विश्वविद्यालय, नागार्जुन सराय, सावित्री बाई फुले छात्रावास, हजरत निजामुद्दीन रेलवे स्टेशन आदि। इन सभी में उनके प्रकार की सूचना अंत में आए शब्द से प्राप्त हो जा रही है। इसके अलावा एक और महत्त्वपूर्ण सूचना रहती है, संबंधित स्थान का नाम। अर्थात् उस स्थान का नाम जहाँ वह संस्थान या इकाई स्थित है। सामान्यत: स्थान के नाम अल्पविराम (Comma) के बाद आते हैं। उदाहरण के लिए निम्नलिखित को देख सकते हैं—

- जवाहरलाल नेहरू विश्वविद्यालय, नई दिल्ली
- केंद्रीय हिंदी संस्थान, आगरा
- दीक्षाभूमि, नागपुर
- हजरत निजामुद्दीन रेलवे स्टेशन, नई दिल्ली

इन नामपदों को बाद में आए स्थान के नाम द्वारा चिह्नित किया जा सकता है।

(ख) वाक्य संदर्भ के आधार पर : संस्थानों (या स्थापित इकाइयों) के नाम मुख्यत: अधिकरण कारक में आते हैं। ये किन क्रियाओं के साथ किन कारकों में आ सकते हैं, इसका निर्धारण शोध में करके वाक्य संदर्भ के आधार पर भी इनकी पहचान संबंधी नियम दिए जा सकते हैं।

18.4.3 अन्य नामों की पहचान :

उपर्युक्त की तरह अन्य नामों को भी दो आधारों पर पहचाना जा सकता है—

(क) शब्द संदर्भ के आधार पर : उपर्युक्त की तरह ही अन्य नामों को भी पूर्व शब्द और पश्च शब्द आधारित नियमों से पहचानने के नियम बनाए जा सकते हैं।

(ख) वाक्य संदर्भ के आधार पर : नामपदों हेतु वाक्य संदर्भ के नियम मुख्यत: क्रिया पदों और पदबंधों के आधार पर ही निर्मित होते हैं। इसलिए क्रिया और कारकीय शोध द्वारा इनके बारे में समुचित नियम दिए जा सकते हैं।

नामपदों के उपर्युक्त विवेचन के संदर्भ में एक बात उल्लेखनीय है। मैंने एक ही स्थान पर शब्द/पद और पदबंध का विवेचन कर देने को उचित नहीं माना है और ध्यान रखा है कि एक शब्दभेद या वर्ग का शब्द/पद संबंधी विवेचन एक स्थान पर हो और पदबंध स्तर का विवेचन दूसरे स्थान पर। इसका कारण यह है कि किसी भी शब्दभेद के शब्दों का शब्द स्तर पर गठनात्मक वर्णन और पदबंध स्तर पर प्रकार्यात्मक वर्णन दोनों दो बातें हैं। इन्हें एक ही स्थान पर रख देने से अस्पष्टता आती है, और इस प्रकार भाषा संसाधन में कठिनाई आएगी। इस पुस्तक में संज्ञा, क्रिया, विशेषण आदि का दोनों स्तरों पर अलग-अलग विवेचन देखा जा सकता है। किंतु नामपदों के मामले में स्थिति थोड़ी भिन्न है। यहाँ एक ही स्थान पर एकशब्दीय और बहुशब्दीय का विवेचन किया गया है, क्योंकि पदबंध स्तरीय नामपद भी एक शब्दस्तरीय इकाई का ही कार्य करते हैं, जैसे—

- मुझे ***गांधी*** के विचार प्रिय हैं।
- मुझे ***महात्मा गांधी*** के विचार प्रिय हैं।
- मुझे ***मोहनदास करमचंद गांधी*** के विचार प्रिय हैं।

उपर्युक्त वाक्यों में प्रयुक्त तीनों प्रयोग एक ही इकाई को द्योतित करते हैं। इसलिए इनसे संबंधित विवेचन एक ही स्थान पर किया जाए तो अधिक अच्छा होगा। ये अन्य संज्ञा पदबंधों की तरह ही दिखाई पड़ रहे हैं, जैसे—

- मैंने ***लड़के*** को देखा।
- मैंने ***बड़े लड़के*** को देखा।
- मैंने ***बहुत बड़े लड़के*** को देखा।

रचना की दृष्टि से दोनों उदाहरण समान हैं, किंतु संज्ञा पदबंधों की रचना के नियम दिए जा सकते हैं, जैसे—सं.प. = संज्ञा (NP = NN), सं.प. = विशेषण + संज्ञा (NP = JJ + NN), सं.प. = प्रविशेषण + विशेषण + संज्ञा (NP = JJ + JJ + NN) आदि। किंतु नामपदों की रचना से संबंधित नियम नहीं दिए जा सकते। इसके अतिरिक्त यह भी उल्लेख्य है कि एकशब्दीय नामपदों को डाटाबेस में संग्रहीत करके भी मैप किया जा सकता है किंतु एकाधिक शब्दीय नामपदों हेतु पहचान संबंधी नियमों की अलग से आवश्यकता होगी।

वैसे ऊपर वर्णित नियम सामान्य संकेत मात्र हैं। हिंदी नामपदों के विषय पर एक विस्तृत शोध की आवश्यकता है, जिसमें सभी नामपदों का संग्रह, वर्गीकरण, रूपावली निर्माण और पहचान संबंधी नियमों की खोज विस्तारपूर्वक की गई हो। इस प्रकार के कुछ शोध हुए भी हैं, किंतु वे गहन स्तर पर व्यवस्थित रूप से नहीं हो सके हैं। उनमें से कुछ तो दिशा से भटके हुए भी प्रतीत होते हैं।

19

दिनांक, समय और मुद्रा पद अभिज्ञान

(Date, Time and Currency Entity Recognition : DTCER)

दिनांक और समय ऐसे पद हैं जो मूलत: अंकों में होते हैं, किंतु कभी-कभी इन्हें शब्दों में ही लिख दिया जाता है। इसके अलावा इनके लेखन की एक से अधिक पद्धतियाँ प्राप्त होती हैं। अत: इनकी भी पृथक् पहचान आवश्यक है। मुद्रा के संदर्भ में भी कुछ हद तक ऐसी स्थिति दिखाई पड़ती है, किंतु चूँकि अधिकांश मुद्राओं के प्रतीक निश्चित होते हैं, इसलिए उनके संज्ञान के संदर्भ में विशेष नियमों की आवश्यकता नहीं पड़ती। अत: प्रस्तुत अध्याय में इन तीनों पर प्रकाश डाला जा रहा है।

19.1 दिनांक (Date)

दिनांक में तीन सूचनाएँ होती हैं—दिन, माह और वर्ष। कभी-कभी संदर्भ के अनुसार माह या वर्ष संबंधी सूचना को लुप्त कर दिया जाता है, किंतु उसे दिनांक नहीं कहा जा सकता। पूर्णत: दिनांक का बोध कराने के लिए इन तीनों सूचनाओं का होना आवश्यक है। सामान्यत: इनका क्रम भी दिन, माह और वर्ष का ही रहता है। वैसे यह आवश्यक नहीं है। कई देशों या भाषाओं में क्रम आगे-पीछे भी रहता है, जैसे—चीनी कंपनियों के मोबाइलों में माह पहले लिखा होता है, दिन उसके बाद आता है।

हिंदी में दिनांकों का लेखन कई रूपों में किया जाता है। यह आंकिक रूप में, शाब्दिक रूप में या दोनों का मिश्रित रूप हो सकता है। हिंदी में प्रयुक्त हो सकने वाले दिनांक के विविध प्रकारों को निम्नलिखित रूपों में देखा जा सकता है—

(क) आंकिक रूप : जब दिनांक लेखन में केवल अंकों का प्रयोग किया गया हो तो इसे **आंकिक रूप** कहते हैं। इसमें दिन, माह और वर्ष को

अलग करने के लिए किसी चिह्न का प्रयोग किया जाता है। इन चिह्नों के प्रयोग के आधार पर आंकिक रूप में दिनांक लिखने के निम्नलिखित संभव प्रकार हो सकते हैं—

क्र.सं.	रूप	प्रयुक्त चिह्न
1	05-01-2016	
2	5-1-2016	डैश
3	5-1-16	
4	05/01/2016	
5	5/1/2016	स्लैश
6	5/1/16	
7	05.01.2016	
8	5.1.2016	डॉट
9	5.1.16	
10	05:01:2016	
11	5:1:2016	कोलन
12	5:1:16	
13	05\01\2016	
14	5\1\2016	बैक स्लैश
15	5\1\16	
16	05,01,2016	
17	5,1,2016	अल्प विराम (Comma)
18	5,1,16	

यहाँ पर केवल दिन, माह और वर्ष के क्रम को ही लिया गया है। वैसे तो इनमें से केवल ऊपर के दो ही प्रचलित हैं किंतु प्रणाली विकासकर्ता को निर्णय करना होता है कि केवल प्रचलित रूपों का संज्ञान करना है, या सभी संभव रूपों का। मेरी समझ से इतने रूपों

से संबंधित नियम दे देने पर प्रणाली अधिक दक्षतापूर्वक किसी भी प्रयोग को पहचान सकती है।

(ख) मिश्रित रूप : यह दिनांकों को लिखने की दूसरी सर्वाधिक प्रचलित पद्धति है। इसमें दिन और वर्ष तो अंक के रूप में होते हैं, किंतु महीने का नाम शब्दों में लिखा होता है। वैसे तो सामान्य रूप से महीने का नाम बीच में ही आता है, परंतु वह पहले भी आ सकता है। मिश्रित रूप में दिनांक निम्नलिखित रूपों में लिखे जा सकते हैं—

क्र.सं.	रूप
1	1 जनवरी 2016
2	01 जनवरी 2016
3	01 जन. 2016
4	1 जन. 2016
5	01 ज. 2016
6	1 ज. 2016
7	जनवरी 01, 2016
8	जन. 01, 2016
9	जनवरी 01, 2016

जब महीने का नाम पहले आता है तब दिनांक के बाद अल्पविराम (Comma) का प्रयोग किया जाता है। फिर भी बिना अल्पविराम के भी प्रयोग की संभावना को ध्यान में रखते हुए मशीन को इसका भी नियम दिया जा सकता है। पत्र-पत्रिकाओं के अंक आदि में केवल महीने और वर्ष का नाम भी हो सकता है, जैसे—जनवरी 2016, सितंबर 2015 आदि। ये दिनांक के बजाए अंक के काल (खंड) की सूचना देते हैं। इसी प्रकार अवधि सूचक प्रयोग भी होते हैं, जैसे— जनवरी-मार्च 2015 आदि।

(ग) शाब्दिक रूप : सामान्यत: दिनांक को केवल शब्दों में नहीं लिखा जाता, फिर भी कभी प्रयोग की संभावना मानकर इसके लिए भी

मशीन को नियम दिए जाने चाहिए। वैसे तो शाब्दिक रूप में लेखन होने पर वर्ष नहीं आता, किंतु कहीं-कहीं आ भी सकता है। उदाहरण के लिए निम्नलिखित वाक्य को देखें—

➢ मैं ***दो जनवरी*** को चलकर ***चार जनवरी*** को आऊँगा।

इसमें केवल दिन और महीने की ही सूचना है। फिर भी कुछ प्रयोगों में वर्ष भी आ सकता है, जैसे—

➢ वह ***चार जनवरी दो हजार पंद्रह*** की भयानक रात थी।

इस प्रकार के प्रयोगों में इन सभी शब्दों को मिलाकर एक ही टैग के अंतर्गत प्रस्तुत करना ही **दिनांक अभिव्यक्ति अभिज्ञान** है।

19.2 समय (Time)

यहाँ पर 'समय' से तात्पर्य उस समय से है जिसे हम घड़ी में देखते रहते हैं। दिनांक की तरह समय को भी सूचित करने वाले प्रयोग निश्चित होते हैं। इसमें दिनांक की तरह बहुत अधिक विविधता नहीं पाई जाती। इसके बावजूद कुछ बातें उल्लेखनीय हैं, यथा—

(क) समय में घंटा और मिनट दिखाया जाना ही मूल है, किंतु कहीं-कहीं सेकेंड भी दिखाया जाता है, अत: इसके निम्नलिखित रूप हुए—

क्र.सं.	रूप
1	01:20
2	1:20
3	01:20:05
4	1:20:05

कुछ विशेष घड़ियों में तो सेकेंड के 60वें या 100वें हिस्से को भी प्रदर्शित किया जाता है। उसे यहाँ पर नहीं लिया जा रहा है।

(ख) समय को दो सीमाओं के फ्रेम में लिखा जा सकता है, 12 घंटे की सीमा और 24 घंटे की सीमा। 12 घंटे की सीमा वाले समय में AM, PM, पूर्वान्ह (पूर्वाह्न), अपरान्ह (अपराह्न), या सुबह, दोपहर, शाम और रात लिखा होता है, जिससे समय की वास्तविक स्थिति

का पता चलता है। समय अभिज्ञान प्रणाली में इनके भी नियम दिए जाने चाहिए।

19.3 मुद्रा (Currency)

सभी देशों की अपनी मुद्राएँ होती हैं। उन मुद्राओं को कभी प्रतीकों के रूप में तो कभी शब्दों में लिखा जाता है, जैसे—भारत की मुद्रा 'रुपया' है, जिसे रु. से लिखा जाता है या प्रतीक '₹' का प्रयोग किया जाता है। चूँकि मुद्राओं के प्रतीक (Symbols) निर्धारित होते हैं, इसलिए उन्हें विशेष चिह्न या लोगोग्राम संसाधन में रखा जा सकता है। अत: यहाँ पर मुद्रा के बारे में कोई विशेष चर्चा नहीं की जा रही है। कुछ प्रमुख देशों की मुद्राओं की संक्षिप्त सूची यहाँ देखी जा सकती है—

देश	मुद्रा	प्रतीक
आस्ट्रेलिया	डॉलर	A$
ब्राजील	रीयल	R$
चीन	युआॅन	¥
मिश्र	पाउंड	E£
यूरो सदस्य	यूरो	€
भारत	रुपया	₹
इजराइल	शेकेल	₪
जापान	येन	¥
रूस	रूबल	₽
दक्षिण अफ्रीका	रैंड	R
श्रीलंका	रुपया	Rs
थाइलैंड	बॉट	฿
यूनाइटेड किंगडम	पाउंड	£
यूनाइटेड स्टेट्स	डॉलर	$
वियतनाम	डॉन्ग	₫
जिम्बाब्वे	डॉलर	Z$

इसी प्रकार अन्य देशों की मुद्राओं को भी सूचीबद्ध किया जा सकता है। मुख्य रूप से उन देशों की मुद्राओं का संकलन और चिह्नन (Marking) आवश्यक है, जिनके लिए प्रतीक निर्धारित किए जा चुके हैं। भारत की मुद्रा 'रुपया' के लिए पहले कोई प्रतीक नहीं था। अभी कुछ वर्ष पूर्व ही इसके लिए प्रतीक का निर्धारण किया गया है।

20

बहुशब्दीय अभिव्यक्ति

(Multi-word Expression)

वह भाषिक इकाई जिसमें एक से अधिक शब्द मिलकर एक ही शब्द (या शाब्दिक इकाई) का कार्य करते हैं, **बहुशब्दीय अभिव्यक्ति** (Multi-word Expression : MWE) है। **बहुशब्दीय अभिव्यक्ति** का शाब्दिक अर्थ है—'एक से अधिक शब्दों के मिलने से बनने वाली अभिव्यक्ति'। इसमें **अभिव्यक्ति** शब्द से अभिप्राय है : 'वह इकाई जो स्वतंत्र रूप से अपना एक अर्थ दे'। टैगिंग संबंधी विवेचन में यह बात स्पष्ट हो चुकी है कि प्राकृतिक भाषा संसाधन प्रणाली में प्रत्येक शब्द एक स्वतंत्र इकाई है, जो खंडीकरण के उपरांत विश्लेषण हेतु प्राप्त होती है। व्याकरणाचार्यों द्वारा शब्द को अर्थ से युक्त स्वतंत्र इकाई कहा गया है। इसलिए प्रत्येक शब्द को एक टैग दिया जाता है और टैग आधरित नियमों द्वारा संसाधन कार्य किया जाता है। किंतु अधिकांश भाषाओं में ऐसे प्रयोग पाए जाते हैं, जिनमें एक से अधिक शब्द एक साथ आकर एक ही इकाई का कार्य करते हैं और अपने सामान्य अर्थों से भिन्न एक अलग अर्थ देते हैं। उदाहरण के लिए 'हाथ साफ करना' पदबंध का साधारण रूप में प्रयोग हाथ को धोने, पोछने आदि कार्यों द्वारा साफ करने का अर्थ आता है। किंतु बहुशब्दीय अभिव्यक्ति के रूप में इसका प्रयोग 'चोरी करना' के अर्थ में भी होता है, जैसे—

- मैंने साबुन से ***हाथ साफ किया***।
- मैंने उसकी घड़ी पर ही ***हाथ साफ कर*** दिया।

उपर्युक्त वाक्यों में पहले वाक्य में 'हाथ साफ करना' अपना शाब्दिक (सामान्य) अर्थ दे रहा है, जबकि दूसरे वाक्य में इसका प्रयोग एक भिन्न अर्थ हेतु हुआ है। इसमें 'हाथ', 'साफ' और 'करना' तीनों शब्द मिलकर अपने मूल अर्थों को छोड़कर एक नए अर्थ (चोरी करना) को प्रस्तुत कर रहे हैं, जो इन शब्दों के अर्थ में नहीं है। इसलिए इन तीनों का एक साथ इस अर्थ में प्रयोग बहुशब्दीय अभिव्यक्ति है। मैंने हिंदी में बहुशब्दीय अभिव्यक्तियों के स्वरूप और प्रकार पर लघु-शोध कार्य किया है। उसमें से आवश्यक सामग्री को समाहित करते हुए आगे विवेचन किया जा रहा है।

20.1 बहुशब्दीय अभिव्यक्ति : स्वरूप और परिभाषा

बहुशब्दीय अभिव्यक्ति ऐसी इकाई है जिसमें एक से अधिक शब्द मिलकर अपने स्वतंत्र अर्थों से निरपेक्ष कोई विशिष्ट अर्थ देते हैं। एक सामान्य भाषा-भाषी को इन्हें समझने और व्यवहार करने में कोई कठिनाई नहीं होती किंतु प्राकृतिक भाषा संसाधन में इनकी पहचान और विश्लेषण का कार्य बहुत कठिन हो जाता है। इनकी समस्या को देखते हुए इवैन ए. सैग और अन्य (Ivan A. Sag et al., 2002) ने इसे **'A Pain in the neck for NLP'** कहा है। उन्होंने इसके संदर्भ में लिखा है :

"Multiword Expressions are key problem for development of large-scale linguistically sound natural language processing technology."

अतः बहुशब्दीय अभिव्यक्तियाँ प्राकृतिक भाषा संसाधन में बहुत महत्त्वपूर्ण होती हैं। बहुशब्दीय अभिव्यक्तियों पर अंग्रेजी में पर्याप्त कार्य किया जा चुका है किंतु हिंदी माध्यम से ऐसे शोधकार्यों, आलेखों, पुस्तकों का पूर्णतः अभाव दिखाई पड़ता है। लेखक द्वारा बहुशब्दीय अभिव्यक्तियों के स्वरूप और वर्गीकरण पर एम.फिल में लघु-शोध कार्य किया गया है। उसी के आधार पर यहाँ पर प्रस्तुत अध्याय में आवश्यक विवेचन किया जा रहा है।

किसी भी संसाधन प्रणाली के विकास में इनके संज्ञान (Recognition) पर बल देते हुए श्रीराम वेंकटपति और अरविंद कुमार जोशी (Sriram Venkatapathy and Arvind K. Joshi) ने कहा है : *"Recognition of Multi-word Expressions is crucial to Natural Language Processing."* (Sriram and Joshi, 2005)

इसी प्रकार बहुशब्दीय अभिव्यक्तियों की प्राकृतिक भाषाओं में स्वाभाविक प्रयोगों की प्रचुरता और प्राकृतिक भाषा संसाधन में उनकी पहचान, व्याख्या और विसंदिग्धीकरण आदि (Identification, Interpretation and Disambiguation etc.) को लेकर The Association for Computational Linguistics और The Asian Federation of Natural Language Processing द्वारा 2009 में आयोजित कार्यशाला में प्राकृतिक भाषाओं से संबंधित प्रणालियों में उनके अनुप्रयोग को एक प्रमुख चुनौती माना गया है :

"Multiword Expressions (MWEs) which represent an indispensable part of Natural Languages and appear steadily on a daily basis, both novel and already existing but paraphrased, which makes them important for many natural language applications. Unfortunately, while easily mastered by native speakers, Multiword Expressions are often non-compositional, which poses a major challenge for both foreign language learners and automatic analysis.[1]"

---

1. Proceedings of the 2009 Workshop on Multiword Expressions, ACL-IJCNLP 2009, pages 1-8,Suntec, Singapore, 6 August 2009. c 2009 ACL and AFNLP

बहुशब्दीय अभिव्यक्तियों पर हिंदी में बहुत अधिक काम नहीं हुआ है। अपने द्वारा हिंदी में बहुशब्दीय अभिव्यक्तियों को लेकर किए गए एम.फिल. के लघु शोधकार्य में दी गई परिभाषाओं में से एक प्रमुख परिभाषाओं को यहाँ मैं प्रस्तुत कर रहा हूँ, जो इस प्रकार हैं :

श्रीराम वेंकटपति और अरविंद कुमार जोशी (Sriram Venkatapathy and Arvind K. Joshi) ने बहुशब्दीय अभिव्यक्तियों को इस प्रकार से परिभाषित किया है, "*Multi-word Expressions (MWEs) are those whose structure and meaning cannot be derived from their component words, as they occur independently.*" (Sriram and Joshi, 2005)

इसी प्रकार अन्य विद्वानों की परिभाषाओं को भी देखा जा सकता है। उन सभी में एक मुख्य बात यह है कि इसे परिभाषित करते हुए प्राय: सभी विद्वानों ने इनकी संरचना में एक से अधिक शब्दों के होने की बात की है। इसके साथ ही बहुशब्दीय अभिव्यक्ति में आने वाले शब्दों के सामान्य और स्वतंत्र अर्थों से अलग अर्थ होने की बात भी की गई है। सरल शब्दों में इसे निम्नलिखित शब्दों में परिभाषित किया जा सकता है—

*"**बहुशब्दीय अभिव्यक्ति** किसी वाक्य में आने वाली ऐसी अभिव्यक्ति है जिसमें एक से अधिक शब्द इस प्रकार से आते हैं कि उनके बीच अंतराल/खाली स्थान (space) हो; किंतु वे एक साथ मिलकर जो अर्थ देते हैं वह उनके सामान्य एवं स्वतंत्र अर्थ से भिन्न होता है।"*

20.2 बहुशब्दीय अभिव्यक्ति : भाषिक विशेषताएँ (MWE : Linguistic Features)

उपर्युक्त विवेचन से स्पष्ट है कि किसी भाषा के सामान्य भाषावैज्ञानिक विश्लेषण या प्राकृतिक भाषा संसाधन प्रणालिओं में उनके अनुप्रयोग हेतु विश्लेषण दोनों ही दृष्टियों से बहुशब्दीय अभिव्यक्तियाँ एक महत्त्वपूर्ण भाषिक इकाई के रूप में प्राप्त होती हैं। अत: उनके स्वरूप का निर्धारण करने के लिए उनकी भाषिक विशेषताओं का विवेचन आवश्यक हो जाता है।

बहुशब्दीय अभिव्यक्तियों की कुछ प्रमुख भाषिक विशेषताएँ निम्नलिखित हैं :

1. **एक से अधिक शाब्दिक इकाइयाँ (More than one Lexical Units) :** एक बहुशब्दीय अभिव्यक्ति में स्वतंत्र अर्थों से युक्त एक से अधिक शाब्दिक इकाइयों का होना आवश्यक है। इसके साथ ही इन इकाइयों के बीच में कोई योजक या विभाजक अव्यय नहीं आना चाहिए, जैसे :
   - वह ***चाय पानी*** लाएगा। (नाश्ता)
   - वह ***चाय और पानी*** लाएगा। (चाय और पानी)

2. **घटक शब्दों के अर्थ से भिन्न अर्थ (Different Meaning than the Meaning of Component Words) :** बहुशब्दीय अभिव्यक्ति में आने वाले शब्द अपने स्वतंत्र अर्थों से भिन्न अर्थ देते हैं जो उन्हें अलग-अलग करके नहीं प्राप्त किया जा सकता है, जैसे : 'चाय पानी' में 'चाय' और 'पानी' शब्दों को अलग-अलग करने पर संपूर्ण अभिव्यक्ति द्वारा व्यक्त अर्थ प्राप्त नहीं होता। बहुशब्दीय अभिव्यक्तियों की इस विशेषता को 'Semantic non-compositionality' भी कहा गया है।
3. **एक शब्द-भेद का प्रतिनिधित्व (Representation of one Parts of Speech) :** एक बहुशब्दीय अभिव्यक्ति एक ही शब्द-भेद या संरचनात्मक कोटि (Parts of speech or Structural Category) का प्रतिनिधित्व करती है, जैसे : 'दाना डालना' एक बहुशब्दीय अभिव्यक्ति है जिसमें 'दाना' (संज्ञा) और 'डालना' (क्रिया) दो संरचनात्मक कोटियों के शब्द हैं; किंतु ये दोनों मिलकर एक इकाई के स्तर पर एक ही संरचनात्मक कोटि—'क्रिया' या 'क्रिया पदबंध' का प्रतिनिधित्व करते हैं।
4. **वाक्यात्मक एकात्मकता (Syntactic Atomicity) :** बहुशब्दीय अभिव्यक्ति में वाक्यात्मक एकात्मकता होती है। अर्थात् वाक्यात्मक नियमों द्वारा उन्हें और अधिक विभाजित या वर्गीकृत नहीं किया जा सकता है।
5. **एक प्राथमिक बलाघात (One Primary Stress) :** तान (Prosody) की दृष्टि से सामान्यत: एक बहुशब्दीय अभिव्यक्ति में एक ही प्राथमिक बलाघात (One Primary Stress) पाया जाता है।
6. **प्रतिभाषिक विभेद (Cross-lingual Variation) :** यदि बहुशब्दीय अभिव्यक्तियों को भिन्न-भिन्न भाषाओं में देखा जाए तो तुलनात्मक रूप से कुछ विशेष प्रकार के विभेद पाए जाते हैं, जैसे : कुछ स्थितियों में अलग-अलग भाषाओं की बहुशब्दीय अभिव्यक्तियों में किसी अर्थ के लिए शब्दवाक्यीय अनुरूपता (Lexicosyntactic Correspondence) पाई जाती है।

   कई बार एक ही प्रकार के अर्थ के लिए दो भाषाओं में समान अभिव्यक्ति रूप प्राप्त होते हैं। किंतु कुछ स्थितियों में वाक्यरचना तो समरूप (Identical) होती है किंतु शाब्दिक विभेद (Lexical Difference) पाया जाता है, जैसे :

   - एक तीर से दो निशाना। (हिंदी)
   - Killing two birds in a shot. (अंग्रेजी)

यदि इन दो भाषाओं के मुहावरों (बहुशब्दीय अभिव्यक्तियों) को देखा जाए तो इनकी संरचना लगभग समान है किंतु शाब्दिक इकाइयाँ बदल गई हैं। इसी प्रकार कुछ स्थितियाँ ऐसी भी पाई जाती हैं जिनमें शाब्दिक समानता होती है किंतु वाक्यात्मक विभेद होता है।

कुछ स्थितियाँ ऐसी भी होती हैं जिनमें सीधे-सीधे अनुवाद संभव ही नहीं होता। मुहावरों और कहावतों में प्राय: यहीं स्थिति पाई जाती है, जैसे:

- ऊँट के मुँह में जीरा। (हिंदी)
- A drop in the ocean. (अंग्रेजी)

यहाँ पर दोनों ही अभिव्यक्तियाँ अलग-अलग हैं किंतु भावार्थ लेकर इनका प्रयोग तुलनात्मक रूप से किया जाता है।

7. **एकल-शब्द भावानुवाद (Single-Word Paraphrasabiality) :** कुछ विद्वानों जैसे; चेफ (1968), गिब्स (1980) एवं ननबर्ग, सैग और वैसो (1994) का कहना है कि अधिकांश बहुशब्दीय अभिव्यक्तियों का भावानुवाद (Paraphrase) एक शब्द में किया जा सकता है, जैसे—
   - उल्लू का पट्ठा = मूर्ख
   - शृंगार करना = सजना/सजाना

   किंतु दूसरी तरफ अनेक बहुशब्दीय अभिव्यक्तियाँ ऐसी भी हैं जिनका भावानुवाद एक शब्द में संभव नहीं है।

8. **(Proverbiality) :** एक बहुशब्दीय अभिव्यक्ति की Proverbiality की व्याख्या ननबर्ग, सैग और वैसो द्वारा इस प्रकार की गई है :

   "To describe and implicitly to explain a recurrent situation of particular social interest in the virtue of its resemblance or relation to scenario involving homely, concrete things and relations." (Nunberg, Sag and Wasow, 1994 (Language 70))

   (अर्थात् Proverbiality किसी बहुशब्दीय अभिव्यक्ति की घरेलू, प्रत्यक्ष वस्तुओं और संबंधों के परिदृश्य से संबंध या समरूपता की विशेष सामाजिक मान्यता की तात्कालिक स्थिति को विवेचित या व्याख्यायित करने की क्षमता है।)

   इस कथन का तात्पर्य यह है कि बहुशब्दीय अभिव्यक्तियों का प्रयोग आपसी संबंधों और व्यावहारिक अनौपचारिकता को भी इंगित करता है। इसे उनके द्वारा दिए गए अंग्रेजी के उदाहरणों से इस प्रकार समझ सकते हैं : *verb particle constructions and idioms are often indicators of more informal situations (e.g. piss of is an informal form of annoy, and drop off is an informal form of fall asleep)."* (Nunberg, Sag and Wasow, 1994 (Language 70))

9. **रूढ़-अर्थकता (Idiomaticity)** : कुछ विद्वानों ने रूढ़-अर्थकता को बहुशब्दीय अभिव्यक्तियों की एक महत्त्वपूर्ण विशेषता बताया है। बैल्डविन, टिमोठी और सू नैम किम (Baldwin, Timothy and Su Nam Kim, 2010) का कहना है : *"In the context of MWEs, idiomaticity refers to markedness or deviation from the basic properties of the component lexemes and applies at the lexical, syntactic, semantic, pragmatic and/or statistical levels."* (Baldwin et al., 2010)

इन्होंने उपर्युक्त पाँचों स्तरों के आधार पर पाँच प्रकार की रूढ़-अर्थकताओं की बात की है :

(क) शाब्दिक/शब्दवृत्तीय रूढ़-अर्थकता (Lexical Idiomaticity)
(ख) वाक्यात्मक रूढ़-अर्थकता (Syntactic Idiomaticity)
(ग) आर्थी रूढ़-अर्थकता (Semantic Idiomaticity)
(घ) प्रोक्तिस्तरीय रूढ़-अर्थकता (Pragmatic Idiomaticity)
(ङ) सांख्यिकीय रूढ़-अर्थकता (Statistical Idiomaticity)

20.3 बहुशब्दीय अभिव्यक्तियों के विविध रूप

हिंदी में बहुशब्दीय अभिव्यक्तियों का प्रयोग अनेक रूपों में होता है और ये विविध प्रकार्यों को संपन्न करते हैं। इनके प्रमुख विविध रूप निम्नलिखित हैं :

20.3.1 नामपद (Name Entities) :

एकाधिक शब्दों के योग के रूप में नामपद अभिव्यक्तियाँ भी आती हैं। इसकी चर्चा 'नामपद अभिज्ञान' शीर्षक अध्याय में पहले ही की जा चुकी है, इसलिए इसे यहाँ विस्तार नहीं दिया जा रहा है।

20.3.2 मुहावरे और लोकोक्तियाँ (Idioms and Phrases) :

मुहावरे और लोकोक्तियाँ (Idioms and Phrases) किसी भाषा की सबसे रूढ़ इकाइयाँ होती हैं। इन इकाइयों के निर्माण में एक से अधिक शब्द मिले होते हैं और वे अपना स्वयं का अर्थ न देकर किसी पारंपरिक रूप से प्रचलित अलग अर्थ को अभिव्यक्त करते हैं।

हिंदी में मुहावरों के विविध रूप : हिंदी में बहुत अधिक मात्रा में विविध प्रकार के मुहावरे पाए जाते हैं। इनके कुछ प्रमुख रूप इस प्रकार हैं—

1) **अलंकारयुक्त मुहावरे** : कुछ मुहावरों में अलंकारों का प्रयोग हुआ रहता है। उदाहरणस्वरूप कुछ मुहावरे देखे जा सकते हैं जिनमें अलंकारों का प्रयोग हुआ है :

(क) सादृश्यमूलक मुहावरे

- लाल अंगारा होना (उपमा)
- पैसा ही पुरुषत्व और पुरुषत्व ही पैसा है (उपमेयोपमा)
- अंगार बरसाना (रूपक)
- सोना सोना ही है (अनन्वय) आदि।

(ख) विरोधमूलक मुहावरे

- इधर-उधर करना
- ऊँच-नीच देखना
- दाएँ-बाएँ न देखना
- पानी से प्यास न बुझना आदि।

(ग) सन्निधि अथवा स्मृतिमूलक मुहावरे

- चूड़ी तोड़ना
- चूड़ा पहनना
- दिया गुल होना
- दुकान बढ़ाना
- मांग-कोख से भरी-पूरी रहना आदि।

(घ) शब्दालंकारमूलक मुहावरे

- अंजर-पंजर ढीले होना
- कच्चा-पक्का
- देर-सवेर
- बोरिया-बिस्तर बाँधना आदि।

2) **कथानक, किंवदंती, धर्म-कथा आधारित मुहावरे :** कुछ मुहावरे प्रथाओं पर आधारित होते हैं; जैसे—'बीड़ा उठाना'। मध्य युग में राज-दरबारों में यह प्रथा थी कि जब कोई दुष्कर कार्य करना होता था तब सामंतों और वीरों आदि को बुलाकर उन्हें उसके संबंध में सब बातें बता दी जाती थीं और थाली में पान रख दिया जाता था। जो वीर उस काम को करने का दायित्व अपने ऊपर लेता था, वह थाली से बीड़ा उठा लेता था। कुछ मुहावरे कहानियों पर आधारित होते थे, जैसे टेढ़ी खीर होना, सोने का मृग होना आदि।

3) **व्यक्तिवाचक संज्ञाओं का जातिवाचक संज्ञाओं की तरह प्रयोग :** कभी-कभी व्यक्तिवाचक संज्ञाओं का प्रयोग जातिवाचक संज्ञाओं की भाँति करके मुहावरे बनाए जाते हैं; जैसे—कुंभकरण की नींद, द्रौपदी का चीर, जयचंद होना, युधिष्ठिर बनना, विभीषण होना, हरीश्चंद्र बनना आदि।

4) **शारीरिक चेष्टा आधारित मुहावरे :** शारीरिक चेष्टाएँ मनोभाव प्रकट करती हैं और उनके आधार पर कुछ मुहावरे बनते हैं; जैसे—छाती पीटना, दाँत पीसना, नाचने लगना, पूँछ हिलाना, पैर पटकना, मुँह बनाना, मूँछों पर ताव देना आदि।

5) **मनोवैज्ञानिक कारण आधारित मुहावरे :** इनके कई रूप मिलते हैं, यथा—

(क) **संकट संबंधी मुहावरे :** कुछ मुहावरे संकटकालीन या दुख से जुड़ी परिस्थितियों के आधार पर निर्मित होते हैं; जैसे—आठों पहर सूली पर रहना, कहीं का न रहना, तकदीर फूटना आदि।

(ख) **अतिश्योक्तियुक्त उद्भुत मुहावरे :** अतिश्योक्ति की प्रवृत्ति से उद्भूत मुहावरे असंभव कार्य को कर डालने जैसी भावना को अभिव्यक्त करते हैं। आसमान के तारे तोड़ना, कलेजा निकालकर देना, खून की नदियाँ बहाना आदि।

(ग) **अभिव्यक्ति अलंकरण और प्रभावपूर्णता आधारित मुहावरे :** ईद का चाँद होना, गूलर का फूल होना, सरसों-सा फूलना आदि।

6) **हिंदी-उर्दू शब्दों के योग से बने मुहावरे :** हिंदी में कुछ मुहावरेदार प्रयोग इस प्रकार पाए जाते हैं कि उनमें एक शब्द हिंदी का तो दूसरा शब्द उर्दू का होता है; जैसे—मेल-मुहब्बत होना, मेल-मुलाकात रखना, दिशा-मैदान जाना आदि।

20.3.3 परसर्गीय पदबंध (Postpositional Phrases) :

एक से अधिक परसर्गों अथवा एक परसर्ग और दूसरे अन्य व्याकरणिक कोटि के शब्दों के मिलने से बनने वाली इकाई को '**परसर्गीय पदबंध**' (Postpositional Phrase) कहते हैं।

20.3.4 प्रतिध्वन्यात्मक अभिव्यक्तियाँ (Echoic Expressions) :

प्रतिध्वन्यात्मक अभिव्यक्तियाँ प्रायः एक से अधिक शाब्दिक इकाइयों (Lexical Units) द्वारा निर्मित होती हैं। अतः इन्हें भी बहुशब्दीय अभिव्यक्तियों की श्रेणी में रखा जाता है।

प्रतिध्वन्यात्मक अभिव्यक्तियाँ एकाधिक प्रकारों से निर्मित होती हैं। इनके कुछ प्रमुख रूप निम्नलिखित हैं :

1) **अस्पष्ट ध्वनियों के आधार पर निर्मित :** जब मनुष्य प्रबल भावावेश में होते हैं तब उनके मुँह से कुछ अस्पष्ट ध्वनियाँ निकल जाती हैं जो बाद में किसी एक अर्थ में रूढ़ हो जाती हैं। ऐसे कुछ भावावेशों और

उनमें निकली हुई ध्वनियों के आधार पर बनी हुई कुछ प्रतिध्वन्यात्मक अभिव्यक्तियों के उदाहरण इस प्रकार हैं :

(क) हर्ष में : आह-हा, वाह-वाह आदि।

(ख) दु:ख में : आह निकल पड़ना, सी-सी करना, हाय-हाय मचाना आदि।

(ग) क्रोध में : उंह-हूं करना, धत् तेरे की आदि।

(घ) घृणा में : छि-छि करना, थू-थू करना आदि ।

2) **मनुष्येतर प्राणियों की ध्वनियों के आधार पर निर्मित :** पृथ्वी पर पाया जाने वाला लगभग प्रत्येक प्राणी कोई न कोई आवाज निकालता है। इनमें मुख्यत: 'वे प्राणी जिनसे मनुष्य किसी न किसी रूप में जुड़ा हुआ है' के आवाजों की नकल लगभग प्रत्येक भाषा में पाई जाती है। इनके मुख्यत: दो वर्ग किए जा सकते हैं :

(क) पशु-वर्ण की ध्वनियों पर आधारित
भों-भों, में-में, टर-टर करना आदि।

(ख) पक्षी और कीट-पतंगों की ध्वनियों पर आधारित
काँव-काँव, कुकड़-कूं, भिन-भिन करना आदि।

3) **निर्जीव वस्तुओं की ध्वनियों के आधार पर निर्मित :** सजीव प्राणियों के पास स्वत: से आवाज निकालने की प्रकृति प्रदत्त क्षमता होती है। किंतु इनके अतिरिक्त अन्य निर्जीव वस्तुओं में भी या तो स्वत: से या किसी उत्प्रेरण (Stimulus) के आधार पर ध्वनि उत्पन्न करने की क्षमता भी होती है।

(क) कठोर वस्तुओं की संघर्ष-जन्य ध्वनियों के अनुकरण पर आधारित
ठक-ठक करना, फुस-फुस होना आदि।

(ख) तरल पदार्थों की गति से उत्पन्न ध्वनि पर आधारित
कल-कल करना, कुल-कुल करना या होना, गड़-गड़ करना आदि।

(ग) वायु की गति से उत्पन्न ध्वनि पर आधारित
सर-सराहट होना, साँय-साँय करना आदि।

20.3.5 सहप्रयोग (Collocations) :

सहप्रयोगों का एक महत्त्वपूर्ण लक्षण यह है कि एक 'सहप्रयोग' में आने वाले सभी शब्दों के शब्दभेद स्पष्ट होते हैं। ये शब्द अपने आर्थी लक्षणों, सामाजिक-सांस्कृतिक दृष्टि से समानता/असमानता आदि की दृष्टि से (या के आधार पर) साथ-साथ प्रयुक्त होते हैं। सहप्रयोग के रूप में आने वाले शब्दों के संयोजन (Combination)

की निम्नलिखित ऐसी स्थितियाँ प्राप्त होती हैं जिन्हें बहुशब्दीय अभिव्यक्ति के अंतर्गत रखा गया है :

(क) संज्ञा + संज्ञा (N + N)
(ख) संज्ञा + क्रिया (N + V)
(ग) विशेषण + संज्ञा (Adj. + N)
(घ) विशेषण + क्रिया (Adj. + V)
(ङ) क्रिया + क्रिया (V + V)
(च) क्रियांगी शब्द + क्रिया (Complex Predicates + V)
(छ) विशेषण + विशेषण (Adj. + Adj.)

इन सभी प्रकारों की विस्तृत चर्चा आगे की जाएगी।

20.3.6 वर्गाभिव्यक्तियाँ (Class Expressions) :

हिंदी में कुछ बहुशब्दीय अभिव्यक्तियों का निर्माण समान वर्ग के एक से अधिक प्रकार के शब्दों के मिलने से होता है, जैसे—इधर-उधर।

20.3.7 पुनरुक्ति (Reduplication) :

जब किसी वाक्य में एक शब्द लगातार दो बार प्रयुक्त होता है तो उसके प्रयोग की उस स्थिति को पुनरुक्ति कहते हैं। लगभग सभी भाषाओं में कुछ विशेष प्रकार के शब्दों की पुनरुक्ति पाई जाती है।

मुख्य रूप से पुनरुक्ति के दो प्रकार किए गए हैं : पूर्ण पुनरुक्ति और आंशिक पुनरुक्ति। शब्दों की पूर्ण पुनरुक्ति या आंशिक पुनरुक्ति द्वारा 'बहुशब्दीय अभिव्यक्तियों' का निर्माण होता है। इसके साथ ही पुनरुक्ति के कुछ अन्य रूप भी मिलते हैं। इसके निम्नलिखित रूप प्राप्त होते हैं :

(क) पूर्ण पुनरुक्ति (Complete Reduplication) : जब वाक्य/उक्ति में पूरा का पूरा शब्द दो बार आए तो इस प्रकार की पुनरुक्ति को पूर्ण पुनरुक्ति कहते हैं, जैसे—

➢ मेरे ***कदम कदम*** (कदम-कदम) पर काँटे हैं।

➢ उससे थोड़ा ***धीरे धीरे*** (धीरे-धीरे) चलने को कहो।

नोट : किसी शब्द की पुनरुक्ति होने पर बीच में डैश का प्रयोग किया जाता है, इसलिए शब्दों के बीच खाली स्थान (Blank Space) की दृष्टि से ये **बहुशब्दीय अभिव्यक्ति** नहीं हैं।

(ख) आंशिक पुनरुक्ति (Partial Reduplication) : इस प्रकार की अभिव्यक्तियों में केवल एक शब्द अर्थपूर्ण होता है। दूसरे शब्द में आंशिक रूप से प्रथम शब्द के ध्वनियों का अनुकरण होता है। हिंदी में इस प्रकार की अधिकांश अभिव्यक्तियों के निर्माण में शब्द के

प्रथम वर्ण की जगह 'व' का प्रयोग होता है जैसे—गाना-वाना, किंतु दूसरे प्रकार के शब्दों के योग से भी इनका निर्माण होता है; उदाहरण—

➢ अरे भाई, इन्हें कुछ ***चाय वाय*** पिलाइए।
➢ इन दिनों प्रधानमंत्री बिल्कुल ***अलग थलग*** पड़ गए हैं।
➢ इतना ***रंग बिरंगा*** गुब्बारा कहाँ से लाए।
➢ कभी तो ***ठीक ठाक*** से रहा करो।

कुछ अभिव्यक्तियों का निर्माण प्रथम शब्द में कुछ रूपवैज्ञानिक परिवर्तन करके भी किया जाता है जिन्हें आंशिक पुनरुक्ति के अंतर्गत रखा जाता है; जैसे—

➢ हमारा काम अभी ***सालों साल*** चलेगा।
➢ मेरा भाई अब ***रातों दिन*** मेहनत करेगा।

(ग) **आर्थी पुनरुक्ति (Semantic Reduplication)** : कुछ अभिव्यक्तियों में मिलने वाले दोनों शब्द अर्थ के आधार पर एक दूसरे से संबंधित होते हैं और एक ही इकाई का निर्माण करते हैं। सामान्यत: उनके बीच पर्यायता अथवा विलोमता के संबंध होते हैं। अनूप कुंचूकुट्टन (Anoop Kunchukuttan) और ओम पी. दामिनी (Om P. Damini) ने इनकी व्याख्या इस प्रकार से की है, "The two paired members are semantically related. The most common forms of relation between the words are synonymy (बाग़ *बगीचा, baag bagichaa, garden*), antonymy (लेन देन, *len den, dealing*), class representative (चाय पानी, *chaay paanee, snacks*)." (Kunchukuttan and Damini, 2008)

(घ) **परसर्गयुक्त या निपातयुक्त पुनरुक्ति** : हिंदी में कुछ अभिव्यक्तियाँ ऐसी पाई जाती हैं जिनके निर्माण में एक शब्द की पुनरुक्ति तो होती है किंतु उसके बीच में किसी परसर्ग या निपात का प्रयोग होता है। इन अभिव्यक्तियों में भी शब्दों के बीच डैश का प्रयोग होता है। इसलिए शब्दों के बीच खाली स्थान (Blank Space) की दृष्टि से ये **बहुशब्दीय अभिव्यक्ति** न होकर शब्दयोग की दृष्टि से होती हैं; जैसे—

➢ ***कम-से-कम*** अपना नाम तो बताते जाओ।
➢ वह आज ***पूरा-का-पूरा*** बोतल पी गया।
➢ आज तो मुझे ***काम-ही-काम*** है।
➢ उसने ***कुछ-न-कुछ*** तो जरूर खाया होगा।

इसी प्रकार उर्दू-फ़ारसी से आगत-शब्दों की पुनरुक्ति में 'ब' का बीच में प्रयोग देखा जा सकता है।

➢ वह ***खुद-ब-खुद*** बोला।

(ङ) **सहसंबंधात्मक पुनरुक्ति (Correlative Reduplication) :** अनूप कुंचूकुट्टन (Anoop Kunchukuttan) और ओम पी. दामिनी (Om P. Damini) द्वारा इसकी चर्चा करते हुए कहा गया है, "To express a sense of exchange or barter or interchange, the style of corresponding correlative words is used just preceding the main root verb. For example, maramari *(fighting)*."

इन सभी अभिव्यक्तियों के अतिरिक्त हिंदी में कुछ विशेष प्रकार की अभिव्यक्तियाँ भी मिलती हैं जिनमें एक से अधिक शब्दों की पुनरुक्ति एक से अधिक बार होता है, जैसे :

उनके बीच ***तू-तू मैं-मैं*** हो गई। (झगड़ा)

इस प्रकार देखा जाए तो 'बहुशब्दीय अभिव्यक्ति' एक व्यापक संकल्पना है। इसके अंतर्गत एक से अधिक शब्दों के मिलने पर उन शब्दों के स्वतंत्र अर्थ से निरपेक्ष या अलग अर्थ देने वाली सभी अभिव्यक्तियाँ आ जाती हैं। हिंदी में विविध रूपों में इनका प्रयोग प्रचुर मात्रा में किया जाता है। कभी ये मुहावरे और लोकोक्तियों जैसी बिल्कुल रूढ़ अभिव्यक्तियों के रूप में आती हैं तो कभी सहप्रयोग के आधार पर निर्मित विशिष्ट भाषिक संरचनाओं के रूप में। कभी इनकी रचना में एक से अधिक शब्द-वर्गों के शब्द प्राप्त होते हैं तो कभी एक ही शब्द की पूर्ण या आंशिक पुनरुक्ति होती है।

20.4 बहुशब्दीय अभिव्यक्तियों की संरचनात्मक कोटियाँ

20.4.1 संज्ञा के रूप में बहुशब्दीय अभिव्यक्ति (MWEs as Noun/Nominal MWEs) :

हिंदी में संज्ञा के रूप में संरचनात्मक प्रकार्य करने वाली बहुशब्दीय अभिव्यक्तियों के कुछ प्रमुख रूप इस प्रकार हैं :

20.4.1.1 नामपद (Name Entities) : वाक्य में नामपद के रूप में आने वाली शाब्दिक इकाइयाँ 'व्यक्तिवाचक संज्ञाएँ' होती हैं। यदि किसी बहुशब्दीय अभिव्यक्ति द्वारा इस प्रकार की इकाई का निर्माण किया जाता है तो इस प्रकार निर्मित पदबंध 'संज्ञा पदबंध' होता है, जैसे :

- ***पं. सूर्यकांत त्रिपाठी निराला*** एक महान कवि हैं।
- ***मुंशी प्रेमचंद*** एक विश्ववियात कथाकार हैं।

20.4.1.2 दिनांक अभिव्यक्तियाँ (Date Entities) : सामान्यत: वाक्य में आने वाली दिनांक अभिव्यक्तियाँ भी संज्ञा पदबंध का कार्य करती हैं, जैसे :

- आज ***12 फरवरी 2017*** है।
- ***15 अगस्त 1947*** को भारत स्वतंत्र हुआ।

20.4.1.3 संज्ञा + संज्ञा (N + N) : संज्ञा और संज्ञा के योग से बनने वाली बहुशब्दीय अभिव्यक्तियाँ संज्ञा पदबंध के रूप में संरचनात्मक प्रकार्य करती हैं। ये अभिव्यक्तियाँ कई रूपों में प्रकट होती हैं; जैसे :

(क) रूढ़गठनात्मक (Idiosyncratic) : हिंदी में कुछ बहुशब्दीय अभिव्यक्तियाँ ऐसी पाई जाती हैं, जिनमें एक साथ मिलने वाले घटक शब्द परस्पर रूढ़गठनात्मक आर्थी संबंधों के आधार पर एक ही इकाई को इंगित या सूचित करते हैं। यह संबंध पर्यायता, विलोमता या विशिष्ट संबंध निर्धारण का हो सकता है, जैसे :

- वह ***रात दिन*** मेहनत करता है।
- अंडमान निकोबार ***द्वीप समूह*** भारत में है।
- मेरी बात सुनकर वह ***लाल पीला*** होने लगा।
- मेरे तो ***हाथ पैर*** काँपने लगे आदि।

(ख) संज्ञा की पूर्ण पुनरुक्ति (Complete Reduplication of Noun) : संज्ञा शब्दों की पूर्ण पुनरुक्ति से बनने वाली बहुशब्दीय अभिव्यक्तियों का संज्ञा पदबंध के रूप में आना स्वाभाविक बात है, जैसे :

- मेरे ***कदम कदम*** पर काँटे हैं।
- वह ***दाने दाने*** को मोहताज है आदि।

(ग) आर्थी पुनरुक्ति (Semantic Reduplication) : जब दो संज्ञाएँ इस प्रकार से मिलती हैं कि उनमें अर्थ संबंधी पुनरुक्ति प्राप्त हो तो इस प्रकार निर्मित बहुशब्दीय अभिव्यक्ति संज्ञा पदबंध होती है, जैसे :

- उस जमाने के ***अस्त्र शस्त्र*** बहुत मजबूत थे।
- अब घर के सामने ***बाग बगीचा*** मिलना बहुत कठिन है।
- पता नहीं उनके बीच क्या ***लेन देन*** हुई।
- चलिए, कुछ ***चाय पानी*** किया जाए आदि।

(घ) संज्ञा + आंशिक पुनरुक्ति (N + Partial Reduplication) : यदि किसी बहुशब्दीय अभिव्यक्ति में एक शब्द संज्ञा है और दूसरे शब्द में उसकी आंशिक रूप से ध्वन्यात्मक या आर्थी पुनरुक्ति हुई है तो इस प्रकार की सभी बहुशब्दीय अभिव्यक्तियाँ संज्ञा पदबंध का निर्माण करती हैं, जैसे :

- कुछ ***चाय वाय*** हो जाए।
- बाजार से ***गहने वहने*** खरीदने हैं।
- कितने ***रंग बिरंगे*** गुब्बारे हैं आदि।

(ङ) संज्ञा + रूप परिवर्तन + संज्ञा (N + Morphological Change + N) : यदि किसी संज्ञा शब्द में रूप परिवर्तन हो और फिर वही संज्ञा

शब्द आए तो इस प्रकार निर्मित बहुशब्दीय अभिव्यक्ति संज्ञा पदबंध होती है, जैसे :

➢ वह ***रातों रात*** अमीर हो गया।

➢ मेरी कंपनी ***सालों साल*** चलेगी आदि।

20.4.1.4 विशेषण + संज्ञा (Adjective + N) : कुछ बहुशब्दीय अभिव्यक्तियाँ 'विशेषण' और 'संज्ञा' शब्दों के मिलने से निर्मित होती हैं। इस प्रकार की बहुशब्दीय अभिव्यक्तियाँ भी संज्ञा पदबंध का निर्माण करती हैं, जैसे :

➢ ***प्राचीन भारत*** की बात ही अलग है।

➢ इस मंदिर का ***प्रवेश द्वार*** बहुत बड़ा है।

➢ भारत में गिने-चुने ही ***राष्ट्रीय उद्यान*** हैं आदि।

इस प्रकार से देखा जाए तो 'संज्ञा + संज्ञा' और 'विशेषण + संज्ञा' के कुछ विशेष प्रकार के संयोजनों द्वारा बहुशब्दीय अभिव्यक्तियों का निर्माण किया जाता है। संज्ञा + संज्ञा के संयोजनों की पहचान अपेक्षाकृत अधिक सरलतापूर्वक की जा सकती है। किंतु वास्तव में, इनके कौन से संयोजन बहुशब्दीय अभिव्यक्ति का निर्माण करते हैं, इसके नियम अभी भी उपलब्ध नहीं हैं।

20.4.2 क्रिया पदबंध के रूप में बहुशब्दीय अभिव्यक्तियाँ (MWEs as Verb Phrases/Verbal MWEs) :

वाक्य रचना में क्रिया पदबंध केंद्रीय होता है। बाह्यकेंद्रिक रचना होने के कारण इनका विश्लेषण अपेक्षाकृत वैसे ही कठिन होता है। ऐसी स्थिति में बहुशब्दीय अभिव्यक्ति के रूप में आने वाले पदबंधों की पहचान और कठिन हो जाती है। हिंदी में अनेक प्रकार की संरचनात्मक इकाइयाँ क्रिया पदबंध होने के साथ-साथ अर्थ के स्तर पर एकात्मकता और विशिष्टता के कारण बहुशब्दीय अभिव्यक्ति का निर्माण करती हैं। इन्हें 'मिश्र विधेय' (Complex Predicates) कहते हुए अमिताभ मुखर्जी और अन्य (Amitabh Mukerjee et al., 2006) ने कहा है, "A pain in the neck" (Sag et al., 2002) for NLP in languages of Indo-Aryan family (e.g. Hindi-Urdu, Bangla and Kashmiri) is the fact that most verbs nearly half of all instances in Hindi) occur as complex predicates-multi-word complexes which function as a single verbal unit in terms of argument and event structure." (Mukerjee et al., 2006) अत: हिंदी में बहुत अधिक संख्या में पाई जाती हैं। इनके निम्नलिखित रूप प्राप्त होते हैं :

20.4.2.1 संज्ञा/विशेषण/क्रियांगी + क्रिया (N/Adj./Kriyangi + V) : इन संरचनाओं को कुछ विद्वानों जैसे, अमिताभ मुखर्जी और अन्य (Amitabh Mukerjee et al., 2006) ने 'मिश्र विधेय' (Complex Predicates) नाम देते

हुए कहा है, "CPs are characterized by a predicate or host typically a noun (N), adjective (A), verb (V), or adverb (Adv)-followed by a light verb (LV), a grammaticalized version of a main verb, which contributes little telic significance to the composite predicate." (Mukerjee et al., 2006)

सैद्धांतिक दृष्टि से हिंदी का व्याकरणिक विवेचन करते हुए डॉ. सूरज भान सिंह ने इन्हें 'मिश्र क्रिया' (Complex Verb) नाम दिया है। इसकी संरचना और स्वरूप का विवेचन उन्होंने इस प्रकार किया है, ''हिंदी में **मिश्र क्रिया** की रचना संज्ञा, विशेषण या क्रियांगी शब्दों के साथ 'कर' 'हो' आदि क्रियाकरों (Verbalizers) के संयोग से होती है, जैसे—इंतजार करना, तारीफ करना/होना, स्पष्ट करना, ठीक करना, मना करना, मालूम करना/होना आदि। मिश्र क्रिया के प्रथम घटक को **क्रियामूल** (pre-verb) कहा गया है; दूसरा घटक **क्रियाकर** (Verblizer) कहलाता है जिसका प्रकार्य क्रियामूल को (जो मूलत: संज्ञा, विशेषण या क्रियांगी शब्द होता है) क्रिया रूप प्रदान करना होता है।''

अत: इस प्रकार की रचनाओं के मुख्यत: तीन वर्ग किए जा सकते हैं :

(क) संज्ञा + क्रिया : हिंदी में 'संज्ञा' और 'क्रिया' के योग से जिन बहुशब्दीय अभिव्यक्तियों का निर्माण होता है पदबंध स्तर पर वे अभिव्यक्तियाँ क्रिया पदबंध का कार्य करती हैं। इस प्रकार की संरचनाओं के संदर्भ में श्रीराम वेंकटपति और अन्य (Sriram Venkatapathy et al., 2005) का कहना है,

"A large number of MWEs in Hindi have a standard syntactic structure but are non-compositional semantically. An example of such subset is the class of Noun + Verb (N + V) expressions. Hindi has a large number of such expressions and hence, it is very important to handle them. These include complex predicates (Mohanan, 1993), idiomatic verb phrases etc.." (Venkatapathy et al., 2005)

'संज्ञा' और 'क्रिया' के योग से बनने वाली कौन सी अभिव्यक्ति मिश्र क्रिया का निर्माण कर रही है और कौन सी नहीं, इसका निर्धारण करना कठिन है। इस पर विचार करते हुए श्रीराम वेंकटपति और अन्य ने एक उदाहरण प्रस्तुत किया है, "The expression 'AshirvAda denA' ('give blessings') is a MWE whereas 'kiTAba denA') ('give a book') is not." (Venkatapathy et al., 2005) यह बात केवल इन्हीं अभिव्यक्तियों के बारे सत्य न होकर मिश्र क्रिया के रूप में प्राप्त होने वाली सभी अभिव्यक्तियों के बारे में सत्य है। इसी को देखते हुए डॉ. सूरजभान सिंह ने कहा है, ''अर्थ के स्तर पर मिश्र क्रिया के दोनों घटक मिलकर

एक आर्थी इकाई का निर्माण करते हैं। किन-किन स्थितियों में दो घटक मिलकर एक आर्थी इकाई का निर्माण करते हैं, इस संबंध में कोई स्पष्ट नियम नहीं है।" (सिंह, 2000)। उन्होंने मिश्र क्रियाओं के प्रकार्यात्मक और अप्रकार्यात्मक दो वर्ग बनाते हुए उनके वर्गों एवं उपवर्गों की सूची दी है जिसमें से कुछ उदाहरण नीचे दिए जा रहे हैं :

1. **संज्ञा + क्रियाकर <+परसर्ग> (प्रकार्यात्मक)**
   - o का/की + इंतजार करना, सेवा करना, शादी करना...।
   - o से + बात करना, शादी करना, लड़ाई करना...।
   - o में + प्रवेश करना, हस्तक्षेप करना, भाग लेना...।
   - o पर + अधिकार करना, गुस्सा करना, विश्वास करना...।
   - o को + माफ़ करना, सज़ा देना, धोखा देना...।
2. **संज्ञा + कर <-परसर्ग> (प्रकार्यात्मक)**
   (1) हड़ताल करना, भोजन करना, सफर करना...।
   (2) बारिश होना, बर्फ पड़ना, गर्मी होना/पड़ना...।
3. **संज्ञा + कर (अप्रकार्यात्मक)**
   याद करना, पसंद करना, खर्च करना...।

(ख) विशेषण + क्रिया : विशेषणों के साथ 'क्रिया' के योग से भी मिश्र क्रिया की रचना होती है। इस प्रकार ये क्रियाएँ मिश्र विधेय के रूप में बहुशब्दीय अभिव्यक्ति का निर्माण करती हैं। इनके बारे में डॉ. सूरजभान सिंह ने अपने विचार इस प्रकार व्यक्त किए हैं, "अधिकांश विशेषणों के साथ क्रियाकरों का प्रयोग कर मिश्र क्रियाओं की रचना की जा सकती है...।" (सिंह, 2000)। आपके द्वारा 'विशेषण + कर' के कुछ उदाहरण दिए गए हैं, यथा—ठीक करना, स्पष्ट करना, इक्ट्ठा करना, संतुष्ट करना, बंद करना आदि।

(ग) क्रियांगी + क्रिया : क्रियांगी शब्दों को परिभाषित करते हुए डॉ. सिंह (2000) का कहना है, " 'क्रियांगी शब्दों' से तात्पर्य ऐसे शब्दों से है जो हमेशा मिश्र क्रियाओं के अभिन्न घटक के रूप में प्रयुक्त होते हैं और जिन्हें संज्ञा या विशेषण के रूप में पृथक् करना संभव नहीं, जैसे—मालूम, मना, पेश, स्वीकार, कबूल आदि।" आगे उन्होंने विस्तार से विवेचन किया है, "सभी क्रियांगी शब्दों के साथ क्रियाकरों का प्रयोग कर मिश्र क्रियाओं की रचना की जा सकती है, जैसे—मालूम करना, पेश करना, स्वीकार करना, मना करना, अदा करना, खत्म करना आदि ।"

इसके अतिरिक्त उन्होंने कुछ रूढ़ प्रयोगों की भी सूची दी है, यथा—डींग मारना/हाँकना, घूस खाना, धोखा खाना, परेशानी उठाना, को + आदाब बजाना, सलाम ठोंकना, थप्पड़ मारना/कसना..., (पर) सवार होना, (की) बलि चढ़ाना, (की) खबर लेना, (की) याद आना, (का) पता लगाना आदि। कुछ विद्वानों ने 'क्रियांगी + क्रिया' के योग से बनने वाली अभिव्यक्तियों को **मिश्र अभिव्यक्तियाँ** (Complex Expressions) कहा है।

20.4.2.2 क्रिया + क्रिया (V + V) : 'क्रिया + क्रिया' द्वारा भी बहुशब्दीय अभिव्यक्तियों का निर्माण होता है। किंतु इनकी पहचान बहुशब्दीय अभिव्यक्ति या सामान्य क्रिया पदबंध के रूप में करना बहुत ही कठिन कार्य होता है। इनमें कुछ तो धातु रूप में आती हैं तो कुछ रूप परिवर्तनों के साथ। अतः इनके द्वारा बहुशब्दीय अभिव्यक्ति निर्माण की अपनी परिस्थितियाँ होती हैं। जैसा कि उपर अमिताभ मुखर्जी के कथन में आ चुका है कि मिश्र विधेयों की रचना 'क्रिया' + 'क्रिया' के संयोजन से भी होती है। इसमें आने वाली दूसरी क्रिया व्याकरणिक अर्थ या मुख्य क्रिया के अर्थ में कुछ परिवर्तन करने का कार्य करती है। इसे एक उदाहरण द्वारा उन्होंने इस प्रकार समझाया है, "An example of a V – V CP may be 'कर + दे', kar de "do + give", where the light verb de "give" imposes a completive aspect on the action kar "do"." (Mukerjee et al. 2006) इस प्रकार की संरचनाएँ प्राकृतिक भाषा संसाधन में समस्या उत्पन्न करती हैं। अतः इनका विश्लेषण कर इनके निर्माण और रूप संबंधी विशेषताओं का अध्ययन आवश्यक हो जाता है।

देबास्री चक्रबर्ती, हेमंग मैंडलिया और अन्य (Debasri Chakrabarti, Hemang Mandalia et al., 2008) ने "Hindi Compound Verbs and their Automatic Extraction" में इस प्रकार की संरचनाओं का विश्लेषण करते हुए कहा है, "This analysis enables us to identify a category of V + V complex predicates called lexical compound verbs (LCpdVs) which need to be stored in the dictionary." (Chakrabarti and Mandalia et al., 2008)। इन्होंने इसके पाँच प्रकारों की चर्चा की है :

"We have identified five different types of V + V sequences in Hindi. These are :

1. V1 stem + V2 : maar Daalnaa (kill-put) 'kill'.
2. V1 inf-e + lagnaa : rone lagnaa (cry-feel) 'start crying'.
3. V1 inf + paRnaa : bolnaa pRa (say-lie) 'say'.
4. V1 inf-e + V2 : likhne ko/ke lie kahaa 'asked to write'.
5. V1-kar + V22 : lekar gayaa 'took and went'.

इनकी पहचान हेतु कुछ परीक्षणों की बात भी उनके द्वारा की गई है। उनके ही शब्दों में, "Following Butt (1993) and Paul (2004), we use the following diagnostic tests to identify CPs in Hindi :

1. Scope of adverbs
2. Scope of negation
3. Nominalization
4. Passivization
5. Causativization
6. Movement

वास्तव में, 'क्रिया + क्रिया' के योग से बनने वाली ऐसी अभिव्यक्तियों को हिंदी के सैद्धांतिक विवेचन में 'संयुक्त क्रिया' और 'यौगिक क्रिया' कहा गया है। इनका विस्तृत वर्णन डॉ. सूरजभान सिंह द्वारा 'हिंदी का वाक्यात्मक व्याकरण' (2000) में किया गया है। इन्हें अलग-अलग हम इस प्रकार से देख सकते हैं :

संयुक्त क्रिया : इसकी रचना के संदर्भ में डॉ. सिंह का कहना है, "**संयुक्त क्रिया** की रचना दो क्रियाओं के योग से होती है जिनमें से पहली क्रिया धातु रूप में होती है, और दूसरी में पक्ष, वृत्ति तथा काल रूप-प्रत्यय जुड़े होते हैं। पहली क्रिया कोशीय अर्थ व्यक्त करती है और कोशीय क्रिया कहलाती है। दूसरी क्रिया, जिसे रंजक क्रिया (Intensifier) कहते हैं, कोई स्वतंत्र कोशीय अर्थ नहीं व्यक्त करती, बल्कि पहली क्रिया के ही अर्थ को मात्र विकसित, सीमित या रंजित करती है, जैसे—'कर लेना', 'भाग जाना', 'फेंक देना', 'रो पड़ना', 'उतर आना' आदि।" (सिंह, 2000)

इन संरचनाओं को यदि ध्यान से देखा जाए तो इनमें दूसरी क्रिया (रंजक क्रिया) ही विशेष स्वरूप को प्राप्त कर रही है। अत: ये क्रियाएँ कौन सी हैं और किन परिस्थितियों में किसी दूसरी क्रिया के साथ मिलकर संयुक्त क्रिया का निर्माण करती हैं, इससे संबंधित नियमों की खोज आवश्यक है। इनकी संख्या के बारे में डॉ. सिंह का कहना है, "हिंदी में रंजक क्रियाओं की संख्या सीमित है, कुछ रंजक क्रियाओं पर वैयाकरणों में पर्याप्त मतभेद भी है। कामताप्रसाद गुरु 11 रंजक क्रियाएँ मानते हैं, आर्येंद्र शर्मा 18, बहल 16, मेक्ग्रेगार 13, वाजपेयी 12 और आल्फ़न 17।" (सिंह, 2000)। आपके द्वारा जाना, लेना, देना, आना, पड़ना, उठना, बैठना, डालना 8 प्रमुख रंजक क्रियाओं की सूची उदाहरण सहित दी गई है जिनमें से तीन की प्रयोग-आवृत्ति सबसे अधिक बताई गई है। इनके अतिरिक्त सीमित प्रयोगों में मारना, मरना, छोड़ना की भी चर्चा की गई है। इनका उल्लेख प्रस्तुत पुस्तक के पृष्ठ सं. 341 पर किया गया है।

यौगिक क्रिया : इसको डॉ. सिंह ने इस प्रकार परिभाषित किया है, ''**यौगिक क्रिया** (Conjunct Verb) दो क्रियाओं का ऐसा निकट संयोग है जिसमें दोनों क्रियाओं का अपना कोशीय अर्थ होता है। पहली क्रिया धातु के रूप में होती है और दूसरी में पक्ष, काल तथा वृत्ति प्रत्यय लगते हैं। उदाहरण के लिए, 'वह किताब ले गया' वाक्य में 'ले जाना' एक यौगिक क्रिया है, लेकिन 'वह आ गया' वाक्य में 'आ जाना' संयुक्त क्रिया है, क्योंकि 'ले जाना' में 'लेना' और 'जाना' दोनों का कोशीय अर्थ सुरक्षित है।...इसके विपरीत संयुक्त क्रिया 'आ जाना' में केवल 'आना' का कोशीय अर्थ व्यक्त होता है, 'जाना' का नहीं।'' (सिंह, 2000)

हिंदी में प्राप्त होने वाली कुछ प्रमुख यौगिक क्रियाओं—ले जाना, आ बैठना, जा गिरना, कर दिखाना, ले आना आदि की सूची भी प्रो. सिंह द्वारा दी गई है, जिसे प्रस्तुत पुस्तक के पृष्ठ 343 पर देखा जा सकता है।

इस प्रकार की सभी संरचनाएँ बहुशब्दीय अभिव्यक्तियों का निर्माण करती हैं। डॉ. सिंह द्वारा किया गया इनका विवेचन बहुत ही स्पष्ट और वस्तुनिष्ठ है। उसके आधार पर 'संगणकीय नियमों' या 'एल्गोरिदमों' का निर्माण करके इनकी पहचान एवं विश्लेषण का कार्य किया जा सकता है।

20.4.3 मिश्र परसर्गों के रूप में बहुशब्दीय अभिव्यक्तियाँ (MWEs as Complex Postpositions) :

जब एक से अधिक परसर्ग (या एक परसर्ग और एक अन्य शब्द) मिलकर एक ही इकाई का निर्माण करते हैं तो इस प्रकार से बनने वाली अभिव्यक्तियों को '**मिश्र परसर्ग**' कहते हैं। अंग्रेजी भाषा में इनका विश्लेषण करते हुए बैल्डविन और अन्य (Baldwin et al., 2010) ने इन्हें 'Complex Prepositions' नाम दिया है। इसके संबंध में उनका कहना है, "Another common form of prepositional MWE is complex prepositions (e.g. on the top of, in addition to), and other forms of complex markers (Villada Moiron, 2005). Complex prepositions can take the form of fixed MWEs (e.g. in addition to), or alternatively semi-fixed MWEs, for example optionally allowing internal modification (e.g. with (due/particular/special/...) regard to) or determiner insertion (e.g. on (the) top of)." (Baldwin et al., 2010)

हिंदी में भी इस प्रकार के परसर्ग पाए जाते हैं जिन्हें 'मिश्र परसर्ग' कहा जा सकता है। इन परसर्गों को कुछ विद्वानों ने '**यौगिक परसर्ग**' या '**संयुक्त परसर्ग**' भी कहा है। जैसे, हरिवंश सिंह ने इन्हें 'यौगिक परसर्ग' कहते हुए कहा है, ''इसमें एक से अधिक परसर्ग के जोड़ने से बनने वाले परसर्ग आते हैं।'' ये परसर्ग मुख्यत: तीन प्रकार के हो सकते हैं :

1) एक से अधिक मूल परसर्गों के योग से बने—इसमें 'में से', 'पर से', 'में का', 'पर का' और 'के में से' आदि परसर्ग आते हैं, जैसे :

o में से : वह घड़े ***में से*** सोना निकाल रहा है।

o पर से : वह चलती ट्रेन ***पर से*** कूद गया।

o पर का : छत ***पर का*** कमरा बहुत बड़ा है।

o में का : बड़े डब्बे ***में का*** सामान दिखाओ आदि।

2) दूसरे वर्ग में वे अभिव्यक्तियाँ आती हैं, जिनमें 'से' तथा 'का' (प्रायः 'के', 'की') के साथ स्वतंत्र शब्द संलग्न होकर कारकीय संबंध को दर्शाते हैं। इसमें दूसरे शब्द का अर्थ ही प्रायः संपूर्ण अभिव्यक्ति का अर्थ होता है।

के ऊपर	के पास	के आगे	के नीचे
के पीछे	के बाद	के पहले	के अंदर
के बीच	के बाहर	के मध्य	के आस-पास
के भीतर	के दाएँ	के नजदीक	के बाएँ
के सामने	के निकट	के यहाँ	इत्यादि।

(सहाय : 'हिंदी में कारक विभक्ति और परसर्ग की समस्या', गवेषणा संचयन, 2008)

इनमें आने वाले स्वतंत्र शब्द 'से' तथा 'का' ('के', 'की') के बिना भी प्रयुक्त हो सकते हैं, जैसे—कई दिन पहले, कुछ दिन बाद, उस बिना इत्यादि। इनमें से कई के साथ "के" के बदले "से" का प्रयोग हो सकता है। जैसे—के आगे = से आगे, के पीछे = से पीछे आदि। किंतु दोनों प्रयोगों में अर्थभेद होता है।

3) तीसरे प्रकार के परसर्ग में 'के' से संयुक्त होकर प्रयुक्त होने वाले वे शब्द आते हैं जो स्वतंत्र रूप से प्रयुक्त नहीं होते हैं। इनका प्रयोग संज्ञा शब्द के साथ ही होता है। ये परसर्ग जिस शब्द रचना के अंग होते हैं वे उस रचना के शीर्ष अवयव होते हैं और वह रचना सीधे-सीधे उपवाक्य का घटक होती है, जैसे—घर के आगे, घर के बिना। इनमें 'के आगे, के बिना' रचना के शीर्ष घटक हैं। इनमें निम्नलिखित मिश्र परसर्ग आते हैं :

के अलावा	के अनुसार	के संग	के बावजूद
के मुताबिक	के साथ	के सिवाय	की अपेक्षा
के बिना	के अतिरिक्त	के बनिस्बत	के समेत
के अधीन	की खातिर	के सहित	के अनंतर
के जरिए	के बगैर	के उपरांत	के बदौलत
के पश्चात्	की तरफ	के बावत	के पूर्व

की ओर	के मारे	के अनुकूल	के दौरान
के समक्ष	के प्रतिकूल	के निमित्त	के सहारे
के अनुरूप	के लिए	के बजाए	के विपरीत
के वास्ते	के विरुद्ध	के प्रति	के खिलाफ

(सहाय : 'हिंदी में कारक विभक्ति और परसर्ग की समस्या', गवेषणा संचयन, 2008)

अतः 'मिश्र परसर्ग' या 'संयुक्त परसर्ग' के रूप में भी बहुशब्दीय अभिव्यक्तियाँ प्राप्त होती हैं जो संरचनात्मक प्रकार्य की दृष्टि से अपना अलग महत्त्व रखती हैं।

20.4.4 विशेषण पदबंध के रूप में बहुशब्दीय अभिव्यक्तियाँ (MWEs as Adjective Phrase) :

विशेषण पदबंध के रूप में आने वाली बहुशब्दीय अभिव्यक्तियाँ बहुत कम ही होती हैं और इनकी संरचना प्रायः 'विशेषण + विशेषण' (Adj. + Adj.) होती है। सामान्यतः इनमें घटक शब्दों के बीच डैश का प्रयोग होता है, जैसे :

- मुझे ***कुछ-कुछ*** ठंड लग रही है।
- सबको ***थोड़ा-थोड़ा*** अनाज दिया जाए।
- ***थोड़ा-बहुत*** तो हम भी बोल लेते हैं आदि।

कुछ विशेषणों के बीच 'न' का भी प्रयोग होता है, जैसे—

- जरूर कुछ-न-कुछ बात रही होगी।

20.4.5 क्रिया-विशेषण पदबंध के रूप में बहुशब्दीय अभिव्यक्तियाँ (MWEs as Adverb Phrase) :

क्रिया-विशेषण पदबंध के रूप में भी बहुशब्दीय अभिव्यक्तियाँ आती हैं। पं. कामताप्रसाद गुरू ने रूप के अनुसार क्रिया-विशेषण के तीन प्रकार माने हैं— (1) मूल, (2) यौगिक और (3) स्थानीय। (गुरु, 1920) यौगिक क्रिया-विशेषण की उन्होंने परिभाषा इस प्रकार से दी है, "जो क्रिया-विशेषण दूसरे शब्दों में प्रत्यय वा शब्द जोड़ने से बनते हैं, उन्हें यौगिक क्रिया-विशेषण कहते हैं।" (गुरु, 1920)। उनके द्वारा 'यौगिक और संयुक्त क्रिया-विशेषण' बताए गए हैं। इनमें से कुछ प्रमुख रूप जो 'बहुशब्दीय अभिव्यक्ति' के अंतर्गत आते हैं, इस प्रकार हैं :

- अव्यय + निपात/परसर्ग : यहाँ तक, झट से आदि।
- क्रिया-विशेषण + क्रिया-विशेषण : अभी-अभी, धीरे-धीरे, कब-कब, बकते-बकते, पहले-पहल आदि।
- संज्ञा + संज्ञा : घर-घर, घड़ी-घड़ी, बीचों-बीच आदि।

- विशेषण + विशेषण : ठीक-ठीक, साफ-साफ आदि।
- दो भिन्न-भिन्न क्रिया-विशेषणों का मेल : जहाँ-तहाँ, जहाँ-कहीं, इधर-उधर, जब कभी, कल-परसों, आस-पास, आमने-सामने आदि।
- दो समान अथवा असमान क्रिया-विशेषणों के बीच 'न' रखने से : कभी न कभी, कहीं न कहीं, कुछ न कुछ आदि।
- संख्या और विशेषण के मेल से : एक साथ, एक बार, दो बार, हर घड़ी आदि।
- पूर्वकालिक कृदंत (करके) और विशेषण के मेल से : मुख्य करके, विशेष करके, बहुत करके, एक-एक करके आदि।

21

संदिग्धार्थकता और विसंदिग्धीकरण

(Ambiguity and Disambiguation)

किसी पाठ या वाक्य में जब ऐसे शब्द आते हैं, जिनका एक से अधिक शब्दभेदों या शब्दवर्गों में प्रयोग होता है (जैसे—सोना = क्रिया/संज्ञा), तो वाक्यात्मक नियमों के प्रयोग के लिए यह आवश्यक है कि उनके केवल एक और वास्तविक टैग (वास्तविक प्रयोग) की पहचान की जाए। इसके बाद ही पदबंध चिह्नन या पद-विच्छेदन संबंधी कार्य किए जा सकते हैं। अत: इसके लिए संबंधित संदिग्धार्थक शब्द के आस-पास आए शब्दों के आधार पर पहचान की जाती है।

21.1 संदिग्धार्थकता : परिचय

किसी एक ही शब्द या पदबंध के किसी वाक्य में प्रयुक्त होने पर एक से अधिक शब्दवर्ग या टैग या अंर्थ होने की स्थिति को **संदिग्धार्थकता** (Ambiguity) कहते हैं, जैसे—अब मुझे सोना चाहिए, वाक्य में 'सोना' शब्द के दो अर्थ हैं—'एक मूल्यवान धातु = संज्ञा' और 'नींद में सोने की क्रिया = क्रिया। अत: इसमें संदिग्धार्थकता है। प्रत्येक भाषा में कुछ शब्द ऐसे होते हैं जिनका प्रयोग एक से अधिक शब्दवर्गों के लिए होता हैं। ऐसे शब्दों को संदिग्धार्थक शब्द (Ambiguous Word) कहा जाता है। शब्द के स्तर पर पाई जाने वाली यह संदिग्धार्थक स्थिति 'शाब्दिक संदिग्धार्थकता' है। संदर्भ के आधार पर इन शब्दों के वास्तविक शब्दवर्ग का निर्धारण 'विसंदिग्धीकरण' (Disambiguation) है। इस कार्य को संपन्न करने वाला टूल 'विसंदिग्धीकारक' (Disambiguator) कहलाता है। इसी प्रकार वाक्य में पदबंधों का प्रयोग होने पर भी कुछ विशेष प्रकार की संरचनाओं में संदिग्धार्थकता की स्थिति आ जाती है। इसे 'संरचनात्मक संदिग्धार्थकता' कहते हैं। अत: संदिग्धार्थकता दो प्रकार की होती है—

1. शाब्दिक संदिग्धार्थकता (Lexical Ambiguity)
2. संरचनात्मक संदिग्धार्थकता (Structural Ambiguity)

शाब्दिक संदिग्धार्थकता की स्थिति में वाक्य में प्रयुक्त शब्द के ही दो शब्दवर्ग होते हैं। इस कारण टैगिंग के दौरान उसे दो टैग प्राप्त होते हैं, जैसे—'सोना' के दो शब्दवर्ग हैं—'संज्ञा' और 'क्रिया'। अत: इसे दो टैग दिए जाएँगे—'NN' और 'VB'। इसी प्रकार 'आम' शब्द के भी दो शब्दवर्ग हैं—'संज्ञा' और 'विशेषण'। अत: इसे भी दो टैग दिए जाएँगे—'NN' और 'JJ'। संरचनात्मक संदिग्धार्थकता में किसी पदबंध के एक से अधिक अर्थ होने की स्थिति प्राप्त होती है। यह स्थिति वाक्य स्तर पर होती है। ऐसे वाक्यों में आए पदबंध मूलत: किसी अन्य वाक्य के रूपांतरण होते हैं जो पदबंध के रूप में वाक्य में प्रयुक्त होते हैं। इन वाक्यों का विसंदिग्धीकरण चॉम्स्की की बाह्य संरचना (Surface Structure) और आंतरिक संरचना (Deep Structure) की संकल्पना का प्रयोग करते हुए सरलता से किया जा सकता है। एक उदाहरण देखा जा सकता है—

मैंने ***दौड़ते हुए शेर*** को देखा।

इस वाक्य में 'दौड़ते हुए शेर' एक संदिग्धार्थक संरचना है। इसके विसंदिग्धीकरण के लिए हमें इसकी आंतरिक संरचना में आए दोनों वाक्यों को अलग-अलग व्याख्यायित करना होगा, यथा—

मैंने शेर को देखा, शेर दौड़ रहा था।

मैंने शेर को देखा, मैं दौड़ रहा था।

इसका विसंदिग्धीकरण करना भी अपने आप में एक बहुत बड़ी चुनौती है। इसी संदिग्धार्थकता को 'संरचनात्मक संदिग्धार्थकता' कहते हैं।

'शाब्दिक संदिग्धार्थकता' एक पारिभाषिक शब्द (Term) पहले से प्रयुक्त हो रहा है। किंतु स्तर की दृष्टि से इसके लिए 'शब्दस्तरीय संदिग्धार्थकता' पारिभाषिक शब्द का प्रयोग करना अधिक उपयुक्त होगा। इसका कारण यह है कि यहाँ पर संदिग्धार्थकता शब्द का प्रयोग मूलत: मशीन अर्थात् 'कंप्यूटर' के सापेक्ष ही किया जा रहा है। अत: मशीन में वाक्यात्मक संसाधन के दौरान जितनी भी संदिग्धार्थक स्थितियाँ आती हैं, उन सभी का यहाँ विवेचन किया जाएगा। हिंदी में प्राप्त होने वाली शब्दस्तरीय संदिग्धार्थकता को मशीनी संसाधन के सापेक्ष समझने के लिए इसे तीन भागों में विभाजित करते हुए प्रस्तुत अध्याय में चर्चा की जाएगी।

21.2 शब्दवर्ग संबंधी संदिग्धार्थकता

यही संदिग्धार्थकता मूलत: शाब्दिक संदिग्धार्थकता (Lexical Ambiguity) है। इसे 'शब्द-अर्थ संदिग्धार्थकता' (Word-sense Ambiguity) भी कहा गया है। इसमें एक ही शब्द के एक से अधिक शब्दवर्ग या शब्दभेद (Word Category or Parts of Speech) प्राप्त होते हैं। ये शव्दवर्ग या शब्दभेद उस शब्द के साथ कोश में ही दिए रहते हैं। अत: आरंभिक स्तर पर टैगिंग के समय शब्द के साथ दोनों टैग प्रस्तुत

किए जाते हैं, जैसे—'मुझे **सोना** चाहिए।' वाक्य में 'सोना_NN' और 'सोना_VM' दो टैग दिए जाएँगे। इस वाक्य में 'सोना' शब्द का वास्तविक टैग बताया नहीं जा सकता, किंतु 'मुझे सोना पड़ता है' वाक्य में 'सोना' शब्द का वास्तविक टैग 'सोना_NN' बताया है, फिर भी मशीन द्वारा 'सोना' शब्द को 'NN' और 'VM' दोनों टैग दिए जाएँगे, क्योंकि मशीन तो डाटाबेस के आधार पर कार्य करती है और डाटाबेस 'सोना' शब्द के लिए दोनों टैग दिए गए रहते हैं। अब चूँकि हमें केवल एक टैग 'VM' की आवश्यकता है। इसके लिए वाक्यात्मक संदर्भ देखा जाएगा कि 'पड़ता है' वृत्तिवाचक सहायक क्रिया पदबंध का प्रयोग 'सोना' संज्ञा (NN) के साथ नहीं हो सकता, इसलिए यह 'क्रिया' (VM) ही होगा। इसी प्रकार से वाक्यात्मक और प्रोक्तिस्तरीय संदर्भों द्वारा वास्तविक शब्दवर्ग का निर्धारण किया जाता है। इसके लिए मशीन को विसंदिग्धीकरण नियम दिए जाते हैं जो वाक्य के अंदर शब्द के आस-पास के शब्दों के प्रयोग पर आधारित होते हैं। ये नियम शब्दवर्ग-युग्म के आधार पर सुनिश्चित किए जाते हैं। अर्थात् यदि एक शब्द के एक से अधिक शब्दवर्ग हों तो दो शब्दवर्गों का एक युग्म बनाया जाता है। इसके पश्चात् दोनों में से प्रत्येक के लिए नियम दिए जाते हैं। इस संबंध में एक और महत्त्वपूर्ण बात यह है कि कुछ स्थितियाँ ऐसी भी होती हैं जिनमें उनके किसी एक शब्दवर्ग को चिह्नित नहीं किया जा सकता है। इन स्थितियों को सूचीबद्ध करना भी विसंदिग्धीकरण के अंतर्गत आता है।

हिंदी शब्दों के प्रयोग की शब्दवर्ग संबंधी संदिग्धार्थक स्थितियाँ अनेक शब्दवर्गों के साथ प्राप्त होती हैं। इन्हें टैग के आधार पर नीचे दिया जा रहा है—

21.2.1 व्यक्तिवाचक संज्ञा संबंधी :

इस वर्ग के अंतर्गत वे सभी शब्द आएँगे जिनका एक टैग 'NNP' हो। इस प्रकार के शब्द हिंदी में पर्याप्त मात्रा में पाए जाते हैं। इन्हें निम्नलिखित युग्मों में विभाजित किया जा सकता है—

(क) *व्यक्तिवाचक संज्ञा और जातिवाचक संज्ञा (NNP and NN)*- जैसे—**गोपाल** -1. कृष्ण, 2. गाय पालने वाला; **रागिनी** - 1. किसी लड़की का नाम, 2. एक धुन या राग।

(ख) *व्यक्तिवाचक संज्ञा और विशेषण (NNP and JJ)*- जैसे—**मराठी** - 1. मराठी भाषा, 2. महाराष्ट्र से संबंधित; **भोला** -1. भगवान शिव, 2. मासूम; सीधा-सादा।

(ग) *व्यक्तिवाचक संज्ञा और क्रिया (NNP and VM)*- जैसे—**गया** - 1. एक स्थान का नाम, 2. जाना का भूतकालिक रूप।

(इनका उल्लेख 'नामपद अभिज्ञान' संबंधी अध्याय में किया जा चुका है।)

21.2.2 जातिवाचक संज्ञा संबंधी :

इस वर्ग के अंतर्गत वे सभी शब्द आएँगे जिनका एक टैग 'NN' हो। इस प्रकार के शब्द भी हिंदी में पर्याप्त मात्रा में पाए जाते हैं। इन्हें निम्नलिखित युग्मों में विभाजित किया जा सकता है—

(क) *जातिवाचक संज्ञा और व्यक्तिवाचक संज्ञा (NN and NNP)*- देखें 21.2.1 का 'क'।

(ख) *जातिवाचक संज्ञा और विशेषण (NN and JJ)*- जैसे—**वैज्ञानिक** - 1. विज्ञान के क्षेत्र में पारंगत व्यक्ति, 2. विज्ञान से संबंधित; **धारी** - 1. वस्त्र आदि पर बनी हुई लकीर, 2 धारण करने वाला।

(ग) *जातिवाचक संज्ञा और क्रिया (NN and VM)*- इसके दो रूप देखे जा सकते हैं—

- *जातिवाचक संज्ञा और मूल क्रिया* - जैसे—**सोना** - 1. एक मूल्यवान धातु, 2. सोना क्रिया; **चलना** - 1. अन्न आदि को चालने वाली वस्तु, 2. चलना क्रिया।
- *जातिवाचक संज्ञा और रूपसाधित क्रिया* - जैसे—झाड़ी- 1. मुख्यत: रेगिस्तानी प्रदेश या कम पानी वाले स्थानों पर पाए जाने वाले छोटे-छोटे पेड़-पौधे, 2. झाड़ना क्रिया का भूतकालिक स्त्रीलिंग रूप; **बोली** - 1. भाषा का किसी क्षेत्र विशेष में प्रचलित रूप, 2. बोलना क्रिया का भूतकालिक स्त्रिलिंग रूप।

21.2.3 विशेषण संबंधी :

इस वर्ग के अंतर्गत वे सभी शब्द आएँगे जिनका एक टैग JJ हो। ऐसे शब्द भी हिंदी में अत्यधिक संख्या में पाए जाते हैं। इन्हें निम्नलिखित युग्मों में विभाजित किया जा सकता है—

(क) *विशेषण और व्यक्तिवाचक संज्ञा (JJ and NNP)*- देखें 21.2.1 का 'ख'।

(ख) *विशेषण और जातिवाचक संज्ञा (JJ and NN)*- देखें 21.2.2 का 'ख'।

(**नोट :** *इसका एक दूसरा रूप शब्द प्रयोग संबंधी भी है जिसकी चर्चा अगले भाग में की जाएगी।*)

(ग) *विशेषण और क्रिया (JJ and VM)*- जैसे—**पिछड़ा** - 1. पीछे रह जाने वाला; क्रम में साथ वाले के आगे या बराबरी में भी नहीं रहने वाला, 2. पिछड़ना क्रिया का भूतकालिक रूप।

नोट : चूँकि यह शब्द मूलत: पिछड़ना क्रिया के भूतकालिक रूप की तरह ही व्यवहार कर रहा है, इस कारण इसे शब्द और प्रयोग संबंधी संदिग्धार्थकता के अंतर्गत भी रखा जा सकता है।

(घ) *विशेषण और क्रिया-विशेषण (JJ and RB)*- इसकी चर्चा शब्द प्रयोग संबंधी संदिग्धार्थकता वाले भाग में की जाएगी।

(ङ) *विशेषण और संयोजक (JJ and CC)*- जैसे—और 1. अधिक, 2. दो वाक्यों या शब्दों को जोड़ने के लिए प्रयुक्त संयोजक (Conjunction)।

21.2.4 क्रिया संबंधी :

इस वर्ग के अंतर्गत वे सभी आएँगे जिनका एक टैग VM हो। इस प्रकार के शब्द हिंदी में पर्याप्त मात्रा में पाए जाते हैं। इन्हें निम्नलिखित युग्मों में विभाजित किया जा सकता है—

(क) *क्रिया और व्यक्तिवाचक संज्ञा (VM and NNP)*- देखें 21.2.1 का 'ग'।

(ख) *क्रिया और जातिवाचक संज्ञा (VM and NN)*- देखें 21.2.2 का 'ग'।

(ग) *क्रिया और विशेषण (VM and JJ)*- देखें 21.2.3 का 'ग'।

(घ) *क्रिया और क्रिया-विशेषण (VM and RB)*- इसकी चर्चा शब्द प्रयोग संबंधी संदिग्धार्थकता वाले भाग में की जाएगी।

(ङ) *क्रिया और अक्षर/वर्ण (VM and CH)*- 'आना' क्रिया का धातुरूप 'आ' एक वर्ण (हिंदी वर्णमाला का दूसरा स्वर) भी है।

21.2.5 क्रिया-विशेषण संबंधी :

इस वर्ग के अंतर्गत वे सभी आएँगे जिनका एक टैग RB हो। इस प्रकार के शब्द हिंदी में प्रचुर मात्रा में देखे जा सकते हैं। इन्हें निम्नलिखित युग्मों में विभाजित किया जा सकता है—

(क) *क्रिया-विशेषण और विशेषण (RB and JJ)*- देखें 21.2.3 का 'घ'।

(ख) *क्रिया-विशेषण और क्रिया (RB and JJ)* - देखें 21.2.4 का 'घ'।

21.3 शब्द प्रयोग संबंधी संदिग्धार्थकता

इसे 'शब्द-प्रकार्य संदिग्धार्थकता' (Word-Function Ambiguity) भी कहा जा सकता है। हिंदी में बहुत सारे शब्द ऐसे हैं, जो अर्थ की दृष्टि से एक ही होते हैं, किंतु उनका वाक्य में प्रयोग होने पर वे अलग शब्दवर्ग का प्रकार्य संपन्न करते हैं।

'शब्दवर्ग संबंधी संदिग्धार्थकता' और 'शब्द प्रयोग संबंधी संदिग्धार्थकता' में मुख्य अंतर यह है कि शब्दवर्ग संबंधी संदिग्धार्थकता के अंतर्गत आने वाले शब्द अर्थ की दृष्टि से भी दो इकाई होते हैं। अर्थात् उनके व्याकरणिक विवेचन में दो टैग और बाह्य संसार में दो अलग-अलग अर्थ होते ही हैं, किंतु शब्द प्रयोग संबंधी संदिग्धार्थकता की स्थिति में ऐसा नहीं होता। ये शब्द बाह्य संसार में एक ही अर्थ का प्रतिनिधित्व करते हैं, किंतु वाक्य में इनका प्रयोग दूसरे वर्ग के प्रतिनिधि के रूप में भी कर दिया जाता है। अर्थात् मूल में एक ही शब्द होता है और प्रकार्य के स्तर पर उसका प्रयोग दूसरे वर्ग के शब्द के लिए भी कर दिया जाता है। ऐसी स्थिति में वाक्य में प्रयोग के बाद शब्द के स्थान या स्थिति के आधार पर उसके वास्तविक टैग का निर्धारण किया जाता है। इस संबंध में प्राप्त होने वाले शब्दवर्ग निम्नलिखित हैं—

21.3.1 विशेषण संबंधी :

(क) विशेषण और जातिवाचक संज्ञा (JJ and NN) : हिंदी के अनेक विशेषण ऐसे हैं जो वाक्य में संज्ञा की तरह भी कार्य करते हैं। उदाहरण के लिए निम्नलिखित वाक्यों को देखें—

1) मैं ***भारतीय*** हूँ।
2) कल दो ***पाकिस्तानी*** पकड़े गए।
3) ***दूधवाला*** आया है।
4) कल शाम को एक ***बूढ़ा*** फल बेच रहा था।
5) मुझे कॉलेज में एक ***वैज्ञानिक*** मिला था।
6) ***अच्छे-अच्छे*** चले गए।

उपर्युक्त वाक्यों में अलग-अलग प्रकार के **विशेषण** शब्द आए हैं किंतु सभी अपने स्थान पर **संज्ञा** का प्रकार्य संपन्न कर रहे हैं। यदि इन शब्दों को ध्यान से देखा जाए तो प्रत्येक शब्द की स्थिति यही है कि उसका सबसे उपयुक्त (Most Relevant) कर्ता उस शब्द के आगे छुपा हुआ है जो अनुक्त है। इसी कारण ये वाक्य व्याकरणिक दृष्टि से पूर्ण हैं। इन्हें पढ़ते ही हमारा मस्तिष्क संभावित कर्ता का अनुमान कर लेता है। इस कारण इन वाक्यों के अर्थ हम बिना किसी समस्या के समझ लेते हैं, जैसे— पहले दो वाक्यों में 'भारतीय' और 'पाकिस्तानी' विशेषणों के बाद सर्वाधिक संभावित संज्ञा शब्द 'नागरिक' छुपा हुआ है। अर्थात् पहले वाक्य का भाव है—'मैं भारतीय नागरिक हूँ।' इसी प्रकार दूसरे वाक्य का भाव है—'कल दो पाकिस्तानी नागरिक पकड़े गए।' (**नोट :** इस क्रम में अन्य संभावित शब्द—सैनिक, वैज्ञानिक, आतंकवादी आदि शब्द भी आ सकते हैं।) ऐसे ही तीसरे और चौथे वाक्यों में 'दूधवाला' और 'बूढ़ा' के बाद 'आदमी' शब्द छुपा हुआ है। पाँचवें वाक्य में 'अच्छे-अच्छे' के बाद 'लोग' शब्द अनुक्त प्रतीत हो रहा है।

अब एक प्रश्न उठना स्वाभाविक है कि क्या इन शब्दों को मूलत: विशेषण मानकर इनके प्रयोगों को संज्ञात्मक प्रयोग मान लें? जैसा कि क्रिया के क्रिदंतीय प्रयोग के साथ होता है। थोड़ा और अधिक गहन विश्लेषण करें तो ऐसा मानने में एक बड़ी समस्या यह आती है कि केवल ये शब्द संज्ञाओं के स्थान पर आकर उनका प्रकार्य ही संपन्न नहीं कर रहे हैं बल्कि ये विशेषण शब्द 'संज्ञा' की तरह व्यवहार करने में स्वतंत्र रूप से भी समर्थ हैं। इसका सबसे बड़ा प्रमाण यही है कि इनके साथ वे रूपसाधक प्रत्यय भी प्रयुक्त होते हैं जो संबंधित संज्ञा शब्दों के साथ प्रयुक्त होते हैं, और इन प्रत्ययों का प्रयोग कर इनके तिर्यक रूप निर्मित किए जा सकते हैं। इसे निम्नलिखित प्रकार से देखा जा सकता है—

1) हम ***भारतीयों*** को अपने देश पर गर्व है।
2) कल दो ***पाकिस्तानियों*** को पकड़ा गया।
3) ***सभी दूधवाले*** आए हैं।
4) उन ***बूढ़ों*** को फल बेचने दो।
5) मैं कल दो ***वैज्ञानिकों*** से मिला।

इन सभी विशेषणों के साथ संज्ञा के रूपसाधक प्रत्यय लगे हैं। इन्हें सादृश्य द्वारा समझा जा सकता है—

1)	हम ***भारतीयों*** को अपने देश पर गर्व है।	(भारतीय → भारतीयों)
	सभी ***पेड़ों*** में फल हैं।	(पेड़ → पेड़ों)
2)	कल दो ***पाकिस्तानियों*** को पकड़ा गया।	(पाकिस्तानी → पाकिस्तानियों)
	कल दो ***मंत्रियों*** ने त्यागपत्र दिया।	(मंत्री → मंत्रियों)
3)	सभी ***दूधवाले*** आए हैं।	(दूधवाला → दूधवाले)
	सभी ***लड़के*** आए थे।	(लड़का → लड़के)
4)	उन ***बूढ़ों*** को फल बेचने दो।	(बूढ़ा → बूढ़ों)
	उन ***लड़कों*** को फिल्म देखने दो।	(लड़का → लड़कों)
5)	मैं कल दो ***वैज्ञानिकों*** से मिला।	(वैज्ञानिक → वैज्ञानिकों)
	मैंने कल दो ***बैलों*** को बेचा।	(बैल → बैलों)

उपर्युक्त वाक्यों में विशेषणों के संज्ञा की तरह बनने वाले रूपों को दिखाया गया है। साथ ही उन संज्ञा शब्दों को भी समानांतर रूप से प्रस्तुत किया गया है जिनके अनुसार इनमें रूप परिवर्तन हो रहा है। अत: इस प्रकार के सभी विशेषण शब्दों के साथ कोश (डाटाबेस) में विशेषण के अलावा संज्ञा का टैग भी रखना होता है जिससे इनके रूपसाधित रूपों के आने पर उनका भी विश्लेषण किया जा सके।

(ख) विशेषण और क्रिया-विशेषण (JJ and RB) : हिंदी के अधिकांश विशेषणों का एक महत्त्वपूर्ण अभिलक्षण यह है कि वे क्रिया-विशेषण के रूप में भी प्रयुक्त होते हैं। इस संबंध में उनके वास्तविक प्रकार्य का

निर्धारण इस बात से होता है कि उनके बाद शीर्ष शब्द कौन सा आया है। यदि बाद में आने वाला शीर्ष शब्द संज्ञा हो तो वे विशेषण कहलाएँगे और यदि आगे आने वाला शीर्ष शब्द क्रिया हो तो क्रिया-विशेषण कहलाएँगे। इसे निम्नलिखित उदाहरणों में देखा जा सकता है—

1) वह ***अच्छा*** लड़का है। (विशेषण)
2) वह ***अच्छा*** गाता है। (क्रिया-विशेषण)
3) तुम ***सुंदर*** स्त्री हो। (विशेषण)
4) तुम ***सुंदर*** लिखती हो। (क्रिया-विशेषण)
5) वह सभी कामों में ***तेज*** है। (विशेषण)
6) वह बहुत ***तेज*** दौड़ता है। (क्रिया-विशेषण)

इन वाक्यों में प्रयुक्त शब्दों को मूलतः विशेषण ही कहा जाता है। किंतु ये शब्द समान रूप से क्रिया-विशेषण का भी कार्य करते हैं। ऐसी स्थिति में इनका वाक्य में कहीं भी प्रयोग होने पर इनके क्रिया-विशेषण होने की संभावना उतनी ही बनी रहती है। इसलिए हमें भी जब इनका प्रकार्य बताना होता है तो हम भी बाद में आए शब्द को ही देखते हैं। इसके बाद निर्णय देते हैं। यही बात कंप्यूटर पर भी लागू होती है। कंप्यूटर में इस स्थिति का परीक्षण विसंदिग्धीकरण के अंतर्गत किया जाएगा।

21.3.2 क्रिया संबंधी

शब्द प्रयोग संबंधी संदिग्धार्थकता की दृष्टि से 'क्रिया' सबसे महत्त्वपूर्ण शब्दवर्ग है। इसका प्रयोग कई प्रकार के प्रकार्यों को संपन्न करने के लिए किया जाता है। पारंपरिक व्याकरणों में इसके अन्य प्रयोगों को 'कृदंत' नाम दिया गया है जिसके तीन वर्ग किए गए हैं—संज्ञात्मक, विशेषणात्मक और क्रिया-विशेषणात्मक। इसके अलावा इसके दो अन्य व्याकरणिक प्रकार्यात्मक भेद भी किए गए हैं—पूर्वकालिक, वर्तमानकालिक। इन दो भेदों का संदिग्धार्थकता की दृष्टि से हमारे लिए कोई खास महत्त्व नहीं है किंतु शब्दभेद/शब्दभेद की दृष्टि से किए गए तीनों ही वर्ग महत्त्वपूर्ण हैं, जिनकी आगे विस्तार से चर्चा की जाएगी। इसके अलावा क्रिया (मुख्य क्रिया या कोशीय क्रिया) का प्रयोग पक्षात्मक क्रिया, वृत्तिमूलक क्रिया और रंजक क्रिया के रूप में भी होता है। अतः इन सभी को मिलाकर बनने वाले कुल 6 उपवर्ग निम्नलिखित हैं—

(क) **क्रिया का संज्ञा के रूप में प्रयोग (VM as NN) :** लगभग सभी मुख्य क्रियाओं का प्रयोग संज्ञा के रूप में किया जा सकता है। कारकीय संबंध की दृष्टि से बात करें तो ये कर्ता और कर्म दोनों ही स्थानों पर प्रयुक्त होने की क्षमता रखती हैं। संज्ञा के रूप में क्रियाओं का प्रयोग होने पर उनके साथ लगभग सभी परसर्गों (ने के अलावा) का प्रयोग

होता है। इसके लिए हिंदी में विविध प्रकार के वाक्य साँचे उपलब्ध हैं। उदाहरण के लिए निम्नलिखित वाक्यों को देखें—

1) सुबह-सुबह ***टहलना*** अच्छी बात है।
2) मैं ***चलने को*** बोल रहा हूँ।
3) आपके ***लिखने से*** हमारा काम हो जाएगा।
4) अब ***लिखने का*** काम समाप्त हुआ।
5) मोहन को ***चलने में*** समस्या होती है।
6) यहाँ ***बैठने पर*** क्या हो जाएगा।

इन सभी वाक्यों में क्रिया शब्दों का संज्ञा के रूप में प्रयोग हुआ है। यदि क्रिया शब्दों के बाद कोई परसर्ग या अन्य अव्यय शब्द (जैसे—तक, वाला) आता है तो धातु साथ जुड़ा हुआ '-ना' अपने तिर्यक रूप '-ने' में परिवर्तित हो जाता है, नहीं तो आकारांत रूप में रहता है। विसंदिग्धीकरण की दृष्टि से इन शब्दों की क्रिया के रूप में पहचान के पश्चात् इन्हें कृदंत के रूप में कोई टैग दिया जाना चाहिए या फिर संज्ञात्मक प्रयोग को किसी चिह्नक द्वारा दर्शाया जाना चाहिए।

(ख) क्रिया का विशेषण के रूप में प्रयोग (VM as JJ) : जिस प्रकार क्रिया का संज्ञा के रूप में प्रयोग होता है, उसी प्रकार इसका विशेषण के रूप में भी प्रयोग होता है। इसके लिए क्रिया के '-ता, -ती, -ते' रूप के बाद 'हुआ, हुई, हुए' शब्द आते हैं या '-ना, -ने' रूप के बाद वाला, वाली, वाले' आदि आते हैं; जैसे—

1) यह दिल्ली ***जाने वाली गाड़ी*** है।
2) यह आपकी ***लिखी हुई किताब*** है।
3) वह ***पढ़ने वाला लड़का*** है।
4) तुम ***रोता हुआ चेहरा*** लेकर क्यों आए हो।

'वाला, वाली, वाले' से युक्त पदों के वाक्यों में ऐसे पदबंधों के बाद संज्ञा का आना आवश्यक है। यदि पहले संज्ञा शब्द आ जाए और अंत में क्रिया के साथ 'वाला' युक्त पदबंध आए तो इस प्रकार बनने वाला वाक्य वृत्ति (Mood) को दर्शाने वाला भी हो सकता है, यथा—

1) यह गाड़ी दिल्ली ***जाने वाली*** है।
2) वह लड़का ***पढ़ने वाला*** है।

इन वाक्यों में प्रथम वाक्य संदिग्धार्थक है। इसमें 'जाने वाली' द्वारा एक तरफ वृत्ति का बोध हो रहा है तो दूसरी तरफ विशेषण का। इसकी अलग-अलग व्याख्या इस प्रकार की जा सकती है।

- ➢ यह गाड़ी ***दिल्ली जाने वाली*** है। (यह वह गाड़ी है जो दिल्ली जाएगी = विशेषणात्मक प्रयोग)
- ➢ यह गाड़ी ***दिल्ली जाने वाली*** है। (यह गाड़ी दिल्ली के लिए निकलने वाली है = वृत्तिमूलक प्रयोग)

  यदि इस वाक्य में से गंतव्य स्थान (दिल्ली) निकाल दिया जाए तो यह वाक्य पूर्णतः वृत्तिमूलक हो जाएगा, यथा—
- ➢ यह गाड़ी ***जाने वाली*** है।

इसके अलावा क्रिया के भूतकालिक रूपों के साथ भी 'हुआ, हुई, हुए' आदि का प्रयोग करने पर बने हुए रूप भी विशेषण की तरह प्रयुक्त होते हैं। कुछ क्रियाओं के भूतकालिक युग्म का प्रयोग भी विशेषण के लिए किया जाता है। दोनों के कुछ उदाहरण निम्नलिखित हैं—

1) यह ***देखी हुई फिल्म*** क्यों देख रहे हो?
2) वह ***फटा हुआ कपड़ा*** लाया।
3) चोर घर में ***रखा हुआ सारा सामान*** उठा ले गए।
4) वह ***पढ़ा-लिखा मूर्ख*** है।
5) यह उसका ***रटा-रटाया जवाब*** है।

कुछ वाक्यों में क्रिया के केवल भूतकालिक रूप का या उसके साथ 'हुआ' का प्रयोग ऐच्छिक होता है, जैसे—

6) यह ***खुला पत्र*** है।
7) यह ***खुला हुआ पत्र*** है।

इस प्रकार, विशेषण का कार्य करने वाले सभी क्रियारूपों को चिह्नित करते हुए उसे अलग-अलग टैग करने की आवश्यकता पड़ती है, जिसके लिए विसंदिग्धीकरण नियमों का प्रयोग किया जाता है।

(ग) क्रिया का क्रिया-विशेषण के रूप में प्रयोग (VM as RB): हिंदी में क्रियाओं का क्रिया-विशेषणों के रूप में भी प्रयोग होता है। इसके लिए क्रियाओं के साथ '-ता हुआ', '-ती हुई', '-ते हुए' अथवा '-कर' का प्रयोग होता है। उदाहरण के लिए निम्नलिखित वाक्यों को देखें—

1) वह ***रोता हुआ*** घर गया।
2) मैं ***पढ़ते हुए*** स्कूल गया।
3) वह लड़की ***नाचती हुई*** चल रही थी।

'-कर' के प्रयोग में एक विशेष संदिग्धार्थक स्थिति आती है। सामान्यतः इसका प्रयोग भूतकालिक कृदंत के लिए होता है। कुछ विशेष प्रकार की क्रियाओं के साथ ही आने पर यह क्रिया-विशेषण के रूप में प्रयुक्त होता है। ये क्रियाएँ

मुख्यत: आंगिक भावबोधक होती हैं, जैसे—मुस्कराना, हँसना, चिल्लाना आदि। उदाहरण के लिए निम्नलिखित वाक्यों को देखा जा सकता है—

1) वह ***चिल्लाकर*** बोला।
2) मोहन ***हँसकर बात करता*** है।
3) वह लड़की ***रोकर बोल रही*** है।
4) तुम ***मुस्कराकर चल रहे*** हो।
5) वह ***बैठकर बात कर रहा*** है।

इन वाक्यों में '-कर' से युक्त होकर आई हुई क्रियाएँ क्रिया-विशेषण का कार्य कर रही हैं। वैसे तीसरा वाक्य फिर भी संदिग्धार्थक है। इसमें 'रोकर' क्रिया के प्रयोग के दो अर्थ किए जा सकते हैं। पहला—'लड़की पहले रोई फिर बोली' और दूसरा—'लड़की द्वारा रोने और बोलने का कार्य साथ-साथ किया जा रहा है'। इनमें जब वाक्य का दूसरा अर्थ हो तभी यह क्रिया-विशेषण कहलाएगा।

(घ) क्रिया का पक्षात्मक क्रिया के रूप में प्रयोग (VM as AX) : 'रहना' और 'चुकना' दो ऐसी क्रियाएँ हैं जिनकी शाब्दिक कोटि 'मुख्य क्रिया' के रूप में भी है और 'पक्षात्मक क्रिया' के रूप में भी। वाक्य में प्रयोग की दृष्टि से देखा जाए तो 'रह' क्रिया के तीन भूतकालिक रूपों—'रहा, रही, रहे' का प्रयोग दोनों ही स्थितियों के लिए हो सकता है। अत: इनके प्रयोग संबंधी वास्तविक स्थिति के लिए विसंदिग्धीकरण नियमों की आवश्यकता पड़ती है। उदाहरण के लिए निम्नलिखित वाक्य द्रष्टव्य हैं—

1) वह मुंबई जा ***रहा*** है। **(पक्षात्मक क्रिया)**
2) वह मुंबई में 10 वर्ष ***रहा*** है। **(मुख्य क्रिया)**
3) ट्रेन तेज गति से चल ***रही*** है। **(पक्षात्मक क्रिया)**
4) इसकी तो यही औसत गति ***रही*** है। **(मुख्य क्रिया)**
5) वे घर जा ***रहे*** हैं। **(पक्षात्मक क्रिया)**
6) वे अब कहीं के नहीं ***रहे*** हैं। **(मुख्य क्रिया)**

'चुकना' क्रिया के भी तीनों भूतकालिक रूप—'चुका, चुकी, चुके' पक्षात्मक क्रिया के रूप में भी प्रयुक्त होते हैं। किंतु मुख्य क्रिया के रूप में इनका सीधे-सीधे प्रयोग प्राप्त नहीं होता। अत: इन रूपों को केवल पक्षात्मक क्रिया का ही टैग दिया जा सकता है जिससे संदिग्धार्थक स्थिति न उत्पन्न हो।

(ङ) क्रिया का वृत्तिमूलक क्रिया के रूप में प्रयोग (VM as AS) : पक्षात्मक क्रियाओं की तरह की कुछ मुख्य क्रियाएँ वृत्तिमूलक क्रियाओं का भी कार्य करती हैं। 'पड़ना, सकना' आदि ऐसी ही क्रियाएँ हैं। इनके 'धातु+ता/ती/ते' रूप, तीनों भूतकालिक तथा तीनों भविष्यकालिक

रूप मुख्य क्रियाओं के साथ प्रयुक्त होकर वृत्ति का बोध कराते हैं। ऐसी स्थिति में उन्हें वृत्तिमूलक क्रिया के रूप में टैग करने की आवश्यकता होती है। उदाहरणस्वरूप कुछ वाक्य इस प्रकार हैं—

1) मुझे घर ***जाना पड़ता*** है।
2) मैं अब ***चल सकता*** हूँ।
3) क्या कल आपको यह ***करना*** पड़ेगा?
4) क्या कल तक यह पानी ***चल*** सकेगा?
5) मुझे कल भूखे ही ***सोना*** पड़ा।
6) उसका काम कल भी नहीं ***हो*** सका।

इसी प्रकार अन्य प्रयोग भी देखे जा सकते हैं। इनमें से 'पड़ना' क्रिया का प्रयोग रंजक क्रिया के रूप में भी होता है। इसे आगे देखेंगे।

(च) क्रिया का रंजक क्रिया के रूप में प्रयोग (VM as EX) : 'रंजक क्रिया' दक्षिण एशियाई भाषाओं की एक महत्त्वपूर्ण विशेषता है। ऐसी क्रियाएँ जो अन्य क्रियाओं के साथ आकर अपना मुख्य अर्थ खो देती हैं और संबद्ध क्रिया के अर्थ को ही विशेषीकृत या रंजित करती हैं, **रंजक क्रिया** (Explicator Verb) कहलाती हैं। हिंदी में भी 8 से 12 रंजक क्रियाएँ पाई जाती हैं। विभिन्न हिंदी व्याकरणाचार्यों द्वारा इनकी अलग-अलग संख्या बताई गई है। हिंदी के सुप्रसिद्ध व्याकरणविद् प्रो. सूरजभान सिंह (2000) ने मूलतः इनकी संख्या 08 बताई है। आपके शब्दों में, ''हिंदी की सर्वमान्य 08 प्रमुख क्रियाएँ नीचे दी जा रही हैं, जिनमें प्रथम तीन की प्रयोग-आवृत्ति सबसे अधिक है—

1. जाना (भाग जाना)
2. लेना (कर लेना)
3. देना (फेंक देना)
4. आना (उतर आना)
5. पड़ना (रो पड़ना)
6. उठना (काँप उठना)
7. बैठना (कर बैठना)
8. डालना (कर डालना)

इनके अतिरिक्त, अपेक्षाकृत अधिक सीमित प्रयोगों में प्रचलित कुछ अन्य रंजक क्रियाएँ भी हैं, जिनमें प्रमुख हैं—

9. निकलना (बढ़ निकलना)
10. मारना (छान मारना)

11. मरना (जा मरना)

12. छोड़ना (बना छोड़ना)" (हिंदी का वाक्यात्मक व्याकरण)

इनके मुख्य क्रिया और रंजक क्रिया के रूप में प्रयोग संबंधी कुछ वाक्य निम्नलिखित हैं—

1.1 राम का लड़का घर गया।	(मुख्य क्रिया)
1.2 राम का जादू चल गया।	(रंजक क्रिया)
2.1 मैंने एक मकान लिया।	(मुख्य क्रिया)
2.2 मैंने काम कर लिया।	(रंजक क्रिया)
3.1 उसने मुझे सामान दिया।	(मुख्य क्रिया)
3.2 उसने सामान रख दिया।	(रंजक क्रिया)
4.1 तुमने पेटी में आम डाला।	(मुख्य क्रिया)
4.2 तुमने उसे मार डाला।	(रंजक क्रिया)

अत: इन सभी क्रियाओं के मुख्य क्रिया के रूप में प्रयोग और रंजक क्रिया के रूप में प्रयोग को अलग-अलग चिह्नित करने की आवश्यकता पड़ती है, जिसके लिए विसंदिग्धीकरण नियमों का प्रयोग होता है।

21.4 शब्दरूप संबंधी संदिग्धार्थकता

हिंदी में अनेक शब्द ऐसे भी होते हैं, जिनके बनने वाले रूपसाधित रूप (Inflected form) एक ही होते हैं। यह स्थिति मुख्यत: कुछ संज्ञा शब्दों और कुछ क्रिया शब्दों के साथ प्राप्त होती है। उदाहरण के लिए कुछ आकारांत और अकारांत पुल्लिग संज्ञा शब्दों के बहुवचन, तिर्यक रूप एक ही होते हैं, जैसे—'तारों' शब्द दो मूल शब्दों का बहुवचन, तिर्यक रूप है—

तारा - तारा, तारे, तारों

तार - तार, तारों

इसी प्रकार 'नालों' और 'तालों' शब्दों को भी देखा जा सकता है—

नाला - नाला, नाले, नालों

नाल - नाल, नालों

ताला - ताला, ताले, तालों

ताल - तालों

अत: वाक्य में इस प्रकार के शब्दरूपों का प्रयोग होने पर उनके दो कोशीय/मूल रूप प्राप्त होते हैं। इनमें से वास्तविक रूप को प्राप्त करने के लिए भी कुछ नियमों का प्रयोग करना होता है जो विसंदिग्धीकरण नियम ही होते हैं।

ऐसी ही स्थिति कुछ क्रिया शब्दों के साथ भी प्राप्त होती है। यह स्थिति उन सभी क्रिया शब्दों के साथ प्राप्त होती है जिनके धातु रूप समान होते हैं, तथा अंतर केवल अकारांत और आकारांत होता है, जैसे—उठना, उठाना; चलना, चलाना; गिरना, गिराना आदि। उदाहरण के लिए निम्नलिखित वाक्यों में इनकी संदिग्धार्थक स्थिति को देखा जा सकता है—

1) आज तू जल्दी उठा।	(उठना का भूतकालिक रूप)
2) तू उठा।	(संदिग्धार्थक)
3) तू सामान उठा।	(उठाना का धातु रूप)
4) वह घर चला।	(चलना का भूतकालिक रूप)
5) तू गोली चला।	(चलाना का धातु रूप)

इन उदाहरणों में प्रथम दो वाक्यों में 'उठा' शब्द आया है। प्रथम वाक्य में यह 'उठा' शब्द 'उठ' धातु का भूतकालिक एकवचन, पुल्लिंग रूप है। किंतु दूसरे वाक्य में इस शब्द का प्रयोग संदिग्धार्थक है। यहाँ पर यह 'उठ' धातु का भूतकालिक एकवचन, पुल्लिंग रूप भी हो सकता है और 'उठा' धातु क्रिया भी। तीसरे वाक्य में अर्थ स्पष्ट है। इसी प्रकार चौथे और पाँचवें वाक्यों को भी देखा जा सकता है। इन वाक्यों में से चौथे वाक्य में तो 'चल' धातु के भूतकालिक एकवचन, पुल्लिंग रूप का ही प्रयोग हुआ है। किंतु पाँचवें वाक्य में 'चला' क्रिया अपने धातु रूप में आई है। इस प्रयोग का विश्लेषण 'चल' धातु के भूतकालिक, एकवचन, पुल्लिंग के रूप में नहीं किया सकता। यह बात मानव मस्तिष्क अपने सहज ज्ञान के आधार पर समझ ले रहा है। कंप्यूटर को ये पाँचों वाक्य इनपुट के रूप में देने पर सभी में दो-दो क्रियामूल या धातुरूप प्राप्त होंगे। अतः इनके विसंदिग्धीकरण के लिए भी नियम देने की आवश्यकता होती है।

21.5 भाषा संबंधी संदिग्धार्थकता

हिंदी में भिन्न-भिन्न भाषाओं में शब्द आए हैं। इन भाषाओं में सबसे अधिक प्रभुत्व 'अरबी-फ़ारसी' और 'अंग्रेजी' का है। अंग्रेजी शब्दों के साथ एक सुविधा है कि इसके शब्दों की रचना अथवा स्वरूप हिंदी शब्दों से अलग होता है। अतः इनके बीच कोई बड़ी समस्या नहीं आती। किंतु कुछ अरबी-फ़ारसी के शब्दों के साथ समनामता (Homonymy) संबंधी समस्या आती है। बहुत से अरबी-फ़ारसी के शब्द हिंदी शब्दों के साथ इस प्रकार से घुल-मिल गए हैं कि यह समझ में नहीं आता कि वे हिंदी के हैं या अरबी-फ़ारसी के। उदाहरण के लिए 'फन' शब्द हिंदी और फ़ारसी दोनों भाषाओं में है। यदि नुक्ता न लगा हो तो दोनों शब्द एक जैसे दिखाई पड़ते हैं, जबकि एक का अर्थ है—'साँप का फन/फण' और दूसरे का अर्थ है—'कला'। बोलने में दोनों शब्दों में भेद का बिल्कुल ध्यान रखा जाना चाहिए, क्योंकि

यदि कहा जाए कि 'गुलाम अली बहुत बड़े फनकार हैं' और श्रोता पहला व। अर्थ लगा ले तो अर्थ का अनर्थ हो जाएगा। इसी प्रकार हिंदी और अरबी/फ़ारसी में समान दिखने वाले कुछ शब्द निम्नलिखित हैं—

हिंदी	अरबी/फ़ारसी
आम = एक फल, जैसे—पका आम, लँगड़ा/दशहरी आम आदि।	**आम** = साधारण, जैसे—आम लोग, आम बात, आम आदमी आदि।
खाना = भोजन, जैसे—दोपहर का खाना, शाम का खाना आदि।	**खाना** = किसी आलमारी या दराज आदि का भाग, जैसे—इस आलमारी में 10 खाने हैं।
खुद = खुदना क्रिया का धातु रूप, जैसे—गड्ढा खुद गया।	**खुद** = स्वयं, अपने से, जैसे—लड़की ने खुद आकर बताया।
खुदा = खोदा हुआ, जैसे—अभी तो दो मीटर ही गड्ढा खुदा है।	**खुदा** = ईश्वर, भगवान, जैसे—या खुदा, रहम कर!
जमीं = 'जमना' क्रिया का भूतकालिक स्त्रीलिंग, बहुवचन रूप, जैसे—उस रात कई महफिलें जमीं।	**जमीं** = पृथ्वी की सतह, जमीन, जैसे—ये आसमाँ ये जमीं, ये चाँद और सूरज...।
पाक = भोजन आदि पकाने की कला, जैसे—आप तो पाक कला विशेषज्ञ हैं।	**पाक** = पवित्र, जैसे—इस पाक जमीं पर अपने नापाक पैर मत डालो।
दर = किसी वस्तु की खरीद-बिक्री हेतु निर्धारित राशि, जैसे—पाँच रुपये किलो की दर से सारा सामान बिक गया।	**दर** = द्वार, दरवाजा, ड्योढ़ी आदि, जैसे—वह दर-दर की ठोकरें खाता रहा।
दान = किसी को कृपापूर्वक दी गई सामग्री, जिसे वापस न लिया जाए, जैसे—दान की बछिया के दाँत नहीं देखे जाते।	**दान** = किसी वस्तु आदि को रखने का पात्र, जैसे—पीकदान, कदरदान आदि।
मद = नशा, मस्ती आदि; जैसे—वह दौलत के मद में चूर है।	**मद** = क्रम संख्या, जैसे—मद संख्या - 1 पर विचार किया जाए।
सजा = 'सजना' क्रिया का भूतकालिक पुल्लिग रूप, जैसे—आपका घर बहुत सजा हुआ है।	**सजा** = दंड, जैसे—रमेश को दस साल की सजा हुई।

यहाँ पर ध्यान देने की बात है कि मानक हिंदी और ऊर्दू में क, ख, ग, ज और फ को अलग करने के लिए 'नुक्ता' के प्रयोग (क़, ख, ग़, ज़, फ़) की व्यवस्था की गई है। इसी प्रकार उच्चारण में भी अंतर होता है, किंतु आम लोगों द्वारा प्राय: अरबी-फ़ारसी के इन वर्णों का प्रयोग हिंदी के वर्णों की तरह ही किया जाता है।

हिंदी और अरबी/फ़ारसी की तरह ही अंग्रेजी से हिंदी में आए कुछ शब्द भी एक समान दिखते हैं। यदि किसी पाठ में उन्हें देवनागरी में लिखा गया हो, तो वे हिंदी के हैं, या अंग्रेजी के? इसके अभिज्ञान की समस्या हो सकती है। यहाँ भी कभी-कभी अर्थ से अनर्थ की स्थिति उत्पन्न हो जाती है, जैसे—हिंदी में 'काल' शब्द के दो अर्थ है—समय और मृत्यु। अंग्रेजी में 'कॉल' करने का अर्थ है किसी को बुलाना। आजकल यह 'फोन' या 'मोबाइल' द्वारा संपर्क करने के अर्थ में सर्वाधित प्रयुक्त हो रहा है। अब यदि आप किसी को फोन करते हैं और उसका सेक्रेटरी जाकर कहता है कि "आपका काल आया है" तो अर्थ का अनर्थ होना स्वाभाविक है, क्योंकि यहाँ पर अर्थ हो जाएगा—'आपके मरने का समय आ चुका है'। इस प्रकार के कुछ शब्द नीचे दिए जा रहे हैं—

हिंदी	**अंग्रेजी**
आई = 'आना' क्रिया का भूतकालिक, स्त्रीलिंग रूप, जैसे—वह लड़की आई।	**आई** = मैं, जैसे—मे आई कम इन मैडम (लाइफ ओ.के. का चर्चित सीरियल)
इन = 'ये' का तिर्यक रूप, जैसे—इन लोगों को छोड़ दो।	**इन** = में, जैसे—मे आई कम इन मैडम (लाइफ ओ.के. का चर्चित सीरियल)
कम = थोड़ा, अल्प मात्रा में, जैसे—यहाँ पानी बहुत कम है।	**कम** = आना, जैसे—मे आई कम इन मैडम (लाइफ ओ.के. का चर्चित सीरियल)
किस = 'कौन' का तिर्यक रूप, जैसे—मुझे किस आदमी को मारना है।	**किस** = चुंबन, जैसे—मैं तुहें किस करना चाहता हूँ।
जग = संसार, विश्व, जैसे—जग सूना-सूना लगता है।	**जग** = पानी का एक बर्तन, जैसे—एक जग पानी लाओ।
फूल = पुष्प, पौधों की पंखुड़ीयुक्त कोपलें जो फल से पहले लगती हैं। जैसे—बहारो फूल बरसाओ, मेरा महबूब आया है।	**फूल** = मूर्ख, जैसे—तुम्हारे जैसा फूल मैंने दूसरा नहीं देखा।

बनाना = कोई चीज तैयार करना, जैसे—मुझे प्रतिदिन एक पंखा बनाना पड़ता है।	**बनाना** = केला, जैसे—बनाना क्या भाव दिए ब्रदर।
बस = (1) किसी स्थान पर निवास करना, जैसे—मोहन दिल्ली में बस गया। (2) सामर्थ्य, जैसे—यह मेरे बस में नहीं है।	**बस** = सार्वजनिक यातायात के लिए प्रयुक्त एक बड़ी गाड़ी, जैसे—इस बस में सौ लोग यात्रा कर सकते हैं।
बेल = एक पेड़, श्रीफल, जैसे—बेल के पत्ते शुभ माने जाते हैं।	**बेल** = (1) घंटी, जैसे—चार बजते ही बेल बज जाती है। (2) जमानत, जैसे—अभी तो मुजरिम को बेल मिलना कठिन है।
लेट = लेटना क्रिया का धातु रूप, जैसे—खाना खाने के बाद वह लेट गया।	**लेट** = देर, विलंब, जैसे—ट्रेन आज दस घंटे लेट है।
वाक्/वाक* = बोलने की स्थिति, वाचन, जैसे—मैं वाक् अंगों पर शोध कर रहा हूँ। (*वाचिक भाषा में अंतिम वर्ण के साथ हल चिह्न नहीं दिखता)	**वाक** = टहलना, मैं तो रोज सुबह-सुबह दो किलोमीटर वाक करता हूँ।

अरबी/फ़ारसी और अंग्रेजी के शब्दों में भी यह स्थिति देखने को मिलती है, जैसे—फैन (दीवाना) और फैन (पंखा), सफर (यात्रा) और सफर (कष्ट में गुजरना) आदि। अत: यदि आगत शब्दों जैसे दिखने या प्रयुक्त होने वाले शब्द हिंदी में पहले से ही हों, तो उनका प्रयोग एक संदिग्धार्थक स्थिति उत्पन्न करता है।

इस क्रम में शब्दों का रूपनिर्माण भी एक महत्त्वपूर्ण बिंदु है, जैसे—'फैन' (दीवाना/पंखा) का बहुवचन 'फैनों' बनाया जाए या फिर 'फैंस'; 'बनाना' (केला) का बहुवचन 'बनाने/बनानों' किया जाए या 'बनानाज' आदि। यद्यपि स्वचलित अभिज्ञान के संदर्भ में भाषा संबंधी संदिग्धार्थकता से कोई समस्या नहीं आती, फिर भी कभी-कभी स्पष्टता हेतु भाषा का ज्ञान आवश्यक हो जाता है, जैसे—'कागज' शब्द फ़ारसी का है, इसलिए इसका वास्तविक बहुवचन रूप 'कागजात' होता है। परंतु हिंदी में 'कागजों' रूप भी स्वीकृत है। अत: कागज के संदर्भ में कहा जा सकता है कि इसके दो रूप 'कागजात' और 'कागजों' होते हैं। इसलिए शब्दों के साथ उनकी भाषा संबंधी सूचना भी कुछ संदर्भों में आवश्यक हो जाती है।

21.6 संदिग्धार्थकता और बहुअर्थकता (Ambiguity and Polysemy)

जब एक ही शब्दभेद (POS) में किसी शब्द के एक से अधिक अर्थ होते हैं तो इस स्थिति को **बहुअर्थकता** (Polysemy) कहते हैं। किसी पाठ के मशीनी संसाधन में 'बहुअर्थकता' (Polysemy) भी एक बड़ी चुनौती है। किंतु यह पाठ में आए शब्दों के व्याकरणिक अभिज्ञान (टैगिंग, रूपविश्लेषण आदि) से संबंधित नहीं है। इसी कारण संदिग्धार्थकता और बहुअर्थकता भिन्न-भिन्न चीजें हैं। बहुअर्थकता का अर्थ है—किसी शब्द के एक से अधिक अर्थ होना। किंतु ये एक से अधिक अर्थ एक ही शाब्दिक कोटि (शब्दभेद या एक ही टैग) के अंदर होने चाहिए, जैसे—'कनक' शब्द के दो अर्थ हैं—'सोना' और 'धतूरा', इसलिए यहाँ बहुअर्थकता है। ये दोनों अर्थ कनक शब्द के एक ही शब्दभेद 'जातिवाचक संज्ञा' के हैं। अत: अर्थ इनमें कोई भी हो, उसके लिए टैग तो 'NN' का ही दिया जाएगा। यह समस्या शब्द के व्याकरणिक अभिज्ञान की नहीं है, बल्कि वास्तविक अर्थ को समझने की है, जो आर्थी संसाधन (Semantic Processing) का क्षेत्र है। भाषा संसाधन में यह अधिक प्रगत (Advance) स्तर का कार्य है। इसलिए यहाँ पर इसकी विस्तृत चर्चा अपेक्षित नहीं है। यह जरूर स्पष्ट होना चाहिए कि दोनों अलग-अलग चीजें हैं। कुछ बहुअर्थी शब्दों के उदाहरण इस प्रकार हैं—

कनक	:	सोना, धतूरा
पानी	:	जल, इबजत/मर्यादा
चोटी	:	पर्वत का शिखर, बालों का लटकता गुच्छा
आमद	:	आय, आमदनी; आना, आगमन।
लड़ाई	:	झगड़ा, युद्ध

बहुअर्थकता का एक बड़ा कारण लाक्षणिक प्रयोग होता है। जैसा कि तीन शब्द शक्तियों—अभिधा, लक्षणा, व्यंजना की बात की गई है। कुछ ऐसे शब्द होते हैं जिनके किसी लक्षण विशेष (Specific Feature) को लेकर उसे कुछ व्यक्तियों या अन्य प्राणियों पर आरोपित कर दिया जाता है, जैसे—'गाय' की एक विशेषता है वह सीधी-सादी (सरल) होती है। इसे ही ध्यान रखते हुए कुछ ऐसे प्रयोग विकसित हो गए—'मेरी बहू गाय है।' अब इसका अर्थ हुआ—मेरी बहू अत्यंत सीधी-सादी (सरल) है। इसी प्रकार के कुछ लाक्षणिक अर्थ इतने रूढ़ होते जाते हैं, कि उन्हें उस शब्द का एक अर्थ मान ही लिया जाता है। उदाहरण के लिए इस प्रकार के कुछ शब्द निम्नलिखित हैं—

(क) जीव-जंतुओं के नाम पर निर्मित शब्द—

जंतु का नाम	-	*लक्षण आधारित अर्थ*
गधा	-	बहुत अधिक मूर्ख
बैल	-	बहुत अधिक मेहनती
शेर	-	शक्तिशाली और शौर्यवान
उल्लू	-	मूर्ख

(ख) जीव-जंतुओं की ध्वनि के अनुसरण से निर्मित शब्द—

ध्वनि	-	*लक्षण आधारित अर्थ*
काँव-काँव	-	अनावश्यक जोर-जोर से बोलना
म्याऊँ-म्याऊँ	-	धीरे-धीरे बात करना

इस प्रकार के कई शब्द और प्रयोग देखे जा सकते हैं। इससे शब्दों को अतिरिक्त अर्थ प्राप्त हो जाते हैं। अत: भाषा संसाधन हेतु ऐसे शब्दों और उनके मूल तथा लक्षण आधारित अर्थों को अलग-अलग वर्गीकृत रूप से संग्रहीत किया जाना आवश्यक है।

21.7 विसंदिग्धीकरण

विसंदिग्धीकरण (Disambiguation) वह प्रक्रिया है, जिसके द्वारा संदिग्धार्थक शब्दों के वास्तविक अर्थ का निर्धारण किया जाता है। यह प्रक्रिया शब्दवर्ग, शब्द-प्रकार्य, पदबंध रचना एवं वाक्य रचना सभी के लिए की जाती है। विसंदिग्धीकरण भी दो विधियों से किया जा सकता है—नियम-आधारित और कार्पस आधारित। नियम-आधारित उपागम में पदबंधीय और वाक्यात्मक संदर्भ संबंधी नियम दिए जाते हैं। **वाक्यात्मक संदर्भ** (Syntactic Context) का अर्थ है—वाक्य के अंतर्गत संदर्भ। अर्थात् इसमें जिस वाक्य में संदिग्धार्थक शब्द या संदिग्धार्थक रचना का प्रयोग हुआ हो, उसी में आगे और पीछे आए अन्य शब्द '**संदर्भ शब्द**' का कार्य करते हैं। इन शब्दों के आधार पर देखा जाता है कि संदिग्धार्थक शब्द का वास्तविक अर्थ कौन सा होगा ? उदाहरण के लिए 'सोना' एक संदिग्धार्थक शब्द है, जिसके दो अर्थ हैं—सोना (नींद में), तथा एक 'धातु'। वाक्य में प्रयोग होने पर इसके दोनों अर्थ हो सकते हैं, जैसे—

➢ उसके लिए ***सोना*** बहुत महत्त्वपूर्ण है।

यहाँ पर 'सोना' शब्द का अर्थ 'सोना (नींद में), तथा एक 'बहुमूल्य धातु' दोनों हो सकता है, और इस वाक्य में आए अन्य शब्दों के आधार पर यह नहीं

बताया जा सकता कि 'सोना' शब्द का यहाँ अर्थ क्या होगा ? उदाहरण के लिए यदि इस वाक्य का अंग्रेजी अनुवाद किया जा रहा हो तो इसके निम्नलिखित दो अनुवाद हो सकते हैं—

- The gold is very important for him.
- Sleeping is very important for him.

इसमें यह नहीं कहा जा सकता है कि पहला अनुवाद सही है और दूसरा गलत, या दूसरा सही है और पहला गलत। उपर्युक्त वाक्य में 'सोना' शब्द के दोनों अर्थों का भाव आ रहा है। इसलिए दोनों अनुवाद सही हैं। अब किसी पाठ का अनुवाद करते हुए अनूदित पाठ में तो केवल एक ही वाक्य रखा जाएगा। इसी प्रकार 'मुझे सोना चाहिए' वाक्य के भी दो अर्थ हैं। ऐसी परिस्थितियों में मशीन द्वारा स्वचलित रूप से सही अर्थ का निर्णय लेना विसंदिग्धीकरण है। इसके लिए विसंदिग्धीकरण नियमों की आवश्यकता पड़ती है। यह आवश्यक नहीं है कि केवल वाक्य स्तर के विसंदिग्धीकरण नियमों द्वारा सभी प्रकार की संदिग्धार्थकता का निवारण हो जाए, किंतु जितना भी हो सकेगा, कम-से-कम उतनी प्रकार की रचनाओं के लिए तो मशीन की शुद्धता (Accuracy) बढ़ जाएगी। बहुत से वाक्यों को देखकर हम कह सकते हैं कि इस वाक्य में तो कोई संदिग्धार्थकता नहीं है, जैसे—

- वह ***सोना*** लेकर आया।
- उसने ***हार*** पहन लिया।

इन वाक्यों में 'सोना' और 'हार' शब्द संदिग्धार्थक नहीं हैं। यह कोई भी व्यक्ति बता सकता है, किंतु मशीन को यह नहीं पता होता। उसके लिए डाटाबेस में संदिग्धार्थक शब्दों के दो टैग दे दिए गए रहते हैं, जैसे—

क्र.सं.	शब्द	टैग-1	टैग-2
1.	सोना	NN	VM
2.	हार	NN	VM

अब मशीन को जब भी इन शब्दों का इनपुट मिलेगा, वह शब्द को सदैव दोनों टैग देगी। अब विसंदिग्धीकरण द्वारा दोनों में से एक टैग को हटाकर सही टैग को रहने दिया जाएगा। इसलिए संदिग्धार्थक शब्दों और प्रयोगों का विसंदिग्धीकरण आवश्यक है। विसंग्धीकरण मुख्यतः दो स्तरों पर किया जाता है—वाक्य स्तर और प्रोक्ति स्तर। प्रोक्ति स्तर के नियम बहुत व्यापक होते हैं। इस दिशा में अभी तक

बहुत कम काम हुआ है। वाक्य स्तर के नियम वाक्य में आए संदर्भ शब्दों के आधार पर इस प्रकार से देखे जा सकते हैं—

21.7.1 पूर्वशब्द संदर्भ :

पूर्वशब्द का अर्थ है—वाक्य में संदिग्धार्थक शब्द या रचना का प्रयोग जिस स्थान पर हुआ है, उससे पहले आए हुए शब्द। उदाहरण के लिए निम्नलिखित वाक्य में पूर्वशब्दों को देखा जा सकता है—

उसके-5 लिए-4 इस-3 बार-2 से-1 ***सोना*** लेकर आना बहुत महत्त्वपूर्ण है।

इस वाक्य में 'सोना' एक संदिग्धार्थक शब्द है और इसमें पाँच पूर्वशब्द हैं, जिनका क्रमानुसार संख्यांकन किया गया है। प्रत्येक संख्या पूर्वशब्द के स्थान को सूचित कर रही है। इनमें से कोई भी शब्द संदिग्धार्थक शब्द के वाक्य में प्रयुक्त वास्तविक अर्थ को संकेतित कर सकता है। इसलिए चाहे तो विकासकर्ता द्वारा सभी पूर्वशब्दों का परीक्षण किया जा सकता है, और नियम दिए जा सकते हैं। यहाँ पर केवल तीन स्थान पूर्व तक के शब्दों को संदर्भ के रूप में रखकर परीक्षण और विसंदिग्धीकरण संबंधी चर्चा की जा रही है—

(क) पूर्वशब्द-1 : संदिग्धार्थक शब्द का बिल्कुल पिछला शब्द पूर्वशब्द-1 है, जैसे—'उसके लिए इस बार *से-1* सोना लेकर आना बहुत महत्त्वपूर्ण है।' वाक्य में 'से' शब्द पूर्वशब्द-1 है। कई संदिग्धार्थक शब्दों के अर्थ का निर्णय 'पूर्वशब्द-1' द्वारा हो जाता है, जैसे—

- मुझे ***सोना*** चाहिए।
- मुझे ***मेरा सोना*** चाहिए।

इनमें से पहला वाक्य संदिग्धार्थक है, क्योंकि उसमें सोना का अर्थ 'सोना' (क्रिया) और 'सोना' (एक मूल्यवान धातु = संज्ञा) दोनों हो सकता है, किंतु दूसरे वाक्य में 'मेरा' शब्द के कारण 'सोना' शब्द संदिग्धार्थक नहीं है। अब इसका एक ही अर्थ 'एक धातु = संज्ञा' वाला होगा। अतः एक विसंदिग्धीकरण नियम दिया जा सकता है—

- *यदि 'सोना', 'हार' आदि शब्दों के पूर्व संबंधवाची तिर्यक सर्वनाम आए तो इनका चिह्नन (Marking) या टैगिंग 'संज्ञा' (NN) के रूप में होगा।*

इसी प्रकार 'संज्ञा/विशेषण' के संदर्भ में एक प्रयोग देखा जा सकता है—

➢ वह ***कोमल*** है।

➢ वह ***बहुत कोमल*** है।

इनमें से पहला वाक्य संदिग्धार्थक है, क्योंकि उसमें 'कोमल' का अर्थ 'एक लड़की का नाम' (संज्ञा) और 'नाजुक या मुलायम' (विशेषण) दोनों हो सकता है, किंतु दूसरे वाक्य में 'बहुत' शब्द (प्रविशेषण) के कारण 'कोमल' शब्द संदिग्धार्थक नहीं है। अब इसका एक ही अर्थ 'नाजुक या मुलायम' (विशेषण) वाला होगा। अतः एक विसंदिग्धीकरण नियम दिया जा सकता है—

- *यदि 'कोमल', 'सुंदर' आदि शब्दों के पूर्व प्रविशेषण आए तो इनका चिह्न (marking) 'विशेषण' (JJ) के रूप में* होगा।

इसी प्रकार सभी संदिग्धार्थक शब्दों और प्रयोगों का परीक्षण करके एक शब्द पूर्व संबंधी नियम दिए जाते हैं।

(ख) पूर्वशब्द-1 और/या पूर्वशब्द-2 : संदिग्धार्थक शब्द के पिछले शब्द से पिछला शब्द पूर्वशब्द-2 है, जैसे—'उसके लिए इस *बार-2* से सोना लेकर आना बहुत महत्त्वपूर्ण है।' वाक्य में 'बार' शब्द पूर्वशब्द-2 है। कुछ संदिग्धार्थक शब्दों के वास्तविक अर्थ का निर्णय 'पूर्वशब्द-2 + पूर्वशब्द-1' द्वारा और कुछ शब्दों के वास्तविक अर्थ का निर्णय केवल 'पूर्वशब्द-2' द्वारा हो जाता है, जैसे—

➢ मुझे ***सोना*** चाहिए।

➢ मुझे ***राम का सोना*** चाहिए।

➢ मुझे ***उस देश का सोना*** चाहिए।

इनमें से पहला वाक्य संदिग्धार्थक है, क्योंकि उसमें सोना का अर्थ 'सोना' (क्रिया) और 'सोना' (एक मूल्यवान धातु = संज्ञा) दोनों हो सकता है, किंतु दूसरे और तीसरे वाक्य में 'संज्ञा + का' के कारण यह संदिग्धार्थक नहीं है। अब इसका एक ही अर्थ 'एक धातु = संज्ञा' वाला होगा। अतः एक विसंदिग्धीकरण नियम दिया जा सकता है—

- *यदि 'सोना', 'हार' आदि शब्दों के पूर्व 'संज्ञा + संबंधवाची' आए तो इनका चिह्न (Marking) 'संज्ञा' (NN) के रूप में होगा।*

यह आवश्यक नहीं है कि दो पूर्व स्थानों तक परीक्षण के उपरांत दोनों ही पूर्वशब्दों को मिलाकर नियम दिया जाए।

केवल दूसरे पूर्वशब्द के आधार पर भी नियम दिया जा सकता है। 'संज्ञा/विशेषण' के संदर्भ में ऐसा एक प्रयोग देखा जा सकता है—

➢ वह ही ***कोमल*** है।

➢ वह ***बहुत ही कोमल*** है।

इनमें से पहला वाक्य संदिग्धार्थक है, क्योंकि उसमें 'कोमल' का अर्थ 'एक लड़की का नाम' (संज्ञा) और 'नाजुक या मुलायम' (विशेषण) दोनों हो सकता है, किंतु दूसरे वाक्य में 'बहुत' शब्द (प्रविशेषण) के कारण 'कोमल' शब्द संदिग्धार्थक नहीं है। अब इसका एक ही अर्थ 'नाजुक या मुलायम' (विशेषण) वाला होगा। ध्यान रहे यहाँ पर 'बहुत' शब्द का प्रयोग दूसरे पूर्व-स्थान पर हुआ है। इसलिए इसका नियम ऊपर के नियम से भिन्न होगा। एक विसंदिग्धीकरण नियम दिया जा सकता है—

- *यदि 'कोमल', 'सुंदर' आदि संदिग्धार्थक शब्दों के दूसरे पूर्व स्थान पर प्रविशेषण आए तो इनका चिह्नन (Marking) 'विशेषण' (JJ) के रूप में होगा।*

इसी प्रकार सभी संदिग्धार्थक शब्दों और प्रयोगों का परीक्षण करके दो शब्द पूर्व संबंधी नियम दिए जाते हैं।

(ग) पूर्वशब्द-1 और/या पूर्वशब्द-2 और/या पूर्वशब्द-3 : संदिग्धार्थक शब्द के पिछले दो शब्दों से पीछे का शब्द पूर्वशब्द-3 है, जैसे—'उसके लिए *इस-3* बार से सोना लेकर आना बहुत महत्त्वपूर्ण है।' वाक्य में 'इस' शब्द पूर्वशब्द-3 है। कुछ संदिग्धार्थक शब्दों के वास्तविक अर्थ का निर्णय 'पूर्वशब्द-3 + पूर्वशब्द-2 + पूर्वशब्द-1' द्वारा और कुछ शब्दों के वास्तविक अर्थ का निर्णय केवल 'पूर्वशब्द-3' द्वारा हो जाता है, जैसे—

➢ मुझे ***रात में सोना*** महँगा पड़ा।

➢ मुझे 'गीता से लिपटकर' ***रात में सोना*** महँगा पड़ा।

➢ मुझे 'खाने के बाद' ***रात में सोना*** महँगा पड़ा।

इनमें से पहला वाक्य संदिग्धार्थक है, क्योंकि उसमें सोना का अर्थ 'सोना' (क्रिया) और 'सोना' (एक मूल्यवान धातु = संज्ञा) दोनों हो सकता है। 'रात में' दो पूर्वशब्दों से इसके वास्तविक अर्थ का पता नहीं चलता है कि रात में खरीदने के कारण सोना महँगा पड़ा

या रात में सोने की क्रिया महँगी पड़ी। किंतु दूसरे और तीसरे वाक्य में 'गीता से लिपटकर' क्रिया-विशेषण और 'खाने के बाद' पूर्वकालिक कृदंत के कारण यह संदिग्धार्थक नहीं है। अब इसका एक ही अर्थ 'क्रिया' वाला होगा। अत: एक विसंदिग्धीकरण नियम दिया जा सकता है—

- *यदि 'सोना' आदि शब्दों के पूर्व 'क्रिया-विशेषण' और 'पूर्वकालिक कृदंत' आए तो इनका चिह्न (Marking) 'क्रिया' (VM) के रूप में होगा।*

  नोट : यहाँ पर 'पूर्वशब्द-3+4+5' को मिलाकर बनने वाले पदबंधों के आधार पर नियम दिया गया है। ऐसे भी प्रयोग हो सकते हैं, जिनमें केवल तीसरे पूर्वशब्द के आधार नियम दिए जा सकते हैं।

21.7.2 पश्चशब्द संदर्भ :

पश्चशब्द का अर्थ है—वाक्य में संदिग्धार्थक शब्द या रचना का प्रयोग जिस स्थान पर हुआ है, उससे बाद आए हुए शब्द। उदाहरण के लिए निम्नलिखित वाक्य में पश्चशब्दों को देखा जा सकता है—

उसके लिए इस बार ***सोना*** लेकर-1 आना-2 बहुत-3 महत्त्वपूर्ण-4 है-5।

इस वाक्य में 'सोना' एक संदिग्धार्थक शब्द है और इसमें पाँच पश्चशब्द हैं, जिनका क्रमानुसार संख्यांकन किया गया है। प्रत्येक संख्या पश्चशब्द के स्थान को सूचित कर रही है। इनमें से कोई भी शब्द संदिग्धार्थक शब्द के वाक्य में प्रयुक्त वास्तविक अर्थ को संकेतित कर सकता है। इसलिए चाहे तो विकासकर्ता द्वारा सभी पश्चशब्दों का परीक्षण किया जा सकता है, और नियम दिए जा सकते हैं। यहाँ पर केवल तीन स्थान बाद तक के शब्दों को संदर्भ के रूप में रखकर परीक्षण और विसंदिग्धीकरण संबंधी चर्चा की जा रही है—

(क) पश्चशब्द-1 : संदिग्धार्थक शब्द तुरंत बाद का शब्द पश्चशब्द-1 है, जैसे—'उसके लिए इस बार सोना *लेकर-1* आना बहुत महत्त्वपूर्ण है।' वाक्य में 'लेकर' शब्द पश्चशब्द-1 है। कई संदिग्धार्थक शब्दों के अर्थ का निर्णय 'पश्चशब्द-1' द्वारा हो जाता है, जैसे—

- मुझे ***सोना*** चाहिए।
- मैं ***सोना*** चाहता हूँ।
- मुझे ***सोना*** पड़ा।
- मुझे ***सोना*** मिला।

इनमें से पहले और दूसरे वाक्य संदिग्धार्थक हैं, क्योंकि उनमें 'चाहना' क्रिया के रूपों का प्रयोग हुआ है। सोना का अर्थ 'सोना' (क्रिया) और 'सोना' (एक मूल्यवान धातु = संज्ञा) दोनों हो सकते हैं। किंतु तीसरे और चौथे वाक्यों में 'पढ़ना' तथा 'मिलना' क्रियाओं के कारण 'सोना' शब्द संदिग्धार्थक नहीं है। अब इसका एक ही अर्थ 'एक मूल्यवान धातु = संज्ञा' वाला होगा। अत: एक विसंदिग्धीकरण नियम दिया जा सकता है—

- *यदि 'सोना' आदि शब्दों के बाद 'चाहिए' के अलावा कोई अन्य क्रिया शब्द आए तो इनका चिह्न (Marking) 'संज्ञा' (NN) के रूप में होगा।*

  यदि दो एक समान प्रयुक्त होने वाले शब्दों की व्याकरणिक कोटि संबंधी सूचना में कोई अंतर हो, तो केवल व्याकरणिक कोटि संबंधी सूचना के बदल जाने से भी विसंदिग्धीकरण हो जाता है, जैसे—'हार' शब्द संज्ञा के रूप में 'पुल्लिंग' है, जबकि 'कृदंत' के रूप में स्त्रीलिंग। इसलिए आगे इनके लिए प्रयुक्त क्रिया के रूप से भी विसंदिग्धीकरण किया जा सकता है, जैसे—

  ➢ उसे ***हार*** मिला।
  ➢ उसे ***हार*** मिली।

  इनमें प्रथम वाक्य में पुल्लिंग क्रियारूप के कारण 'हार' शब्द संज्ञा है, जबकि द्वितीय वाक्य में स्त्रीलिंग क्रियारूप के कारण 'हार' शब्द कृदंत (हारना का धातु रूप) है। अत: इस संदर्भ में एक नियम दिया जा सकता है—

- *'हार' जैसे शब्द जो संज्ञा के रूप में 'पुल्लिंग' और 'कृदंत' के रूप में स्त्रीलिंग होते हैं, के साथ 'पुल्लिंग' क्रियारूप आने पर 'संज्ञा' (NN) और 'स्त्रीलिंग' क्रियारूप आने पर 'क्रिया/कृदंत' (VM/KD) होंगे।*

  इसी प्रकार 'संज्ञा/विशेषण' के संदर्भ में एक प्रयोग देखा जा सकता है—

  ➢ वह ***कोमल*** है।
  ➢ वह ***कोमल बच्ची*** है।
  ➢ वह ***कोमल फूल*** है।

  इनमें से पहला वाक्य संदिग्धार्थक है, क्योंकि उसमें 'कोमल' का अर्थ 'एक लड़की का नाम' (संज्ञा) और 'नाजुक या मुलायम'

(विशेषण) दोनों हो सकता है, किंतु दूसरे वाक्य में 'बच्ची' तथा तीसरे वाक्य में 'फूल' शब्दों के प्रयोग के कारण 'कोमल' शब्द संदिग्धार्थक नहीं है। अब इसका एक ही अर्थ 'नाजुक या मुलायम' (विशेषण) वाला होगा। अत: एक विसंदिग्धीकरण नियम दिया जा सकता है—

- *यदि 'कोमल', 'सुंदर' आदि शब्दों के तुरंत बाद संज्ञा (ऐसी संज्ञा जो कोमल हो सके, जैसे—कोमल घर/सूरज/सड़क आदि नहीं) आए तो इनका चिह्न (Marking) 'विशेषण' (JJ) के रूप में होगा।*

इसी प्रकार सभी संदिग्धार्थक शब्दों और प्रयोगों का परीक्षण करके एक शब्द बाद संबंधी नियम दिए जा सकते हैं।

(ख) **पश्चशब्द-1 और/या पश्चशब्द-2 :** संदिग्धार्थक शब्द के अगले शब्द के बाद का शब्द पश्चशब्द-2 है, जैसे—'उसके लिए इस बार से सोना लेकर *आना-2* बहुत महत्त्वपूर्ण है।' वाक्य में 'आना' शब्द पश्चशब्द-2 है। कुछ संदिग्धार्थक शब्दों के वास्तविक अर्थ का निर्णय 'पश्चशब्द-2 + पश्चशब्द-1' द्वारा और कुछ शब्दों के वास्तविक अर्थ का निर्णय केवल 'पश्चशब्द-2' द्वारा हो जाता है, जैसे—

➢ मोहन को ***हार*** मिल गया।

➢ मोहन को ***हार*** मिल गई।

इन वाक्यों में 'हार' संदिग्धार्थक शब्द का प्रयोग हुआ है, जिसके दो अर्थ हैं—'हारना' (क्रिया), 'एक गहना (संज्ञा)। वाक्य के पश्चशब्द-2 'गया/गई' द्वारा इसके वाक्य में प्रयुक्त अर्थ का निर्धारण हो रहा है। 'गया' (पुल्लिंग) के प्रयोग से यह पता चल जा रहा है कि 'हार' यहाँ पर संज्ञा के रूप में प्रयुक्त हुआ है, जबकि 'गई' (स्त्रीलिंग) शब्द के कारण पता चल जा रहा है, कि यहाँ पर 'हार' क्रिया के रूप में प्रयुक्त हुआ है।

नोट : दूसरा वाक्य कुछ अस्वाभाविक लग सकता है, किंतु किसी बड़े वाक्य का अंग होने पर इस प्रकार के प्रयोग भी संभव हैं, जैसे—'रमेश ने मोहन के हारने की भविष्यवाणी की थी, और मोहन को हार मिल गई।' या 'मोहन ने जीतने के लिए महीनों परिश्रम किया था, लेकिन उसे (मोहन को) हार मिल गई।' आदि।

अत: पश्चशब्द-2 के आधार पर एक विसंदिग्धीकरण नियम दिया जा सकता है—

- *यदि 'हार' (या इस प्रकार के ऐसे संदिग्धार्थक शब्द जिनमें भिन्न-भिन्न अर्थों में लिंगभेद होता है) के दूसरे पश्च स्थान पर पुल्लिग क्रिया शब्द आए तो इनका चिह्न (Marking) 'संज्ञा' (NN) के रूप में और स्त्रीलिंग क्रिया शब्द आए तो इनका चिह्न (Marking) 'क्रिया/कृदंत' (VM/KD) के रूप में होगा।*

इसी प्रकार सभी संदिग्धार्थक शब्दों और प्रयोगों का परीक्षण करके दो शब्द बाद संबंधी नियम दिए जा सकते हैं।

(ग) पश्चशब्द-1 और/या पश्चशब्द-2 और/या पश्चशब्द-3 : संदिग्धार्थक शब्द के बाद के दो शब्दों से आगे का शब्द पश्चशब्द-3 है, जैसे—'उसके लिए इस बार सोना लेकर आना *बहुत-3* महत्त्वपूर्ण है।' वाक्य में 'बहुत' शब्द पश्चशब्द-3 है। कुछ संदिग्धार्थक शब्दों के वास्तविक अर्थ का निर्णय 'पश्चशब्द-3 + पश्चशब्द-2 + पश्चशब्द-1' द्वारा और कुछ शब्दों के वास्तविक अर्थ का निर्णय केवल 'पश्चशब्द-3' द्वारा हो जाता है, जैसे—

- ***सुंदर*** घर में है।
- ***सुंदर*** घर में बैठा है।
- ***सुंदर*** घर में फूल रहते हैं।
- ***कोमल*** घर में बैठी है।

इनमें से पहला वाक्य संदिग्धार्थक है, क्योंकि उसमें 'सुंदर' का अर्थ 'किसी लड़के का नाम' (व्यक्तिवाचक संज्ञा) और 'खूबसूरत/अच्छा' (विशेषण) दोनों हो सकता है। 'घर में' दो पश्चशब्दों से इसके वास्तविक अर्थ का पता नहीं चलता है। किंतु दूसरे वाक्य में 'बैठा' शब्द के कारण यह 'व्यक्तिवाचक संज्ञा' और तीसरे वाक्य में 'फूल' शब्द के कारण 'विशेषण' है। अत: एक विसंदिग्धीकरण नियम दिया जा सकता है—

- *यदि 'सुंदर, कोमल' आदि शब्दों के बाद पश्चशब्द-3 के स्थान पर ऐसा क्रिया शब्द आए जिसे संपादित करने की क्षमता संदिग्धार्थक शब्द में हो तो इस बात की पूरी संभावना है कि इसका चिह्न (Marking) 'व्यक्तिवाचक संज्ञा' (NNP) के रूप में होगा।*

  चौथे वाक्य में 'बैठी' शब्द के कारण 'कोमल' शब्द 'व्यक्तिवाचक संज्ञा' है। यहाँ पर 'कोमल' शब्द द्वारा व्यक्त भाव को 'घर'

शब्द धारण नहीं करता। अर्थात् 'कोमल घर' नहीं होता है। इस आधार पर भी यहाँ विसंदिग्धीकरण किया जा सकता है, किंतु व्यक्तिवाचक संज्ञा के रूप में यह स्त्रीलिंग है और तीसरा पश्चशब्द भी स्त्रीलिंग है। इसलिए एक विसंदिग्धीकरण नियम दिया जा सकता है—

- *यदि 'सुंदर, कोमल' आदि शब्दों के बाद पश्चशब्द-3 के स्थान पर उसी के लिंग का क्रिया शब्द आए तो इस बात की पूरी संभावना है कि इसका चिह्न (Marking) 'व्यक्तिवाचक संज्ञा' (NNP) के रूप में होगा।*

  नोट : यहाँ पर 'पश्चशब्द-3' के आधार पर नियम दिया गया है। ऐसे भी प्रयोग हो सकते हैं, जिनमें तीसरे 'पश्चशब्द-1+2+3' को मिलाकर बनने वाले पदबंध के आधार नियम दिए जा सकते हैं।

21.7.3 पूर्वशब्द और पश्च शब्द संदर्भ :

ऊपर तीन स्थानों तक पूर्वशब्दों और पश्चशब्दों की चर्चा की जा चुकी है। उनके आधार पर किस प्रकार से संदिग्धार्थक शब्दों का विसंदिग्धीकरण किया जा सकता है? इसे उदाहरण सहित समझाया गया है। इसी प्रकार कुछ ऐसी भी वाक्य रचनाएँ होती हैं, जिनमें पूर्वशब्द और पश्चशब्द दोनों संदर्भों को देखकर विसंदिग्धीकरण किया जा सकता है। यदि तीन स्थानों तक बात करें, तो इन्हें भी निम्नलिखित 6 मुख्य भेद और उनके 3-3 उपभेद के आधार पर इस प्रकार से देखा जा सकता है—

पूर्वशब्द-1 आधारित :

- पूर्वशब्द-1 और पश्चशब्द-1
- पूर्वशब्द-1 और पश्चशब्द-2
- पूर्वशब्द-1 और पश्चशब्द-3

पूर्वशब्द-2 आधारित :

- पूर्वशब्द-2 और पश्चशब्द-1
- पूर्वशब्द-2 और पश्चशब्द-2
- पूर्वशब्द-2 और पश्चशब्द-3

पूर्वशब्द-3 आधारित :

- पूर्वशब्द-3 और पश्चशब्द-1
- पूर्वशब्द-3 और पश्चशब्द-2
- पूर्वशब्द-3 और पश्चशब्द-3

पश्चशब्द-1 आधारित :

- पश्चशब्द-1 और पूर्वशब्द-1
- पश्चशब्द-1 और पूर्वशब्द-2
- पश्चशब्द-1 और पूर्वशब्द-3

पश्चशब्द-2 आधारित :

- पश्चशब्द-2 और पूर्वशब्द-1
- पश्चशब्द-2 और पूर्वशब्द-2
- पश्चशब्द-2 और पूर्वशब्द-3

पश्चशब्द-3 आधारित :

- पश्चशब्द-3 और पूर्वशब्द-1
- पश्चशब्द-3 और पूर्वशब्द-2
- पश्चशब्द-3 और पूर्वशब्द-3

इसी प्रकार 'पूर्वशब्द-1 + पूर्वशब्द-2', 'पूर्वशब्द-1 + पूर्वशब्द-2 + पूर्वशब्द-3', 'पश्चशब्द-1 + पश्चशब्द-2', 'पश्चशब्द-1 + पश्चशब्द-2 + पश्चशब्द-3' आधारित सूत्र भी बनाए जा सकते हैं। यहाँ पर इन्हें विस्तार नहीं दिया गया है। विसंदिग्धीकरण पर शोध करने वाला व्यक्ति इनका गहन अध्ययन कर इन्हें उदाहरण सहित विस्तार से समझा सकता है। इस खंड में केवल संकेत किया गया है कि वाक्य में संदिग्धार्थक शब्द के आगे और पीछे आए शब्दों के संदर्भ शब्दों के आधार पर किस प्रकार से विसंदिग्धीकरण नियम बनाए जा सकते हैं। इससे पूर्व यह बताया जा चुका है कि हिंदी में कितने प्रकार के संदिग्धार्थक शब्द हो सकते हैं। एक अनुमान के अनुसार हिंदी में विभिन्न प्रकार के 5000 से अधिक संदिग्धार्थक शब्द हैं, जो भिन्न-भिन्न वर्गों के हैं। इसलिए यदि किसी को विसंदिग्धीकरण पर शोध करना हो तो सभी प्रकार के संदिग्धार्थक शब्दों के बजाए केवल किसी एक प्रकार के संदिग्धार्थक शब्दों को ले। फिर हिंदी का कोई भी मानक शब्दकोश लेकर उस प्रकार शब्दों को चिह्नित करके अलग कर ले। इसके बाद प्रत्येक शब्द को लेकर नियम बनाए। फिर यह देखे कि एक नियम कितने शब्दों पर कार्य करता है। यह आवश्यक नहीं है कि कोई नियम सभी शब्दों पर कार्य करे ही। कुछ नियम सैकड़ों शब्दों पर कार्य कर सकते हैं, तो कुछ नियम ऐसे भी होंगे जो केवल एक ही शब्द पर कार्य करते हों। इन्हें वाक्य में प्रयोग करके देखकर चिह्नित करने की आवश्यकता है। एक पीएच.डी. शोध के लिए 100 शब्द भी पर्याप्त हैं। बहुत अधिक शब्दों को लेकर शोध करने बजाए शोधार्थी को कम शब्द लेकर गहन विश्लेषण करके कम-से-कम और सटीक नियमों पर कार्य करना चाहिए।

विसंदिग्धीकरण पर हिंदी में आज भी गहन शोध की आवश्यकता है, क्योंकि अभी तक या तो इस क्षेत्र में शोध नहीं हुआ है या जो हुआ है वह पर्याप्त नहीं है। मेरी समझ से तो हिंदी में पाए जाने वाले संदिग्धार्थक शब्दों का एक कोश ही प्रकाशित किया जाना चाहिए, जिसका नाम 'हिंदी संदिग्धार्थक शब्द कोश' रखा जा सकता है। इससे विसंग्धीकरण के क्षेत्र में कार्य कर रहे विद्वानों को सभी संदिग्धार्थक शब्द एक स्थान पर मिल जाएँगे, और उनके समय तथा श्रम की बचत होगी। इस कोश में संदिग्धार्थक शब्दों को वर्गीकृत रूप से या फिर अकारादि क्रम में इसी भी प्रकार से रखा जा सकता है।

भाग–5

पदबंध और वाक्य अभिज्ञान

(Phrase and Sentence Recognition)

परिचय

वाक्य किसी भी भाषा की मूल व्यावहारिक इकाई है। भाषा व्यवहार में एक सूचना के संप्रेषण के लिए किसी भी व्यक्ति को एक बार में कम-से-कम एक वाक्य का प्रयोग करना पड़ता है। वाक्यों का निर्माण पदबंधों से होता है। दूसरे शब्दों में— **पदबंध** वह भाषिक इकाई है, जिससे वाक्य निर्मित होते हैं। पदबंध वाक्य में विविध प्रकार्य संपन्न करते हैं। एक पदबंध एक शब्द का भी हो सकता है और एक से अधिक शब्दों का भी। वाक्य में प्रयुक्त शब्द 'पद' कहलाते हैं।

किसी भी भाषा की मूलभूत रूप से तीन आधार इकाइयाँ होती हैं—स्वन (ध्वनि), शब्द और वाक्य। भाषायी विवेचन में सुविधा की दृष्टि से 'स्वन' (ध्वनि) और 'शब्द' के बीच 'रूप' (Morph); एवं 'शब्द' और 'वाक्य' के बीच 'पदबंध' तथा 'उपवाक्य' की व्यवस्था की गई है। स्वन और रूप स्तर की व्यवस्था शब्द की आंतरिक संरचना से जुड़ा पक्ष है। वाक्य स्तरीय पक्ष में **'शब्द से वाक्य'** तक की व्यवस्था आती है, जिसके अंतर्गत बीच में **पदबंध** और **उपवाक्य** इकाइयाँ आती हैं। वाक्य मूल संप्रेषणात्मक इकाई है, जो कम-से-कम एक मंतव्य को व्यक्त करती है। किंतु यह आवश्यक नहीं है कि सदैव वाक्य द्वारा एक ही मंतव्य को व्यक्त किया जाए। उसकी आंतरिक संरचना में कई छोटी-छोटी वाक्यात्मक इकाइयाँ हो सकती हैं। इसी कारण आधुनिक भाषाविज्ञान में वाक्य की आंतरिक संरचना (Deep Structure) तथा बाह्य संरचना (Surface Structure) की संकल्पना दी गई। सामान्यत: वाक्य में ऐसी स्थिति में पाई जाती है कि एक बड़े वाक्य के अंतर्गत एकाधिक छोटे-छोटे वाक्य सम्मिलित हों। इसी को ध्यान में रखते हुए एच.जे. हैरिस और एन. चॉम्स्की ने बीज वाक्य (Kernel Sentence) तथा व्युत्पन्न वाक्य (Derived Sentence) की संकल्पना दी है।

बीज वाक्य केवल एक क्रिया वाले वे वाक्य हैं, जो सरल, सकारात्मक तथा एक ही सूचना को प्रेषित करने वाले होते हैं। ऐसे वाक्यों में विशेषकों और योजकों आदि का भी प्रयोग नहीं होता। अत: ऐसे वाक्यों की रचना को समझने के लिए केवल उनमें आए पदबंधों की व्याख्या पर्याप्त है। **व्युत्पन्न वाक्य** किसी बीज वाक्य में किए जाने वाले विभिन्न रूपांतरणों (Transformations) से निर्मित होते

हैं। वह रूपांतरण नकारात्मकीकरण, प्रश्नवाचकीकरण और नामिकीकरण आदि प्रकार का हो सकता है। इन्हीं में से एक प्रक्रिया है असरल वाक्यों का निर्माण जिनमें एक से अधिक सरल वाक्य प्रयुक्त होते हैं। ऐसी स्थिति में निर्मित वाक्य में आए छोटे वाक्य 'उपवाक्य' कहलाते हैं, जिनके दो प्रकार किए गए हैं—मुख्य उपवाक्य और आश्रित उपवाक्य।

उपवाक्य की स्वतंत्र रूप से सत्ता नहीं होती और उनके साँचे तभी निर्मित किए जा सकते हैं, जब सरल वाक्यों के साँचों पर पर्याप्त कार्य किया जा चुका हो। अर्थात् सरल वाक्यों के संसाधन संबंधी प्रक्रिया पर्याप्त मात्रा में पूरी की जा चुकी हो। चूँकि अभी मैं इस कार्य को पूर्ण नहीं कर सका हूँ, इस कारण प्रस्तुत पुस्तक में उपवाक्यों पर अभी किसी अध्याय का समावेश नहीं किया गया है।

प्राकृतिक भाषा संसाधन (NLP) का मूल उद्देश्य मानव भाषाओं के 'वाक्यों' को ही संसाधित करना है। वाक्यों को संसाधित करने से तात्पर्य यह है कि मशीन को इतना दक्ष बनाना कि वह वाक्यों के भाव या अभिप्राय (अर्थ) को समझ सके। इसके लिए सर्वप्रथम मशीन को शब्दों और उनसे संबद्ध व्याकरणिक सूचनाओं का अभिज्ञान कराया जाता है, जिसे मशीनी संसाधन के क्षेत्र में **टैगिंग** कहते हैं। टैगिंग एवं इसके प्रकारों की चर्चा पिछले खंड के 'शब्दभेद टैगिंग' शीर्षक अध्याय में की जा चुकी है। यह मानव भाषाओं संबंधी ज्ञान से मशीन को परिचित कराए जाने का पहला चरण है, किंतु इससे वाक्य या वाक्य के अभिप्राय (अर्थ) का किसी भी तरह से अभिज्ञान नहीं होता। इससे केवल वाक्यात्मक संरचना को समझने के लिए आधार प्रतीक (टैग) प्राप्त हो जाते हैं। अब इन टैगों के संयोजनों द्वारा वाक्यात्मक साँचों का निर्माण किया जाता है। जैसा कि भाषावैज्ञानिक और व्याकरणिक विवेचन से स्पष्ट है—वाक्य निर्माण की मूल इकाई 'पदबंध' (Phrase) है। पदबंध ही जब विविध कारकीय और प्रकार्यात्मक संबंधों में वाक्य की मुख्य क्रिया के साथ जुड़ते हैं तो वाक्य का निर्माण होता है। अतः इसे ही ध्यान में रखते हुए प्रस्तुत खंड में पदबंध, कारक और वाक्य स्तर की संसाधन प्रक्रिया का परिचय दिया जा रहा है।

22

पदबंध रचनाएँ और साँचे

(Phrase Structures and Frames)

22.1 पदबंध : स्वरूप एवं परिभाषा

पदबंध (Phrase) एक या एक से अधिक शब्दों/पदों से निर्मित वह इकाई है जो किसी-न-किसी कारकीय या प्रकार्यात्मक संबंध द्वारा आपस में जुड़कर वाक्य का निर्माण करती है। साथ ही यह वाक्य रचना का आधारभूत घटक भी है। पदबंध की रचना होती है। कामताप्रसाद गुरु (1920) ने पदबंधों की रचना पर स्वतंत्र रूप से विचार नहीं किया है, वाक्य संबंधी विवरण में ही वह अनुक्त है। हिंदी व्याकरणों में पदबंध पर विस्तृत चिंतन डॉ. सूरजभान सिंह (2000) में मिलता है। डॉ. सिंह (2000) ने पदबंध को परिभाषित करते हुए कहा है, ''प्रत्येक वाक्य में कर्ता, कर्म, पूरक, अव्यय तथा क्रिया आदि के निर्धारित स्थान होते हैं जहाँ पर प्रयुक्त होकर संज्ञा, विशेषण, क्रिया-विशेषण, क्रिया आदि शब्द वाक्य में कुछ निश्चित भूमिकाएँ निभाते हैं और निर्धारित प्रकार्य संपन्न करते हैं। इन स्थानों को प्रकार्य-स्थान (Slot) कहते हैं और इन प्रकार्य-स्थानों पर जो शब्द या शब्द-समूह प्रयुक्त होते हैं या होने की क्षमता रखते हैं उन्हें **पदबंध** कहते हैं।'' डॉ. अनिल कुमार पाण्डेय (2010) ने रचना की दृष्टि से विचार करते हुए पद एवं इसके विस्तार को पदबंध कहा है।

वाक्य में प्रयुक्त शब्द 'पद' कहलाता है। पद की संकल्पना केवल भारतीय व्याकरणिक परंपरा में है। अंग्रेजी में 'शब्द' (Word) के बाद 'पदबंध' (Phrase) ही है। हिंदी में 'शब्द' कोशीय इकाई है। जब शब्द का वाक्य में प्रयोग होता है तो वह पद बन जाता है, क्योंकि वाक्य में प्रयुक्त होने के बाद उसके साथ लिंग, वचन, पुरुष आदि संबंधी व्याकरणिक सूचनाएँ जुड़ जाती हैं। अत: पद को इस प्रकार देख सकते हैं—

पद = वाक्य में प्रयुक्त कोशीय शब्द

वाक्य में प्रयुक्त शब्द (पद) में व्याकरणिक सूचनाएँ निहित हो जाती हैं। ये दो प्रकार से हो सकती हैं—'मूल/कोशीय शब्द + व्याकरणिक सूचना' और 'शब्द का रूपसाधित रूप'। इसे निम्नलिखित प्रकार से देख सकते हैं—

पद = मूल या कोशीय शब्द + व्याकरणिक सूचना (लड़का : एकवचन, पुल्लिंग)

पद = शब्द + रूपसाधक रूपिम (लड़का + ों : बहुवचन, पुल्लिंग, तिर्यक)

चूँकि पदबंध वह इकाई है जो किसी प्रकार्य-स्थान पर आती है, उस प्रकार्य-स्थान पर अकेले पद भी आ सकता है और एक से अधिक पद भी आ सकते हैं। अत:—

पद = पदबंध

पद + पद = पदबंध

यदि एक ही शब्द द्वारा पदबंध का निर्माण होता हो तो उसकी आंतरिक संरचना के विश्लेषण की आवश्यकता नहीं होती। उदाहरण के लिए निम्नलिखित वाक्य को देखा जा सकता है—

लड़का घर गया।

यह वाक्य तीन पदों (शब्दों) से निर्मित है। इन्हें टैग करने पर वाक्य इस प्रकार होगा—

लड़का<NN> घर<NN> गया। <VM>

इस वाक्य के तीनों पद स्वयं पदबंध का कार्य कर रहे हैं। इसलिए इसमें तीन पदबंध हैं—

लड़का<Ph.1> घर<Ph.2> गया। <Ph.3>

इन पदबंधों के विश्लेषण की आवश्यकता नहीं है। केवल इनके प्रकार को बताकर वाक्य निरूपण या पद-विच्छेदन किया जा सकता है, जैसे—

वाक्य (S) → लड़का<NP1> घर<NP2> गया। <VP>

किंतु यदि इसी वाक्य में कुछ अन्य पद (शब्द) जुड़ जाएँ तो इसका स्वरूप निम्नलिखित प्रकार का हो जाएगा—

वह लड़का अपने घर गया था।

अब इस वाक्य में 6 शब्द हैं, जबकि पदबंध 3 ही हैं। अत: यह बताना आवश्यक है कि कौन-सा शब्द किस शब्द के साथ जुड़कर एक पदबंध का निर्माण कर रहा है। इसके लिए सबसे पहले वाक्य को टैग करना होगा—

वह<DEM> लड़का<NN> अपने<PSP> घर<NN> गया<VM> था। <VAX>

अब इन टैगों का संयोजन ही यह बता सकेगा कि कौन-कौन से शब्द मिलकर एक पदबंध बना रहे हैं, जिससे वाक्य का निरूपण या पद-विच्छेदन

किया जा सकेगा। इसमें प्रयुक्त नियमों को निम्नलिखित प्रकार से देखा जा सकता है—

वह<DEM> + लड़का<NN> → NP1

अपने<PSP> + घर<NN> → NP2

गया<VM> + था। <VAX> → VP

S → <NP1> + <NP2> + <VP>

ऊपर तीनों पदबंधों की रचना के संबंध में टैग आधारित नियम इस प्रकार प्राप्त हो रहे हैं—

<DEM> + <NN> → NP1

<PSP> + <NN> → NP2

<VM> + <VAX> → VP

इन्हीं नियमों को पदबंध साँचे कहते हैं। अत: किसी पदबंध की आंतरिक संरचना में आ सकने वाले घटक शब्दों के निर्धारित स्थान को व्यक्त करने वाले साँचे **पदबंध साँचे** (Phrase Frames) कहलाते हैं। इन्हें समझने के लिए पहले पदबंध रचनाओं का ज्ञान होना आवश्यक है, क्योंकि यहाँ एक प्रश्न किया जा सकता है कि ये ही शब्द क्यों मिल रहे हैं—अर्थात् 'लड़का<NN> अपने<PSP>' को मिलाकर एक पदबंध क्यों नहीं बनाया जाता। (ध्यान रखें कि मशीन के लिए एक पदबंध के रूप में 'लड़का<NN> अपने<PSP>' उतना ही सही है जितना 'वह<DEM> लड़का<NN>' सही है)। इसका उत्तर होगा कि हिंदी में इस प्रकार से कोई पदबंध नहीं निर्मित होता। अत: यह प्रश्न उठना स्वाभाविक है कि वे कौन से साँचे हैं जिनके आधार पर शब्दों को मिलाकर पदबंध बनाए जा सकते हैं, जिससे उनके अनुरूप नियमों को देकर मशीनी संसाधन का कार्य किया सके। इसलिए हिंदी के पदबंध साँचों को आगे दिया जा रहा है। ये साँचे संदर्भ-युक्त टैगिंग, पद-विच्छेदक निर्माण और व्याकरण जाँचक निर्माण में सहायक होंगे।

22.2 पदबंध के प्रकार

सिंह (2000) द्वारा पदबंधों का संरचनात्मक और प्रकार्यात्मक वर्गीकरण किया गया है। संरचनात्मक दृष्टि से पदबंध मुख्य रूप से दो प्रकार के होते हैं—अंत:केंद्रिक तथा बाह्यकेंद्रिक। **अंत:केंद्रिक रचना** वह है जिसका कोई भी एक घटक संपूर्ण पदबंध का कार्य करने की क्षमता रखता हो। इसके तीन उपभेद किए गए हैं—

सविशेषक (Attributive) : अच्छा आदमी (विशेषण + शीर्ष)
समवर्गीय (Co-ordinative) : पुरुष और महिला (शीर्ष + शीर्ष)
समानाधिकरण (Appositional) : प्रधानमंत्री नरेंद्र मोदी (शीर्ष : शीर्ष)

बाह्यकेंद्रिक रचना वह है जिसका कोई भी घटक अकेले संपूर्ण पदबंध का कार्य करने की क्षमता न रखता हो। इसके दो उपभेद किए गए हैं—

अक्षसंबंधक (Axis-relator) : मेज पर (अक्ष + संबंधक)

गुंफित (Close-knit) : खा चुका है (गुंफित)

प्रकार्यात्मक वर्गीकरण करते हुए आपने निम्नलिखित पदबंधों की बात की है—

- संज्ञा पदबंध
- सर्वनाम पदबंध
- विशेषण पदबंध
- क्रिया-विशेषण पदबंध
- अव्यय पदबंध
- क्रिया पदबंध

उपर्युक्त वर्गीकरण इस आधार पर है कि संबंधित पदबंध का शीर्ष (Head) वह शब्दभेद होगा, जैसे—संज्ञा पदबंध का शीर्ष 'संज्ञा' होगी। शीर्ष अकेले आकर भी पूरे पदबंध का कार्य कर सकता है और शीर्ष के साथ अन्य आश्रित पद या पदबंध भी आ सकते हैं। अत: यह जानना आवश्यक है कि किस प्रकार के पदबंध में शीर्ष के साथ कौन से अन्य आश्रित पद या पदबंध आ सकते हैं, इसकी चर्चा सिंह (2000) द्वारा भी नहीं की गई है। कंप्यूटर पर संसाधन के लिए प्रत्येक प्रकार के पदबंध में कौन से घटक आ सकते हैं, उनका नियमों के रूप में निरूपण आवश्यक है।

पदबंध के उपर्युक्त प्रकारों में से 'सर्वनाम' पदबंध वाक्य में संज्ञा का ही प्रकार्य संपन्न करता है, इसलिए संज्ञा पदबंध के अंतर्गत ही उसका भी विवेचन किया जाएगा। इसके अलावा 'अव्यय' कोई ऐसा शब्दभेद नहीं है, जिसे प्रकार्य की दृष्टि से बताया जा सके। इसलिए इसके बारे में भी यहाँ कोई चर्चा नहीं की जाएगी। मेरी समझ से तो 'अव्यय' की पदबंध के रूप में कोई आवश्यकता ही नहीं है। 'अव्यय' शब्द किसी प्रकार्य का द्योतक नहीं है, बल्कि शब्दों की रूपरचना का द्योतक है। इसलिए अव्यय पदबंध कहकर यह नहीं बताया जा सकता कि इसका प्रयोग कहाँ और किस रूप में होगा। उदाहरण के लिए संज्ञा पदबंध का अपना एक प्रकार्य है, जो कर्ता, कर्म, पूरक आदि रूपों में व्यक्त होता है। विशेषण पदबंध का भी विशेषक या पूरक के रूप में प्रकार्य दिखाई पड़ता है, क्रिया तो वाक्य का केंद्र है। क्रिया-विशेषण वाक्य में क्रिया पदबंध की विशेषता को व्यक्त करते हैं, किंतु 'अव्यय'? इससे कोई सूचना नहीं मिलती। अव्यय पदबंध को एक वर्ग के रूप में बताते हुए इसके अंतर्गत 'सकारात्मक/नकारात्मक अव्यय', समुच्चयबोधक शब्द और विस्मयादिबोधक शब्द आदि को रखा गया है। मेरी समझ से इनके भिन्न प्रकार्यों के आधार पर इन्हें स्वतंत्र पदबंध के रूप में बताया जाना अधिक उपयुक्त है, जिससे

इनके प्रकार्य की भी सूचना मिल सके, जैसे—नकारात्मक शब्द स्वतंत्र रूप से एक शब्दीय/द्विशब्दीय पदबंध का निर्माण करते हैं, उन्हें अलग से एक नाम दे देने पर उनके प्रकार्य का भी पता चल जाएगा।

22.3 संज्ञा पदबंध और साँचे

जिस पदबंध का शीर्ष '**संज्ञा**' होती है, उसे **संज्ञा पदबंध** (Noun Phrase-NP) कहते हैं। सर्वनाम शब्द भी संज्ञा का ही कार्य करते हैं, इसलिए **सर्वनाम** शीर्ष शब्द वाले पदबंध भी संज्ञा पदबंध के अंतर्गत ही आते हैं। संज्ञा पदबंध वाक्य में दो रूपों में आ सकते हैं—एकशब्दीय और एकाधिक शब्दीय। एकशब्दीय संज्ञा पदबंध में एकल घटक के रूप में संज्ञा, सर्वनाम और निर्देशक शब्द आते हैं, जैसे—

लड़का घर जाता है।
वह विद्यालय से आ रहा है।
यह क्या है?

एकाधिक शब्द के स्तर पर इनके पूर्व भिन्न-भिन्न आश्रित शब्दवर्गों के शब्द आ सकते हैं जिनके आधार पर विभिन्न साँचों का निर्माण किया जा सकता है। इन साँचों को '**मूल साँचे**' नाम दिया जा रहा है। इस अध्याय से पूर्व टैगिंग की चर्चा करते हुए विभिन्न टैगों की चर्चा की जा चुकी है, उन्हीं टैगों के संयोजन के आधार पर नीचे संज्ञा पदबंधों के विभिन्न संयोजनों को उदाहरण सहित दिया जा रहा है—

क्र.सं.	साँचा	उदाहरण
1	DEM	यह
2	PRN	मैं
3	PRI*	मुझे
4	NN	लड़का
5	PRI + NN	मेरा लड़का
6	DEM + NN	वह लड़का
7	JJ + NN	अच्छा लड़का
8	NN + NNP	प्रधानमंत्री नरेंद्र मोदी
9	PRI + JJ + NN	मेरा अच्छा लड़का
10	PRI + NN + NNP	मेरा भाई सोहन

11	DEM + JJ + NN	वह अच्छा लड़का
12	JJ2 + JJ + NN	बहुत सुंदर पुस्तक
13	PRI + JJ2 + JJ + NN	मेरी बहुत सुंदर पुस्तक
14	DEM + JJ2 + JJ + NN	वह बहुत सुंदर पुस्तक
15	NNP	मोहन
16	PRI + NNP	मेरा मोहन (मेरे करन, अर्जुन)
17	(V + VAALA) KRD + NN	जाने वाला आदमी
18	(V + HUAA) KRD + NN	जाता हुआ आदमी
19	JJ + VAALA + NN	अच्छी वाली मिठाई
20	NN + VAALA + NN	कपड़े वाली दुकान
21	JJ (dup) + NN	बहुत-बहुत बधाई
22	JJ2 (dup) + JJ + NN	बहुत-बहुत बड़ी जीत
23	NN + NN	राजा बेटा
24	PRI + NN + NN	मेरा राजा बेटा

इनमें से प्रत्येक साँचे को इस प्रकार से प्रस्तुत किया सकता है—NP = DEM; NP = PRN; NP = NN; NP = DEM + NN; NP = JJ + JJ + NN आदि। इनके अलावा प्रत्येक साँचे में किसी भी पद के साथ ',' (अर्धविराम) लगाकर उसी वर्ग के अन्य शब्द भी रखे जा सकते हैं। सामान्यत: जब ',' का प्रयोग होता है तो अंतिम पद से पूर्व समुच्चयबोधक (और, तथा, एवं, व आदि) का प्रयोग होता है। अर्धविराम के साथ आश्रित पद या स्वयं संज्ञा (शीर्ष) पद भी आते हैं, जैसे—

विशेषण (JJ) :

अच्छा, मोटा, तगड़ा और समझदार लड़का खोजकर लाओ।

संज्ञा (NN) :

खेत में गाय, भैंस, बकरी और घोड़े सभी एक साथ बैठे हुए हैं।

नामपद संज्ञा (NNP) :

मोहन, राकेश, प्रदीप और सुनील आ रहे हैं।

सर्वनाम (PR) :

मैं, तुम और वह तीनों जा रहे हैं।

तिर्यक सर्वनाम (PRI) :

मेरी, तुम्हारी, उसकी, और उन सबकी लॉटरी लग गई है।

अत: मशीन को संज्ञा पदबंध के नियम देते समय 'अर्धविराम' संबंधी नियम इन टैगों के लिए देना अनिवार्य है, जिसे केवल फ्रेम के द्वारा नहीं दर्शाया जा सकता।

ऊपर उल्लेखित संज्ञा पदबंध साँचों में से कोई भी वाक्य में स्वतंत्र रूप से एक संज्ञा पदबंध के रूप में प्रयुक्त होता है। इसके अलावा अर्धविराम संबंधी नियम भी उस पर लागू होते हैं। इन सभी को मिलाकर यदि समेकित रूप से 'NP1' कहा जाए तो चार और साँचे दिए जा सकते हैं, जिनके माध्यम से उतने ही और पदबंध गुणात्मक रूप से प्रस्तुत किए जा सकते हैं। इन्हें 'आवृत्तिपरक साँचे' कहा जा सकता है। '**आवृत्तिपरक साँचे**' का अर्थ है—'ऐसे साँचे जिनमें मूल साँचों के नियमों की पुनरावृत्ति होती हो'। ये चारों निम्नलिखित हैं—

01	NP2 = *NP1 + **PP**	ने, को, से, में, पर
02	NP2 = *NP1 + **PT**	ही/भी/तो
03	NP2 = *NP1 + **GEN** + *NP1	का/की/के
04	NP2 = *NP1 + **CC** + *NP1	और, तथा, एवं, व

यहाँ 'NP2' का अर्थ है—मूल साँचे द्वारा बनने वाले पदबंध से बड़ा पदबंध। ऊपर वर्णित 24 साँचों में से कोई भी (केवल पहले साँचे में तिर्यक सर्वनाम को छोड़कर) इसमें NP1 (मूल साँचा) की जगह आ सकता है। यदि इन्हें भी उन्हीं साँचों में लिखा जाए तो इस टेबल के पहले और दूसरे साँचे के लिए **24-24** नियम और लिखे जा सकते हैं। इसके पहले साँचे का अर्थ है—***'ऊपर वर्णित कोई भी साँचा + परसर्ग'*** जैसे—

मूल टेबल का साँचा-4 : 'NP1 = NN' एक संज्ञा पदबंध हो सकता है, जैसे—

<***लड़की<NN> = NP1>*** घर<NN> गई। <VM>

तो 'NN + PP' एक दूसरा संज्ञा पदबंध हो सकता है, जैसे—

<***लड़की<NN> = NP1 + ने<PP> = NP2>*** आम<NN> खाया। <VM>

इसी प्रकार साँचा-5 = 'PRI + NN' एक संज्ञा पदबंध हो सकता है, जैसे—

<***उसकी<PRI> + लड़की<NN> = NP1>*** घर गई।

तो 'PRI + NN + PP' एक दूसरा संज्ञा पदबंध हो [illegible] है, जैसे—

<***उसकी<PRI> + लड़की<NN> = NP1+ ने<PP> = NP2>*** आम खाया।

इसी प्रकार साँचा-6 = 'DEM + NN' एक संज्ञा पदबंध हो सकता है, जैसे—'वह लड़की घर गई।' तो 'DEM + NN + PP' एक दूसरा संज्ञा पदबंध हो सकता

है, जैसे—'उस लड़की ने आम खाया।' यह बात सभी **24** साँचों पर लागू होती है। इसी कारण इसे '*NP1 + PP' द्वारा दर्शाया गया है।

इस टेबल के दूसरे साँचे का अर्थ है—***'ऊपर वर्णित कोई भी साँचा + निपात'***। इसे भी उपर्युक्त विवेचन की तरह समझा जा सकता है, जैसे—साँचा-4 = 'NN' एक संज्ञा पदबंध हो सकता है, जैसे—'लड़की घर गई।' तो 'NN + PT' एक दूसरा संज्ञा पदबंध हो सकता है, जैसे—'लड़की तो घर गई।' इसके विस्तार में '**संज्ञा पदबंध मूल साँचा + परसर्ग**' (*NP1 + PP) वाले साँचे भी आएँगे, जैसे—'लड़की ने आम खाया।' इस वाक्य में दो संज्ञा पदबंध हैं, जिनमें से किसी के भी साथ 'निपात' जोड़ा जा सकता है, जैसे—

- ***लड़की ने तो*** आम खाया।
- लड़की ने ***आम तो*** खाया।
- ***लड़की ने ही*** आम खाया।
- लड़की ने ***आम ही*** खाया।

इस टेबल का तीसरा साँचा 'संबंधवाची रचनाओं' का है। इसके लिए दो संज्ञा पदबंधों के बीच संबंधवाची चिह्नक (का-की/के) आता है। इस चिह्न के दोनों ओर संज्ञा पदबंध का कोई भी साँचा आ सकता है, इसीलिए इसे **'*NP1 + GEN + *NP1' (संज्ञा पदबंध मूल साँचा + संबंधवाची चिह्नक (Genitive Marker) + संज्ञा पदबंध मूल साँचा)** के रूप में दर्शाया गया है। केवल इसी को लिखने के लिए **24-24** और नियम लिखने की आवश्यकता होती। उदाहरण के लिए निम्नलिखित वाक्य में एक संबंधवाची रचना के अंतर्गत आए दो मूल संज्ञा पदबंधों को देखा जा सकता है, जैसे—

- <गाँव से आए हुए छोटे और गोरे लड़के<NP1> + **का<GEN>** + शहर में रहने वाला मित्र<NP1> = NP2> बड़ी-बड़ी बातें करता है।

अत: संबंधवाची रचना के दोनों ओर किसी भी साँचे से बने हुए दो संज्ञा पदबंध आकर एक बड़े संज्ञा पदबंध का निर्माण करते हैं। इसी प्रकार दो संज्ञा पदबंधों के बीच में '**समुच्चयबोधक**' **(Conjunction-CC)** लगाकर एक बड़ा संज्ञा पदबंध बनाया जा सकता है, जिसमें लगे दोनों मूल संज्ञा पदबंधों (NP1) के लिए उपर्युक्त **24** नियम लागू होंगे, जैसे—

- <गाँव से आया हुआ छोटा, गोरा लड़का<NP1> + **तथा (CC)** शहर में रहने वाला वह लड़का<NP1> = NP2> दोनों मित्र हैं।

इस वाक्य में दो संज्ञा पदबंध एक समुच्चयबोधक 'तथा' से जुड़कर एक बड़े संज्ञा पदबंध का निर्माण कर रहे हैं। अत: मशीन को पहले मूल साँचों और फिर आवृत्तिपरक साँचों के नियमों को दिया जाना अतिआवश्यक है।

संज्ञा पदबंध के रूप में विशेषण : कुछ वाक्य रचनाओं में विशेषण पद या पदबंध भी संज्ञा पदबंध का कार्य करते हैं, जैसे—

➢ ***बूढ़े*** जा रहे हैं।

➢ ***दूध वाला*** आया है।

ऐसी रचनाओं में संबंधित संज्ञा पद अनुक्त (छिपा हुआ) रहता है, जैसे— उपर्युक्त वाक्यों में 'बूढ़े' के बाद 'लोग' और 'दूध वाला' के बाद 'आदमी' या 'लड़का' शब्द अनुक्त है। कौन-से विशेषण किस प्रकार की वाक्य रचनाओं में संज्ञा पदबंध के रूप में कार्य करेंगे, यह विश्लेषण का विषय है। इसका अलग से जटिलता-निवारण (Complexity Handling) की दृष्टि से अध्ययन किया जाना चाहिए।

संज्ञा पदबंध के रूप में क्रिया : कुछ वाक्य रचनाओं में क्रिया पद या पदबंध भी संज्ञा पदबंध का कार्य करते हैं, जैसे—

➢ उसको ***रोना*** अच्छा लगता है।

➢ दिनभर ***पढ़ते रहना*** अच्छी बात नहीं है।

क्रिया के क्रियेतर प्रयोगों को 'कृदंत' नाम दिया गया है। ये कृदंतीय प्रयोग ही हैं। अत: इसका विवेचन समुचित स्थान पर किया जाएगा।

22.4 क्रिया पदबंध

वह पदबंध जो वाक्य द्वारा सूचित क्रिया व्यापार के घटित होने अथवा स्थिति/अवस्थिति का बोध कराता है, **क्रिया पदबंध** (Verb Phrase-VP) है। पदबंध साँचा अध्ययन की दृष्टि से संज्ञा के बाद सबसे महत्त्वपूर्ण पदबंध 'क्रिया पदबंध' ही है। रचना की दृष्टि से क्रिया पदबंध को गुंफित (Nested) कहा गया है। अर्थात् क्रिया में एक ही पद में अनेक सूचनाएँ समाहित हो सकती हैं। क्रिया पदबंध भी एकशब्दीय और एकाधिक शब्दीय दोनों प्रकार के होते हैं। कोई क्रिया शब्द अकेले भी क्रिया पदबंध के रूप में आ सकता है और एकाधिक क्रिया शब्द भी मिलकर एक क्रिया पदबंध के रूप में आ सकते हैं। हिंदी में क्रिया पदबंध की रचना दो घटकों के मिलने से होती है—**मुख्य क्रिया** (Main Verb-VM) और **सहायक क्रिया** (Auxiliary Verb-VAX)। अत: सूत्र रूप में इसे निम्नलिखित प्रकार से दर्शाया जा सकता है—

क्रिया पदबंध = मुख्य क्रिया + सहायक क्रिया (VP = VM + VAX)

उदा. = वह ***जाता है***।

इनमें से मुख्य क्रिया और सहायक क्रिया दोनों ही एकशब्दीय या बहुशब्दीय हो सकती हैं। इसके अलावा केवल मुख्य क्रिया के ही साथ सहायक क्रिया चिह्नक जुड़ सकते हैं, जिसमें अलग से किसी शब्द की आवश्यकता नहीं रहती, जैसे— 'वह चला' वाक्य में 'चला' मुख्य क्रिया है और इसी में 'ा' प्रत्यय सहायक क्रिया

चिह्नक के रूप में जुड़ा है। इसी प्रकार केवल धातु रूप भी संपूर्ण क्रिया पदबंध का कार्य कर सकता है, जैसे—'तू जा' में 'जा' धातु द्वारा संपूर्ण क्रिया पदबंध का कार्य किया जा रहा है। इन सभी रूपों के प्रयोग की अपनी स्थितियाँ हैं, जो वाक्य साँचों द्वारा नियंत्रित होती हैं।

22.4.1 मुख्य क्रिया :

क्रिया पदबंध का वह भाग जिसका वाक्य में कोशीय अर्थ होता है, मुख्य क्रिया है, जैसे—'गाड़ी 10 बजे चल देगी।' मुख्य क्रिया के निम्नलिखित प्रकार संभव हैं—

(क) एकल क्रिया (Single Verb) : इसे सूरजभान सिंह (2000) द्वारा 'सरल धातु' कहा गया है। इसका तात्पर्य एक क्रिया शब्द के मुख्य क्रिया के रूप में आने से है। अर्थात् जब एक ही क्रिया शब्द मुख्य क्रिया के रूप में आए तो इसे 'एकल क्रिया' कहा जा सकता है। वह 'धातु' रूप में या 'धातु + प्रत्यय' रूप में आ सकता है। इस स्थान पर क्रिया का मूल रूप या प्रेरणार्थक रूप दोनों आ सकते हैं, जैसे—उठ रहा है, चला है आदि।

(ख) सामासिक क्रिया (Composite Verb) : जब दो क्रिया शब्द एक साथ आएँ और समेकित रूप से अर्थ दें, तो दोनों को मिलाकर सामासिक क्रिया कहते हैं। ऐसी स्थिति में दोनों क्रियाओं के बीच 'डैश' (-) का प्रयोग होता है, जैसे—खा-पी, उठ-बैठ। सामासिक क्रिया के घटक के रूप में आने वाली दोनों क्रियाएँ एक ही वर्ग की होती हैं, जैसे—'खा-बैठ' का एक साथ प्रयोग नहीं किया जा सकता। रूपनिर्माण की दृष्टि से देखा जाए तो सामान्यत: प्रत्यय दोनों क्रियाओं के साथ ही जुड़ते हैं, जैसे—

➢ उसने पार्टी में खूब ***खाया-पिया***।

➢ अब मेरा बेटा भी ***पढ़ने-लिखने*** लगा है।

ऐसी क्रियाओं में 'कर' प्रत्यय केवल दूसरी क्रिया के साथ ही जुड़ता है, जैसे—

➢ वह ***खा-पीकर*** आया।

(ग) मिश्र क्रिया (Complex Verb) : दो घटकों से निर्मित वह पदबंध जिसका पहला घटक क्रियेतर होता है और दूसरा घटक क्रिया होती है, किंतु दोनों मिलकर एक क्रिया पदबंध का कार्य करते हैं, **मिश्र क्रिया** है। इनमें प्रथम घटक के रूप में 'संज्ञा', 'विशेषण' या *'क्रियांगी' शब्द आते हैं और द्वितीय घटक के रूप में 'कर', 'हो' आदि क्रिया शब्द आते हैं। *(सिंह (2000) ने कहा है—'क्रियांगी शब्दों' से तात्पर्य*

ऐसे शब्दों से है जो हमेशा मिश्र क्रियाओं के अभिन्न घटक के रूप ही प्रयुक्त होते हैं और जिन्हें संज्ञा या विशेषण के रूप में पृथक् करना संभव नहीं, जैसे—मालूम, मना, पेश, स्वीकार, कबूल आदि) प्रथम घटक को 'क्रियामूल' (Pre-Verb) और द्वितीय घटक को 'क्रियाकर' (Verbalizer) कहते हैं। क्रियाकर द्वारा ही प्रथम घटक को क्रिया के रूप में बदला जाता है। सिंह (2000) ने अर्थ की दृष्टि से चर्चा करते हुए कहा है, "अर्थ के स्तर पर मिश्र क्रिया के दोनों घटक मिलकर एक आर्थी इकाई का निर्माण करते हैं। किन-किन स्थितियों में दो घटक मिलकर एक आर्थी इकाई का निर्माण करते हैं, इस संबंध में कोई स्पष्ट नियम नहीं है।"

मिश्र क्रिया के प्रथम घटक के संदर्भ में सिंह (2000) के ही शब्दों में, "अधिकांश विशेषणों के साथ क्रियाकरों का प्रयोग कर मिश्र क्रियाओं की रचना की जा सकती है, लेकिन संज्ञाओं में केवल अमूर्त संज्ञाओं का एक वर्ग ही मिश्र क्रियाओं का निर्माण करने की क्षमता रखता है।...सभी क्रियांगी शब्दों के साथ क्रियाकरों का प्रयोग कर मिश्र क्रिया की रचना की जा सकती है।" इसी प्रकार द्वितीय घटक के संदर्भ में सिंह (2000) ने कहा है, "मिश्र क्रिया के दूसरे घटक के रूप में अधिकांशत: 'करना' या 'होना' (क्रमश: सकर्मक तथा अकर्मक) क्रियाकरों का प्रयोग होता है, जैसे—मालूम करना-मालूम होना, प्रयोग करना-प्रयोग होना आदि।" ये दोनों ही क्रिया शब्द मूलत: प्रथम शब्द को क्रिया के रूप में परिवर्तित करते हैं। इनके अलावा मिश्र क्रिया के रूप में कुछ अन्य रूढ़िगत प्रयोग भी मिलते हैं, जैसे—घूस खाना, धोखा खाना, डिंग मारना, धक्का मारना आदि (*सिंह, 2000)।* मिश्र क्रियाओं का विस्तृत विवेचन सिंह (2000) द्वारा क्रिया गया है, इसलिए यहाँ उनकी आंतरिक संरचना के बारे में विस्तृत चर्चा नहीं की जा रही है। इसे 'हिंदी का वाक्यात्मक व्याकरण' में देखा जा सकता है।

अत: मिश्र क्रिया दो घटक शब्दों से निर्मित होती है, जिनमें प्रथम शब्द क्रियेतर एवं द्वितीय शब्द क्रियाकर होता है। वाक्य रचना की दृष्टि से यहाँ एक बात उल्लेखनीय है कि मिश्र क्रिया के घटक शब्दों के बीच निपातों का प्रयोग भी संभव है, जैसे—

- मैंने उसे ***मना किया।***
- मैंने उसे ***मना भी किया।***
- मैंने उसे ***मना तो किया।***

➢ मोहन उस लड़की को ***याद करता है।***

➢ मोहन उस लड़की को ***याद ही (/भी/तो) करता है।***

इसलिए मिश्र क्रिया के साँचे या नियम देते समय इनके लिए विकल्प रखना आवश्यक है।

मिश्र क्रियाओं के संदर्भ में एक बात अंग्रेजी से आगत शब्दों (Loan Words) के संदर्भ में उल्लेखनीय है कि अंग्रेजी से आने वाली क्रियाएँ क्रिया के रूप में नहीं आतीं, बल्कि वे क्रियांगी के ही रूप में आती हैं। उनके साथ 'कर' या 'हो' क्रियाकरों का प्रयोग करके उन्हें क्रिया बना लिया जाता है। उदाहरण के लिए निम्नलिखित वाक्यों को देखा जा सकता है—

He is ***calling.*** → वह ***कॉल कर*** रहा है।

Program is ***loading.*** → प्रोग्राम ***लोड हो*** रहा है।

She is ***changing.*** → वह ***चेंज कर*** रही है।

'करना' क्रियाकर का प्रयोग 'सकर्मक' रूप में होता है, किंतु अंग्रेजी से आगत कई 'अकर्मक क्रियाओं' (और प्रयोगों) के साथ भी 'करना' क्रियाकर का प्रयोग होता है, जैसे—It is ***moving.*** → यह ***मूव कर*** रहा है।

Program is ***running.*** → प्रोग्राम ***रन कर*** रहा है।

(घ) **संयुक्त क्रिया (Compound Verb) :** दो क्रिया पदों से निर्मित वह पदबंध जिसके दोनों घटक कोशीय होते हैं किंतु दोनों मिलकर एक ही क्रिया का कार्य करते हैं, **संयुक्त क्रिया** है। इनमें प्रथम क्रिया कोशीय अर्थ देती है और दूसरी उसी के अर्थ को रंजित करती है। इस कारण पहली क्रिया को **कोशीय क्रिया** (Lexical Verb) और दूसरी क्रिया को **रंजक क्रिया** (Intensifier/Explicator/Vector Verb) कहते हैं। रूपरचना की दृष्टि से पहला घटक धातु रूप में होता है और दूसरे घटक में काल, पक्ष एवं वृत्ति आदि के प्रत्यय जुड़ते हैं। रंजक क्रिया कोशीय क्रिया के अर्थ को रंजित करती है, अर्थात् उसके अर्थ में कोई नया भाव (आकस्मिकता, कार्य-संपन्नता, शीघ्रता आदि) जोड़ देती है, जैसे—'पीना' एक कोशीय क्रिया है, जिसमें 'लेना' जोड़ देने पर 'पी लेना' संयुक्त क्रिया का निर्माण होता है। 'पीना' में 'लेना' जोड़ देने से शीघ्र कार्य पूरा हो जाने और पूरी तरह खत्म हो जाने का भाव आ रहा है, जैसे—मैंने पानी ***पिया*** → मैंने पानी ***पी*** लिया।

हिंदी में संयुक्त क्रिया के बारे में सिंह (2000) द्वारा विस्तृत चर्चा की गई है। रंजक क्रियाओं की संख्या पर विचार करते हुए उन्होंने कहा

है, ''हिंदी की सर्वमान्य 8 प्रमुख रंजक क्रियाएँ नीचे दी जा रही हैं, जिनमें से प्रथम तीन की प्रयोग-आवृत्ति अधिक है—

1. जाना (भाग जाना)
2. लेना (कर लेना)
3. देना (फेंक देना)
4. आना (उतर आना)
5. पड़ना (रो पड़ना)
6. उठना (काँप उठना)
7. बैठना (कर बैठना)
8. डालना (कर डालना)

इनके अतिरिक्त अपेक्षाकृत अधिक सीमित प्रयोगों में प्रचलित कुछ अन्य रंजक क्रियाएँ भी हैं, जिनमें प्रमुख हैं—

9. निकलना (बढ़ निकलना)
10. मारना (छान मारना)
11. मरना (जा मरना)
12. छोड़ना (बना छोड़ना)

संयुक्त क्रियाओं की संरचना, भेदक लक्षण और रंजक क्रियाओं के प्रकार्यात्मक, पक्षात्मक तथा अभिवृत्तिक मूल्यों की चर्चा सिंह (2000) द्वारा की गई है। अतः इसे यहाँ विस्तार नहीं दिया जा रहा है।

पदबंध साँचा निर्माण की दृष्टि से मिश्र क्रिया की तरह ही संयुक्त क्रिया के घटक शब्दों के बीच निपात आ सकते हैं, जैसे—

- उसने पानी ***पी लिया।***
- उसने पानी ***पी ही लिया।***
- उसने पानी ***पी भी लिया।***
- उसने पानी ***पी तो लिया।***

यहाँ तक कि कुछ रचनाओं में दो निपात भी एक साथ आ सकते हैं, जैसे—

- उसने पानी ***पी ही तो लिया।***

अतः साँचे संबंधी नियमों में इनके लिए विकल्प दिए जाने चाहिए। इसके अलावा कौन सी रंजक क्रिया किस कोशीय क्रिया के साथ आ सकती है, यह शोध का विषय है, जैसे—'करना' के साथ 'लेना' और 'देना' दोनों रंजक क्रियाओं का प्रयोग संभव है, उदाहरण—

- मैंने अपना काम ***कर लिया।***
- मैंने अपना काम ***कर दिया।***

किंतु 'पीना' के साथ केवल 'लेना' ही रंजक क्रिया आती है, 'देना' का प्रयोग संभव नहीं है, जैसे—

➢ मैंने पानी ***पी*** लिया।

➢ *मैंने पानी ***पी*** दिया।

इनके आपसी संयोजन के आधार आर्थी हैं, जैसे—सहप्रयोगात्मकता, कार्य-व्यापार की स्थिति आदि। इसे मॉडलीकृत करने के लिए आर्थी ज्ञानआधार या तंत्र की आवश्यकता है। उसके नहीं होने की स्थिति में अभी यही किया जा सकता है कि एक संबंधपरक डाटाबेस (Relational Database) तैयार किया जाए जिसमें प्रत्येक रंजक क्रिया के साथ आ सकने वाली मुख्य क्रियाओं को चिह्नित कर दिया जाए।

(ङ) **मिश्र-संयुक्त क्रिया (Complex-compound Verb) :** कुछ मिश्र क्रियाओं के क्रियाकरों के साथ रंजक क्रियाएँ भी आती हैं, जिससे एक त्रिशब्दीय रचना बनती है। इस रचना को **मिश्र-संयुक्त क्रिया** नाम दिया जा सकता है, जैसे—

ठीक करना

➢ मैंने गाड़ी ***ठीक की।***

➢ मैंने गाड़ी ***ठीक कर दी।***

➢ मैंने गाड़ी ***ठीक कर ली।***

➢ मैंने गाड़ी ***ठीक कर डाली।***

इंतजार करना

➢ मैंने उसका ***इंतजार किया।***

➢ मैंने उसका बहुत ***इंतजार कर लिया।***

मिश्र क्रिया के क्रियाकर के साथ रंजक क्रिया के जुड़ने को क्रियामूल (Pre-Verb) प्रभावित करता है, जैसे उपर्युक्त उदाहरणों में 'करना' क्रियाकर के साथ ही रंजक क्रियाओं का प्रयोग किया गया है, किंतु पहली मिश्र क्रिया 'ठीक करना' के साथ तीन रंजक क्रियाओं का प्रयोग हो रहा है, जबकि दूसरी मिश्र क्रिया 'इंतजार करना' के साथ केवल एक रंजक क्रिया का प्रयोग हो रहा है। यह 'ठीक' और 'इंतजार' शब्दों द्वारा ही नियंत्रित हो रहा है।

(च) **यौगिक क्रिया (Conjunct Verb) :** दो क्रियापदों से निर्मित वह पदबंध जिसके दोनों घटक शब्द अपना कोशीय अर्थ रखते हैं, **यौगिक क्रिया** है, जैसे—ले जाना, ले आना, दे जाना, दे आना, कर आना आदि। इनका वाक्य में एक साथ प्रयोग होने पर दोनों

क्रियाओं द्वारा व्यक्त कार्य-व्यापार संपन्न होने की सूचना मिलती है, जैसे—

➢ मोहन अपनी किताब ***ले गया।***

इस वाक्य में 'मोहन' द्वारा अपनी किताब को 'लेने' और 'जाने' दोनों का अर्थ व्यक्त हो रहा है।

रूपरचना की दृष्टि से देखा जाए तो प्रथम घटक धातु रूप में रहता है और द्वितीय घटक में काल, पक्ष एवं वृत्ति आदि संबंधी प्रत्यय जुड़ते हैं। हिंदी में यौगिक क्रियाओं की संख्या अत्यंत सीमित है। सिंह (2000) द्वारा हिंदी की कुछ प्रमुख यौगिक क्रियाओं की सूची इस प्रकार से दी गई है—

"ले जाना	आ बैठना	जा गिरना	कर दिखाना
ले आना	आ घेरना	जा घुसना	लिख भेजना
ले उड़ना	आ झपटना	जा बसना	उखाड़ फेंकना"
ले डूबना	आ टपकना	सोच निकालना	
दे जाना	आ फँसना	खींच निकालना	
दे आना	आ लेटना	ढूँढ़ निकालना	

हिंदी में इनके अलावा कुछ अन्य यौगिक क्रियाएँ भी प्राप्त होती हैं, जैसे—कर आना, आ बसना, ले चलना, चल बढ़ना, उठ चलना, मार गिराना आदि।

यौगिक क्रिया के घटक शब्दों के बीच 'कर' का प्रयोग किया जा सकता है। यह प्रयोग एक कार्य पूर्ण होने पर दूसरे कार्य के भी होने का सूचक है। इसके अलावा साँचा निर्माण की दृष्टि से इनके बीच निपातों (ही/भी/तो) का भी प्रयोग संभव है।

(छ) संयुक्त-यौगिक क्रिया (Compound-conjunct Verb) : वे संयुक्त क्रियाएँ जिनमें 'ले' या 'दे' रंजक क्रिया के रूप में होती है, उनके आगे 'जाना' और 'आना' आदि का प्रयोग करके त्रिघटकीय संरचना का निर्माण किया जा सकता है। इस त्रिघटकीय संरचना को **संयुक्त-यौगिक क्रिया** कहते हैं, जैसे—

➢ उसने सामान ***उठा लिया।***

➢ वह सामान ***उठा ले गया।***

22.4.2 सहायक क्रिया (Auxiliary Verb) :

जिस क्रिया द्वारा केवल व्याकरणिक कोटियों संबंधी सूचना दी जाती है, उसे **सहायक क्रिया** कहते हैं। सहायक क्रिया 'शब्द' या 'प्रत्यय' दोनों रूपों में हो

सकती है। स्वतंत्र शब्द के रूप में होने पर 'सहायक क्रिया' और प्रत्यय के रूप में होने पर 'सहायक क्रिया चिह्नक' या 'व्याकरणिक कोटि चिह्नक' कहा जाता है। अतः इसके दो रूप निम्नलिखित हैं—

(क) स्वतंत्र शब्द : हिंदी में 'रहा/रही/रहे', 'चुका/चुकी/चुके', 'है, हैं, था, थी, थे' आदि अनेक सहायक क्रियाएँ हैं, जो स्वतंत्र शब्द के रूप में प्रयुक्त होती हैं।

(ख) प्रत्यय : हिंदी में 'या/ई/ए' (गया, गई, गए), 'ा, ी, े' (चला, चली, चले), 'ओ' (चलाओ) आदि अनेक प्रत्यय हैं जो सहायक क्रिया का कार्य करते हैं किंतु मुख्य क्रिया के साथ जुड़कर आते हैं।

हिंदी में सहायक क्रिया के रूप में 'केवल शब्द', 'केवल प्रत्यय' अथवा 'दोनों का एक साथ प्रयोग' तीनों स्थितियाँ पाई जाती हैं, जैसे—

- वह ***जा रहा है।*** (सहायक क्रिया 'रहा है' केवल शब्द, मुख्य क्रिया धातु रूप में)
- वह जाएगा। (सहायक क्रिया चिह्नक 'एगा' केवल प्रत्यय मुख्य क्रिया से जुड़कर)
- वह ***चला आया है।*** (सहायक क्रिया चिह्नक 'ा' (चल + ा) और 'या' (आ + या) मुख्य क्रिया के घटक शब्दों के साथ और 'है' सहायक क्रिया स्वतंत्र रूप से)

सहायक क्रियाओं और चिह्नकों द्वारा व्याकरणिक कोटियों के संबंध में सूचना दी जाती है। सबसे अधिक व्याकरणिक कोटियों की सूचना क्रिया पदबंध में ही रहती है। हिंदी में क्रिया पदबंध में भिन्न-भिन्न वाक्यों में निम्नलिखित व्याकरणिक कोटियों की सूचना रहती है—

लिंग-

- लड़का जाता है। (पुल्लिंग)
- लड़की जाती है। (स्त्रीलिंग)

वचन-

- लड़का जाता है। (एकवचन)
- लड़के जाते हैं। (बहुवचन)

पुरुष-

- मैं जाऊँगा। (प्रथम पुरुष)
- तुम जाओगे। (मध्यम पुरुष)
- वह जाएगा। (अन्य पुरुष)

काल-

➤ वह जाता है। (वर्तमान काल)

➤ वह जाता था। (भूतकाल)

➤ वह जाएगा। (भविष्यकाल)

पक्ष-

➤ वह जाता है। (नित्य)

➤ वह जा रहा है। (सातत्य)

➤ वह जा चुका है। (पूर्ण)

वृत्ति-

➤ तुम चलो। (आज्ञार्थक)

➤ तुम्हें पढ़ना चाहिए। (सुझाव)

➤ शायद वह आए (संभावनार्थक)

➤ वह पैदल बाजार जा सकता है। (सामर्थ्यबोधक)

वाच्य-

➤ उसने आम खाए। (कर्तृवाच्य)

➤ उसके द्वारा आम खाए गए। (कर्मवाच्य)

विभिन्न व्याकरणिक कोटियों के संदर्भ में पहले ही चर्चा की जा चुकी है। इसलिए क्रिया पदबंध की चर्चा की पूर्णता और पठन में सहज निरंतरता के लिए यहाँ केवल उदाहरण दिए गए हैं।

22.5 क्रिया पदबंध के घटक-संख्या आधारित साँचे

क्रिया पदबंध बहुत विविधतापूर्ण संरचना है। शब्द संख्या और शब्दरूप की दृष्टि से इसे समझने के लिए निम्नलिखित साँचे दिए जा सकते हैं—

1. **क्रि.प.** = [स.क्रि.] (कोप्यूला) {**VP** = [VAX](Copula)}
   उदा. : रमेश अध्यापक है।
2. **क्रि.प.** = [मु.क्रि.] (धातु) {**VP** = [VM](Root)}
   उदा. : तू जा।
3. **क्रि.प.** = [मु.क्रि.] (धातु + प्रत्यय) {**VP** = [VM](Root + suffix)}
   उदा. : रमेश चला।
4. **क्रि.प.** = [मु.क्रि. + स.क्रि.] {**VP** = [VM + VAX]}
   उदा. : रमेश चलता है।
5. **क्रि.प.** = [(मु.क्रि.1 + मु.क्रि. 2) + (स.क्रि.)] {**VP** = [(VM1 + VM2) + (VAX)]}
   उदा. : रमेश ने चल दिया है।

6. **क्रि.प.** = [(मु.क्रि.) + (स.क्रि.1 + स.क्रि.2)] {**VP** = [(VM) + (VAX1 + VAX2)]}
   उदा. : रमेश चल रहा है।
7. **क्रि.प.** = [(मु.क्रि.1 + मु.क्रि.2) + (स.क्रि.1 + स.क्रि.2)] {**VP** = [(VM1 + VM2) + (VAX1 + VAX2)]}
   उदा. : रमेश चल ले रहा है।

एक से अधिक घटक होने की स्थिति में यह सुनिश्चित करना आवश्यक है कि कौन सा घटक किस स्थान पर आ सकता है। उदाहरण के लिए 'मु.क्रि.1 + मु.क्रि.2' की स्थिति में यदि दोनों घटक मिलकर 'संयुक्त क्रिया' का निर्माण कर रहे हों तो 'मु.क्रि.1' के स्थान पर 'कोशीय क्रिया' और 'मु.क्रि.2' के स्थान पर 'रंजक क्रिया' ही आएँगी। इसी प्रकार 'स.क्रि.1 + स.क्रि.2' की स्थिति में 'स.क्रि.1' के स्थान पर पक्षवाची या 'वृत्तिवाची क्रिया (या चिह्नक)' और 'स.क्रि.2' के स्थान पर 'कालवाची क्रिया' ही आएँगी, जैसे—'वह जा रहा है' ही रूप बनेगा, 'वह जा है रहा' नहीं।

22.6 क्रिया पदबंध साँचे

क्रिया पदबंध गुंफित (Nested) होने के साथ ही बहुत अधिक गतिक (Dynamic) प्रकृति का भी होता है, इसमें कभी एक ही शब्द (केवल मुख्य क्रिया) में सभी काल, पक्ष के चिह्नक आ जाते हैं तो कभी प्रत्येक के लिए अलग-अलग शब्द आते हैं। इसके अलावा मुख्य क्रिया के अतिरिक्त आने वाले शब्द और चिह्नक अलग-अलग प्रकार की सूचनाएँ देते हैं। इसलिए क्रिया पदबंधों के सीधे-सीधे केवल साँचे बना देना ही पर्याप्त नहीं है, बल्कि उसके साथ संबंधित साँचे से व्यक्त रूप या भाव/व्याकरणिक सूचना को भी बताना अनिवार्य है। इसके विभिन्न सूचनाओं को बताते हुए क्रिया पदबंध के साँचे इस प्रकार से दिए जा सकते हैं—

क्र.सं.	साँचा	विवरण/सूचना	उदाहरण
1	COP	काल	है
2	VR	मु.क्रि. (धातु)	खा
3	VM	मु.क्रि. + चिह्नक	खाया
4	VM + VXT	मु.क्रि. + चिह्नक + कालवाची स.क्रि.	खाता है
5	VR + VXA + VXT	मु.क्रि. + पक्षवाची स.क्रि. + कालवाची स.क्रि.	खा रहा है खा चुका है

6	VM + VXA	मु.क्रि. + चिह्नक + पक्षवाची स.क्रि.	चलने लगी बढ़ता गया जाता रहा
7	VM + VXA + VXT	मु.क्रि. + चिह्नक + पक्षवाची स.क्रि. + कालवाची स.क्रि.	चलने लगी है बढ़ता गया था जाता रहा है
8	VM + ***VALA** + VXT	मु.क्रि. + चिह्नक + 'वाला' + कालवाची स.क्रि.	चलने वाली है
9	VR + VXM	मु.क्रि. + वृत्तिवाची स.क्रि.	जा सकता जा सका
10	VR + VXM + VXT	मु.क्रि. + वृत्तिवाची स.क्रि. + कालवाची स.क्रि.	जा सकता है जा सका था
11	VM + VXM	मु.क्रि. + वृत्तिवाची स.क्रि.	जाना चाहिए जाना पड़ा
12	VR + VXM + VXT	मु.क्रि. + वृत्तिवाची स.क्रि. + कालवाची स.क्रि.	जाना पड़ता है
13	VM + **KO** + VXT	मु.क्रि. + 'को' + कालवाची स.क्रि.	जाने को है
	VM + **SE + VXA	मु.क्रि. + 'से' + पक्षवाची स.क्रि.	जाने से रहा

(*'वाला' **(VALA)**—कुछ विद्वानों द्वारा इसे वृत्ति में भी रखा गया है।)

****'से रहा'** **(SE + VXA)** वाली रचनाएँ विशेष प्रकार की रचनाएँ होती हैं, जिनका वाक्य स्तर पर स्वाभाविक अर्थ नहीं आता बल्कि निषेध का अर्थ आता है, जैसे—

➢ वह जाने से रहा। → वह नहीं जाएगा।

इसी प्रकार की कई विशिष्टताएँ क्रिया पदबंध में पाई जाती हैं। इसलिए क्रिया पदबंध के साँचे बहुत अधिक गहन स्तर पर बनाए जाने चाहिए।

{**टैग** विवरण- COP = Copula, VR = Verb Root, VM = Verb Main, VXT = Auxiliary verb showing Tense, VXA= Auxiliary verb showing Aspect, VXM = Auxiliary verb showing Mood.}

उपर्युक्त साँचों को 'क्रिया पदबंध साँचे' भले ही कहा गया हो, किंतु मूलतः ये '**मुख्य क्रिया**' + '**सहायक क्रिया पदबंध साँचे**' हैं। इसमें मुख्य क्रिया के दो रूपों (धातु और धातु + प्रत्यय) को पहला स्थान देकर आगे केवल **सहायक क्रिया साँचों** को रखा गया है। कुछ विद्वानों द्वारा केवल एक मुख्य क्रिया शब्द और

सहायक क्रिया के योग को 'सरल क्रिया पदबंध' नाम दिया गया है। इसे परिभाषित करते हुए कहा गया है, "जिस क्रिया पदबंध में केवल एक क्रिया पद का प्रयोग हो अथवा एकाधिक क्रिया पदों के आने की स्थिति में एक ही क्रिया प्रधान हो तथा अन्य पद काल, पक्ष, वृत्ति आदि की सूचना देते हों, उसे **सरल क्रिया पदबंध** कहते हैं। इनमें प्रधान क्रिया शब्द को '**मुख्य क्रिया**' और काल, पक्ष तथा वृत्ति की सूचना देने वाले क्रिया शब्दों को '**सहायक क्रिया**' कहते हैं।" क्रिया पदबंध साँचा निर्माण की दृष्टि से 'सरल क्रिया पदबंध' जैसी किसी अवधारणा की आवश्यकता नहीं है। क्योंकि ऊपर वर्णित 'मिश्र', 'संयुक्त' और 'यौगिक' क्रिया पदबंध 'मुख्य क्रिया' के ही प्रकार हैं, उनके साथ भी इन साँचों में दी गई सहायक क्रिया (या चिह्नक) जुड़ती है। यहाँ पर केवल यह देखना आवश्यक है कि किस साँचे के साथ 'मिश्र', 'संयुक्त' और 'यौगिक' क्रिया पदबंध मुख्य क्रिया के रूप में नहीं आ सकता, जैसे—'**मु.क्रि. + ने लग**' एक साँचा है जिसके द्वारा निम्नलिखित प्रकार के वाक्यों की रचना होती है—

- वह ***दौड़ने लगा।***
- वह ***दौड़ने लगता है।***

इस साँचे में मुख्य क्रिया के रूप में 'संयुक्त क्रिया' नहीं आ सकती, जैसे 'मार डालना' या 'चल देने' आदि संयुक्त क्रियाओं के साथ इसका प्रयोग करके देखा जा सकता है—

- *वह ***मार डालने*** लगा। *वह ***मार डालने लगता*** है।
- *वह ***चल देने*** लगा। *वह ***चल देने लगता*** है।

अत: सहायक क्रिया पदबंध साँचे बनाकर किस साँचे के साथ कौन सी क्रिया मुख्य क्रिया के रूप में आ सकती है, इसका निर्देश करते हुए टेबल निर्मित किया जा सकता है।

क्रिया पदबंध के साँचों का निर्माण केवल शब्द संयोजन के आधार पर नहीं किया जा सकता, जैसा कि ऊपर संज्ञा पदबंध में किया गया है। इसमें मुख्य क्रिया (कोशीय क्रिया) का स्वरूप, उसके साथ लगने वाले प्रत्यय और फिर आने वाले शब्द सबका ध्यान रखना होता है। उदाहरण के लिए 'रहा/चुका' पक्षवाची क्रियाओं से पूर्व मुख्य क्रिया केवल **धातु रूप** में ही आ सकती है, अर्थात्—

- वह ***खा*** रहा है।
- वह ***खा*** चुका है।

इनके साथ किसी प्रत्यय का प्रयोग नहीं किया जा सकता। इसलिए उपर्युक्त टेबल में इनके लिए अलग टैग 'VR' (Verb Root) रखा गया है। यह सूचना **व्याकरणिक जाँच** 'Grammar Checking', **पद-विच्छेदन** (Parsing) और **वाक्य प्रजनन** (Sentence Generation) के लिए बहुत महत्त्वपूर्ण है, क्योंकि इससे गलत

क्रिया पदबंध बनने से रोका जा सकता है। इसी प्रकार कुछ वृत्तिवाची शब्द 'ने' प्रत्यय के साथ ही आते हैं, जैसे—'वाला', 'लगना', 'को', 'से' आदि। अत: 'ने' प्रत्यय को ही चिह्नित करते हुए एक अलग टैग (जैसे—VXNE) बनाया जा सकता है। साँचों की संख्या सीमित रखने के लिए यहाँ पर सभी प्रकार के प्रत्यययुक्त मुख्य क्रिया शब्दों को 'VM' टैग ही दिया गया है।

साँचा निर्माण की दृष्टि से एक बार पुन: ध्यातव्य है कि *मुख्य क्रिया* (MV) और *सहायक क्रिया* (VAX) के बीच 'निपात' (ही, भी, तो) आ सकते हैं, जैसे—

➢ वह ***जाता<VM> ही<PT> है<VAX>***।

सामान्यत: पक्षवाची, वृत्तिवाची और कालवाची एकाधिक सहायक क्रिया शब्दों के बीच निपातों का प्रयोग नहीं होता, जैसे—

➢ *वह जा ***रहा/चुका ही है।***

➢ *वह ***जाने लगा ही है।***

22.7 क्रिया पदबंध में ऐच्छिक घटक

ऐच्छिक घटक से तात्पर्य ऐसे शब्दों से है जो क्रिया पदबंध में आ भी सकते हैं और नहीं भी। क्रिया पदबंध में ऐच्छिक घटक के रूप में दो प्रकार के शब्द आते हैं—'क्रिया-विशेषण' और 'धातु + कर' कृदंत। अत: उपर्युक्त पदबंध साँचों को 'VM1' मानकर इन्हें इस प्रकार से प्रदर्शित किया जा सकता है—

1	RB + VM1	क्रि.वि. + क्रि.प.	वह तेज चलता है।
2	KRD(RT + kar) + VM1	धातु + कर + क्रि.प.	वह पढ़कर आ रहा है।

जब ये शब्द क्रिया पदबंध के साथ आते हैं तो उसी का हिस्सा होते हैं। अत: पदबंध स्तरीय नियमों में इन्हें भी स्थान दिया जाना चाहिए। क्रिया-विशेषण के प्रकारों की आगे चर्चा की जाएगी।

22.8 विशेषण पदबंध

जिस पदबंध का शीर्ष 'विशेषण' होता है, उसे '**विशेषण पदबंध**' (Adjective Phrase) कहते हैं। विशेषण पदबंध सामान्यत: संज्ञा पदबंध के घटक के रूप में प्रयुक्त होते हैं, जैसे—'**बहुत सुंदर फूल**' में 'बहुत सुंदर' एक विशेषण पदबंध है, किंतु यह 'फूल' (संज्ञा शीर्ष) पर आश्रित है। केवल '**पूरक पदबंध**' (Complement Phrase) के रूप में इनका स्वतंत्र प्रयोग होता है, जैसे—

➢ वह लड़की ***बहुत सुंदर है।***

➢ तुम ***बहुत भावुक हो।***

विशेषण पदबंध के रूप में एक विशेषण, एकाधिक विशेषण, द्विरुक्त विशेषण, विशेषण+ समुच्चयबोधक + विशेषण, संज्ञा + वाला और क्रिया + वाला आदि आते हैं। इनके साँचे निम्नलिखित प्रकार से निर्मित किए जा सकते हैं—

क्र.सं.	फ्रेम	उदाहरण
1	JJ	***अच्छा*** काम
2	JJ2 + JJ	***बहुत सुंदर*** रचना
3	JJ2 + JJ2 + JJ	***बहुत-बहुत अच्छा*** भाषण
4	JJ + ,* + JJ	***सुंदर, सुशील, समझदार*** लड़की
5	JJ + CC + JJ	***सुंदर और सुशील*** लड़की
6	NN + VALA	***साड़ी वाला*** डब्बा
7	**VM + 'NE' + VALA	***चलने वाली*** कार
8	RB + VM + 'NE' + VALA	***तेज चलने वाली*** कार

(*अल्पविराम (Comma) लगाकर एक से अधिक (कई) विशेषण क्रमशः आ सकते हैं। इसमें कौन से और कितने विशेषण आएँगे, यह शीर्ष शब्द और प्रयुक्त अन्य विशेषणों की प्रकृति पर निर्भर करता है।)

(**'*धातु + ने +* वाला' वाली रचनाओं में धातु के पूर्व क्रिया-विशेषण अपेक्षित होता है।)

22.9 क्रिया-विशेषण पदबंध

जिस पदबंध का शीर्ष 'क्रिया-विशेषण' होता है, उसे '**क्रिया-विशेषण पदबंध**' (Adverb Phrase) कहते हैं। क्रिया-विशेषण पदबंध क्रिया पदबंध के घटक के रूप में प्रयुक्त होते हैं। सिंह (2000) ने कोप्यूला वाक्यों में 'संज्ञा + परसर्ग' के 'पूरक पदबंध' के रूप में प्रयोग को भी 'क्रिया-विशेषण' माना है और इनके विभिन्न रूपों को भी दिया है, जैसे—

- सतीश ***घर में*** है।
- शादी ***सोमवार को*** है।
- यह किताब ***विदेशियों के लिए*** है।
- मोहन ***अपने परिवार के साथ*** है।
- यह सब झगड़ा ***आपकी वजह से*** है।

'ऐसे प्रयोग क्रिया-विशेषण कहे जाएँ या कारकीय संबंध आधारित पद-विच्छेदन में इन्हें किसी कारक के अंतर्गत रख लिया जाए?' इस पर और गहन शोध किया

जाना चाहिए। 'संज्ञा + परसर्ग' के योग से बनने वाले पदबंध को 'संज्ञा पदबंध' के अंतर्गत ही रखा जाना चाहिए। अत: इन्हें छोड़ दिया जाए तो क्रिया-विशेषण पदबंध के रूप में एक क्रिया-विशेषण, प्रविशेषण + क्रिया-विशेषण, द्विरुक्त क्रिया-विशेषण, क्रिया-विशेषण + समुच्चयबोधक + क्रिया-विशेषण, क्रिया-विशेषण + परसर्ग आदि आते हैं। इनके साँचे निम्नलिखित प्रकार से निर्मित किए जा सकते हैं—

क्र.सं.	फ्रेम	उदाहरण
1	RB	**तेज** चला
2	JJ + RB	**बहुत तेज** चला
3	RB + RB	**धीरे-धीरे** चला
4	RB + CC + RB	**तेज और धमाकेदार** रहा
5	RB + PP	**तेजी-से** गया

इन साँचों में केवल शीर्ष पद के रूप में क्रिया-विशेषण वाले पदबंधों को ही स्थान दिया गया है। क्रिया-विशेषण की पारिभाषिक व्याप्ति कई प्रकार के प्रकार्य करने वाले शब्दों तक है, जैसे—यहाँ, वहाँ, इधर, उधर आदि स्थानसूचक शब्दों को भी क्रिया-विशेषण के अंतर्गत माना गया है। अत: सभी व्याप्तियों को समाहित करने के लिए कुछ और साँचे बनाए जा सकते हैं।

22.10 अन्य पदबंध

हिंदी में मुख्य रूप से 'संज्ञा, क्रिया, विशेषण और क्रिया-विशेषण पदबंध' ही विभिन्न प्रकार की रचनाओं में प्रयुक्त होते हैं। इनके अलावा कुछ अन्य इकाइयाँ भी हैं, जो अलग से पदबंध के रूप में कार्य करती हैं। इनमें एक प्रमुख पदबंध **'परसर्गीय पदबंध'** (Postpositional Phrase) है। परसर्गीय पदबंधों की रचना निम्नलिखित प्रकार से होती है—

क्र.सं.	रचना	उदाहरण
1	परसर्ग + परसर्ग	में से, पर से
2	परसर्ग + सहघटक	के लिए, के बाद, के अलावा
3	सहघटक + परसर्ग	अलग से, असल में

परसर्गीय पदबंध को कुछ विद्वानों द्वारा 'जटिल परसर्ग' या 'संयुक्त पदबंध' कहा गया है। इसका कारण यह है कि 'संज्ञा पदबंध + परसर्ग' को विभिन्न विद्वानों

द्वारा 'परसर्गीय पदबंध' कहा गया है। प्रजनक व्याकरण में 'पूर्वसर्गीय पदबंध (Prepositional Phrase (PP)) की अवधारणा दिए जाने के बाद तो हिंदी में इस प्रकार के पदबंधों को 'परसर्गीय पदबंध' (Postpositional Phrase) कहा जाना पूरी तरह प्रासंगिक है। पदबंध की आंतरिक रचना की दृष्टि से 'संज्ञा पदबंध + परसर्ग' (जैसे—घर में, उस घर का आदि) **परसर्गीय पदबंध** प्रतीत होते हैं, क्योंकि इनमें घटक शब्दों के बीच 'शीर्ष और आश्रित' जैसा कोई संबंध नहीं है। किंतु प्रकार्य की दृष्टि से ये पदबंध **संज्ञा पदबंध** का ही प्रकार्य कर रहे हैं। वाक्य में प्रयोग किए जाने पर ये वाक्य की मुख्य क्रिया के साथ किसी कारक संबंध के अंतर्गत जुड़ेंगे। इसलिए इन्हें 'परसर्गीय पदबंध' कहा जाए या 'संज्ञा पदबंध' के रूप में ही रखा जाए, यह विचारणीय बिंदु है। मेरी समझ से 'संज्ञा पदबंध + परसर्ग' को भी 'संज्ञा पदबंध' कहना ही अधिक उपयुक्त है।

परसर्गीय पदबंध में परसर्ग के साथ जुड़ने वाले विभिन्न घटक शब्द शब्दार्थ की दृष्टि से अलग-अलग प्रकार्य करते हैं। विभिन्न हिंदी व्याकरणों में इस संबंध में विवेचन देखा जा सकता है। उदाहरण के लिए दीमशित्स (1983) ने जटिल परसर्गों की तरफ संकेत करते हुए कहा है, ''जटिल परसर्ग दो भागों से बने होते हैं : 'का' ('के', 'की') परसर्ग या 'से' परसर्ग तथा संज्ञा, विशेषण, क्रिया-विशेषण कृदंत, क्रिया-विशेषण या पूर्वसर्ग।'' शब्दार्थ की दृष्टि से दीमशित्स ने जटिल परसर्गों के अनेक भेद किए हैं। **'का/की/के + सहघटक'** से बनने वाली रचनाओं के प्रमुख भेद इस प्रकार हैं :

1) वह **स्थान** इंगित करने वाले परसर्ग, जहाँ व्यापार संपन्न होता है या कोई वस्तु स्थित होती है : 'के ऊपर', 'के नीचे'...।
2) **व्यापार की दिशा** इंगित करने वाले परसर्ग : 'की ओर', 'के अंदर'...।
3) **व्यापार का समय** इंगित करने वाले परसर्ग : 'के पहले', 'के बाद'...।
4) **मनोरथ, प्रयोजन** इंगित करने वाले परसर्ग : 'के लिए', 'के वास्ते'...।
5) **कारण** इंगित करने वाले परसर्ग : 'के कारण', 'के मारे'...।
6) **संबंध, नाता** इंगित करने वाले परसर्ग : 'के करीबी'।
7) **व्यापार का साधक, करण या साधन** इंगित करने वाले परसर्ग : 'के द्वारा', 'के जरिए'...।
8) **व्यापार का सहनिष्पादन (सहार्थ)** इंगित करने वाले परसर्ग : 'के साथ', 'के संग'...।
9) **विपरीतता** इंगित करने वाले परसर्ग : 'के विरुद्ध', 'के विपरीत'...।
10) **सत्यर्थ (सति-अर्थ)** इंगित करने वाले परसर्ग : 'के बावजूद'...।
11) **सदृश्यता, समानता** इंगित करने वाले परसर्ग : 'की तरह', 'की भाँति'...।
12) **अभाव** इंगित करने वाले परसर्ग : 'के बिना', 'के बगैर'...।

13) **अतिरिक्तता** इंगित करने वाले परसर्ग : 'के सिवा (के सिवाय)', 'के अलावा'...।

14) **विनिमय** इंगित करने वाले परसर्ग : 'के बदले', 'के बजाए'...।

15) **तुलना** इंगित करने वाले परसर्ग : 'की अपेक्षा', 'की निस्बत'...।

16) **अधीनता** इंगित करने वाले परसर्ग : 'के अधीन', 'के मातहत'...।

17) **अनुरूपता** इंगित करने वाले परसर्ग : 'के अनुसार', 'के अंतर्गत'...।

18) **उपयुक्तता** इंगित करने वाले परसर्ग : 'के योग्य', 'के लायक'...।

19) **रूप** इंगित करने वाले परसर्ग : 'के बतौर'...।

20) **अनुमानित परिणाम** इंगित करने वाले परसर्ग : 'के लगभग', 'के करीब'...।

21) **स्वामित्व** इंगित करने वाले परसर्ग : 'के पास', 'के यहाँ'...।

दीमशित्स के उपर्युक्त विवेचन से स्पष्ट है कि इस प्रकार की रचनाओं में एक से अधिक शाब्दिक इकाइयाँ मिलकर एक ही प्रकार्यात्मक इकाई का निर्माण कर रही हैं। इसी प्रकार **'से + सहघटक'** संबंधी रचनाओं को भी देखा जा सकता है, जैसे—से अलग, से पहले, से आगे आदि। इनमें प्रथम घटक ('क') एवं द्वितीय घटक ('ख') के स्थान पर कौन सी शाब्दिक इकाई आएगी, इसके निर्धारण में घटक शब्द (मुख्यत: द्वितीय शब्द) की प्रकृति का महत्त्वपूर्ण योगदान होता है। अत: इनका निर्धारण अपेक्षाकृत एक अधिक गहन स्तर का कार्य है।

उपर्युक्त के अलावा कुछ ऐसे पदबंध होते हैं जिनका निर्माण केवल एक शब्द या शाब्दिक इकाई से होता है। यद्यपि सामान्यत: ये जिस संज्ञा या क्रिया पदबंध के साथ आते हैं उसी के घटक के रूप में रखे जा सकते हैं, फिर भी इनका प्रकार्य अलग होने के कारण इन्हें भी एक पदबंध माना जाना चाहिए। यह बात और है कि एकशब्दीय होने से इन्हें टैगिंग में ही चिह्नित (Mark) किया जा चुका होता है। पदबंध और शब्द/टैग के स्तर पर इनके निम्नलिखित भेद संभव हैं :

क्र.सं.	नाम	इकाई	उदाहरण
1	नकारात्मक पदबंध (Negative Phrase) NGP	NW	न, नहीं, मत
2	प्रश्नवाचक पदबंध (Question Phrase) QP	QW	क्या, क्यों, कैसे, कब
3	योजक पदबंध (Conjunction Phrase) CCP	CC	जबकि, कि, जैसे—वैसे
4	दिनांकसूचक पदबंध (Date Entity Phrase) DEP	DE	1/1/13
5	समयसूचक पदबंध (Time Entity Phrase) TEP	TE	10:10
6	मुद्रा पदबंध (Currency Phrase) CR	CR	$
7	विराम चिह्न (Punctuation Mark) PM	PM	,./;
8	सूची (List) LS	LS	1), (1)

इस प्रकार हिंदी संसाधन हेतु पदबंध स्तरीय अभिज्ञान या विश्लेषण या प्रजनन संबंधी प्रणाली के निर्माण के लिए उपर्युक्त सभी प्रकार के पदबंधीय टैग निर्मित करके उनके लिए टैग संयोजन नियम दिए जाने चाहिए।

22.11 प्रश्नवाचक शब्दों का आर्थी/प्रकार्यात्मक वर्गीकरण

प्रश्नवाचक शब्दों को आर्थी या प्रकार्यात्मक आधार पर वर्गीकृत किया जा सकता है। प्रत्येक शब्द एक विशेष प्रकार के प्रकार्यात्मक संबंध की प्रश्नवाचक सूचना से युक्त होता है। यह सूचना मुख्यत: कारक, विशेषण, क्रि.वि., कारण या हेतु आदि की होती है। उदाहरण के लिए कुछ को यहाँ पर दिखाया जा रहा है—

क्र.सं.	नाम	प्रकार्यात्मक इकाई	उदाहरण
1	कौन	कर्ता	कौन आया है? (कर्ता = कौन) मोहन आया है? (कर्ता = मोहन)
2	क्या	कर्म	तुम क्या खा रहे हो? (कर्म = क्या) तुम आम खा रहे हो। (कर्म = आम)
3	कहाँ	अधिकरण (स्थान)	वह कहाँ रहता है? (अधिकरण = कहाँ) वह वर्धा में रहता है। (अधिकरण = वर्धा में)
4	कब	अधिकरण (समय)	वह कब आता है? (अधिकरण = कब) वह शाम को आता है। (अधिकरण = शाम को)
5	किस	*परसर्गीय	* 'किस' के बाद जो परसर्ग आते हैं, उसी के अनुरूप प्रकार्यात्मक इकाई बन जाती है, जैसे—किस + को = कर्म, किस + में = अधिकरण आदि।
6	कैसे	क्रि.वि.	वह कैसे रहता है? (क्रि.वि. = कैसे) वह कठिनाई से रहता है। (क्रि.वि. = कठिनाई से)
7	कैसा	विशेषण	वह कैसा आदमी है? (वि. = कैसा) वह अच्छा आदमी है। (वि. = अच्छा)
8	क्यों	कारण/हेतु	वह क्यों आया है? (कारण/हेतु = क्यों) वह खाने आया है। (खाने = कारण/हेतु)

अत: पदबंध स्तरीय विश्लेषण एवं नियम प्रयोग में प्रश्नवाचक शब्दों की उपर्युक्त प्रकार्यात्मक विशेषताओं का ध्यान रखा जाना चाहिए।

22.12 पदबंध चिह्नन प्रणाली (Phrase Marking System)

पदबंध चिह्नक का विकास करना एक अत्यंत चुनौतीपूर्ण कार्य है। पदबंध चिह्नन प्रणाली (Phrase Marking System) द्वारा पाठ के पदबंधों का चिह्नन निम्नलिखित चरणों से गुजरते हुए किया जाता है—

इनपुट पाठ → खंडीकरण → सामान्यीकरण (एवं विराम चिह्न अभिज्ञान) → कोश से मैपिंग → रूपिमिक विश्लेषण और मैपिंग → टैगिंग → पदबंध चिह्नन।

अत: पहले पाठ में आए शब्दों की टैगिंग की जाती है। टैगिंग तक के चरणों की चर्चा 'शब्दभेद टैगिंग' संबंधी अध्याय में की जा चुकी है। इसके पश्चात् टैगों के संयोजन (Combination of Tags) के आधार पर पदबंध चिह्नित किए जाते हैं। इस संबंध में दो बातें महत्त्वपूर्ण हैं—

1. **पदबंधों का संरचनात्मक एवं प्रकार्यात्मक वर्गीकरण**—पदबंध चिह्नन के लिए सबसे महत्त्वपूर्ण कार्य है—पदबंधों को वर्गीकृत रूप से चिह्नित करना। अर्थात् वाक्य में आने वाले शब्दों के संयोजन को आधार बनाते हुए कितने प्रकार के पदबंध सुनिश्चित किए जाएँ? को निर्धारित करना। यह प्रश्न सैद्धांतिक है, जैसा कि उपर्युक्त विवेचन में भी आ चुका है। संरचनात्मक दृष्टि से मुख्यत: दो ही प्रकार के मूल पदबंधों को चिह्नित करना उपयुक्त होगा—**संज्ञा पदबंध** (NP) और **क्रिया पदबंध** (VP)। आगे इनके घटक पदबंधों के रूप में **विशेषण पदबंध** (JJP) और **क्रिया-विशेषण पदबंधों** (RBP) को लिया जा सकता है। वैसे कभी-कभी ये दोनों स्वतंत्र रूप से भी वाक्य में आ सकते हैं। अत: संरचनात्मक दृष्टि से कुल पदबंधों की संख्या चार हो जाती है। आरंभ में इन चार को ही आधार बनाकर चलना चाहिए। यदि कार्य करने के दौरान कुछ और की आवश्यकता हुई तो उन्हें भी जोड़ा जा सकता है।

   प्रकार्यात्मक दृष्टि पदबंधों का चिह्नन मुख्यत: **कारक** (Case) संबंधों के आधार पर किया जाता है। इसके अतिरिक्त **पूरक** (Complement) और कुछ अन्य प्रकार्यात्मक संबंध भी प्राप्त होते हैं। मूल रूप से यह चिह्नन **संज्ञा पदबंधों** (NPs) का ही होता है, इसलिए प्रकार्य के स्तर पर इस प्रकार से टैग दिए जा सकते हैं—कर्ता = NPk1, कर्म = NPk2, पूरक = NPc आदि। यह संरचनात्मक चिह्नन का अगला स्तर है, जिसके लिए पद-विच्छेदन (Parsing) की आवश्यकता पड़ती है। अगले अध्याय में इनकी विस्तृत चर्चा की जाएगी।

2. **पदबंध सीमा का निर्धारण**—यह पदबंध चिह्नन की प्रक्रिया का प्रायोगिक पक्ष है। किसी भी पाठ या रचना में आने वाली अभिव्यक्तियाँ निम्नलिखित भागों में स्पष्ट रूप से विभाजित होती (या हो सकती) हैं—
   - खंड (Section)
   - अध्याय (Chapter)
   - उप-अध्याय (Sub-chapter)
   - अनुच्छेद (Paragraph)
   - वाक्य (Sentence)
   - शब्द (पद) (Word)

इनमें पाठ संरचना को समझने और पाठ संसाधन की दृष्टि से अंतिम दो ही महत्त्वपूर्ण हैं—**वाक्य** और **शब्द (पद)**। किसी भी पाठ के संसाधन के दौरान उसे मूलतः इन्हीं दो इकाइयों में विभक्त किया जाता है। इनके अलावा वाक्य और शब्द (पद) के बीच की इकाइयों—'पदबंध' और 'उपवाक्य' को शब्दों के संयोजन द्वारा प्राप्त किया जाता है। पाठ संसाधन हेतु मूलतः वाक्य के अंतर्गत आने वाली अन्य सभी भाषिक इकाइयों—उपवाक्य, पदबंध, शब्द (पद), रूपिम, स्वनिम आदि की आवश्यकता होती है। किंतु वाक्य का खंडीकरण करके इनमें से **शब्द** (पद) के अलावा किसी को भी सीधे-सीधे प्राप्त नहीं किया जा सकता।

अतः पदबंध को चिह्नित करने हेतु टैगों के संयोजन (Combination of Tags) पद्धति का ही प्रयोग करना होगा। इन्हें चिह्नित करने के क्रम में एक बड़ी समस्या यह है कि इनकी सीमा का कोई स्पष्ट चिह्नक शब्द प्राप्त नहीं होता। जो शब्द पदबंध की सीमा पर प्रयुक्त हो सकता है वही शब्द पदबंध के अंदर भी आ सकता है। इसलिए प्रणाली के विकास हेतु सबसे पहले उन शब्दों या शब्दवर्गों को चिह्नित करना होगा जो पदबंध की सीमा को पहचानने में सहायक हों। उदाहरण के लिए यहाँ पर कुछ शब्दवर्गों को देखा जा सकता है—

(क) संज्ञा (NN/NNP) : यदि वाक्य में जातिवाचक संज्ञा (NN) या व्यक्तिवाचक संज्ञा (NNP) का प्रयोग किया गया हो, तो वहाँ एक पदबंध पूर्ण होने की संभावना रहती है। किंतु सदैव ऐसा होना आवश्यक नहीं होता, जैसे—

- ***मोहन (NP1) घर में (NP2) सूखी रोटी (NP3)*** खा रहा है।

इस वाक्य में 'मोहन' और 'रोटी' शब्द अपने-अपने पदबंधों की सीमा को सूचित कर रहे हैं, किंतु 'घर' शब्द एक बड़े पदबंध का हिस्सा है।

नोट : भाववाचक संज्ञा भी जातिवाचक संज्ञा में सम्मिलित है। 'जातिवाचक संज्ञा' और 'व्यक्तिवाचक संज्ञा' के दो नाम इसलिए दिए जा रहे हैं कि दोनों के टैग अलग हैं। संज्ञा शब्दों के बाद निपात

आ सकते हैं, जो उसी पदबंध का अंग होते हैं, ***मोहन ही (NP 1) सूखी रोटी (NP2)*** खा रहा है।

(ख) सर्वनाम (PR)—सर्वनामों के संबंधवाची रूपों (मेरा, तुम्हारा, हमारी, उसके आदि) को छोड़कर शेष सभी मूल और परसर्गीय सर्वनाम पदबंध की सीमा का कार्य करते हैं, जैसे—

मैं (NP 1) तुम्हें (NP2) छोड़कर ***उससे (NP3)*** क्यों मिलने जाऊँ? सर्वनाम शब्दों द्वारा संज्ञा पदबंधों का ही निर्माण किया जाता है। इनके बाद भी निपात शब्द उसी पदबंध के अंग के रूप में आते हैं, जैसे—

मैं ही (NP 1) जाऊँगा।

(ग) विशेषण (JJ)—स्वतंत्र रूप से विशेषण (JJ) का प्रयोग पूरक पदबंध के रूप में होता है। इसकी पहचान एक कंडीशन द्वारा की जा सकती है कि अगला शब्द क्रिया या सहायक क्रिया होना चाहिए, जैसे—

- लड़का ***अच्छा (JJP 1)*** है।
- लड़की ***सुंदर और सुशील (JJP 1)*** होनी चाहिए।
- यह मिठाई ***बहुत अच्छी (JJP 1)*** होगी।

(घ) परसर्ग (PP)—परसर्ग (PP) सदैव संज्ञा पदबंध के समापक के रूप में कार्य करते हैं। हिंदी में ये पदबंध की सीमा निर्धारण के सबसे उपयोगी माध्यम हैं, जैसे—

- ***राम ने (NP 1) रावण को (NP2) लंका में (NP3) बाण से (NP4)*** मारा।

उपर्युक्त वाक्य में 'ने, को, में, से' परसर्गों द्वारा संबंधित पदबंध की सीमा ज्ञात हो रही है। इनमें **संबंधवाची परसर्ग** 'का' (की, के) अपवाद है। संबंधवाची परसर्ग एक पदबंध के अंदर ही आता है और अपने दोनों ओर के घटक शब्दों को जोड़ता है। उदाहरण के लिए 'यह ***मोहन की पुस्तक*** है।' वाक्य में 'की' परसर्ग द्वारा 'मोहन' और 'पुस्तक' शब्दों को जोड़ा जा रहा है। अतः यह पदबंध सीमा का निर्धारक नहीं है।

नोट : जहाँ भी किसी परसर्ग का प्रयोग होगा वहाँ पर एक संज्ञा पदबंध का पूरा हो जाना निश्चित है। वाक्य के बीच में एक संज्ञा पदबंध की लंबाई दो परसर्गों से प्राप्त की जा सकती है। परसर्ग संज्ञा पदबंध के पूर्ण होने के प्रतीक हैं। इनके बाद केवल निपात (ही/भी/तो) आ सकते हैं, जो उसी पदबंध का हिस्सा होते हैं, जैसे—'रमेश ***घर में*** बैठा है।' वाक्य में 'घर में' शब्दों द्वारा एक पदबंध का निर्माण किया जा रहा है, किंतु 'रमेश ***घर में ही*** बैठा है।' वाक्य में 'घर में ही' तीनों शब्दों द्वारा एक पदबंध है का निर्माण किया जा रहा है।

(ङ) **मुख्य क्रिया (VM)** – यदि वाक्य में अंत में कोई सहायक क्रिया न आई हो, तो वाक्य की मुख्य क्रिया (VM) अकेले एक पदबंध का कार्य करती है, जैसे—

➢ मोहन बाजार ***गया।***

नोट : मुख्य क्रिया सहायक क्रिया के पूर्व भी आती है, अत: सहायक क्रिया के होने का परीक्षण पहले किया जाना चाहिए।

(च) **सहायक क्रिया (VAX)** – वाक्य में सहायक क्रिया (VAX) सदैव समापक के रूप में आती है, कुछ शर्तपूर्ण संयुक्त वाक्यों को छोड़कर। यदि यह वाक्य के बीच में भी आए तो क्रिया पदबंध के समापक के रूप में अवश्य कार्य करेगी, जैसे—

➢ मोहन बाजार जाता है।

➢ मोहन बाजार जाता **है** और सब्जी लाता है।

नोट : कभी-कभी 'न, नहीं और ही' शब्द सहायक क्रिया के बाद आ जाते हैं, जैसे—

➢ मोहन बाजार ***गया है न।***

➢ मोहन बाजार ***गया था ही।***

इस प्रकार उपर्युक्त कुछ घटक ऐसे हैं जिनकी सहायता से पदबंध सीमा का निर्धारण करने में सहायता ली जा सकती है। मुख्य रूप से सरल वाक्यों में इस ज्ञान से युक्त प्रणाली पदबंध चिह्न में समर्थ होगी। उदाहरण के लिए नीचे के कुछ वाक्यों को देखें—

➢ लड़के ने उस आदमी को देखा।

➢ मेरी लड़की ने अपने घर में कुछ अच्छे काम किए।

➢ वह लड़की अपने घर गई है।

इनका टैग किया हुआ रूप निम्नलिखित है—

<<लड़के <NN> ने <PP>_NP1> <उस <PR> आदमी <NN> को <PP>_NP2> <देखा <VM>_VP>S>

<<मेरी <PR> लड़की <NN> ने <PP>_NP1> <अपने <PSP> घर <NN> में <PP>_NP2><कुछ<JJ> अच्छे<JJ> काम<NN>_NP3><किए<VM>_VP>S>

<<वह <PR> लड़की <NN>_NP1> <अपने <PSP> घर <NN>_NP2> <गई <VM> है। <VAX>_VP>S>

इस तरह के वाक्यों में तो उपर्युक्त प्रकार के ज्ञान के माध्यम से पदबंध चिह्न का कार्य हो सकता है किंतु एक सामान्य पाठ में केवल ऐसे ही वाक्य नहीं आते। उदाहरण के लिए अपने ही एक लेख के कुछ वाक्यों को जब मैंने टैग किया तब मुझे स्वयं पता चला कि एक व्यावहारिक पाठ में आने वाले वाक्यों में उपर्युक्त ज्ञान

के आधार पर पदबंधों का उचित निर्धारण नहीं हो सकता। उदाहरण के लिए नीचे एक अनुच्छेद (Paragraph) दिया जा रहा है—

"हिंदी भारत में सबसे ज्यादा बोली और समझे जाने वाली भाषा है। संवैधानिक दृष्टि से यह भारत की राजभाषा भी है। भारत में कार्यालयों, बैंकों, विद्यालयों, अस्पतालों आदि में अंग्रेजी के साथ-साथ हिंदी का सर्वाधिक प्रयोग किया जाता है। भारत सरकार की तरफ से भी हिंदी और अन्य भारतीय भाषाओं के विकास तथा प्रचार-प्रचार के लिए समय-समय पर अनेक कदम उठाए गए हैं। व्यापारिक प्रतिष्ठानों मुख्यत: उत्पादों पर भी अंग्रेजी के अतिरिक्त हिंदी में सूचना देखी जा सकती है। इसके अतिरिक्त विज्ञापन, दूरदर्शन, आकाशवाणी, एफ. एम. और फिल्म निर्माण आदि सभी कार्यों में हिंदी का प्रमुख स्थान है।"

इस पाठ का टैग किया हुआ रूप वाक्यश: निम्नलिखित है—

1. **<<हिंदी<NNP>_NP1>** <भारत <NNP> में <PP> *सबसे <JJ>*ज्यादा *<JJ> बोली<VM> और<CC> समझी<VM> जाने<VM> वाली<SFW> भाष*KNN>_NP2> <है KVAX>_VP>S>
2. **<<संवैधानिक <JJ> दृष्टि <NN> से** <PP>_NP1> <*यह <PR>_NP2>* ***<भारत <NNP> की <PP> राजभाषा <NN> भी*** <PT>_NP3> <है। <VAX>_VP>S>
3. **<<भारत <NNP> में <PP>_NP1>** *<कार्यालयों, <NN> बैंकों, <NN> विद्यालयों,<NN> अस्पतालों<NN> आदि<NN> में*<PP>_NP2> ***<अंग्रेजी<NNP> के<PP> साथ-साथ<DW> हिंदी<NNP> का<PP> सर्वाधिक<JJ> प्रयोग***<NN>_NP3> <किया<VM> जाता<VM> है KVAX>_VP>S>
4. **<<भारत <NNP> सरकार <NN> की <PP> तरफ <PW> से <PP> भी** <PT>_NP1>*<हिंदी <NNP> और <CC> अन्य <JJ> भारतीय <JJ> भाषाओं <NN> के <PP> विकास <NN> तथा <CC> प्रचार-प्रचार <DW> के <PP> लिए*<PW>_NP2>***<समय-समय <DW> पर <PP> अनेक <JJ> कदम*** <NN>_NP3><उठाए<VM> गए<VM> हैं।<VAX>_VP>S>
5. **<<व्यापारिक <JJ> प्रतिष्ठानों <NN> मुख्यत: <RB> उत्पादों <NN> पर <PP> भी** <PT>_NP1> *<अंग्रेजी <NNP> के <PP> अतिरिक्त <RB> हिंदी <NNP> में <PP> सूचना* <NN>_NP2> <देखी <VM> जा <VM> सकती <VM> है। <VAX>_VP>S>

इन वाक्यों में देखा जा सकता है कि प्रत्येक वाक्य में प्रकार्यात्मक दृष्टि से 3 या 4 पदबंध ही हैं। किंतु प्रत्येक पदबंध का विस्तार बहुत अधिक है। यह विस्तार एक शब्द से लेकर दस या बीस शब्दों तक का भी हो सकता है। साथ ही एक रोचक बात यह है कि परसर्ग को हम पदबंध सीमा का सबसे सशक्त बिंदु मानते हैं। किंतु यहाँ

तो लगभग सभी परसर्ग एक प्रकार्यात्मक पदबंध के घटक के रूप में आए हैं। उदाहरण के लिए प्रथम वाक्य को ही लिया जाए तो इसका दूसरा पदबंध दर्शनीय है—

"भारत में सबसे ज्यादा बोली और समझे जाने वाली भाषा"

इस पदबंध का विश्लेषण निम्नलिखित प्रकार से किया जा सकता है—

भारत में	***विशेषक-3***
सबसे ज्यादा	***विशेषक-2***
बोली और समझे जाने वाली	***विशेषक-3***
भाषा	***शीर्ष (Head)***

इस विश्लेषण में सबसे महत्त्वपूर्ण बात यह है कि प्रथम घटक 'भारत में' जो कि अधिकरणवाची पदबंध की तरह दिख रहा है, भी इसी पदबंध का भाग है जो 'सबसे ज्यादा' का विशेषक है। इसी प्रकार की स्थितियाँ अन्य वाक्यों में भी देखी जा सकती हैं।

कहने का तात्पर्य यह है कि उपर्युक्त पदबंध सीमा निर्धारण घटकों के संबंध में पूर्ण ज्ञान भी एक व्यावहारिक वाक्य में पदबंध चिह्नन हेतु पर्याप्त दिखाई नहीं पड़ रहा है। इस संबंध में हमें इस बात को ध्यान में रखकर चलना होगा कि 'क्रिया वाक्य में केंद्रीय घटक होती है।' ऐसी स्थिति में हमें सबसे पहले वाक्य की क्रिया को पहचानना होगा। फिर उसके लिए आवश्यक और ऐच्छिक घटकों (पदबंधों) को साँचे में देखना होगा। इसके पश्चात् तय किया जाएगा कि इनमें से कौन-कौन से घटक आए हैं। शायद इसी कारण प्राकृतिक भाषा संसाधन (NLP) पर शोध करने वाले अनेक संस्थान 'क्रियाजाल' (VerbNet) के विकास पर पूरा बल लगाए हुए हैं।

पदबंध चिह्नन की मशीनी प्रक्रिया इस प्रकार हो सकती है—

1. वाक्य की मुख्य क्रिया का निर्धारण।
2. मुख्य क्रिया के स्वरूप एवं उसकी प्रकृति के आधार पर आवश्यक और ऐच्छिक घटकों (प्रकार्यात्मक इकाइयों या पदबंधों) का निर्धारण।
3. इस प्रकार प्राप्त होने वाले साँचे (frame) में आने सकने वाली इकाइयों की स्थिति के अनुरूप वाक्य में आई पदबंधात्मक इकाइयों का परीक्षण और उनके वास्तविक प्रकार्य का निर्धारण।
4. अंत में वाक्य के मुख्य प्रकार्यात्मक पदबंधों और प्रत्येक पदबंध के घटक पदबंधों का चिह्नन।

इस कार्य में सबसे बड़ी बाधा क्रियाओं के **क्रिदंतीय प्रयोग** हैं। इन प्रयोगों के कारण ही कोई भी पदबंध जो एक कारकीय भूमिका संपन्न करते हुए मूल साँचे का

अंग हो सकता है, किसी अन्य पदंबध का हिस्सा बन जाता है। यह स्थिति मुख्यत: अधिकरण संबंध में आने वाले पदबंधों के साथ देखने को मिलती है। अधिकरण संबंध में आने वाले पदबंध सामान्यत: ऐच्छिक होते हैं। अत: किसी भी वाक्य साँचे में उनकी उपस्थिति की संभावना सदैव बनी रहती है। इनकी पहचान के मुख्य आधार 'में' और 'पर' परसर्ग हैं। किंतु यह आवश्यक नहीं है कि इनसे मिलकर बनने वाले पदबंध मुख्य क्रिया के साथ जुड़कर मूल वाक्य साँचे में ही अधिकरण संबंध में हों। वे किसी घटक पदबंध का भाग भी हो सकते हैं। उदाहरण के लिए निम्नलिखित वाक्य को देखें—

मोहन	कमरे में बैठकर पढ़ने वाला लड़का	है।
(NP1)	(NP2)	(VP)

इस वाक्य में मूलत: तीन प्रकार्यात्मक पदबंध हैं। किंतु इसके दूसरे पदबंध को ध्यान से देखें तो यह कई अन्य प्रकार्यात्मक पदंबंधों से मिलकर बना है। इसे नीचे देख सकते हैं—

कमरे में	बैठकर	पढ़ने वाला	लड़का
(4)	(3)	(2)	(1)

इन चार पदबंधों में से किसी भी घटक से मूल वाक्य के दूसरे पदबंध का निर्माण करने पर वाक्य व्याकरणिक रहेगा, यथा—

मोहन	लड़का	है।	(1)
मोहन	पढ़ने वाला लड़का	है।	(2)
मोहन	बैठकर पढ़ने वाला लड़का	है।	(3)
मोहन	**कमरे में** बैठकर पढ़ने वाला लड़का	है।	(4)

अत: मूल वाक्य में लड़का शीर्ष शब्द (Head Word) है। बाकी तीन घटक पदबंध उसके विशेषक के रूप में आए हैं। किंतु इन तीनों घटक पदबंधों में एक भी विशेषण या क्रिया-विशेषण शब्द का प्रयोग नहीं हुआ है। अन्य कोशीय शब्द क्रिया और संज्ञा हैं। क्रियाओं का प्रयोग कृदंतीय रूप में हुआ है और इसमें आया हुआ एकमात्र घटक संज्ञा पदबंध अधिकरण संबंध में है। किंतु उसका अधिकरण संबंध वाक्य की मुख्य क्रिया से न होकर क्रिया के कृदंतीय रूप से है जो स्वयं विशेषणात्मक भूमिका में है। अत: यहाँ पर एक महत्त्वपूर्ण बात प्राप्त हो रही है—

"क्रियाओं के क्रिदंतीय प्रयोग होने पर अन्य कारकीय संबंधों में आने वाले पदबंध किसी अन्य पदबंध का भाग बन जाते हैं।"

उदाहरण के लिए कुछ प्रमुख को नीचे देखा जा सकता है—

(1) वह ***राम से*** टूटी हुई गिलास है। (कर्ता)

(2) यह ***चाकू से*** कटने वाला फल है। (करण)

(3) यह उस ***लड़के को*** दी जाने वाली पुस्तक है। (संप्रदान)

(4) वहाँ पर ***पेड़ से*** गिरा हुआ पत्ता है। (अपादान)

(5) बंदर ***पेड़ पर*** रहने वाला प्राणी है। (अधिकरण)

(6) मछली ***पानी में*** रहने वाली प्राणी है। (अधिकरण)

उपर्युक्त उदाहरणों में रेखांकित (Underline) किए हुए पदबंध संबंधित परसर्गों के प्रयोग के कारण कोष्ठक में बताए गए कारकीय संबंधों में हैं। किंतु वे वाक्य की मुख्य क्रिया से नहीं जुड़े हैं। अत: वे अलग पदबंध के रूप में चिह्नित नहीं किए जाएँगे। किंतु मूल वाक्य में उन्हें एक पदबंध का घटक बना देने का कार्य क्रियाओं के कृदंतीय प्रयोग ही कर रहे हैं। इसलिए क्रियाओं के कृदंतीय प्रयोगों के गहन अध्ययन की आवश्यकता है। इनका गहन अध्ययन विश्लेषण करते हुए इनके प्रयोग संबंधी साँचों को अलग से चिह्नित करना होगा जिससे मूल वाक्यों में पदबंधों के वास्तविक प्रयोगों को पहचाना जा सके।

वाक्य निर्माण के मूल आधार वाक्य साँचे हैं जिनका केंद्र क्रिया होती है। अत: सबसे पहले हिंदी वाक्य साँचों को समझना होगा। इस संदर्भ में एक विस्तृत और गहन कार्य प्रो. सूरजभान सिंह (2000) द्वारा किया गया है। इसमें अनेक वाक्य साँचे दिए गए हैं, जिन्हें तकनीकी विकास करते समय प्रयुक्त किया जा सकता है। वैसे और भी चीजों की आवश्यकता पड़ेगी। ऊपर दिए गए सभी वाक्य कोप्यूला हैं, जिनका साँचा इस प्रकार होता है—

कोप्यूला वाक्य = कर्ता पदबंध + पूरक पदबंध + कोप्यूला क्रिया

अत: इसमें तीन से अधिक मूल पदबंध हो ही नहीं सकते। इस कारण वाक्य में आए अन्य पदबंधों को इनमें से ही किसी न किसी पदबंध के भाग के रूप में चिह्नित करना होगा। वैसे इन तीनों पदबंधों में कोप्यूला क्रिया तो निर्धारित ही होती है। इसलिए यदि कोई अतिरिक्त घटक आता है तो उसे अन्य दो पदबंधों में से किसी के भाग के रूप में ही दर्शाना होगा।

अत: संक्षेप में पदबंध सीमा के निर्धारण हेतु दो महत्त्वपूर्ण इकाइयों का अध्ययन किया जाना चाहिए—

(1) वाक्य साँचे

(2) कृदंतीय प्रयोग

भाषा विश्लेषण के पर्याप्त सैद्धांतिक नियम होने के बावजूद ये नियम प्राकृतिक भाषा संसाधन (NLP) के क्षेत्र में पूर्णत: लागू नहीं हो पा रहे हैं। इसका कारण है वाक्य का व्यवहार में बहुत अधिक गतिक (Dynamic) होना। हम किसी भी प्रकार से शब्दों को संयोजित करके व्याकरणिक और संप्रेषणात्मक वाक्य बना लेते हैं। अत: ठीक-ठीक पदबंध चिह्नन अभी प्रायोगिक तौर पर संभव नहीं हो रहा है। इस कारण ऐसे टूल का पूर्णत: विकास बहुत चुनौतीपूर्ण कार्य है। वर्तमान में सरल और छोटे वाक्यों के लिए यह कार्य किया जा सकता है।

23

कारक और अन्य प्रकार्यात्मक संबंध

(Case and Other Functional Relations)

जब एक से अधिक शब्द या पद परस्पर संबंधित होते हैं तो वाक्य की रचना होती है। वाक्य निर्माण के लिए परस्पर संबंधित होने की प्रक्रिया में शब्द जिस व्याकरणिक कोटि से सबसे अधिक प्रभावित होते हैं, वह 'कारक' है। 'कारक' शब्द की व्युत्पत्ति 'कृ' धातु में 'अक्' प्रत्यय के योग से हुई है जिसका अर्थ है 'करने वाला'। कारक शब्द हिंदी में संस्कृत से आया है। अंग्रेजी में इसका समानार्थी शब्द 'Case' है। वाक्य में क्रिया को केंद्रीय तत्व (Nucleus Element) माना गया है। वाक्य में संज्ञा पद (अथवा पदबंध) का क्रिया से जो सीधा-सीधा संबंध व्यक्त करता है उसे '**कारक**' (Case) कहते हैं, जैसे—

(1) राम ने मोहन को मारा।

इस वाक्य में '**मारना**' (भूतकाल) मुख्य क्रिया है। इसके साथ 'राम' और 'मोहन' संज्ञा पद अलग-अलग कारक संबंधों में जुड़कर वाक्य का निर्माण कर रहे हैं। इन संज्ञा शब्दों के साथ 'ने' और 'को' परसर्ग हैं जो (वाक्य रचना की आवश्यकता के अनुसार लगकर) कारक संबंधों की अभिव्यक्ति कर रहे हैं। कारक संबंधों के अभाव में केवल 'राम', 'मोहन' और 'मारना' (भूतकाल) शब्दों के माध्यम से निर्मित—'राम मोहन मारना।' वाक्य अर्थपूर्ण या संप्रेषणीय नहीं होगा।

इस प्रकार हम देखते हैं कि वाक्यों के निर्माण में कारक की भूमिका अत्यंत महत्त्वपूर्ण और केंद्रीय होती है।

23.1 कारक : परिभाषा और स्वरूप

कारक एक प्रकार्यात्मक संबंध है। यह विश्व की सभी भाषाओं में पाया जाता है। हिंदी का विकास संस्कृत से हुआ है। संस्कृत में कारक संबंधों पर बहुत गहन चिंतन हुआ है। संस्कृत से विकसित होने के बावजूद हिंदी में कई परिवर्तन हुए हैं। हिंदी अपेक्षाकृत वियोगात्मक भाषा है, इसलिए इसमें संबंधों की प्रकृति में बदलाव भी

आया है। हिंदी के विभिन्न व्याकरणाचार्यों द्वारा कारक पर विचार किया गया है। इधर पिछले 50-60 वर्षों में कुछ पश्चिमी वैयाकरणों द्वारा भी इस दिशा में कार्य किया गया है, जो संगणकीय अनुप्रयोग की दृष्टि से विचार करते हुए ध्यान में रखने योग्य है। अतः हिंदी में 'कारक' को समझने के लिए इसके संदर्भ में प्राप्त परिभाषाओं को तीन वर्गों में बाँटकर देखा जा सकता है—संस्कृत आचार्यों के अनुसार, हिंदी विद्वानों के अनुसार और पाश्चात्य विचारकों के अनुसार।

संस्कृत वैयाकरणों ने कारक का लक्षण निर्धारण करते हुए कहा है, 'क्रियान्वयित्वं कारकत्वम्।' अर्थात् क्रिया के साथ अन्वय करने की योग्यता कारकत्व है। जिसमें कारकत्वम् हो, वह कारक होता है। पतंजलि द्वारा 'महाभाष्य' में कारक की परिभाषा इस प्रकार दी गई है—

"क्रियाजनकत्वं हि कारकत्वम्"

अर्थात् क्रिया की उत्पत्ति के जनक को 'कारक' कहते हैं। किसी क्रिया की उत्पत्ति में अनेक प्रकार के कारण होते हैं, यह कारणात्मक संबंध ही 'कारक' है। नागेश ने क्रिया के निष्पादन करने की क्षमता को महत्त्व देते हुए कहा है—"क्रिया निष्पादकत्वं कारकत्वम्।" अर्थात् क्रिया के निष्पादन करने की क्षमता जिसमें हो, वह 'कारक' है। इसी प्रकार पाणिनी ने भी कहा है कि क्रिया के साथ अन्य पदों की निष्पत्ति को कारक कहते हैं।

इस प्रकार से संस्कृत आचार्यों द्वारा कारक के संदर्भ में किए गए चिंतन से स्पष्ट है कि उनका बल 'क्रिया को करने वाले' अथवा 'क्रिया से अन्य पदों को संबंधित करने वाले' संबंधों पर रहा है। इसके अतिरिक्त उन्होंने 'क्रिया के निष्पादन' को भी महत्त्वपूर्ण माना है।

हिंदी में कारक संबंधी अवधारणा के संदर्भ में विभिन्न विद्वानों में मतैक्य का अभाव है। इसे हिंदी के कुछ प्रमुख विद्वानों द्वारा दी गई कारक की परिभाषाओं द्वारा समझा जा सकता है।

गुरु (1920) ने कारक को परिभाषित करते हुए कहा है—"संज्ञा (या सर्वनाम) के जिस रूप से उसका संबंध वाक्य के किसी दूसरे शब्द के साथ प्रकाशित होता है, उस रूप को कारक कहते हैं; जैसे, रामचंद्र जी ने खारे जल के समुद्र पर बंदरों से पुल बँधवा दिया है।" कारक के संदर्भ में वाजपेयी (1958) का मत है, "क्रिया के साथ जिसका सीधा संबंध हो, उसे 'कारक' कहते हैं।" इसी प्रकार श्रीवास्तव (2008) ने कहा है, "कारक वे संज्ञा पद (द्रव्य शक्ति) हैं जो क्रिया की निष्पत्ति में साधनरूप होते हैं। वे क्रिया की आभ्यंतर प्रकृति का उद्घाटन भी करते हैं।"

उपरोक्त परिभाषाओं में यदि हिंदी के दो विख्यात व्याकरणाचार्यों के मत को देखा जाए तो पं. कामता प्रसाद 'गुरु' और आचार्य किशोरीदास वाजपेयी की परिभाषाओं में एक प्रमुख अंतर दिखाई पड़ता है। जहाँ एक तरफ 'गुरु' ने किसी शब्द के किसी

भी दूसरे शब्द से संबंध को कारक माना है वहीं दूसरी तरफ 'वाजपेयी' ने उसी को कारक माना है जिसका संबंध क्रिया से हो। इसके अतिरिक्त संस्कृत आचार्यों और हिंदी विद्वानों द्वारा दी गई कारक की परिभाषाओं में उनके दृष्टिकोण में अंतर देखा जा सकता है, इसमें जहाँ संस्कृत आचार्यों का बल क्रिया के निष्पादन पर रहा है वहीं हिंदी विद्वानों ने क्रिया के साथ संबंध को केंद्र में रखा है।

पाश्चात्य भाषाविदों द्वारा 'कारक' को 'Case' कहा गया है। यहाँ पर कारक के संबंध में चिंतन ग्रीक (Greek) भाषा के समय से ही देखा जा सकता है। 'Case' शब्द की उत्पत्ति लैटिन शब्द 'Casus' से हुई है जिसका अर्थ है 'झुकना'। अत: कारक (Case) के संबंध में किया गया चिंतन संज्ञाओं के रूप परिवर्तन के आधार पर किया गया।

पश्चिमी भाषाविज्ञान में आधुनिक काल में चार्ल्स जे. फिल्मोर (Charles J. Filmore-1968) द्वारा 'कारक' (Case) के संदर्भ में किया गया चिंतन सबसे अधिक प्रसिद्ध रहा है। उनके द्वारा कारक के संबंध में किया गया विवेचन मुख्यत: आर्थी पक्ष (Semantic Aspect) पर आधारित है। फिल्मोर ने कारक के संबंध में अपना चिंतन चॉम्स्की द्वारा प्रजनक व्याकरण में कारकीय व्यवस्था (Case System) के लिए दिए गए विचारों से असंतुष्ट होकर किया। 1968 में प्रकाशित अपने आलेख 'Case for Case' में उन्होंने कहा है, "The substantive modification to the theory of transformational grammar which I wish to propose amounts to a reintroduction of the 'conceptual framework' interpretation of case systems, but this time with a clear understanding of the deep and surface structure."

फिल्मोर ने कारक व्याकरण की व्याख्या करते हुए वाक्य की **गहन संरचना** (Deep Structure) और **बाह्य संरचना** (Surface Structure) पर बल दिया है। वाक्य संरचनाओं में क्रिया और संज्ञा पदबंधों के बीच कारक संबंधों की बात करते हुए उन्होंने कहा है, "The sentence in its basic structure consists of a verb and one or more than one noun phrases, each associated with the verb in a particular case relationship."

बैरी जे. ब्लेक (Barry J. Blake) ने कारक (Case) की परिभाषा इस प्रकार दी है, "Our definition of case refers to marking dependent nouns for type of relationship they bear to their heads." इसकी व्याख्या करते हुए आगे उन्होंने कहा है, "This definition obviously embodies certain assumptions about what is the head and what is a dependent or modifier. The verb is taken to be the head of the clause, since it largely determines what dependents may be present."

लिऑन्स (Lyons) के शब्दों में, " 'Case' (in the languages in which the category is found) is not present in 'deep structure' but merely the inflectional 'realization' of particular syntactic relationship."

इस प्रकार संस्कृत, हिंदी और पश्चिमी तीनों ही दृष्टियों से कारक के संदर्भ में दी गई परिभाषाओं तथा किए गए विचारों के आधार पर हम कह सकते हैं—"**कारक** (Case) एक प्रकार्यात्मक संबंध है जो किसी वाक्य में प्रयुक्त **संज्ञा पदबंधों** और उस वाक्य की **मुख्य क्रिया** के बीच पाया जाता है।" कारक संबंधों के आधार पर वाक्य रचनाओं का निर्धारण होता है। 'कारक' की अवधारणा मुख्यत: अर्थ पर आधारित है। फिल्मोर द्वारा किए गए चिंतन के बाद कारक के विवेचन में वाक्य की गहन संरचना (Deep Structure) और बाह्य संरचना (Surface Structure) को भी ध्यान में रखा जाने लगा है।

23.2 कारक, विभक्ति और परसर्ग

कारक संबंधों को व्यक्त करने के लिए संज्ञा (या सर्वनाम) पदों (या पदबंधों) के साथ कुछ रूपों या कारक चिह्नों का प्रयोग किया जाता है; जैसे—

- उसने राम को मेरी किताब दी।
- मैंने अपना छाता गाड़ी में छोड़ दिया।

उपरोक्त वाक्यों में 'ने', 'को', 'में' और 'Ø' **भाषाई रूप** (Linguistic Forms) हैं। हिंदी में इन्हें दो नामों से जाना जाता है—'विभक्ति' और 'परसर्ग'। हिंदी के आरंभिक व्याकरणाचार्यों ने इन्हें 'विभक्ति' कहा है; किंतु बाद के विद्वानों द्वारा इसके लिए 'परसर्ग' शब्द का ही प्रयोग किया गया है। अत: इन दोनों के संदर्भ में संक्षिप्त चर्चा आवश्यक है।

'संस्कृत में कारक संबंधों को व्यक्त करने के लिए प्रातिपदिकों के साथ जिन सुप् प्रत्ययों का प्रयोग होता है उन्हें 'विभक्ति' कहते हैं।' अत: संस्कृत में कारक संबंधों को व्यक्त करने के लिए विभक्तियों का प्रयोग किया जाता है। संस्कृत संज्ञा या सर्वनाम शब्दों के 8 विभक्ति रूप मिलते हैं जो क्रमश: 'प्रथमा, द्वितीया, तृतीया, चतुर्थी, पंचमी, षष्ठी, सप्तमी और अष्टमी' हैं। ये रूप वचन के आधार पर भी अलग-अलग हो जाते हैं। यद्यपि संस्कृत में 'कारक' और 'विभक्ति' को अलग-अलग माना गया है किंतु कारक संबंधों की अभिव्यक्ति का कार्य विभक्तियों या विभक्ति रूपों द्वारा ही होता है।

हिंदी संस्कृत से ही विकसित भाषा है। इसी कारण हिंदी में कारक संबंधों को व्यक्त करने वाले चिह्नों को आरंभिक व्याकरणाचार्यों द्वारा 'विभक्ति' कहा गया है। यथा—गुरु (1920) ने कहा है, "कारक सूचित करने के लिए संज्ञा या सर्वनाम के आगे जो प्रत्यय लगाए जाते हैं, उन्हें विभक्तियाँ कहते हैं।" इन्होंने हिंदी में 8 कारकों को माना है तथा इनकी विभक्तियों के रूप में ने, को, से आदि का उल्लेख किया है। वाजपेयी (1958) ने भी इन कारक चिह्नों को विभक्ति कहते हुए इनके दो भेद किए हैं—विश्लिष्ट और संश्लिष्ट।

हिंदी में कारक और विभक्ति के संदर्भ में वास्तविक स्थिति यह है कि संस्कृत से अपभ्रंश काल तक आते-आते सभी कारकों की विभक्तियाँ लुप्त हो गईं और सभी के रूप एक समान होने लगे, जिससे कि अर्थ में असमानता आने लगी। इस कारण से कारकीय संबंधों को प्रकट करने के लिए कुछ समर्थ चिह्नों या रूपों (Morphs) को मूल शब्दों में जोड़ा जाने लगा। इन्हीं चिह्नों को बाद में चलकर अनेक विद्वानों (जैसे—उदय नारायण तिवारी, हरिवंश सिंह आदि) द्वारा **परसर्ग** (Postposition) कहा गया। कुछ विद्वानों जैसे—डॉ. धीरेंद्र वर्मा ने इन्हें 'कारक-चिह्न' कहा है। हिंदी में कारक संबंधों को व्यक्त करने का कार्य मुख्यत: परसर्गों द्वारा ही किया जाता है। अत: कारक और परसर्ग पर संक्षिप्त चर्चा आवश्यक है।

हिंदी भाषा में वाक्यों की रचना करने वाले पदों के प्राप्त संबंधों के मुख्यत: दो वर्ग बनाए जा सकते हैं—कारक संबंध और अन्य संबंध। वाक्य में संज्ञा पदों को मुख्य क्रिया से जोड़ने वाला संबंध कारकीय संबंध है। इसके अलावा वाक्य में जो भी संबंध प्राप्त हों, उन सबको अन्य संबंध के अंतर्गत रखा जाता है; जैसे—अंगांगि संबंध, स्वस्वामी संबंध, जन्य-जनक संबंध आदि। इन संबंधों को व्यक्त करने के लिए जिन कोशीय अर्थ से रिक्त शब्दों या चिह्नों का प्रयोग किया जाता है उन्हें '**परसर्ग**' कहते हैं।

हिंदी में ने, को, से, में, पर, का, की, के आदि परसर्ग हैं। इनका प्रयोग मुख्यत: कारक संबंधों की अभिव्यक्ति के लिए किया जाता है। यदि 'परसर्ग' शब्द की व्युत्पत्ति पर विचार किया जाय, तो कैलॉग आदि पाश्चात्य विद्वानों ने इन्हें अंग्रेजी के 'Preposition' की तर्ज पर 'Postposition' नाम दिया। इसका अनुवाद हिंदी के भाषावैज्ञानिकों ने 'उपसर्ग' के अनुरूप 'परसर्ग' कर दिया। यह नाम अब धीरे-धीरे बहुत अधिक प्रचलित हो गया है। यदि हिंदी को केंद्र में रखते हुए विचार किया जाए तो 'परसर्गों' को 'विभक्तियाँ' नहीं कहा जा सकता। इसके लिए निम्नलिखित प्रमुख तर्क दिए जा सकते हैं—

1. आधुनिक भारतीय आर्यभाषाओं में परसर्गों का विकास विभक्तियों से नहीं हुआ है। इससे प्राय: सभी विद्वान सहमत हैं।
2. विभक्तियाँ अपने मूल शब्द के साथ जुड़कर आती हैं, जबकि परसर्ग मूल शब्द से अलग लिखे जाते हैं।
3. जब मूल शब्द में विभक्ति का योग होता है तो शब्द रूप (Word Form) का निर्माण होता है, किंतु जब मूल शब्द में किसी परसर्ग का योग होता है तो पदबंध (Phrase) का निर्माण होता है।
4. मूल शब्द और विभक्ति चिह्न के बीच कोई शब्द नहीं आता, जबकि मूल शब्द और परसर्ग के बीच—'ही', 'भी', 'तो' आदि निपातों का प्रयोग किया जा सकता है।

5. हिंदी में बिना परसर्ग के भी शब्दों का वाक्य में प्रयोग होता है, किंतु संस्कृत में बिना विभक्ति के शब्दों का प्रयोग नहीं होता।

अत: परसर्ग विभक्तियों से अलग हैं। हिंदी में कारक संबंधों की अभिव्यक्ति के लिए परसर्गों का प्रयोग होता है, विभक्तियों का नहीं।

हिंदी में परसर्गों को कारक-चिह्न या विभक्ति से अलग मानने का एक और कारण यह भी है, इसमें एक कारक के लिए एक से अधिक परसर्गों का प्रयोग होता है और एक ही परसर्ग द्वारा एक से अधिक कारक संबंधों की अभिव्यक्ति होती है। इसलिए हिंदी में 'कारक' और 'परसर्ग' का एक-दूसरे के बीच परस्पराश्रित (One-to-One) संबंध नहीं है। उदाहरण के लिए **कर्ता कारक** के लिए लगने वाले परसर्गों एवं चिह्नों को नीचे दिया जा रहा है—

- **Ø तत्व का योग**—'Ø तत्त्व' का अर्थ है—कर्ता के साथ 'शून्य' (Zero) अर्थात् 'कुछ भी नहीं' जोड़ना। हिंदी में कोप्यूला वाक्यों में 'मुख्य क्रिया' के वर्तमान काल, भविष्यकाल और अपूर्ण भूतकाल में होने पर कर्ता के साथ 'शून्य तत्व' का प्रयोग होता है; जैसे—
  - ➢ ***मोहन*** डॉक्टर है।
  - ➢ ***राम*** बाजार जाता है।
  - ➢ ***मोहन*** कल दिल्ली पहुँचेगा।
  - ➢ ***श्याम*** खाना खा रहा था।
- **'ने' परसर्ग**—जब मुख्य क्रिया सकर्मक हो और भूतकाल में हो तो 'कर्ता' के साथ 'ने' का प्रयोग किया जाता है। कैलाश नाथ पाण्डेय (2006) ने इसके भी चार भेद किए हैं, जो निम्नलिखित हैं

  क) सामान्य भूत : उसने स्नान किया, तुमने खाना खाया।

  ख) संदिग्ध भूत : तुम्हीं ने पुस्तक फाड़ी होगी, उसने ही पैसा चुराया होगा।

  ग) आसन्न भूत : मैंने उसे देखा है, सोहन ने आम खाया है।

  घ) पूर्ण भूत : मैंने तुम्हें देखा था, तुमने भैंस को मारा।

  कुछ अकर्मक क्रियाएँ भी ऐसी हैं जिनका प्रयोग पूर्ण भूतकाल में होने पर कर्ता के साथ 'ने' का प्रयोग होता है; जैसे—
  - ➢ ***बूढ़े ने*** छींका।
  - ➢ ***लड़के ने*** खाँसा ।
  - ➢ ***मैंने*** ठंडे पानी से नहाया।

  इच्छार्थक वृत्तिवाची क्रियाओं के साथ भी कर्ता के लिए 'ने' परसर्ग का प्रयोग देखा जा सकता है; यथा—
  - ➢ ***उसने*** खाना खाया होता।
  - ➢ ***मैंने*** फिल्म देखी होती।

- **'को' परसर्ग**—जब क्रिया अपने मूल रूप (धातु + ना रूप) में हो और उसके साथ '**है, हैं, था, थी, थे**' आदि (इस वर्ग की) सहायक क्रिया का प्रयोग हो, तो '**को**' परसर्ग जिस संज्ञा या सर्वनाम शब्द के साथ आता है, वह क्रिया के साथ 'कर्ता कारक' संबंध में जुड़ा होता है; जैसे—
  - ***मोहन को*** आम खाना है।
  - ***सीता को*** मेला देखना है।
  - ***मुझे (मुझको)*** बादाम खरीदना था।

  विवशता या दबाव (बल) **के अर्थ** का बोध कराने वाले वाक्यों में 'कर्ता' के लिए 'को' परसर्ग का प्रयोग होता है, जैसे—
  - ***तुम्हें (तुमको)*** घर जाना होगा।
  - ***हमें (हमको)*** मंजिल तक पहुँचना ही है।
  - ***आपको*** इसकी कीमत चुकानी ही होगी। (दबाव/बल)
  - ***नौकर को*** चार बजे उठना पड़ता है। (विवशता)

  हेतुभाव (चाहिए) वाले वाक्यों में भी कर्ता के लिए 'को' का प्रयोग होता है; जैसे—
  - ***राधा को*** गीत गाना चाहिए।
  - ***तुमको*** पढ़ाई करनी चाहिए।
- **'से' परसर्ग**—जब क्रिया में कर्ता की असमर्थता सूचित हो रही हो तो कर्ता के साथ 'से' परसर्ग का प्रयोग मिलता है। ऐसी स्थिति मुख्यतः कर्मवाच्य और भाववाच्य वाक्यों में ही दिखाई पड़ती है; जैसे—
  - ***मुझसे*** अब चला नहीं जाता।
  - ***नौकर से*** कोई काम नहीं होगा।

इस प्रकार देखा जा सकता है कि केवल कर्ता कारक के लिए शून्य (Ø), ने, को और से परसर्गों का प्रयोग हो रहा है। कुछ मिश्र क्रिया के वाक्यों में 'का' द्वारा भी कर्ता कारक की अभिव्यक्ति होती है। हिंदी में यही स्थिति अन्य कारकों और परसर्गों के साथ भी देखी जा सकती है। इसलिए परसर्ग कारकों से स्वतंत्र हैं और उन्हें विभक्ति भी नहीं कहा जा सकता है।

23.3 कारक के भेद

विश्व की लगभग सभी भाषाओं में कारक संबंध पाए जाते हैं। भाषा विशेष की प्रकृति के आधार पर इनकी संख्या अलग-अलग हो सकती है। यदि हिंदी में कारकों की संख्या के संदर्भ में विचार किया जाए तो इसमें विभिन्न विद्वानों में मतभेद दिखाई पड़ता है। अनेक विद्वानों जैसे—कामता प्रसाद गुरु, डॉ. वासुदेवनंदन प्रसाद, डॉ. तेजपाल चौधरी आदि ने हिंदी में **8 कारक** माने हैं। ये क्रमशः निम्नलिखित हैं—

1. **कर्ता (Nominative)** : जब एक वाक्य के किसी संज्ञा पदबंध द्वारा उस वाक्य की मुख्य क्रिया को संपादित करने का भाव व्यक्त किया जाता है, तो दोनों के बीच का संबंध **कर्ता कारक** कहलाता है, जैसे—*मोहन बाजार जाता है, गाय घास खाती है, कुत्ता भौंकता है* आदि। इन वाक्यों में क्रमशः *मोहन, गाय* और *कुत्ता* पदबंध मुख्य क्रिया के साथ कर्ता कारक संबंध में हैं। कर्ता कारक वाक्य में अनेक रूपों में आता है, जिस पर स्वतंत्र अध्ययन किया जा सकता है। यहाँ पर विस्तृत चर्चा नहीं की जा रही है।
2. **कर्म (Objective)** : किसी वाक्य की मुख्य क्रिया द्वारा व्यक्त भाव का फल जिस **संज्ञा पदबंध** पर पड़ता है, वह क्रिया के साथ **कर्म कारक** संबंध में होता है, जैसे—*रमेश मिठाई खाता है, सीता गीत गाती थी, लड़के क्रिकेट खेलेंगे* आदि। इन वाक्यों में क्रमशः *मिठाई, गीत* और *क्रिकेट* पदबंध कर्म हैं।
3. **करण (Instrumental)** : जिन **संज्ञा पदबंधों** से कर्ता द्वारा क्रिया को संपादित करने में सहायक साधन का बोध कराया जाता है, वे **करण कारक** संबंध में होते हैं, जैसे—*मोहन साइकिल से बाजार जाता है, मोहिनी चम्मच से चाय निकालती है, राजा रथ से जाता है* आदि। इन वाक्यों में क्रमशः *साइकिल से, चम्मच से, रथ से* पदबंध मुख्य क्रिया के साथ करण कारक संबंध में हैं।
4. **संप्रदान (Dative)** : किसी वाक्य का वह **संज्ञा पदबंध** जिसके लिए क्रिया संपादित की जाती है, अथवा क्रिया के संपादित होने का लाभ जिस पदबंध को प्राप्त होता है, वह **संप्रदान** है, जैसे—*मोहन ने गीता को पुस्तक दी, मैंने बच्चों को मिठाई खिलाई, उसने विद्यार्थियों के लिए कॉपियाँ खरीदीं* आदि। इन वाक्यों में क्रमशः *गीता को, बच्चों को, विद्यार्थियों के लिए* पदबंध संप्रदान हैं।
5. **अपादान (Ablative)** : किसी ऐसे स्थान या बिंदु को सूचित करने वाला **पदबंध 'अपादान'** है, जिससे क्रिया के कर्ता का वियोग या अलगाव सूचित होता है। यह पदबंध क्रिया के संपादित होने के स्रोत के रूप में भी कार्य करता है, जैसे—*मोहन घर से विद्यालय जाता है, वर्धा से बड़ी खबर आ रही है, साँप बिल से बाहर आ गया है* आदि। इन वाक्यों में क्रमशः *घर से, वर्धा से, बिल से* पदबंध अपादान संबंध में हैं।
6. **संबंध (Genitive)** : यद्यपि कामता प्रसाद गुरु (1920) आदि कुछ वैयाकरणों द्वारा संबंध को कारक संबंध माना गया है, किंतु प्राचीन वैयाकरणिक एवं आधुनिक भाषावैज्ञानिक विवेचनों से स्पष्ट है कि यह कोई कारक नहीं है।

7. **अधिकरण (Locative)** : वह **पदबंध** जो क्रिया को संपादित करने के आधार का कार्य करता है, **अधिकरण** होता है, जैसे—*मोहन घर में बैठा है, उसे दिन में सूरज दिखाई नहीं पड़ता, टीवी मेज पर रखी हुई है* आदि। इन वाक्यों में क्रमशः *घर में, दिन में* और *मेज पर* पदबंध अधिकरण संबंध में हैं।
8. **संबोधन** : यदि किसी अभिव्यक्ति में किसी को बुलाया या पुकारा जाता है, तो वह संबोधित व्यक्ति वाक्य में **संबोधन** संबंध में रहता है, जैसे—*हे राम! कृपा करें, मोहन, इधर आओ; मित्रो, हमें आगे बढ़ते रहना है* आदि। इन वाक्यों में क्रमशः *'हे राम, मोहन* और *मित्रो'* पदबंध संबोधन कारक हैं। इसके भी कारक होने पर विद्वान एकमत नहीं हैं।

कारक के उपरोक्त भेदों के निर्धारण के मूल में हिंदी में कारक संबंधों की स्पष्ट विवेचना का अभाव दिखाई पड़ता है। इसका उल्लेख स्वयं कामता प्रसाद 'गुरु' ने किया है।

हिंदी के आधुनिक व्याकरणाचार्यों और भाषाविदों, जैसे—आचार्य किशोरीदास वाजपेयी, डॉ. ब्रजमोहन, डॉ. अनिल कुमार पाण्डेय आदि ने हिंदी में केवल 6 कारकों की बात की है। ये क्रमशः कर्ता, कर्म, करण, संप्रदान, अपादान और अधिकरण हैं। डॉ. ब्रजमोहन ने इस संदर्भ में कहा है—"कुछ लेखक उपरिलिखित कारकों के अतिरिक्त दो अन्य पदों को भी कारक मानते हैं : संबध कारक और संबोधन कारक। परंतु वास्तव में ये कारक नहीं हैं। हमने कारक की परिभाषा यह दी है कि "जो शब्द संज्ञा अथवा सर्वनाम का संबंध क्रिया से जोड़ते हैं, वे कारक कहलाते हैं।" परंतु हमारी परिभाषा के अनुसार उक्त दोनों प्रकार के पद कारक नहीं कहला सकते।

यदि आधुनिक हिंदी व्याकरणों को देखा जाए तो उनमें हिंदी को समझने-समझाने की नई दृष्टि का विकास दिखाई पड़ता है। इसका वर्णन 'हिंदी भाषा की रूपरचना' में प्रकाशित 'हिंदी में कारक' शीर्षक आलेख में देखा जा सकता है—"होनिंग्स्वाल्ड की 'स्पोकेन हिंदुस्तानी' और शिक्षा तथा अनुसंधान संबंधी मंत्रीमंडल द्वारा प्रकाशित 'अ बेसिक ग्रामर ऑफ माडर्न हिंदी' जैसे कतिपय नव्यतर हिंदी व्याकरणों में कहा गया है कि हिंदी में कारक के 'कर्ता' और 'विकारी' दो रूप होते हैं। विषय निरूपण में परिवर्तन इस परिणति को प्रदर्शित करता है जो पारंपरिक व्याख्या की जगह आधुनिक वर्णनात्मक भाषाविज्ञान में प्रयुक्त विश्लेषणात्मक सिद्धांतों पर आधारित है।"

इसी क्रम में डॉ. आर्येंद्र शर्मा ने हिंदी में कारकों की संख्या दो ही मानी है—सरल और तिर्यक।

(1) सरल कारक से तात्पर्य है वह संज्ञा या सर्वनाम जिसमें किसी भी प्रकार का विकार उत्पन्न नहीं हो, जैसे—***लड़का*** आया। उसने ***घर*** खरीदा।

(2) तिर्यक कारक से तात्पर्य संज्ञा/सर्वनाम के उस रूप से है जिसमें विभक्ति/परसर्ग लगा हो और शब्द रूप में परिवर्तन आया हो। कभी-कभी परसर्ग लगने पर भी मूल शब्द में विकार नहीं होता है। फिर भी परसर्गयुक्त होने के कारण उस रूप को तिर्यक कारक की कोटि में रखा जाता है।

ये वर्गीकरण प्रकार्य आधारित न होकर रूपरचना आधारित हैं। इनका संबंध इस बात से नहीं है कि संबंधित पद या पदबंध का क्रिया से क्या संबंध है, बल्कि इस बात से है कि पदबंध में प्रयुक्त संज्ञा शब्द में विकार हुआ है या नहीं। इसलिए ऐसे वर्गीकरणों को कारक आधारित न मानकर रूपरचना या विकार आधारित मानना अधिक उपयुक्त होगा।

पश्चिमी विचारकों में फिल्मोर (1968) द्वारा कारक संबंधी चिंतन में कारक के किए गए मुख्य भेद निम्नलिखित हैं—

1. Agentive (अभिकर्ता)
2. Experiencer (अनुभावक)
3. Instrumental (करण)
4. Place and Object (स्थान तथा कर्म)
5. Locative (अधिकरण)
6. Source (स्रोत)
7. Goal (उद्‌देश्य)

ये वर्गीकरण अधिक व्यापक हैं जिनमें आर्थी और प्रकार्यात्मक दोनों दृष्टियों को ध्यान में रखा गया है। कारक संबंधों की प्रकृति में इतना वैविध्य है कि स्वयं फिल्मोर के वर्गीकरण में अस्थिरता देखी जा सकती है। कारक संबंधों के दो प्रकार किए जा सकते हैं—**सार्वभौमिक** (Universal) : *जो सभी भाषाओं में पाए जाते हैं*; और **भाषा विशिष्ट** (Language Specific) : *जो किसी भाषा विशेष में पाए जाते हैं*। हिंदी की संरचना और इसमें प्राप्त कारक संबंधों की व्यवस्था को देखते हुए सैद्धांतिक दृष्टि से इसमें 6 कारक माने जा सकते हैं—जो क्रमशः कर्ता, कर्म, करण, संप्रदान, अपादान और अधिकरण हैं। इनमें फिल्मोर द्वारा किए गए विवेचन के आधार पर उपर्युक्त सूची में से आवश्यकतानुसार एक या दो (जैसे—Goal (उद्‌देश्य) आदि) को हिंदी में कारक मान लेने से हिंदी कारक संबंधी सैद्धांतिक विवेचन और भी अधिक व्यवस्थित हो जाएगा।

23.4 कारक संबंध और भाषा संसाधन

कारक संबंध वाक्य व्यवस्था की मूल आवश्यकता है। भाषा संसाधन के समय भी इन्हें चिह्नित किया जाना चाहिए। वैसे बहुत कम ही व्याकरणिक फ्रेमवर्क कारक संबंधों को

पर्याप्त महत्त्व देते हैं। मेरा मानना है कि वाक्य रचनाओं के ठीक-ठीक निरूपण के लिए क्रिया के साथ अन्य पदबंधों को कारक संबंधों के अनुसार टैग करके प्रदर्शित करना चाहिए। किंतु ऐसा करने के लिए केवल 6 कारक संबंधों से काम नहीं चलेगा, बल्कि प्रत्येक प्रकार्य के लिए अलग कारकीय टैग होना चाहिए। इस संदर्भ में भारतीय परिदृश्य में आई.आई.आई.टी. हैदराबाद द्वारा कार्य किया गया है। यहाँ पर पाणिनीय फ्रेमवर्क के आधार पर निर्भरता व्याकरण (Dependency Grammar) को लेकर कार्य किया गया है। इसमें विभिन्न प्रकार के कारक या प्रकार्यात्मक संबंधों को अलग-अलग टैग दिया गया है, जिसे http://ltrc.iiit.ac.in/ MachineTrans/research/tb/ DS-guidelines/DS-uidelines-ver2-28-05-09.doc लिंक पर देखा जा सकता है। इसमें दिए हुए कारक संबंधों के टैग, विवरण और उदाहरण इस प्रकार हैं—

क्र.सं.	टैग	विवरण	उदाहरण
1.1	k1	कर्ता (doer/agent/subject) कर्ता सभी कारकों 'सर्वाधिक स्वतंत्र' होता है।	मोहन खड़ा है। वह आदमी फल खाता है।
1.2	pk1	प्रयोजक कर्ता (causer) प्रयोजक कर्ता प्रेरणार्थक क्रिया की रचनाओं में 'प्रयोजक' होता है। (डॉक्टर ने मरीज को दवा खिलाई। डिलीट करें	डॉक्टर ने मरीज को दवा खिलाई।
1.3	jk1	प्रयोज्य कर्ता (causee) प्रयोज्य कर्ता प्रेरणार्थक क्रिया की रचनाओं में 'प्रयोज्य' होता है।	डॉक्टर ने नर्स से मरीज को दवा खिलवाई।
1.4	mk1	मध्यस्थ कर्ता (mediator-causer) मध्यस्थ कर्ता प्रेरणार्थक क्रिया की रचनाओं में 'मध्यस्थ' होता है।	डॉक्टर ने नर्स से मरीज को दवा खिलवाई।
1.5	k1s	विधेय कर्ता (karta samanadhikarana) कर्ता का संज्ञा पूरक।	मोहन डॉक्टर है।
2.1	k2	कर्म (object/patient) कर्म वह है जिस पर मूल क्रिया के व्यापार का प्रभाव पड़ता है।	मोहन घर में आम खाता है।
2.2	k2p	उद्देश्य/लक्ष्य (goal/destination) यह कर्म का ही एक प्रकार है। यह वह स्थान है, जहाँ गति का कार्य (action of motion) समाप्त होता है।	मोहन बाजार गया। रमेश को दिल्ली जाना है।

2.3	k2g	गौण कर्म (secondary karma)	वे लोग गांधी जी को बापू भी कहते हैं
2.4	k2s	कर्म समानाधिकरण (object complement)	मोहन रमेश को बुद्धिमान समझता है।
3	k3	करण (instrument) 'करण' मूल क्रिया द्वारा व्यक्त कार्य के माध्यम को प्रदर्शित करता है। इसका प्रयोग मुख्य कार्य को संपादित करने में सहयोगी होता है।	मोहन ने चाकू से फल काटा। सीता ने पानी से बाल्टी को भरा।
4.1	k4	संप्रदान (recipient) संप्रदान कारक क्रिया द्वारा व्यक्त कार्य का फल प्राप्तकर्ता या लाभार्थी होता है। यह वह व्यक्ति/वस्तु होता है, जिसके लिए कर्म निर्धारित होता है।	मोहन ने रमेश को किताब दी। मोहन ने रमेश से यह कहा।
4.2	k4a	अनुभव कर्ता (experiencer) यह बोधात्मक क्रियाओं (perception verbs), जैसे—लगना, दिखना, प्रतीत होना आदि का अनुभावक होता है।	मोहन को रमेश मेहनती लगता है। रमेश को प्यास लगी।
5.1	k5	अपादान (source) 'अपादान' क्रिया के स्रोत को संकेतित करता है, जैसे—प्रस्थान का बिंदु। वह संज्ञा जो किसी गतिपरक कार्य का बोध कराने क्रिया के लिए अलगाव के बिंदु को प्रदर्शित करता है, अपादान है।	रमेश ने बाल्टी से एक गिलास पानी निकाला। मोहन दिल्ली से कलकत्ता गया।
5.2	k5prk	प्रकृति अपादान ('source material' in verbs denotiong change of state) अपादान का एक विशेष रूप। यह अलग इसलिए है कि इसमें प्राकृतिक पदार्थ (सोना) से उत्पाद (अँगूठी) बनाने में स्थितिगत परिवर्तन हो रहा है।	सोने से अँगूठी बनाई गई है।
6.1	k7t	कालाधिकरण (location in time) वह घटक जो क्रिया व्यापार के समय को प्रदर्शित करता हो।	मैं 1920 में दिल्ली में रहता था। कोई भी बूढ़ापे में बीमार पड़ता है
6.2	k7p	देशाधिकरण (location of space) वह घटक जो क्रिया व्यापार के स्थान को प्रदर्शित करता हो।	कमरे में गेंद है। छत पर बिल्ली है।

6.3	k7	विषयाधिकरण (location elsewhere) समय और स्थान के अलावा अन्य कोई भी विषय।	वे सामाजिक दुर्दशा पर बोल रहे हैं। टीम की मैच में वापसी हुई है।
7	k*u	सादृश्य (similarity) इसका प्रयोग सादृश्य और तुलना दोनों के लिए किया जा सकता है। तुलनावाची रचनाओं में इस टैग का प्रयोग तुल्य (comparand) के साथ किया जाता है। चूँकि तुलना किसी भी कारक में की जा सकती है, इसलिए टैग में '*' दिया गया है। अत: टैग का प्रयोग करते समय 'तुल्य' के साथ संबंधित कारक की संख्या (या लेबल) लगा दिया जाएगा।	(1) [k1u] मोहन रमेश की तरह तेज है। (2) [k2u] राम मोहन को रमेश जैसा सुंदर मानता है।
8.1	r6	षष्ठी (possessive) दो संज्ञाओं के बीच संबंधवाची स्थिति।	मोहन का घर किताब का कागज
8.2	r6-k1 r6-k2	मिश्र क्रिया का कर्ता या कर्म (*karta or karma* of a conjunct verb (complex predicate))	(1) [r6-k1] कल दुकान का ऊद्घाटन हुआ। (2) [r6-k2] पिताजी ने कल दुकान का उद्घाटन किया।
8.3	r6v	संज्ञा और क्रिया के बीच 'का' संबंध ('kA' relationship between a noun and verb) ऐसे प्रयोग जिनमें एक संज्ञा 'का' के साथ क्रिया से जुड़ी होती है, और उनके बीच कोई कारक संबंध नहीं होता, बल्कि स्वामित्व का भाव होता है।	मोहन के एक बेटी है।

(<http://ltrc.iiit.ac.in/MachineTrans/research/tb/DS-guidelines/DS-guidelines-ver2-28-05-09.doc> से साभार)

(**नोट :** इस टेबल में और भी टैग हैं, जो कारक संबंधी नहीं हैं। इसलिए यहाँ केवल इतने को ही लिया गया है। उदाहरणों को भी कुछ परिवर्तित किया गया है।)

हिंदी को मशीनी संसाधन की दृष्टि से देखें तो एक बात स्पष्ट हो जाती है कि वाक्यात्मक विश्लेषण में कारक संबंधों को किसी-न-किसी रूप में रखना आवश्यक है। साथ-ही एक बात और है कि पारंपरिक रूप से बताए गए केवल 6 कारकों से हिंदी वाक्यों का संसाधन नहीं किया जा सकता। इसलिए इस टेबल में वर्णित कारक

अधिक उपयोगी हैं। इनके आधार पर हिंदी वाक्य रचनाओं का विश्लेषण करके देखा जा सकता है।

कारकों के संबंध में एक महत्त्वपूर्ण बात यह है कि यह आवश्यक नहीं है कि प्रत्येक क्रिया में सभी कारक आएँ, या आ सकें। कौन सी क्रिया के साथ कौन सा कारक आएगा, यह क्रिया की प्रकृति पर निर्भर करता है। उदाहरण के लिए ऊपर 'k4a' (अनुभव कर्ता) के संबंध में बताया गया है कि यह 'बोधात्मक क्रियाओं' के साथ ही आ सकता है। इसी प्रकार 'अपादान कारक' भी सभी क्रियाओं के साथ नहीं आ सकता, जैसे—खाना, पीना आदि। आई.आई.आई.टी. हैदराबाद द्वारा अपादान के उदाहरण में यह वाक्य दिया गया है—

➢ राम ने चम्मच से ***कटोरी से*** खीर खाई।

मेरी समझ से इस वाक्य में 'कटोरी से' का संबंध 'खाना' से नहीं है, बल्कि 'निकालना' से है, जो यहाँ पर लुप्त है। (**...कटोरी से निकालकर खीर खाई)*।

अत: कारक संबंधों के घटित होने की स्थिति को क्रिया की प्रकृति प्रभावित करती है। इसलिए वाक्य साँचों में इसका ध्यान रखा जाना चाहिए। कुछ सार्वभौमिक नियम दिए जा सकते हैं, जैसे—

- कर्ता कारक सभी क्रियाओं के लिए अनिवार्य घटक है।
- अधिकरण कारक सभी क्रियाओं के लिए ऐच्छिक घटक है।
- कर्म कारक केवल 'सकर्मक और द्विकर्मक क्रियाओं' के साथ ही आ सकता है।

वाक्यों के मशीनी संसाधन में कारक संबंधों की भूमिका निर्विवाद है। किंतु मशीनी संसाधन की दृष्टि से कितने कारक टैग बनाए जाएँ? यह शोधकर्ताओं और उनके उद्देश्यों के आधार पर भिन्न हो सकता है। इसे अधिक विस्तृत रूप में **'प्रकार्यात्मक संबंध'** नाम देते हुए केवल कारक संबंधों के अलावा कुछ अन्य संबंधों हेतु भी टैग दिए जाने चाहिए, जैसे—पूरक, सहकर्ता, संबंधवाची आदि। उपर्युक्त टेबल में अधिकांश समाहित हैं। इनके अलावा और किसी टैग की आवश्यकता है या नहीं? इसका पता हिंदी क्रियाओं की प्रकृति का विश्लेषण करते हुए वाक्य साँचे बनाने के बाद चलेगा, जिसकी चर्चा अगले अध्याय में की जाएगी।

24

वाक्य साँचे और पद-विच्छेदन

(Sentence Frames and Parsing)

वाक्य भाषिक अभिव्यक्ति की मूल इकाई है। व्याकरणिक संरचना की दृष्टि से यह सबसे बड़ी इकाई है। वाक्य के अंतर्गत आने वाली स्वतंत्र इकाई शब्द है। शब्द वह इकाई है जहाँ से वाक्यात्मक संरचना आरंभ होती है। वैसे तो शब्द के भी खंड किए जा सकते हैं, जैसे—रूपिमिक स्तर (Morphological Level) पर निर्मित (व्युत्पादित) शब्दों के भागों (धातु/प्रातिपदिक, प्रत्यय आदि) को अलग-अलग किया जा सकता है। किंतु यह स्वतंत्र कार्य है जो शब्द की आंतरिक संरचना से जुड़ा हुआ है। वाक्यात्मक विश्लेषण 'शब्द' का वाक्य में प्रयोग हो जाने के बाद उसके प्रकार्य को निर्धारित करने से आरंभ होता है, जहाँ वह पद का रूप ले चुका होता है। वाक्य में आए किसी शब्द (पद) के प्रकार्य निर्धारण में उसके शब्दवर्ग (Word Category) या शब्दभेद (Parts of Speech-PoS) का बहुत बड़ा योगदान होता है। इसलिए सबसे पहले शब्दों की टैगिंग की जाती है। पदबंधीय संरचनाओं या पदबंध साँचों को शब्दवर्ग के माध्यम से ही व्यक्त किया जाता है, टैग उनका प्रतिनिधित्व करते हैं। टैग-संयोजनों द्वारा पदबंध चिह्नित किए जाते हैं। इसके बाद पद-विच्छेदन (Parsing) की बारी आती है। अत: पद-विच्छेदन के लिए **टैगिंग** (Tagging) और **पदबंध चिह्नन** (Phrase Marking) दोनों किया जाना आवश्यक है।

मशीनी प्रणाली द्वारा किसी पाठ में आए वाक्यों का संरचनात्मक आधार पर किया जाने वाला विश्लेषणात्मक निरूपण **पद-विच्छेदन** (Parsing) है। इस कार्य को संपन्न करने वाले टूल या सॉफ्टवेयर को **पद-विच्छेदक** (Parser) कहते हैं। इसके अंतर्गत मशीन द्वारा वाक्य के संरचनात्मक पदबंधों को अलग-अलग चिह्नित किया जाता है। इसके अलावा उनकी आंतरिक संरचना में आए शब्दों एवं पदबंधों को स्तरीकरण करते हुए समूहित किया जाता है। चूँकि यह कार्य वाक्यात्मक विश्लेषण से जुड़ा हुआ है; इसलिए हिंदी में पद-विच्छेदन को समझने के वाक्य साँचों पर एक दृष्टि डालना आवश्यक है।

24.1 हिंदी में वाक्य-साँचे

विभिन्न शब्दवर्गों के शब्दों का वह योग, जिसके द्वारा एक मंतव्य की पूर्ति होती हो, '**वाक्य**' है। वाक्य एक व्यावहारिक इकाई है। एक बोले या लिखे जाने वाले वाक्य को सुना या देखा जा सकता है। इसलिए यह मूर्त होता है, किंतु वाक्य में कोई भी शब्द कहीं भी नहीं रखा जा सकता, उदाहरण के लिए निम्नलिखित रचना को देखें—

- मोहन घर जाता है। (रचना-1)
- है मोहन जाता है। (रचना-2)
- मोहन घर खाता है। (रचना-3)

उपर्युक्त रचनाओं में पहली 'रचना-1' 'वाक्य' है, जबकि 'रचना-2' और 'रचना-3' वाक्य नहीं है। पहली रचना के वाक्य होने के पीछे एक कारण है। वह है—हिंदी वाक्य रचना का व्याकरणिक क्रम (Syntax)। हिंदी के एक वाक्य नियम '**सं.प. + सं.प. + क्रि.प. = वाक्य**' (**NP + NP + VP = S**) के अनुरूप होने के कारण ही 'रचना-1' हिंदी का सार्थक वाक्य है, जबकि दूसरी रचना के अनुसार हिंदी में कोई नियम प्राप्त नहीं होता। इसलिए उस क्रम में शब्दों को रखकर हिंदी में वाक्यों की रचना नहीं की जा सकती। इसी प्रकार 'रचना-3' भी हिंदी का सार्थक वाक्य नहीं है। इसका कारण है वाक्य की मुख्य क्रिया के लक्षण (Feature) के अनुरूप 'कर्म' का न होना। 'घर' खाने की चीज नहीं है। इसलिए तीसरी रचना व्याकरणिक क्रम की दृष्टि से वाक्य होते हुए भी सार्थक वाक्य नहीं है। इन दोनों बातों को वाक्य साँचों द्वारा व्यक्त किया जाता है।

अत: वाक्य निर्माण के लिए आवश्यक घटकों के व्याकरणिक क्रम (Syntax) और लक्षण (Feature) निर्धारण का नियम '**वाक्य साँचा**' (Sentence Frame) है। वाक्य में एक विशेष क्रम में शब्द प्रयुक्त होते हैं, जो दिखाई पड़ते हैं। इसलिए वाक्य मूर्त होता है, जबकि उनके क्रम और लक्षण का नियम दिखाई नहीं पड़ता, इसलिए वाक्य साँचे अमूर्त होते हैं। वाक्य साँचे अमूर्त होते हुए भी शब्दों के प्रयोग के लिए एक प्रकार्य स्थान (Slot) प्रदान करते हैं। जैसा कि पूर्व में ही उल्लेख किया जा चुका है कि शब्दों के योग से पदबंध बनते हैं और पदबंधों के योग से वाक्य बनते हैं। इसलिए वाक्य साँचों में प्रकार्यात्मक इकाई के रूप में '**पदबंध**' ही कार्य करते हैं। अर्थात् वाक्य साँचे में प्रकार्य स्थानों पर पदबंध प्रयुक्त होते हैं। इसलिए साँचा निर्माण के संबंध पर एक सर्वनिष्ठ नियम दिया जा सकता है—

पदबंध + पदबंध (pn*) = वाक्य (pn*→ n पदबंध/n *number of phrases*)

एक या एक से अधिक पदबंधों का योग वाक्य है। किंतु पदबंधों का कोई भी योग वाक्य नहीं है, जिसे ऊपर के उदाहरण में देखा जा सकता है। अत: पदबंधों

का कौन-सा योग वाक्य है ? को व्यक्त करने वाला साँचा या नियम 'वाक्य साँचा' है, जो अमूर्त होता है। किसी भी भाषा में निर्मित होने या हो सकने वाले वाक्यों हेतु वाक्य साँचों का निर्माण करने के लिए भाषा के शब्दकोश, रूपिमिक नियम, कारक संबंध और क्रियाओं के स्वरूप एवं प्रकृति आदि का अध्ययन किया जाना चाहिए। वाक्य साँचों का निर्माण एक व्यापक कार्य है। हिंदी में यह कार्य प्रो. सूरजभान सिंह (2000) द्वारा किया गया है। आपने वाक्य साँचों पर पूर्व में किए गए कार्यों का संक्षिप्त करते हुए अंग्रेजी में ए.एस. हार्नबी (1948), कार्ल ए. लिफ़व्रे (1964), विलियम श्वाब (1967) ए.ई. नाइकोल्स (1965) का उल्लेख किया है। इसी क्रम में हिंदी में वाक्य साँचों पर किए गए कार्यों पर एक दृष्टि डालते हुए आपके द्वारा जगन्नाथन तथा बाहरी (1973), महावीर शरण जैन (1974), रवींद्रनाथ श्रीवास्तव, शिवेंदु किशोर वर्मा (1973), लक्ष्मीबाई बालचंद्रन (1973) और चतुर्भुज सहाय का संक्षिप्त उल्लेख किया गया है। आपके द्वारा 'हिंदी का वाक्यात्मक व्याकरण' में वाक्य साँचों का विशद वर्णन किया गया है। किंतु इससे पूर्व लक्षण-विश्लेषण पद्धति पर प्रकाश डाला गया है, जिसके अंतर्गत लक्षण-विश्लेषण पद्धति का परिचय देते हुए लक्षणों तथा कोटियों की सूची दी गई है और फिर कुछ विशिष्ट लक्षणों की व्याख्या की गई है।

लक्षण-विश्लेषण (Feature Analysis) वाक्य-साँचों के निर्माण के लिए आवश्यक है। किंतु मशीनी संसाधन के लिए किसी भी लक्षण वर्ग के सभी लक्षणों को एक शब्दवृत्त (Lexicon) की सभी प्रयुक्तियों के साथ जोड़कर देख लिया जाना चाहिए। मैंने अभी तक इन लक्षणों को किसी कोश की प्रयुक्तियों के साथ जोड़कर नहीं देखा है। अभी मैं वाक्य साँचों के स्तर पर काम ही कर रहा हूँ जो आर्थी संबंधों द्वारा संरचित शब्दकोश पर आधारित होगा। इसलिए यहाँ पर सूरजभान सिंह के वाक्य साँचों का ही संक्षिप्त उल्लेख किया जा रहा है।

सिंह (2000) द्वारा 'हिंदी का वाक्यात्मक व्याकरण' में 14 बीज वाक्य-साँचों की सूची इस प्रकार से दी गई है—

(क) कोप्यूला वाक्य-साँचे

(1)	संज्ञात्मक कोप्यूला वाक्य साँचा	रफी मेरा ड्राइवर है।
(2)	विशेषणात्मक कोप्यूला वाक्य साँचा	राधा सुंदर है।
(3)	क्रिया-विशेषणात्मक कोप्यूला वाक्य साँचा	सतीश घर में है।

(ख) को-वाक्य साँचे

(4)	पूरकप्रधान को-वाक्य वाक्य साँचा	सुधीर को बुखार है।
(5)	कर्मप्रधान को-वाक्य वाक्य साँचा	सीता को मकान चाहिए।
(6)	कर्मपूरक प्रधान को-वाक्य वाक्य साँचा	राधा को नौकर चोर लगता है।
(7)	स्वामित्ववाची वाक्य साँचा	मोहन के पास तीस रुपए हैं।

(ग) क्रियाप्रधान वाक्य-साँचे

(8) सामान्य अकर्मक वाक्य साँचा	ईश्वर है/राधा नाच रही है।
(9) सहअव्ययात्मक अकर्मक वाक्य साँचा	प्रताप गांधीनगर में रहता है।
(10) सहपात्रीय अकर्मक वाक्य साँचा	गोपाल राधा से लड़ता है।
(11) सामान्य सकर्मक वाक्य साँचा	हरी पानी पीता है।
(12) सहअव्ययात्मक सकर्मक वाक्य साँचा	मोहन गाड़ी गैरेज में रखता है।
(13) सहपात्रीय सकर्मक वाक्य साँचा	सेठजी ने नौकर को पैसे दिए।
(14) कर्मपूरक वाक्य-साँचा	मैं चंपा को नर्स समझता था।

आगे सिंह (2000) ने बताया है, "आर्थी, संरचनात्मक तथा अंतर्निहित लक्षणों के आधार पर इन बीज वाक्य-साँचों के 45 उपसाँचे बनते हैं..." सिंह (2000) द्वारा आगे इन उपसाँचों का विस्तृत विवेचन किया गया है। 'हिंदी का वाक्यात्मक व्याकरण' में हिंदी वाक्य साँचों का यह विवेचन हिंदी पद-विच्छेदन के लिए उपलब्ध एक व्यवस्थित स्रोत है। प्रो. सूरजभान सिंह के नेतृत्व में या सहयोग से हिंदी से संबंधित अनुप्रयोग प्रणालियों के विकास संबंधी कई कार्य हुए हैं। मैंने अभी वाक्यात्मक स्तर पर संसाधन या पद-विच्छेदन के संदर्भ में वाक्य-साँचों का उपयोग करते हुए कोई विस्तृत कार्य नहीं किया है। इसलिए इस स्तर पर मैं केवल उपर्युक्त परिचय ही दे पा रहा हूँ।

24.2 पद-विच्छेदन (Parsing)

पद-विच्छेदन (Parsing) वह प्रक्रिया है, जिसके द्वारा किसी वाक्य के पदों (शब्दों) को वाक्य-रचना के अनुसार अधिक्रमिक रूप से प्रस्तुत किया जाता है। किसी भी भाषा में वाक्य विश्लेषण की मूल इकाई शब्द (पद) है। अत: पद-विच्छेदन 'वाक्य' (Sentence-S) से शब्द/पद (Word-W) तक की यात्रा है, जो **'वाक्य से शब्द/पद'** या **'शब्द/पद से वाक्य'** दोनों दिशाओं में हो सकती है। शब्द/पद से वाक्य के बीच पदबंध कई स्तरों तक हो सकते हैं। इसे इस प्रकार से देख सकते हैं—

(level-0) वाक्य (level-3) आपका लड़का घर में बैठा है।
↓ ↑ ↓ ↑
(level-1) पदबंध-a पदबंध-b (level-2) <आपका लड़का> <घर में बैठा है।>
(level-2) पदबंध-y पदबंध-x (level-1) <आपका लड़का> <घर में> <बैठा है।>
↓ ↑ ↓ ↑
(level-3) शब्द/पद (level-0) <आपका> <लड़का> <घर> <में> <बैठा> <है।>

('वाक्य से शब्द/पद' में **वाक्य** (level-0) होता है और 'शब्द/पद से वाक्य' में **शब्द/पद**।)

शब्दों को जोड़ने से 'पदबंध' तथा पदबंधों को जोड़ने से 'वाक्य' का निर्माण होता है। वाक्य में शब्द तो अलग-अलग दिखाई पड़ते हैं, किंतु पदबंध नहीं दिखाई पड़ते। लिखित भाषा में दो खाली स्थानों के बीच 'शब्द' (पद) आते हैं। अत: शब्दों को अलगाने के लिए 'खाली स्थान' (Blank Space) को एक चिह्नक बनाया जा सकता है। किंतु 'पदबंध' से जुड़ा ऐसा कोई चिह्नक नहीं मिलता। अर्थात् पदबंधों का आरंभ स्थान और/या अंतिम स्थान नहीं दिखाई पड़ता, जिसके आधार पर बताया जा सके कि एक पदबंध कहाँ से कहाँ तक है। उदाहरण के लिए निम्नलिखित वाक्य को देखें—

➢ सुंदर लड़की मीठे आम खा रही है।

इस वाक्य में 7 शब्द हैं। चूँकि ये खाली स्थान (Blank Space) द्वारा अलग-अलग किए हुए दिखाई पड़ रहे हैं, इसलिए इन्हें अलग-अलग बताया जा सकता है; किंतु इस वाक्य में कितने पदबंध हैं, इसे बताने के लिए शब्दों के शब्दभेद, प्रकार्य और पदबंधीय नियमों की आवश्यकता पड़ेगी। हिंदी पदबंधीय नियमों (जिनकी चर्चा पिछले अध्याय में की जा चुकी है) द्वारा इन्हें निम्नलिखित प्रकार से अलग-अलग करके बताया जा सकता है—

[सुंदर लड़की]-1 [मीठे आम]-2 [खा रही है।]-3

इन तीन पदबंधों से मिलकर उपर्युक्त वाक्य की रचना हुई है। 'ये पदबंध किस प्रकार से एक दूसरे के साथ मिलकर एक वाक्य का निर्माण करते हैं?' को समझने के लिए इन पदबंधों के प्रकार को भी जानना होगा। अत: वाक्य को इस प्रकार से दर्शाया जा सकता है—

[सुंदर लड़की]-NP [मीठे आम]-NP [खा रही है।]-VP

रचना की दृष्टि से वाक्य में क्रिया पदबंध के अलावा 'संज्ञा पदबंध' (NP) या 'परसर्गीय पदबंध' (PP) आते हैं और वे क्रिया पदबंध के साथ जुड़कर वाक्य की रचना करते हैं। 'कोई संज्ञा पदबंध या परसर्गीय पदबंध किसी वाक्य में प्रयुक्त हो सकता है या नहीं' इसका निर्णय क्रिया पदबंध के आधार पर ही किया जाता है। 'क्रिया' किसी भी वाक्य की केंद्रबिंदु होती है और अन्य सभी घटक उस पर आश्रित होते हैं। अत: पद-विच्छेदन को समझने के लिए 'क्रिया' और 'संज्ञा' पदबंधों के बीच संबंध को समझना आवश्यक है। यदि पदबंधीय नियम न हों तो केवल शब्दों के समूहन (Grouping) द्वारा पदबंध का निर्माण नहीं होता। उदाहरण के लिए इस वाक्य के शब्दों को इस प्रकार से समूहित नहीं किया जा सकता—

[सुंदर]-1 [लड़की मीठे]-2 [आम खा]-3 [रही है।]-4

इस प्रकार से शब्दों को जोड़ने पर किसी भी प्रकार के पदबंध का निर्माण नहीं होता। अत: किसी वाक्य रचना का निरूपण भी नहीं किया जा सकता। इसलिए शब्दों को किसी भी प्रकार से मिला देना वाक्य साँचा निर्माण और पद-विच्छेदन

की दृष्टि से निरर्थक है। समुचित पद-विच्छेदन के लिए पदबंध रचना और वाक्य रचना नियमों का प्रयोग आवश्यक है।

पद-विच्छेदन में '**वाक्य**' केंद्रक है, जिसे 'मूल नोड' (root node) कहा जा सकता है। इसके बाद 'पदबंध' आते हैं, फिर टैग आते हैं। सबसे अंत में शब्द आते हैं, जिनसे मूर्त वाक्य रचित होता है, इसलिए इन्हें 'अंत्य नोड' (last node) कहा जा सकता है। पद-विच्छेदन में शब्द, पदबंध और वाक्य तीनों स्तरों पर तीन प्रकार के नियम लगते हैं—

(क) वाक्य रचना नियम (वाक्य साँचे)
(ख) पदबंध रचना नियम (पदबंध साँचे)
(ग) टैगिंग और रूपविश्लेषण नियम

इन नियमों की स्थिति को इस प्रकार से देखा जा सकता है—

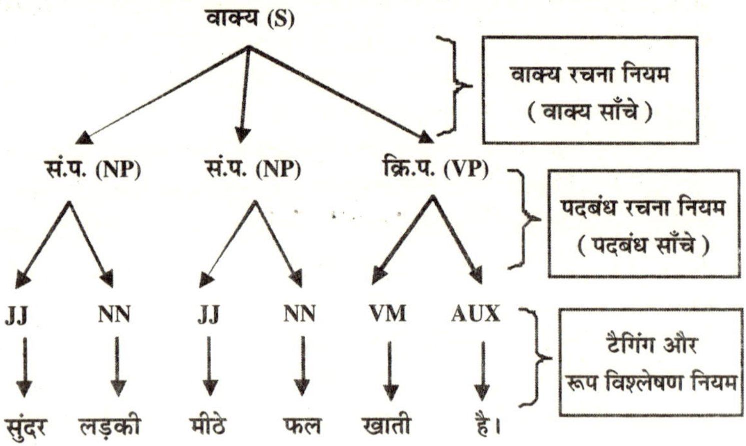

पद-विच्छेदन के लिए उपर्युक्त तीनों प्रकार के नियमों की आवश्यकता पड़ती है। ऊपर दर्शाई गई संरचना को **वृक्ष-आरेख** (Tree Diagram) कहते हैं। किसी वाक्य की संरचना को पद-विच्छेदन की दृष्टि से समझाने की दृष्टि से प्राय: वृक्ष-आरेख का निर्माण किया जाता है। यह आवश्यक नहीं है कि पद-विच्छेदन में वृक्ष-आरेख के रूप में वाक्य को दर्शाया जाए, किंतु जिस भी रूप में दर्शाया जाए, उसमें इन तीनों स्तरों को प्रदर्शित करने वाले प्रतीक या टैग अवश्य होने चाहिए। शब्द स्तर पर 'रूपवैज्ञानिक विश्लेषण और टैगिंग' से शब्दों की पहचान और उनकी डाटाबेस से मैपिंग की जाती है। उसके बाद पदबंध रचना और फिर वाक्य रचना के ज्ञान को मशीन में स्थापित करने के बाद ही पद-विच्छेदन किया जा सकता है। इन तीनों स्तरों के नियम जितने सटीक होंगे, मशीन उतनी ही दक्षतापूर्वक पद-विच्छेदन कर सकेगी।

ऐतिहासिक दृष्टि से पद-विच्छेदन का आरंभ 'प्राकृतिक भाषा संसाधन' (NLP) के विकास से ही जुड़ा हुआ है। इस संबंध में आरंभिक प्रयास 1950 के दशक से ही देखे जा सकते हैं, जो मुख्यत: मशीनी अनुवाद के संदर्भ में आरंभ हुए थे। 1960 के दशक में (मुख्यत: ALPAC द्वारा अपनी सुप्रसिद्ध रिपोर्ट प्रस्तुत करने के बाद) प्राकृतिक भाषा संसाधन हेतु पद-विच्छेदन के गहन भाषावैज्ञानिक सिद्धांतों की आवश्यकता महसूस की जाने लगी। इसी समय उच्च-स्तरीय प्रोग्रामिंग भाषाओं (High Level Programming Languages) का विकास हो जाने से उन्नत पद-विच्छेदन तकनीकों का मार्ग प्रशस्त हो रहा था। प्रोग्रामिंग भाषाओं के लिए भी पद-विच्छेदकों का विकास किया जाने लगा। प्रोग्रामिंग भाषाओं के लिए प्रयुक्त पद-विच्छेदकों को कंपाइलर प्रणाली में ही अंतर्निहित किया जाता है, जो एक रूपात्मक व्याकरण (Formal Grammar) पर आधारित होते हैं। प्राकृतिक भाषाओं के पद-संसाधन के लिए भी रूपात्मक व्याकरण आवश्यक हैं। आरंभ में ये व्याकरण संदर्भ-मुक्त व्याकरणों' (Context Free Grammars) के रूप में विकसित किए गए। चॉम्स्की के 'रूपांतरक प्रजनक व्याकरण' (1957) में प्रतिपादित नियमों द्वारा संदर्भ-मुक्त व्याकरणों के विकास को एक दिशा मिली।

1980 के दशक तक यह बात स्पष्ट हो चुकी थी कि संदर्भ-मुक्त व्याकरणों द्वारा मशीन में भाषा संसाधन संबंधी नियमों को स्थापित करना असंभव है। इसे देखते हुए 1980 के दशक में अनेक शब्दवृत्तिक व्याकरणों (Lexicalized Grammars) का विकास हुआ, जिनमें LFG, GPSG और HPSG आदि प्रमुख हैं। इस क्रम में DG और TAG भी उल्लेखनीय हैं। इन व्याकरणों के आधार पर अनेक पद-विच्छेदक (पार्सर) भी विकसित किए जा चुके हैं। उन पद-विच्छेदकों की अपनी शक्तियाँ और सीमाएँ हैं, जिसे उपलब्ध ऑनलाइन सामग्री के आधार पर अध्ययन कर समझा जा सकता है। इन पद-विच्छेदकों को कुछ आधारों पर निम्नलिखित वर्गों में वर्गीकृत किया जा सकता है—

(1) **इनपुट स्ट्रिंग की स्थिति** के आधार पर इनके दो प्रकार होते हैं—बाएँ से दाएँ पद-विच्छेदक (Left to Right-LR Parser), और दाएँ से बाएँ पद-विच्छेदक (Right to left-RL Parser)। **बाएँ से दाएँ पद-विच्छेदक** द्वारा इनपुट स्ट्रिंग पर बाईं ओर से संसाधन कार्य आरंभ करके दाईं ओर अंत तक जाया जाता है। इन्हें संक्षेप में एल.आर. पार्सर भी कहा जाता है। प्राकृतिक भाषा पद-विच्छेदन में आरंभ में मुख्यत: इसी विधि का प्रयोग किया जाता था। बाद में इनके सामान्यीकृत रूप भी बनाए गए हैं, जिन्हें जी.एल.आर. (GLR-Generalized Left to Right) पार्सर कहा गया है। इसमें 'R' का तात्पर्य 'Rightmost' व्युत्पादन से है। इसी प्रकार कुछ '**दाएँ से बाएँ' (Right to left-RL) पद-विच्छेदक** भी विकसित किए गए हैं।

इनपुट की स्थिति के आधार पर कार्य करने वाले पद-विच्छेदक मुख्यत: उच्च-स्तरीय प्रोग्रामिंग भाषाओं में प्रयुक्त होते हैं।

(2) **नियमों के प्रयोग** के आधार पर भी इनके दो प्रकार किए जा सकते हैं— टॉप-डाउन (Top-Down) पद-विच्छेदक और बॉटम-अप (Bottom-up) पद-विच्छेदक। **टॉप-डाउन पद-विच्छेदक** (Top-Down Parser) पार्स-ट्री के उच्चतम स्तर (Highest Level) से नियमों का प्रयोग आरंभ करते हैं। मानव भाषाओं के लिए यह इकाई अभी '**वाक्य**' (S) है। कोई भी प्रणाली वाक्य को पदबंधों में खंडित करते हुए **शब्द** स्तर तक पहुँचती है, जो वाक्य रचना के विश्लेषण में नियमों के प्रयोग के सबसे निचले बिंदु होते हैं। इन्हें तकनीकी रूप से '***लीफ नोड**' (Leaf Node) कहा गया है। (**वृक्ष-संलग्नक व्याकरण (Tree Adjoining Grammar-TAG) के अनुसार 'लीफ नोड' पद-विच्छेदन की सबसे छोटी इकाई है जिस पर रचनात्मक नियम लगे होते हैं।)* प्राकृतिक भाषा संसाधन में इसके लिए रूपात्मक व्याकरणों (Formal Grammars) के पुनर्लेखन नियमों (Rewrite Rules) का प्रयोग किया जाता है। बाएँ से दाएँ (Left to Right) पद-विच्छेदक सामान्यत: टॉप-डाउन पद्धति का ही प्रयोग करते हैं। **बॉटम-अप पद-विच्छेदक** (Bottom-up Parser) लीफ नोड से कार्य आरंभ करते हैं और उच्चतम स्तर तक जाते हैं। विश्लेषणात्मक नियमों के उच्चतम नोड को '**मूल नोड**' (Root Node) कहते हैं। वाक्यात्मक विश्लेषण में 'वाक्य' (S) एक मूल नोड है। सभी विश्लेषणात्मक नियम 'S' पर आकर पूरे हो जाते हैं।

(3) **पद-विच्छेदन की गहनता** की दृष्टि से पद-विच्छेदक दो स्तरों पर कार्य करते हैं—सतही (Shallow) और गहन (Deep)। अत: इनके आधार पर पद-विच्छेदन दो प्रकार से होता है—सतही पद-विच्छेदन (Shallow Parsing) और गहन पद-विच्छेदन (Deep parsing)। **सतही पद-विच्छेदन** (Shallow Parsing) को चंकिंग भी कहा गया है। इसमें पदबंधीय इकाइयों (संज्ञा पदबंध, क्रिया पदबंध आदि) की पहचान की जाती है, किंतु उनकी आंतरिक संरचना का विश्लेषण नहीं किया जाता है। इस प्रक्रिया को चंकिंग (Chunking) कहते हैं। सामान्यत: इसमें पदबंधों की वाक्यात्मक भूमिका भी नहीं व्यक्त की जाती है। इसी कारण इसे पूर्ण पद-विच्छेदन की एक कड़ी भी कहते हैं। **गहन पद-विच्छेदन** (Deep Parsing) किसी वाक्य के पूर्ण विश्लेषण का कार्य है। इसमें लीफ नोड से लेकर मूल नोड (Root Node) तक सभी पदबंधीय इकाइयों की रचना और उनके स्तरों की व्याख्या होती है। इसके लिए पर्याप्त भाषावैज्ञानिक

ज्ञान की आवश्यकता पड़ती है। इसीलिए गहन पद-विच्छेदन का कार्य किसी व्याकरणिक फ्रेमवर्क (जैसे—LFG, HPSG, TAG आदि) के आधार पर ही किया जाता है। सामान्यतः सतही पद-विच्छेदक कार्पस आधारित विधि पर कार्य करते हैं तो गहन पद-विच्छेदक भाषावैज्ञानिक फ्रेमवर्कों पर कार्य करते हैं। प्राकृतिक भाषा बोधन (NLU) की दृष्टि से गहन पद-विच्छेदन आवश्यक है।

24.3 पद-विच्छेदन की मशीनी प्रक्रिया

पद-विच्छेदन स्वचलित रूप से वाक्य का रचनात्मक निरूपण है। अतः पाठ का इनपुट दिए जाने के पश्चात् शब्द, पदबंध और वाक्य तीनों स्तरों पर संसाधन संबंधी कार्य होता है। किसी भी वाक्य का पद-विच्छेदन करने के लिए सबसे पहले उसे टैग किया जाना आवश्यक है। 'टैगिंग की प्रक्रिया में खंडीकरण, रूपवैज्ञानिक विश्लेषण आदि समाहित हैं। टैग करने के उपरांत ही उसे पद-विच्छेदित किया जाता है। अतः इसकी प्रक्रिया के निम्नलिखित चरण किए जा सकते हैं—

इनपुट → खंडीकरण → रूपविश्लेषण और टैगिंग → पदबंध चिह्नन → पद-विच्छेदन

अंग्रेजी के लिए कई पद-विच्छेदक विकसित किए जा चुके हैं। स्टैनफोर्ड विश्वविद्यालय द्वारा जो पद-विच्छेदक विकसित किया गया है, उसके माध्यम से अंग्रेजी वाक्यों के पद-विच्छेदन को समझा जा सकता है। मैंने निम्नलिखित वाक्य को पद-विच्छेदित करके देखा-

Shallow semantic parsing is labeling phrases of a sentence with semantic roles with respect to a target word.

इस वाक्य का टैग किया हुआ आउटपुट निम्नलिखित प्रकार से प्राप्त हुआ-

Shallow/JJ semantic/JJ parsing/NN is/VBZ labeling/VBG phrases/NNS of/IN a/DT sentence/NN with/IN semantic/JJ roles/NNS with/IN respect/NN to/TO a/DT target/NN word/NN./.

इन टैगों के संयोजन के आधार पर वाक्य का पद-विच्छेदित रूप निम्नलिखित है—

```
(ROOT
  (S
    (NP (JJ Shallow) (JJ semantic) (NN parsing) )
     (VP (VBZ is)
      (VP (VBG labeling)
        (NP
          (NP (NNS phrases) )
           (PP (IN of)
```

```
(NP
  (NP (DT a) (NN sentence) )
   (PP (IN with)
    (NP
      (NP (JJ semantic) (NNS roles))
       (PP (IN with)
        (NP (NN respect))))))))
 (PP (TO to)
   (NP (DT a) (NN target) (NN word)))))
(. .)))
```

इसमें देखा जा सकता है कि किस प्रकार से विभिन्न संज्ञा पदबंधों और क्रिया पदबंधों के अधिक्रमित समुच्चय के रूप में वाक्य का पद-विच्छेदन किया गया है। अंग्रेजी के किसी भी वाक्य को स्टैनफोर्ड पार्सर में <http://nlp.stanford.edu:8080/parser/index.jsp> लिंक पर पद-विच्छेदित कर देखा जा सकता है। अंग्रेजी के अलावा अरबी, चीनी और स्पेनी भाषाओं के लिए भी पद-विच्छेदन की सुविधा इसमें है।

24.5 पद-विच्छेदन में क्रिया की केंद्रीयता और वाक्य साँचे

'क्रिया' को किसी भी वाक्य रचना का मूल माना गया है। एक वाक्य में किसी प्रकार्य स्थान पर कौन-से घटक 'संरचना और अर्थ की दृष्टि से' आ सकते हैं, और कौन-से नहीं आ सकते ? इसका निर्णय वाक्य की 'क्रिया' द्वारा ही होता है। वाक्य क्रिया केंद्रित होते हैं, तथा एक वाक्य में 'क्रिया पदबंध' के अतिरिक्त 'संज्ञा पदबंध' और 'क्रिया-विशेषण' पदबंध आते हैं। संज्ञा पदबंध क्रिया के साथ अनेक भूमिकाओं में आते हैं, जिन्हें मुख्यत: दो वर्गों में विभाजित किया जा सकता है—कारक संबंध और कारकेतर संबंध। वैसे तो मुख्य रूप से संज्ञा पदबंध कारक संबंधों के अंतर्गत ही क्रिया के साथ जुड़ते हैं, किंतु इसके अलावा 'पूरक' एवं 'संबंधवाची' आदि संबंध भी हो सकते हैं।

वाक्य साँचों के निरूपण में क्रिया की केंद्रीय भूमिका होती है। इसलिए वाक्य साँचे क्रिया के प्रकृति के आधार पर ही अन्य घटकों की स्थिति एवं प्रकृति को इंगित करते हैं। उदाहरण के लिए 'अकर्मक क्रियाओं' की प्रकृति ऐसी है कि उनके साथ 'कर्म' नहीं आता। इसलिए अकर्मक क्रियाओं के वाक्य साँचों में 'कर्म' का कोई प्रकार्य-स्थान (slot) नहीं होगा। इसी प्रकार यदि क्रिया सकर्मक हो तो कर्म के लिए प्रकार्य-स्थान और द्विकर्मक होने पर मुख्य कर्म और गौण कर्म दोनों के लिए प्रकार्य स्थानों का दिया जाना अनिवार्य है। कुछ क्रियाओं के दो कर्ता होते हैं, जैसे—विवाह करना, प्रेम करना, झगड़ा करना आदि। इस प्रकार की क्रियाओं में

दो घटक कर्ता होते हैं, जिन्हें 'कर्ता' और 'सहकर्ता' कहा जाता है। 'राम ने स. से विवाह किया' वाक्य में 'राम' और 'सीता' दोनों कर्ता हैं। इनके लिए जो वाक्य साँचा निर्मित किया जाएगा, उसमें कर्ता और सहकर्ता दोनों को प्रकार्य-स्थान देना होगा। अतः वाक्य साँचों में क्रिया की केंद्रीयता को ध्यान में रखते हुए वाक्य साँचे को परिभाषित करते हुए कहा जा सकता है, "एक वाक्य में आई मुख्य क्रिया और उसके घटकों के सहसंबंधों की क्रमिक और संरचित प्रस्तुति **वाक्य साँचा** है।"

पद-विच्छेदन के लिए वाक्य साँचों का निर्माण किया जाता है। ये वाक्य साँचे किसी क्रिया पदबंध के साथ आ सकने वाले अन्य पदबंधों की व्यवस्था के आधार पर निर्मित किए जाते हैं। अतः वाक्य साँचे एक प्रकार से किसी वाक्य में आई मुख्य क्रिया के साथ आ सकने वाले अन्य घटकों के प्रस्तुतीकरण के साँचे हैं। इसके लिए संबंधित भाषा में वाक्य रचनात्मक स्थितियों और क्रिया की प्रकृति को समझकर एक विश्लेषित खाका प्रस्तुत किया जाना आवश्यक होता है। प्रत्येक क्रिया के साथ आ सकने वाले घटकों की संख्या और प्रकृति निश्चित होती है। घटकों की प्रकृति का आधार वाक्यात्मक (Syntactic) और आर्थी (Semantic) दोनों प्रकार का होता है। इन्हीं के अनुरूप अन्य पदबंधों को विभिन्न भूमिकाएँ (Roles) दी जाती हैं। एक क्रिया की तरह कुछ अन्य क्रियाएँ भी व्यवहार करती हैं। अतः उन सभी को मिलाकर एक क्रिया-वर्ग भी बनाया जा सकता है। उदाहरण के लिए अंग्रेजी क्रियाओं के वर्गीकरण और संजाल निर्माण का कार्य Levin (1993) द्वारा किया गया है, जिसमें उन्होंने विभिन्न क्रिया-वर्गों का निर्माण करके संबद्ध शब्दों की भूमिकाओं के साँचों को दिया है। उनमें से एक को देखा जा सकता है—

Figure 1: Simplified VerbNet entry for Hit-18.1 class

Class Hit-18.1			
Roles and Restrictions: Agent[+int_control] Patient[+concrete] Instrument[+concrete]			
Members: bang, bash, hit, kick, ...			
Frames:			
Name	Example	Syntax	Semantics
Basic Transitive	Paula hit the ball	Agent V Patient	cause(Agent, E)manner(during(E), directedmotion, Agent)! contact(during(E), Agent, Patient) manner(end(E),forceful, Agent) contact(end(E), Agent, Patient)

(<https://verbs.colorado.edu/~mpalmer/projects/verbnet.html> से साभार)

प्रो. अरविंद जोशी (1985) द्वारा विकसित 'वृक्ष संलग्नक व्याकरण' (Tree Adjoining Grammar-TAG) क्रिया की केंद्रीयता पर ही आधारित है। इसमें दो प्रकार की वृक्ष संरचनाओं की बात की गई है : आरंभिक वृक्ष (Initial Tree-'α')

और सहायक वृक्ष (Auxiliary Tree-'β')। इन दोनों को मिलाकर समेकित रूप से मूल वृक्ष (Elementary Tree) का निर्माण होता है। इसमें वर्णित 'आरंभिक वृक्ष' मूलत: संज्ञा पदबंधों और क्रिया पदबंधों के ही बनते हैं। इनमें भी प्रत्येक क्रिया पदबंध के आरंभिक वृक्ष के साथ मूल नोड (Root Node) 'S' लगा होता है, जैसे–

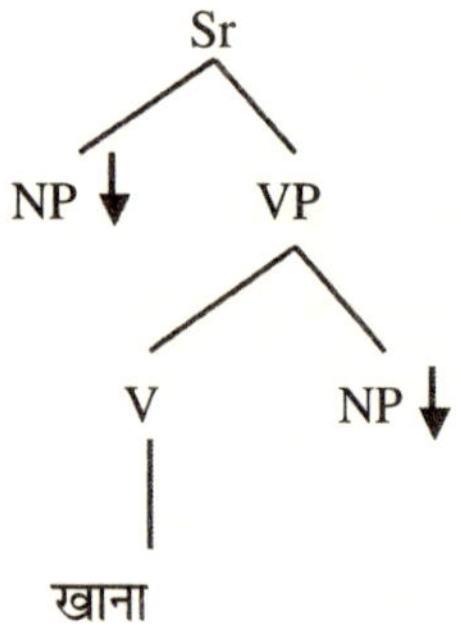

'खाना' क्रिया के इस वृक्ष में 'S' नोड लगा है जिसके साथ लगा 'r' इसके मूल (Root) नोड होने की सूचना दे रहा है। यह किसी अन्य पदबंध के साथ नहीं लगता। अत: इस व्याकरण में क्रिया ही केंद्रीय है। संभवत: यही कारण है कि इस व्याकरण को आधार बनाकर कई पद-विच्छेकों (Parsers) का विकास किया गया है। इस प्रकार स्पष्ट है कि वाक्य साँचों के निर्माण एवं पद-विच्छेदन में 'क्रिया' की केंद्रीय भूमिका होती है।

25

व्याकरण परीक्षण

(Grammar Checking)

किसी भी भाषा में शब्दों के योग से वाक्य का निर्माण एक जटिल प्रक्रिया है। एक व्याकरणिक वाक्य की रचना करना कठिन कार्य है। यह तो मानव मस्तिष्क की कुशलता और दक्षता है कि यह सहज ही सैकड़ों-हजारों वाक्यों का निर्माण बिना रुके अत्यंत सरलता से कर लेता है। किंतु वाक्य की रचनात्मक कठिनाइयों को ध्यान से देखने पर समझ में आता है कि सचमुच यह कार्य सरल नहीं है। एक शब्द के किसी वाक्य में प्रयुक्त होने की सैकड़ों स्थितियाँ हैं। अर्थात् सैकड़ों ऐसे साँचे हैं, जिनमें किसी शब्द का प्रयोग करके सही वाक्य का निर्माण किया जा सकता है, किंतु यदि इसी के विपरीत सोचा जाए तो हजारों ऐसी स्थितियाँ हैं, जिनमें शब्दों का प्रयोग करने पर वाक्य गलत या त्रुटिपूर्ण हो जाता है। जब हम किसी पाठ का लेखन करते हैं तो जाने-अनजाने में ऐसी त्रुटियाँ हो ही जाती हैं। इस प्रकार की त्रुटियों को चिह्नित करने या चिह्नित कर उनके ठीक सुझाव प्रस्तुत करना '**व्याकरण परीक्षण**' या '**व्याकरण जाँच**' (Grammar Checking) है। इस कार्य को संपन्न करने वाले टूल को '**व्याकरण परीक्षक**' या '**व्याकरण जाँचक**' (Grammar Checker) कहते हैं।

25.1 व्याकरण परीक्षण : अवधारणा

व्याकरण परीक्षण (Grammar Checking) एक ऐसा कार्य है, जिसमें किसी पाठ के वाक्यों में होने वाली व्याकरणिक त्रुटियों की जाँच की जाती है और कोई त्रुटि पाए जाने पर उसे चिह्नित किया जाता है। लेखन अथवा टंकण (Typing) के क्रम में वाक्यों के त्रुटिपूर्ण हो जाने की संभावना प्राय: बनी रहती है। यह संभावना तब अधिक प्रबल हो जाती है, जब लेखक या टंकक (Typist) की मातृभाषा हिंदी न हो। ये त्रुटियाँ कभी भूलवश, कभी असावधानीवश, कभी जल्दी-जल्दी में तो कभी उचित वाक्य लेखन का नियम पता न होने के कारण हुआ करती हैं। कंप्यूटर पर टंकण कर लेने के बाद सामान्यत: पाठ सामग्री का एक बार प्रूफ शोधन कराया जाता है, जिसमें वर्तनी और

व्याकारणिक प्रयोगों में त्रुटि संबंधी जाँच का कार्य प्रूफ रीडर द्वारा किया जाता है। चूँकि टाइप की हुई सामग्री कंप्यूटर के लिए भी पठनीय होती है, इसलिए इन त्रुटियों की पहचान स्वयं कंप्यूटर द्वारा भी की जा सकती है। इसके लिए संबंधित सॉफ्टवेयर या टूल की आवश्यकता पड़ती है। जब वर्तनी संबंधी त्रुटियों की जाँच हेतु कोई सॉफ्टवेयर या टूल निर्मित किया जाता है तो उसे 'वर्तनी जाँचक' (Spelling Checker या संक्षेप में Spell Checker) कहते हैं और जब व्याकारणिक त्रुटियों की जाँच हेतु कोई सॉफ्टवेयर या टूल निर्मित किया जाता है, तो उसे 'व्याकरण जाँचक' (Grammar Checker) कहते हैं। दोनों को मिलाकर एक अधिक शक्तिशाली सॉफ्टवेयर या टूल भी बनाया जा सकता है जो अकेले दोनों काम कर दे। ऐसे सॉफ्टवेयर या टूल को 'वर्तनी और व्याकरण जाँचक' (Spelling and Grammar Checker) या **'पाठ जाँचक'** (Text Checker) कहा जा सकता है। (*'जाँचक' और 'परीक्षक' दोनों शब्द एक ही अर्थ रखते हैं, अंतर केवल तत्समता का है, इसलिए इन शब्दों को लेकर असमंजस की स्थिति में आने की कोई आवश्यकता नहीं है।)

वर्तनी और व्याकरण संबंधी त्रुटियों के अतिरिक्त विराम चिह्नों के प्रयोग संबंधी त्रुटियों के परीक्षण और सुधार संबंधी टूल भी बनाए जाते हैं, जो केवल विराम चिह्नों का ही परीक्षण करते हैं और त्रुटिपूर्ण प्रयोग प्राप्त होने पर उसे सुधार देते हैं। ऐसे टूल को **'विराम चिह्न सामान्यक'** या 'विराम चिह्न सामान्यीकारक' (Punctuation Mark Normalizer) कहा जाता है। इसी प्रकार यदि किसी भाषा में शब्दों के लेखन के एक से अधिक रूप प्रचलित हों और उनमें से एक रूप को मानक कहा जाता हो तो मानक रूप के अतिरिक्त अन्य रूपों के आने पर उनकी जगह मानक रूप बना देने वाला टूल भी बनाया जाता है, जिसे **'पाठ मानककर्ता'** या 'पाठ मानक रूप निर्माणक' (Text Standerdizer) कहा जाता है। एक व्याकरण जाँचक में इस प्रकार के छोटे-छोटे टूल्स को भी सम्मिलित किया जा सकता है, जिससे वह अधिक उपयोगी हो सके।

25.2 व्याकरण जाँचक निर्माण

व्याकरण जाँचक का निर्माण एक श्रमसाध्य कार्य है। इसलिए निर्माण कार्य आरंभ करने से पहले उसके आकार, प्रकार और स्वरूप की रूपरेखा बना लेना उचित होता है। एक व्याकरण जाँचक के निर्माण से पूर्व निम्नलिखित बातों पर विचार किया जाना आवश्यक है—

(क) स्वरूप और सीमा : अन्य किसी सॉफ्टवेयर या टूल की तरह व्याकरण जाँचक का भी विकास करने से पूर्व उसके स्वरूप और उसकी सीमाओं को निश्चित कर लेना चाहिए। उदाहरण के लिए स्वरूप निर्धारण में ध्यान देने वाली कुछ बातें इस प्रकार हैं—

- सॉफ्टवेयर केवल व्याकरणिक त्रुटियों की जाँच करेगा।

- व्याकरणिक और वर्तनीगत दोनों प्रकार की त्रुटियों की जाँच करेगा।
- उसमें 'विराम चिह्न सामान्यक' और/या 'पाठ मानक रूप निर्माणक' को भी सम्मिलित किया जाएगा या नहीं, आदि।

(ख) **जाँच और सुझाव :** किसी पाठ के वाक्यों की जाँच के उपरांत जो त्रुटिपूर्ण प्रयोग प्राप्त होते हैं उन्हें प्रदर्शित करने और उनके लिए सही प्रयोग के सुझाव प्रदान करने की दृष्टि से दो प्रकार के व्याकरण जाँचक बनाए जा सकते हैं—

- केवल त्रुटिपूर्ण प्रयोगों की पहचान करने वाला व्याकरण जाँचक।
- त्रुटिपूर्ण प्रयोगों को चिह्नित कर शुद्ध प्रयोगों के सुझाव देने वाला व्याकरण जाँचक।

इस दृष्टि से प्रथम श्रेणी का व्याकरण जाँचक बनाना अपेक्षाकृत सरल है। इसके द्वारा केवल त्रुटिपूर्ण प्रयोगों की पहचान कर उनका रंग परिवर्तित (लाल) या रेखांकित (Underline) किया जा सकता है। सुझाव देने की प्रक्रिया अपेक्षाकृत जटिल होती है। वैसे सुझाव देने में सक्षम होने के बाद ही सॉफ्टवेयर को पूर्ण माना जाएगा।

(ग) **त्रुटिपूर्ण प्रयोग प्रदर्शन विधि :** इसका तात्पर्य कोई त्रुटिपूर्ण प्रयोग मिल जाने पर उसे प्रयोक्ता के सामने प्रस्तुत करने से है। यद्यपि यह आउटपुट से संबंधित एक छोटी क्रिया है, किंतु प्रोग्रामर को पहले इसका निर्णय कर लेना चाहिए, जिससे इसी के अनुरूप अंतरापृष्ठ (Interface) निर्मित किया जा सके और कोड की विधि भी निर्धारित हो। किसी पाठ के वाक्यों में प्राप्त त्रुटिपूर्ण प्रयोगों को चिह्नित करने हेतु किसी भी विधि का प्रयोग किया जा सकता है, यथा—

- त्रुटिपूर्ण प्रयोग को रेखांकित (Underline) करना। (इसके सामान्यत: टेढ़ी-मेढ़ी (Zigzag) रेखा का प्रयोग किया जाता है।
- त्रुटिपूर्ण प्रयोग का रंग परिवर्तित करना, जैसे—लाल, पीला, नीला आदि करना।
- त्रुटिपूर्ण प्रयोग को बोल्ड, इटैलिक करना आदि।

व्याकरण जाँचक का विकासकर्ता किसी भी विधि का प्रयोग करते हुए त्रुटियों को प्रदर्शित करने की सुविधा प्रदान कर सकता है।

(घ) **शब्द स्थान और शब्द प्रयोग :** किसी वाक्य में आए शब्दों का परीक्षण निम्नलिखित दृष्टियों से किया जा सकता है—

(i) **शब्दरूप (Word form) की दृष्टि से :** इस दृष्टि से विकसित किया जाने वाला व्याकरण जाँचक वाक्य में शब्दों के प्रयोग और उनके रूपों का परीक्षण करता है, तत्पश्चात् कर्ता, कर्म आदि का

निर्धारण करके अन्य शब्दों की उनके साथ अन्विति का परीक्षण करता है, जैसे—

- **लड़का** गाँव के बाजार से हरी ***सब्जी*** *लाता है*। (सही प्रयोग)
- **लड़का** गाँव के बाजार से हरा ***सब्जी*** *लाती हैं*। (त्रुटिपूर्ण प्रयोग)

उपर्युक्त वाक्यों में 'लड़का' के रूप के अनुसार 'लाता है' क्रिया का प्रयोग सही है, जबकि 'लाती हैं' का प्रयोग गलत या त्रुटिपूर्ण है। इसी प्रकार 'सब्जी' के रूप के अनुसार 'हरी' विशेषण का प्रयोग सही है और 'हरा' का गलत। व्याकरण जाँचक द्वारा ऐसे प्रयोगों की की जाँच शब्दरूप के आधार पर की जाती है। इसके लिए यह आवश्यक होता है कि शब्द उचित **संक्रम** (Syntax) में आए हों। ऐसा शक्तिशाली व्याकरण जाँचक भी विकसित किया जा सकता है जो वाक्य में कहीं भी आए कर्ता (अन्विति के आधार) को खोज ले और उसी के अनुरूप परीक्षण कर ले; किंतु ऐसे व्याकरण जाँचक के लिए बहुत अधिक जटिल नियमों की आवश्यकता होती है। साथ ही ये नियम अधिक से अधिक स्पष्टता के साथ लिखे जाने चाहिए, ताकि एक नियम से दूसरा प्रभावित न हो सके।

(ii) शब्द स्थान (Word position) की दृष्टि से : इस दृष्टि से विकसित किया जाने वाला व्याकरण जाँचक 'किसी वाक्य के शब्द उचित स्थान पर प्रयुक्त हुए हैं या नहीं' का परीक्षण करता है, जैसे—

- लड़का गाँव के बाजार से हरी सब्जी लाता है।
- लड़का बाजार के गाँव से सब्जी हरी है लाता।

उपर्युक्त उदाहरण के दूसरे वाक्य में शब्दों के प्रयोग के स्थान गलत हैं। यह गलती 'केवल एक शब्द के लिए' या 'एक से अधिक शब्दों के लिए' हो सकती है। इस प्रकार के त्रुटिपूर्ण प्रयोगों की पहचान करने वाला व्याकरण जाँचक बहुत अधिक शक्तिशाली होगा, जिसमें वाक्य रचना नियमों के अलावा क्रिया साँचों (Verb Frames) और संज्ञा, विशेषण आदि संबंधी आर्थी सूचनाओं की भी आवश्यकता होगी।

(iii) संयुक्त : उपर्युक्त दोनों विधियों को मिलाकर एक शक्तिशाली और बहुउद्देशीय व्याकरण जाँचक भी निर्मित किया जा सकता है।

(ङ) नियम प्रयोग : व्याकरण जाँचक निर्माण के लिए सबसे पहले संबंधित भाषा में पदबंध और वाक्य रचना नियमों को संचित करना होता है। नियम किस स्तर के और कितने होंगे, यह भाषा की प्रकृति पर निर्भर करता है। वाक्य के घटकों के परस्पर संबंध की स्थितियों के अनुरूप ही नियम बनाए जाते हैं। यहाँ पर ध्यान रखने वाली बात है कि व्याकरण जाँचक के निर्माण हेतु संबंधित भाषा के संपूर्ण व्याकरण को प्रणाली में स्थापित करने की आवश्यकता नहीं होती, बल्कि वाक्यात्मक घटकों के प्रयोग की स्थितियाँ कौन सी हैं ? और उनके प्रयोग में प्रयोक्ता द्वारा प्राय: किस प्रकार की त्रुटियाँ की जाती हैं ? इनका ध्यान रखते हुए व्याकरणिक जाँच संबंधी नियम बनाए जाते हैं। व्याकरणिक जाँच दो स्तरों पर होती है—

(क) पदबंध स्तर पर

(ख) वाक्य स्तर पर

दोनों ही स्तरों पर परीक्षण हेतु अलग-अलग प्रकार के नियम काम करते हैं। व्याकरण जाँचक मुख्यत: दो प्रकार की प्रयोगात्मक स्थितियों की जाँच करता है—

- पदबंध या वाक्य में प्रयुक्त किसी शब्द का स्थान उपयुक्त है या नहीं, जैसे—'बहुत सुंदर लड़का' की जगह 'सुंदर बहुत लड़का' का प्रयोग।
- पदबंध या वाक्य में वाक्य आए किसी शब्द की यदि अन्य शब्द या पद से अन्विति होती है तो उसके अनुसार इस शब्द का रूप है या नहीं, जैसे—'अच्छा लड़का' की जगह 'अच्छी लड़का' या 'अच्छे लड़का' का प्रयोग।

ऐसे व्याकरण जाँचक केवल 'संरचनात्मक स्तर' (Structural Level) पर ही परीक्षण का कार्य करते हैं। इससे भी गहन एक स्तर 'आर्थी स्तर' (Semantic Level) भी है, जिसमें दो शब्दों का प्रयोग होने पर उनके बीच अर्थ की दृष्टि से भी उपयुक्तता देखी जाती है, जैसे—'पका आम' या 'पका टमाटर' जैसे प्रयोग तो ठीक हैं, किंतु 'पका बच्चा' का प्रयोग अर्थ की दृष्टि से उपयुक्त नहीं है। इस प्रकार के प्रयोगों की जाँच के लिए 'आर्थी संजाल' (Semantic net) या 'ज्ञानआधार' (KnowledgeBase) जैसे बृहद शब्दवृत्तों (Lexicons) की आवश्यकता पड़ती है, क्योंकि इनके लिए वाक्य रचना के नियमों के अतिरिक्त शब्द की आर्थी विशिष्टताओं को भी चिह्नित करना पड़ता है और उसके अनुरूप नियम देने पड़ते हैं। इस कारण नियमों की संख्या बहुत अधिक बढ़ जाती है। अत: विकासकर्ता को यह भी देखना पड़ता है कि वह संरचनात्मक स्तर (वाक्य और पदबंध दोनों या इनमें से

केवल एक) या आर्थी स्तर का भी व्याकरण जाँचक निर्मित करना चाह रहा है। वैसे अभी तक केवल संरचनात्मक स्तर के ही कुछ साधारण व्याकरण जाँचक विकसित किए जा सके हैं।

'हिंदी' एक वियोगात्मक भाषा है। इसमें पदबंध और वाक्य दोनों स्तरों पर वाक्यात्मक इकाइयों के बीच संबंध रहता है। इसलिए इसमें दोनों स्तरों पर नियमों की आवश्यकता पड़ती है। पदबंध स्तर पर केवल उन्हीं शब्दों के प्रयोग हेतु नियम देने की आवश्यकता होती है, जिनकी किसी अन्य शब्द से अन्विति होती है। इस दृष्टि से आकारांत शब्द ही ध्यान देने योग्य होते हैं। उदाहरण के लिए आकारांत विशेषणों की संबंधित संज्ञा शब्द से अन्विति होती है। अतः आकारांत विशेषण आने पर उसके लिंग, वचन और तिर्यकता के संज्ञान के साथ-साथ संबंधित संज्ञा शब्द के लिंग, वचन और तिर्यकता को देखना होता है, जैसे—**अच्छा** झोला, **अच्छी** पुस्तक, **अच्छे** लोग, **अच्छे** कमरे को आदि। किंतु कभी-कभी एक पदबंध के बीच दूसरा पदबंध आ जाता है, ऐसी स्थिति समस्या उत्पन्न करती है, जैसे 'का' की अन्विति में—

➢ समय के साथ-साथ अनेक अंग्रेजी शब्दों का हिंदी में प्रवेश हो चुका है।

चूँकि मशीन में का/की/के का परीक्षण अगले संज्ञा शब्द के आधार पर होता है, इसलिए वह यहाँ पर '**की** हिंदी' को सही दिखाएगी, जबकि 'का' की अन्विति 'प्रवेश' शब्द के साथ हो रही है। 'हिंदी में' पदबंध इन दोनों के बीच आ गया है। अतः ऐसे प्रयोगों में वास्तविक शब्द के संज्ञान के लिए गहन पद-विच्छेदन नियमों (Deep Parsing Rules) की आवश्यकता पड़ती है। इसी प्रकार वाक्य स्तर पर कर्ता और कर्म की स्थिति के अनुरूप क्रिया की अन्विति का परीक्षण किया जाता है।

25.3 व्याकरण जाँचक की कार्यप्रणाली

व्याकरण जाँच हेतु पाठ का इनपुट प्राप्त होने के पश्चात् प्रणाली में उसे अनेक चरणों से गुजरना पड़ता है। ये सभी चरण पाठ संसाधन के विभिन्न चरण होते हैं। इन चरणों के माध्यम से व्याकरण जाँचक की कार्याप्रणाली को समझा जा सकता है। इसे निम्नलिखित एल्गोरिद्म द्वारा देखा जा सकता है—

- प्रारंभ
- इनपुट पाठ
- खंडीकरण
- विराम चिह्न परीक्षण
- टैगिंग
    - ➢ कोश से मैपिंग
    - ➢ रूपवैज्ञानिक विश्लेषण और मैपिंग

- व्याकरण परीक्षण
  - ➢ पदबंध स्तरीय परीक्षण
  - ➢ पुनरुक्त शब्दों का परीक्षण
  - ➢ वाक्य स्तरीय परीक्षण
- त्रुटिपूर्ण प्रयोगों का चिह्नन एवं प्रदर्शन
- समाप्त

इसे फ्लोचार्ट के माध्यम से इस प्रकार प्रदर्शित किया जा सकता है—

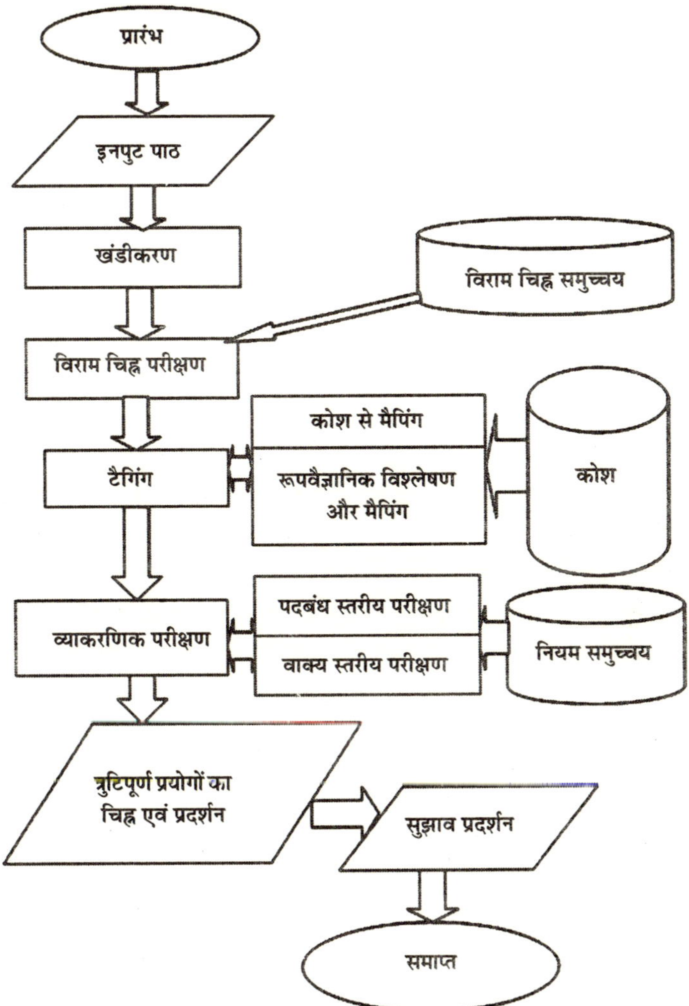

25.4 हिंदी व्याकरण जाँचक हेतु टैगसेट

टैगिंग (Tagging) इनपुट पाठ के शब्दों को शब्दवर्ग संबंधी चिह्न प्रदान करने की प्रक्रिया है। किसी भी पाठ के मशीनी संसाधन या अनुप्रयोग के लिए उसकी टैगिंग आवश्यक है। 'टैग' (Tag) एक चिह्न या प्रतीक (Symbol) है जिसे पाठ के प्रत्येक शब्द के साथ जोड़ा जाता है। टैगों की कुल संख्या के समुच्चय को **टैगसेट** (Tagset) कहते हैं। वाक्य में समान प्रकार का व्यवहार करने वाले शब्दों को एक टैग प्रदान किया जाता है। अत: किसी भाषा में जितने प्रकार के व्यवहार करने वाले शब्द होंगे, उसमें पाठ की टैगिंग के लिए उतने टैग बनाने होंगे। यही कारण है कि अलग-अलग भाषाओं के पाठों की टैगिंग के लिए टैगों की अलग-अलग संख्या होती है।

टैगों की संख्या में अंतर भाषा के आधार पर तो होता ही है, **उद्देश्य** (Goal) के आधार पर भी होता है। एक सामान्य टैगिंग में टैगर द्वारा पाठ के शब्दों के शब्दवर्ग की सूचना दे दी जाती है। किंतु जब अनुप्रयोग आधारित टैगिंग होती है तो सॉफ्टवेयर विकासकर्ता अनुप्रयोग प्रणाली की आवश्यकता के अनुरूप टैग निर्धारित करता है। व्याकरण जाँच हेतु सामान्य टैगिंग के अतिरिक्त एक गहन स्तरीय टैगिंग की आवश्यकता पड़ती है। इसमें केवल शब्दों के शब्दवर्ग की सूचना देना पर्याप्त नहीं होता, बल्कि प्रमुख शब्दवर्गों के साथ संबंधित व्याकरणिक कोटियों, जैसे— लिंग, वचन, पुरुष आदि की भी सूचना देनी पड़ती है। शब्दों के साथ दी गई इन्हीं सूचनाओं के आधार पर तो व्याकरण परीक्षण संबंधी नियम बनाए जाते हैं। इसे चॉम्स्की द्वारा वाक्य के संदर्भ में दी गई गहन संरचना (Deep Structure) और बाह्य संरचना (Surface Structure) संबंधी अवधारणा के माध्यम से अधिक सरलतापूर्वक समझ सकते हैं। गहन संरचना के स्तर पर वाक्यों के निर्माण के लिए केवल सामान्य टैगों के आधार पर साँचा निर्मित कर सकते हैं, किंतु बाह्य स्तर पर वाक्य निर्मित करने के लिए टैग स्थान पर आए शब्द के साथ व्याकरणिक सूचनाओं को भी जोड़ना पड़ता है। इसलिए मूल टैग (मूलत: शब्दवर्ग की सूचना प्रदान करने वाले) के विविध रूपों को निर्मित करते हुए हिंदी व्याकरण जाँचक के लिए प्रयुक्त टैगों का टैगसेट इस प्रकार से निर्मित किया जा सकता है—

संज्ञा टैग :

क्र.सं.	टैग	रूप
1	NNP	NNPm (व्यक्तिवाचक संज्ञा; पुल्लिंग : मोहन, श्याम) NNPf (व्यक्तिवाचक संज्ञा; स्त्रीलिंग : सीता, मोहिनी)
2	NN	NNms (जातिवाचक संज्ञा; पुल्लिग, एकवचन : लड़का, छाता) NNmp (जातिवाचक संज्ञा; पुल्लिग, बहुवचन : लड़के, छाते)

		NNmso (जातिवाचक संज्ञा; पुल्लिग, एकवचन, परसर्गीय : लड़के को, छाते से) NNm2 (जातिवाचक पुल्लिग संज्ञा जिसका एकवचन प्रत्यक्ष, बहुवचन प्रत्यक्ष और एकवचन तिर्यक रूप एक ही रहे : घर, मकान आदि) (आगे नियम देखें) NNm3 (जातिवाचक संज्ञा; पुल्लिग, बहुवचन, परसर्गीय : लड़कों को, छातों से, घरों में, पेड़ों पर) NNfs (जातिवाचक संज्ञा; स्त्रीलिंग, एकवचन : लड़की, भाषा) NNfp (जातिवाचक संज्ञा; स्त्रीलिंग, बहुवचन : लड़कियाँ, भाषाएँ) NNf3 (जातिवाचक संज्ञा; स्त्रीलिंग, बहुवचन, परसर्गीय : लड़कियों ने, भाषाओं का)

क्रिया टैग :

3	VM	VBRT (क्रिया; धातु : उठ, चल) VBKR (क्रिया; धातु+कर : उठकर, चलकर) VBMS (क्रिया; पुल्लिग, एकवचन : उठता, चला) VBMP (क्रिया; पुल्लिग, बहुवचन :उठते, चले) VBFS (क्रिया; स्त्रीलिंग, एकवचन : उठी, चली) VBFP (क्रिया; स्त्रीलिंग, बहुवचन : उठीं, चलीं) VBMA (क्रिया; 'मैं' के साथ प्रयुक्त रूप : उठूँगा, चलूँगी) VBTM (क्रिया; 'तुम' के साथ प्रयुक्त रूप : उठो, चलोगे) VBAP (क्रिया; 'आप' के साथ प्रयुक्त रूप : उठिए, चलिए)
4	VAX	VAUX (सहायक क्रिया (है, था, चाहिए)
5	VAS	VAS (पक्षात्मक क्रिया (रहा, चुका)
6	VAM	VAM (वृत्तिसूचक क्रिया (ना +पड़, ने+वाला)

विशेषण :

	JJ	ADJJ (अविकारी विशेषण (बहुत, सुंदर)) ADJA (आकारांत विशेषण (अच्छा)) ADJE (एकारांत विशेषण (अच्छे)) ADJI (ईकारांत विशेषण (अच्छी))

अन्य टैग वही रहते हैं, जो 'टैगिंग' वाले अध्याय में दिए गए हैं, क्योंकि उनमें कोई बड़ा रूप-परिवर्तन नहीं होता है। कुछ विशेष स्थितियाँ जरूर देखने को मिलती हैं, जिनके लिए अलग टैग का निर्माण किए जाने अथवा नहीं किए जाने का निर्णय विकासकर्ता को करना होता है। उदाहरण के लिए 'DET' (निर्देशक- यह, वह...) के दो रूप बनते हैं, प्रत्यक्ष—'यह, वह, ये, वे' तथा तियर्क—'इस, उस, इन, उन'। एक सामान्य टैगर द्वारा इनके लिए एक ही टैग 'DET' का प्रयोग किया जाएगा; किंतु व्याकरण जाँचक के लिए दोनों को अलग-अलग टैग दिया जाना चाहिए। तिर्यक निर्देशक से यह पता चल जाता है कि यह शब्द कर्ता नहीं हो सकता, जैसे—

1.1 वह ***घर*** किसका है ?

1.2 ***वह*** कमरे में है।

1.3 उस कमरे में ***साँप*** है।

2.1 ***यह*** घर मेरा है।

2.2 ***यह*** मेरे घर का सामान है।

2.3 इस घर में बहुत ***सामान*** है।

इससे एक आंशिक नियम दिया जा सकता है कि **प्रत्यक्ष निर्देशक** (यह, वह आदि) के बाद 'संज्ञा' (बिना परसर्ग के) आए तो यह संबंधित संज्ञा पर **आश्रित** होगा (उदा. 1.1, 2.1)। किंतु जब **प्रत्यक्ष निर्देशक** (यह, वह आदि) के बाद 'संज्ञा + परसर्ग' (कमरे में, घर में आदि) आए तो प्रत्यक्ष निर्देशक **कर्ता** होगा (उदा. 1.2, 2.2)। दूसरा सार्वभौमिक नियम दिया जा सकता है कि **तिर्यक निर्देशक** (इस, उस, इन, उन आदि) का प्रयोग होने पर ये कभी भी **कर्ता** के रूप में **नहीं** आ सकते (उदा. 1.3, 2.3)। इसी प्रकार की स्थिति संयुक्त वाक्यों की पहचान में समुच्चयबोधक (Conjunction-CC) के साथ भी देखने को मिलती है; कुछ समुच्चयबोधकों (और, तथा, एवं, या, अथवा आदि) कभी दो उपवाक्यों को जोड़ते हैं तो कभी दो पदबंधों को, जैसे—

- ***मोहन घर जाता है और राधा विद्यालय जाती*** है। (दो उपवाक्यों का योग)
- मोहन ***नहाया और*** गया। (दो पदबंधों का योग)
- ***मोहन घर जाएगा या रमेश बाजार*** जाएगा। (दो उपवाक्यों का योग)
- मोहन ***रोटी या आम*** लेगा। (दो पदबंधों का योग)

किंतु कुछ समुच्चयबोधक (लेकिन, किंतु, परंतु, इसलिए, क्योंकि आदि) सामान्यत: दो उपवाक्यों को ही जोड़ते हैं, जैसे—

- ***मोहन घर गया लेकिन राधा रुकी*** रही।

अत: इन्हें भी अलग-अलग टैग देकर प्रणाली की गुणवत्ता में सुधार किया जा सकता है।

इस प्रकार व्याकरण जाँचक में **संज्ञा, क्रिया** और **विशेषण** के विभिन्न **शब्दरूपों** (Word Forms) के लिए भिन्न-भिन्न टैगों का निर्माण किया जाता है। इनके अलावा अन्य शब्दवर्गों के लिए एक-एक टैगों का प्रयोग किया जा सकता है। किंतु सभी के लिए यह आवश्यक नहीं है। यदि किसी टैग, जैसे—DET, CC के अंतर्गत आने वाले शब्द दो तरह के प्रकार्य करते हों, तो उनके लिए अलग-अलग टैग दिए जा सकते हैं, जैसे—DET (यह, वह...), DETO (इस, उस...) आदि। (*O = Oblique/तिर्यक) ।

25.5 व्याकरण जाँचक हेतु रूपविश्लेषण

व्याकरणिक त्रुटियों के परीक्षण के लिए उन सभी शब्दों के रूपवैज्ञानिक विश्लेषण की आवश्यकता पड़ती है जिनमें विकार होता है। इस दृष्टि से निम्नलिखित प्रकार के शब्द विचारणीय होते हैं—

1. **संज्ञा** : कमरा, कमरे, कमरों, भाषा, भाषाएँ...
2. **क्रिया** : चल : चलना, चलता, चलते, चलती, चला, चले, चली...
3. **सर्वनाम** : मैं, मुझ, मुझे, मेरा, मेरी, मेरे...
4. **विशेषण** : बड़ा, बड़ी, बड़े...

उपर्युक्त चारों (संज्ञा, क्रिया, सर्वनाम और विशेषण) से संबंधित प्रक्रिया वही होगी, जो 'पदसाधन' वाले खंड में अलग-अलग अध्यायों में बताई गई है। इनके अलावा कुछ अन्य शब्दवर्ग (टैगों के प्रतिनिधि वर्ग) व्याकरणिक कोटियों के आधार पर परिवर्तित होते हैं, इन्हें वाले आगे दिया जा रहा है।

5. **प्रश्नवाचक शब्द** (QW) : सभी आकारांत प्रश्नवाचक शब्दों के ईकारांत और एकारांत रूप बनते हैं, जैसे—कितना, कितनी, कितने, कैसा, कैसी, कैसे। इसके अलावा विशेषणों की तरह ही 'कितना' प्रश्नवाचक शब्द का भी ओंकारांत रूप बनता है, जैसे—इस तरह **कितनों** का मुँह बंद करोगे ?
6. **सहायक क्रिया** (VAX) : हिंदी में सहायक क्रियाओं में भी लिंग, वचन और पुरुष के आधार पर रूप बनते हैं, जैसे—है, हैं, हो, हूँ, था, थी, थे आदि।

इस प्रकार विविध शब्दवर्गों या टैगों के शब्दों के बनने वाले रूपों का विश्लेषण करके इनमें प्राप्त लिंग, वचन, पुरुष, काल, पक्ष, वृत्ति आदि व्याकरणिक कोटियों संबंधी सूचनाओं को संग्रहीत किया जाता है। इन व्याकरणिक सूचनाओं का टैग में प्रदर्शित होना आवश्यक है। इसके लिए टैग में ही अतिरिक्त वर्ण जोड़े जाते हैं, जैसा कि ऊपर प्रदर्शित किया गया है, NNms = जातिवाचक संज्ञा; पुल्लिंग, एकवचन, VBms = क्रिया; पुल्लिंग, एकवचन आदि। इन टैगों में अंग्रेजी शब्दों के प्रथम वर्ण को लिया गया है, जैसे—m = masculine, s = singular, f = faminine, p = plural आदि।

25.6 हिंदी व्याकरण जाँचक के नियम

25.6.1 पदबंध संबंधी नियम

(क) आश्रित (पूर्वशब्द) + शीर्ष (पश्चशब्द)

पदबंध स्तरीय नियम 'पूर्वशब्द' और 'पश्चशब्द' के रूपों को ध्यान में रखकर बनाए जाते हैं, जहाँ पश्चशब्द शीर्ष (Head) होता है और पूर्वशब्द आश्रित (Dependent)। इस कारण पहले पश्चशब्द (शीर्ष) के लिंग, वचन, पुरुष की स्थिति देखी जाती है और फिर परीक्षण किया जाता है कि उसी के अनुरूप पूर्वशब्द (आश्रित) के लिंग, वचन, पुरुष की स्थिति है या नहीं। इस दृष्टि से निम्नलिखित नियम दिए जा सकते हैं—

1. यदि **पश्चशब्द** पुल्लिंग, एकवचन (NNms) हो, तो **पूर्वशब्द** का आकारांत प्रयोग सही होगा, जैसे—
   - ***बड़ा कमरा*** हवादार होना चाहिए।
2. यदि **पश्चशब्द** पुल्लिंग, बहुवचन (NNmp) हो, अथवा पुल्लिंग, एकवचन, परसर्गीय (NNmso) तो **पूर्वशब्द** का एकारांत प्रयोग सही होगा, जैसे—
   - ***सभी बड़े कमरे*** हवादार नहीं हैं।
3. यदि **पश्चशब्द** स्त्रीलिंग और एकवचन/बहुवचन (NNfs/NNfp) हो, तो पूर्वशब्द के ईकारांत प्रयोग सही होगा, जैसे—
   - मैंने ***छोटी गाड़ी*** खरीदी है।

   नोट **:** इसमें वचन संबंधी प्रतिबंध लागू नहीं होते। इसके अलावा परसर्गीय होने या न होने का भी परीक्षण करने की आवश्यकता नहीं है, जैसे—
   - मैंने ***छोटी गाड़ियाँ*** खरीदी हैं। (गाड़ियाँ शब्द बहुवचन होने पर भी 'छोटी' शब्द पर कोई प्रभाव नहीं)
   - मैंने ***छोटी लड़की*** को मना लिया। ('लड़की के बाद परसर्ग आने पर भी 'छोटी' शब्द पर कोई प्रभाव नहीं)
4. यदि **पश्चशब्द** पुल्लिंग (NNm2) हो, जिसका एकवचन प्रत्यक्ष, बहुवचन प्रत्यक्ष और एकवचन तिर्यक रूप एक ही रहे (NNm2 = घर, मकान आदि), तो **पूर्वशब्द** के आकारांत और एकारांत दोनों ही प्रयोग सही होंगे, जैसे—
   - मैंने एक ***बड़ा घर*** देखा है। → एकवचन प्रत्यक्ष
   - मैंने कई ***बड़े घर*** देखे हैं। → बहुवचन प्रत्यक्ष
   - मुझे ***बड़े घर में*** रहने का मौका मिला। → एकवचन तिर्यक
5. यदि **पश्चशब्द** बहुवचन, पुल्लिंग और परसर्गीय हो, तो **पूर्वशब्द** का एकारांत प्रयोग सही होगा। (NNm3 = लड़कों, कौओं)
   - ***बड़े लड़कों*** को बुलाओ।

ये चारों नियम निम्नलिखित प्रकार के आश्रित पूर्वशब्दों पर लागू होते हैं :

क्र.सं.	आकारांत	ईकारांत	एकारांत
1	*छोटा (*= सभी विशेषण)	*छोटी	*छोटे
2	का	की	के
3	वाला	वाली	वाले
4	अपना	अपनी	अपने
5	कैसा	कैसी	कैसे
6	जैसा	जैसी	जैसे
7	वैसा	वैसी	वैसे
8	कितना	कितनी	कितने
9	कौन-सा	कौन-सी	कौन-से
10	मेरा	मेरी	मेरे
11	हमारा	हमारी	हमारे
12	तेरा	तेरी	तेरे
13	तुम्हारा	तुम्हारी	तुम्हारे
14	उसका	उसकी	उसके
15	उनका	उनकी	उनके
16	आपका	आपकी	आपके
17	हुआ (क्रिया)	हुई	हुए

नोट : संज्ञा में 'ई' और 'यी' प्रत्यय लगाकर निर्मित हुए विशेषणों का 'आकारांत' या 'एकारांत' रूप नहीं होता, जैसे—नामी, देशी, विदेशी, भाषायी, स्थायी आदि।

(ख) आश्रित (पूर्वशब्द) + आश्रित (पूर्वशब्द) + शीर्ष (पश्चशब्द)

यदि दूसरा 'पूर्वशब्द' भी आकारांत विशेषण की तरह काम करता हो तो उसके रूपका भी परीक्षण 'पश्चशब्द' (शीर्ष) के रूप के आधार पर किया जाता है। इसके लिए भी ऊपर बताए हुए नियम ही प्रयोग में आते हैं। किंतु इसमें परीक्षण के लिए एक शब्द छोड़कर दूसरे पूर्वशब्द को देखना पड़ता है। इसमें प्रयोग की दो स्थितियाँ प्राप्त होती हैं—

1. **केवल दूसरे पूर्वशब्द का परीक्षण :** जब शीर्ष शब्द के पूर्व का पहला शब्द परिवर्तित न होता हो, केवल दूसरा शब्द ही परिवर्तित होता हो तो केवल दूसरे शब्द का परीक्षण करते हैं। उदाहरण :
   - ➢ मैंने ***इतना*** सुंदर **लड़का** कभी नहीं देखा।
   - ➢ मैंने ***इतनी*** सुंदर **लड़की** कभी नहीं देखी।
   - ➢ मैंने ***इतने*** सुंदर **लड़के** कभी नहीं देखे।

उपर्युक्त वाक्यों में 'लड़का/लड़की/लड़के' **शीर्ष शब्द** हैं। इन्हीं के आधार पर पिछले दोनों शब्दों का परीक्षण होगा। चूँकि 'सुंदर' शब्द के रूप नहीं बनते, इसलिए केवल दूसरे पूर्वशब्द 'इतना' का परीक्षण करना होगा। इसलिए व्याकरण जाँचक में पदबंध स्तर पर ऐसे नियमों की आवश्यकता पड़ती है, जो *'केवल दूसरे शब्द'* का ही परीक्षण कर सकें।

2. **पहले और दूसरे दोनों पूर्वशब्दों का परीक्षण :** जब शीर्ष के पूर्व आए दोनों शब्द शीर्ष शब्द के लिंग, वचन, पुरुष आदि के अनुसार परिवर्तित होते हों तो दोनों पूर्वशब्दों का परीक्षण किया जाता है। उदाहरण :
   - ➢ वह ***बड़ा अच्छा*** लड़का है।
   - ➢ वह ***बड़ी अच्छी*** लड़की है।
   - ➢ वह ***बड़े अच्छे*** लड़के हैं।

उपर्युक्त वाक्यों में 'लड़का/लड़की/लड़के' **शीर्ष शब्द** के अनुसार दोनों ही शब्दों के रूपों का परीक्षण करना अनिवार्य है।

(ग) पूर्वशब्द + शीर्ष शब्द (* = किसी भी स्थान पर)*

ऊपर शीर्ष शब्द के पूर्व दो शब्दों तक की चर्चा की गई। किंतु हिंदी में केवल दो शब्द पूर्व तक ही आश्रित शब्द नहीं आते, बल्कि यह स्थिति कई शब्द पूर्व तक देखने को मिलती है। इसलिए शीर्ष शब्द से पीछे के शब्दों का परीक्षण लूप के माध्यम से भी किया जा सकता है, क्योंकि आश्रित शब्द शीर्ष शब्द से कई स्थान पीछे भी आ सकता है। बीच के शब्द अविकारी भी हो सकते हैं। उदाहरण के लिए निम्नलिखित वाक्यों को देखा जा सकता है—

- ➢ उस ***गोरे3,*** सुंदर और सुशील <u>लड़के</u> को यहाँ लाओ। (केवल तीसरा पूर्वशब्द)
- ➢ उस ***गोरी3,*** सुंदर और सुशील <u>लड़की</u> को यहाँ लाओ। (केवल तीसरा पूर्वशब्द)
- ➢ मैंने ***अपना3*** बहुत ***बड़ा1*** <u>कारखाना</u> खोल लिया है। (पहला और तीसरा पूर्वशब्द)
- ➢ उसने ***अपने3*** सबसे ***बड़े1*** <u>घर</u> को बेंच दिया। (पहला और तीसरा पूर्वशब्द)
- ➢ उसने ***अपनी3*** सबसे ***बड़ी1*** <u>कार</u> को बेंच दिया। (पहला और तीसरा पूर्वशब्द)
- ➢ उसने ***अपने3 इतने2 बड़े1*** <u>घर</u> को बेच दिया। (तीनों पूर्वशब्द)
- ➢ उसने ***इतना6*** विशाल और भीमकाय शरीर ***वाला1*** साँप देखा। (पहला और छठवाँ पूर्वशब्द)

उपर्युक्त उदाहरणों से स्पष्ट है कि आश्रित पूर्वशब्द किसी भी स्थान पर आ सकता है। इसलिए शब्दस्थान संबंधी नियमों को पदबंध चिह्न के बाद लगाया जाए तो प्रणाली को काम करने में अधिक सुविधा होगी।

(घ) शीर्ष (पूर्वशब्द) + आश्रित (पश्चशब्द)

यह ऊपर वर्णित प्रक्रिया की विपरीत प्रक्रिया है। इसमें **पूर्वशब्द** को **शीर्ष** (Head) मानकर उसके अनुरूप **पश्चशब्द** का परीक्षण किया जाता है। इसमें निम्नलिखित पदबंध साँचे आते हैं—

संज्ञा + **परसर्ग** : संज्ञा के बाद परसर्ग के आने पर कुछ शब्दों के रूप में परिवर्तन हो जाता है। इसलिए शब्दरूप के परिवर्तित होने या नहीं होने के आधार पर व्याकरण परीक्षण संबंधी कुछ नियम दिए जा सकते हैं,जैसे—

1. यदि ***पूर्वशब्द*** एकवचन, पुल्लिग और आकारांत (NNms) हो, जैसे—लड़का, कौआ हो, तो परसर्ग का प्रयोग नहीं होगा, जैसे—
   ➢ लड़का ***ने*** घर गया।
   इसमें शब्दरूप 'लड़का' के कारण 'ने' का प्रयोग नहीं हो सकता। ऐसे वाक्यों में क्रिया पदबंध के आधार पर शब्द में रूप-परिवर्तन की आवश्यकता को भी दिखाया जा सकता है, जैसे—
   ➢ ***लड़का ने*** अपना काम किया।
   इस वाक्य में 'ने' का प्रयोग सही है, 'लड़का' की जगह 'लड़के' शब्दरूप का प्रयोग अपेक्षित है।
2. यदि ***पूर्वशब्द*** स्त्रीलिंग, बहुवचन और प्रत्यक्ष (NNfp) जैसे—लड़कियाँ, सड़कें आदि हो, तो परसर्ग का प्रयोग नहीं होगा, जैसे—
   ➢ सभी लड़कियाँ ***ने*** घर गईं ।
   इसमें शब्दरूप 'लड़कियाँ' के कारण 'ने' का प्रयोग नहीं हो सकता। ऐसे वाक्यों में भी क्रिया पदबंध के आधार पर शब्दरूप में परिवर्तन की आवश्यकता को दिखाया जा सकता है, जैसे—
   ➢ सभी ***लड़कियाँ को*** घर भेज दिया गया।
   इस वाक्य में 'को' का प्रयोग सही है, 'लड़कियाँ' की जगह 'लड़कियों' शब्दरूप का प्रयोग अपेक्षित है।
3. यदि ***पूर्वशब्द*** सर्वनाम हो, तो परसर्ग का अलग से प्रयोग नहीं होगा, जैसे—
   ➢ ***तुम ने*** यह क्या कर दिया? (की जगह) ***तुमने*** यह क्या कर दिया?
   किंतु यदि सर्वनाम के साथ 'ही' आदि का विकार आया हो तो परसर्ग अलग होता है, जैसे—
   ➢ मेरा काम तुम्हींसे होगा। (की जगह) मेरा काम ***तुम्हीं से*** होगा।

(***नोट :** वैसे मैं तो इस पक्ष में हूँ कि सर्वनामों के साथ भी परसर्गों को अलग ही लिखा जाए, जिससे परसर्गों के प्रयोग में एकरूपता बनी रहे। किंतु चूँकि अभी मानकीकरण में ऐसा नहीं किया जा सका है, इसलिए मशीन को वही नियम देने होंगे, जो मानक हैं।)

सर्वनामों के साथ परसर्गों के प्रयोग में तिर्यकता का भी ध्यान रखना चाहिए, जैसे—'तुम' के साथ बिना रूप बदले किसी भी परसर्ग का प्रयोग किया जा सकता है (तुमने/को/से...)। किंतु 'मैं' के साथ केवल 'ने' को जोड़ा जा सकता है (मैंने)। शेष परसर्गों को इसके साथ जोड़ने के लिए इसके तिर्यक रूप 'मुझ' का प्रयोग किया जाता है, जैसे—मैं + को = मुझको, मैं + से = मुझसे आदि।

मुख्य क्रिया + सहायक क्रिया : वैसे तो संपूर्ण क्रिया पदबंध का परीक्षण वाक्य स्तर पर संबंधित कर्ता के अनुसार होता है, किंतु कुछ ऐसी स्थितियाँ भी आ जाती हैं, जिनमें कर्ता के अनुसार क्रिया पदबंध के प्रयोग का परीक्षण नहीं हो पाता है। ऐसी स्थितियों के लिए क्रिया पदबंध के अंदर ही पदबंध स्तरीय नियम दिए जाने चाहिए। इस दृष्टि से कुछ उल्लेखनीय नियम इस प्रकार हैं—

1. **'चाहिए'** का सहायक क्रिया के रूप में प्रयोग केवल तभी हो सकता है, जब मुख्य क्रिया 'धातु + ना/ने/नी' रूप में हो, जैसे—
   - ➢ उसे अपनी हद में **रहना** चाहिए।
   - ➢ मुझे कुछ और मजदूर ***मिलने*** चाहिए।
   - ➢ आपको इससे अधिक मजदूरी ***मिलनी*** चाहिए।

   अत: इस प्रकार के परीक्षण संबंधी नियम होने चाहिए कि यदि सहायक क्रिया 'चाहिए' है तो मुख्य क्रिया 'धातु+ना/ने/नी' रूप में ही आएगी। यदि नहीं तो 'मुख्य क्रिया' या 'चाहिए' में से कोई एक प्रयोग गलत है।
2. मुख्य क्रिया **एकवचन, पुल्लिंग** हो, तो *'है, था, होगा, हूँ'* सहायक क्रियाओं का ही प्रयोग किया जा सकता है, जैसे—
   जाता है, जाता था, जाता होगा, जाता हूँ।
   उपर्युक्त प्रयोग सही हैं, जबकि 'जाता हैं, जाता हो, जाता थे आदि' का प्रयोग नहीं हो सकता। अत: पदबंध स्तरीय जाँच में ही ये प्रयोग गलत होंगे।
3. मुख्य क्रिया **स्त्रीलिंग** हो, तो *'है, हो, हैं, थी, थीं, होगी, होंगी'* सहायक क्रियाओं का ही प्रयोग किया जा सकता है, जैसे—
   जाती है, जाती हो, जाती हैं, जाती थी, जाती थीं, जाती होगी, जाती होंगी।
   मुख्य क्रिया के 'ईकारांत रूप' जैसे—जाती, खाती, बैठी आदि के साथ उपर्युक्त के अतिरिक्त अन्य सहायक क्रियाओं का प्रयोग गलत होगा।

4. मुख्य क्रिया **एकारांत** (बहुवचन, पुल्लिंग) हो, तो *'हैं, हो, थे, होंगे'* सहायक क्रियाओं का ही प्रयोग किया जा सकता है, जैसे—
   जाते हैं, जाते हो, जाते थे, जाते होंगे।
   अतः उपर्युक्त के अतिरिक्त अन्य सहायक क्रियाओं का प्रयोग गलत होगा।

इस प्रकार से **क्रिया पदबंध** के अंदर भी मुख्य क्रिया और सहायक क्रिया के बीच परीक्षण संबंधी नियम दिए जा सकते हैं।

(ग) पुनरुक्त प्रयोग संबंधी नियम

व्याकरण जाँचक में पुनरुक्त शब्दों की **जाँच** के संदर्भ में नियम दिया जा सकता है कि यदि एक ही शब्द का दो बार प्रयोग बीच में खाली स्थान (Blank Space) के साथ हुआ है तो उसे भी गलत दिखाया जाए। इसमें **सुझाव** संबंधी नियम यह होगा कि या तो दोनों के बीच में **हाइफन** लगाया जाए, या एक ही शब्द गलती से दो बार टाइप हो गया है, जैसे—

➢ मेरे ***कदम कदम*** पर काँटे हैं।

➢ वह ***रातोंरात*** अमीर बन गया।

इनकी जगह सही प्रयोग निम्नलिखित होगा—

➢ मेरे ***कदम-कदम*** पर काँटे हैं।

➢ वह ***रातों-रात*** अमीर बन गया।

यह बात त्रिशब्दीय पुनरुक्तियों पर भी लागू होती है। उदाहरण के लिए परसर्गयुक्त त्रिशब्दीय पुनरुक्ति का एक वाक्य देखा जा सकता है—

➢ उसे ***कम से कम*** 10 दिन लगेंगे।

इसकी जगह सही प्रयोग यह होगा—

➢ उसे ***कम-से-कम*** 10 दिन लगेंगे।

मेरा मानना है कि सभी प्रकार की पुनरुक्तियों के बीच हाइफन का प्रयोग किया जाना चाहिए, चाहें वे वर्गीय पुनरुक्तियाँ ही क्यों न हों। अर्थात् चाय-पानी, बाग-बगीचा, अमीर-गरीब आदि के बीच भी हाइफन का प्रयोग होना चाहिए। इससे मशीन को यह समझने में सुविधा होगी कि ये दोनों (या तीनों) शब्द मिलकर एक ही शाब्दिक इकाई का निर्माण करते हैं। इससे केवल मशीन ही नहीं बल्कि हिंदी के अन्य भाषा के रूप में शिक्षण और अधिगम में भी सुविधा होगी। यद्यपि व्यवहार में प्रायः प्रयोक्ताओं द्वारा इस पर ध्यान नहीं दिया जाता है।

25.6.2 वाक्य संबंधी नियम (सरल वाक्य)

सरल वाक्य के स्तर पर मुख्यतः 'क्रिया' की 'कर्ता' अथवा 'कर्म' से अन्विति को देखने के लिए नियम दिए जाते हैं। इसके लिए सर्वप्रथम क्रिया के विविध व्याकरणिक रूपों को अलग-अलग चिह्नित करना पड़ता है, जिसकी सूची ऊपर टैग संबंधी टेबल

में दी गई है। उन्हीं टैगों के आधार पर **क्रियारूप** की संबंधित **कर्ता** के साथ स्थिति देखनी पड़ती है। हिंदी में सामान्यत: क्रिया वाक्य के अंत में आती है। सभी सरल वाक्यों में तो यही स्थिति होती है। विशिष्ट रचना वाले वाक्यों तथा संयुक्त और मिश्र वाक्यों में क्रिया वाक्य के अंत में न आकर बीच में ही आ जाती है, जैसे—

- वह तो है ही एक नंबर का झूठा। (विशिष्ट रचना वाला वाक्य)
- यह वही लड़का है जो कल आया था। (मिश्र वाक्य)
- लड़का खाना खा रहा था और गाड़ी चल रही थी। (संयुक्त वाक्य)

इनमें पहला वाक्य विशिष्ट रचना वाला वाक्य है, दूसरा मिश्र वाक्य और तीसरा संयुक्त वाक्य। विशिष्ट रचना वाले वाक्यों का प्रयोग वाक्य के किसी घटक विशेष पर बल देने के लिए किया जाता है। उपर्युक्त पहले वाक्य में भी यह स्थिति देखी जा सकती है। मिश्र और संयुक्त वाक्य रचनाओं में वाक्य के बीच में दूसरा कर्ता आ जाता है। ऐसे वाक्य सरल वाक्यों के व्याकरण जाँचक में देने पर अन्विति की दृष्टि से गलत प्रदर्शित किए जा सकते हैं, जबकि वे अपने कर्ता के साथ सही होते हैं। इसलिए **सरल वाक्यों के नियम** विशिष्ट रचना वाले वाक्यों, मिश्र वाक्यों और संयुक्त वाक्यों पर लागू नहीं होते।

सरल वाक्य के स्तर पर व्याकरण परीक्षण हेतु किसी वाक्य के सभी पदबंधों का अभिज्ञान करने की आवश्यकता नहीं होती। केवल वाक्य के अन्विति कर्ता का अभिज्ञान करना आवश्यक है, जिससे उसके अनुरूप क्रियापदों के प्रयोग की जाँच की जा सके। **अन्विति कर्ता** वाक्य का वह पदबंध होता है, जिसके अनुसार क्रिया का रूप बनता है। इसी पदबंध के व्याकरणिक रूप और क्रिया पदबंध के व्याकरणिक रूप का मिलान प्रणाली द्वारा किया जाता है। अत: व्याकरण जाँचक को सरल वाक्य के स्तर पर मूल रूप से दो प्रकार के पदबंधों का अभिज्ञान करना होता है—**अन्विति कर्ता** और **क्रिया पदबंध**। इसे निम्नलिखित आरेख चित्र में देख सकते हैं—

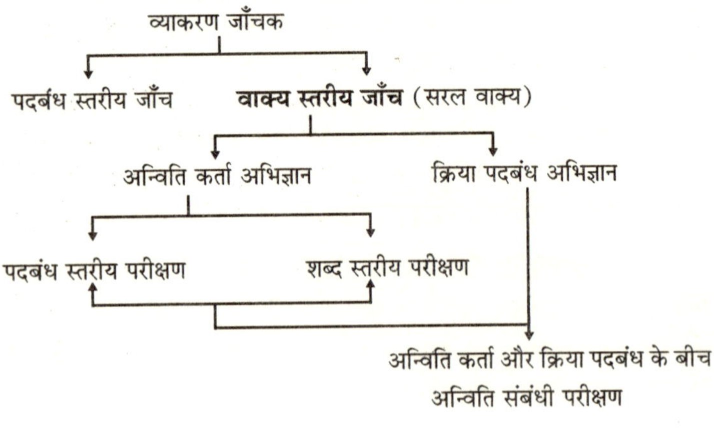

अन्विति कर्ता अभिज्ञान के लिए दो स्तरों पर नियम दिए जा सकते हैं—पदबंध स्तर और शब्द स्तर। चूँकि मशीनी प्रणाली द्वारा वाक्य का खंडीकरण शब्द स्तर पर ही किया जाता है इसलिए शब्द स्तर पर नियम देना सरल होता है। पदबंध स्तर कार्य करने वाली प्रणाली अधिक उच्च स्तर की होती है। इसके लिए शब्द स्तर पर खंडीकरण करके उनकी टैगिंग करते हैं, इसके बाद पदबंध रचना नियम दिए जाते हैं, जिनकी चर्चा पहले ही 'पदबंध रचनाएँ और साँचे' अध्याय में की जा चुकी है। शब्द स्तर के नियमों द्वारा वाक्य के पहले शब्द से अन्विति कर्ता की पहचान शुरू की जाती है। जब वह मिल जाता है तो उसकी व्याकरणिक विशेषताओं को संग्रहीत कर लिया जाता है, या व्याकरणिक विशेषताओं के अनुसार टैग दे दिया जाता है, जिसे ऊपर टैग संबंधी टेबल में सूचीबद्ध किया गया है। इसके बाद वाक्य के पीछे से अंतिम एक से चार शब्दों का परीक्षण 'क्रिया पदबंध' के लिए किया जाता है। अब अन्विति कर्ता के अनुसार क्रिया पदबंध के घटक शब्दों के लिए अन्विति संबंधी नियम लगाए जाते हैं। अभिज्ञान और परीक्षण संबंधी नियमों को आगे विस्तार से दिया जा रहा है—

25.6.2.1 अन्विति कर्ता अभिज्ञान संबंधी नियम : 'कर्ता' एक कारक संबंध है, जिसके निर्धारण का आधार अर्थ होता है। यह वाक्य में विविध रूपों में पाया जाता है, जैसे—सक्रिय कर्ता, भोक्ता कर्ता, अनुभावक कर्ता आदि। यह आवश्यक नहीं है कि अर्थ के आधार पर बनने वाला वाक्य का कर्ता वाक्य रचना की दृष्टि से भी 'कर्ता' हो। इसलिए 'वास्तविक कर्ता' और 'व्याकरणिक कर्ता' जैसी संकल्पनाएँ प्राप्त होती हैं। कर्मवाच्य वाक्यों में 'कर्म' वाक्य का व्याकरणिक कर्ता होता है। इसी प्रकार प्रेरणार्थक क्रिया के प्रयोग की स्थिति में प्रेरक कर्ता, मध्यस्थ कर्ता आदि का प्रयोग होता है। यहाँ पर '**अन्विति कर्ता**' शब्द का प्रयोग किया गया है, जिसका संदर्भ वाक्य के उस घटक से है, जिससे क्रिया पदबंध की अन्विति होती है। उदाहरण के लिए निम्नलिखित वाक्यों को देखा जा सकता है—

- ***मोहन*** साइकिल से बाजार जाता है।
- मोहन को बाजार से ***सब्जी*** खरीदनी है।
- मोहन ने एक लड़के को ***पुस्तक*** दी।
- मोहन द्वारा ***मिठाई*** खाई जा रही है।
- पता नहीं, उसके घर ***कौन*** आया है?

उपर्युक्त वाक्यों में 'मोहन, सब्जी, पुस्तक, मिठाई, और कौन' शब्द अन्विति कर्ता हैं, क्योंकि संबंधित वाक्यों में क्रिया पदबंधों की अन्विति इन्हीं शब्दों से हो रही है। व्याकरण जाँचक में वाक्य स्तर पर परीक्षण के लिए 'अन्विति कर्ता' बहुत महत्त्वपूर्ण होता है। अन्विति कर्ता अभिज्ञान के बाद ही मशीन द्वारा इस बात का

परीक्षण किया जा सकता है कि इसके अनुरूप क्रिया पदबंध के घटक शब्दों का प्रयोग हुआ है या नहीं। अन्विति कर्ता को वाक्य के आरंभ से खोजना शुरू करते हैं। इसलिए सर्वप्रथम पहला शब्द, फिर दूसरा, तीसरा आदि का क्रम चलता है। इस क्रम में खोज संबंधी नियम इस प्रकार दिए जाते हैं—

(1) **पहला शब्द संबंधी नियम :** ये नियम उन स्थितियों का परीक्षण करते हैं, जब वाक्य का पहला शब्द ही वाक्य के कर्ता के रूप में कार्य कर रहा हो। इस दृष्टि से दो सबसे महत्त्वपूर्ण नियम इस प्रकार हैं—

(क) यदि पहला शब्द संज्ञा है और उसके बाद 'परसर्ग, योजक, वाला...' नहीं आया है, तो प्रथम शब्द ही कर्ता होगा, जैसे—

➢ ***लड़का*** बाजार जाता है।

➢ ***गाय*** घास खाती है।

(ख) यदि पहला शब्द मूल सर्वनाम (तिर्यक नहीं) है और उसके बाद 'परसर्ग, योजक, वाला...' नहीं आया है, तो प्रथम शब्द ही कर्ता होगा, जैसे—

➢ ***मैं*** अपने घर में रहता हूँ।

➢ ***तुम*** दिन भर काम करते हो।

(2) **दूसरा शब्द संबंधी नियम :** पहले स्थान पर आश्रित शब्दवर्ग के शब्द आने पर दूसरे शब्द का परीक्षण किया जाता है। इसकी निम्नलिखित स्थितियाँ हैं—

(क) यदि पहला शब्द '*निर्देशक, प्रश्नवाचक शब्द, विशेषण, समुच्चयबोधक, तिर्यक* सर्वनाम' है, दूसरा 'संज्ञा' है और तीसरा '*परसर्ग, योजक, वाला* आदि' नहीं है।

➢ यह ***मकान*** कई रंगों में रँगा हुआ है। (निर्देशक + संज्ञा)

➢ सुंदर ***फूल*** किसे अच्छे नहीं लगते। (विशेषण + + संज्ञा)

➢ क्या ***दुकान*** खुल गई है ? (प्रश्नवाचक शब्द + संज्ञा)

➢ क्योंकि ***वह*** घर बनाकर रहता है। (समुच्चयबोधक + संज्ञा/सर्वनाम)

➢ मुझे ***वर्धा*** अच्छा लगता है। (तिर्यक सर्वनाम + संज्ञा)

(ख) यदि पहला शब्द '*तुम, आप, हम,* वे' है, दूसरा शब्द 'लोग' है और तीसरा '*परसर्ग, योजक, वाला* आदि' नहीं है।

➢ ***हम लोग*** बाजार जाने वाले हैं।

➢ ***तुम लोग*** अपने कमरे में रहते हो।

नोट : इन प्रयोगों में सहायक क्रिया संबंधित सर्वनाम के अनुरूप रहती है। चूँकि बाकी सब सर्वनाम बहुवचन रूप में ही आते हैं, इसलिए उनके

साथ कोई समस्या नहीं होती। किंतु 'तुम' के साथ आती हैं। बाकी सर्वनामों के साथ **लोग** शब्द लगे या न लगे 'हैं' सहायक क्रिया का ही प्रयोग होता है, किंतु 'तुम' के साथ 'लोग' लगे या न लगे 'हो' सहायक क्रिया का प्रयोग होता है। इसलिए क्रिया भाग में 'तुम लोग' के लिए अलग से एक नियम देते हैं।

(ग) कुछ वाक्य रचनाओं में 'संज्ञा + वाला' रचनाएँ भी कर्ता होती हैं, जैसे—

➢ छाता वाला अभी इधर से ही निकला है।

➢ लड़के वाले आए हैं।

ऐसे वाक्यों में 'संज्ञा + वाला' कर्ता है या नहीं इसके निर्धारण का एक सामान्य नियम हो सकता है कि 'वाला/वाली/वाले' के बाद संज्ञा शब्द न आया हो, जैसे—

➢ छाते वाला ***आदमी*** इधर ही आया है।

➢ लड़के वाले ***कपड़े*** कहाँ हैं?

इन वाक्यों में यह रचना विशेषण पदबंध का काम कर रही है, क्योंकि 'आदमी' और 'कपड़े' शब्द कर्ता का कार्य कर रहे हैं। अत: उपर्युक्त नियम देने पर एक स्तर तक व्याकरण जाँचक इनके आधार पर भी परीक्षण करने में समर्थ हो जाएगा। किंतु ऐसी भी वाक्य रचनाएँ होती हैं, जिनमें 'संज्ञा + वाला' रचना के बाद पुन: संज्ञा पदबंध आने के बाद कोई असमापिका क्रिया आ जाती है या परसर्ग आ जाता है, और फिर कर्ता का काम 'संज्ञा + वाला' रचना ही करती है, जैसे—

➢ छाते वाली ***दुकान*** इधर ही है। (कर्ता - दुकान)

➢ ***छाते वाले*** दुकान में बैठे हैं। (कर्ता - छाते वाले)

➢ कुर्सी वाली ***लकड़ी*** गिरी हुई है। (कर्ता - लकड़ी)

➢ ***कुर्सी वाले*** लकड़ी लेकर चले गए। (कर्ता - कुर्सी वाले)

अत: शुद्धता बढ़ाने के लिए इन परिस्थितियों का परीक्षण करके गहन स्तरीय नियम देने की आवश्यकता होती है।

(3) तीसरा शब्द संबंधी नियम : यदि दूसरा शब्द भी वाक्य का अन्विति कर्ता न हो तो तीसरे शब्द के लिए निम्नलिखित प्रकार से परीक्षण किया जा सकता है—

(क) यदि पहला शब्द '*निर्देशक, प्रश्नवाचक शब्द, विशेषण, समुच्चयबोधक, तिर्यक* सर्वनाम' हो; दूसरा शब्द '*निर्देशक, प्रश्नवाचक शब्द, विशेषण, समुच्चयबोधक, तिर्यक सर्वनाम,* निपात' हो; तीसरा शब्द 'संज्ञा' हो और उसके बाद '*परसर्ग, योजक, वाला* आदि' न आया हो तो तीसरा शब्द कर्ता होगा।

उदाहरण :

- यहाँ यह ***साड़ी*** रखी हुई है। (निर्देशक + निर्देशक + संज्ञा)
- यह कैसी ***साड़ी*** रखी हुई है? (निर्देशक + प्रश्नवाचक शब्द + संज्ञा)
- यह हरी ***साड़ी*** रखी हुई है। (निर्देशक + विशेषण + संज्ञा)
- यह भी ***साड़ी*** रखी हुई है। (निर्देशक + निपात + संज्ञा)
- कौन-सी हरी ***साड़ी*** रखी हुई है? (प्रश्नवाचक शब्द + विशेषण + संज्ञा)
- कैसी भी ***साड़ी*** चलेगी। (प्रश्नवाचक शब्द + निपात + संज्ञा)
- बहुत हरी ***साड़ी*** रखी हुई है। (विशेषण + विशेषण + संज्ञा)
- लेकिन हरी ***साड़ी*** रखी हुई है। (समुच्चयबोधक + विशेषण + संज्ञा)
- फिर भी ***साड़ी*** रखी हुई है। (समुच्चयबोधक + निपात + संज्ञा)
- लेकिन कौन-सी ***साड़ी*** रखी हुई है? (समुच्चयबोधक + प्रश्नवाचक शब्द + संज्ञा)
- लेकिन यह ***साड़ी*** रखी हुई है। (समुच्चयबोधक + निर्देशक + संज्ञा)
- मेरी हरी ***साड़ी*** रखी हुई है। (तिर्यक सर्वनाम + विशेषण + संज्ञा)
- मेरी कौन-सी ***साड़ी*** रखी हुई है? (तिर्यक सर्वनाम + प्रश्नवाचक शब्द + संज्ञा)
- मेरी भी ***साड़ी*** रखी हुई है। (तिर्यक सर्वनाम + निपात + संज्ञा)

(ख) यदि पहला शब्द *'संज्ञा'* हो और दूसरा शब्द *'परसर्ग,* वाला' हो; तीसरा शब्द 'संज्ञा' हो और उसके बाद *'परसर्ग, योजक, वाला* आदि' न आया हो तो तीसरा शब्द कर्ता होगा।

- रामू ने ***घर*** देख लिया है। (संज्ञा + परसर्ग + संज्ञा)
- रामू वाला ***घर*** टूट गया है। (संज्ञा + वाला + संज्ञा)

(ग) यदि पहला शब्द *'संज्ञा के रूप में काम करने वाला विशेषण'* हो और दूसरा शब्द *'परसर्ग या वाला'* हो; तीसरा शब्द 'संज्ञा' हो और उसके बाद *'परसर्ग, योजक, वाला* आदि' न आया हो तो तीसरा शब्द कर्ता होगा।

- बूढ़े ने ***घर*** देख लिया है। (विशेषण + परसर्ग + संज्ञा)
- बूढ़े वाला ***घर*** टूट गया है। (विशेषण + वाला + संज्ञा)

(घ) यदि पहला शब्द *'क्रिया'* हो और दूसरा शब्द *'वाला,* हुआ' हो; तीसरा शब्द 'संज्ञा' हो और उसके बाद *'परसर्ग, योजक, वाला* आदि' न आया हो तो तीसरा शब्द कर्ता होगा।

- चलने पर ***घर*** दिख जाएगा। (क्रिया + परसर्ग + संज्ञा)
- चलने वाली ***गाड़ी*** दिख जाएगी। (क्रिया + वाला + संज्ञा)
- चलती हुई ***गाड़ी*** दिख जाएगी। (क्रिया + क्रिया + संज्ञा)

(4) ***अन्य शब्द अन्विति कर्ता** (कर्ता अभिज्ञान हेतु **आश्रित शब्द संयोजन** और **परसर्ग/वाला अभिज्ञान**) व्याकरण जाँचक में अन्विति कर्ता अभिज्ञान के लिए वाक्य के प्रथम शब्द से आरंभ करके तब तक परीक्षण करते रहने की आवश्यकता होती है, जब तक अन्विति कर्ता प्राप्त न हो जाए। यदि शब्द स्तर पर प्रणाली विकसित की जा रही है तो यह संभव नहीं है कि प्रत्येक शब्द के लिए एक-एक शब्द जोड़कर नियम दिया जाए जैसा कि ऊपर प्रथम तीन शब्दों के लिए बताया गया है। अन्विति कर्ता वाक्य में कहीं भी आ सकता है। इसके पहले बहुत से संज्ञा (या क्रिया अथवा विशेषण) पदबंध आ सकते हैं, जो अन्विति कर्ता नहीं होते। ऐसी स्थिति में उन पदबंधों को छोड़ते जाना (skip करना) होता है जो कर्ता नहीं हो सकते। उदाहरण के लिए निम्नलिखित दो वाक्यों को देखा जा सकता है—

- *व्याकरण जाँचक को वाक्य के प्रथम शब्द से आरंभ करके अंत तक परीक्षण करते रहने की **आवश्यकता** होती है।*
- *किंतु वाक्य के कर्ता का **अभिज्ञान** होना आवश्यक है।*

उपर्युक्त वाक्यों में से पहले वाक्य में कर्ता 17वें स्थान पर आया है और दूसरे वाक्य में 6वें स्थान पर। ऐसी स्थिति में यदि शब्दस्थान आधारित नियम दिए जाते हैं तो जब तक 17वें स्थान तक के नियम न हों, प्रणाली कर्ता अभिज्ञान में असमर्थ होगी। साथ ही यह भी ध्यान देने वाली बात है कि यह अभी एक छोटा वाक्य है। व्यावहारिक पाठ में इससे भी बड़े-बड़े वाक्य आते हैं, जिनमें 25वें या 30वें स्थान पर भी अन्विति कर्ता शब्द या शीर्ष शब्द आ सकता है। इसलिए इन वाक्यों का गंभीर परीक्षण कर दो बातों को चिह्नित करना आवश्यक है : पहला—आश्रित शब्द संयोजन, और दूसरा—परसर्ग/वाला/हेतु आदि का अभिज्ञान।

आश्रित शब्द संयोजन का तात्पर्य उन शब्दों से है जो वाक्य में कर्ता या शीर्ष नहीं हो सकते। उदाहरण के लिए यदि एक वाक्य 'बहुत ही सुंदर दिखने वाला फूल मुरझा गया।' लिया जाए तो इसमें 'बहुत ही सुंदर दिखने वाला' पदबंध कर्ता नहीं हो सकता, किंतु यह पूरा का पूरा आश्रित पदों का समूह है जो किसी शीर्ष के पूर्व ही आ सकता है। इसी तरह से आ सकने वाले शब्दों के संयोजन के समुच्चय को आश्रित शब्द संयोजन के अंतर्गत देखने की आवश्यकता है। इन सभी के नियम एक साथ दिए जाएँगे, जिससे सीधे-सीधे कर्ता शब्द तक पहुँचा जा सके।

'**परसर्ग/वाला/हेतु आदि का अभिज्ञान**' किसी वाक्य में अन्विति कर्ता अभिज्ञान का दूसरा महत्त्वपूर्ण कार्य है। सभी संज्ञा और सर्वनाम शब्द कर्ता होने

की योग्यता रखते हैं। उदाहरण के लिए *'व्याकरण जाँचक को वाक्य के प्रथम शब्द से आरंभ करके अंत तक परीक्षण करते रहने की* ***आवश्यकता*** *होती है।'* वाक्य में 'व्याकरण जाँचक, वाक्य, शब्द, आरंभ, अंत, परीक्षण' शब्द दूसरे हजारों वाक्यों में अन्विति कर्ता हो सकते हैं। उदाहरण के लिए इन्हें निम्नलिखित वाक्यों में देखा जा सकता है—

व्याकरण जाँचक	→ यह एक शक्तिशाली **व्याकरण जाँचक** है।
वाक्य	→ यह **वाक्य** कितना बड़ा है।
शब्द	→ यह **शब्द** समझ में नहीं आ रहा है।
आरंभ	→ कार्यक्रम का **आरंभ** हो गया।
अंत	→ तुम्हारी कहानी का **अंत** हो गया।
परीक्षण	→ अभी लंबे समय तक **परीक्षण** चलता रहेगा।

किंतु फिर भी ये उपर्युक्त उदाहरण वाक्य में कर्ता नहीं बने हैं, क्योंकि इनके बाद ऐसे शब्द आए हैं जो इनके कर्ता होने की योग्यता समाप्त कर देते हैं, जैसा कि क्रमश: इनकी स्थिति इस प्रकार है—

व्याकरण जाँचक ***को*** *वाक्य* ***के*** *प्रथम शब्द* ***से*** *आरंभ* ***करके*** *अंत* ***तक*** *परीक्षण* ***करते रहने की***

इन सभी शब्दों के बाद परसर्ग या परसर्गीय प्रयोग आकर इनके कर्ता होने की संभावना समाप्त कर देते हैं। इसी प्रकार 'वाला/हेतु' आदि शब्द भी कर्ता होने की योग्यता समाप्त करने की क्षमता रखते हैं, जैसे—

- लंबे वाक्य ***वाला*** पाठ कौन-सा है?
- इस शब्द **हेतु** इनमें से कोई वाक्य उपयुक्त नहीं है।

इन वाक्यों में 'वाला' और 'हेतु' क्रमश: 'वाक्य' और 'शब्द' शब्दों की कर्ता बनने योग्यता समाप्त कर देते हैं।

इसलिए कंप्यूटर में इन दोनों ही प्रकार के नियम दिए जाने चाहिए। वे कौन-से आश्रित शब्द हैं, जो कर्ता पदबंध का हिस्सा होकर कर्ता शब्द से पूर्व आ सकते हैं तथा क्या कर्ता शब्द बन सकने वाले शब्द (संज्ञा शब्द) के बाद कोई परसर्ग/वाला/हेतु आदि आया है। यदि हाँ तो कर्ता शब्द उसके बाद मिलेगा। यदि नहीं तो वही शीर्ष शब्द कर्ता शब्द है। इस प्रकार का लूप (Loop) लगाने से एक ही प्रकार का नियम बार-बार नहीं लिखना पड़ेगा और मशीन स्वयं कर्ता शब्द ढूढ़ लेगी।

25.6.2.2 क्रिया पदबंध अभिज्ञान और अन्विति परीक्षण : जैसा कि पहले ही विवेचन में बताया गया है कि सामान्य हिंदी वाक्यों में क्रिया पदबंध वाक्य के अंत में आता है। इसलिए क्रिया पदबंध के रूप में वाक्य के अंतिम 4 या 5 शब्दों का सीधे-सीधे परीक्षण किया जा सकता है। ये ही 4-5 शब्द अन्विति

कर्ता से प्रभावित होते हैं। उदाहरण के लिए निम्नलिखित वाक्यों को देखा जा सकता है—

{लड़का}<अ.क.> {चलता5 चला4 जा3 रहा2 था1।}<क्रि.प.>

{लड़के}<अ.क.> {चलते5 चले4 जा3 रहे2 थे1।}<क्रि.प.>

{लड़की}<अ.क.> {चलती5 चली4 जा3 रही2 थी1।}<क्रि.प.>

{लड़की}<अ.क.> {चलती6 चली5 ही4 जा3 रही2 थी1।}<क्रि.प.>

(अ.क. = अन्विति कर्ता, क्रि.प. = क्रिया पदबंध)

उपर्युक्त वाक्यों में क्रमश: 'लड़का, लड़के और लड़की' शब्द अन्विति कर्ता हैं। इसके बाद पाँच शब्दों का क्रिया पदबंध आया है, जिसमें शब्दों का संख्यांकन (Numbering) पीछे से किया गया है। इन पाँचों शब्दों में तीसरे शब्द 'जा' (जो क्रिया का धातुरूप है) को छोड़कर शेष सभी अन्विति कर्ता से प्रभावित हो रहे हैं। बीच में 'ही' निपात आ जाने से क्रिया पद पीछे से छठवें स्थान तक चला गया है। इसलिए इन सभी शब्दों में क्रिया रूप के परीक्षण संबंधी नियमों की आवश्यकता होती है। यहाँ ध्यान रखने वाली बात है कि प्रत्येक स्थान पर आने वाले शब्द अलग-अलग प्रकार से नियंत्रित होते हैं। अत: उनके लिए भिन्न-भिन्न प्रकार से नियम लिखे जाते हैं। इन नियमों को आगे दिया जा रहा है—

(1) **अंतिम शब्द संबंधी नियम :** हिंदी वाक्यों में क्रिया पदबंध का अंतिम शब्द अधिक महत्त्वपूर्ण होता है। इस स्थान पर मुख्य क्रिया और सहायक दोनों आ सकती हैं। इसके अतिरिक्त मुख्य क्रियाएँ अंतिम स्थान पर अपने सभी रूपों में आ सकती हैं। इसलिए अंतिम स्थान पर क्रिया रूप परीक्षण संबंधी नियम सबसे अधिक होते हैं। अंतिम स्थान पर आने वाली सहायक क्रियाओं और मुख्य क्रियाओं के रूपों हेतु नियम इस प्रकार दिए जा सकते हैं—

(i) ***सहायक क्रिया संबंधी नियम***

- ***सामान्य नियम***

1) यदि सहायक क्रिया 'चाहिए' है तो कोई परीक्षण नहीं करना है। ('चाहिए' क्रिया का किसी भी कर्ता के साथ रूप नहीं बदलता है।) जैसे—मुझे जाना चाहिए।; मोहन को आम चाहिए।; उन लोगों को जलेबी चाहिए आदि।

2) कोप्यूला वाक्यों (जिनमें मुख्य क्रिया नहीं होती) के आरंभ में 'यदि' या 'अगर' आने पर वाक्य का कर्ता शब्द कुछ भी हो (**मैं** सर्वनाम छोड़कर), अंत में वर्तमानकाल में एकवचन होने पर 'हो' और बहुवचन होने पर 'हों' सहायक क्रियाओं

का प्रयोग होता है, जैसे—***यदि*** रमेश डॉक्टर हो।; ***यदि*** आप सहमत ***हों*** आदि।

- ***संज्ञा संबंधी नियम***

3) यदि कर्ता एकवचन, पुल्लिंग (NNms या NNPm) हो, तो 'है', 'था' और 'होगा' सहायक क्रियाओं का प्रयोग होगा। किसी अन्य सहायक क्रिया के आने पर गलत प्रदर्शित किया जाए, जैसे—

➢ **मोहन** डॉक्टर है। → *मोहन डॉक्टर हैं/हो/हूँ।

➢ ***लड़का*** विद्यालय जाता था। → * लड़का विद्यालय जाता थे/थी।

4) यदि कर्ता एकवचन/बहुवचन, पुल्लिंग (NNm2, जैसे—घर, मकान, पेड़ आदि) हो, तो 'है', 'था', 'होगा', 'हैं' 'थे', 'होंगे' सहायक क्रियाओं का प्रयोग होगा। किसी अन्य सहायक क्रिया के आने पर गलत प्रदर्शित किया जाए, जैसे—

➢ ***घर*** बहुत छोटा है/था। → *घर बहुत छोटा हो/हूँ/थी।

➢ ***घर*** बहुत छोटे हैं/थे। → *घर बहुत छोटे हो/हूँ/थी।

5) यदि कर्ता बहुवचन, पुल्लिंग (NNmp, जैसे—लड़के, कौए आदि) हो, तो 'हैं' 'थे', 'होंगे' सहायक क्रियाओं का प्रयोग होगा। किसी अन्य सहायक क्रिया के आने पर गलत प्रदर्शित किया जाए, जैसे—

➢ ***लड़के*** घर जाते हैं। → * लड़के घर जाते है/हो/हूँ।

6) यदि कर्ता एकवचन, स्त्रीलिंग (NNfs या NNPf) हो, तो 'है', 'थी' और 'होगी' सहायक क्रियाओं का प्रयोग होगा। किसी अन्य सहायक क्रिया के आने पर गलत प्रदर्शित किया जाए, जैसे—

➢ ***लड़की*** घर जाती है। → * लड़की घर जाती हैं/हो/हूँ।

➢ ***सरला*** घर जाती थी। → * सरला घर जाती था/थे/थीं।

7) यदि कर्ता बहुवचन, स्त्रीलिंग (NNfp) हो, तो 'हैं', 'थीं' और 'होंगी' सहायक क्रियाओं का प्रयोग होगा। कोई अन्य सहायक क्रिया आने पर गलत प्रदर्शित किया जाए, जैसे—

➢ ***लड़कियाँ*** घर जाती हैं। → * लड़कियाँ घर जाती है/हो/हूँ।

➢ ***सरला और मोहिनी*** घर जाती थीं। → * सरला और मोहिनी घर जाती था/थे/थी।

- ***सर्वनाम संबंधी नियम***

8) यदि कर्ता "मैं" हो, तो 'हूँ', 'था', 'थी' सहायक क्रियाओं का प्रयोग होगा। किसी अन्य सहायक क्रिया के आने पर गलत प्रदर्शित किया जाए।

9) यदि कर्ता "हम" या "वे" (+ लोग) या "आप" हो, तो 'हैं', 'थे', 'थीं', 'होंगे', 'होंगी' सहायक क्रियाओं का प्रयोग होगा। किसी अन्य सहायक क्रिया के आने पर गलत प्रदर्शित किया जाए।

10) यदि कर्ता "तुम" हो, तो 'हो', 'थे', 'थी', 'होगे', 'होगी' सहायक क्रियाओं का प्रयोग होगा। किसी अन्य सहायक क्रिया के आने पर गलत प्रदर्शित किया जाए।

11) यदि कर्ता "तू" या "वह" हो, तो 'है, 'था', 'थी', 'होगा', 'होगी' सहायक क्रियाओं का प्रयोग होगा। किसी अन्य सहायक क्रिया के आने पर गलत प्रदर्शित किया जाए।

(ii) मुख्य क्रिया संबंधी नियम

हिंदी वाक्यों में अंत में क्रिया पदबंध होने पर अंतिम स्थान पर 'सहायक क्रिया' के अतिरिक्त 'मुख्य क्रिया' भी आती है, क्योंकि हिंदी में केवल मुख्य क्रिया में भी लिंग, वचन, पुरुष, काल, पक्ष और वृत्ति आदि के प्रत्यय जुड़ते हैं। अंतिम स्थान पर मुख्य क्रिया के सभी रूप प्रयुक्त होते हैं, जिनकी संख्या 20 से अधिक है। अत: इस स्थान के लिए क्रिया संबंधी सबसे अधिक नियमों की आवश्यकता होती है। ये नियम कर्ता के लिंग, वचन और पुरुष संबंधी स्थितियों के अनुरूप बनाए जाते हैं, इसलिए इन्हीं के अनुसार क्रियारूपों के टैग बनाकर ये नियम दिए जाते हैं। व्याकरण जाँच की दृष्टि से आवश्यक क्रियारूपों के टैग निम्नलिखित हैं—

क्र.सं.	टैग	रूप	उदाहरण
1	VBMS	पुल्लिंग, एकवचन	चलता, चला, चलेगा
2	VBFS	स्त्रीलिंग, एकवचन	चलती, चली, चलेगी
3	VBM2 (VBMS/VBMP)	पुल्लिंग, एकवचन/ बहुवचन	चलता, चलते, चला, चले, चलेगा, चलेंगे
4	VBMP	पुल्लिंग, बहुवचन	चलते, चले, चलेंगे
5	VBFP	स्त्रीलिंग, बहुवचन	चलती, चली, चलेंगी
6	VBMA	केवल 'मैं' के लिए प्रयुक्त रूप	चलूँगा, चलूँगी, चलूँ
7	VBTM	केवल 'तुम' के लिए प्रयुक्त रूप	चलो, चलोगे
8	VBAP	केवल 'आप' के लिए प्रयुक्त रूप	चलिए, चलिएगा

नोट : सामान्यत: क्रिया के '-ता/ती/ते' रूप का प्रयोग अंतिम स्थान पर नहीं होता। सामान्य प्रयोगों में इसके साथ सहायक क्रिया आती है। केवल 'शायद, काश' आदि वाले प्रयोगों और 'यदि...तो' वाले प्रयोगों के साथ आता है, जैसे—

- ***काश*** वह घर आता।
- ***शायद*** वे लोग बच जाते।
- ***यदि*** गाड़ी चल देती, ***तो*** हम लोग नहीं पहुँच पाते।

कर्ता और अंतिम स्थान पर मुख्य क्रिया संबंधी नियम इस प्रकार हैं—

- ***संज्ञा संबंधी नियम***

1) यदि कर्ता एकवचन, पुल्लिंग (NNms या NNPm) हो, तो मुख्य क्रिया के VBMS रूप का प्रयोग होगा। मुख्य क्रिया के किसी अन्य रूप का प्रयोग गलत होगा।
2) यदि कर्ता एकवचन/बहुवचन, पुल्लिंग (NNm2) हो, तो मुख्य क्रिया के VBMS/VBMP रूपों का प्रयोग होगा। किसी अन्य रूप के आने पर गलत प्रदर्शित किया जाए।
3) यदि कर्ता बहुवचन, पुल्लिंग (NNmp) हो, तो मुख्य क्रिया के VBMP रूप का प्रयोग होगा। मुख्य क्रिया के किसी अन्य रूप के आने पर गलत प्रदर्शित किया जाए।
4) यदि कर्ता एकवचन, स्त्रीलिंग (NNfs या NNPf) हो, तो मुख्य क्रिया के VBFS रूप का प्रयोग होगा। मुख्य क्रिया के किसी अन्य रूप के आने पर गलत प्रदर्शित किया जाए।
5) यदि कर्ता बहुवचन, स्त्रीलिंग (NNfp) हो, तो मुख्य क्रिया के VBFP रूप का प्रयोग होगा। मुख्य क्रिया के किसी अन्य रूप के आने पर गलत प्रदर्शित किया जाए।

- ***सर्वनाम संबंधी नियम***

6) यदि कर्ता "मैं" हो, तो मुख्य क्रिया के VBMS, VBFS और VBMA रूपों का प्रयोग होगा। मुख्य क्रिया के किसी अन्य रूप के आने पर गलत प्रदर्शित किया जाए।
7) यदि कर्ता "हम" या "वे" (+ लोग) हो, तो मुख्य क्रिया के VBMP, VBFP रूपों का प्रयोग होगा। मुख्य क्रिया के किसी अन्य रूप के आने पर गलत प्रदर्शित किया जाए।
8) यदि कर्ता "आप" हो, तो मुख्य क्रिया के VBMP और VBAP रूपों का प्रयोग होगा। मुख्य क्रिया के किसी अन्य रूप के आने पर गलत प्रदर्शित किया जाए।

9) यदि कर्ता ''तुम'' हो, तो मुख्य क्रिया के VBMP और VBTM रूपों का प्रयोग होगा। मुख्य क्रिया के अन्य रूपों के आने पर गलत प्रदर्शित किया जाए।

10) यदि कर्ता ''तू'' या ''वह'' हो, तो मुख्य क्रिया के VBMS, VBFS रूपों का प्रयोग होगा। इनके अलावा किसी अन्य रूप के आने पर गलत प्रदर्शित किया जाए।

नोट : मुख्य क्रिया और सहायक क्रिया के नियमों का प्रयोग एक ही तर्क (Logic) के अंतर्गत भी किया जा सकता है। यदि प्रोग्राम कर्ता के क्रम में लिखा जा रहा है, तो दोनों नियम एक ही तर्क के अंतर्गत आ सकते हैं।

(2) अंतिम दूसरा शब्द संबंधी नियम : अंतिम दूसरा शब्द मुख्य क्रिया, सहायक क्रिया या रंजक क्रिया होता है। रूपरचना की दृष्टि से इसमें मुख्य क्रिया संबंधी नियम ही लगते हैं। वे भी बहुत सीमित मात्रा में, क्योंकि यहाँ पर क्रिया के भविष्यकालिक, आदेशात्मक और शर्तपरक (Condtional) रूप प्राय: प्रयोग में नहीं आते। अंतिम स्थान के अतिरिक्त अन्य किसी भी स्थान पर प्रयुक्त क्रिया पर 'पुरुष' का प्रभाव नहीं पड़ता। इसलिए इस स्थान पर केवल लिंग और वचन के आधार पर बनने वाले क्रियारूपों का ही परीक्षण करना है। ऐसी स्थिति में एकवचन की तरह प्रयुक्त होने वाले सर्वनामों को एकवचन में और बहुवचन की तरह प्रयुक्त होने वाले सर्वनामों को बहुवचन में रखकर नियम एक साथ ही निर्मित हो जाएँगे। यहाँ ध्यान दें कि क्रिया पदबंध के अंतिम दूसरे शब्द की बात हो रही है, वाक्य के दूसरे शब्द की नहीं।

अत: इसके लिए अपेक्षाकृत कम नियमों की आवश्यकता पड़ती है। दूसरे शब्द के लिए प्रयुक्त होने वाले नियम निम्नलिखित हैं—

- ***संज्ञा संबंधी नियम***

1) यदि कर्ता एकवचन, पुल्लिंग (NNms या NNPm) हो, तो मुख्य क्रिया के VBMS रूप का प्रयोग होगा। मुख्य क्रिया के किसी अन्य रूप के आने पर गलत प्रदर्शित किया जाए।

2) यदि कर्ता एकवचन/बहुवचन, पुल्लिंग (NNm2) हो, तो मुख्य क्रिया के VBMS/VBMP रूपों का प्रयोग होगा। मुख्य क्रिया के किसी अन्य रूप के आने पर गलत प्रदर्शित किया जाए।

3) यदि कर्ता बहुवचन, पुल्लिंग (NNm3, NNm4) हो, तो मुख्य क्रिया के VBMP रूप का प्रयोग होगा। मुख्य क्रिया के किसी अन्य रूप के आने पर गलत प्रदर्शित किया जाए।

4) यदि कर्ता एकवचन/ बहुवचन, स्त्रीलिंग (NNfs या NNPf या NNfp) हो, तो मुख्य क्रिया के VBFS रूप का प्रयोग होगा। मुख्य क्रिया के किसी अन्य रूप के आने पर गलत प्रदर्शित किया जाए।

- ***सर्वनाम संबंधी नियम***

5) यदि कर्ता 'मैं' या 'तू' या 'वह' हो, तो मुख्य क्रिया के VBMS और VBFS रूपों का प्रयोग होगा। मुख्य क्रिया के किसी अन्य रूप के आने पर गलत प्रदर्शित किया जाए।

6) यदि कर्ता 'हम (लोग)' या 'तुम (लोग)' या 'वे (लोग)' या 'आप (लोग)' हो, तो मुख्य क्रिया के VBMP या VBFP रूप का प्रयोग होगा। मुख्य क्रिया के किसी अन्य रूप के आने पर गलत प्रदर्शित किया जाए।

नोट : इनके अतिरिक्त एक सामान्य नियम यह हो सकता है—यदि दूसरे (तीसरे/चौथे) स्थान पर VBMA, VBAP या VBTM रूप आते हैं तो उसे गलत प्रदर्शित करे।

- **विशेषण संबंधी नियम**

अंतिम दूसरा शब्द क्रिया के अतिरिक्त विशेषण भी होता है। ऐसी स्थिति कोप्यूला वाक्यों में होती है, जैसे—लड़का ***अच्छा*** है; लड़के ***अच्छे*** हैं; लड़की ***अच्छी*** है आदि। इनमें भी कर्ता संबंधी उपर्युक्त नियम ही लागू होते हैं। केवल टैग क्रिया के स्थान पर विशेषण के हो जाते हैं। विशेषण हेतु प्रयुक्त उपर्युक्त नियम इस प्रकार हैं—

1) यदि कर्ता एकवचन, पुल्लिंग (NNms या NNPm) हो, तो विशेषण के ADJA रूप का प्रयोग होगा। किसी अन्य रूप के आने पर गलत प्रदर्शित किया जाए।

2) यदि कर्ता एकवचन/बहुवचन, पुल्लिग (NNm2) हो, तो विशेषण के ADJA/ADJE रूपों का प्रयोग होगा। किसी अन्य रूप के आने पर गलत प्रदर्शित किया जाए।

3) यदि कर्ता बहुवचन, पुल्लिग (NNmp) हो, तो विशेषण के ADJE रूप का प्रयोग होगा। किसी अन्य रूप के आने पर गलत प्रदर्शित किया जाए।

4) यदि कर्ता एकवचन बहुवचन, स्त्रीलिंग (NNfs या NNPf या NNfp) हो, तो विशेषण के ADJI रूप का प्रयोग होगा। किसी अन्य रूप के आने पर गलत प्रदर्शित किया जाए।

- ***सर्वनाम संबंधी नियम***

5) यदि कर्ता 'मैं' या 'तू' या 'वह' हो, तो विशेषण के ADJA और ADJI रूपों का प्रयोग होगा। किसी अन्य रूप के आने पर गलत प्रदर्शित किया जाए।

6) यदि कर्ता 'हम (लोग)' या 'तुम (लोग)' या 'वे (लोग)' या 'आप (लोग)' हो, तो विशेषण के ADJE या ADJI रूपों का प्रयोग होगा। किसी अन्य रूप के आने पर गलत प्रदर्शित किया जाए।

(3) **अंतिम तीसरा और चौथा शब्द संबंधी नियम :** जो नियम अंतिम दूसरे शब्द के लिए लागू होते हैं, वे ही अंतिम तीसरे और चौथे आदि शब्दों के लिए लागू होते हैं। इसलिए उन्हें यहाँ दुहराने की आवश्यकता नहीं है। ऐसे वाक्य बहुत कम ही बनते हैं, जिनमें चौथे स्थान पर क्रिया शब्द मुख्य क्रिया के अंग के रूप में आए। फिर भी कुछ वाक्य रचनाएँ देखी जा सकती हैं, जैसे—

➢ ***वह*** क्यों नहीं ***चला*** जा रहा है।

➢ ***तुम*** कैसे ***करते*** ही रहते हो?

➢ ***गाड़ी चलती*** चली जा रही है।

मुख्य रूप से चौथे स्थान पर क्रिया शब्द तभी आता है जब संयुक्त क्रिया या यौगिक क्रिया के साथ पक्षात्मक और सहायक क्रियाओं का प्रयोग होता है।

विशिष्ट नियम :

(1) कुछ वाक्यों में चौथे स्थान पर प्रयुक्त होने वाली मुख्य क्रिया पाँचवे स्थान पर आ जाती है और इसके बाद तीसरे या चौथे स्थान पर कोई निपात आ जाता है, फिर क्रिया पदबंध के अन्य घटक रहते हैं, जैसे—

➢ सड़क ***फैलती*** ही जा रही है।

(2) कुछ वाक्य रचनाओं में मुख्य क्रिया और पक्षात्मक क्रिया के बीच नकारात्मक शब्द (नहीं) भी आ जाता है, जैसे—

➢ मुझसे ***चला*** नहीं जा रहा है।

(3) कुछ वाक्य रचनाओं में मुख्य क्रिया के बाद निपात और नकारात्मक शब्द दोनों आ जाते हैं, जैसे—

➢ मुझसे ***चला*** ही नहीं जा रहा है।

(4) कुछ वाक्य रचनाओं में अंत में 'न' का प्रयोग होता है, जैसे—

➢ तुम ***चल*** पा रहे हो न।

25.6.3 मिश्र वाक्य संबंधी नियम

हिंदी में मिश्र वाक्यों की रचना एक मुख्य उपवाक्य और एक आश्रित उपवाक्य को मिलाने से होती है। मुख्य उपवाक्य के पूर्ण होने के बाद आश्रित उपवाक्य आता है, जो एक योजक (Conjuction) से जुड़ा होता है। व्याकरण जाँचक द्वारा दोनों उपवाक्यों का अलग-अलग परीक्षण किया जाता है। इसके लिए मुख्य उपवाक्य के 'अंत स्थान और योजक' दोनों को चिह्नित किया जाता है। तत्पश्चात् इनसे दोनों उपवाक्यों को अलग-अलग करके उनमें वाक्य स्तरीय अन्विति देखी जाती है। मुख्य रूप से इसकी दो स्थितियाँ हो सकती हैं—

सहायक क्रिया + योजक

- वह कह रहा ***था कि*** तुम जाओगे।
- मैं मानता ***हूँ कि*** मोहन यह काम कर लेगा।
- मुझे वह लड़का मिला ***है जो*** कल भागा था।

मुख्य क्रिया + योजक/निपात

- उसने ***कहा कि*** मैं वापस आऊँगा।
- मैंने ***देखा तो*** वह रो रहा था।

अत: 'सहायक क्रिया/मुख्य क्रिया + योजक' द्वारा दोनों उपवाक्यों को खंडित करके दोनों का परीक्षण किया जा सकता है। इनमें योजक और उपवाक्य की प्रकृति द्वारा यह निर्धारित करना होता है कि किन स्थितियों में दोनों वाक्यों में अलग-अलग अन्विति कर्ता होंगे, और किन स्थितियों में एक ही उपवाक्य (मुख्य उपवाक्य) का अन्विति कर्ता दोनों उपवाक्यों के क्रिया पदबंधों के लिए कार्य करेगा। उदाहरण के लिए निम्नलिखित वाक्यों को देखें—

- सोहन ने कहा था कि गीता मान जाएगी।
- गीता इतनी कमजोर थी कि मान गई।

उपर्युक्त वाक्यों में से पहले वाक्य में 'कि' द्वारा दो उपवाक्य जुड़े हुए हैं और दोनों में अन्विति कर्ता अलग-अलग हैं। 'कहा था' की अन्विति 'सोहन' से हो रही है और 'मान जाएगी' की अन्विति 'गीता' से हो रही है। दूसरे वाक्य में भी दो उपवाक्य 'कि' द्वारा जुड़े हुए हैं, किंतु इसमें 'थी' तथा 'मान गई' दोनों क्रिया पदबंधों की अन्विति मुख्य उपवाक्य के अन्विति कर्ता 'गीता' से हो रही है। अत: इनके नियम बहुत सटीकता से दिए जाने चाहिए कि कब दोनों उपवाक्यों के कर्ता भिन्न-भिन्न होंगे और कब केवल एक ही कर्ता से अन्विति देखी जाएगी। सामान्यत: 'कि' से जुड़ने वाले स्वतंत्र उपवाक्यों (जिसमें मुख्य उपवाक्य में इतना, जितना आदि न आया हो) के कर्ता अलग-अलग होते हैं। इसी प्रकार 'जो' (तथा इसके तिर्यक रूपों 'जिस'...) से बनने वाले आश्रित उपवाक्यों के क्रिया पदबंध की अन्विति मुख्य उपवाक्य के कर्ता पदबंध से ही होती है। जिन वाक्यों के दोनों उपवाक्यों में योजक

(जितना...उतना, जो...वह, जिस...उस आदि) होते हैं, उनका कर्ता अनिश्चित होता है। इन पर नियम निर्माण के लिए अभी गहन शोध की आवश्यकता है।

25.6.4 संयुक्त वाक्य संबंधी नियम

मिश्र वाक्यों की तरह ही संयुक्त वाक्यों में भी दो उपवाक्य होते हैं। इसलिए यह अपेक्षा की जाती है कि इनमें दो कर्ता आएँगे और दो मुख्य क्रियाएँ आएँगी। किंतु सदैव ऐसा नहीं होता। मिश्र उपवाक्यों के योजक चिह्न बहुत कम (कि, जो, तो, ताकि आदि) हैं। इनकी अपेक्षा संयुक्त वाक्यों में प्रयुक्त होने वाले समुच्चयबोधकों की संख्या अधिक है। साथ ही वे कई प्रकार के होते हैं, जैसे—

संयोजक : और, तथा, एवं, व

विभाजक : अथवा, या, चाहे, न कि

विरोधवाची : किंतु, परंतु, लेकिन, बल्कि, मगर, पर

अतः संयुक्त वाक्यों में भी मिश्र वाक्यों की तरह सबसे पहले उस बिंदु को ढूँढ़ना होगा जहाँ से दोनों उपवाक्यों को अलग-अलग चिह्नित किया जा सके। इसके लिए भी दो प्रकार के चिह्नन नियम दिए जा सकते हैं—

सहायक क्रिया + योजक

- वह मार रहा ***था और*** तुम देख रहे थे।
- मैं घर जा रहा ***हूँ*** ***लेकिन*** तुम यहीं काम करोगे।
- मुझे आम मिला है मगर अभी वह कच्चा है।

मुख्य क्रिया + योजक

- वह घर चला ***गया*** और मैं वापस आ गया।
- मैंने मैच ***देखा पर*** सीमा ने फिल्म देखी।

इस प्रकार से संयुक्त वाक्यों में आए दोनों उपवाक्यों को अलग-अलग करके अन्विति कर्ता और क्रिया पदबंध की स्थितियों का परीक्षण किया जा सकता है। संयुक्त वाक्यों के परीक्षण में 'संयोजक संबंध' व्यक्त करने वाले समुच्चयबोधकों (और, तथा, एवं, व) के साथ एक समस्या आती है कि कभी ये दो उपवाक्यों को जोड़ते हैं तो कभी दो पदबंधों को और कभी दो शब्दों को। अतः इनके आने पर यह परीक्षण भी करना होता है कि इनके द्वारा किस स्तर की इकाइयों को जोड़ा गया है। सामान्यतः क्रिया पदबंध के बाद योजकों का प्रयोग होने पर दो उपवाक्य ही जोड़े जाते हैं किंतु दूसरा उपवाक्य पूर्ण उपवाक्य होगा, या अल्पांग उपवाक्य? यह निर्धारित नहीं होता। जब दूसरा उपवाक्य अल्पांग होता है तो सामान्यतः उसका कर्ता पहले उपवाक्य वाला ही होता है, क्योंकि वह लुप्त रहता है, जैसे—

- मोहन बाजार जाएगा और सीता आम खरीदेगी।
- मोहन बाजार जाएगा और सीता से आम खरीदेगा। (लुप्त पद = वह)

उपर्युक्त उदाहरण वाक्यों में से पहले वाक्य में दो स्वतंत्र कर्ता हैं जबकि दूसरे वाक्य में एक ही कर्ता है और इसके दूसरे उपवाक्य में लुप्त है। इसलिए संयुक्त वाक्यों के संसाधन में कर्ता अभिज्ञान और निर्धारण संबंधी नियम गहन स्तर पर दिए जाने चाहिए। बिना गहन स्तर के पद-विच्छेदन (Deep Parsing) किए यह निर्धारित नहीं किया जा सकता कि कौन-सा घटक वाक्य में वास्तविक कर्ता है।

25.7 वाक्य संसाधन संबंधी चुनौतियाँ

मशीन में वाक्य संसाधन एक बहुत ही जटिल कार्य है। इसमें कोश और अर्थ की दृष्टि से जहाँ संदिग्धार्थकता और बहुअर्थकता संबंधी समस्याएँ आती रहती हैं, वहीं टैग के स्तर पर भी कई प्रकार की समस्याएँ आती हैं। चूँकि कंप्यूटर एक डमी मशीन है। यह उतना ही समझ सकता है, जितना समझने के लिए इसमें नियम दिए जाते हैं। किंतु इसकी गति बहुत तेज होती है और यह प्रत्येक नियम को 'सामान्यीकृत' (Generalize) करते हुए प्रयोग करता है। इसलिए कई स्थानों पर समस्या भी उत्पन्न हो जाती है। ये समस्याएँ हिंदी सीखने वाले विदेशी विद्यार्थियों (या वे विद्यार्थी जो हिंदी को द्वितीय भाषा के रूप में सीख रहे हैं, और जिन्हें पहले से हिंदी का कोई ज्ञान नहीं है।) को भी आती है। किंतु मानव मस्तिष्क की रचनात्मक क्षमता के कारण वे विशेष परिस्थिति वाले नियमों (अपवादों) को भी अलग से याद रा लेते हैं। कंप्यूटर में ऐसा करने पर जटिलता बढ़ जाती है। देवनागरी में हिंदी लेखन में कुछ शब्दों को मिलाकर अथवा अलग-अलग लिखने संबंधी समस्या देखी जा सकती है। इस कारण विभिन्न पाठों में एकरूपता का अभाव भी नजर आता है। उदाहरण के लिए कुछ समस्याएँ इस प्रकार है—

25.7.1 परसर्ग प्रयोग संबंधी समस्या

हिंदी में परसर्गों का प्रयोग होता है जिन्हें संस्कृत की विभक्तियों के समकक्ष माना जाता है। ये विभक्तियों की ही तरह कार्य करते हैं, किंतु लेखन में शब्दों के साथ इनका प्रयोग कभी संबंधित शब्द के साथ मिलाकर तो कभी अलग किया जाता है। परसर्ग निम्नलिखित शब्दवर्गों के शब्दों के बाद आते हैं—

संज्ञा के बाद → संज्ञा के बाद सामान्यत: परसर्ग अलग ही लिखे जाते हैं, जैसे—

- ***लड़के ने*** गेंद फेंक दी।
- अगले वर्ष ***सावन को*** आने दो।
- इस ***पंखे से*** हवा नहीं आती।
- इस ***बात का*** कोई जवाब नहीं।

➢ ***कहानी में*** कदम है।

➢ आपकी कलम ***मेज पर*** रखी हुई है।

संज्ञा के बाद परसर्ग लगाने का स्पष्ट नियम है कि परसर्ग को संज्ञा से अलग लिखा जाएगा। किंतु फिर भी कुछ लेखक यहाँ तक कि कोशकार भी परसर्गों को संज्ञा के साथ मिलाकर लिखते हैं, जैसे—ज्ञानमंडल द्वारा प्रकाशित 'बृहत् हिंदी कोश' (प्रथम संस्करण, 2009) की भूमिका का पहला ही वाक्य है—

"इस ***कोशके निर्माणका*** कार्य ***आजसे*** कई वर्षों पहले आरंभ हुआ था।"

इस कारण कंप्यूटर को 'संज्ञा + परसर्ग' संबंधी नियम देने में समस्या आती है। इसके अलावा *विशेष रचनाओं में 'संज्ञा + परसर्ग' के बीच निपात भी आ सकते हैं, (जैसे—इस ***कमरे ही से*** काम चलाना पड़ेगा।)

सर्वनाम के बाद → परसर्ग को सर्वनाम के साथ मिलाकर लिखा जाता है, जैसे—

➢ ***तुमने*** यह कहाँ से सीखा?

➢ ***उसको*** क्या चाहिए?

➢ ***आपसे*** यह काम नहीं होगा।

➢ तब ***उसका*** क्या होगा?

➢ अब ***मुझमें*** और हिमत नहीं रही।

➢ ***हमपर*** इतना एहसान कर दीजिए।

सर्वनाम के बाद दो परसर्गों का प्रयोग होने पर पहले को मिलाकर और दूसरे को अलग लिखा जाता है, जैसे—

➢ ***तुममें से*** कौन यह कर सकता है?

➢ ***हममे से*** कोई नहीं जाएगा।

सर्वनाम और परसर्ग के बीच निपात आने पर परसर्ग को अलग लिखा जाता है, जैसे—

➢ ***तुम्हीं ने*** यह किया होगा।

किंतु कुछ लोगों द्वारा इन्हें मिलाकर भी लिखा जाता है, जैसे—

➢ ***तुम्हींने*** यह किया होगा।

नोट : सर्वनाम और परसर्ग के बीच मूलतः 'ही' (और कभी-कभी 'तक') निपातों का ही प्रयोग संभव है।

क्रिया के बाद → क्रिया के बाद 'ने' के अलावा अन्य सभी परसर्गों का प्रयोग होता है, केवल 'ने' परसर्ग नहीं आता। परसर्गों को क्रिया से अलग लिखा जाता है, जैसे—

➢ मैंने तभी तुम्हें ***चलने को*** कहा था।

➢ सुबह-सुबह ***टहलने से*** स्वास्थ्य अच्छा रहता है।

- देर तक ***जगने का*** कोई फायदा नहीं है।
- मझे ***चलने में*** कोई परेशानी नहीं है।
- तुम ***बोलने पर*** ही चलोगे क्या?

विशेषण के बाद → विशेषण के बाद तभी परसर्ग आता है, जब वह संज्ञा का प्रकार्य संपन्न करता है। इस कारण सामान्यतः उन्हीं विशेषणों के साथ परसर्ग आते हैं जो '+मानव' संज्ञाओं के साथ प्रयुक्त होते हैं। विशेषणों के साथ भी परसर्ग अलग लिखे जाते हैं, जैसे—

- ***बूढ़े ने*** यह कर दिखाया।
- यह सामान ***काले को*** दे दो।
- तुम्हारा काम इस ***दुबले से*** नहीं होगा।
- इस ***बूढ़ी के*** साथ तुम चले जाओ।
- इन ***दुखियारों में*** चलने का साहस नहीं रहा।
- अब तो इस ***गुमनाम पर*** ध्यान दो।

प्रश्नवाचक शब्द के बाद → सर्वनाम की तरह कार्य करने वाले प्रश्नवाचक शब्दों के बाद भी परसर्गों का प्रयोग होता है। इन्हें मिलाकर ही लिखा जाता है, जैसे—

- ***किसने*** यह काम बिगाड़ा है?
- तुम्हारा सामान ***किसे (किसको)*** दे दिया जाए?
- यह काम ***किससे*** हो जाएगा?
- वह सामान ***किसका*** है?
- तुमने मेरा सामान ***किसमें*** रख दिया है?
- अभी ***किसपर*** प्रतिबंध लगाया गया है?

प्रश्नवाचक शब्दों में परसर्गों का प्रयोग मुख्य रूप से 'कौन' के तिर्यक रूप 'किस' के साथ होता है। जब 'किस' प्रश्नवाचक शब्द का प्रयोग निर्देशक (Demonstrative) के रूप में हुआ हो तब 'किस' और 'परसर्ग' के बीच संबंधित संज्ञा आ भी सकती है और नहीं भी, जैसे—

- मेरी किताबें ***इसमें*** रखी हुई हैं।
- मेरी किताबें ***इस आलमारी में*** रखी हुई हैं।
- मेरी किताबें ***किसमें*** रखी हुई हैं?
- मेरी किताबें ***किस आलमारी में*** रखी हुई हैं?
- यह कलम ***उसकी*** है।
- यह कलम ***उस लड़के की*** है।
- यह कलम ***किसकी*** है?
- यह कलम ***किस लड़के की*** है?

इसके अलावा कुछ अन्य प्रश्नवाचक शब्दों के साथ भी परसर्ग आते हैं किंतु सीमित और विशिष्ट संरचनाओं में, जैसे—

- वह ***क्या से क्या*** हो गया?
- तुम ***कहाँ से कहाँ*** चले गए?
- तुम ***कहाँ के कहाँ*** चले गए?
- ***किधर का*** सामान किधर पड़ा है?
- वह ***कब का*** गया हुआ है?
- तुम ***कब के*** गए हुए हो?
- मैं ***कब से*** बुला रहा हूँ?
- यह सामान ***कितने का*** है?
- ***कितनों का*** उसने कल्याण कर दिया।

'क्या से क्या', 'कहाँ से कहाँ' आदि विशेष प्रकार ही पुनरुक्त संरचनाएँ हैं। किंतु चूँकि इनमें भी प्रश्नवाचक शब्द के बाद परसर्ग आया है, इसलिए इन पर भी विचार आवश्यक है। 'कब' के बाद 'का/के/की' का प्रयोग होने पर यदि परसर्ग के बाद संबंधित संज्ञा आई हो तो 'का' की अन्विति इस संज्ञा से होती है, जैसे—

- यहाँ ***कब का*** पैसा रखा हुआ है?
- यहाँ ***कब की*** रोटी रखी हुई है?

किंतु यदि संज्ञा न आए तो 'कब + का' रचना क्रिया पदबंध का भाग होकर क्रिया-विशेषण का कार्य करने लगती है, और उसकी अन्विति संबंधित कर्ता पदबंध से होती है, जैसा कि उपर्युक्त उदाहरणों में 'वह' के साथ 'कबका' और 'तुम' के साथ 'कब के' का प्रयोग हुआ है। 'कितना' शब्द का प्रयोग संज्ञा की तरह होने पर उसका बहुवचन तिर्यक रूप 'कितनों' भी निर्मित होता है जिसके बाद परसर्ग लगाए जा सकते हैं। प्रश्नवाचक शब्दों के साथ भी परसर्गों के प्रयोग संबंधी नियमों में एकरूपता देखने को नहीं मिलती।

नोट :

- 'क्यों' के साथ कोई परसर्ग नहीं आ सकता है।
- 'किस' और 'कितनों' के अलावा अन्य किसी भी प्रश्नवाचक शब्द के साथ 'ने' और 'को' परसर्ग नहीं आते।
- 'कहाँ' के साथ 'पर' अधिकरणसूचक परसर्ग आ सकता है, किंतु 'में' नहीं आ सकता।
- 'क्या', 'किधर', 'कब' के साथ 'में' और 'पर' परसर्ग नहीं लगते हैं।
- विशेष प्रकार की रचनाओं में प्रयुक्त 'प्रश्नवाचक शब्द + परसर्ग' वाले वाक्य 'प्रश्नवाचक वाक्य' भी हो सकते हैं और 'साधारण वाक्य' भी, जैसा कि उपर्युक्त उदाहरणों में देखा जा सकता है।

अव्यय/क्रिया-विशेषण के बाद → कुछ क्रिया-विशेषण शब्दों के साथ भी परसर्ग प्रयुक्त होते हैं। सामान्यत: ऐसे शब्दों के साथ परसर्ग अलग ही लिखे जाते हैं किंतु सदैव ऐसा हो, यह आवश्यक नहीं है। उदाहरण :

- ***जल्दी में*** काम बिगड़ता है।
- हम लोग ***बाद में*** मिलेंगे।

नियम : इस संदर्भ में मेरा स्पष्ट मत है कि परसर्ग को संबंधित शब्दों से अलग ही लिखा जाना चाहिए, चाहें वे संज्ञा हों या सर्वनाम, क्रिया, विशेषण अथवा क्रिया-विशेषण। इससे कंप्यूटर पर संसाधन और अन्य भाषा के रूप में हिंदी शिक्षण दोनों में सरलता होगी। साथ ही यह एकरूपता की दृष्टि से भी उचित होगा।

25.7.2 वाला प्रयोग संबंधी नियम

परसर्गों की तरह हिंदी में 'वाला' शब्द का भी विभिन्न शब्दवर्गों के शब्दों के साथ प्रयोग होता है और कुछ के साथ इसे मिलाकर लिखा जाता है तो कुछ के साथ अलग। 'वाला' (वाली/वाले) का प्रयोग निम्नलिखित शब्दवर्गों के शब्दों के बाद होता है—

संज्ञा के बाद → संज्ञा के बाद 'वाला' का प्रयोग शीर्ष शब्द से अलग होता है, जैसे—

- ***लड़के वाले*** आए हैं।
- हर वर्ष सावन में ***दुकान वाली*** आती है।
- इस ***पंखे वाला*** स्विच लाकर दो।
- मुझे ***डाइबिटीज वाले*** पसंद नहीं हैं।

संज्ञा के बाद 'वाला' अलग लिखा जाता है। किंतु कुछ लोग इसे मिलाकर भी लिखते हैं।

सर्वनाम के बाद → सर्वनाम के साथ 'वाला' का प्रयोग सीमित मात्रा में होता है। मूल सर्वनामों के साथ 'वाला' का प्रयोग नहीं होता। सर्वनामों के संबंधवाची रूप के साथ इसका प्रयोग होता है, जैसे—

- ***मेरा वाला*** कमरा दिखाओ।
- ***उसकी वाली*** टी.वी. बंद हो गई है।
- ***तेरे वाले*** कपड़े नहीं दिख रहे हैं।

'आप' के साथ 'वाला' का प्रयोग होने पर संबंधवाची (का/की/के) का लोप हो जाता है, इस कारण 'आपका (की/के)' की जगह केवल 'आप' आता है, जैसे—

- ***आपकावाला*** पर्स कहाँ रखा हुआ है। → ***आपवाला*** पर्स कहाँ रखा हुआ है।

- मैंने ***आपकीवाली*** कमीज देखी। → मैंने ***आपवाली*** कमीज देखी।
- ***आपकेवाले*** जूते उसमें फिट नहीं आएँगे। → ***आपवाले*** जूते उसमें फिट नहीं आएँगे।

सर्वनाम के संबंधवाची रूप और 'वाला' के बीच 'ही' निपात आ सकता है। इस स्थिति में निपात और 'वाला' दोनों सर्वनाम से अलग लिखे जाते हैं, जैसे—

- ***मेरा ही वाला*** कमरा दिखाओ।
- ***तेरे ही वाले*** कपड़े नहीं दिख रहे हैं।
- ***आप ही वाले*** जूते उसे चाहिए।

मूल सर्वनाम 'आप' के साथ निपात आने पर उसे सामान्यत: मिलाकर लिखा जाता है।

क्रिया के बाद → क्रिया के बाद 'वाला' का प्रयोग होने पर प्राय: मिलाकर लिखा जाता है, किंतु कुछ लोगों द्वारा अलग भी लिखा जाता है। 'वाला/वाली/वाले' क्रिया के 'ने' रूप के साथ ही प्रयुक्त होते हैं, जैसे—

- गाड़ी अब ***चलनेवाली*** है।
- सुबह-सुबह ***टहलने वाले*** लोग स्वस्थ रहते हैं।
- देर तक ***जलने वाला*** बल्ब लाकर रख दीजिए।

क्रिया और 'वाला' के बीच 'ही' निपात भी आ सकता है, जैसे—

- गाड़ी अब ***चलने ही वाली*** है।
- सुबह-सुबह ***टहलने ही वाले*** लोग स्वस्थ रहते हैं।
- देर तक ***जलने ही वाला*** बल्ब लाकर रख दीजिए।

कुछ विशेष रचनाओं में 'भी' निपात का प्रयोग भी देखा जा सकता है—

- वह सुनने के अलावा ***बोलने भी वाला*** है।

विशेषण के बाद → विशेषण के बाद भी 'वाला' (वाली/वाले) का प्रयोग होता है, जैसे—

- यह सामान ***काले वाले*** बैग में रख दो।
- यह ***अच्छी वाली*** टोपी आप रख लीजिए।
- मैं ***छोटा वाला*** कमरा देख आया।

विशेषण और 'वाला' के बीच 'ही' निपात आ सकता है, जैसे—

- यह सामान ***काले ही वाले*** बैग में रख दो।
- यह ***अच्छी ही वाली*** टोपी आप रख लीजिए।
- मैं ***छोटा ही वाला*** कमरा देख आया।

प्रश्नवाचक शब्द के बाद → प्रश्नवाचक शब्दों में 'कौन-सा (सी/से)' के बाद 'वाला' का प्रयोग होता है, जैसे—

- ➢ आपको ***कौन सा वाला*** मोबाइल चाहिए?
- ➢ उसे ***कौन सी वाली*** साड़ी चाहिए?

जब 'किस' प्रश्नवाचक शब्द के बाद संबंधित संज्ञा आई हो, तो दोनों के बीच 'वाला' का प्रयोग हो सकता है, जैसे—

- ➢ मेरी किताबें ***किस वाली आलमारी*** में रखी हुई हैं?
- ➢ आपने फोन ***किस वाले मोबाइल*** से किया?

इसके अलावा कुछ अन्य प्रश्नवाचक शब्दों के साथ भी 'वाला' का प्रयोग होता है, जैसे—

- ➢ तुम्हें ***कहाँ वाला*** घर चाहिए?
- ➢ ***किधर वाला*** सामान उठा लाए?
- ➢ वह ***कब वाली*** फिल्म है?
- ➢ यह सामान ***कितने वाला*** है?

'क्यों, कैसा (कैसी/कैसे)' आदि प्रश्नवाचक शब्दों के बाद 'वाला' नहीं आता।

अव्यय/क्रिया-विशेषण के बाद → कुछ क्रिया-विशेषण या अव्यय शब्दों के साथ भी 'वाला' (वाली/वाले) का प्रयोग हो जाता है, जैसे—

- ➢ मैं ***जल्दी वाला*** काम नहीं करता।
- ➢ उसके ***बाद वाले*** जूते हमें दे दीजिए।
- ➢ तुमसे ***पहले वाली*** लड़की अभी गई है।

नियम :

इस संदर्भ में मेरा स्पष्ट मत है कि परसर्ग की तरह 'वाला' (वाली/वाले) को भी संबंधित शब्दों से अलग ही लिखा जाना चाहिए, चाहें वे संज्ञा हों या सर्वनाम, क्रिया, विशेषण अथवा क्रिया-विशेषण। इससे कंप्यूटर पर संसाधन और अन्य भाषा के रूप में हिंदी शिक्षण दोनों में सरलता होगी। साथ ही यह एकरूपता की दृष्टि से भी उचित होगा।

25.7.3 संज्ञा + संज्ञा संबंधी रचनाएँ (सामासिक शब्द)

दो संज्ञा शब्दों के योग से बनने वाले सामासिक शब्दों के प्रयोग में भी कभी-कभी समस्यामूलक स्थितियाँ आ जाती है। विशेष रूप से तब, जब इन्हें अलग-अलग लिखा जाता है। सामासिक शब्दों को तीन प्रकार से लिखा जा सकता है—

- दोनों शब्दों को एक साथ मिलाकर, जैसे—भाषाविज्ञान
- दोनों शब्दों के बीच डैश लगाकर, जैसे—भाषा-विज्ञान
- दोनों शब्दों को अलग-अलग, जैसे—भाषा विज्ञान

सामासिक शब्दों को मिलाकर और अलग-अलग लिखने के उदाहरण निम्नलिखित हैं—

- ***भाषाविज्ञान*** बहुत ही रोचक विषय है।
- ***भाषा-विज्ञान*** बहुत ही रोचक विषय है।
- ***भाषा विज्ञान*** बहुत ही रोचक विषय है।

कुछ सामासिक शब्द तीन शब्दों के योग से भी बनते हैं, ऐसे शब्दों को लिखने की निम्नलिखित स्थितियाँ संभव हैं—

- ***समाजभाषाविज्ञान*** में समाज और भाषा के संबंध में अध्ययन होता है।
- ***समाज भाषाविज्ञान*** में समाज और भाषा के संबंध में अध्ययन होता है।
- ***समाजभाषा विज्ञान*** में समाज और भाषा के संबंध में अध्ययन होता है।
- ***समाज-भाषाविज्ञान*** में समाज और भाषा के संबंध में अध्ययन होता है।
- ***समाज भाषा विज्ञान*** में समाज और भाषा के संबंध में अध्ययन होता है।
- ***समाज-भाषा-विज्ञान*** में समाज और भाषा के संबंध में अध्ययन होता है।

इस प्रकार सामासिक शब्दों के लेखन के विविध रूप प्राप्त होते हैं। इनके बारे में मेरा मत है कि सामासिक शब्दों को मिलाकर लिखा जाए, अथवा यदि अलग-अलग लिखना हो तो दोनों के बीच में डैश का प्रयोग किया जाए। इसलिए समाजभाषाविज्ञान और समाज-भाषाविज्ञान जैसे प्रयोग रखना ही ठीक होगा। इससे कंप्यूटर की दृष्टि से संसाधन में सुविधा होगी। उदाहरण के लिए निम्नलिखित दो वाक्यों को देखें—

- ***द्विवेदी बाजार से*** सब्जी लाता है।
- ***साहित्य जगत का*** चमकता सितारा नहीं रहा।

इन दोनों ही वाक्यों के बोल्ड किए हुए तीनों शब्दों का संक्रम (Syntax) NN + NN + PP है, किंतु पहले वाक्य का कर्ता 'द्विवेदी' है, जबकि दूसरे वाक्य का कर्ता 'सितारा' है। इसका कारण है 'साहित्य जगत' एक ही सामासिक शब्द है किंतु इसमें मिले हुए दोनों शब्द अलग-अलग लिखे हुए हैं और इस कारण अभिज्ञान नहीं हो पा रहा है। इसलिए यदि इन्हें कम-से-कम डैश से जोड़ दिया जाए तो अभिज्ञान करने में सरलता हो जाएगी। इस प्रकार के 'NN + NN' वाले अनेक शब्द युग्म पाए जाते हैं, जैसे—समुद्र तट, हिंदी व्याकरण, मानव समाज, गाड़ी संख्या आदि। इसमें आए दोनों शब्द मिलकर एक ही शब्द/शाब्दिक इकाई का कार्य करते हैं।

25.7.4 पुनरुक्त शब्द

सामासिक शब्दों की तरह पुनरुक्त शब्द में भी एक से अधिक शब्द आकर एक ही इकाई का काम करते हैं, किंतु जैसा कि इसके नाम से ही अभिव्यक्त हो रहा है, इसमें दूसरे स्थान पर भी पहला शब्द ही होता है। वह पूर्णतः या आंशिक रूप से समान हो सकता है, जिसे पूर्ण पुनरुक्ति और आंशिक पुनरुक्ति कहा जाता है। शब्दवर्ग की दृष्टि से देखें तो लगभग सभी शब्दवर्ग के शब्दों की पुनरुक्ति होती है, जैसे—

संज्ञा की पुनरुक्ति :

- पूरा शहर ***पानी-पानी*** हो गया। (संज्ञा + संज्ञा - पूर्ण)
- थोड़ा ***पानी-वानी*** लाइए। (संज्ञा + संज्ञा - आंशिक)
- चलिए कुछ ***चाय-पानी*** कर लेते हैं। (संज्ञा + संज्ञा - समवर्गीय)
- आजकल ***देवी-देवताओं*** पर कितना चढ़ावा चढ़ता है। (संज्ञा (मूल) + संज्ञा (रूपसाधित))

क्रिया की पुनरुक्ति :

- इतना तो मैं ***चलते-फिरते*** पढ़ लेता हूँ। (क्रिया + क्रिया - पूर्ण)
- कुछ ***पढ़-लिखकर*** आए या ऐसे ही आ गए। (धातु + क्रिया)

विशेषण की पुनरुक्ति :

- कितने ***सुंदर-सुंदर*** फूल खिले हैं। (विशेषण + विशेषण - पूर्ण)
- मुझे ***मीठी-मीठी*** बातें करने की आदत नहीं। (विशेषण + विशेषण - पूर्ण)
- मुझे ***चिकनी-चुपड़ी*** बातें सुनने की आदत नहीं। (विशेषण + विशेषण - समवर्गीय)

क्रिया-विशेषण की पुनरुक्ति :

- अब तुम्हें ***जल्दी-जल्दी*** चलना चाहिए। (क्रिया-विशेषण + क्रिया-विशेषण - पूर्ण)
- क्या ***फट-फट*** बोल रहे हो। (क्रिया-विशेषण + क्रिया-विशेषण - पूर्ण)
- तुम ***कभी-कभी*** आया करो। (क्रिया-विशेषण + क्रिया-विशेषण - पूर्ण)

प्रश्नवाचक शब्दों की पुनरुक्ति :

यह दो रूपों में होती है, केवल शब्द की पुनरुक्ति और परसर्ग के साथ पुनरुक्ति, जैसे—

- वह ***क्या-क्या*** करता रहता है? (पूर्ण)
- वह ***क्या-से-क्या*** हो गया? (पूर्ण परसर्गीय)
- तुम्हें ***कहाँ-कहाँ*** नहीं ढूँढ़ा? (पूर्ण)
- तुम ***कहाँ-से-कहाँ*** चले गए। (पूर्ण परसर्गीय)

नकारात्मक शब्द की पुनरुक्ति :

- वह देर तक ***ना-ना*** करता रहा। (पूर्ण)
- मुझे ***नहीं-नहीं*** करने की आदत नहीं। (पूर्ण)
- हम कितना भी ***मत-मत*** करें, वह कर ही डालेगा। (पूर्ण)

पुनरुक्त शब्दों के बीच डैश का प्रयोग किया ही जाता है। यदि कोई न करता हो, या यदि किसी को संशय हो तो उसके लिए मेरा स्पष्ट मत है कि पुनरुक्त शब्दों के बीच डैश का प्रयोग होना चाहिए।

25.7.5 मिश्र क्रिया

व्याकरण परीक्षण में पदबंधों को चिह्नित करते समय मिश्र क्रिया संबंधी समस्या भी आती है। किसी भी व्याकरण जाँचक में कर्ता अभिज्ञान हेतु नियम इस प्रकार दिया जाता है कि ***'संज्ञा के बाद परसर्ग, वाला या क्रिदंत आदि न आया*** हो' तो उस संज्ञा को ही कर्ता समझा जाए और उसी के अनुरूप अन्विति हो। किंतु मिश्र क्रिया के परिवेश में यह नियम कार्य नहीं करता है। उदाहरण के लिए निम्नलिखित वाक्यों को देखा जा सकता है—

- मनुष्य में स्वभाव से जीवन में **सुख** पाने की ***लालसा*** होती है।
- उसमें **डॉक्टर** बनने की तीव्र ***अभिलाषा*** है।
- सीता का **सिलाई** करने में ***मन*** नहीं लगता।

इस वाक्य में कर्ता अभिज्ञान नियम के अनुसार 'सुख' शब्द कर्ता (अन्विति का शीर्ष) है, क्योंकि उसके बाद संज्ञा पदबंध का समापक नहीं आया है। किंतु वास्तविक वाक्य रचना में 'लालसा' शब्द कर्ता (अन्विति का शीर्ष) है, क्योंकि 'सुख पाना' एक इकाई है और इसके बाद परसर्ग आया है। इसी प्रकार 'डॉक्टर'—'अभिलाषा' तथा 'सिलाई'—'मन' शब्दों को देखा जा सकता है।

अतः कर्ता अभिज्ञान या पदबंध चिह्नन के लिए मिश्र क्रियाओं के अभिज्ञान की भी आवश्यकता है। इस पर व्यवस्थित रूप से कार्य करके अलग से नियम दिए जाने के बाद ही सही अभिज्ञान हो पाएगा, और प्रणाली द्वारा ठीक आउटपुट दिया जा सकता है।

25.7.6 क्रियाओं के ना-ने-नी रूप

हिंदी में क्रियाओं के 'ना', 'ने' और 'नी' रूप भी बनते हैं जो मुख्य क्रिया के भाग और कृदंतीय प्रयोगों के रूप में प्रयुक्त होते हैं। किंतु ये रूप बिल्कुल उसी तरह नहीं होते, जैसे 'ता', 'ते' और 'ती' रूप अथवा 'या', 'ए' और 'ई' रूप होते हैं, बल्कि इनके प्रयोग में वैविध्य प्राप्त होता है। इनके प्रकार्य स्थान अलग-अलग होते हैं। कई ऐसे वाक्यात्मक पारिवेश प्राप्त होते हैं जहाँ 'ना' रूप का प्रयोग होता है

किंतु 'ने' और 'नी' रूप नहीं आते, तथा यदि ये आते हैं तो कुछ शर्तों में आते हैं, उदाहरण के लिए निम्नलिखित को देखा जा सकता है—

(1) 'चाहिए' और 'पड़' परिवेश

'चाहिए' परिवेश में इन तीनों रूपों का प्रयोग होता है, किंतु कर्ता '+मानव' नहीं होता। इस प्रकार के वाक्यों में '+मानव' कर्ता सदैव अपने 'को परिवेश' में आता है। इस कारण कर्ता से अन्विति नहीं होती और यदि वाक्य में कर्म उपलब्ध होता है तो उससे अन्विति होती है नहीं तो फिर क्रिया स्वतंत्र (एकवचन, पुल्लिंग) रहती है, जैसे—

- मुझे घर ***चलना*** चाहिए।
- तुम्हें ***खाना*** चाहिए।
- तुम्हें मिठाई ***खानी*** चाहिए।
- इस पेड़ में अब फल ***लगने*** चाहिए।

जब 'पड़' क्रियारूपों का प्रयोग वृत्ति प्रदर्शित करने के लिए होता है तो 'चाहिए' की तरह ही ना/ने/नी रूप बनते हैं, जैसे—

- आज मुझे खाना ***बनाना*** पड़ा।
- आज मुझे लड्डू ***बनाने*** पड़े।
- आज मुझे मिठाई ***बनानी*** पड़ी।

(2) 'संयुक्त क्रिया' परिवेश

संयुक्त क्रिया परिवेश में सामान्यत: 'ना' और 'नी' रूप नहीं आते, जैसे—

- गाड़ी ***चलने*** लगी।

(3) '+ परसर्ग' परिवेश

किसी भी क्रिया के बाद परसर्ग आने पर केवल 'ने' रूप का ही प्रयोग होता है, 'ना/ नी' रूपों का प्रयोग नहीं होता, जैसे—

- मुझे ***टहलने में*** आनंद आता है।
- मैंने उसे ***टहलने को*** कहा।

25.7.7 विशेषण का संज्ञा पदबंध और क्रिया पदबंध दोनों के साथ आना

अधिकांश विशेषण शब्द संज्ञा पदबंध और क्रिया पदबंध दोनों के साथ आते हैं। संज्ञा पदबंध के घटक के रूप में आने पर ये संबद्ध संज्ञा शब्द (शीर्ष) से पूर्व आते हैं (जैसे—***अच्छा*** लड़का है) और क्रिया पदबंध के साथ आने पर ये संबद्ध संज्ञा के बाद आते हैं (जैसे—मिठाई ***अच्छी*** है)। यहाँ ये पूरक या

क्रिया-विशेषण का कार्य करते हैं और इनकी अन्विति संबद्ध पूर्व संज्ञा शब्द से होती है, जैसे—

- ***हरी* सब्जी** खरीदी गई है।
- **मिठाई *अच्छी*** है।
- ***सब्जी*** बहुत ***हरी*** और ***ताजी*** है।
- मुझे **मिठाई *अच्छी*** लगती है।

उपर्युक्त उदाहरणों में अंतिम दोनों वाक्यों में विशेषण शब्द संबंधित संज्ञा शब्द के बाद आए हैं। अत: विशेषण के रूप-परीक्षण संबंधी नियम केवल शीर्ष संज्ञा के पूर्व ही नहीं बल्कि उसके बाद आए क्रिया पदबंध के साथ रखकर भी दिए जाने चाहिए, जिससे यदि वह क्रिया पदबंध से पूर्व या साथ आए तो भी उसका परीक्षण किया जा सके। इसके लिए मशीन द्वारा संबद्ध संज्ञा के पहले और बाद में दोनों दिशाओं में परीक्षण करना होगा।

25.7.8 बहुशब्दीय अभिव्यक्तियाँ और संदिग्धार्थक शब्द

'बहुशब्दीय अभिव्यक्तियाँ' (Multi-word Expressions-MWEs) और 'संदिग्धार्थक शब्द' (Ambiguous Words) वर्तमान प्राकृतिक भाषा संसाधन के अधिकांश अनुप्रयोग क्षेत्रों के समक्ष बड़ी चुनौतियाँ हैं। व्याकरण जाँचक निर्माण में भी ये चुनौतियाँ वैसे ही आती हैं। हिंदी में सामासिक शब्द, पुनरुक्त शब्द और मिश्र क्रिया भी बहुशब्दीय अभिव्यक्ति के ही प्रकार हैं। इनके अलावा अन्य बहुशब्दीय प्रयोग भी इसी प्रकार समस्या उत्पन्न करते हैं। बहुशब्दीय अभिव्यक्ति और संदिग्धार्थकता पर पहले ही एक-एक अध्यायों में विस्तार से चर्चा की जा चुकी है। इसलिए इन्हें यहाँ विस्तार नहीं दिया जा रहा है।

इसी प्रकार शब्दों के लेखन में मानक का अभाव या एकरूपता नहीं होने की स्थिति में भी कर्ता अभिज्ञान करते समय प्रणाली को समस्या होती है। भाषा जितनी ही व्यवस्थित होगी, कंप्यूटर पर उसका अनुप्रयोग उतना ही सरल होगा। यहाँ पर कोई प्रश्न उठा सकता है, कि भाषा को कंप्यूटर के लिए बदलने की क्या जरूरत! भाषा तो वही रहेगी जो व्यवहार में है, कंप्यूटर में ऐसी विधियों की खोज की जाए जो इसी रूप में भाषा को संसाधित कर सकें। इस संबंध में मेरा कहना है कि यहाँ पर कंप्यूटर के लिए भाषा को बदलने की बात नहीं की जा रही है। बल्कि केवल भाषा को ठीक से मानकीकृत करने और एकरूप बनाने की बात की जा रही है। वैसे तो मानकीकरण के विरोध में भी कई तर्क दिए जाते रहे हैं। किंतु फिर भी मानकीकरण की आवश्यकता से इनकार नहीं किया जा सकता। मानकीकरण करते समय उपर्युक्त बातों का ध्यान रखने से हिंदी सामान्य व्यवहार के अतिरिक्त कंप्यूटर पर संसाधन की दृष्टि से भी अधिक सहज हो सकेगी।

25.8 व्याकरण जाँचक में सुझाव प्रस्तुति

किसी भी स्वचलित जाँचक की उपयोगिता तभी सार्वभौमिक होती है जब उसमें त्रुटिपूर्ण प्रयोगों के लिए सही प्रयोग का सुझाव भी प्रस्तुत किया जाए। सुझाव देने के लिए उस स्थान पर आ सकने वाले सभी शब्दों की संभावनाओं को देखा जाता है। इस कारण वर्तनी जाँचक में एक शब्द के अनेक सुझाव प्राप्त होते हैं। किंतु व्याकरण जाँचक की स्थिति भिन्न है। इसमें एक वाक्यात्मक संरचना में कोई एक प्रयोग ही सही होगा। इसलिए सुझाव में उसी प्रयोग को प्रदर्शित किया जाना चाहिए। किंतु इसके लिए वाक्य संरचना का पार्स-ट्री का निर्माण करना पड़ेगा। इसके लिए एक बार फिर वाक्य को उसी प्रक्रिया से गुजरना पड़ेगा जिससे परीक्षण के समय प्रोग्राम गुजरता है। इसलिए हिंदी में सुझाव प्रदर्शित करने की दो विधियाँ संभव हैं—

शब्दरूप आधारित : इस विधि में संबंधित शब्द के अन्य रूप दिए जा सकते हैं जिनमें से उचित शब्द का चुनाव स्वयं प्रयोक्ता को करना पड़ेगा, जैसे—क्रियारूप में यदि 'जाता' शब्द गलत हो तो 'जाते' और 'जाती' को सुझाव के रूप में प्रस्तुत किया जाए।

पार्स-ट्री आधारित : इस विधि का प्रयोग करने से वाक्य का पार्स-ट्री बनाकर पुन: संबंधित कर्ता शब्द को खोजकर प्रोग्राम द्वारा केवल सही सुझाव ही प्रस्तुत किया जाएगा। यह एक गहन और जटिल प्रक्रिया होगी।

संदर्भ सूची

हिंदी पुस्तकें :

1) उप्रैति, मुरारीलाल (2009) *हिंदी में प्रत्यय और पश्चाश्रयी विचार,* नई दिल्ली : आलेख प्रकाशन।
2) उलत्सिफेरोब, आ.गे. (1992) *हिंदी का व्यावहारिक व्याकरण,* नई दिल्ली : अखिल भारतीय हिंदी संस्था संघ।
3) कपूर, बद्रीनाथ (1992) *हिंदी व्याकरण की सरल पद्धति,* वाराणसी : विश्वविद्यालय प्रकाशन, चौक।
4) गुरु, कामता प्रसाद (2010) *हिंदी व्याकरण,* इलाहाबाद : लोकभारती प्रकाशन।
5) गोस्वामी, कृष्ण कुमार (2007) *आधुनिक हिंदी : विविध आयाम,* दिल्ली : आलेख प्रकाशन।
6) चौधरी, तेजपाल (2003) *हिंदी व्याकरण विमर्श,* नई दिल्ली : वाणी प्रकाशन।
7) टंडन, पूरनचंद & अग्रवाल, मुकेश (2007) *हिंदी भाषा : कल आज कल,* किताबघर : नई दिल्ली।
8) तरूण, हरिवंश (2010) *मानक हिंदी व्याकरण और रचना,* प्रकाशन संस्थान : नई दिल्ली।
9) तिवारी, भोलानाथ (2004) *हिंदी भाषा की संरचना,* नई दिल्ली : वाणी प्रकाशन।
10) ... ...(2007) *भाषाविज्ञान प्रवेश एवं हिंदी भाषा,* नई दिल्ली : किताबघर प्रकाशन।
11) दीमशित्स, जाल्मन (1983) *हिंदी व्याकरण,* मास्को : रादुगा प्रकाशन।
12) नारंग, वैश्ना (1981) *भाषाविज्ञान,* आगरा : केंद्रीय हिंदी संस्थान।
13) पाण्डेय, अनिल कुमार (2010) *हिंदी संरचना के विविध पक्ष,* नई दिल्ली : प्रकाशन संस्थान।
14) पाण्डेय, कैलाश नाथ (2006) *भाषाविज्ञान का रसायन,* गाजीपुर : गाजीपुर साहित्य-संसद।
15) पाण्डेय, रामअवध, मिश्र, रविनाथ (व्याख्याकार) (2014) *लघुसिद्धांतकौमुदी,* वाराणसी : विश्वविद्यालय प्रकाशन।

16) प्रसाद, धनजी (2011) *भाषाविज्ञान का सैद्धांतिक अनुप्रयुक्त एवं तकनीकी पक्ष,* नई दिल्ली : प्रिय साहित्य सदन।
17) ... ...(2012) *सी. शार्प प्रोग्रामिंग एवं हिंदी के भाषिक टूल्स,* नई दिल्ली : प्रकाशन संस्थान।
18) ... ...(2014) *कार्पस भाषाविज्ञान,* नई दिल्ली : प्रिय साहित्य सदन।
19) बालचंद्रन, लक्ष्मीबाई (1988) *हिंदी का कारक व्याकरण,* आगरा : केंद्रिय हिंदी संस्थान।
20) भाटिया, कैलाशचंद्र (2008) *हिंदी भाषा का आधुनिकीकरण,* तक्षशिला प्रकाशन : नई दिल्ली।
21) मलहोत्रा, विजय कुमार (2002) *कंप्यूटर के भाषिक अनुप्रयोग,* नई दिल्ली : वाणी प्रकाशन।
22) वाजपेयी, किशोरीदास (1958) *हिंदी शब्दानुशासन,* वाराणसी : नागरी प्रचारिणी सभा।
23) शर्मा, रामकिशोर (2007) *भाषाविज्ञान, हिंदी भाषा और लिपि,* इलाहाबाद : लोकभारती प्रकाशन।
24) श्रीवास्तव, रवींद्रनाथ (2008) *हिंदी भाषा : संरचना के विविध आयाम,* नई दिल्ली : राधाकृष्ण प्रकाशन।
25) सिंह, पर्णदत्त (1999) *व्याकरणशास्त्रीय परिभाषाएँ एवं अनुशीलन,* वाराणसी : कलाभवन।
26) सिंह, सूरजभान (2000) *हिंदी का वाक्यात्मक व्याकरण,* नई दिल्ली : साहित्य सहकार।

आलेख/शोधपत्र :

1) गुप्त, बलबीर प्रकाश (1982) *कारक व्याकरण : एक सामान्य परिचय,* गवेषणा (अंक-39), केंद्रीय हिंदी संस्थान, आगरा।
2) प्रसाद, धनजी (2018) *Modeling a Computational Grammar of Hindi,* आभ्यंतर, ISSN : 2348-7771, वर्ष 02, अंक 06, संपादक : कुमार विश्वमंगलम पाण्डेय, जहाँगीरपुरी, दिल्ली।
3) ... ...(2015) *नियम-आधारित हिंदी व्याकरण जाँचक : स्वरूप और प्रक्रिया,* मीडिया पथ (अंतरानुशासनिक शोध पर केंद्रित त्रैमासिक पत्रिका) ISSN : 2454-227X, वर्ष-01, अंक-02, संपादक : बलराम बिंद, बलिया, उ.प्र.।
4) ... ...(2014) *हिंदी में क्रिया संदिग्धार्थकता, वैचारिकी* (A Multidisciplinary Refereed International Research Journal) Vol. IV, Issue-3, ISSN-2249-8907, संपादक, डॉ. मनोज कुमार, संस्कृत विभाग, बाबासाहेब अंबेडकर बिहार विश्वविद्यालय, मुजफ्फरपुर।

5) … … …(2014) *कुशल : हिंदी वर्तनी जाँचक (यूनिकोड हेतु) सूचना प्रौद्योगिकी : कल, आज और कल,* संपादक—सुरेश कुमार जिंदल, फूलदीप कुमार, प्रकाशक : रक्षा मंत्रालय, डी.आर.डी.ओ., मेटकॉफ हाउस, दिल्ली। ISBN : 978-81-86514-68-9

6) … … …(2013) *हिंदी में संज्ञा-संज्ञा संबंध और कंप्यूटर में ज्ञान-निरूपण,* SHODH PRERAK (A Multidisciplinary Quarterly International Refereed Research Journal) Vol.-III, Issue-3, ISSN : 2231-413X। प्रकाशक : वीर बहादुर सेवा संस्था लखनऊ।

7) प्रसाद, धनजी & पाण्डेय, प्रवीण *हिंदी में विभक्ति और परसर्ग,* निमित्त (प्रवेशांक, 2014), वर्धा : म.गा.अं.हिं.वि., वर्धा।

8) विद्यालंकार, जयकृष्ण (1976) *हिंदी कारक तथा परसर्ग,* गवेषणा (अंक-25), केंद्रीय हिंदी संस्थान, आगरा।

9) सहाय, चतुर्भुज (1974) *भाषा वर्णन की विविध प्रविधियाँ,* गवेषणा, अंक-24, केंद्रीय हिंदी संस्थान, आगरा।

10) … … …(1974) *हिंदी की परसर्गीय व्यवस्था,* गवेषणा, अंक-38, केंद्रीय हिंदी संस्थान, आगरा।

11) … … …(2008) *हिंदी में कारक विभक्ति और परसर्ग की समस्या,* गवेषणा संचयन, आगरा : केंद्रिय हिंदी संस्थान।

अन्य-

1. प्रसाद, धनजी (2011) *'हिंदी में बहुशब्दीय अभिव्यक्तियाँ : विविध रूप और संरचनात्मक कोटियाँ'* विषयक एम.फिल लघु शोध-प्रबंध।

अंग्रेजी पुस्तकें :

1) Abbi, Anvita (1991) *Reduplication in South Asian Languages. An Areal, Topological and Historical Study.* New Delhi : Allied.

2) Blake, Barry J (1994) *Case.* Cambridge : Cambridge University Press.

3) Evert, Stefan. (2002) *Computational Approaches to Collocations.* (STS : Mathematical Properties of AMs) Vienna.

4) Evert, Stefan and Hannah Kermes. (2003) *Experiments on Candidate Data for Collocation Extraction.* Institut f¨ur Maschinelle Sprachverarbeitung, Universit¨at Stuttgart.

5) Grishman, Ralph. (1994) *Computational Linguistics : An Introduction.* Cambridge Universities Press.

6) Gunderson, Keith. (ed.) (1975) *Language, Mind and Knowledge.* Minneapolis : The University of Minnesota Press.

7) Halteren, Hans van. (ed.) (1999) *Syntactic Wordclass Tagging.* London : Kluwer Academic Publishers.

8) Hockett, C.F. (1958). *A Course in Modern Linguistics.* New York : Macmillan.

9) Ivan A. Sag et. al. (2003) *Multiword Expressions : A Pain in the Neck for NLP? A Part of LinGO Project.* Stanford University (<http://lingo.stanford.edu>)

10) Levin, B. (1993) *English Verb Classes and Alternations : A Preliminary Investigation.* Chicago : University of Chicago Press,

11) Lyons John. (1968) *Introduction to Theoretical Linguistics.* Cambridge England: Cambridge University Press.

12) Rosenbach, Anette. (2002) *Genetive variation in English.* Berlin : New York Mouton de Gruter.

13) Sangal, Raajiv. Chaitantanya, Vineet. (2000) *Natural Language Processing.* New Delhi : Prentice Hall of India Private Limited.

14) Saxena, Ram Prakash. (2016) *Standardization of Transliteration Systems into Hindi (Devanagari) and English (Roman) from Other Indian Languages.* Nagpur : Ashtha Prakashan.

15) Verma, Manindra K. (1993) *Complex Predicates in South Asian Languages.* New Delhi : Manohar Publishers.

आलेख/शोधपत्र

1) Chakrabarti, Debasri. Mandalia, Hemang et. al. (2008) *Hindi Compound Verbs and their Automatic Extraction.*

2) Chakraborty, Tanmoy & Bandyopadhyay, Sivaji. (2010) *Identification of Reduplication in Bengali Corpus and their Semantic Analysis : A Rule-Based Approach.* In Proceedings of the Multiword Expressions : From Theory to Applications (MWE 2010), pages 73-76, Beijing, August 2010

3) Fillmore, Charles J. (1968) *The Case for Case.* In E. Bach and R. Harms (eds.), Universals in Linguistic theory : 1-90. New York : Holt, Rinechart and Winston

4) Hockett, C.F. (1954) *Two Models of Grammatical Description.* Word.
5) Kunchukuttan, Anoop & Damini Om P. (2008) *A System for Compound Noun Multiword Expression Extraction for Hindi. In Proceedings of ICON-2008 : 6th International Conference on Natural Language Processing* Macmillan Publishers, India.
6) Michou, Athina & Seretan, Violeta. (2009) *A Tool for Multi-Word Expression Extraction in Modern Greek Using Syntactic Parsing.* In Proceedings of the EACL 2009 Demonstrations Session, pages 45-48, Athens, Greece, 3 April 2009. c 2009 Association for Computational Linguistics
7) Mukerjee, Amitabha. Soni, Ankit et. al. (2006) *Detecting Complex Predicates in Hindi using POS Projection across Parallel Corpora.* In *Proceedings of the Workshop on Multi-Word Expressions : Identifying and Exploiting Underlying Properties,* pages 28-35, Sydney.
8) Tanaka, T. & T. Baldwin (2003) *Noun-noun compound machine translation : a feasibility study on shallow processing.* In Proceedings of the ACL 2003 Workshop on Multi-Word Expressions : Analysis, Acquisition and Treatment, Sapporo, Japan.
9) Venkatapathy, Sriram & Joshi, Aravind K. (2004) *Recognition of Multi-Word Expressions : A Study Of Verb-Noun (V-N) Collocations.*
10) ... ...(2005) *Measuring the relative compositionality of verb-noun (V-N) collocations by integrating features*
11) ... ...(2006) *Using Information about Multi-Word Expressions for the Word-Alignment Task.*
12) Venkatapathy, Sriram & Agrawal, Preeti et. al. (2005) *Relative Compositionality of Noun + Verb Multi-word Expressions in Hindi.*

वेबसाइटें :

1) http://bharatdiscovery.org/india/हिन्दी
http://bharatdiscovery.org/india/'E®'Ay'B~'E®'Ay'BF'E®'Ay'}w'E®'Ay'A 'E®'Az'}®
2) https://www.ling.upenn.edu/courses/Fall_2003/ling001/penn_treebank_pos.html
3) http://lingo.stanford.edu/pubs/WP-2001-03.pdf
4) http://lingo.stanford.edu/sag/papers/idioms.pdf

5) http://ltrc.iiit.ac.in/MachineTrans/publications/technicalReports/tr0XV/posguidelines.pdf
6) http://ltrc.iiit.ac.in/MachineTrans/research/tb/DS-guidelines/DS-guidelines-ver2-28-05-09.doc6
7) https://pdfs.semanticscholar.org/e4d5/2604395ef34fd9b15498b6a4fe5a4843e760.pdf
8) https://www.prismnet.com/~dierdorf/ww-47.html
9) http://ymcmatvpm.wix.com/cutchi-memon-digest#qaydo1/c1gn2<http://ymcmatvpm.wix.com/cutchi-memon-digest
10) https://www.pinterest.com/pin/557321141111102575/
11) http://www.mgahv.in/Krutidev010-to-Unicode-to-Krutidev010/20Converter09.htm
12) http://rajbhasha.net/drupal514/unikrutidev + converter
13) https://onlinefontconverter.com/
14) http://krutidev-to-unicode-and-chanakya.blogspot.in/
15) http://wrd.bih.nic.in/font_KtoU.htm
16) http://indiatyping.com/index.php/font-converter

पारिभाषक शब्दावली

- **अंतरराष्ट्रीय ध्वन्यात्मक वर्णमाला (International Phonetic Alphabet-IPA) :** यह भाषावैज्ञानिकों द्वारा विकसित की गई एक ऐसी वर्णमाला है, जिसका उद्देश्य विश्व की सभी भाषाओं की ध्वनियों को एक अप्रतिम (Unique) चिह्न प्रदान करना है। इसका उद्देश्य ऐसे लिपि चिह्नों का विकास करना है, जिनकी सहायता से किसी भी भाषा के शब्दों का वैसे ही उच्चारण किया जा सके, जैसे वे अपने मूल रूप में मातृभाषियों द्वारा उच्चरित होते हैं।
- **अक्षराकृति (Typeface) :** अक्षराकृति वह स्वरूप है जो किसी वर्ण का टंकण करने पर हमें दिखाई पड़ती है। उदाहरण के लिए यूनिकोड में रोमन का 'a' वर्ण दबाने पर दिखने वाला 'अ' एक अक्षराकृति है। किसी भी लिपि के चिह्नों को जब मशीन में अक्षराकृति के रूप में स्थापित किया जाता है, तभी हम टंकण के बाद उन्हें देख पाते हैं।
- **अप्रतिम संख्या (Unique Number) :** जब किसी प्रणाली या व्यवस्था में एक इकाई को एक ही संख्या दी जाती है, तो उसे अप्रतिम संख्या कहते हैं। ऐसा दो बार प्रयोग (Duplication) रोकने के लिए किया जाता है। उदाहरण के लिए विद्यालय व्यवस्था में प्रत्येक विद्यार्थी को एक पंजीकरण संख्या (Registration Number) दिया जाता है, जो एक अप्रतिम संख्या होती है। इसी प्रकार परीक्षा में दिए जाने वाले अनुक्रमांक भी अप्रतिम संख्या होते हैं। इससे एक ही स्थान पर दो विद्यार्थियों के नामों के आने की संभावना नहीं रहती। मशीन में भी प्रत्येक वर्ण या लिपि चिह्न को एक अप्रतिम संख्या दी जाती है, जिससे टंकण के समय प्रत्येक वर्ण को अलग-अलग पहचानने में मशीन को कोई समस्या न हो।
- **अभिव्यक्ति व्यवस्था (Expression System) :** वह व्यवस्था जिसके द्वारा मनुष्य अपने विचारों तथा भावों की अभिव्यक्ति करता है।
- **अविकारी शब्द (Indeclinable Word) :** जिन शब्दों के रूप निर्मित नहीं होते उन्हें 'अविकारी' (Indeclinable) शब्द कहते हैं, जैसे—चीनी, गेहूँ, चंद्रमा आदि।
- **आर्थी संजाल (Semantic Net) :** आर्थी संजाल ज्ञान को संरचित करते हुए निरूपित करने की एक तकनीक है। इसके माध्यम से निरूपित ज्ञान में जो नोड और लिंक होते हैं वे सूचनाओं को आरेखीय रूप में प्रस्तुत करते हैं तथा दो संकल्पनाओं के बीच तार्किक संबंध स्थापित करते हैं।

- **आर्थी संसाधन (Semantic Processing) :** प्राकृतिक भाषाओं को अर्थ की दृष्टि से मशीन में संसाधित करने की प्रक्रिया आर्थी संसाधन है।
- **आश्रित शब्द (Dependent Word) :** आश्रित होने से तात्पर्य है, कि ये शब्द अकेले पूरे पदबंध का कार्य नहीं कर सकते, जैसे—'बड़ा घर दिख रहा है' वाक्य में 'बड़ा' शब्द 'बड़ा घर' पदबंध का घटक है और 'घर' शब्द पर आश्रित है। इसमें से 'घर' शब्द हटा देने पर 'बड़ा दिख रहा है' कहने से पूरे वाक्य का अर्थ समझ में नहीं आ रहा है। इसके विपरीत 'बड़ा' शब्द हटा देने पर 'घर दिख रहा है' कहने पर वाक्य का पूरा अर्थ संप्रेषित हो रहा है। अत: 'घर' शब्द शीर्ष है, क्योंकि यह अकेले पूरे पदबंध की जगह प्रयुक्त होने की क्षमता रखता है।
- **इमोजी (Emoji) :** सोसल साइटों पर चैट या वार्तालाप की जो सुविधा दी गई है, उसमें आज भावनात्मक अभिव्यक्तियों के लिए अनेक प्रतीक देखे जा सकते हैं। ऐसे प्रतीकों को इमोजी (Emoji) कहा जाता है।
- **संगणकीय कोश (computational Lexicon) :** कंप्यूटर में डाटाबेस के रूप में संग्रहीत कर निर्मित किया जाने वाला वह कोश संगणकीय कोश है, जिसमें खोज (Search) और अद्यतन (Update) संबंधी कार्य मशीन की सहायता से सरलतापूर्वक कर लिए जाते हैं।
- **कार्पस आधारित उपागम (Corpus-Based Approach) :** यह प्राकृतिक भाषा संसाधन (NLP) की वह पद्धति है जिसमें भाषिक ज्ञान के आधार के रूप में कार्पस (Corpus) और भाषा संसाधन के नियमों के रूप में सांयिकीय नियमों (Statistical Rules) का प्रयोग किया जाता है।
- **कीबोर्ड-लेआउट (Keyboard Layout) :** कंप्यूटर/लैपटॉप में मिलने वाले रोमन लिपि आधारित कीबोर्ड को क्वर्टी (QWERTY) कीबोर्ड उपलब्ध है। देवनागरी में वर्णों की संख्या रोमन से लगभग दो गुनी है, इसलिए विभिन्न स्थानों पर विविध वर्णों को समायोजित किया जाता है। समायोजनों का यह समुच्चय कीबोर्ड-लेआउट (Keyboard Layout) कहलाता है।
- **कृत्रिम बुद्धि (Artificial Intelligence) :** मानव बुद्धि की तरह की बुद्धि मशीन में स्थापित करने का ज्ञानक्षेत्र कृत्रिम बुद्धि है।
- **क्लिप फॉन्ट (Clip Font) :** देवनागरी के वर्णों को कंप्यूटर पर टाइप करने के लिए आरंभ में जो फॉन्ट विकसित किए गए, उन्हें क्लिप फॉन्ट कहा जाता है। इन फॉन्टों का विकास लैटिन लिपियों के कोड स्थानों पर ही भारतीय लिपियों (जैसे—देवनागरी) के Glyph को निर्मित किया गया। इससे इन फॉन्टों में देवनागरी लिपि में टाइपिंग करने पर कंप्यूटर इन्हें लैटिन संप्रतीक ही मानता है, किंतु हमें वह देवनागरी में दिखाई पड़ता है।
- **गहन संरचना (Deep Structure) :** आधुनिक भाषाविज्ञान में 'वाक्य' की संरचना के दो भेद किए गए हैं—गहन संरचना और बाह्य संरचना। गहन संरचना वह संरचना है, जिसमें शब्द अपने मूल रूप में केवल वाक्य-साँचे के अनुसार आते हैं, जैसे—उसने तुम्हें मारा। की गहन संरचना में (वह + तुम + मार) है।

- **चंकिंग (Chunking) :** पदबंधीय इकाइयों को प्राप्त करने की प्रक्रिया 'चंकिंग' (Chunking) या 'पदबंध-चिह्नन' (Phrase Marking) कहलाती है।
- **चिह्नन (Marking) :** किसी भाषिक इकाई (शब्द, पदबंध, वाक्य आदि) को व्याकरणिक या आर्थी दृष्टि से पहचान हेतु कोई चिह्न (या टैग) प्रदान करना चिह्नन है। उदाहरण के लिए शब्दवर्ग संबंधी सूचना- संज्ञा-NN, क्रिया-VM, विशेषण-JJ आदि संबंधी सूचना जोड़ना शब्दवर्ग/शब्दभेद चिह्नन है।
- **टंकण (typing) :** टंकण किसी भाषिक सामग्री को कीबोर्ड के माध्यम से मशीन में संग्रहीत करने की पद्धति है।
- **टैग (Tag) :** किसी भाषिक इकाई (शब्द, पदबंध, वाक्य आदि) की टैगिंग के लिए जो संकेत-चिह्न विकसित किया जाता है, उसे 'टैग' कहते हैं। टैग एक संक्षिप्त वर्ण समूह होता है जिसमें संबद्ध वर्ग से संबंधित सूचना रहती है।
- **टैगसेट (Tagset) :** टैगसेट किसी भाषा के पाठ या शब्दों को टैग करने हेतु प्रयुक्त टैगों का समुच्चय है। इसमें सभी टैगों को उनके नाम और विस्तार को उदाहरण के साथ दिया जाता है।
- **टैगिंग (Tagging) :** टैगिंग वह प्रक्रिया है जिसके द्वारा किसी पाठ में आए सभी शब्दों के साथ उनसे संबंधित संरचनात्मक, व्याकरणिक और अर्थ संबंधी सूचनाओं, जैसे—शब्दवर्ग (Word Category/Parts of Speech) को इस प्रकार से जोड़ा जाता है, कि पाठ का मशीनी संसाधन किया जा सके।
- **टोकन (Token) :** टोकन किसी भाषा की वह इकाई है जिसके आधार पर खंडीकरण करते हुए वाक्यों को संसाधित किया जाता है। सामान्यत: 'वाक्यात्मक शब्द' (पद) ही टोकन का कार्य करते हैं।
- **तिर्यक या परसर्गीय रूप (Oblique Form) :** किसी शब्द के आगे परसर्ग लगने के बाद उस शब्द में रूपसाधन द्वारा होने वाले परिवर्तन से बने रूप को तिर्यक या परसर्गीय रूप कहते हैं, जैसे—लड़का के बाद कोई परसर्ग, जैसे—'ने' या 'को' लगने पर इसका रूप एकारांत = 'लड़के' हो जाता है, जैसे—लड़के ने, लड़के को आदि। अत: यह एकारांत रूप लड़का शब्द का तिर्यक या परसर्गीय रूप है।
- **द्विआधारी संख्या (Binary Number) :** कंप्यूटर की भाषा में प्रयुक्त होने वाले अंकों '0' (= ऑफ) और '1' (= ऑन) के आधार पर निर्मित होने वाली संख्या द्विआधारी संख्या है।
- **नामपद (name entity) :** जिस शब्द से किसी के नाम का बोध होता है, उसे नामपद कहते हैं। नामपद वे शब्द हैं जिनका प्रयोग करके हम किसी एक ही व्यक्ति, वस्तु या स्थान आदि की पहचान करते हैं। पारंपरिक व्याकरण में नामपद को 'व्यक्तिवाचक संज्ञा' (Proper Noun) कहा गया है, जो संज्ञा का एक प्रकार है।
- **नियम-आधारित उपागम (Rule-based Approach) :** जब प्राकृतिक भाषा संसाधन में आधार सामग्री के रूप में शब्दकोश और भाषिक नियमों का प्रयोग करते हुए मशीनी प्रणालियों का विकास किया जाता है तो इसे नियम-आधारित उपागम कहते हैं।

- **पदबंध-चिह्नन (Phrase Marking) :** पदबंधीय इकाइयों को प्राप्त करने की प्रक्रिया 'चंकिंग' (Chunking) या 'पदबंध-चिह्नन' (Phrase Marking) कहलाती है।
- **पदबंध साँचा (Phrase Frame) :** विभिन्न शब्दवर्गों के शब्दों का वह क्रम जिससे एक सार्थक पदबंध निर्मित होता है, पदबंध साँचा है, जैसे—'JJ + NN' (विशेषण + संज्ञा) एक पदबंध साँचा है, इसके आधार पर अच्छा घर, मोटी पुस्तक, प्यारा गाँव, सुंदर बच्चा आदि पदबंध निर्मित किए जा सकते हैं।
- **पद-विच्छेदन (Parsing) :** पद-विच्छेदन (Parsing) वह प्रक्रिया है, जिसके द्वारा किसी वाक्य के पदों को वाक्य-रचना के अनुसार विश्लेषित किया जाता है। इस कार्य को संपन्न करने वाले टूल या सॉफ्टवेयर को पद-विच्छेदक (Parser) कहते हैं। इसके अंतर्गत मशीन द्वारा वाक्य के संरचनात्मक पदबंधों को अलग-अलग चिह्नित किया जाता है। इसके अलावा उनकी आंतरिक संरचना में आए शब्दों एवं पदबंधों का स्तरीकरण करते हुए समूहित किया जाता है।
- **पदसाधन :** दे. रूपसाधन (Inflection).
- **पैराडाइम टेबल (Paradigm Table) :** ऐसा टेबल जिसमें मूल शब्द और शब्दरूपों के निर्माण के नियम दिए हों, पैराडाइम टेबल (Paradigm Table) हैं।
- **प्रकार्य-स्थान (Slot) :** वाक्य में वे स्थान जहाँ शब्द या पदबंध आकर कुछ निर्धारित प्रकार्य संपन्न करते हैं, प्रकार्य-स्थान (Slot) कहलाते हैं।
- **प्रत्ययीकरण (Affixation) :** आधुनिक भाषावैज्ञानिक विवेचन में शब्द में प्रत्ययों को जोड़कर नए शब्द बनाने की प्रक्रिया को 'प्रत्ययीकरण' (Affixation) कहा गया है। यहाँ पर 'प्रत्यय' शब्द अंग्रेजी के 'Affix' शब्द का प्रतिनिधित्व कर रहा है, जिसके तीन प्रकार हैं—पूर्वप्रत्यय (Prefix), मध्यप्रत्यय (Infix) तथा अंतप्रत्यय (Suffix)।
- **फॉन्ट (Font) :** संप्रतीकों के समुच्चय के लिए प्रयुक्त प्रारूप (Design) को फॉन्ट कहते हैं। प्रत्येक संप्रतीक एक अक्षराकृति (Typeface) का प्रतिनिधित्व करता है। इसलिए दूसरे शब्दों में अक्षराकृतियों के समूह को भी फॉन्ट कहा जा सकता है, किंतु फॉन्ट में अक्षराकृति के साथ-साथ उसकी अन्य विशेषताएँ, जैसे—आकार, स्वरूप और स्थान आदि भी देखा जाता है।
- **बहुशब्दीय अभिव्यक्ति (Multiword Expression) :** वह भाषिक इकाई जिसमें एक से अधिक शब्द मिलकर एक ही शब्द (या शाब्दिक इकाई) का कार्य करते हैं, बहुशब्दीय अभिव्यक्ति है। इसका शाब्दिक अर्थ है—'एक से अधिक शब्दों के मिलने से बनने वाली अभिव्यक्ति'। इसमें अभिव्यक्ति शब्द से अभिप्राय है : 'वह इकाई जो स्वतंत्र रूप से अपना एक अर्थ दे'।
- **बाह्य संरचना (Surface Structure) :** आधुनिक भाषाविज्ञान में 'वाक्य' की संरचना के दो भेद किए गए हैं—गहन संरचना और बाह्य संरचना। बाह्य संरचना वह संरचना है, जिसमें शब्दों के साथ व्याकरणिक सूचनाओं और प्रत्ययों को जोड़ते हुए वास्तविक व्यवहार के वाक्य को निर्मित किया जाता है,

जैसे—'वह + तुम + मार' पद समूह को एक वाक्य साँचे में रखते हुए इसके साथ व्याकरणिक सूचनाओं को जोड़कर 'उसने तुम्हें मारा।' वाक्य निर्मित किया जा सकता है, जो बाह्य संरचना में है।

- **भाषिक इकाई/स्तर (Linguistic Unit/Level)** : भाषाविज्ञान में अध्ययन-विश्लेषण हेतु पाठ का खंडीकरण जिन स्तरों पर किया जाता है उन्हें भाषिक स्तर कहते हैं, जैसे—ध्वनि/स्वन, स्वनिम रूप, शब्द, वाक्य, प्रोक्ति स्तर। इन स्तरों पर अध्ययन की मूल इकाई भाषिक इकाई कहलाती है, जैसे—स्वन, स्वनिम, रूप, शब्द, वाक्य, प्रोक्ति।
- **भाषिक सामग्री (Linguistic Material)** : भाषा में वाचिक या लिखित रूप से अभिव्यक्त सामग्री को भाषिक सामग्री कहते हैं।
- **भावनात्मक चिह्न (Emotional Symbols)** : सोसल साइटों पर चैट या वार्तालाप की जो सुविधा दी गई है, उसमें वर्तमान में भावनात्मक अभिव्यक्तियों के लिए अनेक प्रतीक देखे जा सकते हैं। जी-मेल द्वारा इन्हें Emotion और Sticker के रूप में दिया गया है। Emotion के अंतर्गत लगभग 150 चित्र संकेत हैं, जिनसे विभिन्न भावनाओं की अभिव्यक्ति होती है, जैसे—

संक्षेप में इन्हें **इमोजी** भी कहते हैं।

- **भाषायी रूप (Linguistic Forms)** : भाषिक इकाइयों को ही कुछ विद्वानों द्वारा भाषायी रूप कहा गया है।
- **यूनिकोड (Unicode)** : यूनिकोड कंप्यूटर में संप्रतीकों के कोडीकरण की ऐसी प्रणाली है, जिसमें प्रत्येक संप्रतीक को एक अप्रतिम संख्या (Unique Number) दी जाती है।
- **रूपसाधन (Inflection)** : रूपसाधन वह प्रक्रिया है जिसके द्वारा कोशीय शब्दों के उन रूपों को प्रजनित किया जाता है जो वाक्य में प्रयुक्त होते हैं। चूँकि वाक्य में प्रयुक्त होने वाले शब्द 'पद' होते हैं, इसलिए इसे कुछ वैयाकरणों और भाषावैज्ञानिकों द्वारा 'पदसाधन' कहा गया है। इसे 'रूपसाधन' कहने का कारण यह है कि अंग्रेजी के 'Morph' शब्द के लिए हिंदी में 'रूप' शब्द निर्मित किया गया। इसके बाद 'Morph, Morpheme, Morphology' आदि सभी के लिए 'रूप, रूपिम, रूपविज्ञान' आदि शब्द दिए गए। इसी क्रम में रूपविज्ञान से जुड़ी अवधारणाओं को एक ही प्रकार का नाम देने के लिए 'Morph Analysis' को 'रूपविश्लेषण' तथा 'Inflection' को रूपसाधन आदि नाम दिए गए हैं।

- **लिपि (Script) :** 'लिपि' कुछ सीमित चिह्नों और संकेतों के चित्रात्मक प्रस्तुति की वह व्यवस्था है जिसके माध्यम से भाषिक सामग्री (ध्वनि/स्वन, शब्द, वाक्य, प्रोक्ति) को किसी भौतिक साधन (कागज, कपड़ा, पत्थर आदि) पर अंकित किया जाता है।
- **लिप्यंकन (Transcription) :** किसी भाषिक सामग्री को लिपि के माध्यम से प्रस्तुत करना लिप्यंकन (Transcription) है। दूसरे शब्दों में किसी बात को लिपि के माध्यम से पाठ के रूप लिखना लिप्यंकन है।
- **लिप्यंतरण (Transliteration) :** वह प्रक्रिया है जिसके द्वारा एक लिपि में लिखी गई पाठ सामग्री को दूसरी लिपि में बदल दिया जाता है। उदाहरण के लिए 'मोहन घर जाता है' वाक्य देवनागरी लिपि में है, इसे रोमन में इस प्रकार लिखा जा सकता है—'Mohana Ghara Jaataa Hai'. देवनागरी लिपि के वाक्य को रोमन लिपि में परिवर्तित करने की यह प्रक्रिया लिप्यंतरण है, जो 'देवनागरी-रोमन लिप्यंतरण' कहलाएगा।
- **वर्तनी परीक्षण (Spelling Checking) :** किसी पाठ के लेखन या टंकण में वर्तनी (Spelling) संबंधी होने वाली अशुद्धियों का परीक्षण का वर्तनी परीक्षण (Spelling Checking) है, जैसे—'लड़का बजार में है।' वाक्य में 'लडका की जगह लड़का', 'बजार की जगह बाजार' होना चाहिए।
- **वाक्य साँचा (Sentence Frame) :** विभिन्न पदबंधों का वह क्रम जिनको मिलाने से एक सार्थक वाक्य निर्मित होता है, वाक्य साँचा है, जैसे—'NP + VP' (सं.प. + क्रि.प.) एक वाक्य साँचा है, इसके आधार पर वह जाता है, मैं खा रहा हूँ, तुम चलो, वह खेलेगा आदि वाक्य निर्मित किए जा सकते हैं।
- **विकारी शब्द (Declinable Word) :** जिन शब्दों के रूप निर्मित होते हैं, उन्हें विकारी (Declinable) शब्द कहते हैं, जैसे—लड़का, प्यारा, नया, जाना आदि।
- **विभक्ति (Vibhakti) :** संस्कृत में कारक संबंधों को व्यक्त करने के लिए प्रातिपदिकों के साथ जिन सुप् प्रत्ययों का प्रयोग होता है उन्हें 'विभक्ति' कहते हैं। कुछ हिंदी व्याकरणाचार्यों द्वारा हिंदी के परसर्गों—ने, को, से आदि को भी विभक्ति कहा गया है, जबकि ये विभक्ति से भिन्न प्रकार्य रखने वाले शब्द हैं। आधुनिक विद्वानों द्वारा इन्हें 'परसर्ग' कहा गया है, जो इनके लिए समुचित नाम है।
- **विराम चिह्न (Punctuation Marks) :** विराम चिह्न ऐसे चिह्न हैं, जो किसी वर्ण (Syllable) की तरह पाठ में प्रयुक्त तो नहीं होते, किंतु शब्दों के साथ लगकर अतिरिक्त सूचनाएँ प्रदान करते हैं।
- **विशिष्ट वर्ण (Special Character) :** विशिष्ट वर्णों से तात्पर्य ऐसे वर्णों से है, जो विराम चिह्न नहीं है और जिनका पाठ में विभिन्न भावों और अर्थों की अभिव्यक्ति के लिए प्रयोग होता है।
- **विसंदिग्धीकरण (Disambiguation) :** प्रत्येक भाषा में कुछ शब्द ऐसे होते हैं जिनका प्रयोग एक से अधिक शब्दवर्गों के लिए होता हैं। ऐसे शब्दों को संदिग्धार्थक शब्द कहा जाता है। संदर्भ के आधार पर इन शब्दों के वास्तविक

शब्दवर्ग का निर्धारण 'विसंदिग्धीकरण' (Disambiguation) है। एक उदाहरण देखा जा सकता है—

मैंने ***दौड़ते हुए शेर*** को देखा।

इस वाक्य में 'दौड़ते हुए शेर' एक संदिग्धार्थक संरचना है। इसके विसंदिग्धीकरण के लिए हमें इसकी आंतरिक संरचना में आए दोनों वाक्यों को अलग-अलग व्याख्यायित करना होगा, यथा—

मैंने शेर को देखा, शेर दौड़ रहा था।

मैंने शेर को देखा, मैं दौड़ रहा था।

- **व्याकरणिक परीक्षण (Grammar Checking) :** व्याकरणिक परीक्षण एक ऐसा कार्य है जिसमें किसी पाठ के वाक्यों में होने वाली व्याकरणिक त्रुटियों की जाँच की जाती है और कोई त्रुटि पाए जाने पर उसे चिह्नित किया जाता है।
- **व्युत्पादन (Derivation) :** व्युत्पादन एक ऐसी प्रक्रिया है जिसके माध्यम से कोशीय इकाइयों (शब्दों) का प्रजनन होता है। एक कोशीय शब्द से नया कोशीय शब्द बनाने की प्रक्रिया व्युत्पादन है।
- **वृक्ष-आरेख (Tree Diagram) :** किसी वाक्य की वाक्यात्मक संरचना (वाक्य के घटकों और उन्हें आपस में संबद्ध करने वाले नियमों) को स्तरित रूप से वृक्ष के रूप में प्रस्तुतीकरण वृक्ष-आरेख है।
- **शब्दभेद (Parts of Speech) :** अंग्रेजी में शब्दों की विविध कोटियों को Parts of Speech कहा गया है, जिसका हिंदी में अनुवाद 'शब्दभेद' है। पारंपरिक रूप से वर्णित आठ शब्दभेद इस प्रकार हैं—संज्ञा, सर्वनाम, क्रिया, विशेषण, क्रिया-विशेषण, परसर्ग (संबंधबोधक), संयोजक तथा विस्मयादिबोधक।
- **शब्दरूप टेबल (Word Form Table) :** संज्ञाओं के रूपवैज्ञानिक विश्लेषण संबंधी नियम बनाने के लिए सर्वप्रथम उन सभी प्रकार की संज्ञाओं में से एक-एक प्रतिनिधि शब्दों का चयन करना होता, जिनके अलग-अलग रूप निर्मित होते हैं। इन शब्दों के टेबल को 'शब्दरूप टेबल' (Word Form Table) कहते हैं। हिंदी में इसके निर्माण के चार आधार हैं—अंत्य वर्ण, शब्द का लिंग, शब्द का वाक्यात्मक व्यवहार और शब्द के साथ प्रत्यय जुड़ने की स्थिति।
- **शब्दवर्ग (Word Category) :** किसी भाषा में पाए जाने वाले शब्दों को उनके अर्थ और प्रकार्य के आधार पर विभाजित किए गए विभिन्न वर्ग शब्दवर्ग कहलाते हैं, जैसे—संज्ञा, सर्वनाम, क्रिया, विशेषण आदि। प्रत्येक भाषा में कुछ शब्दवर्ग होते हैं, जो उपर्युक्त 8 शब्दभेदों में से भी हो सकते हैं और इनसे अलग भी। इस कारण प्रस्तुत पुस्तक में शब्दों की विविध कोटियों को 'शब्दभेद' न कहकर 'शब्दवर्ग' कहा गया है, जिससे अंग्रेजी में पारंपरिक रूप से वर्णित आठ वर्गों से इसे अलग दिखाया जा सके। अनेक आधुनिक भाषावैज्ञानिकों ने भी शब्दभेद (Parts of Speech) की जगह शब्दवर्गों (Word Categories) की चर्चा की है।
- **शीर्ष शब्द (Head Word) :** 'बड़ा घर दिख रहा है' वाक्य में 'बड़ा' शब्द 'बड़ा घर' पदबंध का घटक है और 'घर' शब्द पर आश्रित है। इसमें से 'घर' शब्द हटा

देने पर 'बड़ा दिख रहा है' कहने से पूरे वाक्य का अर्थ समझ में नहीं आ रहा है। इसके विपरीत 'बड़ा' शब्द हटा देने पर 'घर दिख रहा है' कहने पर वाक्य का पूरा अर्थ संप्रेषित हो रहा है। अत: 'घर' शब्द शीर्ष है, क्योंकि यह अकेले पूरे पदबंध की जगह प्रयुक्त होने की क्षमता रखता है।

- **शुद्धता (Accuracy) :** किसी मशीनी प्रणाली या सॉटवेयर द्वारा दिए गए आउटपुट के सही होने की जाँच का पैमाना शुद्धता है।
- **संक्रम (Syntax) :** घटकों के नियत स्थान को बताने वाले क्रम को संक्रम (Syntax) कहते हैं।
- **संगणकीय कोश (Computational Lexicon) :** कंप्यूटर में डाटाबेस के रूप में संग्रहीत कर निर्मित किया जाने वाला वह कोश जिसमें खोज (Search) और अद्यतन (Update) संबंधी कार्य मशीन द्वारा संपन्न किए जाते हैं, संगणकीय कोश है।
- **संदिग्धार्थकता (Ambiguity) :** किसी एक ही शब्द की रचना के किसी वाक्य में प्रयुक्त होने पर एक से अधिक शब्दवर्ग या टैग या अर्थ होने की स्थिति को संदिग्धार्थकता (Ambiguity) कहते हैं, जैसे—अब मुझे सोना चाहिए, वाक्य में 'सोना' शब्द के दो अर्थ हैं—'एक मूल्यवान धातु = संज्ञा' और 'नींद में सोने की क्रिया = क्रिया। अत: इसमें संदिग्धार्थकता है।
- **संप्रतीक (Character) :** कंप्यूटर की दृष्टि से कोई भी प्रतीक या चिह्न जिसे स्मृति (Storage) में एक बाइट की आवश्यकता पड़ती है, संप्रतीक है। कंप्यूटर में किसी भी प्रकार के चिह्न को प्रदर्शित करने के लिए प्रयुक्त वर्ण को संप्रतीक (Character) कहते हैं।
- **glyph :** फॉन्टों की प्रस्तुति के लिए कंप्यूटर में कुछ प्रविधियों का प्रयोग किया गया। इनमें से एक सुप्रसिद्ध विधि Bit-mapped विधि है जिसमें प्रत्येक संप्रतीक को डॉट्स के रूपात्मक संग्रह द्वारा प्रस्तुत किया जाता है। इसके अलावा Vector Graphics System का प्रयोग किया जाता है, जिसमें प्रत्येक संप्रतीक का आकार या रूप ज्यामितीय विधि से निश्चित कर दिया जाता है। इस प्रकार निर्मित संप्रतीक के आकार को किसी भी प्रकार से बढ़ाया-घटाया जा सकता है, जिसे सामान्यत: glyph भी कहा जाता है।

❂❂❂